Rechtsgeschäftliche Dispositionen über urheberpersönlichkeitsrechtliche Befugnisse unter Berücksichtigung des französischen und US-amerikanischen Rechts

Europäische Hochschulschriften
Publications Universitaires Européennes
European University Studies

Reihe II
Rechtswissenschaft

Série II Series II
Droit
Law

Bd./Vol. 4337

PETER LANG
Frankfurt am Main · Berlin · Bern · Bruxelles · New York · Oxford · Wien

Stefanie Matanovic

Rechtsgeschäftliche Dispositionen über urheberpersönlichkeitsrechtliche Befugnisse unter Berücksichtigung des französischen und US-amerikanischen Rechts

PETER LANG
Europäischer Verlag der Wissenschaften

Bibliografische Information Der Deutschen Bibliothek
Die Deutsche Bibliothek verzeichnet diese Publikation in der Deutschen Nationalbibliografie; detaillierte bibliografische Daten sind im Internet über <http://dnb.ddb.de> abrufbar.

Zugl.: Dresden, Techn. Univ., Diss., 2005

88
ISSN 0531-7312
ISBN 3-631-55003-0

www.peterlang.de

Meinen Eltern
und
Sebastian

Vorwort

Die vorliegende Arbeit wurde im Sommersemester 2005 von der Juristischen Fakultät der Technischen Universität Dresden als Dissertation angenommen.

Mein besonderer Dank gilt meinem Doktorvater, Herrn Professor Dr. Horst-Peter Götting, für die geduldige Betreuung dieser Arbeit, die auf seine Anregung zurückgeht. Desweiteren danke ich Frau Professor Dr. Ursula Stein sowie Herrn Rechtsanwalt Dr. Friedrich Klein für die Erstellung des Zweit- bzw. des Drittgutachtens.

Abschließend gebührt vor allem meinen Eltern, Maria-Elisabeth und Dr. Wilfried Matanovic, sowie Herrn Philip Rupprath mein Dank für ihre uneingeschränkte Unterstützung. Ohne ihre Liebe und ihren ständigen Rückhalt wäre diese Arbeit nicht zu einem erfolgreichen Abschluss gekommen.

München, im Oktober 2005 — Stefanie Matanovic

Inhaltsverzeichnis

Zweiter Teil

Darstellung der urheberpersönlichkeitsrechtlichen Befugnisse als Objekte rechtsgeschäftlicher Dispositionen

Dritter Teil

Gesetzliche Regelungen in Bezug auf Rechtsgeschäfte über urheberpersönlichkeitsrechtliche Befugnisse

Vierter Teil

Darstellung und Analyse der dogmatischen Konstruktionen einer zulässigen „Übertragung" bzw. eines zulässigen „Verzichts"

Fünfter Teil

Rechtsvergleich

Abkürzungsverzeichnis

a. A.	anderer Ansicht
a.a.O.	am angegebenen Ort
Abs.	Absatz
AcP	Archiv für civilistische Praxis
a.E.	am Ende
a./n. F.	alte/neue Fassung
Aff.	affairs
aff'd	affirmed
AfP	Archiv für Presserecht
Ann.	annotated
ArchBürgR	Archiv für bürgerliches Recht
EMRK	Europäische Konvention zum Schutz der Menschenrechte und Grundfreiheiten
Amtl. Begr.	Amtliche Begründung
Anh.	Anhang
Anmerkg.	Anmerkung
App.	Appeal
aPR	allgemeines Persönlichkeitsrecht
BB	Betriebs-Berater
BCIA	Berne Convention Implementation Act
Bd(e)	Band (Bände)
BGB	Bürgerliches Gesetzbuch
BGH	Bundesgerichtshof
BGHZ	Entscheidungen des Bundesgerichtshofs in Zivilsachen, amtliche Sammlung
BT	Bundestag
Busch's Archiv	Archiv für Theorie und Praxis des allgemeinen deutschen Handels- und Wechselrecht
BVerfG(E)	(Entscheidungen des) Bundesverfassungsgericht(s)
CA	Copyright Act/Cour d'Appel
Cal. (Rptr.)	California (Reporter)
Cass.	(Cour de) Cassation
C. Civ.	Code Civil
cert. denied	certiorari denied
ch.	chapter
chron.	chronique
Cir.	Circuit Court of Appeals
Civ.	civil
Co.	Company
Comm.	communication
Conn.	Connecticut
Const.	Constitution
Corp.	Corporation

CPI .... Code de la propriété intellectuelle
Cult. .... cultural
D. .... Dalloz Périodique (bis 1941), Receuil Dalloz (ab 1945)
ders./dies. .... derselbe/dieselbe
Dok. .... Dokument
EG .... Europäische Gemeinschaft
Einf. .... Einführung
Einl. .... Einleitung
endg. .... endgültig
Ent. .... Entertainment
eMTV .... einheitlicher Manteltarifvertrag
EWG .... Europäische Wirtschaftsgemeinschaft
EWiR .... Entscheidungen zum Wirtschaftsrecht
F. .... Federal Reporter
F.2d/3d .... Federal Reporter, second/third series
f./ff. .... folgende/fortfolgende
Fn. .... Fußnote
FS .... Festschrift
F. Supp. .... Federal Supplement
FuR .... Film und Recht, seit 1985 ZUM
Gaz. Pal. .... Gazette du Palais
GEMA .... Gesellschaft für musikalische Aufführungs- und musikalische Vervielfältigungsrechte
Gen. .... general
GeschmMG .... Geschmacksmustergesetz
GG .... Grundgesetz für die Bundesrepublik Deutschland
ggf. .... gegebenenfalls
grds. .... grundsätzlich
GRUR .... Gewerblicher Rechtsschutz und Urheberrecht
GRUR Int. .... Gewerblicher Rechtsschutz und Urheberrecht - Internationaler Teil
Halbs. .... Halbsatz
h.M. .... herrschende Meinung
H.R. .... House of Representatives
Hrsg. .... Herausgeber
Inc. .... Incorporated
info. rap. .... informations rapides
insbes. .... insbesondere
Intl. .... international
i.S.v. .... im Sinne von
i.V.m. .... in Verbindung mit
J. .... Journal
jur. .... jurisprudence
JW .... Juristische Wochenschrift
JZ .... Juristenzeitung

KG	Kammergericht
KUG	Gesetz betreffend das Urheberrecht an Werken der bildenden Künste und der Photographie
KOM	Europäische Kommission
Legis.	legislation
LG	Landgericht
LM	Lindenmaier-Möhring, Nachschlagewerk des Bundesgerichtshofs
L. (Rev.)	Law (Review)
LUG	Gesetz betreffend das Urheberrecht an Werken der Literatur und Tonkunst
Mass.	Massachusetts
MDR	Monatsschrift für Deutsches Recht
MedR	Medizinrecht
Misc.	Miscellaneous Reports
MMR	Multimedia und Recht, Zeitschrift für Informations-, Telekommunikations- und Medienrecht
n.	Randnummer
N.E.	North Eastern Reporter
N.J.	New Jersey
NJW-CoR	NJW-Computerreport
NJW(-RR)	Neue Juristische Wochenschrift (-Rechtsprechungsreport)
N.Y.	New York
N.Y.S.(2d)	New York Supplement (second series)
OLG	Oberlandesgericht
P.	Pacific Reporter
Pa.	Pennsylvania
PatG	Patentgesetz
RabelsZ	Zeitschrift für ausländisches und internationales Recht
RBÜ	Revidierte Berner Übereinkunft zum Schutz von Werken der Literatur und Kunst
RdA	Recht der Arbeit
RefE	Referentenentwurf
RegE	Regierungsentwurf
Rev.	revised
rev´d	reversed
RG	Reichsgericht
RGZ	Entscheidungen des Reichsgerichts in Zivilsachen, amtliche Sammlung
RIDA	Revue Internationale du Droit d'Auteur
RL	Richtlinie
Rn.	Randnummer
S.	Seite(n)/Satz/South
SACEM	Société des Auteurs, Compositeurs et Editeurs de Musique

Schulze	Erich Schulze, Rechtsprechung zum Urheberrecht, Entscheidungssammlung
S. Ct.	Supreme Court (Entscheidungssammlung)
s.o.	siehe oben
Soc.	Société
sog.	so genannte(r, s)
somm. com.	sommaires commentés
Stats.	Statutes
Super. Ct.	Superior Court
TGI	Tribunal de Grande Instance
TV	Tarifvertrag
UFITA	Archiv für Urheber-, Film-, Funk- und Theaterrecht
UPR	Urheberpersönlichkeitsrecht
UrhG	Urheberrechtsgesetz
U.S.C.	United States Code
USPQ(2d)	The United States Patent Quaterly (Second Series)
VARA	Visual Artists' Rights Act
VerlG	Verlagsgesetz
VersR	Versicherungsrecht
VG	Verwertungsgesellschaft
vgl.	vergleiche
VG Wort	Verwertungsgesellschaft der Wortautoren
WIPO	World Intellectual Property Organisation
WM	Wertpapier-Mitteilungen
WRP	Wettbewerb in Recht und Praxis
Ziff.	Ziffer
ZPO	Zivilprozessordnung
ZUM	Zeitschrift für Urheber- und Medienrecht (seit 1985, früher FuR)
ZUM-RD	Rechtsprechungsdienst der ZUM

Einleitung

Das urheberrechtlich geschützte Werk steht allzu oft im Spannungsverhältnis zwischen den Verwertungsanliegen der Werknutzungsberechtigten und des Urhebers einerseits und dem ideellen, urheberpersönlichkeitsrechtlichen Interesse des Urhebers an seinem Werk andererseits.

Wird einem anderen ein Nutzungsrecht am Werk eingeräumt, so betrifft dies zugleich immer auch die urheberpersönlichkeitsrechtliche Befugnis des Urhebers, über die Veröffentlichung seines Werkes entscheiden zu können. Hat der Urheber sein Werk bereits signiert und dem Nutzungsrechtsinhaber in dieser Form zur Verwertung überlassen, so kann die Frage zu beantworten sein, ob der Nutzungsrechtsinhaber unabänderlich an diese Vorgabe gebunden ist oder aber sich vertraglich mit dem Urheber einigen und damit davon abweichen kann, bei der Werkverwertung den Namen des Urhebers zu nennen. Je nach Werkart können beispielsweise technisch oder auch vermarktungsstrategisch bedingte Gründe hinter dem Anliegen des Werknutzers, den Urheber nicht zu nennen, stehen. Entsprechendes gilt für geplante Veränderungen des Werkes im Kontext mit der Werknutzung. Hat beispielsweise der Verwerter eines Films nur eine bestimmte Zeitspanne für die Aufführung zur Verfügung, so ist er darauf angewiesen, entsprechende Kürzungen vorzunehmen. Wenn der Urheber einen entsprechenden finanziellen Ausgleich erhält und kein weitergehendes künstlerisches Interesse an einer unveränderten Fassung seines Werkes hat, wieso sollte ihm dann nicht zugestanden werden, die Werkveränderung zuzulassen? Auch die Frage einer Fremdwahrnehmung der ideellen Seite des Urheberrechts durch einen anderen, die im Interesse des Urhebers liegt, kann sich stellen. So wenn der Urheber sich selbst mangels Zeit oder technischer und organisatorischer Möglichkeiten nicht dazu in der Lage sieht, seinen Interessen und Ansprüchen angemessen nachzukommen.

Diese tatsächlichen, insbesondere wirtschaftlichen Anliegen der an der Werkverwertung beteiligten Personen treten in Konflikt mit den dem ideellen Teil des Urheberrechts - dem Urheberpersönlichkeitsrecht - gemeinhin zugewiesenen Eigenschaften der Unübertragbarkeit und der Unverzichtbarkeit. Dieser Rechtscharakter wird ganz überwiegend aus der höchstpersönlichen Natur des Rechts, die eine unauflösbare Verbindung zwischen Recht und Rechtsträger begründe, hergeleitet und als dogmatische Grundlage für die Ablehnung des Urheberpersönlichkeitsrechts als Gegenstand rechtsgeschäftlicher Vereinbarungen verstanden.

Ziel der vorliegenden Untersuchung ist es, gerade auch mit Blick auf die dargestellte praktische Relevanz, die rechtsgeschäftliche Disponibilität des Urheberpersönlichkeitsrechts zu untersuchen und den Bereich zulässiger Rechtsgeschäfte unter Lebenden herauszuarbeiten[1]. Da das deutsche Urheberrecht in seiner Entstehung und dogmatischen Entwicklung, insbesondere hinsichtlich des Schutzes der persönlichkeitsrechtlichen Interessen des Urhebers, aufs engste mit dem französischen *Droit d'Auteur* verbunden ist, ist eine Untersuchung auch die-

[1] Im Zusammenhang mit der Vererblichkeit des Urheberrechts, § 28 UrhG, ist hinsichtlich der Frage der Übertragbarkeit unter Lebenden geregelt, dass diese zur Erfüllung einer Verfügung von Todes wegen sowie zur Erbauseinandersetzung zwischen Miterben zulässig ist. § 29 Abs. 1, 2. Alt. UrhG trifft insoweit eine abweichende Regelung vom Grundsatz der Unübertragbarkeit nach § 29 Abs. 1, 1. Alt. UrhG, um die Vererblichkeit des Urheberrechts gem. § 28 UrhG umfassend zu gewährleisten. Dieser Bereich ist also ausschließlich und insoweit für den Fall des Ablebens des Urhebers geregelt. Deshalb werden die entsprechenden Zwecken dienenden rechtsgeschäftlichen Vereinbarungen bei der folgenden Untersuchung als grundsätzlich anderen Regelungen unterliegende Ausnahmen nicht behandelt. Insoweit kann jedenfalls auf v. Welser, S. 141-160, verwiesen werden.

ses Rechtssystems und dessen Bewertung und Behandlung der rechtsgeschäftlichen Disponibilität von urheberpersönlichkeitsrechtlichen Befugnissen, der *droits moraux*, nahe liegend und ein Vergleich der beiden Rechtssysteme geboten. Als dogmatisches Gegenstück zum *Droit d'Auteur* ist die Analyse des US-amerikanischen Rechts von Interesse. Das *Droit d'Auteur* folgt dem Primat des Schutzes des Urhebers, während das US-amerikanische *Copyright* den ökonomischen Aspekt in den Vordergrund stellt und damit ganz überwiegend den Schutz wirtschaftlicher Investitionen bezweckt. Vor dem Hintergrund der ausschließlich verwertungsrechtlichen Sicht des Copyrightsystems, dem damit nahezu umgekehrten Schutzgesichtspunkt, bietet sich auch die Analyse der rechtsgeschäftlichen Disponibilität des - vermeintlichen - US-amerikanischen Pendants zum Urheberpersönlichkeitsrecht bzw. zum *droit moral*, den sog. *moral rights*, an.

Insgesamt macht dies, vor allem hinsichtlich des deutschen Rechts, sowohl einen historischen Rückblick auf die Entwicklung des Urheberpersönlichkeitsrechts als auch eine Analyse und Überprüfung der Richtigkeit des argumentativen Automatismus zwischen der höchstpersönlichen Natur eines Rechts und der Zuweisung rechtsgeschäftlicher Indisponibilität notwendig. Hierauf aufbauend sind die gesetzliche Ausgestaltung des Urheberpersönlichkeitsrechts sowie die im Gesetz, insbesondere in § 29 UrhG, und in der urheberrechtlichen Lehre vorgegebenen Wertungen hinsichtlich der rechtsgeschäftlichen Disponibilität zu untersuchen. Dies verlangt auch nach der grundsätzlichen Klärung dessen, was rechtstechnisch unter den Termini „Übertragung" und „Verzicht" verstanden wird. Auf diesen Grundlagen findet dann, nach einer rechtsvergleichenden Analyse, eine detaillierte Untersuchung der rechtsgeschäftlichen Disponibilität der einzelnen gesetzlich konkretisierten urheberpersönlichkeitsrechtlichen Befugnisse statt.

Erster Teil

Grundlagen

I. Funktion, historische Entwicklung und Verortung urheberpersönlichkeitsrechtlicher Befugnisse in den verschiedenen Urheberrechtssystemen

1. Zum deutschen Recht

Das urheberrechtliche Konzept vom Schutz eines Urheberpersönlichkeitsrechts (im Weiteren UPR genannt) beruht auf dem Gedanken, dass selbst nach Weggabe aller Nutzungsrechte und des letzten eigenen Exemplars, der Urheber mit seinem Werk untrennbar verbunden bleibt[2], da es unumkehrbar weiterhin dessen Wesenszüge in sich trägt. Das Werk entsteht als Ausdruck des Denkens und Fühlens, kurz der Innenwelt des Urhebers und ist als solches Mittler von dessen Persönlichkeit gegenüber der Außenwelt. Regelmäßig wird deshalb vom Werk als Spiegel der Persönlichkeit[3] und geistiges Kind[4] des Schöpfers gesprochen. Auf diesem geistigen und persönlichen Verhältnis zwischen dem Urheber und seinem Werk basiert der ideelle Schutz mit der Zuweisung eines UPR an den Urheber, vergl. § 11 UrhG.

Verfassungsrechtlich wird das UPR über Art. 2 Abs. 1 i.V.m. Art. 1 Abs. 1 GG[5] garantiert, was zugleich einer internationalen Verpflichtung zur Wahrung der Werkintegrität aus Art. 6 *bis* der Revidierten Berner Übereinkunft (RBÜ)[6] entspricht. Auch Art. 27 Abs. 2 EMRK drückt den Gedanken eines UPR aus, indem „jede(m) Menschen ... das Recht auf Schutz der moralischen und materiellen Interessen (zugewiesen wird), die sich aus jeder wissenschaftlichen, literarischen oder künstlerischen Produktion ergeben, deren Urheber er ist“[7].

Das geltende UrhG fasst unter der Überschrift „Urheberpersönlichkeitsrecht“ das Veröffentlichungsrecht, § 12, das Recht auf Anerkennung der Urheberschaft, § 13, und das Recht auf Schutz vor Entstellung oder Beeinträchtigung des Werkes, § 14, zusammen. Diese Befugnisse werden überwiegend[8] als UPR im engeren Sinn bezeichnet. Davon zu unterscheiden ist

---

2 Fromm/Nordemann-Hertin vor § 12, Rn. 1.

3 Bullinger, S. 54.

4 Praxiskommentar-Bullinger Vor §§ 12 ff., Rn. 1.

5 Fromm/Nordemann-Hertin vor § 12, Rn. 9; Praxiskommentar-Bullinger Vor §§ 12 ff., Rn. 16.

6 Art. 6 bis Abs. 1 RBÜ lautet: „Unabhängig von seinen vermögensrechtlichen Befugnissen und selbst nach deren Abtretung behält der Urheber das Recht, die Urheberschaft am Werk für sich in Anspruch zu nehmen und sich jeder Entstellung, Verstümmelung oder sonstigen Änderung dieses Werkes oder jeder anderen Beeinträchtigung des Werks zu widersetzen, die seiner Ehre oder seinem Ruf nachteilig sein könnten.“

7 Schricker, Urheberrecht auf dem Weg, S. 81 f., sieht mit den genannten „moralischen Interessen“ das Droit Moral und dementsprechend auch das UPR erfasst.

8 Schricker-Dietz vor § 12 ff., Rn. 2; Dietz, S. 38 ff.; Haberstumpf, Rn. 197; Kreile/Wallner ZUM 1997, 625, 626; Heidelberger, § 11, Rn. 8; Dreier-Schulze Vor § 12, Rn. 2 f.; vergl. auch Möhring/Nicolini-Kroitzsch § 11, Rn. 8; Fromm/Nordemann-Hertin Rn. 2; v. Gamm § 11, Rn. 6; anders hingegen: Neumann-Duesberg NJW 1971, 164 f., der von einem allgemeinen sowie einem übergeordneten, besonderen UPR spricht; s. auch Schack, Rn. 318 und Riekert, S. 129 ff., der in Anlehnung an Jahn, S. XI f., von Haupt- und Einzelbefugnissen ausgeht. Hierbei scheint es sich jedoch nur um eine terminologische Abweichung zu handeln, denn letztlich wird von allen Vertretern der Sache nach eine Unterscheidung zwischen den verschiedenen „Formen“ des UPR vorgenommen. Anders wohl nur v. Welser, S. 21 f., der eine begriffliche Zusammenfassung aller, den persönlichkeitsrechtlichen Interessen dienenden Rechte als überflüssig, weil ohne eigene Aussagekraft, ablehnt. Insoweit macht er - zwar zutreffend - geltend, dass Persönlichkeitsrechte wie Verwertungsrechte ideellen und materiellen Interessen dienen können. Diese gleiche Wirkungsrichtung kann jedoch nicht die bestehenden Unterschiede zwischen Verwertungsrecht und UPR einebnen. Der Vergleich mit Ver-

das UPR im weiteren Sinn, das verstanden wird als der das gesamte Urheberrecht prägende Gedanke des Schutzes geistiger und persönlicher Interessen des Urhebers, wie es generalklauselartig in § 11 UrhG formuliert und in einer ganzen Reihe weiterer Einzelvorschriften des UrhG berücksichtigt ist; hier sind insbesondere die §§ 25, 28, 29, 39, 41, 42, 92 Abs. 2 UrhG zu nennen. Das UPR im weiteren Sinn ist immer dann betroffen, wenn es um den Schutz geistiger und ideeller Interessen geht, es hat demzufolge keine fest umrissene Gestalt[9].

Rechtsterminologisch verwendet wurde der Begriff „Urheberpersönlichkeitsrecht" erstmals vom Reichsgericht[10]. In der Gesetzessprache tauchte dieser Terminus zuerst im UrhG von 1965 und im diesbezüglichen Ministerialentwurf (MinE) von 1959 als Zwischenüberschrift auf, während sich der vorherige Referentenentwurf (RefE) von 1954 noch deutlich von dieser Begrifflichkeit distanzierte. Neben dieser begrifflichen Prägung kam es mit der Erarbeitung des UrhG von 1965 auch erstmals zu einer inhaltlich umfassenden Regelung des UPR. Vor Geltung des UrhG war zwar bereits ein Verständnis vom persönlichkeitsrechtlichen Teil des Urheberrechts im Sinne des heutigen UPR ausgebildet, es war jedoch nicht der heutigen Rechtslage vergleichbar weitreichend normiert.

Zum einen gab es keine dem § 11 UrhG vergleichbare, generelle Regelung. Eine dem Veröffentlichungsrecht gem. § 12 UrhG entsprechende Befugnis war nur für bestimmte Werkarten vorgesehen, vergl. § 11 Abs. 1 Satz 2 des „Gesetz(es) betreffend das Urheberrecht an Werken der Literatur und der Tonkunst" von 1901 (LUG). Inhaltlich dem Recht auf Urheberbezeichnung gem. § 13 Satz 2 UrhG vergleichbar, regelte § 13 des „Gesetz(es) betreffend das Urheberrecht an Werken der bildenden Künste und der Photographie" von 1907 (KUG) ein Recht auf namentliche Nennung, dies jedoch - wie das LUG hinsichtlich des Veröffentlichungsrechts - beschränkt auf die im Namen des Gesetzes selbst benannten Werkarten. Ein gesetzliches Verbot von Entstellungen und Beeinträchtigungen der Werke, wie § 14 UrhG dies vorsieht, gab es nicht. Gleichwohl hatte die damalige Rechtsprechung[11] des Reichsgerichts, ergänzend zu den Vorschriften des LUG und des KUG, einen dem heutigen Schutz durch die §§ 12 ff. UrhG vergleichbaren Standard anerkannt.

Anders als das UrhG in § 29 heute[12] sahen das KUG in § 10, 3. Abschnitt und das LUG in § 8, 3. Abschnitt ausdrücklich eine Übertragung des Urheberrechts vor und ließen damit einhergehende Vereinbarungen über das Werkintegritäts- und Namensnennungsrecht gem. § 12 KUG[13] und § 9 LUG[14] zu. Im damaligen Schrifttum war jedoch hinsichtlich der gesetzlichen Formulierung umstritten, inwieweit eine Übertragung des Urheberrechts der Substanz nach

---

wertungsrechten kann auch nicht begründen, wieso nicht von einem übergeordneten, zusammenfassenden UPR im weiteren Sinne auszugehen ist. Eine derartige Einteilung ist vom Gesetz auch für die Verwertungsrechte vorgesehen; so geht § 15 UrhG von einem allgemeinen Verwertungsrecht und weiteren gleichfalls aufgeführten, einzelnen Verwertungsbefugnissen aus, vergl. Rehbinder, Rn. 190 ff.

9 Schricker-Dietz vor § 12 ff., Rn. 7; Kreile/Wallner ZUM 1997, 625, 626. Diese Arbeit legt die dargelegte Unterscheidung und damit einhergehende Terminologie zugrunde.

10 RG GRUR 1929, 508, 509; vergl. Schricker-Dietz vor §§ 12 ff., Rn. 1 ff.

11 Bspw.: zum Schutz vor Entstellung/Veränderung des Werkes bereits RGZ 79, 397 - Sirenenbild und RGZ 102, 134 - Strindberg sowie zum Veröffentlichungsrecht bereits BGHZ 15, 249 - Cosima Wagner und BGHZ 13, 334 - Hjalmar Schacht.

12 Ausführlicher zu der gesetzlichen Ausgestaltung unten im 3. Teil.

13 § 9 LUG lautet: „Im Falle der Uebertragung des Urheberrechts hat der Erwerber, soweit nicht ein Anderes vereinbart ist, nicht das Recht, an dem Werke selbst, an dessen Titel und an der Bezeichnung des Urhebers Zusätze, Kürzungen oder sonstige Aenderungen vorzunehmen."

14 § 12 KUG lautet: „Im Falle der Übertragung des Urheberrechts hat der Erwerber, soweit nicht ein anderes vereinbart ist, nicht das Recht, bei der Ausübung seiner Befugnisse an dem Werke selbst, dessen Bezeichnung oder an der Bezeichnung des Urhebers Änderungen vorzunehmen."

oder nur der Ausübung nach zulässig war[15]. Dies war zum einen bedingt durch die fortschreitende Herausbildung des UPR selbst als auch durch die unterschiedliche Vorstellung des Verhältnisses zwischen diesem und den urheberrechtlichen Verwertungsrechten. Das LUG und das KUG regelten das Verhältnis der vermögensrechtlichen und persönlichkeitsrechtlichen Befugnisse zwar nicht ausdrücklich; da sie jedoch auch keine Trennung zwischen diesen Befugnissen vorsahen, wird gegenwärtig im Schrifttum gefolgert, dass den beiden Gesetzen das Verständnis von einem einheitlichen Urheberrecht innewohnte und diese damit der sog. monistischen Theorie folgten[16]. Übereinstimmend in gegenwärtigem Schrifttum und Rechtsprechung anerkannt, bildet diese Theorie jedenfalls die dogmatische Grundlage des geltenden UrhG[17].

Beim urheberrechtlichen Monismus handelt es sich um eine Ausprägung der Ende des 19. Jahrhunderts begründeten Theorie vom Immaterialgüterrecht[18]. Der Herausbildung und Entwicklung eines immaterialgüterrechtlichen Verständnisses ging insbesondere die Lehre vom geistigen Eigentum voraus, die bereits im 18. Jahrhundert begründet wurde[19]. Diese naturrechtliche Lehre begriff eine Herrschaft am Werk zwar nicht als rein gegenständliches Sacheigentum, sondern als Eigentum am geistigen Objekt, am immateriellen Gut. Dabei wurde jedoch grundsätzlich davon ausgegangen, dass mit der Eigentumsübertragung an der körperlichen Sache auch eine umfassende Abtretung aller dem Werkschöpfer zukommenden Rechte einhergehe, so dass der Erwerber mit dem Sacheigentum zugleich das Recht zum uneingeschränkten Gebrauch des Werks erhält[20]. Eine ideelle Beziehung und Bindung zwischen dem Schöpfer und seinem Werk wurde praktisch nicht berücksichtigt.

Als theoretischer Gegensatz entwickelte sich dann im 19. Jahrhundert die Lehre vom Urheberrecht als Persönlichkeitsrecht[21]. Ausgangspunkt dieser Lehre bildete die Überlegung, dass das Werk Bestandteil der Persönlichkeitssphäre des Urhebers ist und dem Schöpfer nur insoweit eine urheberrechtliche Herrschaft und damit urheberrechtlicher Schutz gewährt wird. Der rechtliche Schutz sollte deshalb den persönlichen Interessen am Werk dienen; wirtschaftliche Erwägungen und Interessen wurden dabei höchstens als Begleiterscheinung, als bloße Nebenfolge, berücksichtigt. Konsequenz dieser Auffassung war, dass urheberrechtlicher Schutz losgelöst von der Frage der wirtschaftlichen Verwertbarkeit beurteilt und ausschließlich an das Erfordernis des Ausdrucks geistiger Individualität und Originalität von Werken angeknüpft wurde. Im Fortbestand war derartiger Schutz von der Aufrechterhaltung des geistigen Bandes zwischen dem Urheber und dessen Werk abhängig. Demzufolge wurde als ein wichtiger Unterschied zur Lehre vom geistigen Eigentum angenommen, dass ein Schutz nicht ewig währen könne, sondern mangels Fortwirkens von geistiger Individualität mit der Zunahme der nach dem Tod des Urhebers verstrichenen Zeit entfallen müsse.

Was die Lehre vom geistigen Eigentum nicht berücksichtigte, den Schutz der ideellen Sphäre, betonte die Theorie vom Persönlichkeitsrecht übermäßig und vernachlässigte damit den Aspekt, dass spätestens in dem Moment, in dem der Prozess der Transformation der inne-

---

15 Vergl. Eggersberger, S. 71 ff. Bereits hierdurch deutete sich an, dass mit den Begriffen „Übertragung", „Verzicht" und „Veräußerung" durchaus unterschiedliche Inhalte verbunden sind. Ausführlich wird deshalb weiter unten im 4. Teil auf die Begrifflichkeit einzugehen sein.

16 Vergl. Eggersberger, S. 49 f. und 65, der auf Allfeld, Einl. B, S. 20 f. und Riezler, S. 21, verweist.

17 An Stelle vieler: Nicolini/Möhring-Kroitzsch § 11, Rn. 4.

18 Begründer bzw. Hauptvertreter: Kohler UFITA 123 (1993), 81.

19 Als deutsche bzw. deutschsprachige Hauptvertreter und Begründer dieser Theorie werden Pütter und Thurneisen genannt, vergl. Rehbinder, Rn. 22, S. 14.

20 Zu Unterschieden auch innerhalb dieses Meinungsspektrums, s. Eggersberger, S. 12 ff.

21 So noch der Hauptvertreter: Otto von Gierke, vergl. Nachdruck in UFITA 125 (1994), 103, 116.

ren Gefühls- und Gedankenwelt in eine äußere, auch für Dritte wahrnehmbare Form erfolgt und der Vorgang der Werkschöpfung abgeschlossen ist, beim Urheber regelmäßig das Bedürfnis nach finanzieller Verwertbarkeit und Verkehrsfähigkeit des geschaffenen Werkes entsteht. Damit sind aber gerade materielle Interessen verbunden[22]. Es geht nicht mehr nur um die persönliche Sphäre des Urhebers, sondern um den eher wirtschaftlichen, materiellen Bezug zu einem außerhalb seiner Person liegenden Objekt bzw. Formgebung, die in Kommunikation mit anderen, das Werk konsumierenden bzw. nutzenden Personen tritt. Notwendige Folge ist, dass sich das Werk zu einem gewissen Grad verselbständigt. Dabei und gerade auch deswegen bleibt es weiterhin schutzwürdig und -bedürftig. Diesem Umstand kann ein primär persönliche Interessen schützendes, reines Persönlichkeitsrecht nicht entsprechend Rechnung tragen; dessen Schutzbereich wird überschritten.

Folgerichtig setzte sich deshalb die heute herrschende Theorie vom Immaterialgüterrecht durch. Diese begreift das Urheberrecht weder als reines Vermögens- noch als reines Persönlichkeitsrecht. Der Schutzgegenstand ist von der Persönlichkeit des Urhebers wie auch vom sachlichen Objekt selbst zu trennen. Zwar bezieht sich das Urheberrecht immer auf ein bestimmtes Werk, entscheidend ist jedoch nicht die Körperlichkeit, sondern das dahinter stehende künstlerische Konzept, die künstlerische Schöpfung als immaterieller Gehalt. Dem Urheberrecht kommt ein besonderer, nicht - wie beim Sacheigentum - körperlich beschränkter Inhalt zu. Trotz und zugleich auch wegen der teilweisen Verselbständigung des immateriellen Gehalts von der Person des Schöpfers, kann der urheberrechtliche Schutz, im Unterschied zur Annahme der Lehre vom Persönlichkeitsrecht, zumindest aus materiellen Schutzgesichtspunkten nicht per se mit dem Tod des Urhebers entfallen.

Innerhalb der Theorie vom Immaterialgüterrecht, die sowohl den Schutz ideeller als auch materieller Interessen bezweckt, entwickelten sich zwei gegensätzliche Auffassungen über das Verhältnis zwischen diesen Interessensaspekten.

Der so genannten dualistischen Ausprägung[23] der immaterialgüterrechtlichen Theorie nach ist das Urheberrecht mit seinem verwertungsrechtlichen Ansatz vom Persönlichkeitsrecht zu trennen. Die Rechte stünden mit unterschiedlichem Schutzinhalt und -richtung selbständig und unabhängig nebeneinander. Die Vertreter dieser Konzeption gelangten aber zunehmend zu der Erkenntnis, dass die Verklammerung der ideellen und der materiellen Interessen vielschichtiger war als zunächst angenommen. Hieraus wurde der Schluss gezogen, dass insoweit vom Urheberrecht als Doppelrecht gesprochen werden müsse[24].

Weitergehend formulierte die so genannte monistische Ausprägung[25] der Theorie vom Immaterialgüterrecht, dass eine derart enge Verklammerung der materiellen und ideellen Interessen des Urhebers vorliege, dass von einem einheitlichen Recht zu sprechen sei, dem eine Doppelfunktion zukomme. Gern beschrieben wird dieser Aspekt mit dem von Ulmer[26] aufgestellten Vergleich des Urheberrechts mit einem Baum. Demnach bildet das einheitliche Urheberrecht den Baumstamm, aus dem sich urheberrechtliche Befugnisse als Äste und Zweige ableiten. Die notwendige Kraft zur Entwicklung der Äste und Zweige wird den Wurzeln entnommen. Diese wiederum werden gebildet sowohl aus den materiellen als auch den ideellen Interessen des Urhebers, so dass die verschiedenen Befugnisse mal aus dieser, mal aus jener

---

22 Vergl. Rehbinder, Rn. 26, S. 17 f.; Ulmer, § 37, II, 1., S. 207.

23 Neben Kohler zunächst auch noch von de Boor, S. 35, vertreten; ders. hingegen anders in: UFITA 16 (1944), 345. Die dualistische Theorie scheint auch der Regelung des Art. 6 bis RBÜ zugrunde zu liegen. Denn das Werkintegritätsrecht wird „*unabhängig* von vermögensrechtlichen Befugnissen und selbst *nach deren Abtretung*“ gewährt, vergl. auch Doutrelepont, GRUR Int. 1997, 293, 295.

24 Hauptvertreter: Michaelis, S. 26 f.; Müller, UFITA 2 (1929), 367, 380 f.

25 Begründer bzw. Hauptvertreter: Allfeld, Einl. S. 20 f.; Rabel, UFITA 108 (1988), 185.

26 S. 114 ff.

oder auch aus einem Zusammenspiel der beiden Interessengruppen gespeist werden. Insoweit können mit der Geltendmachung persönlichkeitsrechtlicher, ideeller Interessen zugleich - bzw. im Einzelfall auch ausschließlich - materielle Interessen verfolgt werden.

Dieser monistische Ansatz wurde im UrhG umgesetzt. So ist in § 11 UrhG, der amtlichen Begründung[27] zufolge, mit dem Schutz materieller und ideeller Interessen zum Ausdruck gebracht worden, dass die „beiden Seiten des Urheberrechts ... eine untrennbare Einheit (bilden)". Der Gesetzgeber hat sich damit ausdrücklich zur monistischen Theorie bekannt. Dabei ist die Reihenfolge der Erwähnung der ideellen und der nutzungsrechtlichen Seite des Urheberrechts in § 11 UrhG zufällig und bedeutet keine Rangfolge der beiden Elemente[28].

Die zweifache Schutzrichtung des einheitlichen Urheberrechts wird im Gesetzesaufbau verdeutlicht. So werden im vierten Abschnitt als Inhalt des Urheberrechts das UPR und die Verwertungsrechte genannt. Zwar kommen materielle, wirtschaftliche Interessen besonders in den Verwertungsrechten zum Ausdruck, das Urheberpersönlichkeitsrecht ist jedoch nicht bloß ideelles Gegenstück, sondern schützt auch diese materiellen Interessen. Bei Nutzungsrechtseinräumungen ist es immer zugleich betroffen, was sich gerade in der Annahme eines nicht fest umschriebenen, abschließenden UPR i.w.S. ausdrückt[29].

2. Zum französischen Recht

Von Frankreich ging die inhaltliche und begriffliche Entwicklung eines persönlichkeitsrechtlichen Schutzes des Urhebers aus. Hier wurde erstmals ausdrücklich der Terminus *droit moral* verwendet[30]. Das französische *droit moral* findet seine deutsche Entsprechung im UPR im engeren Sinn[31]. Die Begriffe *droit moral* und UPR werden insoweit ganz überwiegend synonym gebraucht[32]. Das *droit moral* dient auch nach der französischen Rechtsauffassung dem Schutz des Verhältnisses Werk-Urheber. Durch Gesetz konkretisiert und abschließend geregelt, wird über Art. L. 121 *Code de la propriété intellectuelle* (im Weiteren CPI), ein *droit de divulgation* (Veröffentlichungsrecht), ein *droit à la paternité* (Recht auf Anerkennung der Urheberschaft) und ein *droit au respect de l'oeuvre* (Recht auf Werkintegrität) sowie ein *droit de retrait* bzw. *droit de repentir* (Rückrufsrecht) gewährt; letzteres jedoch nicht als speziell urheberpersönlichkeitsrechtliche Befugnis.

Die französische Literatur spricht uneinheitlich sowohl im Plural von *droits moraux* als auch im Singular vom *droit moral*. Eine inhaltlich zu unterscheidende Bedeutung wird damit jedoch nicht verbunden. In dem einen Fall wird lediglich der quantitative Umstand mehrerer rechtlicher Befugnisse betont, während im anderen Fall verstärkt auf den Aspekt der rechtlichen Einheitlichkeit hingewiesen wird[33]. In der folgenden Darstellung wird der singuläre Terminus verwandt; auch das französische Gesetz selbst spricht im Singular vom *droit moral*, vergl. Art. L. 121-1 CPI.

In den ersten französischen Urheberrechtsgesetzen, deren Entwicklung mit dem Gesetz vom 13. Januar 1791[34] und dessen Schutz von Theaterstücken begann, war noch kein *droit moral* berücksichtigt. Insoweit wird von der gegenwärtigen Literatur geschlussfolgert, dass

---

27 UFITA 45 (1965), 240, 257.
28 So auch Heidmeier, S. 52.
29 Vergl. Schricker-Dietz vor §§ 12 ff., Rn. 6.
30 Fromm/Nordemann-Hertin vor § 12, Rn. 1; Peifer ZUM 1993, 325.
31 Vergl. Dietz, S. 39.
32 Vergl. Schricker-Dietz vor §§ 12 ff., Rn. 20; so schon Smoschewer UFITA 3 (1930), 349, 365.
33 Vergl. insoweit hierzu Bertand, 6.112., S. 261.
34 Hierzu Eggersberger, S. 205 f.

den Gesetzen die Theorie vom geistigen Eigentum[35] zugrunde lag. Das so verstandene Urheberrecht war demzufolge als frei und unbeschränkt übertragbar kodifiziert, vergl. Art. 5 des Gesetzes vom 13.1.1791, Art. 2 des Gesetzes von 19.7.1793 sowie Art. 39 f. des Dekretes vom 5.2.1810 und Art. 1 des Gesetzes vom 14.7.1866.

Der Cour de Cassation, die höchste zivilrechtliche Gerichtsinstanz, gelangte erst in der Entscheidung Lecocq/Cinquin[36] zu einer klaren Umschreibung des *droit moral*. Diese entspricht der Ausgestaltung im ersten umfassenden Urheberrechtsgesetz von 1957 (*loi de 11 mars 1957*), dem Vorläufer des CPI[37]. Mit der Entwicklung und Herausbildung des *droit moral* durch den Cour de Cassation in der Entscheidung Lecocq/Cinquin[38] äußerte sich dieser jedoch nicht zugleich zur Frage der Übertragbarkeit, so dass in der Folgezeit im französischen Schrifttum - in diesem Punkt bestärkt durch die durchaus uneinheitliche Rechtsprechung - zunächst umstritten war, ob und in welcher Form das *droit moral* übertragbar ist[39]. Erst mit der Einführung des Urheberrechtsgesetzes von 1957 wurde geregelt, dass das *droit moral* an die Person des Urhebers gebunden (*attaché à sa personne*), unveräußerlich (*inaliénable*), von unbegrenzter Dauer über den Tod hinaus (*perpétuel*) und unverjährbar (*imprescriptible)* ist, vergl. Art. 1 des Gesetzes von 1957 (loi de 11 mars 1957) und den entsprechenden, derzeit geltenden Art. L. 121-1 CPI[40].

Was das Verhältnis zwischen den *droits patrimoniaux* und dem *droit moral* und damit die Konzeption des *Droit d'Auteur* anbelangt, so regelt Art. L. 111 CPI, dass der Urheber eines Geisteswerks ein immaterielles Eigentumsrecht (*droit de propriété incorporelle*) genießt. Dieses umfasst persönlichkeitsrechtliche (*attributs d'ordre intellectuel et moral*) und vermögensrechtliche Elemente (*attributs d'ordre patrimonial*); das französische Urheberrecht folgt dabei einem modifizierten dualistischen Konzept[41], so dass sich das Urheberrecht in zwei wesensverschiedene Rechte aufteilt, die Vermögensrechte (*droits patrimoniaux*), vergleichbar den deutschen Verwertungsrechten, und das Persönlichkeitsrecht (*droit moral*). Diese beiden Rechte bestehen getrennt voneinander und können als Folge des dualistischen Systems unterschiedliche Wege beschreiten. So erklärt sich auch, dass im französischen Recht eine Übertragung des Vermögensrechts im Gegensatz zum Persönlichkeitsrecht zulässig ist, und dementsprechend abweichende gesetzliche Regelungen - vergl. einerseits Art. L. 121-1 CPI für das *droit moral* und andererseits Art. L. 122-7 CPI für die Verwertungsrechte - im Unterschied zum deutschen, einheitlichen § 29 UrhG vorgesehen sind. Von einer Modifikation der dualistischen Theorie im französischen Urheberrecht ist im Hinblick darauf zu sprechen, dass das *droit moral* und die *droits patrimoniaux* nicht als auf gleicher Stufe und gleichberechtigt nebeneinander stehend bewertet werden, sondern dem *droit moral* eine Vorrangstellung eingeräumt wird. In Konfliktfällen soll sich dieses gegenüber den *droits patrimoniaux* durchsetzen[42].

---

[35] Vergl. zu dieser Lehre oben, zum deutschen Recht, unter 1. Der wichtigste Begründer in der französischen Lehre war, laut Eggersberger, S. 204, Diderot mit einer Denkschrift aus dem Jahre 1767.

[36] 25.6.1902, D. 1903, 15.

[37] Boytha, FS Kreile, S. 109, 115.

[38] D. 1903, 15.

[39] Ausführlich hierzu Eggersberger, S. 207 ff. und 213 f. sowie Dietz, S. 138.

[40] Ausführlicher zu dieser Bestimmung unten im 5. Teil, unter I., 2., b).

[41] Hauptvertreter: Desbois, n. 209, der insbesondere das Gesetz von 1957 (Art. 1 Abs. 2 = L 111-1 CPI) als Bestätigung der Auffassung versteht, S. 275, 264 ff. Doutrelepont zufolge, GRUR Int. 1997, 294, 295, wird der Dualismus aber auch kritisch gesehen und als Grundlage angezweifelt; insofern verweist sie auf: Raynard, n. 289 f., der bezweifelt, dass das *droit moral* in die Kategorie der Persönlichkeitsrechte falle und deshalb nichts mit den Vermögensrechten zu tun habe.

[42] Altenburg, S. 85.

3. Zum US-amerikanischen Recht

Das US-amerikanische *Copyright* steht in der Tradition des englischen *Common Law*[43]. Im Gegensatz zum kontinental-europäischen Urheberrechtsdenken beruht es auf der Vorstellung, dass ein Klima zur Förderung der Herstellung schöpferischer Werke nur über den Schutz des öffentlichen - nicht des individuellen - Wohls erreicht werden kann[44]. Insoweit wird zwar reflexartig auch der Urheber begünstigt, primär soll jedoch das wissenschaftliche und künstlerische Erbe bereichert werden[45]. Nach diesem gesellschaftlich orientierten Konzept handelt es sich beim *Copyright* um ein ausschließlich wirtschaftliches Recht, ihm liegt keine persönlichkeitsrechtliche Vorstellung zugrunde[46]. Das *Copyright* dient letztlich dem generellen Schutz wirtschaftlicher Investitionen, anstatt hiervon losgelöst und an erster Stelle auf die Person des Schöpfers und dessen „Entlohnung" für die Schöpfung eines Werkes abzustellen.

Dieses vom kontinental-europäischen Urheberrecht deutlich zu unterscheidende Verständnis kommt bereits in der amerikanischen Verfassung, U.S. Const. art. I, § 8 cl. 8., zum Ausdruck[47]. Beim *Copyright* handelt es sich nicht um ein natürliches Recht, das dem Urheber durch den Schöpfungsakt zusteht und gesetzlich lediglich weiter ausgestaltet wird, sondern um ein erst durch Gesetz verliehenes Recht. Dies erklärt auch die im amerikanischen Recht notwendige Anmeldung des Werkes beim *Copyright Office* zur Erlangung urheberrechtlichen Schutzes.

Trotz dieses ausgeprägt wirtschaftlichen Verständnisses des *Copyrights* gewährt das US-amerikanische Recht mittlerweile auch persönlichkeitsrechtliche Befugnisse. Dabei spricht es von *moral rights* und bezieht sich mit dieser Formulierung auf den kontinental-europäischen Gedanken des *droit moral*. Als *moral rights* werden das *right of paternity* (Recht auf Anerkennung der Urheberschaft) und das *right of integrity* (Werkintegritätsrecht) sowohl im bundesgesetzlichen Urheberrecht, eingeführt durch den *Visual Artists Rights Act* (im Weiteren VARA), als auch in urheberrechtlichen Gesetzen der Einzelstaaten[48] garantiert[49].

Die *moral rights* werden dem Schöpfer des Werkes unabhängig von dem Bestehen der Inhaberschaft des *Copyrights* gewährt; es handelt sich um selbständige *Copyright*-fremde Rechte. Insoweit wird, abweichend vom US-amerikanischen Grundsatz der Eintragungspflicht als Voraussetzung für die Erlangung urheberrechtlichen Schutzes, in 17 U.S.C. §§ 411 (a) und 412 bestimmt, dass es für Verletzungsklagen und Schadenersatzansprüche beruhend auf *moral rights* bzw. in der Terminologie des VARA *visual artists rights*, keiner Eintragung in das

---

43 Dieselhorst GRUR Int. 1992, 902, 903; ausführlich hierzu, insbesondere auch im Vergleich zum deutschen Recht, Dieselhorst in seiner Monographie.

44 Vergl. den Titel des englischen Statute of Anne von 1710: „An Act for Encouragement of Learning, by vesting the Copies of printed Books to the Authors or Purchasers of such a Copy."

45 Ginsburg GRUR Int. 1991, 593, 594.

46 Ginsburg GRUR Int. 1991, 593, 593 f.

47 „Congress shall have the Power ... to promote the Progress of Science and useful Arts, by securing for limited times to Authors and Inventors the exclusive Right to their respective Writings and Discoveries."

48 Kaliforniens *Art Preservation Act* von 1980, Connecticuts *Art Preservation and Artists' Rights Act* von 1988, Massachusetts *Art Preservation Act* von 1985, Pennsylvanias *Arts Preservation Act* von 1986, New Yorks *Artists' Authorship Rights Act* von 1984, Louisianas *Artists' Authorship Rights Act* von 1986, Rhode Islands *Artists' Rights Act* von 1987, New Jerseys *Artists' Rights Act* von 1986, Maines *Moral Rights Statute* von 1985, New Mexicos *Fine Art in Public Buildings Act* von 1987 und Utahs *Percent-For-Art Act* von 1985.

49 Eine vergleichbare Unterteilung in ein UPR im engeren Sinn sowie den Gedanken von nicht abschließend gesetzlich umschriebenen Befugnissen, als ein UPR im weiteren Sinn, kennt das US-amerikanische Recht nicht.

Copyrightregister bedarf[50]. Eine deutliche Einschränkung erfährt der Schutz von *moral rights* jedoch dadurch, dass die meisten Gesetze die Möglichkeit eines *waiver of rights* bzw. eines *consent* vorsehen[51].

Die ausdrückliche gesetzliche Gewährung von *moral rights* bildet den Abschluss einer langen Entwicklung des US-amerikanischen Rechts, an deren Ausgangspunkt dieser Terminus lediglich zur Beschreibung der - zunächst - ausschließlich kontinental-europäischen Entwicklung diente[52]. Zur Lösung eines Rechtsstreits wurde auf derartige Rechte durch Gerichte zuvor nicht rekurriert[53]. So enthielt auch der bundesgesetzliche *Copyright Act* (im Weiteren CA) von 1976 anfänglich keine Bestimmung über *moral rights*. Dem deutschen UPR vergleichbare Rechtspositionen wurden ausschließlich unter Zuhilfenahme von Rechtsfiguren des unlauteren Wettbewerbs (*unfair competition*)[54], der unerlaubten Handlung[55] (*defamation, invasion of privacy*) und über Vertragsauslegung[56] geschützt[57]. Erste Ansätze in Richtung einer Entwicklung von *moral rights* gab es lediglich in einem Gesetzesentwurf von 1979[58], der

---

50 Baucks ZUM 1993, 76. Hiermit wird der durch Art. 5 Abs. 2 RBÜ statuierten Formlosigkeit des urheberrechtlichen Schutzes entsprochen.

51 Auf die genaue Ausgestaltung der einzelnen Regelungen und die inhaltliche Bedeutung der Termini wird später einzugehen sein.

52 Ginsburg GRUR Int. 1991, 593, 594; Peifer ZUM 1993, 325.

53 Vergl. insbesondere: Gilliam v. American Broadcasting Companies, Inc., 538 F.2d 14, 24 (2nd Cir. 1976), wo das Gericht betonte, dass ein dem kontinental-europäischen Konzept des *droit moral* vergleichbarer Schutz in den USA nicht existiere und auch nicht beabsichtigt sei, derartiges durch das Gericht einzuführen, siehe Peifer ZUM 1993, 325. Anders wohl: Survivors of the Riga Ghetto v. Huttenbach, Copyright Law Reports Nr. 129 v. 18.1.1989, § 26.353, zitiert nach: Dietz GRUR Int. 1989, 627, 634 (s. auch Fn. 1041), wo ausdrücklich eine positive Berufung auf das *droit moral* durch das Gericht erfolgte. Zu beachten ist dabei der zeitliche Zusammenhang. Die Entscheidung erging zu einer Zeit, in der bereits speziell urheberrechtliche Regelungen in den Einzelstaaten erlassen worden waren.

54 So: Smith v. Montoro, 648 F. 2 d 602 (9th Cir. 1981) hinsichtlich des Rechts eines Künstlers auf namentliche Nennung (aus Peifer ZUM 1993, 333) und Gilliam v. American Broadcasting, 528 F.2d 14 (2nd Cir. 1976) hinsichtlich des Rechts auf Werkintegrität. Weitere Hinweise auch bei Dieselhorst GRUR Int. 1992, 902, 903, für das Right of Paternity: CBS, Inc. v. Gusto Records, Inc., 403 F. Supp. 447, 189 USPQ 615 (M.D. Tennessee 1974); Benson v. Paul Winley Record Sales Corp., 452 F. Supp. 516, 204 USPQ 498 (S.D.N.Y. 1978); F.E.L. Publishing, Ltd. v. Catholic Bishop of Chicago, 466 F. Supp. 1034 (N.D. Illinois 1978); Dodd v. Fort Smith School District, 666 F. Supp. 1278, 4 USPQ2d 1395 (W. D. Ark. 1987); Lamothe v. Atlantic Record Recording Corp., 847 F.2d 1403 (9th Cir. 1988).

55 So: Seroff v. Simon & Schuster, Inc., 6 Misc.2d 383, 162 N.Y.S.2d 770 (S. Ct. N.Y. County 1957) und Geisel v. Poynter Products, Inc., 295 F. Supp. 331 (S.D.N.Y. 1968) hinsichtlich des Rechts auf Werkintegrität, alles aus: Peifer ZUM 1993, 325, 334. Weitere Hinweise von Dieselhorst GRUR Int. 1992, 902, 903 betreffend den Schutz des Right of Paternity in einer Konstellation als defamation: Ben-Oliel v. Press Publishing Co., 251 N.Y. 250, 167 N.E. 432 (N.Y. Court of Appeals 1929); Gershwin v. Ethical Publishing Co., 166 Misc. 39, 1 N.Y.S.2d 904 (N.Y. City Court 1937) und betreffend das Right of Integrity als Invasion of privacy: Eliot v. Jones, 66 Misc. 95, 120 N.Y.S. 989 (N.Y. S. Ct. 1910); Kerby v. Hal Roach Studios, 53 Cal. App.2d 207, 127 P.2d 577 (Ca. App. 1942).

56 So: Preminger v. Columbia Pictures, 49 Misc. 2 d 363, 267 N.Y.S.2d 594 (S. Ct. N.Y. County 1966) und Stevens v. National Broadcasting Co., 70 Cal. App.2d 886; 76 Cal. Rptr. 106 (Dist. Ct. App. 1969), alles aus: Peifer, ZUM 1993, 325, 333 f. Weitere Hinweise von Dieselhorst in GRUR Int. 1992, 902, 903: hinsichtlich des Right of Paternity: Clemens v. Press Publishing Co., 67 Misc. 183, 122 N.Y.S. 206 (N.Y. S. Ct. 1910) und Lake v. Universal Pictures Co., 95 F. Supp. 768, 88 USPQ 235 (S.D. Cal. 1950) und hinsichtlich des Right of Integrity: Manners v. Famous Players-Lasky Co., 262 Fed. 811 (S.D.N.Y. 1919); Curwood v. Affiliated Distributors, Inc., 283 Fed. 219 (S.D.N.Y. 1922) und Granz v. Harris, 198 F.2d 585 (2d Cir. 1952).

57 Ausführlich hierzu: Dieselhorst.

58 Vergl. Baucks ZUM 1992, 72.

sich in der Folge jedoch nicht durchsetzen konnte. Die Diskussion zur Frage von *moral rights* wurde neu und verstärkt entfacht im Vorfeld der Unterzeichnung des *Berne Convention Implementation Act* (im Weiteren BCIA) von 1988[59], wodurch die USA der RBÜ wirksam beitraten. Dieser Beitritt erschien mangels ausdrücklicher Zuweisung von *moral rights* durch Gesetz oder Rechtsprechung im Hinblick auf die persönlichkeitsrechtliche Schutzgarantie des Art. 6 bis RBÜ problematisch. Die bestehende Gesetzes- und Rechtsprechungslage und damit die Schutzgewährung über die genannten urheberrechtsfremden Rechtsgebiete wurde letztlich als den Schutzanforderungen des Art. 6 bis RBÜ entsprechend erachtet. Die Auffassung, dass es keiner weitergehenden, neuen bundesgesetzlichen Regelung bedurfte, setzte sich durch[60] und wurde ausdrücklich in Sec. 2 (3) BCIA formuliert[61].

Anfang der 80er Jahre wurden dann die bereits erwähnten, speziell urheberrechtlichen Gesetze der Einzelstaaten erlassen, die dem Urheber Schutz über *moral rights* gewährten. Einen vorläufigen Abschluss fand die geschichtliche Entwicklung der *moral rights* im Spannungsfeld zwischen der einzelstaatlichen urheberrechtlichen Gesetzgebung und dem auf Bundesebene mit dem BCIA noch ausdrücklich zurückgewiesenen Bedürfnis nach *moral rights*[62] durch den Erlass des VARA 1990, mit dem die bereits genannten urheberpersönlichkeitsrechtlichen Bestimmungen auf Bundesebene eingeführt wurden. Die Vorschriften des VARA wurden in den CA als Ergänzung und Modifikation aufgenommen[63].

Seitens der deutschen Rechtslehre wurde die gesetzliche Einführung von *moral rights* begrüßt, doch gehen die Meinungen darüber, ob hierdurch eine Annäherung an das kontinentaleuropäische Urheberrecht mit seinen weitreichenden urheberpersönlichkeitsrechtlichen Befugnissen erfolgt ist, auseinander[64].

Was das Verhältnis zwischen dem wirtschaftlichen *copyright* und den *moral rights* anbelangt, ist auf eine deutliche Trennung dieser Grundpositionen und damit ihrer rechtlichen Behandlung hinzuweisen. Die *moral rights* stehen selbständig und unabhängig neben dem *Copyright*, das nach US-amerikanischem Verständnis als reines Vermögensrecht frei übertragbar ist[65]. Es gibt weder eine Wechselwirkung noch ein Rangverhältnis zwischen beiden Rechten. Rein formal betrachtet deutet dies auf eine Nähe zur kontinental-europäischen, dualistischen Theorie hin[66].

---

59 Die Diskussion wurde bestimmt durch widerstreitende Positionen, wie der absoluten Gegnerschaft gegenüber dem Konzept der *moral rights* - die sogar zur sog. „Coalition to Preserve the American Copyright Tradition" zum Kampf gegen dieses Konzept führte - und der Überzeugung, dass im Zuge des Beitritts zur RBÜ ein umfassender Schutz durch moral rights eingeführt werden könnte.

60 Dietz GRUR Int. 1989, 627, 628.

61 „The amendments made by this Act, together with the law as it exists on the date of the enactment of this Act, satisfy the obligations of the United States in adhering to the Berne Convention and no further rights or interests shall be recognized or created for that purpose."

62 Zum Meinungsstreit während der Entstehungsgeschichte vergl. Dietz GRUR Int. 1989, 627, 629 ff. Auch gegenwärtig wird das Konzept der *moral rights* abgelehnt und eingewendet, dass eine bundesgesetzliche Gewährleistung nicht mit der US-Verfassung vereinbar sei, da der Bundesgesetzgeber danach keine Gesetzgebungskompetenz habe und der VARA damit gem. 10th Amendment unwirksam sei, so Bensen 24 Hofstra L. Rev. 1127 (1996).

63 Siehe Peifer ZUM 1993, 325, 348, mit dem erläuternden Hinweis darauf, dass der VARA unter dem Titel des CA als 17 U.S.C. §§ 101, 106A, 107, 113, 301, 411, 412, 501, 506, 608-610 kodifiziert wurde.

64 Vergl. insoweit einerseits Baucks ZUM 1993, 72, 76 und andererseits Dieselhorst; Schricker-Dietz vor §§ 12 ff., Rn. 21. Zurückhaltend auch Peifer ZUM 1993, 325, 351 f. Die Klärung dieses Punktes würde den Rahmen der Arbeit überschreiten; insoweit sei auf die umfassende Untersuchung von Dieselhorst verwiesen.

65 Zur Übertragung des *Copyrights*, vergl. Nimmer, Chapter 10.

66 Aus der starken Trennung von *Copyright* und *moral rights* folgt die im weiteren Verlauf der Arbeit für die *moral rights* isoliert vorzunehmende Untersuchung der Frage nach deren rechtsgeschäftlicher Disponibilität.

II. Verzichtbarkeit und Übertragbarkeit vor dem Hintergrund der Rechtsnatur des Urheberpersönlichkeitsrechts

Die Frage der Zulässigkeit von Rechtsgeschäften über ein bestimmtes Recht wird regelmäßig mit dem Verweis auf die Natur des Rechts beantwortet. Bei der Diskussion zum UPR wird das oft beschworene Dogma der Unübertragbarkeit von Persönlichkeitsrechten[67] herangezogen und über die Zuweisung der persönlichkeitsrechtlichen Natur auch die rechtsgeschäftliche Indisponibilität des UPR begründet. Bedeutsam ist dies insbesondere im Hinblick auf § 29 Abs. 1 UrhG, wonach das Urheberrecht unter Lebenden nicht übertragbar ist. Im Zusammenhang mit der monistischen Theorie wird insoweit regelmäßig darauf verwiesen, dass die untrennbare Verbindung persönlichkeitsrechtlicher und verwertungsrechtlicher Elemente - bei vorausgesetzter Unübertragbarkeit des UPR - dazu führen muss, diesen Charakter der Unübertragbarkeit auch auf den vermögensrechtlichen Anteil übergreifen zu lassen[68].

Die Anwendbarkeit des Unübertragbarkeitsdogmas im urheberpersönlichkeitsrechtlichen Bereich setzt nun zweierlei voraus: zum einen die Zuordnung des UPR zu der Gruppe der Persönlichkeitsrechte und zum anderen die Richtigkeit des diesbezüglichen Unübertragbarkeitsdogmas, mithin die Notwendigkeit des Schlusses auf die rechtliche Unmöglichkeit einer Trennung der sog. höchstpersönlichen Rechte vom jeweiligen Rechtsträger.

1. Die persönlichkeitsrechtliche Dimension des Urheberpersönlichkeitsrechts

a) Grundsätzliches

Ganz überwiegend wird das UPR, wie sein Name schon nahe legt, umfänglich den Persönlichkeitsrechten zugeordnet[69]. So auch die amtliche Begründung zum UrhG von 1965[70], die insoweit vom Persönlichkeitsrecht als einer Seite des Urheberrechts spricht. Dies obwohl die Verwendung des Begriffs UPR während der Gesetzesentstehung durchaus kritisch bewertet wurde, da nicht die Person des Urhebers, sondern das geschaffene Werk und die Verbindung zum Schöpfer im Mittelpunkt der rechtlichen Ausgestaltung stehe[71]. Diese Kritik bildet auch den Ausgangspunkt für die Ablehnung der Zuordnung des UPR zu den Persönlichkeitsrechten[72]. Durch diesen Schutz der Beziehung einer Person zu einem außerpersönlichen Gut, dem Geisteswerk, unterscheide es sich nicht von den durch den Werkbezug mitbegründeten Verwertungsrechten.

Ein weiterer Ansatz zur Bestimmung der Rechtsnatur könnte aus dem Umstand gezogen werden, dass das UPR Teil des einheitlichen Urheberrechts ist und deshalb auch der Rechts-

---

67 Vergl. die Hinweise von: Freitag, S. 163; Helle, RabelsZ 60 (1996), 448, 468; Forkel, S. 199 f.

68 Anstelle vieler beispielhaft Schricker-Schricker § 29, Rn. 4. Zur Auslegung des § 29 UrhG selbst unten im 3. Teil, unter I.

69 Schricker-Dietz vor §§ 12 ff., Rn. 14; Kellerhals, S. 90; Praxiskommentar-Bullinger vor §§ 12 ff., Rn. 1, spricht vom besonderen Persönlichkeitsrecht. A. A. Peter UFITA 36 (1962), 257 ff., der eine Zweiteilung des UPR befürwortet und dieses als Immaterialgüterrecht betrachtet, soweit geistige Interessen am Werk geschützt werden.

70 Vergl. Begründung zum RegE des UrhG von 1965, UFITA 45 (1945), 240, 258.

71 Vergl. Kellerhals, S. 70 unter Verweis auf die Referentenentwürfe zur Urheberrechtsreform, Fn. 38.

72 Eine weitreichende Forderung besteht sogar darin, das UPR abzuschaffen, da es begrifflich und auch der juristischen Konstruktion nach nicht ins Urheberrecht passe, so: de Boor UFITA 18 (1954), 260, 262 ff.; Troller UFITA 28 (1959), 257, 297; ähnlich auch Groppler UFITA 25 (1958), 385, 394 und Hirsch UFITA 26 (1958), 1, 14.

natur dieses „Mantelrechts“ entspricht[73]. Unterstützt wird diese These zunächst durch den Hinweis darauf, dass es sich bei dem UPR, anstelle eines selbständigen Rechts, um Berechtigungen bzw. Ansprüche aus dem Immaterialgüterrecht „Urheberrecht“[74], also um ein in diesem Urheberrecht gebundenes Recht handelt[75]. Mit dieser Zuordnung soll indes lediglich zum Ausdruck gebracht werden, dass eine Abhängigkeit des UPR vom immaterialgüterrechtlichen („Gesamt“-)urheberrecht bezüglich des Entstehungs- und Beendigungstatbestandes besteht[76]. Dies verdeutlicht lediglich den monistischen Grundgedanke des geltenden deutschen Urheberrechts, ohne jedoch dem UPR eigenständige Rechtsqualität absprechen zu wollen. Zudem führt der Versuch einer argumentativen Ableitung der Rechtsnatur des UPR von der des („Gesamt“-)urheberrechts letztlich auch zu einem ableitungstechnischen Fehlschluss. Denn für die Begründung der besonderen Rechtsnatur des Urheberrechts - als ein Immaterialgüterrecht - wird auf den persönlichkeitsrechtlichen Bestandteil, das UPR, verwiesen. Der Ansatz, aus dem („Gesamt“-)urheberrecht die Rechtsnatur eines rechtlichen Bestandteils abzuleiten, wenn dieser seinerseits die Rechtsnatur des Gesamtrechts prägt, ist zirkelschlüssig. Hinzukommt, dass auch die bisher einheitliche Zuordnung des Urheberrechts zu einer Rechtskategorie, der der Immaterialgüterrechte, bestritten wird[77].

Insgesamt erscheint es deshalb geboten, da am konsequentesten, die Rechtsnatur des UPR selbständig zu bestimmen. Dabei begibt man sich jedoch in gewissem Umfang auf eine Gradwanderung, denn bei allzu starker Betonung einer Selbständigkeit des UPR - und damit auch einer Zweiteilung des Urheberrechts - würde die das Leitbild für das deutsche Urheberrecht bildende monistische Theorie in Richtung eines Dualismus verlassen[78].

Ausgehend von der begrifflich implizierten Zuordnung des UPR zur Kategorie der Persönlichkeitsrechte soll der persönlichkeitsrechtliche Gehalt auf Veränderungen unter dem Blickwinkel von neueren rechtlichen Entwicklungen und rechtstatsächlichen Gesichtspunkten überprüft werden. Insoweit sind zwei neuere Tendenzen und Aspekte zu bedenken. Zum einen die Entwicklung des Werkbegriffs im Sinn des § 2 Abs. 2 UrhG und zum anderen der Wandel des - einstigen - urheberrechtlichen Leitbildes des selbständigen, freischaffenden (und dabei meist verarmten) Urhebers[79]. Diese Änderungen der Rahmenbedingungen sind nicht ohne

---

73 Vergleichbar im Ergebnis: Federle, S. 68, zumindest für den Teil des UPR, über den die geistigen Interessen des Urhebers geschützt werden. Insoweit ist dies eine Anlehnung an die Ansicht von Peter UFITA 36 (1962), 257. Dies führt nach Ansicht der beiden Autoren zu einer Zweiteilung des UPR, vergl. insoweit bereits die Ausführungen oben und ausführlicher unter c).

74 Dieser Einordnung folgt die wohl herrschende Meinung: v. Gamm § 11, Rn. 2; Rehbinder, Rn. 27, S. 18 und Rn. 74 ff.; Ulmer, § 2, I, 2., S. 12 und siehe auch §§ 17/18; Schack, Rn. 22.

75 Ulmer, § 18, II, S. 115; v. Gamm, § 11, Rn. 2, formuliert deshalb auch, dass es sich nicht um ein eigenständiges Recht sondern - nur - um eine Berechtigung aus dem Immaterialgüterrecht handele.

76 Vergl. v. Gamm, § 11, Rn. 2.

77 Vergl. Götting, FS Schricker, S. 53, 65 f., der das Urheberrecht als Mischrecht eigener Art qualifiziert; Schricker-Schricker Einl., Rn. 21, formuliert, dass das Urheberrecht mit seiner vermögensrechtlichen Seite Immaterialgüterrecht und hinsichtlich des Schutzes der ideellen Urheberinteressen Persönlichkeitsrecht ist und einen besonderen Platz im Rechtssystem einnimmt.

78 Festzuhalten ist dabei jedenfalls, dass die Berechtigungen, wie positive Benutzungs- und negative Verbietungsrechte, einerseits den Verwertungsrechten und andererseits dem UPR, damit in jedem Fall dem einheitlichen Urheberrecht entspringen. Insoweit sind diese beiden Bestandteile also durchaus voneinander unabhängig, da Inhalt und Umfang sich nicht notwendigerweise decken, v. Gamm § 11, Rn. 4. Am zutreffendsten ist es deshalb, das Urheberrecht als Verbund von Rechten mit unterschiedlicher Rechtsnatur zu verstehen. Insoweit wird auch die Bedeutsamkeit der geltenden monistischen Theorie im weiteren Verlauf der Untersuchung durch Betrachtung des verwertungsrechtlichen Fortgangs - gerade im Bereich der Werkveröffentlichung - im Zusammenhang mit dem urheberpersönlichkeitsrechtlichen Aspekt deutlich werden.

79 Vergl. Götting, FS Schricker, S. 53, 59 f.

Wirkung für die Bestimmung des ideellen Verhältnisses, des sog. geistigen Bandes zwischen Urheber und Werk, und werfen die Frage auf, ob hierdurch das bislang geltende, historisch tradierte urheberpersönlichkeitsrechtliche Verständnis in Frage zu stellen ist, was schlagwortartig mit der Diskussion einer „Entpersönlichung“[80] des UPR beschrieben werden kann[81].

b) Die Entpersönlichung des Urheberpersönlichkeitsrechts

aa) Die rechtliche Entpersönlichung des Urheberpersönlichkeitsrechts vor dem Hintergrund der Entwicklung des urheberrechtlichen Werkbegriffs

Der urheberrechtliche Werkbegriff knüpft hinsichtlich der Schutzfähigkeit an das Vorliegen einer „persönlich, geistigen Schöpfung“ an, vergl. § 2 Abs. 2 UrhG. Die rechtliche Überprüfung des Vorliegens vollzieht sich anhand eines Bündels von Kriterien, die kumulativ erfüllt sein müssen. Neben den Merkmalen „menschliche Schöpfung“, „geistiger Gehalt“ und „wahrnehmbare Formgebung“, muss „Individualität“ als Kern[82] und Anknüpfungspunkt gerade auch für den urheberpersönlichkeitsrechtlichen Schutz in einem Werk feststellbar zum Ausdruck kommen.

Die inhaltliche Bestimmung des Kriteriums „Individualität“ steht jedoch im Widerspruch zur klassisch-strengen Auffassung des UPR, die ihre Position daraus ableitet, dass das Werk ein Spiegel der Persönlichkeit des Urhebers sei[83]. Denn für die Schutzfähigkeit eines Werkes wird nicht generell verlangt, dass dieses von der Persönlichkeit des Urhebers geprägt wurde, dass es den Stempel der Persönlichkeit des Schöpfers an sich trägt[84]. Zur Bejahung von Individualität wird vielmehr gefordert, dass es sich bei dem Werk um eine schöpferische Eigentümlichkeit[85] bzw. um den Ausdruck individuellen Geistes oder Schaffens[86] handelt. Dabei kann die individuelle Prägung zwar derart intensiv sein, dass das Werk gleich einem Spiegel der Persönlichkeit erscheint. Dies ist jedoch keine Voraussetzung[87]. So werden insbesondere über den Schutz der sog. „kleinen Münze“[88] auch Werke von bloß minimaler, individueller Prägung einbezogen. Insoweit kommt dem Kriterium der Individualität lediglich die Funktion einer Abgrenzung zu nur routinemäßigen Alltags- bzw. Allerweltsprodukten[89] zu; also zu Produkten, die das Ergebnis bloß allgemein menschlicher Fähigkeiten und allgemeiner Regeln des Metiers sind.

In weiten Teilen wird urheberrechtliches Schaffen durch Fremdbestimmtheit gekennzeichnet, wie im Bereich der Auftrags- bzw. Arbeitnehmerwerke, wo die Auftrag gebende Person

---

80 Vergl. zu dieser Begrifflichkeit: Seemann UFITA 131 (1996), S. 5, 24 ff. und Kotsiris UFITA 119 (1992), 5 ff.

81 In diese Richtung tendiert wohl auch Metzger, S. 59 ff. und S. 117 ff., insbes. S. 126 ff.

82 An diesen Kriterien orientieren sich denn auch die jeweiligen Einzelfalluntersuchungen zur Bestimmung der Schutzfähigkeit, vergl. Übersicht bei Praxiskommentar-Bullinger § 2; Übersicht bei Schricker-Loewenheim § 2 und Heitland, S. 31 ff.

83 Vergl. insoweit oben, bei I., 1., sowie Schricker-Loewenheim § 2, Rn. 24.

84 Fromm/Nordemann-Vinck § 2, Rn. 11, 12; Rehbinder, Rn. 114, S. 83; wohl auch v. Gamm § 2, Rn. 12; Ulmer, § 20, I, 2., S. 127; a. A. wohl nur Möhring/Nicolini-Nicolini, noch in der 1. Auflage, § 2, Rn. 10, b).

85 Wohl BGH GRUR 1986, 458 - Oberammergauer Passionsspiele, wo er von geistig-schöpferischer Eigentümlichkeit spricht; s. auch Schack, Rn. 161.

86 Rehbinder, Rn. 117, S. 85; Ulmer, § 19, V, 2., S. 124 und § 20, I. 2., S 127.

87 Gegen eine allzu „romantische“ Vorstellung vom Schöpfungsprozess und damit dem Individualitätsbegriff, insbesondere Strömholm GRUR Int. 1996, 529, 532.

88 Vergl. Schricker-Loewenheim § 2, Rn. 24.

89 Vergl. BGH GRUR 1993, 34, 36 - Bedienungsanweisung; BGH GRUR 1991, 449, 452 - Betriebssystem und Schricker-Loewenheim § 2, Rn. 26.

bzw. der Arbeitgeber zufrieden gestellt werden soll und deshalb ganz überwiegend nach deren genauen, bestimmten Anweisungen und Vorstellungsbeschreibungen gearbeitet wird. Die Persönlichkeit des Schöpfers wird in dem geschaffenen Werk dann nicht ihre Emanation finden. Soweit jedoch das notwendige Mindestmaß an Individualität gewahrt wird, kommt dem Werk urheberrechtlicher, damit auch urheberpersönlichkeitsrechtlicher Schutz zu.

Vor dem Hintergrund dieses Spannungsverhältnisses zwischen der Bestimmung des UPR als Ausdruck des ideellen Bandes zwischen Urheber und Werk und dem Umstand der Anknüpfung an eine von der Person des Urhebers letztlich losgelöste und insoweit „abstrakte" Individualität erklären sich auch die Auffassungen im Schrifttum, die das Kriterium der „Individualität" ablehnen und stattdessen auf andere Merkmale wie „Gestaltungsspielraum"[90] oder „statistische Einmaligkeit"[91] zur Bestimmung der Schutzfähigkeit eines Werkes rekurrieren.

Begleitet wird dieser definitorische Konflikt von einer fortschreitenden Aufweichung bis hin zu einer Eliminierung des traditionell geforderten Mindestmaßes an Individualität als Voraussetzung für die urheberrechtliche Schutzfähigkeit. Auch dies trägt zur Abnahme einer persönlichkeitsbestimmten Werkprägung und damit zu einer Entpersönlichung des Urheberrechts[92] bei. Zwar gilt auch gegenwärtig weiterhin der Grundsatz, dass für die Frage der urheberrechtlichen Schutzfähigkeit je nach Werkart unterschiedliche Anforderungen an das notwendige Mindestmaß von Individualität, erfasst unter dem Begriff der Gestaltungshöhe[93], zu stellen sind[94]. Jedoch wird seit Einführung eines speziellen Schutzes von Computerdatenbankwerken[95] diesbezüglich überhaupt keine quantitative Forderung, im Sinne einer notwendigen Gestaltungshöhe, mehr aufgestellt. Es reicht schlicht das Vorliegen von Individualität. Auch der urheberrechtliche Schutz von Computerprogrammen[96] führte zu einer Absenkung der Schutzanforderungen, da damit eine gänzliche Abschaffung des Kriteriums der Gestaltungshöhe einherging[97]; dementsprechend wurde auch die bis dato anders lautende Forderung seitens der Rechtsprechung[98] in der Folgezeit für diese Werkarten korrigiert[99].

Die Einbeziehung von Software in den Kreis der geschützten Werkarten wird vom Schrifttum mitunter dahingehend bewertet, dass sich hier die Auflösung der Fokussierung auf die

90 Schack, Rn. 164; Schricker-Loewenheim § 2, Rn. 29; Ulmer, § 21 IV 2, S. 133.

91 Kummer; Straub GRUR Int. 2001, 4; Girth.

92 Vergl. auch Seemann UFITA 131 (1996), 5, und Kotsiris UFITA 119 (1992), 5.

93 Vergl. Schricker-Loewenheim § 2, Rn. 32 und Praxiskommentar-Bullinger § 2, Rn. 22. Die „Gestaltungshöhe" wird auch als quantitativer Gesichtspunkt der Individualität bezeichnet, vergl. Schricker GRUR 1996, 815.

94 BGH GRUR 1993, 34, 36 - Bedienungsanleitung; GRUR 1992, 382, 384 f. - Leitsätze; kritisch insoweit Schricker-Loewenheim § 2, Rn. 35; Nordemann/Heise ZUM 2001, 128, 137.

95 Reine Datenbanken, denen der Werkcharakter fehlt, sind wegen des Investitionsaufwandes aber schutzfähig als Leistungsschutzrechte gem. § 87 b UrhG. Als Unterscheidung wurde dies im Rahmen der Umsetzung der Datenbankrichtlinie RL 96/9/EG v. 11. 3. 1996, abgedruckt in Beck-Texte Urheberrecht, 10. Auflage, 2003, Nr. 44, eingeführt, die ihrerseits einen urheberrechtlichen Schutz von eigenschöpferischen sowie einen Schutz von nichtschöpferischen Datenbanken vorsah.

96 Bereits 1985 in § 2 UrhG aufgenommen, wird der Schutz für Computerprogramme in den §§ 69 a ff. UrhG infolge der Umsetzung der Computerrichtlinie RL 91/250/EWG v. 14. 5. 1991, abgedruckt in GRUR Int. 1991, 545, näher geregelt.

97 Vergl. VerlagsR-Schricker Einl., Rn. 33. Er äußert sich grundsätzlich, für alle Werkbereiche, ablehnend gegenüber der Beibehaltung dieses quantitativen Merkmals, s. GRUR 1996, 815, 818.

98 So Wandtke, GRUR 2002, 1, 9, unter Verweis auf BGH GRUR 1991, 449, 451 - Betriebssystem und GRUR 1983, 377, 378 - Brombeer-Muster; sowie die Kritik hierzu von Schricker-Loewenheim § 2, Rn. 25; Möhring/Nicolini-Ahlberg § 2, Rn. 156.

99 Vergl. BGHZ NJW 1993, 3136, 3137 - Buchhaltungsprogramm.

künstlerischen Ergebnisse geistiger Arbeit zeige[100]. Aus der Gesamtentwicklung lasse sich die Tendenz ableiten, dass wirtschaftliche Belange anderer zunehmend Bedeutung erlangen. Insoweit steht dahinter wohl letztlich der Gedanke einer Annäherung an das US-amerikanische Copyrightsystem[101].

Dieser Aspekt kann indes nicht als eine - weitere - Untermauerung einer Entpersönlichungstendenz verstanden werden. Wenngleich wirtschaftliche Überlegungen bedeutsamer werden, so stellt dies im Ergebnis keine Abkehr vom persönlichkeitsrechtlichen Konzept und Schutz des Urheberrechts dar. Denn es kann nicht ignoriert und übergangen werden, dass der im Mittelpunkt gewähnte unternehmerische Beitrag austauschbar ist[102], während der schöpferische Anteil, trotz Rückentwicklung des Persönlichkeitsfaktors bzw. -anteils bei den verschiedenen Werkarten, nicht ersetzbar ist. Vielmehr kann und wird hieran weiterhin für urheberrechtlichen Schutz angeknüpft. Denn das Kriterium der Individualität ist zwar in seiner quantitativen Bestimmung und Bedeutung geschmälert, aber als qualitativer Bestandteil urheberrechtlicher Schutzfähigkeit nicht aufgegeben worden.

bb) Die tatsächliche Entpersönlichung des Urheberpersönlichkeitsrechts vor dem Hintergrund wirtschaftlicher, technischer und gesellschaftlicher Entwicklung

Neben der fehlenden umfassenden Kongruenz zwischen der ideal-dogmatischen Vorstellung vom Schutz des geistigen Bandes zwischen dem Urheber und seinem Werk, als Ausdruck von dessen Persönlichkeit, und dem urheberrechtlichen Werkbegriff nach § 2 Abs. 2 UrhG bietet auch die Veränderung des äußeren, nicht abstrakt-dogmatisch bestimmten Rahmens urheberrechtlichen Schutzes Anlass, über eine Entpersönlichung des UPR nachzudenken.

Insoweit ist auf den rein tatsächlichen Umstand der Zunahme von Werken mit einem nur geringen (Mindest-)maß an Individualität, den sog. „kleinen Münzen", hinzuweisen[103]. Hinzukommt, dass der technische Anteil an bzw. bei der Werkherstellung vermehrt auftritt, so dass von einer Umsetzung bzw. Wiedergabe der Persönlichkeit des Urhebers im Werk dann mitunter nicht mehr gesprochen werden kann[104]. Innerhalb einer derart hoch technisierten Massengesellschaft hat der Einzelne ohnehin kaum mehr eine persönliche Note[105]. Es wird zutreffend darauf verwiesen, dass der Rechner an Bedeutung gewinnt und zunehmend das Denken ersetzt, so dass sich die Werke mitunter einer technischen Leistung annähern; die Frage nach der Person des Urhebers interessiert die Allgemeinheit immer weniger. Eine Konsequenz hiervon ist, dass der Bereich des „klassischen" Typs eines Künstlers begrenzter wird und vielmehr der professionelle, vorausplanende und an den Bedürfnissen des Marktes orientierte Künstler gefragt ist[106].

---

100 Wandtke GRUR 2002, 1, 9 unter Bezug auf Gauinger, FS Dittrich, S. 141.

101 Vergl. insoweit oben, I., 2.

102 Peifer, S. 90.

103 Vergl. Strömholm GRUR Int. 1996, 529; Götting, Resümee und Ausblick, in: Multimedia, S. 199. Zu nennen sind hier insbesondere: Werbeslogans, Landkarten und Wörterbücher, d.h. von praktischem Gebrauch geprägte Werke, die dennoch schutzfähig sein können, vergl. Schricker-Loewenheim § 2, Rn. 89 ff.

104 Da der Rechner dabei nicht den Akt menschlichen Schaffens ersetzen soll, sondern als Hilfsmittel, vergleichbar dem Photoapparat bei der Anfertigung von Lichtbildwerken dient, siehe Heitland, S. 32 f., bleibt es insoweit bei der Schutzfähigkeit derart geschaffener Werke.

105 So bereits Runge UFITA 54 (1969), 1, 16.

106 Wandtke GRUR 1995, 385, 390; Doutrelepont GRUR Int. 1997, 293, 304, spricht insoweit von einer Selbstzensur durch die Urheber, die ihre Schöpfungen den Erwartungen der Benutzer anpassen.

In gleichem Maße, wegen vergleichbarer Auswirkung, ist auch zu bedenken, dass außerdem der Anteil abhängig beschäftigter Urheber bezogen auf das Gesamtschaffen immer größer wird[107]. In diesem tatsächlichen Zusammenhang taucht die schlagwortartige Formulierung von der Akzentverschiebung des Persönlichkeitsschutzes des Urhebers hin zum Investitionsschutz des Unternehmers[108] auf. Besonderer Bedeutung kommt diesem Aspekt insoweit zu, als dass das UrhG in seiner entstehungsgeschichtlichen Konzeption vom freien, unabhängigen Werkschöpfer ausgeht. Diese Verschiebung der tatsächlichen Verhältnisse wird im UrhG zwar nicht aktualisiert, der in diesem Zusammenhang relevanten Vorschrift des § 43 UrhG muss deshalb jedoch besonderes Augenmerk gelten - in Anbetracht des Untersuchungsgegenstandes speziell im Hinblick auf die Konsequenzen und Bedeutung für das UPR des Arbeitnehmerurhebers[109].

Als eine dritte tatsächliche Komponente ist auch auf die Zunahme arbeitsteiliger Prozesse zu verweisen. Insbesondere bei miturheberschaftlichen Werken ist zu bedenken, dass, soweit bei bestimmten Werkkategorien überhaupt noch nennenswert vorhanden, der persönlichkeitsausdrückende Anteil des Einzelnen in einem Gruppenprozess untergehen kann[110].

cc) Zwischenergebnis

Insgesamt ist es durchaus zutreffend von einer rechtlichen und tatsächlichen Entpersönlichung des Werkes und damit auch des Urheberrechts zu sprechen[111]. Infolgedessen stellt sich das UPR nicht als eine feste Größe mit immer gleicher persönlichkeitsrechtlicher Intensität dar. Diese wird vielmehr durch Kriterien wie Werkcharakter bzw. Werkeigenart sowie die Beschäftigungssituation, in der das Werk geschaffen wurde, bestimmt[112]. Insoweit kann die oft beschworene persönliche Bindung und damit das untrennbare Band zwischen Werk und Urheber unterschiedlich ausgestaltet sein.

Zu weitgehend erscheint es jedoch, bei unpersönlichen Werken nicht mehr vom UPR zu sprechen und darauf zu verweisen, dass es sich insoweit um Rechte ohne persönlichkeitsgeprägte Elemente handele[113], oder gar davon zu sprechen, dass das UPR keinen persönlichkeitsrechtlichen Charakter habe[114]. Denn insoweit bedeutet eine Entpersönlichung nicht, dass das persönlichkeitsrechtliche Konzept überholt ist oder bei bestimmten Werken urheberpersönlichkeitsrechtlicher Schutz dem Grunde nach zu versagen bzw. darauf zu verweisen ist,

---

107 Rehbinder, Rn. 327, S. 294, spricht insoweit vom Trend zur Arbeitnehmergesellschaft in der Kulturwirtschaft; Wandtke GRUR 1995, 385, 390; vergl. aber IFO-Bericht von 1987, siehe Röttinger ZUM 1990, 510, wonach im Urheberrechtsbereich im Vergleich zu anderen Wirtschaftsbereichen weiterhin ein vermehrter Anteil von Freischaffenden vorliegt.

108 Götting, Resümee und Ausblick, in: Multimedia, S. 197, 199 f.

109 Insoweit rechtfertigt dies die gesonderte Untersuchung der einzelnen Befugnisse des UPR bei Arbeitnehmerurhebern, vergl. unten im 6. Teil.

110 Insbesondere Peifer, S. 90, weist auf diesen tatsächlichen Umstand hin. Dass die Zuordnung und Ausübung der urheberpersönlichkeitsrechtlichen Befugnisse bezüglich des einheitlichen Werkes durch den Umstand von mehreren Urhebern beeinflusst wird, zeigen die Ausführungen unten im 3. Teil, unter II., 1.

111 Kotsiris UFITA 119 (1992), 5, 7, der daran die Frage anknüpft, ob es nicht eines neuen Werkbegriffs bedürfe, der das subjektiv Persönliche ignoriere. Hiergegen aber Peifer, S. 84 ff., der zwar von einer Entpersönlichungstendenz des Urheberrechts spricht, aber genau die umgekehrte Forderung mit der Betonung des individuellen Einsatzes des Urhebers, damit der Individualität, verbindet, da andernfalls eine Veränderung des Werkschaffens eintrete, so dass das Entstehen einer ausschließlich marktorientierten Kulturindustrie mit stetig abnehmendem Anteil individueller Werke drohe.

112 v. Gamm § 11, Rn. 3 und 6.

113 Dreier GRUR Int. 1993, 742, 742.

114 So bereits Kohler, S. 4 ff. sowie Troller, UFITA 28 (1959), S. 257, 299, wo er dafür plädiert, das UPR insgesamt als Fremdkörper aus dem Urheberrecht zu entfernen.

dass entsprechende Befugnisse nicht adäquat ausgebildet seien. Dem ist nicht zuletzt das Bedürfnis und die insoweit erfolgte Umsetzung des Schutzes auch vermögensrechtlicher Interessen durch das UPR entgegen zu halten. Diese Interessen bestehen bei jedem Werk fort, unabhängig von dem jeweiligen Grad persönlichkeitsrechtlicher Ausprägung. Zudem wäre eine Differenzierung nach Werken mit und solchen ohne persönlichkeitsausgeprägte Elemente problematisch und letztlich wohl inpraktikabel, da die Grenzen fließend sind. Denn andernfalls würde nicht nur die für sich genommen bereits schwierige Prüfung des Vorliegens von Individualität bzw. Gestaltungshöhe vorausgesetzt werden, es würde darüber hinaus ein weiterer Prüfungspunkt im Sinne einer qualitativen Bewertung des jeweiligen konkreten Schutzes durch die urheberpersönlichkeitsrechtlichen Befugnisse hinzutreten. Wegen der relativen Abstufung der Schutzintensität durch das UPR würde eine untragbare Rechtsunsicherheit heraufbeschworen. Auch bestehen beispielsweise mit Blick auf das Namensnennungsrecht des § 13 UrhG keine Differenzierungsmöglichkeiten im Sinne eines dem Umfang nach mehr oder weniger ausgeprägten, grundsätzlichen Namensnennungsanspruchs. Eine Berücksichtigung der unterschiedlichen Intensität persönlichkeitsrechtlicher Interessen des Urhebers am Werk erfolgt im Übrigen nur soweit dies gesetzlich vorgesehen ist, im Rahmen einer Interessenabwägung wie bei §§ 14, 39 Abs. 2 UrhG. An der grundsätzlichen Zuweisung urheberpersönlichkeitsrechtlicher Befugnisse mit der Schaffung eines schutzfähigen Werkes ändert sich dabei jedoch nichts.

Letztlich darf auch nicht verkannt werden, dass immer eine Person hinter dem Werk steht. Trotz der technischen Hilfe, Arbeitsteilung und Fremddeterminiertheit im Schöpfungsprozess wirkt sich ein insoweit letzter subjektiver Faktor und Wirkungsanteil des Schöpfers aus, und genau dieser, durch die Person des Urhebers bedingte Anteil, führt zu dem in der bestimmten Art und Weise geschaffenen Werk. Zwar zeigt sich damit nicht zwangsläufig auch ein dessen Persönlichkeit ausdrückender Faktor im Werk; wie die obigen Ausführungen, insbesondere unter b), ergeben haben, bedarf es dessen zur Bejahung der Schutzfähigkeit aber auch nicht. Es ist zu berücksichtigen, dass in jedem Fall ein subjektiver, weil personengebundener Schaffensanteil vorliegt, der zur Bejahung von Individualität und damit zu einem schutzfähigen Werk führt[115].

Die Konsequenz aus dem bisher Untersuchten ist deshalb:[116] Unter den geänderten, gegenwärtig geltenden äußeren Rahmenbedingungen sowie der dogmatischen Grundlage des urheberrechtlichen Werkbegriffs lässt sich das UPR in der (persönlichkeitsrechtlichen) Form aufrecht erhalten, wie es in seiner Gesamtheit im klassischen System und Konzept des UrhG entstanden und definiert wird. Es zeichnet sich weiterhin durch seinen Bezug zu einem Werk aus, das eine eigenpersönliche Prägung durch seinen jeweiligen Urheber als individuelle Person erfahren hat; auch wenn der Befund der oft beschworenen Schöpferpersönlichkeit gegenwärtig zunehmend variabler und schwankender und in quantitativer Hinsicht mitunter sogar ein sehr minimaler ist[117]. Das UPR bleibt dabei innerhalb der Kategorie der Persönlichkeits-

---

[115] A. A. im Ergebnis insoweit aber wohl Metzger, S. 126 f., der den subjektiven, individualisierenden Faktor im Schöpfungsprozess umgesetzt sieht. Dabei führt aber gerade dieser Prozess erst zu dem bestimmten Werk in seiner spezifischen Art; der Schöpfungsprozess ist ein bloß vorgelagertes Entwicklungsstadium. Entscheidend ist das am Ende stehende Produkt, das geschützt wird. Insoweit kann der Schöpfungsprozess ein noch so individueller sein - nicht dieser, sondern das geistige Werk, als Endprodukt ist urheberrechtlich schutzfähig und lässt ein UPR entstehen.

[116] Vergl. insoweit auch die Schussfolgerungen bei v. Gamm § 13, Rn. 4.

[117] v. Gamm GRUR 1969, 595, spricht mit Blick auf die Schutzfähigkeit von AGB's, Formularverträgen und Tarifverträgen von der „schwachen Ausgebildetheit" des UPR.

rechte als eigenständige und unabhängige Größe zu verorten[118]. Angesichts der Entpersönlichungstendenzen sollte es jedoch nicht zu einer dogmatischen Überhöhung der persönlichkeitsrechtlichen Natur des UPR kommen. Hierüber darf keinesfalls im Sinne eines unkritischen Automatismus die Zuweisung bestimmter rechtlicher Eigenschaften anderer, bürgerlich-rechtlicher Persönlichkeitsrechte begründet werden - eine Problemstellung, die sich insbesondere im zweiten Teil der Überprüfung des Unübertragbarkeitsdogmas, unter 2., anschließen wird.

c) Verhältnis des Urheberpersönlichkeitsrechts zum allgemeinen Persönlichkeitsrecht[119]

Eine weitere Klärung hinsichtlich der Qualifizierung der Rechtsnatur des UPR ergibt sich aus der Untersuchung des rechtlichen Verhältnisses zum allgemeinen Persönlichkeitsrecht (im weiteren aPR). Denn wenn das UPR dogmatisch schlicht als ein Teil des aPR zu verstehen wäre, läge eine entsprechende inhaltliche Bestimmung und damit einhergehend die Zuweisung gleicher rechtlicher Eigenschaften nahe.

aa) Darstellung des Meinungs- und Streitstandes

Den soeben skizzierten Argumentationsansatz wählen diejenigen, die mit dem Hinweis auf die Unveräußerbarkeit des aPR auch auf die des UPR schließen[120] - dabei wird inzident der zweite Bestandteil des einleitend beschriebenen Unübertragbarkeitsdogmas als zutreffend vorausgesetzt. Insoweit sei das UPR schlicht ein Teil bzw. Ausschnitt des aPR[121]. Bei diesem handele es sich um das Quellrecht[122] bzw. Mutterrecht[123], aus dem Konkretisierungen als bloße Bereichsausschnitte dieses Gesamtrechts flössen, so auch das UPR. Das UPR sei mit dem aPR nicht bloß als ein Recht gleicher Befugnisse vergleichbar, sondern sei Teil des Ganzen, des aPR, und mit diesem umfänglich deckungsgleich. Dabei bestehe kein selbständiges Nebeneinander, sondern eine Rangfolge zwischen den beiden Rechten.

Dem steht die wohl mittlerweile ganz herrschende Auffassung[124] entgegen. Diese verweist zwar auf eine Wesensverwandtschaft zwischen aPR und UPR, nimmt aber wegen des unterscheidungserheblichen Werkbezugs des UPR gegenüber dem aPR ein Spezialitätsverhältnis zwischen beiden an. Deshalb gehe das UPR dem aPR regelungstechnisch vor, soweit es einen

---

118 Vergl. im Ergebnis auch Kellerhals, S. 90, die jedoch hinsichtlich der Frage der Wesensverwandtschaft zwischen aPR und UPR zu einem anderen Ergebnis als dem hier entwickelten gelangt.

119 Aufbautechnisch denkbar wäre es auch, diesen Punkt erst bei der Untersuchung des zweiten Teils des Unübertragbarkeitsdogmas zu behandeln. Da jedoch in Abgrenzung zum aPR mitunter eine Zuordnung des UPR zu einer anderen Rechtskategorie vertreten wird, erfolgt die Darstellung des Meinungsspektrums und die Untersuchung bereits an dieser Stelle.

120 Hierzu Schricker-Dietz vor §§ 12 ff., Rn. 17; Osenberg, S. 9.

121 BGH GRUR 1971, 525, 526; v. Gamm Einf., Rn. 93; so wohl auch Samson, S. 63, dem zufolge das aPR das UPR mit einschließt und Wronka UFITA 69 (1973), 71, 75, der das Verhältnis der beiden Rechte als ein Verhältnis des Ganzen (aPR) zu seinen Seiten (UPR), die nicht bloß Teil des Ganzen, sondern das Ganze selbst wären, beschreibt; der Unterschied liege nur in den verschiedenen Wirkungsfunktionen dieser Seiten, es bestehe kein rechtlich selbständiges Nebeneinander.

122 Larenz NJW 1955, 521, 525.

123 BGHZ 24, 72, 78; Nipperdey UFITA 30 (1960), 1, 7, 9 und 20.

124 Schricker-Dietz vor §§ 12 ff., Rn. 15; Dreier-Schulze Vor § 12, Rn. 5; Fromm/Nordemann-Hertin vor § 12, Rn. 9; vergl. auch Krüger-Nieland, FS Hauß, S. 215, 221; Schiefler GRUR 1960, 156, 158; Schack, Rn. 44 f.; Runge UFITA 54 (1969), 1, 15; im Ergebnis wohl auch Kellerhals, S. 73 ff. und 90 ff.; v. Welser, S. 19 f.; Praxiskommentar-Bullinger vor §§ 12 ff., Rn. 16; Helle, S. 21 f.

Bereich, hier den spezifisch urheberrechtlichen, abschließend regelt[125]. Dem aPR wird im Verhältnis zum UPR lediglich eine Ergänzungsfunktion zugeordnet. Insgesamt führt dieses Verständnis der Relation zwischen den beiden Rechten zu einer Betonung der Selbständigkeit des UPR gegenüber dem aPR und bildet damit die Grundlage für den Bruch des Automatismus in der Zuweisung der gleichen rechtlichen Eigenschaften.
Beiden Auffassungen gemeinsam ist dabei eine umfängliche Einordnung des UPR in die Kategorie der Persönlichkeitsrechte.

Einen in dieser Hinsicht anderen Ansatzpunkt verfolgt eine dritte Auffassung. Sie unternimmt eine Aufteilung des UPR als Konsequenz zweier unterschiedlicher Schutzrichtungen und versucht dies über den Wortlaut des § 11 UrhG, wonach Schutz für Interessen geistiger und persönlicher Art gewährt wird, zu belegen[126]. Die persönlichen Interessen würden der Wahrung der Ehre und des Ansehens dienen, so dass es sich diesbezüglich beim UPR um eine echte Ausprägung des aPR handele. Die geistigen Interessen hingegen beträfen das Werk und infolgedessen stelle das UPR insoweit ein aliud gegenüber dem aPR dar. Damit sei der Schutz dieses Interessenteils mittels des UPR ein Schutz über ein echtes Immaterialgüterrecht.

Innerhalb dieser Auffassung sind wiederum zwei Grundtendenzen zu unterscheiden. So wird einerseits an der Einheitlichkeit des UPR festgehalten und dahingehend differenziert, dass die unterschiedliche Einordnung der jeweils betroffenen Interessenseite des Urhebers dem UPR die Prägung eines Mischrecht aus aPR und Immaterialgüterrecht gebe[127]. Wohingegen andererseits deutlich getrennt wird zwischen dem nur persönliche Interessen des Urhebers einschließenden Schutz über das aPR, als reines Persönlichkeitsrecht, und dem ausschließlich geistige Interessen schützenden UPR, als ein selbständiges Immaterialgüterrecht[128].

bb) Zwischenergebnis

Einer derartigen Aufspaltung des UPR, sei es mit oder ohne rechtliche Verselbständigung des die persönlichen Interessen schützenden Anteils, ist bereits das Nichtzutreffen der eigenen Prämisse vorzuhalten. Eine strikte Trennung der geistigen und persönlichen Interessen besteht nicht und ist infolgedessen auch rechtlich nicht durchführbar[129]. Die beiden Interessenbereiche überschneiden sich. So können beispielsweise hinter der Geltendmachung der urheberpersönlichkeitsrechtlichen Befugnis, gegen Werkänderungen vorzugehen, sowohl geistige Belange, wie etwa die Verhinderung eines nicht beabsichtigten interpretatorischen Verständnisses des Werks, als auch persönliche Interessen, wie die Wahrung des Ansehens als Künstler, stehen. Ersteres ist dabei allzu oft notwendige Voraussetzung der zweitgenannten, rufschädigenden Gefährdungslage. Es liegt eine Untrennbarkeit der persönlichen und geistigen Interessen innerhalb des gleichen Sachverhalts „Werkentstellung“ vor.

Zwar berücksichtigt die dritte Ansicht diesen Umstand, soweit die Qualifizierung des UPR als ein Mischrecht befürwortet wird. Die Problematik der Untrennbarkeit der beiden Interessenbereiche des Urhebers wird dabei jedoch letztlich nur verlagert und zwar in den Bereich der Zulässigkeit von rechtsgeschäftlichen Vereinbarungen. Denn im Weiteren wird ange-

---

125 Praxiskommentar-Bullinger vor §§ 12 ff., Rn. 17.

126 Seetzen, S. 49 ff.; Peter UFITA 36 (1962), 257, 279 ff. und neuerdings auch Federle, S. 22. Auf eine derartige Differenzierung zwischen persönlichen und geistigen Interessen verweist Rehbinder, Rn. 75, S. 54, allerdings ohne daraus den ausdrücklichen Schluss eines zweigeteilten Rechts zu ziehen.

127 Federle, S. 29, formuliert insoweit, dass der Monismus des Urheberrechts ein doppelter sei, der sich in der Gemengelage beim UPR fortsetze.

128 Peter UFITA 36 (1962), 257 und Seetzen, die den Schutz persönlicher Interessen damit vollständig aus dem urheberrechtlichen Bereich verbannen.

129 So auch v. Welser, S. 22 ff.

nommen, dass mit der Zuordnung zu den Immaterialgüterrechten genau diese Disponibilität einhergehe[130]. Wenig überzeugen kann diese Auffassung auch in Anbetracht der von ihr selbst postulierten Einheitlichkeit des UPR sowie mit Blick auf den nicht klar umrissenen Bereich des sog. UPR i.w.S. Insoweit wird die Differenzierung zwischen den Interessenbereichen noch schwieriger und reicht auch in den verwertungsrechtlichen Bereich hinein. Denn als Folge des Monismus tritt hinzu, dass das Urheberrecht mal mehr, mal weniger verwertungs- oder persönlichkeitsrechtlich betroffen sein kann. Deshalb wäre dann ein weiteres materielles Element zu beachten, das bei der Erforschung der Interessenlage des Urhebers als eine Art Störfaktor von den „rein" persönlichen Interessen isoliert werden müsste.

Zutreffend ist also das dogmatische Verständnis des UPR als ein Recht, dem die geistigen und persönlichen Interessen umfassend und unter Wahrung der Einheitlichkeit des Rechts zugeordnet werden. Diese Zusammengehörigkeit beider Interessen ist zu betonen und wird zutreffend unter dem Oberbegriff „ideelle Interessen" zusammengefasst[131]. Eine Einordnung als Mischrecht oder Immaterialgüterrecht ist unter diesem Gesichtspunkt nicht begründbar, so dass den beiden erstgenannten Meinungen jedenfalls in dem Punkt der ausschließlich persönlichkeitsrechtlichen Einordnung des UPR zuzustimmen ist.

cc) Analyse der Wesensverwandtschaft zwischen Urheberpersönlichkeitsrecht und allgemeinem Persönlichkeitsrecht

Nach der Untersuchung des Meinungs- und Streitstandes und der Ablehnung einer rechtlichen Aufspaltung des UPR ist hier - zugleich im Vorgriff auf den zweiten Untersuchungspunkt des Unübertragbarkeitsdogmas - auf den verbleibenden, grundlegenden Meinungsunterschied einzugehen, der darin besteht, dass ein unterschiedlicher Grad an Wesensverwandtschaft zwischen UPR und aPR angenommen wird. Denn die Vertreter der Ansicht, die das Verhältnis zwischen dem aPR und dem UPR als das eines umfassenden Rechts (aPR) zu einem seiner Bestandteile (UPR) verstehen, nehmen damit in der Konsequenz eine Verwandtschaft in der stärksten Form, der Identität, an. Eine grundsätzliche Wesensverwandtschaft sehen zwar auch die Befürworter der Verschiedenheit und Selbständigkeit von aPR und UPR. Die mit der Bestimmung der Qualität der Verwandtschaft erfolgende stärkere Betonung entweder der Gleichheit oder aber der Verschiedenheit der Rechte ist jedoch von primärer Bedeutung und indiziell für die Richtigkeit einer Zuordnung der gleichen rechtlichen Eigenschaften, wie insbesondere die der rechtsgeschäftlichen Indisponibilität. Liegt eine umfassende oder zumindest besonders enge Verwandtschaft vor, erscheint ein argumentativer Schluss von der Indisponibilität des aPR auf die des UPR möglich.

Zur Untermauerung einer engen Wesensverwandtschaft kann zwar auf den gleichen verfassungsmäßigen Ursprung[132] in Art. 1 und 2 GG verwiesen werden. Auch die Schutzrichtung des aPR und des UPR decken sich mit Blick auf die ideellen Interessen des Rechtsinhabers.

---

130 Das Problem der Untrennbarkeit erkennt auch Federle, S. 27 f., ausdrücklich an. Im Weiteren, S. 29, knüpft er dann aber wieder an genau diese Unterscheidung an, um diese Einordnung und Aufteilung explizit für die Frage der rechtsgeschäftlichen Vereinbarungen über das UPR fruchtbar zu machen.

131 Vergl. Schricker-Dietz vor §§ 12, Rn. 8; Ulmer § 38, II, 1., S. 209; Schack, Rn. 315; v. Welser, S. 22 ff.; Dieselhorst, S. 144 f.; s. auch Forkel, S. 190 f., der sich zwar gegen die Zweiteilung des Urheberrechts wendet und auf eine enge Verwebung der Interessengruppen verweist, aber dennoch zwischen diesen Interessen und insoweit unterschiedlichen Übertragungsmöglichkeiten von urheberpersönlichkeitsrechtlichen Befugnissen unterscheidet, s. ausführlich unten im 4. Teil, unter II., 1.

132 Im Rahmen der Entwicklung des aPR bedeutete dies, dass die von der ständigen Rechtsprechung des RG ausgesprochene Verweigerung der Anerkennung des aPR unter Berufung auf die fehlende positiv-rechtliche Verankerung hinfällig wurde, vergl. RGZ 69, 401, 403.

Diese Betrachtung ist indes zu grob, denn bei näherer Untersuchung bestehen weitreichende Unterschiede zwischen beiden Rechten, die den Grad der Verwandtschaft stark begrenzen. Der wichtigste Unterschied besteht im Aspekt der Werkbezogenheit. Das UPR schützt das Verhältnis des Urhebers zu seinem Werk, dem immateriellen Gut, als persönliche, ideelle Bindung, während das aPR die Person als solche schützt. Insoweit entsteht das UPR auch erst mit der Schaffung eines schutzfähigen Werks[133]. Anders formuliert: Das UPR erfasst die Person des Urhebers nur mittelbar, unmittelbar hingegen seine Beziehung zum Werk[134]. Dieser Werkbezug ist es auch, der den entscheidenden Faktor bildet, der zur einheitlichen, gleichberechtigten Zuordnung geistiger und persönlicher Interessen des Urhebers zum UPR führt.

Die Bewertung dieses Kriteriums als wesentlich und insoweit hinreichend unterscheidungskräftig[135] - für die Begründung der Zuweisung unterschiedlicher Eigenschaften - wird auch durch den urheberrechtlichen Werkbegriff, siehe hierzu oben, unter b), bestätigt. Im Unterschied zum UPR steht das aPR als Gesamtverbund zunächst einmal jeder Person ohne weitere Voraussetzungen, insbesondere unabhängig von ihren Eigenschaften und Leistungen[136], allein durch die bloße Existenz des „personalen Selbst" zu. Der urheberpersönlichkeitsrechtliche Schutz hingegen hängt in seiner Entstehung von einer verobjektivierten, qualitativen Bedingung, dem Ausdruck von Individualität im Werk, ab. Das UPR wird im Weiteren sogar hinsichtlich der jeweiligen Intensität der persönlichkeitsrechtlichen Prägung in Abhängigkeit vom Werk bestimmt, vergl. hierzu oben, unter b). Dieser Werkbezug führt insbesondere auch dazu, dass das UPR - anders als das aPR - in ein anderes Recht, das Urheberrecht, eingebettet ist[137]. Ein wichtiger Punkt ist zudem, dass das UPR anders als das aPR eine weitreichende, selbständige und damit unabhängige, positiv-rechtliche Ausgestaltung im UrhG erfahren hat. Diese gesetzliche Konkretisierung bewirkt eine Bestimmung des Gegenstandes möglicher Leistungs- bzw. Verpflichtungsgeschäfte und schafft damit die Grundlage zulässiger rechtsgeschäftlicher Vereinbarungen.

Ein weiterer Anhaltspunkt für eine verwandtschaftliche Ferne zum aPR besteht in dem gesetzlich verankerten Grundsatz des Schutzes auch materieller Interessen in § 11 UrhG, den es hinsichtlich des aPR nicht gibt[138]. Vor dem Hintergrund der wachsenden wirtschaftlichen Dimension des aPR darf dieser Unterschied freilich nicht überbetont werden. Denn zunehmend wird, auch durch die Rechtsprechung, die Anerkennung kommerzieller, vermögensrechtlicher

---

133 Genau dies ist das spezialisierende Merkmal des UPR, das es zum lex specialis gegenüber dem aPR werden lässt. Dies missachtet Wronka in seiner Argumentation, vergl. UFITA 69 (1973), 71, 82 f.

134 Runge UFITA 54 (1969), 1, 5; ähnlich wohl auch Rehbinder, Rn. 235, S. 195, der unter anderem zwischen den sich unmittelbar auf die menschliche Person, den sich unmittelbar auf ein immaterielles Gut als Widerspiegelung der Persönlichkeit (Bildnisse, Briefe) und den sich unmittelbar auf ein immaterielles Gut als Ergebnis schöpferischer Tätigkeit beziehenden Rechten (Urheberrecht) unterscheidet.

135 Vergl. aber Schack GRUR 1985, 352, 353, der argumentiert, dass dieses Kriterium nicht als derart einschneidend bewertet werden könne, da das UPR nicht das Werk schütze, sondern, wie das aPR auch, Interessen des Urhebers. Dem ist entgegenzuhalten, dass diese Interessen des Urhebers gerade die am Geisteswerk sind!

136 Besonders betont wird dies auch von Fabiani, FS Hubmann, S. 87, 92. Dem steht nicht entgegen, dass einzelne Ausgestaltungen des Persönlichkeitsschutzes in ihrer konkreten Ausprägung bei den jeweiligen Rechtsträgern durchaus unterschiedlich sein können. Beispielhaft sei auf den „Ehr- und Ansehensschutz" verwiesen, der in Abhängigkeit von dem individuellen Verdienst des jeweiligen Rechtsträgers besteht, s. Peifer, S. 200 ff.

137 Schricker-Dietz vor §§ 12 ff., Rn. 14.

138 Um Missverständnissen vorzubeugen: Dies bedeutet keine - vorweggenommene - Ablehnung einer vermögensrechtlichen Dimension des aPR; dieser Punkt wird in grundsätzlicherer Form im Anschluss unter 2. zu untersuchen sein. Es geht hier ausschließlich um die Frage einer gesetzlichen Normierung.

Interessen als Ausfluss des aPR hervorgehoben[139]. Bemerkenswert ist auch, dass zur dogmatischen Untermauerung der wirtschaftlichen Dimension des aPR auf das urheberrechtliche Modell zurückgegriffen wird, mithin auf ein Recht, das gerade durch seinen persönlichkeitsrechtlichen Bestandteil seine besondere Prägung erfahren hat. Das Ableitungsverhältnis bei der Zuweisung rechtlicher Eigenschaften zwischen aPR und UPR ist damit eher umgekehrt als gemeinhin angenommen.

Zu bedenken ist auch der unterschiedliche postmortale Schutz der beiden Rechte. Das aPR erlischt nach dem Tod, je nach Bedeutung der betreffenden Persönlichkeit mal schneller, mal langsamer, während das Urheberrecht und mit ihm auch das UPR auf die Erben übergeht und für die gesamte Schutzdauer von 70 Jahren, § 28 I UrhG, geltend gemacht werden kann[140].

Im Ergebnis sprechen die Ausführungen für ein selbständiges Nebeneinander von aPR und UPR und damit für die herrschende Meinung, vergl. oben aa). Das UPR ist eine rechtlich selbständige Erscheinungsform eines Persönlichkeitsrechts[141]. Damit verbunden ist zwar das Bestehen einer Wesensverwandtschaft, die Ausführungen zeigen aber, dass die verwandtschaftliche Nähe zwischen dem aPR und dem UPR letztlich nicht so groß ist, dass damit notwendiger Weise die Zuordnung gleicher Eigenschaften einhergeht[142].

Der Meinungsstreit bezüglich der Abgrenzung zwischen aPR und UPR ist für die im Hauptteil dieser Arbeit folgende Untersuchung der rechtsgeschäftlichen Disponibilität im Hinblick auf zwei Aspekte entscheidungserheblich: zum einen für die Entscheidung über die Zugehörigkeit des UPR zu einer Rechtskategorie und damit der Bestimmung von dessen Rechtsnatur. Und zum anderen für die Entscheidung über die eher abstrakte Frage der Notwendigkeit einer Zuordnung gleicher Eigenschaften bei Rechten derselben Rechtskategorie. Die Richtigkeit der letzteren Annahme wurde für das UPR soeben widerlegt. Die Frage nach der Verzicht- und Übertragbarkeit ist für das UPR deshalb selbständig und unabhängig von der Beantwortung der Frage beim aPR zu entscheiden[143].

d) Endergebnis

Der Zuordnung des UPR zur Gruppe der Persönlichkeitsrechte steht die bestehende Entpersönlichungstendenz nicht entgegen, denn diese Verortung wird durch den unveränderten Bezug zum Kriterium der Individualität gewährleistet. Insbesondere im Verhältnis zum aPR stellt sich das UPR dabei aber als Persönlichkeitsrecht eigener Art dar[144]. Im Verhältnis zum (Gesamt-)urheberrecht, in dem sich das UPR gleichsam gebunden wiederfindet, sollte diese Selbständigkeit des UPR in Anbetracht des geltenden Monismus nicht überbetont werden. In

---

139 BGH ZUM 2000, 582 - Marlene Dietrich und BGH ZUM 2000, 589 - Der blaue Engel. Ausführlich zur Frage der vermögensrechtlichen Seite des aPR im 2. Teil der Untersuchung des Unübertragbarkeitsdogmas.

140 So Rehinder, Rn. 235, S. 174. Der BGH gewährte in BGHZ 107, 384 - Emil Nolde, jedenfalls immerhin einen 30-jährigen postmortalen Schutz und in BGH ZUM 2000, 582 - Marlene Dietrich, gelangt der BGH zu einer Art 10-jährigen Aufbrauchfrist der Erben für die Vermarktung eines Images.

141 Vergl. Schricker-Dietz vor §§ 12 ff., Rn. 14.

142 Selbst bei stärkerer Betonung der „Gleichartigkeit" der beiden Rechte zeigt sich am Umstand des postmortalen Schutzes, dass eine unterschiedliche Behandlung und Zuweisung von Eigengesetzlichkeiten für beide Rechte entsprechend ihrer jeweiligen Bedeutung zulässig ist und diesen letztlich auch gerechter wird, so Rehbinder, Rn. 235, S. 195 f., und Praxiskommentar-Bullinger vor §§ 12, Rn. 16 f. sowie Schricker-Dietz vor §§ 12, Rn. 17.

143 Vergl. Schricker-Dietz Vor §§ 12 ff., Rn. 17; a. A. insoweit aber Kellerhals, S. 90 f.

144 Dies legt die bereits in Fn. 134 wiedergegebene Formulierung von Rehbinder, Rn. 235, S. 195, nahe, wonach eine Aufteilung der Persönlichkeitsrechte in drei dem Rechtsgut nach getrennte Bereiche vorzunehmen ist.

diesem Sinne verstanden ist der Befund zutreffend[145], dass im Urheberrecht nicht nur ein Monismus von Vermögensschutz und Persönlichkeitsschutz, sondern als weitere Untergliederung ebenfalls beim UPR ein Monismus von Werkschutz und Persönlichkeitsschutz besteht.

Auch wenn bis zu diesem Punkt der Untersuchung durch das Unterfangen der Abgrenzung des UPR vom aPR bereits ein Lösungsansatz indiziert ist, besteht weiterhin ein abschließender Klärungsbedarf darüber, ob dem UPR - unabhängig von seiner Beziehung zum aPR und dessen rechtlichen Eigenschaften - kraft seiner persönlichkeitsrechtlichen Natur automatisch die rechtsgeschäftliche Indisponibilität zukommt. Insgesamt zeigt sich bereits hier die Schwierigkeit, der das Unübertragbarkeitsdogma argumentativ und dogmatisch ausgesetzt ist. Denn ihre Grundprämisse findet sich zugleich im zu begründenden Ergebnis wieder, so dass die argumentative Herleitung an einem Zirkelschluss leidet, der wie folgt formuliert werden kann: Wird bestimmt, dass ein Recht ein Persönlichkeitsrecht ist, dann bedeutet dies, dass es deshalb auch untrennbar mit der Person des Rechtsträgers verbunden ist. Dabei wird die Bestimmung eines Rechts als Persönlichkeitsrecht jedoch zuvor wiederum an die Qualifizierung als unübertragbares Recht gekoppelt. Man begründet also mit der Unübertragbarkeit die persönlichkeitsrechtliche Natur, um dann davon ausgehend wiederum dogmatisch diese Eigenschaft selbst zu belegen[146]. In der argumentativen Kette ist an Beweiskraft nichts gewonnen.

Der Vollständigkeit halber schließt sich nach der Bestimmung der Rechtsnatur des UPR nun die Behandlung des zweiten Gedankens, der Richtigkeit des Dogmas von der Unveräußerbarkeit von Persönlichkeitsrechten, an.

2. Die These von der Indisponibilität der Persönlichkeitsrechte

Das Dogma der Unübertragbarkeit von Persönlichkeitsrechten findet seinen Ursprung in der Überzeugung von einer starren Trennung verschiedener Rechtskategorien. Im Mittelpunkt steht die strikte Grenzziehung zwischen Vermögens- und Persönlichkeitsrechten. Dies kann als Grundsteinlegung für den Schluss auf eine fehlende rechtsgeschäftliche Disponibilität gesehen werden, denn mangels vermögensrechtlicher Dimension würde sich auch die Frage einer wirtschaftlichen Verfügbarkeit nicht stellen[147]. Es gilt also zunächst, die Richtigkeit dieses Grundkonzepts zu überprüfen.

a) Persönlichkeitsrecht und Vermögensrecht als kontradiktorische Gegensätze?

Im Verlaufe der Entwicklung und Herausbildung des Persönlichkeitsrechts als eigene Rechtskategorie wurde - und wird gegenwärtig mitunter weiterhin - auf die strikte Trennung zwischen Persönlichkeitsrechten und Vermögensrechten verwiesen[148]. Anknüpfungspunkt bildet dabei die Gegenüberstellung des Schutzes von rein immateriellen, ideellen Werten

---

145 Rehbinder, Rn. 235, S. 194.

146 Vergl. die amtliche Begründung des RegE zum UrhG von 1965, 45 UFITA (1945), 240, 258: „Das Urheberpersönlichkeitsrecht ist auch insofern echtes Persönlichkeitsrecht, als es grundsätzlich stets untrennbar mit der Person des Urhebers verbunden bleibt."

147 So auch Ahrens, S. 84 f.

148 Vergl. Sohm, ArchBürgR 28 (1906), 173, insbes. S. 184 ff., dem zufolge den Vermögensrechten die personenrechtlich gearteten Rechte gegenüberstehen; vergleichbar auch Riklin, S. 8 f; siehe auch Brox, Rn. 30, 778; Larenz, AT, § 8, Rn. 9; Pawlowski, § 3, Rn. 343 und insgesamt hierzu MüKo-Wagner § 823 BGB, Rn. 173 ff.; Götting, S. 5 f. sowie Ahrens, S. 85 ff. Auch bei der Formulierung von Schricker-Schricker Einl., Rn. 21, deutet sich an, dass die strikte Trennung noch nicht gänzlich aufgegeben zu sein scheint, indem dieser formuliert: „Seiner Rechtsnatur nach ist das subjektive Urheberrecht mit seiner vermögensrechtlichen Seite Immaterialgüterrecht, hinsichtlich des Schutzes der ideellen Urheberinteressen Persönlichkeitsrecht".

durch Persönlichkeitsrechte einerseits und des Schutzes von gegenständlichen, materiellen Werten durch Vermögensrechte andererseits, was in die Negierung eines vermögensrechtlichen Zuweisungsgehalts im Sinn des Art. 14 GG[149] auf Seiten der Persönlichkeitsrechte mündet. Dies begründet auch den gleichsam traditionellen Verweis auf den Charakter des Persönlichkeitsrechts als ein ausschließliches Abwehrrecht, als Anspruch, nicht gestört zu werden, im Gegensatz zu einem positiven Recht zur Nutzung[150].

Mit der gegenwärtig feststellbaren Entwicklung einer zunehmenden Kommerzialisierung, im Sinne einer wirtschaftlichen Erschließung der Person und ihrer Persönlichkeitsmerkmale, wird jedoch ein vermögensrechtlicher Gehalt der Persönlichkeitsrechte in den Vordergrund gerückt. Angesichts des heute weitreichend praktizierten „Personenmerchandisings"[151] ist die Behauptung eines apodiktischen Gegensatzes zwischen den Vermögens- und Persönlichkeitsrechten unhaltbar. Insoweit kann durchaus davon gesprochen werden, dass die Rechtsrealität die Rechtsdogmatik - wieder einmal - überholt[152]. Andererseits zeigt auch ein Blick auf die Entstehungsgeschichte und die Auffassungen derer, die als Begründer der Lehre von den Persönlichkeitsrechten benannt werden[153], dass diese aktuelle Entwicklung letztlich eine schlichte Fortführung der ursprünglichen Theorie zu den Persönlichkeitsrechten ist. Insofern stellt sich die neuere Rechtsprechung, die diesen vermögensrechtlichen Aspekt des Persönlichkeitsrechts zunehmend betont[154], nur als eine Rückbesinnung auf die frühen Wurzeln dar. Bereits in den Anfängen der Rechtsentwicklung wurde formuliert, dass Persönlichkeitsrechte „einen vermögensrechtlichen Inhalt in sich entfalten oder in sich aufnehmen (können) ...", so dass „manche Persönlichkeitsrechte somit zugleich ... Vermögensrechte ..." sind[155].

Zutreffend wird deshalb neuerdings das Gegensatzpaar nicht aus Persönlichkeits- und Vermögensrecht, sondern Persönlichkeits- und Immaterialgüterrecht gebildet[156]. Immaterialgüterrechte beziehen sich ebenso wie Persönlichkeitsrechte auf ein immaterielles Schutzobjekt, sie befassen sich infolgedessen weitgehend mit immateriellen Aspekten[157]. Anders als bei der Entwicklung im Bereich der Persönlichkeitsrechte werden die Immaterialgü-

[149] So Hubmann, S.134 f., der allerdings kritisch Stellung bezieht und darauf verweist, dass Persönlichkeitsrechten, insbesondere vor dem Hintergrund ihrer gesetzlichen Normierung, ein solcher Zuweisungsgehalt zukomme.

[150] Hilty, FS Rehbinder, S. 259, 275; Schack AcP 195 (1995), 594; s. auch Ahrens, S. 85. Mit dieser Charakterisierung der Persönlichkeitsrechte als reine Abwehrrechte wird zugleich wieder auf die Unübertragbarkeit geschlossen, a. A. wohl Peifer, S. 144, der den Punkt der Übertragbarkeit hiervon getrennt wissen will, was bereits an dieser Stelle die Notwendigkeit einer deutlichen Trennung dieser Aspekte verdeutlicht.

[151] Der Begriff geht auf Magold zurück.

[152] Vergl. auch Götting, S. 7 f.; BGH GRUR 709, 713 - Marlene Dietrich; zur rechtsbegründenden Kraft des Faktischen auch: Hilty, FS Rehbinder, S. 259, 277, Fn. 91, unter Verweis auf Kläver ZUM 2002, 205, 206. Kritisch insoweit Peukert ZUM 2000, 710, 713; ihm ist zwar darin zuzustimmen, dass das positive Recht bzw. die Rechtsordnung insgesamt gerade auch die Aufgabe hat, negativen tatsächlichen Entwicklungen entgegenzuwirken; dies gilt aber, wie er selbst erkennt, letztlich nur hinsichtlich der Frage der weiteren Ausgestaltung der Verkehrsfähigkeit von Persönlichkeitsrechten. An der grundsätzlichen, tatsächlichen und damit rechtlichen Zuweisung eines vermögenswerten Gehalts der Persönlichkeitsrechte ändert sich indes nichts.

[153] Insoweit werden zutreffend regelmäßig Gareis, von Gierke und Kohler genannt, vergl. Götting, S. 7; Metzger, S. 105 ff.

[154] BGH NJW 1968, 1773 - Mephisto; BGH GRUR 1956, 427 - Paul Dahlke. Zu sehr weitreichenden Ergebnissen im Hinblick auf eine Vererblichkeit gelangt der BGH in den Entscheidungen: ZUM 2000, 582 - Marlene Dietrich und ZUM 2000, 589 - Der blaue Engel.

[155] Siehe von Gierke, S. 706; vergl. Helle RabelsZ 60 (1996), 448, 472 f.; a. A. wohl v. Welser, S. 16, unter Verweis auf Ulmer, § 17, I, 2., S. 111.

[156] Vergl. Götting, S. 9; Ahrens, S. 88, der sich seinerseits jedoch kritisch äußert, insbes. S. 91.

[157] Peifer, S. 132.

terrechte unbedenklich den Vermögensrechten zugeordnet. Der Schutz auch materieller Interessen wird hier als selbstverständlich, als begriffsimmanent, angenommen[158]. Dabei wird mitunter jedoch auch weiterhin daran festgehalten, zur Begründung dieser übergreifenden Zuordnung zu den Vermögensrechten darauf zu verweisen, dass Immaterialgüterrechte, anders als die Persönlichkeitsrechte, übertragbar seien. Womit sich der Kreis wieder schließt und die Diskussion zum Gegensatzpaar Immaterial- und Persönlichkeitsrecht lediglich als eine Verlagerung des eigentlichen dogmatischen Problems erscheint. Einmal mehr zeigt sich hier die Schwierigkeit, die sich aus dem behaupteten Ableitungszusammenhang zwischen dem „vermögensrechtlichen Gehalt" und der „rechtsgeschäftlichen Disponibilität" eines Rechts ergibt. Denn die Fortgeltung des Unübertragbarkeitsdogmas - trotz Erkenntnis und zunehmender Betonung des vermögensrechtlichen Gehalts von Persönlichkeitsrechten - hat zur Entstehung der gegenwärtigen Tendenz geführt, die ideellen Interessen dienenden und immaterielle Rechtsgüter schützenden Rechte, die als übertragbar gelten, per Definition zu Immaterialgüterrechten erstarken zu lassen[159].

Damit stellt sich das Rekurrieren auf das Kriterium der Übertragbarkeit als Abgrenzungsmerkmal für die Gruppe der Persönlichkeitsrechte als konsequente Anwendung des Unübertragbarkeitsdogmas dar. Folglich wird mit der folgenden Diskussion der behaupteten Unterscheidungskraft des Kriteriums „Übertragbarkeit" zugleich über die Gültigkeit des übergeordnet in Rede stehenden, generalisierenden „Dogmas" mitentschieden.

b) Die „Unübertragbarkeit" als Abgrenzungsmerkmal der Persönlichkeitsrechte

Bereits mit Begründung der Lehre von den Persönlichkeitsrechten wurde auf die bedingte Geltung der Unübertragbarkeit hingewiesen. Die Persönlichkeitsrechte wurden zwar als „an sich unübertragbar" bezeichnet, zugleich aber wurde zugestanden, dass „manche ... jedoch ganz oder teilweise der Ausübung nach, manche sogar der Substanz nach auf eine andere Person übertragen werden (können) ..."[160]. Wenn neuerdings zunehmend die Tauglichkeit des Übertragbarkeitskriteriums zur Abgrenzung der beiden Rechtskategorien angezweifelt wird, verdeutlicht dies eine Rückbesinnung auf die Ursprünge[161]. So wird mit der Betonung des vermögensrechtlichen Gehalts des Persönlichkeitsrechts zunehmend auch ihre rechtsgeschäftliche Disponibilität diskutiert[162], wobei erwartungsgemäß Unterschiede in Inhalt und Reichweite festzustellen sind. Weitestgehend besteht aber wohl Übereinstimmung darüber, dass weiterhin an ideellen Schutzgütern festzuhalten ist, die als dem rechtsgeschäftlichen Verkehr entzogen gelten. Dies drückt sich schon durch die jeweils gewählte Terminologie aus, die nach dem dahinter stehenden, mal mehr immaterialgüterrechtlichen Modell, mal stärker persönlichkeitsrechtlich orientierten Vorbild, variiert. Insoweit wird bei den als disponibel einge-

---

158 Vergl. Brox, Rn. 730 ff.; Helle RabelsZ 60 (1996), 448, 472.

159 Vergl. Schack, Rn. 21; Götting, S. 9; s. auch Helle RabelsZ Band 60 (1996), 448, 468. Beispielhaft kann hier eine Formulierung von Peukert ZUM 2000, 710, 712, angeführt werden, wo von einem „rein immaterialgüterrechtlichen Verständnis der vermögenswerten Bestandteile des Persönlichkeitsrechts" gesprochen wird.

160 von Gierke, S. 706; vergl. auch Gareis, Busch's Archiv 35 (1877), S. 185, 201 f.

161 Peifer, S. 141 ff.; Helle RabelsZ 60 (1996), 448, 465 ff.; kritisch auch Peukert ZUM 2000, 710, 715 f.

162 Vergl. Windisch GRUR 1993, 532; Helle RabelsZ 60 (1996), 450; Seemann UFITA 131 (1996), 5; Götting; Freitag. Das Meinungsspektrum hinsichtlich der Reichweite einer rechtsgeschäftlichen Disponibilität ist hier denkbar weit. So werden einerseits Dispositionen zwar zugelassen, eine translative Übertragung jedoch weiterhin abgelehnt, bspw. Götting, Magold, Schertz, Forkel und Freitag; während sich andere auch für eine translative Übertragung aussprechen, vergl. Beuthien/Schmölz sowie Ullmann AfP 1999, 209, sowie ders. anlässlich eines Vortrags vor dem Deutschen Patentamt am 20. März 2000, wo er eine gesetzliche Regelung entsprechend der des § 22 KUG befürwortete, die ausdrücklich die Übertragbarkeit des Namensrechts und sonstiger charakteristischer Kennzeichenrechte einer Person vorsehen sollte.

ordneten Rechtpositionen sowohl von immaterialgüterrechtlichen Persönlichkeitssplittern[163] bzw. stattdessen von persönlichkeitsbezogenen Immaterialgüterrechten[164] als auch von Persönlichkeitsverwertungsrechten[165] gesprochen. Hier zeigt sich sehr deutlich die Unzulänglichkeit des Unterfangens, die Unterscheidung von Persönlichkeitsrechten und Immaterialgüterrechten auf das Kriterium der Übertragbarkeit zu gründen, was zu einer Umbenennung von disponiblen persönlichkeitsrechtlichen Positionen in immaterialgüterrechtliche Positionen führt; nur hierdurch kann dem Unübertragbarkeitsdogma dann noch entsprochen werden[166]. Deshalb ist es überzeugender, sich von dem zirkelschlüssigen Unterscheidungskriterium der rechtsgeschäftlichen (Un-)übertragbarkeit zu verabschieden und Persönlichkeitsrechten gleichfalls eine Verkehrsfähigkeit zuzugestehen, ohne diese damit zwangsläufig den Immaterialgüterrechten zuordnen zu müssen[167].

Auch der gegenwärtige Befund der Rechtslage drückt eine Abkehr vom absoluten Verständnis indisponibler Persönlichkeitsrechte aus. So bot zunächst die Neuregelung des § 78 S. 1 UrhG im Jahr 1995 einen Anhaltspunkt dafür, dass auch der Gesetzgeber nicht von grundsätzlich unübertragbaren Persönlichkeitsrechten ausging[168] - in Anbetracht der erneuten Änderung dieser Vorschrift verliert dieses Argument natürlich an Überzeugungskraft. Eine weitere Bestätigung dieses Verständnisses des Gesetzgebers liefert indes auch ein Blick in das Geschmacksmuster- und Patentrecht. Da diese Rechte nach dem Gesetz uneingeschränkt, d.h. ohne Differenzierung nach ihren einzelnen Bestandteilen, übertragbar sind, muss auch eine Übertragbarkeit des Erfinderpersönlichkeitsrechts bzw. des persönlichkeitsrechtlichen Bestandteils des gewerblichen Urheberrechts nach dem Geschmacksmustergesetz angenommen werden, vergl. § 3 S. 2 GeschmMG[169] und §§ 15 Abs. 1 S. 2, 37, 63 PatG[170].

Auf der anderen Seite kann in der Regelung des § 29 UrhG auch ein umgekehrtes Beispiel für die Unstimmigkeit, die sich aus dem Schluss der Übertragbarkeit auf die Natur eines Rechts als Immaterialgüterrecht ergibt, gesehen werden. Das Urheberrecht, ein Immaterialgüterrecht, wird für unübertragbar erklärt[171].

---

163 So Freitag.

164 Peukert ZUM 2000, 710.

165 Peukert ZUM 2000, 710, 719 unter Verweis auf: Magold, S. 390 ff.

166 So auch Helle RabelsZ 60 (1996), 448, 468. Zur Erinnerung: In diesem Zusammenhang sind auch die Meinungen von Federle und Peter, die von der Zweiteilung des UPR in einen indisponiblen, persönlichkeitsrechtlichen und einen veräußerbaren, immaterialgüterrechtlichen Bestandteil befürworten, zu bedenken.

167 Dies erkennt wohl auch Peukert ZUM 2000, 710, 719, indem er für eine Anpassung an die Lebenswirklichkeit plädiert, ohne dass er das persönlichkeitsrechtliche Modell verlässt, indem er den Begriff „Persönlichkeitsverwertungsrechte“ verwendet.

168 So auch Ahrens, S. 89.

169 Danach kann „dieses Recht ... beschränkt oder unbeschränkt durch Vertrag ... auf andere übertragen werden.“

170 In §§ 37, 63 PatG ist das Erfinderpersönlichkeitsrecht gesetzlich anerkannt; § 15 Abs. 1 S. 2 PatG regelt insoweit, dass sie „beschränkt oder unbeschränkt auf andere übertragen werden (können)“. Natürlich ist dies ein Punkt, an dem wieder - sicherlich nicht zuletzt auch wegen des Bemühens, am Unübertragbarkeitsdogma festzuhalten - Meinungsdifferenzen losbrechen, vergl. Hubmann/Götting, S. 199 f., Rn. 4.

171 Nicht zuletzt herrscht auch an dieser Stelle wieder Uneinigkeit über den genauen Charakter des Urheberrechts - das Dogma zieht sich wie ein roter Faden, mal als Ursache mal als Konsequenz einer bestimmten Natur eines Rechts verstanden, durch den immaterialgüter- und persönlichkeitsrechtlichen Bereich. So wird einerseits beim Urheberrecht in seiner Gesamtheit von einem Immaterialgüterrecht gesprochen, so Rehbinder, Rn. 27, S. 18; Ulmer, § 18, III, 2., S. 117 und Schack, Rn. 22. Andererseits wird von einem Mischrecht, bei dem immaterialgüterrechtliche und persönlichkeitsrechtliche Komponenten verbunden seien, ausgegangen, so Schricker-Schricker Einl., Rn. 21 und Götting, S. 11. Über die genaue Verortung des Urheberrechts zwischen Immaterialgüterrecht und Persönlichkeitsrecht zu befinden, ist nicht Aufgabe dieser Arbeit.

Anstelle des Übertragbarkeitskriteriums (sei es, dass dieses als in der Sache dogmatisch unzutreffend oder als nicht beweiskräftig bewertet wird) müsste nach alledem ein anderes Unterscheidungskriterium herangezogen werden. Es ist nun nicht Aufgabe dieser Arbeit, in diesem Punkt eine Lösung aufzuzeigen[172]. Deshalb möge es an dieser Stelle genügen, einen vielversprechenden Lösungsansatz herauszustellen, bei dem im Schrifttum zutreffend auf ein abstrakteres Merkmal, das Maß der Abstrahierbarkeit und Verselbständigung des jeweiligen Rechtsguts von seinem Inhaber, rekurriert wird[173].

Hiermit zielt man auf die Trennung und Verschiedenheit des Rechtsguts von der Person des Rechtsträgers ab, was unmittelbar mit der Möglichkeit einer wirtschaftlichen Verselbständigung, im Sinne eines wirtschaftlichen Eigenlebens, zusammengeht. Dies führt letztlich zur Bewertung eines Rechts als Immaterialgüterrecht. Beim Immaterialgüterrecht liegt ein selbständiges Rechtsgut vor, so dass dieses außerhalb der Person in gleichem Maße existieren kann. Immaterialgüter sind in ihrer Entstehung zwar von der Person des originären Rechtsträgers abhängig, führen aber in ihrer Weiterentwicklung ein Eigenleben[174]. Persönlichkeitsgüter hingegen sind in der Vorstellung des Rechtsverkehrs untrennbar mit der dahinter stehenden Person verbunden. Gerade aus dieser Rückkopplung beziehen sie ihre immaterielle und insbesondere wirtschaftliche Wertigkeit[175]. Ihnen kommt eine „persönliche" Zuweisungsfunktion zu, unabhängig davon, ob und wie das Persönlichkeitsgut mit anderen Gegenständen - wie den üblichen Merchandising- und Fanartikeln von Popstars - in Verbindung gebracht wird. Deshalb besitzen entsprechende Rechte eine persönlichkeitsrechtliche Natur. Über den Aspekt der Zuweisungsfunktion auf eine Person wird folglich nicht nur das Rechtsgut selbst, sondern auch der Rechtsträger, dem dieses Recht originär zugeordnet wird, bedeutsam. Das Rechtsgut kann insoweit einmal Immaterialgut, ein anderes Mal Persönlichkeitsgut sein. Deutlich wird dies insbesondere am Beispiel des Namensrechts, § 12 BGB, das einerseits, z.B. in seiner Funktion als Firmenname, als Immaterialgüterrecht und andererseits als Persönlichkeitsrecht, den bürgerlich-rechtlichen Namen einer natürlichen Person betreffend, verstanden wird[176]. Damit wird zwar eine Zuordnungsfunktion nicht in Abrede gestellt, es fehlt aber infolge des reinen Objektbezugs, mangels einer natürlichen Person, der insoweit personale und damit persönlichkeitsrechtliche Bezugspunkt[177].

Diese Vorgehensweise zur Unterscheidung zwischen Persönlichkeitsrechten und Immaterialgüterrechten ist nicht nur rechtstechnisch, sondern gerade auch weil sie argumentative Fehl- bzw. Zirkelschlüsse vermeidet, von größerer Überzeugungskraft als die Heranziehung des Übertragbarkeitskriteriums.

---

172 Insoweit kann auf eine beachtliche Anzahl von Publikationen zu diesem Bereich verwiesen werden, die in den letzten Jahren entstanden sind und die zeigen, dass sich dieses Thema noch im vollen Stadium seiner Fortentwicklung befindet: siehe Beuthien/Schmölz, Götting, Ahrens, Magold, Freitag, Seemann.

173 So Peifer, S. 142 und Forkel GRUR 1988, 491, 498.

174 Peifer, S. 143 f., unter Verweis auf Kohler, geht davon aus, dass das Namensrecht kein Gegenstand des Rechts als solches sei, sondern nur im Hinblick auf die Person, auf die es hinweist.

175 Diesbezüglich kann nicht von einem bedenkenvollen Umfunktionieren in ein wirtschaftliches Persönlichkeitsrecht gesprochen werden, so aber Schack AcP 195 (1995), 594, 595.

176 Peifer, S. 170 ff.

177 Der Frage nach der Übertragbarkeit kommt bei der Untersuchung dieser Zuordnungsfunktion dann nur noch indizielle Bedeutung für die Unterscheidung zwischen Persönlichkeitsrechten und Immaterialgüterrechten zu. Denn obwohl eine Übertragbarkeit des insoweit vergegenständlichten Persönlichkeitsguts erfolgt, muss damit, je nach Rechtsgut, nicht notwendigerweise die Bezugnahme bzw. Hinweisfunktion betreffend die hinter dem Rechtsgut stehende Person durchbrochen werden, s. Peifer, S. 142. Umgekehrt kann der Gesetzgeber auch die Unübertragbarkeit für ein Immaterialgüterrecht vorsehen, wie mit § 29 UrhG für das Urheberrecht geschehen, ohne dass damit die Selbständigkeit von Gut und Person negiert würde, Peifer, S. 142.

c) Ergebnis und Schlussfolgerung für das Urheberpersönlichkeitsrecht

Die These der Unübertragbarkeit von Persönlichkeitsrechten trifft in ihrer absoluten Zwangsläufigkeit nicht zu[178]. Die Übertragbarkeit ist insoweit weder Ursache noch Folge eines bestimmten Rechtscharakters[179]. Sie kann sich insbesondere auch als ausschließlich positiv-rechtliche, gesetzliche Regelung ohne Anbindung an die Natur des betreffenden Rechts ergeben[180]. Da es sowohl übertragbare als auch unübertragbare Persönlichkeitsrechte geben kann bzw. gibt, ist die Frage der Disponibilität am jeweils konkreten Recht, unabhängig von abstrakten Rechtskategorien, zu beantworten. Im Ergebnis steht damit fest, dass man sich von dem Unübertragbarkeitsdogma betreffend Persönlichkeitsrechte verabschieden muss[181].

Dies findet seine Bestätigung auch in der Begründung des RegE zum „Gesetz zur Stärkung der vertraglichen Stellung von Urhebern und ausübenden Künstlern", der zufolge „Rechtsgeschäfte über Persönlichkeitsrechte vorbehalten (bleiben sollten), ohne dass über deren Rechtsnatur eine Aussage gemacht wird"[182]. Zudem ist auf die Rechtsprechung des BVerfG zu verweisen. Danach ist eine Verfügbarkeit im Sinne einer Übertragbarkeit keine notwendige Eigenschaft eines vermögenswerten Rechts[183] - also auch nicht eines vermögenswerten Persönlichkeitsrechts. Vielmehr seien all diejenigen Rechte von Art. 14 GG erfasst, die dem Berechtigten von der Rechtsordnung in der Weise zugeordnet sind, dass er über die Ausübung der damit verbundenen Befugnisse zu seinem privaten Nutzen eigenverantwortlich entscheiden darf. Denn dem Gesetzgeber sei die Schaffung vermögenswerter Rechte unter Einschränkung der Verfügungsmöglichkeiten nicht ohne weiteres verwehrt. Somit gebe es auch keinen sachlichen Grund, derartig ausgestaltete Rechte vom Schutz der Eigentumsgarantie auszunehmen[184].

Was den vermögensrechtlichen Gehalt des UPR anbelangt, so ist der Schutz auch bzw. überwiegend materieller Interessen zu betonen[185]. Deutlich wird dies insbesondere im Fall der Durchsetzung der Urheberschaft. Letztlich stellt oft erst diese den vermögenswerten und damit wertbestimmenden Faktor eines Werkstücks dar, und die Geltendmachung der Urheberschaft als urheberpersönlichkeitsrechtliche Befugnis erfolgt dann gerade um dieser Bedeutung willen. Auch das Veröffentlichungsrecht ist stark durch einen materiellen Gedanken, hier der

[178] Vergl. Forkel, S. 174, Rn. 278; Rehbinder UFITA 66 (1973), 125, 145; vergl. auch Metzger, S. 117, dessen Konsequenz jedoch nicht weit genug geht, indem er zu einer Lösung gelangt, wonach die These der Unübertragbarkeit von Persönlichkeitsrechten letztlich „nur" als eine Grundsatzregel zu betrachten wäre, bei der die Ausnahmen deutlicher herauszustellen sind. Selbst die Zuweisung eines Grundsatzcharakters schürt jedoch in unzutreffender Weise den Eindruck eines weitreichenden Geltungsanspruchs des „Dogmas".

[179] A. A. Ahrens, S. 89.

[180] Vergl. hierzu schon Gareis, Busch's Archiv 35 (1877), S. 185, 201 f.: „Es können Rechtsgeschäfte über die Individualrechte abgeschlossen werden, insbesondere können diese veräußert ... werden, - nicht alle ..., aber welche und wie wird nicht in allen Fällen durch die „Natur der Sache" (oder „Natur der Person"), sondern häufig durch das positive Recht allein bestimmt."

[181] Hierfür spricht auch der Umstand, dass die Begriffe Übertragung und Verzicht inhaltlich nicht abschließend bestimmt sind; keinesfalls geht es bei der „Übertragung" nur um ein Verständnis als Veräußerung im Sinn eines endgültigen, völligen Rechtsverlustes. Siehe insoweit die Ausführungen unten im 4. Teil.

[182] Bundesrat Drucksache 404/01, S. 39.

[183] BVerfG JZ 1991, 774, 775.

[184] Siehe Hubmann, S. 134 f.

[185] Vergl. Schricker-Dietz, vor §§ 12 ff., Rn. 12; Fromm/Nordemann-Hertin, vor § 12, Rn. 2; s. auch OLG München GRUR 1969, 146, 147 - Bundeswehrplakat, zum Schadenersatzumfang; LG Münster NJW-RR 1996, 32; LG Düsseldorf GRUR 1993, 664; AG Heilbronn AfP 1989, 596.

nutzungsbedingten, wirtschaftlichen Verwertung, geprägt. So war bis zum Erlass des UrhG von 1965 die Zuweisung dieser Befugnis zum UPR umstritten[186].

Trotz dieser vermögensrechtlichen Dimension bleibt es bei der Einordnung des UPR als Persönlichkeitsrecht; das UPR schützt als immaterielles Gut das Verhältnis, das ideelle Band, zwischen dem Urheber und seiner Werkschöpfung.

Dieser Werkbezug ist zugleich aber der Aspekt, der das UPR gegenüber anderen Persönlichkeitsrechten, insbesondere dem aPR, auszeichnet. Insoweit kann von einer erhöhten Verselbständigungstendenz gesprochen werden. Diese ist aber nicht von solcher Qualität, dass (unter Berücksichtigung des zuvor angeführten Abgrenzungskriteriums zu Immaterialgüterrechten) Zweifel an der persönlichkeitsrechtlichen Natur zu üben wären. Die Struktur des UPR ist jedoch von solcher Eigenart, dass ihm ein besonderer, selbständiger Platz in der Gruppe der Persönlichkeitsrechte zukommen muss, ohne dabei diese Kategorie zu verlassen. Denn eine Verselbständigung liegt hinsichtlich des immateriellen Werks und nicht hinsichtlich verselbständigungsfähiger Persönlichkeitsgüter vor. Das UPR bildet keine Persönlichkeitsgüter in diesem Sinne aus, so dass sich auch keine Entwicklung hin zu Immaterialgüterrechten einstellen kann. Zudem bleibt der Schutz des UPR immer wegen der Rückkopplung zur Person des Urhebers gewährleistet; wenn auch - wie bei keinem anderen Persönlichkeitsrecht - gleichsam über das Werk vermittelt, das in Beziehung zu Dritten tritt. Von der Person des Urhebers verselbständigt sind dem Grunde nach nur die Nutzungsrechte, die die wirtschaftliche Verwertung des Werks garantieren; zugleich wird wieder über das UPR eine vollständige Entfernung auch dieser Rechtspositionen vom Rechtsträger verhindert. Die Ursache hierfür bietet der urheberrechtliche Monismus. Dies alles muss zur Anerkennung der Eigenständigkeit des UPR innerhalb der Kategorie der Persönlichkeitsrechte[187] führen. Dabei ist zu beachten, dass mit der Bestimmung der Rechtsnatur des UPR im Verhältnis zum Urheberrecht insgesamt nicht zugleich eine Selbständigkeit betont wird, die zu einer Herauslösung aus dem Urheberrecht und damit letztlich zu einer Hinwendung zum Dualismus führen würde.

Abschließend ist festzuhalten, dass an einer persönlichkeitsrechtlichen Natur des UPR festzuhalten ist, ohne dass damit schon über die Frage der rechtsgeschäftlichen Disponibilität mitentschieden wird. Von besonderer Bedeutung für den Fortgang der Untersuchung ist deshalb die insoweit verbleibende selbständige Aussage der hier einschlägigen Regelung des § 29 UrhG[188].

3. Vergleichender Blick auf das französische und das US-amerikanische Recht

a) Französisches Recht

Auch im französischen Schrifttum wird zunehmend auf die Unterschiede zwischen dem *droit moral* und den allgemeinen, bürgerlich-rechtlichen Persönlichkeitsrechten hingewiesen. Dabei sticht das *droit moral* bereits insoweit heraus, als dass es, neben dem Recht auf Achtung der Privatsphäre (*droit au respect de la vie privée*), als einziges Persönlichkeitsrecht nicht nur eine Ausarbeitung durch die Rechtsprechung, sondern auch eine gesetzliche Anerkennung erfahren hat[189]. Nicht nur, dass damit das Unterfangen der Anwendung der generell

---

186 Vergl. v. Gamm § 12, Rn. 2, 8, unter Hinweis auf de Boor, S. 189 ff.

187 Für diese Selbständigkeit spricht sich auch Fabiani, FS Hubmann, S. 87, 92, aus.

188 Siehe hierzu unten im 3. Teil.

189 Lucas-Schloetter GRUR Int. 2002, 809, 810, die auf diesen Unterschied im Verhältnis zum deutschen Recht hinweist.

für Persönlichkeitsrechte geltenden Regeln und Gesetzmäßigkeiten auch auf das *droit moral* - wie im deutschen Recht - angezweifelt wird[190]. Auch die ganz grundsätzliche Einordnung des *droit moral* in die Kategorie der Persönlichkeitsrechte wird zunehmend kontrovers diskutiert[191]. Insoweit taucht vermehrt die Forderung nach der Aufgabe der dualistischen Konzeption des *Droit d'Auteur* zugunsten eines Urheberrechts als bloßes Eigentumsrecht (*propriété intellectuelle*) auf, was in der Konsequenz die Abschaffung des *droit moral* bedeuten würde[192]. Außerdem ist in der französischen Rechtsentwicklung - wie beim deutschen Recht - die Tendenz feststellbar, Persönlichkeitsrechte allgemein für den Bereich rechtsgeschäftlicher Dispositionen zu öffnen; beispielhaft sei hier auf das Recht am eigenen Bild (*droit à l'image*) verwiesen, bei dem verstärkt eine rechtsgeschäftliche Kommerzialisierung diskutiert wird[193].

Bemerkenswert ist in Anbetracht der oft betonten persönlichkeitsrechtlichen Natur des *droit moral*, dass das Gesetz selbst auch juristischen Personen bzw. Personenvereinigungen, denen nicht der Status der Urheberschaft zukommt, eine Aktivlegitimation zuweist. Dies wird im Zusammenhang mit der Wahrung der Werkintegrität relevant. So sind gem. Art. L. 331-1 al. 2 CPI[194] all diejenigen Verbände/Vereinigungen zur Klage aktivlegitimiert, die sich professionell und gemäß ihrer Statuten mit der Wahrnehmung der Rechte von Urhebern befassen; beispielhaft werden hier die Verwertungsgesellschaften genannt[195]. Die Rechtsprechung zögert jedoch mit der Bejahung einer Aktivlegitimation im Einzelfall[196], denn vor dem dogmatischen Hintergrund bedeutet die Einführung dieser Vorschrift einen Systembruch[197].

---

190 Lucas-Schloetter GRUR Int. 2002, 809, 810.

191 Vergl. Lucas-Schloetter GRUR Int. 2002, 809; Doutrelepont GRUR Int. 1997, 293, 294, unter Verweis auf Raynard, n. 289 f. sowie Pollaud-Dulian GRUR Int. 1995, 361, 367, der ebenfalls auf diesen Umstand verweist, ihn dabei jedoch (noch) als die Forderung einer kleinen Mindermeinung charakterisiert. Skepsis äußern ebenfalls Lucas/Lucas, S. 303, n. 368, die die Besonderheit und Eigenständigkeit des *droit moral* gegenüber anderen Persönlichkeitsrechten betonen und insoweit auf eine Entscheidung des Cour de Cass., D. 1994, S. 78, verweisen, in der Folgendes formuliert wurde: „(le droit moral est) *entièrement étranger* à la défense des *autres* droits de la personnalité protégés par la loi." Noch ganz aktuell hingegen ordnet Gautier, n. 122, das *droit moral* ausdrücklich den *droits de la personnalité* zu und sieht hierin den Grund dafür, dass dieses Recht höchstpersönlich (*attaché à la personne*) und damit - sehr weitgehend in dieser Schlussfolgerung - per Definition von der Gruppe der Vermögensrechte ausgeschlossen sei. Auch eine Zuordnung des *droit moral* zu einer juristischen Person sei vor diesem Hintergrund nicht möglich.

192 Vergl. Pollaud-Dulian GRUR Int. 1995, 361, 361. Dies ist letztlich wohl eine Rückbesinnung auf die im 18. Jahrhundert vorherrschende Theorie vom geistigen Eigentum, siehe oben S. 25, vor Geltung des Urhebergesetzes von 1957.

193 Vergl. hierzu Hauser GRUR Int. 1988, 218 ff. Lucas/Lucas, S. 305 f., n. 369, stellen die fortwährende Ablehnung einer kommerziellen Ausbeute des *droit moral* vor dem Hintergrund einer derartigen Tendenz beim Bildnisrecht und der betonten Nähe des *droit moral* zu den droits de la personnalité generell in Frage.

194 Der Wortlaut lautet: „Les organismes de défense professionnelle régulièrement constitués ont qualité pour rester en justice pour la défense des intérêts dont ils ont statuairement la charge."

195 Bertand, 9.13, S. 360.

196 Beispielhaft wird insoweit auf zwei Entscheidungen verwiesen: Zum einen „Les Liaisons Dangereuses", D. 1967, S. 381, wonach eine Aktivlegitimation der Société des Gens de Lettres (SGL) verneint wurde, da keine dem Art. 65 des loi du 11 mars 1957 (entspricht Art. L. 331-1 CPI) entsprechende Überantwortung vorliege, sondern die SGL lediglich eine sich selbst gegebene Mission verfolge und keine Betrauung durch den Gesetzgeber vorliege. Auch in der Entscheidung „Les Miserables", wurde die Aktivlegitimation der Caisse nationale des Lettres (CNL) verneint, obwohl dieser vom Gesetzgeber unter anderem die Aufgabe des Schutzes von Werken auch nach dem Tod des Autors, selbst wenn diese gemeinfrei geworden sind, verliehen wurde. Diese Befugnis sei in Zusammenschau mit dem später erlassenen loi du 11 mars 1957 und dem Art. 65 zu sehen und könne deshalb nur bedeuten, dass die CNL lediglich für den Fall des Nichtvorhandenseins von Erben aktivlegitimiert sei.

197 Bertand, 9.13, S. 360, verweist denn auch darauf, dass eine Rechtewahrnehmung nur soweit reiche, wie eine Betrauung im Wege eines *mandat*, vergl. hierzu unten, 5. Teil, I., 2., b), cc), vorliege.

Die klassisch-traditionelle und auch gegenwärtig überwiegend vertretene Ansicht ordnet das *droit moral* weiterhin den Persönlichkeitsrechten zu und führt zugleich das Dogma der Unveräußerlichkeit von Persönlichkeitsrechten auch für das *droit moral* fort[198]. Diese Ansicht fußt auf dem Umstand - wie auch nach deutschem Rechtsverständnis gerne betont -, dass das Werk eine Emanation der Person des Schöpfers (*émanation d'une personnalité*) sei[199]. Insoweit ist diese Annahme gleichfalls aufs engste mit dem Werkbegriff nach Art. L. 112-1 CPI[200] verbunden und damit zugleich einem insofern feststellbaren Wandel in der Rechtsdogmatik unterworfen.

Art. L. 112-2 CPI zählt vierzehn Werkarten als urheberrechtschutzfähig auf, wobei es sich - wie bei der deutschen Regelungstechnik in § 2 Abs. 1 UrhG - nicht um eine abschließende Aufzählung handelt. Anknüpfungspunkt und Grundvoraussetzung für urheberrechtlichen Schutz ist insbesondere das ungeschriebene Merkmal der Originalität (*originalité*) eines Werkes[201]. Traditionell wurde dieses Kriterium nur dann als erfüllt angesehen, wenn das Werk als besagte Emanation der Schöpferpersönlichkeit bewertet werden kann[202]. Diese Definition ist jedoch durch zwei entscheidende Aspekte aufgeweicht. So sind zum einen als Folge einer EU-Richtlinie - wie im deutschen Recht - bei einer Novellierung im Jahr 1985 ausdrücklich Computerprogramme in den Katalog der geschützten Werkarten aufgenommen worden. Bei diesen Werken stellt die Rechtsprechung anstelle der *originalité* auf das Kriterium des geistigen Beitrags bzw. der geistigen Anstrengung (*apport* bzw. *effort intellectuel*) ab[203]. Und zum anderen wird zunehmend Schutz für solche Werke gewährt, bei denen nur ein sehr geringer kreativer Gestaltungsspielraum ausgenutzt wird[204]. Deshalb wird gegenwärtig im französischen Recht die ursprünglich enge Auffassung hinsichtlich des Kriteriums der *originalité* verstärkt zur Diskussion gestellt[205] und eine Zweigleisigkeit, d.h. zwei grundsätzlich unterschiedliche Bereiche von Werken mit jeweils eigenständigen Schutzvoraussetzungen, angenommen[206]. So stehen sich einerseits die traditionellen Werke mit einem erfassbaren ästhetischen Charakter, bei denen eine *empreinte d'une personnalité* feststellbar ist, und andererseits solche Werke gegenüber, die als „faktische" Werke (*oeuvre factuelle*) verstanden werden, wie bestimmte Sammlungen oder Computerprogramme, für die eine genaue, urheberrechtlich relevante Erfassung als schwierig empfunden wird. Hinsichtlich des Kriteriums der *originalité* wird insoweit auch von einer *géometrie variable* gesprochen und darauf verwiesen, dass die

---

198 Vergl. insoweit Ferid/Sonnenberger, 1 C 50, S. 223 und eines der „Grundsatzurteile" im urheberrechtlichen Bereich: „Sociétés Les Ballets de Paris/Da Lima Silva", TGI Seine, RIDA (1959), S. 159 („Mistinguette") sowie Colombet, S. 126, n. 126; Desbois, S. 470, n. 381 und Plaisant, S. 59, n. 137, der zunächst feststellt, dass es sich beim *droit moral* um ein Persönlichkeitsrecht handele, um dann schlicht darauf zu verweisen, dass: „Les droits de la personnalité sont en principe inaliénable."; s. auch Desbois, n. 382, S. 470: „(le droit moral) est hors de commerce."

199 Lucas/Lucas, S. 303, n. 367; zu dieser Problematik auch Pollaud-Dulian GRUR Int. 1995, 361, 363.

200 Der Wortlaut lautet: „Les dispositions du présent code protègent les droits des auteurs sur toutes les oeuvres de l'esprit, quels qu'en soient le genre, la forme d'expression le mérite ou la destination."

201 Lucas, S. 15.

202 Françon, S. 24 f.; Colombet, n. 32, S. 26 spricht von *empreinte de la personnalité*.

203 Als richtungsweisende Entscheidung wird auf „Pachot", D. 1986, S. 405, verwiesen, vergl. Lucas, S. 21, worin wohl erstmals das Kriterium Originalität als *marque d'un apport intellectuel* beschrieben wird. Diese Tendenz wird allerdings kritisiert, s. Heitland, S. 137. Colombet, n. 36, S. 31 spricht insoweit vom Randbereich des *Droit d'Auteur*.

204 So wurde auch ein Adressbuch für schutzfähig befunden, vergl. Waldenberger, S. 143, unter Verweis auf Plaisant, n. 44 und Desbois, S. 235 ff. Ein reines Zusammenstellen (travail de compilation) reicht dabei aber nicht aus: RIDA (1995), S. 205, zitiert nach: Colombet, n. 34, Fn. 1.

205 Vergl. Lucas, S. 20, mit dem Hinweis auf die unterschiedlichen Sichtweisen zum Umfang der geschützten Werke.

206 Lucas, S. 21 f.

streng personalisierte Konzeption des Urheberrechts nicht mehr zur gegenwärtig herrschenden Auffassung von Kunst und damit nicht zu den Gesetzen des Marktes innerhalb dieser deutlich industriell geprägten Kultur passe[207]. Diese Diskussion und Entwicklung ist der im deutschen Recht vergleichbar.

Bei all diesen rechtstatsächlichen und dogmatischen Einwänden ist jedoch der weiterhin bestehende Schutz, die gesetzliche Anerkennung von urheberpersönlichkeitsrechtlichen Befugnissen, zu bedenken. Dabei stellt sich zugleich die Frage nach den möglichen Auswirkungen des dogmatischen Wandels - insbesondere im französischen Schrifttum. Da mit der Änderung des Grundkonzepts eine Änderung der geltenden Grundsätze und Regelung einhergehen kann, wird der im Mittelpunkt der nachfolgenden Untersuchungen stehende Bereich rechtsgeschäftlicher Disposition, auch unter dem Gesichtspunkt der zunehmend kritischen Diskussion des französischen Dualismus und dem persönlichkeitsrechtlich verstandenen *droit moral*, verstärkt ins Blickfeld gerückt.

b) US-amerikanisches Recht

Anders als nach deutschem und französischem Rechtsverständnis besteht nach US-amerikanischem Recht eine weitreichende rechtliche Kommerzialisierung der Persönlichkeitsmerkmale des Einzelnen. Zwar ist einerseits festzuhalten, dass Persönlichkeitsrechte (*rights of personality*) zunächst als rein ideelle Abwehrrechte konzipiert sind und insoweit die Persönlichkeitssphäre einer Person über das sog. *right of privacy* geschützt ist. Dieses Recht wird unter Verweis auf seine Höchstpersönlichkeit als unübertragbar charakterisiert[208], so dass das US-amerikanische Recht im Bereich des *right of privacy*, entsprechend dem herrschenden kontinental-europäischen Rechtsverständnis, im Unübertragbarkeitsdogma verhaftet zu sein scheint. Als zulässig befunden wird jedoch ein obligatorischer, lediglich inter partes wirkender Verzicht[209].

Bemerkenswert ist deshalb die gleichfalls feststellbare, genau gegenläufige Entwicklung des US-amerikanischen Rechts von einem ausschließlich ideellen Schutz der Persönlichkeitsmerkmale hin zu einem rein vermögensrechtlichen, im Sinne eines verwertungsrechtlichen Schutzes von Persönlichkeitsgütern; insoweit tritt neben das *right of privacy* das Recht zur Vermarktung der Persönlichkeit, gewährt über das sog. *right of publicity*[210]. Dieses Recht beinhaltet die Befugnis, anderen (entgeltlich) weitreichende Nutzungen der eigenen Persönlichkeitsmerkmale zu gestatten und wird dabei nicht nur als verzichtbares Recht, sondern als ein „*freely transferable property right*" verstanden[211].

Persönlichkeitsmerkmale sind nach US-amerikanischem Recht also grundsätzlich in zwei einander kontradiktorisch gegenüberstehenden Richtungen geschützt und haben dabei eine unterschiedliche Zuweisung rechtsgeschäftlicher Disponibilität erfahren[212].

---

207 Lucas, S. 21 f.

208 Vergl. Götting GRUR Int. 1995, 656, 659.

209 Vergl. Götting GRUR Int. 1995, 656, 660, der dies als Verzicht auf die Geltendmachung von Ansprüchen aus der Rechtsverletzung einordnet.

210 Hier geht es um die Beziehung des Individuums zur Außenwelt und dessen Recht darauf, über die wirtschaftliche Verwertung seiner Person in der Außenwelt ausschließlich selbst bestimmen zu können.

211 Vergl. Hilty, FS Rehbinder, S. 259, 277. Dies bedeutet, dass dann bei einer Abwehrklage bspw. nicht nur das Vorliegen einer beleidigenden Äußerung, sondern die unerlaubte Verwendung des Namens oder anderer Persönlichkeitsmerkmale zur kommerziellen Nutzung vorzutragen wäre, siehe hierzu Pitta, 12 Ent. and Sports Lawyer 3, 5 (1995), insbes. Fn. 35.

212 Ausführliche Untersuchungen zum US-amerikanischen Persönlichkeitsschutz bei: Freitag, S. 69 ff. und Götting GRUR Int. 1995, 656. Dies spricht dann letztlich auch eher für eine Abkehr vom Unübertragbarkeitsdogma im US-amerikanischen Recht.

Im Zusammenhang mit dieser Rechtsentwicklung ist die Einführung von *moral rights* im US-amerikanischen Recht zu betrachten. Diese werden als ein spezieller Schutz ideeller Urheberinteressen den Persönlichkeitsrechten zugeordnet und dabei deutlich von Eigentumsrechten getrennt[213]. Ein Überlappen persönlichkeitsrechtlicher und vermögensrechtlicher Interessen und Bestandteile, wie nach dem deutschen Monismus, besteht im Copyrightsystem nicht[214]. In der Gewährung persönlichkeitsrechtlicher Befugnisse wird sogar die Gefahr gesehen, dass über den Weg der Geltendmachung von *moral rights*, also unter dem Deckmantel persönlichkeitsrechtlicher, ideeller Interessen, letztlich nur wirtschaftliche Urheberinteressen durchgesetzt würden[215].

Entsprechend dem deutschen und französischen Rechtsverständnis wird der Bezug zur Persönlichkeit des Urhebers besonders herausgestellt und auf die Umsetzung der Schöpferpersönlichkeit im Werk verwiesen[216]. Mit der VARA-Gesetzgebung hat auch der Bundesgesetzgeber den Ausschluss der Übertragbarkeit der *moral rights* mit deren persönlichkeitsrechtlicher Natur begründet[217].

Dieses persönlichkeitsrechtliche, strikt von einer vermögensrechtlichen Dimension getrennte Verständnis der *moral rights* ist jedoch in einem Punkt zu relativieren. So dient die Gewährung von *moral rights* nach einigen State Laws[218] und dem VARA[219] ausdrücklich auch dem Schutz des öffentlichen Kultur- und Informationsinteresses. Dieser Schutz des Allgemeinwohls entspricht dem Grundanliegen des Urheberschutzes, wie es in der US-amerikanischen Verfassung in dem Ziel „to promote the progress of science and the useful arts ...", U.S. Const. art. I, § 8, cl. 8, zum Ausdruck kommt und überschattet eine rein persönlichkeitsrechtliche Natur der *moral rights*[220].

---

213 So Merryman/Elsen, S. 308 f., vergl. aber auch S. 325; Halpern, Chapter 3, F, S. 224. Siehe aber insoweit Bensen, 24 Hofstra L. Rev. 1127, 1133 (1996), insbes. Fn. 122, der darauf verweist, dass eine Regulierung von *moral rights* eine solche von Eigentumsrechten (an körperlichen Gegenständen) sei.

214 Siehe Nimmer, § 8D.06 [A] [2]: „In recognition of their link more to the author's personality than pocketbook, moral rights stand in contrast to the economic rights"; vergl. auch 17 U.S.C. § 106.

215 Dworkin, 19 Columbia-VLA Journal of Law and the Arts 229, 264 (1995), insbes. auch Fn. 129, der insoweit eine Art Schutzmechanismus verlangt, der die Durchsetzung von *moral rights* aus rein wirtschaftlichen Gründen verhindere.

216 Vergl. Nimmer, § 8D.01 [A] und Damich, 13 Columbia-VLA Journal of Law & The Arts 291, 323 (1989) sowie bsph. den California Art Preservation Act, Cal. Civ. Code §§ 987-989, § 987 (a) „The Legislature hereby finds ... fine art, which is ... an expression of the artist's personality, ..."; dieser Gedanke wurde insoweit zum ersten Mal überhaupt im US-amerikanischen Recht kodifiziert. Vergl. auch Massachusetts Art Preservation Act, Mass. Gen. L., ch. 231, § 85 S (a).

217 „An assignment or transfer of these rights to third parties would be contrary to the personal nature of the rights ...", so H.R. Rep. No. 101-514. 101st Cong., 2d Sess. 19 (1990); siehe zu dieser Herleitung auch: Damich, 13 Columbia-VLA Journal of Law & The Arts 291, 326 (1989) und 39 Catholic University L. Rev. 945, 967 f. (1990). Ausführlich zu den gesetzlichen Regelungen in den USA unten im 5. Teil, unter II.

218 Vergl. insoweit die sog. Art Preservation Acts wie bspw. in Kalifornien und Massachusetts, wonach ausdrücklich darauf verwiesen wird, dass: „there is also a public interest in preserving the integrity of cultural and artistic creations ...", so Mass. Gen. L., ch. 231, § 85S (a). Dieselhorst, GRUR Int. 1992, 907, spricht insoweit von einem bloß kulturerhaltenden Interesse an seltenen Werken.

219 So wird in der Gesetzesbegründung deutlich zum Ausdruck gebracht, vergl. H.R. Rep. No. 101-514, 101st Cong., 2d Sess. 14 (1990), dass: „(moral rights) promote the public interest by increasing available information concerning artworks and their provenance, and by helping ensure that information is accurate." Zudem werde, laut Damich, 39 Catholic University L. Rev. 945, 955 (1990), durch die Beschränkung des Schutzes auf *works of recognized stature* der Fokus vom ursprünglichen Schutz der *moral rights* als Ausdruck der Persönlichkeit des Schöpfers zum Gedanken eines Kunstschutzes (*art preservation*) hin geöffnet.

220 Vergl. insoweit Kaplan 107 Harvard L. Rev. 1977, 1982 f. (1994). Umgekehrt qualifiziert Dreier GRUR Int. 1985, 525, 533, die nach dem einschlägigen New Yorker Gesetz gewährten *moral rights*, da keine öffentlichen Interessen berücksichtigend, als reine Persönlichkeitsrechte.

Vor dem Hintergrund eines rein ideellen, persönlichkeitsrechtlichen Verständnisses der *moral rights* rückt auch der urheberrechtliche Werkbegriff im US-amerikanischen Recht in das Blickfeld. Die Frage liegt nahe, ob zu dieser gleichsam doppelten - individuellen und allgemeinen - Schutzrichtung der *moral rights* auch eine Entpersönlichungstendenz, vergleichbar dem deutschen und französischen Recht, tritt, so dass von einer deutlichen Entfernung von einem personalisierten Verständnis bei der Gewährung von *moral rights* gesprochen werden könnte.

Das US-amerikanische *Copyright* schützt "original works of authorship fixed in any tangible medium", 17 U.S.C. § 104 (c). Die Schutzfähigkeit knüpft also an den Begriff *original* bzw. *originality* an. Zur Bejahung des Vorliegens von Originalität ist nach US-amerikanischem Verständnis grundsätzlich entscheidend, dass sich das Werk nicht bloß als Kopie einer bereits bestehenden Schöpfung und damit als eine Nachahmung darstellt[221]. Dabei wird unter urheberrechtlicher "Originalität" kaum mehr verstanden als der bloße Umstand, dass eine Person das Werk geschaffen hat. Der Gesetzgeber habe damit zum Ausdruck bringen wollen, dass Restriktionen aufgrund des Inhalts eines Werkes für den urheberrechtlichen Schutz nicht zu ziehen seien und es damit also nicht um einen Test der schöpferischen Höhe gehe[222]. Zugleich wird darauf verwiesen, dass sich ein Wandel hin zu einem deutlich stärkeren *personality-based copyright* abzeichne, da bei der inhaltlichen Bestimmung von *originality* mitunter stärker an die Person des Werkschöpfers angeknüpft und das Werk insoweit als Ausdruck der Schöpferpersönlichkeit verstanden werde[223].

Mit Blick auf die *moral rights* ist jedoch zu berücksichtigen, dass - anders als nach französischem oder deutschem Recht - die Zuweisung urheberpersönlichkeitsrechtlichen Schutzes im US-amerikanischen Recht nicht generell an „originale" Werke anknüpft, sondern *moral rights* nur für solche Werke vorgesehen ist, die unter einen entsprechend bestimmten, gesetzlich abschließend geregelten Werkkatalog fallen. Bei den nach State oder Federal Law insoweit berücksichtigten Werkarten handelt es sich gerade um solche, die dem als klassisch zu bezeichnenden Bereich urheberrechtlichen Schutzes zuzuordnen sind und bei denen im Regelfall eine Umsetzung persönlichen Ausdrucks und Stils, d.h. gerade der Persönlichkeit des Ur-

---

221 Vergl. Nimmer, § 2.01 [A]: „(originality) ... merely calls for independent creation" und Ginsburg, 90 Columbia L. Rev. 1865, 1867 (1990), insbes. Fn. 9, die insoweit von einem Minimallevel an Kreativität spricht.

222 So Kaplan, 107 Harvard L. Rev. 1977, 1984 (1994) und Schack, Rn. 163; Seemann UFITA 131 (1996), S. 5, 23.

223 Hoeren, GRUR 1997, 866, 870, stellt eine Erhöhung von qualitativen Kriterien bei der Gewährung des *Copyrights* fest; Ginsburg, 90 Columbia L. Rev. 1865, 1866 (1990), spricht von „manifesting a personal authorial presence". Andererseits wird jedoch auf den Schutz von Werken verwiesen, die insbesondere im Zusammenhang mit neuen Technologien entstehen und überwiegend informationellen denn kreativen Charakter haben und dabei von großem wirtschaftlichen Wert sind, s. Ginsburg, 90 Columbia L. Rev. 1865, S. 1868 ff. (1990). Auch wird zunehmend betont, dass, entgegen der romantischen Vorstellung von der Urheberschaft, einzelne Werke tatsächlich nicht exklusiv einem einzelnen *author-genius* zugeordnet werden könnten, sondern Ausdruck von Kreativität und Entwicklung vieler Quellen seien, so Rosenthal Kwall, Southern California L. Rev. 1, 21 f. (2001); ebenfalls insoweit kritisch Voegtli, 63 Brooklyn L. Rev. 1213, 1254 ff. (1997).

Als praktische Konsequenz dieses Widerspruchs und unter Verweis auf die sich mitunter diametral gegenüberstehende Rechtsprechung wird angenommen, dass sich de facto ein zweipoliges *Copyright* herausgebildet habe; eines für Werke größerer und eines für Werke von geringerer und kleinster Schöpfungshöhe (sog. *works of information*, wie Telefonbücher), was zugleich den Dualismus der Sicherung von kreativem und wirtschaftlichem Wert verdeutliche, vergl. Ginsburg, 90 Columbia L. Rev. 1865, 1870 und 1872, (1990). Sie führt in Fn. 24, 25 Rechtsprechung an, die reinen Tatsachen- bzw. Datensammlungen einerseits den Schutz verweigert habe, so: Financial Information, Inc. v. Moody's Investors Serv., Inc., 808 F.2d 204 (2d Cir. 1986) und in anderen Fällen wiederum zuerkannt habe, so: Illinois Bell Tel. Co. v. Haines & Co., 905 F.2d 1081 (7th Cir. 1990).

hebers, anzunehmen ist[224]. Nach dem bundesgesetzlichen VARA sind ausschließlich sog. *works of visual art* berücksichtigt, wobei 17 U.S.C. § 101[225] insoweit eine abschließende Aufzählung vornimmt. Interessant ist dabei wieder, dass in der Begründung zum VARA betreffend den Schutz bestimmter Werkoriginale darauf verwiesen wird, dass diese Werke die Persönlichkeit des Urhebers stärker verkörpern und in sich vereinigen als Massenprodukte[226]. Entsprechende Beschränkungen des Schutzes von *moral rights* über einen abschließenden Werkkatalog sehen auch die einschlägigen State Laws vor, die zum Teil infolge weiterer Kriterien, die wiederum einen Bezug zum Allgemeinwohl herstellen, hinsichtlich der Schutzbereichsbestimmung sogar noch strenger sind als der VARA[227].

Abschließend kann festgehalten werden, dass sich das US-amerikanische Recht auf ein stark personalisiertes persönlichkeitsrechtliches Verständnis von *moral rights* bei strikter Trennung vom materiellen Interessenschutz bezieht. Etwaige Entpersönlichungstendenzen, wie nach französischem und deutschem Recht im Hinblick auf den Werkbegriff feststellbar, bestehen hier wegen des speziell bestimmten und engen Werkkatalogs erst gar nicht. Gerade auch im Zusammenspiel mit dem grundsätzlich zweigleisigen Persönlichkeitsschutz im US-amerikanischen Recht ist die Frage der Zuweisung und Ausgestaltung einer rechtsgeschäftlichen Disponibilität der moral rights im Vergleich zum deutschen UPR und französischen *droit moral* von besonderem Interesse.

Nach der Untersuchung der Rechtsnatur und der damit gemeinhin verbundenen präjudiziellen Wirkung für die Bestimmung der Verkehrsfähigkeit der urheberpersönlichkeitsrechtlichen Befugnisse im deutschen, französischen und US-amerikanischen Recht ist nun mit der Darstellung der konkreten Ausgestaltung und inhaltlichen Bestimmung der einzelnen Befugnisse des UPR im deutschen Recht fortzufahren. Sie bilden den Gegenstand von rechtsgeschäftlichen Dispositionen und damit den Untersuchungsgegenstand im Hauptteil dieser Arbeit.

---

[224] Soweit auf andere Rechtsinstitute und -bereiche außerhalb des Urheberrechts zurückgegriffen wird, um einen vergleichbaren Schutz zu erreichen, steht der Gedanke der urheberpersönlichkeitsrechtlichen Interessen ohnehin nicht im Vordergrund, ist jedenfalls nicht schutzbegründend.

[225] Danach zählen zu den geschützten Werken: „(1) a painting, drawing, print, or sculpture, existing in a single copy, in a limited edition of 200 copies or fewer that are signed and consecutively numbered by the author ...; or (2) a still photographic image produced for exhibition purposes only, existing in a single copy that is signed by the author, or in a limited edition of 200 copies or fewer that are signed and consecutively numbered by the author."

[226] Vergl. H.R. Rep. No. 101-514, 101st Cong., 2d Sess. 17-18 (1990), zitiert von Nimmer, § 8D.06, n. 67.

[227] So z.B. der California Art Preservation Act, wonach *fine art* lediglich geschützt ist, wenn es sich um ein Original handelt und Kopien damit generell ausgenommen sind, s. Cal. Civ. Code § 987 (b), (2). New York gewährt *moral rights* durch den New York Artists Authorship Rights Act nur für Kunstwerke, die willentlich, an einem öffentlich zugänglichen Ort im Staat New York ausgestellt, veröffentlicht oder vervielfältigt sind, s. N.Y. Arts and Cult. Aff. L., title C, § 14. 03-3 (e).

Zweiter Teil

Darstellung der urheberpersönlichkeitsrechtlichen Befugnisse als Objekte rechtsgeschäftlicher Dispositionen

Mangels einer fest umrissenen Gestalt kann das UPR i.w.S. nicht Gegenstand von Rechtsgeschäften sein. Nur soweit urheberpersönlichkeitsrechtliche Befugnisse konkretisiert sind, besteht eine Möglichkeit zur rechtsgeschäftlichen Verselbständigung. Deshalb ist im Folgenden zunächst auf die urheberpersönlichkeitsrechtlichen Befugnisse, die unter dem Begriff UPR i.e.S. erfasst sind, einzugehen.

I. Veröffentlichungsrecht, § 12 UrhG

Unter der Überschrift „Veröffentlichungsrecht" wird in § 12 UrhG sowohl ein Recht zur Veröffentlichung, Abs. 1, als auch auf öffentliche inhaltliche Mitteilung oder Beschreibung eines Werkes, Abs. 2, garantiert.

1. § 12 Abs. 1 UrhG: Das Recht der Erstveröffentlichung

a) Inhalt und Schutzrichtung

Mit § 12 UrhG wird dem Urheber das ausschließliche Recht gewährt, eine Entscheidung über das „Ob", „Wann" und „Wie" einer Veröffentlichung seines Werkes zu treffen. Mit dieser Bestimmung der Publikationsreife initiiert der Urheber den Eintritt seines Werkes in den kulturellen Kommunikationskreislauf[228] und setzt dieses, wie auch seine eigene Person, der öffentlichen Kritik aus. Das Veröffentlichungsrecht umfasst eine positive[229] und eine negative Befugnis in dem Sinne, das Werk für veröffentlichungsreif oder nicht zu befinden. Letztere Befugnis ist denknotwendig das Gegenstück zur ersteren[230], denn demjenigen, dem eine bestimmte Rechtsposition zugeordnet wird, wird damit zugleich das Recht eingeräumt, hiervon keinen Gebrauch zu machen. Insoweit kann auch keine Verselbständigung dieser Befugnisse untereinander erfolgen[231]. Davon zu trennen ist das - negative - Abwehrrecht[232] zur Unterbindung unerlaubter Werkveröffentlichungen, die sich aus § 12 UrhG in Verbindung mit § 97 UrhG ergibt. Dies verdeutlicht den absoluten Charakter des Veröffentlichungsrechts, das grundsätzlich gegenüber jedermann geltend gemacht werden kann. Ein positiver Anspruch auf Veröffentlichung gegenüber Dritten wird nicht verbürgt[233]; jedoch trifft den Nutzungsrechtsinhaber wegen der Regelung des § 41 UrhG zumindest - abgesehen von anders lautenden vertraglichen Abreden - eine Nutzungslast im Sinne einer Obliegenheit[234].

---

[228] Haberstumpf, Rn. 199.

[229] Vergl. Ulmer, § 39, I, 1., S. 210; Osenberg, S. 8 und 45 ff. Mitunter wird hier terminologisch nicht klar zwischen positiver Befugnis und (positivem) Anspruch gegenüber Dritten auf Veröffentlichung unterschieden, so dass sich hieraus - tatsächlich eben nur scheinbare - Meinungsunterschiede ergeben, vergl. Seetzen, S. 51 f. und v. Welser, S. 28 ff.; deutlich hingegen bei Schack, Rn. 330.

[230] So auch Osenberg, S. 8 und 28 ff.

[231] In dieser Konsequenz aber anders Osenberg, S. 45 ff. und S. 63 ff., der genau hieran anknüpfend relevante Unterscheidungen für die rechtsgeschäftliche Disponibilität vornimmt, s. hierzu unten im 6. Teil, unter I., 1.

[232] Siehe Schack, Rn. 330.

[233] Ganz h. M., bsph. insoweit Handbuch-Dietz § 16, Rn. 2.

[234] Schack, Rn. 560.

Mitunter wird die positive - und damit korrespondierend auch die negative - Befugnis lediglich als Folge der allgemeinen Handlungsfreiheit verstanden und dem Veröffentlichungsrecht insoweit kein selbständiger urheberrechtlicher Inhalt zugeordnet[235]. Diese pauschale Betrachtung vernachlässigt jedoch, dass es sich, ähnlich wie bei dem Verhältnis des aPR zu den besonderen Persönlichkeitsrechten, wie z. B. § 12 BGB, um eine spezielle, gesetzlich normierte Befugnis handelt, die einem besonderen urheberrechtlichen Anliegen Rechnung trägt und sich insoweit gegenüber der allgemeinen Handlungsfreiheit rechtlich verselbständigt hat. Sie ist als positive urheberpersönlichkeitsrechtliche Befugnis in § 12 UrhG formuliert[236] und bildet eine Grundnorm des Urheberrechtsschutzes[237]. Sie wird wegen der besonderen Bedeutung des Verhältnisses des Urhebers zu seinem Werk festgeschrieben und berücksichtigt die spezielle Interessenlage des Urhebers an einer Veröffentlichung und daran, die Verwertung seines Werkes zu steuern[238]. Zudem schützt das Veröffentlichungsrecht die der Veröffentlichung - dem äußeren Handlungstatbestand - vorgelagerte Entscheidung über die Veröffentlichungsreife. Mithin einen Bereich der inneren Entscheidungsfindung, der einer Handlungsausübung als Teil der allgemeinen Handlungsfreiheit vorgelagert ist. Auch das Abwehrrecht aus § 97 UrhG knüpft an die Normierung des § 12 UrhG an, indem es formuliert: „Wer das Urheberrecht oder *ein anderes nach diesem Gesetz geschütztes Recht* widerrechtlich verletzt ... kann (insbesondere) auf ... Unterlassung ... in Anspruch genommen werden".

Deshalb ist das Veröffentlichungsrecht hinsichtlich der Frage der rechtsgeschäftlichen Disponibilität speziell und unter besonderer Betonung der urheberrechtlichen Bedeutung zu sehen und zu behandeln.

b) Ausübung und Erlöschen des Rechts

Mit der Entscheidung zur Publikation des Werkes übt der Urheber das Veröffentlichungsrecht aus; dies kann ausdrücklich oder konkludent, bspw. durch Übergabe des Manuskripts[239] oder der Nullkopie[240], erfolgen. Nicht bereits durch diese Ausübung, sondern erst aufgrund der auch tatsächlich erfolgenden Veröffentlichung erlischt das Veröffentlichungsrecht des Urhebers[241]. Dabei ist ausschließlich auf die erstmalige - erlaubte - Publikation des Werkes abzustellen; geschützt ist insoweit nur das Erstveröffentlichungsrecht[242].

---

235 Strömholm GRUR 1963, 350, 359; s. auch Handbuch-Dietz § 16, Rn. 2; v. Welser, S. 28 ff., der die Unterscheidung zwischen einem gesetzlich nicht garantierten Anspruch auf Veröffentlichung und der positiven Befugnis des § 12 UrhG vernachlässigt.

236 Vergl. den Wortlaut, wo vom Recht des Urhebers zur Veröffentlichung, also einer ausdrücklich positiven Zuweisung, und nicht vom Recht des Urhebers, unerlaubte Veröffentlichungen zu verhindern, gesprochen wird. Dies ergibt sich erst aus der Verbindung mit §§ 97 ff. UrhG.

237 Schricker-Dietz § 12, Rn. 1.

238 Insofern stellt sich auch die Frage nach der Selbständigkeit des Veröffentlichungsrechts gegenüber den Verwertungsrechten, siehe unten c).

239 Schricker-Dietz § 12, Rn. 12.

240 Das Ziehen der Kopien wird regelmäßig schon als Erscheinen des Films, i.S.v. § 6 Abs. 2 UrhG, und damit zugleich als Veröffentlichung zu verstehen sein, Schricker-Dietz § 12, Rn. 14.

241 Im Ergebnis gleich, wenn auch bei anderer Wortwahl: Ulmer, § 39, II, 1., S. 212, der den Terminus Ausübung wohl im Sinn des Erlöschens verwendet. Denn insoweit unterscheidet er auch zwischen der Gestattung der Veröffentlichung bei gleichzeitigem Fortbestehen des Veröffentlichungsrechts gegenüber einem Dritten und der tatsächlichen Veröffentlichung mit Zustimmung des Urhebers, die jeglichen Schutz über das Veröffentlichungsrecht entfallen lässt.

242 So die ganz herrschende Meinung, die sich insoweit auf die Formulierung des Gesetzes beziehen kann, das schlicht von „zu veröffentlichen ist ...", Abs. 1, und „solange weder ... veröffentlicht ist", Abs. 2, spricht, ohne dabei weitere Differenzierungen vorzunehmen, vergl. Schricker-Dietz § 12, Rn. 7; Ulmer, FS Hubmann, S. 435 ff. und § 39 I 2; OLG München NJW-RR 1997, 493; unter Einschränkungen:

An dieser grundlegenden Unterscheidung zwischen der Ausübung und dem Erlöschen des Rechts[243] ist auch festzuhalten. Nicht bereits die Entscheidung über eine Veröffentlichung und ihre Kundgabe an Dritte führen zum Erlöschen[244]. Denn andernfalls stünde dem Urheber nach der Entscheidung über die Veröffentlichung gegenüber Dritten, unberechtigt veröffentlichenden Personen ein Abwehranspruch nur noch aufgrund der Verwertungsrechte zu. Eine solche Ungleichbehandlung zwischen dem persönlichkeitsrechtlichen und dem verwertungsrechtlichen Schutz ist vom UrhG aber nicht vorgesehen. § 11 UrhG sieht vielmehr einen gleichrangigen Schutz der ideellen und verwertungsrechtlichen Interessen des Urhebers vor.

Diese Trennung zwischen der Ausübung und dem Erlöschen des Veröffentlichungsrechts ist auch für die Untersuchung der rechtsgeschäftlichen Disponibilität des Veröffentlichungsrechts von besonderer Bedeutung, vergl. hierzu unten im 6. Teil, unter I.

c) Verhältnis des Veröffentlichungsrechts zu den Verwertungsrechten bzw. zur Nutzungsrechteinräumung

Mit der Nutzungsrechteinräumung an eine andere Person liegt grundsätzlich zugleich eine Ausübung des Veröffentlichungsrechts vor[245]. Dies ist die Folge aus der fehlenden selbständigen Bedeutung des Veröffentlichungsrechts gegenüber den Verwertungsrechten im Verhältnis zum Nutzungsberechtigten. Dem Veröffentlichungsrecht kommt im Verhältnis zu den Verwertungsrechten insoweit grundsätzlich nur deklaratorische Bedeutung zu[246]. Bei einer Nutzungsrechteinräumung an eine andere Person erhält der Urheber über das Veröffentlichungsrecht nach § 12 UrhG keinen besseren Rechtsschutz als über die Verwertungsrechte nach §§ 15 ff. UrhG; der Rechtsschutz des Urhebers entwickelt sich dabei gleichförmig. Bereits in der Gesetzesbegründung zum Urheberrechtsgesetz wurde auf die enge Verbindung zwischen dem Veröffentlichungsrecht und den Verwertungsrechten des Urhebers hingewiesen[247].

Verdeutlicht wird diese rechtliche Bewertung durch eine vergleichende Analyse des Rechtsschutzes über die Verwertungsrechte einerseits und über das Veröffentlichungsrecht andererseits:
Vor der Nutzungsrechteinräumung bestehen Abwehrrechte nicht nur aus §§ 12, 97 UrhG, sondern auch aus § 15 ff., 97 UrhG. Nach Abschluss eines Nutzungsrechtsvertrages setzt sich das Veröffentlichungsrecht zwar als Abwehrrecht fort[248], dies jedoch ausschließlich gegenüber Dritten und nur zeitlich befristet bis zum Zeitpunkt der tatsächlichen Veröffentlichung.

Fromm/Nordemann-Hertin § 12, Rn. 10 und v. Gamm § 12, Rn. 7; a. A. Möhring/Nicolini-Kroitzsch, deutlich noch in der 1. Auflage, § 12, Rn. 2 c, unter Berufung auf den Beispielsfall einer unvollständigen Form der Veröffentlichung. Ausführlich zu diesem Streit: Heidmeier, S. 57 ff.

243 Vergl. Schricker-Dietz vor § 12, Rn. 18; Fromm/Nordemann-Hertin § 12, Rn. 2.

244 Anders insoweit ausdrücklich nur v. Welser, S. 52.

245 Schricker-Dietz vor § 12 ff, Rn. 26; Heidmeier, S. 56 f.; Dieselhorst, S. 109 ff.; Praxiskommentar-Bullinger § 12, Rn. 10 ff.; hingegen: Ulmer GRUR 1983, 434, 443, der insoweit jedoch anders formuliert und in der Nutzungsrechtseinräumung die Zustimmung zur Veröffentlichung sieht; ähnlich auch Möhring/Nicolini-Kroitzsch § 12, Rn. 16, der von einer grundsätzlich vorliegenden tatsächlichen Vermutung der Duldung der Ausübung des Veröffentlichungsrechts durch den Verwerter spricht.

246 So ausdrücklich auch Dieselhorst, S. 112 ff., 116. Im Ergebnis übereinstimmend: Schricker-Dietz § 12, Rn. 13; Rehbinder, Rn. 237, S. 197; Strömholm GRUR 1963, 350, 363; v. Welser, S. 25 ff.; a. A. wohl Müsse, S. 106 ff.; Praxiskommentar-Bullinger vor § 12, Rn. 17, der auf einen besonderen Unrechtsgehalt der Verletzung des § 12 UrhG und den möglichen Anspruch auf immateriellen Schadenersatz nach § 97 Abs. 2 UrhG als Unterschied zu den Verwertungsrechten verweist.

247 UFITA 45 (1965), S. 240, 259.

248 Schricker-Dietz § 12, Rn. 18 unter Verweis auf Ulmer, § 39, II, 1. S. 212. Hinsichtlich der rechtsdogmatischen Konsequenz und Klärung hierzu, vergl. unten im 6. Teil, unter I., 2.

Anders hingegen gegenüber dem Vertragspartner des Urhebers. Diesem gegenüber büßt der Urheber das Veröffentlichungsrecht vollumfänglich ein. Es stehen ihm nur die Rückrufsrechte wegen gewandelter Überzeugung, § 42 UrhG, und wegen Nichtausübung, § 41 UrhG, zur Seite.

Entsprechend verhält es sich mit den Verwertungsrechten des Urhebers nach Einräumung von Nutzungsrechten. Unabhängig vom Veröffentlichungsrecht bleibt der Urheber aufgrund seiner ausschließlichen Verwertungsrechte gegenüber Dritten in der rechtlichen Position, deren unbefugte Nutzungen abzuwehren. Dem Nutzungsrechtsinhaber gegenüber verliert er dieses Abwehrrecht aufgrund der Zuweisung einer positiven Nutzungsbefugnis - dabei aber nur soweit, wie die eingeräumte Befugnis reicht. Auch im Fall einer Vorabeinräumung eines Nutzungsrechts, also vor Fertigstellung des Werkes, vergl. § 40 UrhG, gilt nichts anderes. Selbst wenn man der Annahme folgen wollte, dass damit nicht zugleich eine Ausübung des Veröffentlichungsrechts einhergeht[249] - ausführlich hierzu weiter unten -, so ist jedenfalls zu bedenken, dass der hierdurch erzielbare Schutz nicht weiter reicht als der über die Verwertungsrechte. Denn gegen eine Nutzung, damit zugleich eine Veröffentlichung, durch den erst in der Zukunft Nutzungsberechtigten kann der Urheber bis zum Zeitpunkt des Eintritts dieses tatsächlichen Umstandes über §§ 16 ff. i.V.m. 97 UrhG vorgehen. Die Nutzungsbefugnis entsteht ja erst mit Fertigstellung des Werkes und ist insoweit von der positiven Entscheidung des Urhebers über die Veröffentlichungsreife abhängig. Vorher fehlt es an der für die Wirksamkeit des Vertrages notwendigen Voraussetzung der Bestimmtheit des Vertragsgegenstandes[250].

Ein Unterschied zwischen dem Schutz über die Verwertungsrechte und dem über das Veröffentlichungsrecht ist insoweit nicht auszumachen.

Dogmatisch ist dieser schutzrechtliche Gleichlauf auf die inhaltliche Kongruenz zwischen diesen beiden Rechten zurückzuführen. Die Entscheidung über das „Ob" einer Veröffentlichung im Sinn des § 12 UrhG fällt immer mit einer Verwertungsform im Sinn der §§ 15 ff. UrhG zusammen. Eine Veröffentlichung setzt immer voraus, dass das Werk der Allgemeinheit zugänglich gemacht wird. Es muss also verbreitet, § 17 UrhG, oder ausgestellt, § 18 UrhG, jedenfalls in irgendeiner Weise öffentlich wiedergegeben werden, vergl. § 6 Abs. 1 UrhG, was eine verwertungsrelevante Handlung im Sinn der §§ 15 ff. UrhG darstellt[251]. Die Nutzungsrechtseinräumung an eine andere Person ist dabei ein aus der konkreten Verwertungsbefugnis des Urhebers abgeleiteter Ausschnitt des Urheberrechts. Der Unterschied zwischen Verwertungsrecht und Nutzungsrecht ist insoweit ein lediglich funktionaler[252]. Deshalb geht mit der Einräumung eines Nutzungsrechts zugleich die Ausübung einer Verwertungsbefugnis, damit auch die Entscheidung des Urhebers über die Veröffentlichungsreife, einher.

Etwas anderes gilt nur für den Fall, dass sich der Urheber bei der Nutzungsrechtseinräumung das Veröffentlichungsrecht vertraglich vorbehält, was insbesondere bei Uraufführungen

---

249 So insbesondere Müsse, S. 111, der dies als Beispiel gegen die Befürwortung einer Parallelität bzw. Gleichlauf von Nutzungsrechten bzw. Verwertungsrechten und Veröffentlichungsrecht sieht.

250 Vergl. Schricker-Dietz § 12, Rn. 11, 20.

251 Strittig, ob auch im Fall der visuellen Darbietung nicht veröffentlichter Werke der Literatur und Musik ausschließlich das Veröffentlichungsrecht als Schutz dient. Denn anders als Werke der bildenden Künste und Lichtbildwerke werden jene Werke in einer visuellen Darbietungsform nicht direkt vom Ausstellungsrecht nach § 18 UrhG erfasst, vergl. Schricker-Dietz § 12, Rn. 15. Mit Dieselhorst, S. 111 f. und Ulmer, FS Hubmann, S. 435, 441 ist jedoch davon auszugehen, dass diese Fälle über eine analoge Anwendung des § 18 UrhG berücksichtigt sind.

252 Schricker-Schricker vor §§ 28 ff., Rn. 20 f. Insoweit liegt bei einem Wechsel der Rechtsinhaberschaft auch ein Wechsel in der Bezeichnung vor.

von Theaterstücken - bei Aufführungspremieren generell - von besonderer Bedeutung für den Urheber sein kann[253]. Der Urheber kann dann zeitlich später, eventuell auch erst einem anderen Nutzungsberechtigten gegenüber, das Veröffentlichungsrecht ausüben.

Auch der Umstand, dass das Veröffentlichungsrecht neben dem „Ob“ zugleich das „Wie“ einer Veröffentlichung schützt, spricht, bezogen auf die Schutzwirkung und damit die Abwehrrechte des Urhebers, nicht gegen einen grundsätzlichen Gleichlauf zwischen den Verwertungsrechten und der Ausübung des Veröffentlichungsrechts bei der Nutzungsrechtseinräumung[254]. Denn mit der Entscheidung über die Einräumung eines Nutzungsrechts wird zugleich die jeweilige Art und Weise der Nutzung und damit auch die Form der Veröffentlichung bestimmt.

Etwas anderes wird jedoch hinsichtlich des Vervielfältigungsrechts, § 16 UrhG, angenommen[255]. Bei einer entsprechenden Nutzungsrechtseinräumung könne dem Veröffentlichungsrecht, bezüglich der Befugnis zur Entscheidung über das „Wie“ einer Veröffentlichung, eine selbständige Bedeutung zukommen. Denn das Zugeständnis einer Vervielfältigung sei als isolierte Entscheidung über das „Ob“ der Veröffentlichung denkbar; über die Art und Weise der Veröffentlichung müsse nicht denknotwendig mitentschieden werden. Der Realität entspricht es jedoch eher, insoweit einen vertraglichen Vorbehalt des Veröffentlichungsrechts anzunehmen. Die Erteilung eines „unbeschränkten“ Vervielfältigungsrechts hingegen ist als eine Ausübung auch des „Wie“ der Veröffentlichung im Sinne einer „es-ist-alles-in-meinem-Sinne“-Entscheidung oder jedenfalls als ein Rekurrieren auf bestehende „Üblichkeiten“ zu bewerten.

Auch der Verweis im Schrifttum darauf, dass die Veröffentlichung über § 6 Abs. 1 UrhG von der Zustimmung des Urhebers und infolgedessen auch von einer diesbezüglichen Bedingung nach § 158 BGB abhängig gemacht werden kann, spricht nicht gegen einen Gleichlauf von Nutzungsrechtseinräumung und Ausübung des Veröffentlichungsrechts[256]. Zwar trifft es zu, dass hinsichtlich des Veröffentlichungsrechts eine stärkere vertragliche Differenzierung mit Verfügungswirkung getroffen werden kann. Denn das Nutzungsrecht kann im Vergleich hierzu zwar örtlichen und zeitlichen sowie inhaltlichen Beschränkungen mit Verfügungswirkung unterworfen werden, s. § 31 Abs. 1 S. 2 UrhG. Von einer solchen Wirkung kann bei inhaltlichen Beschränkungen jedoch nur gesprochen werden, soweit die „Mindestgröße“ einer Rechtszuweisung im Sinne einer singulären Nutzungsart gewahrt ist[257]. Dies ist nur dann der Fall, wenn die Beschränkung eine Form der Nutzung beschreibt, die hinreichend klar abgrenzbar ist, weil sie sich wirtschaftlich-technisch als einheitlich und von selbständiger Art darstellt[258]. Andernfalls besteht eine bloß schuldrechtliche Wirkung der Beschränkung. Diesen Anforderungen genügt bspw. eine Beschränkung, orientiert an einem Mindestverkaufspreis eines Buches, nicht[259]. Eine derartige Vereinbarung kann zwar im Vertragswege mit relativer Wirkung getroffen und deshalb bei Verstoß als vertragliche Pflichtverletzung geahndet

---

253 Dieselhorst, S. 113; Schricker-Dietz § 12, Rn. 14.

254 Vergl. Schricker-Dietz § 12, Rn. 11, der von einer der Nutzungsrechtseinräumung notwendiger Weise, denklogisch vorgelagerten Entscheidung über das „Ob“ und „Wie“ der Veröffentlichung ausgeht. A. A. insoweit wohl nur Müsse, S. 108 f. und Praxiskommentar-Wandtke/Grunert Vor §§ 31 ff., Rn. 34.

255 Vergl. so noch in der 1. Auflage grundsätzlich geäußert von Möhring/Nicolini-Kroitzsch § 12, Anmerkg. 3. und eingeschränkt formuliert in der 2. Auflage nun in Rn. 17, ohne dabei weitere Ausführungen zu machen.

256 A. A. mit Nachdruck Müsse, S. 108 f.

257 Vergl. Praxiskommentar-Wandtke/Grunert § 31, Rn. 4 ff.; Rehbinder, Rn. 309, S. 267 ff. So ist beispielsweise eine Nutzungsrechtseinräumung für verschiedene Reproduktionsverfahren (fotografische oder mechanische Vervielfältigung) sowie unterschiedliche Druckverfahren oder Nutzungsarten wie Taschenbuch- bzw. Hard-Cover-Ausgabe möglich, s. BGH ZUM 1993, 30. Damit korrespondiert eine entsprechende Aufteilung der Verwertungsbefugnis aus dem Vervielfältigungsrecht.

258 Vergl. Schricker-Schricker Vor §§ 28 ff., Rn. 51 ff; a. A. Müsse, S. 109.

259 Siehe BGH GRUR 1959, 200. Vergl. aber das Beispiel von Müsse, S. 109.

werden. Eine Berufung auf absolute Ansprüche aus §§ 17, 97 UrhG ist hingegen nicht möglich, da insoweit ja eine verfügungsrechtlich „unbeschränkte" Nutzungsbefugnis erteilt wurde.

Anders ist hingegen die Rechtslage bei einer bedingten Zustimmung betreffend das Recht zur Veröffentlichung. Denn bei Nichtbeachtung einer, wie auch immer inhaltlich gewählten Bedingung - ohne qualitative Anforderungen wie beim Nutzungsrecht -, ist unter dem Gesichtspunkt des § 12 UrhG von einer unerlaubten Veröffentlichung zu sprechen, so dass es dann beim absoluten Rechtsschutz über §§ 97 i.V.m. 12 UrhG bleibt. Der Urheber ist nicht auf vertragliche Ansprüche verwiesen.

An dem grundsätzlichen Gleichlauf zwischen der Nutzungsrechtsvereinbarung und der Ausübung des Veröffentlichungsrechts ändert dies jedoch nichts. Denn bei der Vereinbarung einer bedingten Zustimmung zur Veröffentlichung handelt es sich in der Sache letztlich um nichts anderes als den bereits erwähnten, vertraglichen Vorbehalt des Veröffentlichungsrechts im Rahmen der Nutzungsrechtsvereinbarung. Hierdurch wird im Einzelfall der grundsätzliche Gleichlauf als vertraglich bedingte Ausnahme durchbrochen[260].

Neben diesem grundsätzlichen Befund des formalen Gleichlaufs ist eine wichtige Differenzierung festzuhalten[261]. Diese ergibt sich aus dem chronologischen Zusammenhang zwischen der Entscheidung über die Veröffentlichungsreife, der Nutzungsrechtseinräumung und der tatsächlichen Veröffentlichung. So findet der Entscheidungsvorgang über die Veröffentlichungsreife - die Ausübung des Veröffentlichungsrechts - zwar immer zeitlich früher als die tatsächliche Publikation - das Erlöschen des Veröffentlichungsrechts - statt. Der Vorgang der Einräumung eines Nutzungsrechts kann dabei jedoch nicht über eine feststehende zeitliche Reihenfolge zugeordnet werden.

Insoweit wirkt sich die unterschiedliche Vertragssituation bei bereits fertig gestellten Werken einerseits und erst zukünftigen Werken andererseits aus[262]. Denn dies beeinflusst das Vorliegen der rechtsgeschäftlichen Wirksamkeitsvoraussetzung einer Nutzungsrechtseinräumung, der Bestimmtheit des Vertragsgegenstandes.

Unproblematisch festzustellen ist deshalb eine Chronologie bei bereits fertig gestellten Werken. Die Entscheidung zur Veröffentlichung, also die Ausübung des Veröffentlichungsrechts, geht hier der Einräumung von Nutzungsrechten gedanklich voraus, so dass sich jedenfalls mit Abschluss eines vorbehaltlosen Nutzungsvertrages das „Ob", „Wann" und „Wie" der Ausübung des Veröffentlichungsrechts manifestiert.

Bei zukünftigen Werken geht der Abschluss des Nutzungsrechtsvertrages der Bestimmung der Veröffentlichungsreife und damit der Ausübung des Veröffentlichungsrechts jedoch voran, die notwendige Bestimmtheit und damit Wirksamkeit des Vertrages tritt dann erst mit der Bestimmung der Veröffentlichungsreife nach bzw. mit Fertigstellung des Werkes ein. Da erst hiermit das Veröffentlichungsrecht ausgeübt wird, ist eine dem Nutzungsrechtsvertrag logisch vorgelagerte und in diesem Sinne vorweggenommene Ausübung des Veröffentlichungsrechts bei zukünftigen Werken nicht möglich[263]. Insoweit können Rechtsausübung und Nutzungs-

---

260 So auch Dieselhorst, S. 113; v. Gamm § 12, Rn. 6; Schricker-Dietz § 12, Rn. 18 und 21 sowie Ulmer, FS Hubmann, S. 435, 441, der ebenfalls auf den deckungsgleichen Schutz von Verwertungsrechten und Veröffentlichungsrecht hinweist.

261 Der Vollständigkeit halber sei hier auf die einzige, im Rahmen der Untersuchung jedoch nicht relevante, Konstellation einer selbständigen Bedeutung des Veröffentlichungsrechts gegenüber den Verwertungsrechten hingewiesen: Ausländischen Urhebern kann der umfassende, urheberrechtliche Schutz gem. § 121 Abs. 1 UrhG zwar versagt sein, den Schutz über die §§ 12 -14 UrhG können sie indes immer beanspruchen, vergl. § 121 Abs. 6 UrhG.

262 Schricker-Dietz § 12, Rn. 11 f. und 18 ff.

263 Vergl. Schricker-Dietz § 12, Rn. 20 sowie Möhring/Nicolini-Kroitzsch § 12, Rn. 21.

rechtseinräumung zeitlich auseinander fallen. Da eine Nutzungsrechtseinräumung jedoch wirtschaftlich gesehen nur sinnvoll ist, wenn sie nicht im Wege der Berufung auf das Veröffentlichungsrecht durch den Urheber vereitelt werden kann, stellt sich gerade in diesem Fall der Vorabeinräumung von Nutzungsrechten die Frage, ob die Bestimmung über die Veröffentlichungsreife bei Abschluss der Nutzungsrechtsvereinbarung zulässigerweise Dritten überlassen werden kann[264].

2. § 12 Abs. 2 UrhG: Das Recht der ersten öffentlichen Inhaltsmitteilung bzw. Inhaltsbeschreibung

a) Inhalt, Ausübung und Erlöschen des Rechts

§ 12 Abs. 2 UrhG gewährt ein Recht zur ersten öffentlichen Inhaltsmitteilung bzw. -beschreibung des Werks. Dabei bezieht sich der Begriff Inhaltsmitteilung auf Sprachwerke und die Inhaltsbeschreibung auf Werke der bildenden Kunst und der Musik[265].

Das Recht aus § 12 Abs. 2 UrhG erlischt entweder mit der tatsächlichen Veröffentlichung des Werkes oder aber bereits zuvor mit der erstmaligen öffentlichen Mitteilung bzw. Beschreibung. Dies gilt im Hinblick auf das Recht zur Inhaltsmitteilung nur, soweit eine Mitteilung des *wesentlichen* Inhalts erfolgt ist, vergl. den genauen Wortlaut von Abs. 2. Die Mitteilung bloßer Details reicht dabei keinesfalls[266].

Anders als bei dem Veröffentlichungsrecht aus § 12 Abs. 1 UrhG ist nicht zwischen der Ausübung und dem Erlöschen des Rechts zu unterscheiden. Beim Recht der öffentlichen Inhaltsmitteilung bzw. -beschreibung geht es nicht um einen - nach außen deutlich werdenden - inneren Entscheidungsvorgang wie über die Veröffentlichungsreife, sondern um den tatsächlichen, per se öffentlichen Handlungsakt der Inhaltsmitteilung bzw. -beschreibung.

b) Verhältnis zum Veröffentlichungsrecht gem. § 12 Abs. 1 UrhG

Mit der Erschöpfung der Rechte aus § 12 Abs. 2 UrhG tritt nicht zugleich die Erschöpfung des Veröffentlichungsrechts aus § 12 Abs. 1 UrhG ein. Der Schutzgegenstand des Veröffentlichungsrechts nach Abs. 1 ist weiter als der für die Rechte aus Abs. 2[267]. Das Veröffentlichungsrecht gem. § 12 Abs. 1 UrhG schützt das Werk als Ganzes sowie hinsichtlich seiner schutzfähigen, d.h. nicht allgemeinfreien[268], selbständigen Werkelemente. Deshalb kann das Veröffentlichungsrecht trotz einer Erschöpfung der Rechte aus Abs. 2 bezüglich des Werks als Ganzes sowie der nicht mitgeteilten bzw. beschriebenen schutzfähigen Werkelemente bestehen bleiben. Das Verhältnis der Schutzbereiche vom Recht auf Inhaltsmitteilung und -beschreibung einerseits und vom Veröffentlichungsrecht andererseits ist das eines Ausschnitts zu seiner Gesamtheit; die Rechte aus Abs. 2 gehen vollständig in Abs. 1 auf[269].

---

264 Relevant wird dies bei Arbeitnehmer-Arbeitgeber-Konstellationen; ausführlich hierzu unten im 6. Teil, unter I., 3., c).

265 Rehbinder, Rn. 238, S. 197 f.

266 Fromm/Nordemann-Hertin § 12, Rn. 13, der zutreffend auf die damit verbundenen Abgrenzungsschwierigkeiten hinweist.

267 Schricker-Dietz § 12, Rn. 26.

268 Allgemeinfrei ist beispielsweise die Mitteilung von Ideen, vergl. Rehbinder, Rn. 238, S. 198.

269 Andererseits bewirkt § 12 Abs. 2 UrhG auch eine Erweiterung des Schutzbereichs hinsichtlich möglicher Verletzungsformen, was im Bereich der Inhaltsbeschreibung bedeutsam wird, vergl. Schricker-Dietz § 12, Rn. 25. Denn anders als die Inhaltsmitteilung erfolgt die Inhaltsbeschreibung in einer anderen Ausdrucksform als in der Ursprungsform des beschriebenen Werks. Dies ist eine Ausnahme von der Regel, dass keine

II. Anerkennung der Urheberschaft, § 13 UrhG

§ 13 UrhG verbürgt zwei Rechte, das auf Anerkennung der Urheberschaft, § 13 S. 1 UrhG, und das auf Bestimmung der Urheberbezeichnung, § 13 S. 2 UrhG[270].

1. Inhalt des Rechts auf Anerkennung der Urheberschaft, § 13 Satz 1 UrhG, und des Rechts auf Bestimmung der Urheberbezeichnung, § 13 Satz 2 UrhG

Das Recht des Urhebers gem. § 13 S. 2 UrhG über die Urheberbezeichnung am Werk zu bestimmen, betrifft sowohl die Entscheidung über das „Ob" einer Bezeichnung als auch über die konkrete Form der Bezeichnung und bezieht sich auf Werkoriginale wie auch auf Vervielfältigungsstücke. Es wird zumeist, wie im Weiteren dieser Untersuchung, auch als Namensnennungsrecht bezeichnet[271]. Aus der allgemeinen Formulierung des § 13 Satz 2 UrhG, wonach der Urheber bestimmen kann, „welche Bezeichnungsform zu verwenden ist", wird auch die Bestimmungsbefugnis für den Ort und die Art und Weise der Anbringung abgeleitet[272]. Um dem Recht des Urhebers aus Satz 2 zu genügen, muss die Namensanbringung dergestalt sein, dass wenigstens die gesetzliche Vermutungswirkung des § 10 UrhG entstehen kann, also eine eindeutige Zuordnung des Werks zum Urheber möglich ist[273].

Das Recht auf Anerkennung der Urheberschaft gem. § 13 Satz 1 UrhG weist dem Urheber das Recht zu, sich jederzeit auf seine Urheberschaft berufen zu können. Es stellt einen allgemeinen Grundsatz im Urheberrecht dar[274]. Dabei ist § 13 Satz 2 UrhG als Anwendungsfall von Satz 1 zu verstehen[275].

§ 13 S. 1 UrhG hat insoweit subsidiären Charakter, als dass dieser am Rande des von S. 2 unmittelbar erfassten Bereichs der Verwendung und Verwertung körperlicher Werkexemplare greift, also bei der Werkwiedergabe in unkörperlicher Form und ohne gleichzeitigen Einsatz eines sichtbar werdenden Werkstücks. Die Abgrenzung hat jedoch kaum praktische Bedeutung, da Satz 1 in der Praxis hinter Satz 2 zumeist zurücktritt[276] und auch in der Rechtsprechung kaum herangezogen wird[277].

---

relevante Verwertungshandlung vorliegt, wenn die ursprüngliche Form des Werks verlassen wird. Vielmehr handelt es sich dann um den Fall einer freien Benutzung nach § 24 Abs. 1 UrhG. Als unzulässig erachtet wird deshalb eine unerlaubte Veröffentlichung eines Musikwerks in Form einer verbalen Beschreibung der musikalischen Abläufe, vergl. Fromm/Nordemann-Hertin § 12, Rn. 11.

270 Grundsätzlich zu trennen sind die Rechte aus § 13 UrhG vom droit de non paternité, das betroffen ist, wenn ein Werk als von einem anderen Künstler stammend ausgegeben bzw. an einem Plagiat eine gefälschte, fremde Signatur angebracht wird, vergl. Rehbinder, Rn. 240, S. 198.

271 Anstelle vieler: Rehbinder, Rn. 241, S. 200.

272 Vergl. v. Gamm § 13, Rn. 12.

273 Fromm/Nordemann-Hertin § 13, Rn. 5; OLG München AfP 1995, 503, 503 f. und AfP 1994, 239.

274 Schricker-Dietz § 13, Rn. 2.

275 Der subsidiäre Charakter des Rechts aus § 13 Satz 1 UrhG zeigt sich daran, dass Satz 1 den nicht unter Satz 2 fallenden Randbereich der unkörperlichen Wiedergabe erfasst. Diese steht in Rede, wenn eine Werbung, Ankündigung und Besprechung eines Werks erfolgt, ohne dass zugleich eine Darbietung des Werkes selbst stattfindet, vergl. Schricker-Dietz § 13, Rn. 6; v. Gamm § 13, Rn. 6, 8. A. A. Fromm/Nordemann-Hertin § 13, Rn. 2 und 6, wonach dieser „Randbereich" auch noch von Satz 2 erfasst wird.

276 Schricker-Dietz § 13, Rn. 6; Fromm/Nordemann-Hertin § 13, Rn. 2. A. A. Schack, Rn. 332, der auf die Verschiedenheit der Schutzrichtung hinweist; im Anschluss an diesen auch Praxiskommentar-Bullinger § 13, Rn. 10, demzufolge die positive Befugnis aus S. 1 im Unterschied zu S. 2 weder das Recht auf Anonymität noch darauf enthalte, die Form der Nennung zu bestimmen.

277 Vergl. aber KG UFITA 80 (1977), 368, 374 und andererseits BGH GRUR 1972, 713, 714. Siehe hingegen andererseits die Ghostwriterkonstellationen, siehe unten im 6. Teil, unter III., 5.

2. Schutzrichtung der Rechte aus § 13 UrhG

§ 13 Satz 1 UrhG verbürgt das Recht auf Anerkennung der Urheberschaft nicht nur - wie das Veröffentlichungsrecht gem. § 12 UrhG - als negatives Abwehrrecht über §§ 97 ff. UrhG[278]. Es gewährt dem Urheber auch einen positiven Anspruch auf Anerkennung der Urheberschaft und in Konkretisierung über § 13 S. 2 UrhG auf Namensanbringung gegenüber jedem, der das Werk nutzt oder - ohne Wiedergabe des Werkes selbst - „reine" Werkankündigungen[279] vornimmt[280]. Die Abwehrbefugnis richtet sich gegen jede Offenbarung bzw. jedes Bestreiten der Urheberschaft durch Dritte bei unmittelbaren oder auch mittelbaren Werknutzungen wie Werbung und sonstige Ankündigungen eines Werkes[281]. Die Möglichkeit, anderen eine Namensanbringung zu verbieten, führt zur Wehrhaftigkeit der zunächst schlichten Nichtausübung der Rechte aus § 13 S. 2 UrhG[282] und schafft ein Recht auf anonyme Veröffentlichung, über das sich der Urheber faktisch von seinem Werk distanzieren kann. Dabei enthält § 13 UrhG jedoch kein generelles Recht auf Leugnung der Urheberschaft. Dementsprechend besteht auch das Verbotsrecht nur im Zusammenhang mit der Werkverwertung[283]. Soweit es den nicht urheberrechtlich nutzungsrelevanten Bereich betrifft, wie im Fall einer Besprechung eines veröffentlichten Werks, kann die Urheberschaft durch jeden offenbart werden.

Zudem ergibt sich aus § 13 S. 2, 2. Alt. UrhG das Recht, sich eines Pseudonyms zu bedienen[284], vergl. auch §§ 10 und 66 UrhG. Auch hier ist der Urheber gegenüber einer Aufdeckung des Pseudonyms nur im Verhältnis zum Nutzungsberechtigten geschützt[285].

Im Hinblick auf die Frage nach der Zulässigkeit rechtsgeschäftlicher Vereinbarungen ist besonders zu berücksichtigen, dass auch das Recht des Urhebers, seine zunächst getroffene Entscheidung über die Anbringung einer Urheberbezeichnung bei einer späteren Verwertung zu verwerfen, grundsätzlich vom Schutzbereich des § 13 UrhG erfasst wird[286]. Das Recht wird nur für die jeweils in Frage stehende, konkret und tatsächlich erfolgte Werkverwertung

---

278 A. A. indes Hock S. 48 ff., der dies der Begründung des RegE zu § 13 UrhG entnimmt, wonach ein allgemeines Recht, die Nennung seines Namens bei jeder Nutzung des Werkes verlangen zu können, nicht vorgesehen war, vergl. UFITA 45 (1965), 240, 259. Siehe hierzu aber unten, unter 3. sowie v. Welser, S. 31 f.

279 Vergl. insoweit die Ausführungen zum Verhältnis von § 13 S. 1 UrhG zu § 13 S. 2 UrhG. Eine eigene Bedeutung kommt Satz 1 nur bei der unkörperlichen Wiedergabe des Werks zu.

280 Rehbinder, Rn. 240 f. und ZUM 1991, 220, 221 f. Dieser weist zu Recht, Rn. 241, S. 200, darauf hin, dass der BGH die insoweit anders lautende, frühere Rechtsprechung bestätigt hat, vergl. BGH GRUR 1972, 713 - Straßen - gestern und morgen.

281 Schricker-Dietz § 13, Rn. 8; v. Gamm § 13, Rn. 8; Heidmeier, S. 64; Rehbinder ZUM 1991, 220, 221 f.; mit Einschränkungen Hock, S. 36 ff. Erfolgt letzteres unter Verwendung des Werkes in körperlicher Form, wird es als ein Fall des Satz 2 erfasst, s. oben und Schricker-Dietz § 13, Rn. 8.

282 Das Nichtausübungsrecht bzw. die negative Rechtsausübung ergibt sich im Umkehrschluss aus § 13 S. 2, 1. Alt. UrhG; sie ist Folge des dem Urheber zugewiesenen Bestimmungsrechts über das „Ob" einer Urheberbezeichnung.

283 Vergl. auch Rehbinder, ZUM 1991, 220, 227 f.; Stolz, S. 82; Hock, S. 157; Schricker-Dietz § 13, Rn. 10; Fromm/Nordemann-Hertin § 13, Rn. 14 und Praxiskommentar-Bullinger § 13, Rn. 12.

284 Vergl. Schricker-Dietz § 13, Rn. 5; Praxiskommentar-Bullinger § 13, Rn. 12 f.

285 Praxiskommentar-Bullinger § 13, Rn. 13.

286 Heidmeier, S. 69; wohl auch Möhring/Nicolini-Kroitzsch noch sehr deutlich in 1. Auflage, § 13, c), während er in der 2. Auflage, § 13, Rn. 26, auf die Grenze eines möglichen rechtsmissbräuchlichen Verlangens nach einer Namensnennung durch den Urheber verweist; a. A. v. Gamm § 13, Rn. 11. Vergl. insbesondere die Untersuchungen zu § 13 unten im 6. Teil, unter III.

verbraucht. Bei jeder weiteren zukünftigen Verwertung kann es erneut ausgeübt werden[287]. Der Urheber ist an die einmal gewählte Bezeichnung nicht gebunden[288].

Zudem ist zu bedenken, dass die Möglichkeit der Berufung auf das Recht auf Anerkennung der Urheberschaft nach Satz 1 auch bei der Nichtanbringung einer Urheberbezeichnung voll erhalten bleibt[289].

3. Die Rechtsentstehung im Verhältnis zu bestehenden Verkehrsgewohnheiten und Branchenübungen

Das Recht auf Anerkennung der Urheberschaft entsteht für alle Urheber unabhängig von der jeweiligen vertraglichen Nutzungsrechtseinräumung. Zwar scheint die Begründung des RegE zum UrhG von 1965 ein anderes Verständnis nahe zu legen, indem formuliert wird, dass „ein allgemeines Recht des Urhebers, die Angabe seines Namens bei jeder Nutzung seines Werkes zu verlangen, ... (durch) den Entwurf nicht (vorgesehen sei).“[290] Der Wortlaut des Gesetzes ist jedoch eindeutig. Danach steht dem Urheber das Recht auf Anerkennung der Urheberschaft gem. § 13 S. 1 UrhG ohne jede Einschränkung zu[291].
Andererseits wird im Zusammenhang mit der Werknutzung auch auf das praktische Bedürfnis nach einer Einschränkung des Namensnennungsrechts verwiesen[292]. Die Betonung liegt dabei insbesondere auf dem Aspekt der Verkehrsüblichkeit und der Branchenübung. Als Konsequenz aus derartigen Überlegungen wird sogar vertreten, dass dem Urheber eine Beweislast für die Üblichkeit der Namensnennung auferlegt werden könne[293]. Derartiges ist eine unzulässige Umkehrung des gesetzlichen Leitbilds der grundsätzlichen Zuweisung urheberpersönlichkeitsrechtlichen Schutzes und deshalb abzulehnen. Nicht überzeugen kann insoweit auch der angeführte Hinweis auf die Schwierigkeiten hinsichtlich einer Einschränkung des § 13 UrhG, wenn explizite Vertragsregelungen fehlen; denn die Einbeziehung von Verkehrs- und Branchenübung würde sich vor dem Hintergrund der strengen Anforderungen an die Auslegung von Rechtsgeschäften über §§ 133, 157 BGB problematisch gestalten[294]. Ein vermeintliches praktisches Bedürfnis kann keinesfalls die Missachtung der Rechte aus § 13 UrhG, die Ausdruck des besonderen Schutzanliegens des UrhG sind, rechtfertigen.

Gleiches gilt für die eher vorgeschoben erscheinende Betonung des Verbraucherschutzes und des Allgemeinwohls[295]. Denn die Zuweisung von Rechten gem. § 13 UrhG ist Ausdruck der durch den Gesetzgeber vorgenommenen Wertentscheidung und Gewichtung gerade auch dieser Interessen. Nur ausnahmsweise trägt das UrhG öffentlichen Interessen wie denen der Allgemeinheit weitergehend Rechnung und stellt sie über das Schutzanliegen betreffend die

---

287 Rehbinder ZUM 1991, 220, 227; v. Gamm § 13, Rn. 5.

288 v. Gamm § 13, Rn. 11.

289 Schricker-Dietz § 13, Rn. 14.

290 Siehe UFITA 45 (1965), 240, 259; es wird weiter ausgeführt: „Der Urheber bedarf eines solchen Rechts nicht, da er bei der Einräumung von Nutzungsrechten vertraglich vereinbaren kann, ob und in welcher Form bei der Werknutzung sein Name genannt werden soll.“

291 So auch Möhring/Nicolini-Kroitzsch § 13, Rn. 19 f., der jedoch auf die Branchenübung mal zur Rechtfertigung eines grundsätzlichen Ausschlusses eines Anspruchs auf Namensnennung mal als Folge einer insoweit vertraglichen Einschränkung rekurriert, vergl. Rn. 21.

292 So Reupert, S. 129 f. und S. 266, die wohl zur Annahme einer Einschränkung des Schutzbereichs tendiert, vergl. ihren Gesetzesvorschlag, S. 131 und Rehbinder ZUM 1991, 220, 223, der in Anbetracht der weitreichenden Namensnennungspraxis, insbesondere bei Filmwerken, sogar von einer „informationellen Umweltverschmutzung“ spricht; siehe auch Hock, S. 58 ff. mit umfangreichen Ausführungen.

293 Hock, S. 61.

294 So Hock, S. 61 ff, insbes. S. 64.

295 Hock, S. 60 im Anschluss an Rehbinder ZUM 1991, 220, 225.

Urheber. Dies erfolgt dann aber im Wege einer ausdrücklichen Regelung; so in den §§ 45 ff. UrhG, den gesetzlichen Schranken des Urheberrechts. Dass der Gesetzgeber bei bestimmten praktischen Anliegen ein Einsehen hat, zeigt auch die neue, aktuelle Regelung des § 93 Abs. 2 UrhG, der eine namentliche Nennung der an einem Film mitwirkenden ausübenden Künstler im Falle eines unverhältnismäßig hohen Aufwandes ausschließt. Hinsichtlich der Urheber wurde eine derartige Regelung aber gerade nicht getroffen.

Dogmatisch zweifelhaft ist deshalb auch eine Entscheidung des LG Berlin[296], in der dieses mit seiner Begründung einen Weg beschritt, der einer Einschränkung der Rechte aus § 13 UrhG bereits auf der Schutzbereichsebene, der Rechtsentstehung, gleichkommt. So wurde im Zusammenhang mit einer Wahrnehmung von Schallplattenauswertungsrechten der Forderung einer Verwertungsgesellschaft auf Aufdeckung des bürgerlichen Namens stattgegeben, die sich gegen den Produzenten eines unter Pseudonym arbeitenden Urhebers richtete. Die Forderung sei durch *praktische Bedürfnisse der Verwaltungsorganisation* geboten, und durch eine von der Verwertungsgesellschaft garantiert vertrauliche Behandlung werde die Einschränkung der Rechte des Urhebers in Grenzen gehalten[297].

Auch eine analoge Anwendung des § 63 Abs. 2 UrhG muss ausscheiden[298]. Nicht nur, dass diese Regelung insoweit nicht analogiefähig ist. Denn die Bedeutung dieser Ausnahmevorschrift ergibt sich ja gerade erst aus dem Zusammenhang mit der uneingeschränkten Gewährung des Namensnennungsrechts aus § 13 UrhG. Würde diese Regelung nun zugleich zur Rechtfertigung von tatbestandlichen Beschränkungen des § 13 UrhG bei entsprechenden Verkehrssitten und Branchenübungen, also in weitreichenden, generellen Zusammenhängen herangezogen, wäre dies systemwidrig. Jedenfalls kann auch keine planwidrige Regelungslücke festgestellt werden. Bemerkenswert ist insoweit, dass diejenigen, die eine tatbestandliche Beschränkung des § 13 UrhG im Wege einer Analogie zu § 63 Abs. 2 UrhG[299] bzw. eines Rückgriffs auf das Prinzip der Interessenabwägung wegen allgemeiner Interessen- und Praktikabilitätserwägungen[300] befürworten, die notwendige Planwidrigkeit einer Regelungslücke nicht begründen, sondern diese selbstverständlich, als a priori feststehend, voraussetzen[301].

Zudem wird die Existenz des § 39 UrhG nicht angemessen berücksichtigt[302]. Gerade im Fall einer Nutzungsrechtsvereinbarung tritt § 39 UrhG neben die Regelung des § 13 UrhG[303]. Aus § 39 UrhG geht im Wege des Umkehrschlusses hervor, dass der Inhaber eines Nutzungsrechts die Urheberbezeichnung ändern darf, soweit mit dem Urheber eine dahingehende Vereinbarung getroffen wurde. Dies bedeutet eine gleichsam „nachträgliche"[304] Beschränkung

---

296 Vergl. Fromm/Nordemann-Hertin § 13, Rn. 17 unter Verweis auf LG Berlin GRUR 1971, 229 - Bert Brac.

297 Skeptisch hinsichtlich des Arguments der *praktischen Notwendigkeit* auch Schack AcP (1995), 594, 599 f.

298 So aber Rehbinder ZUM 1991, 220, 225.

299 Rehbinder ZUM 1991, 220, 225.

300 So wohl Hock, S. 64 f.

301 Hock, S. 65, begnügt sich damit, im Ergebnis festzustellen, dass die Frage des „Wie" der Namensnennung erheblichen Raum für eine interessengerechte Auslegung lasse. Das Vorliegen einer Regelungslücke bestreitet auch Heidelberger-Dreyer § 13, Rn. 19.

302 Ausführlicher zu § 39 UrhG unten im 6. Teil, unter III., 2., a) und IV., 2., a).

303 Praxiskommentar-Bullinger § 13, Rn. 19, spricht insoweit von einer Ergänzung des § 13 UrhG durch § 39 UrhG.

304 Vergl. auch Rehbinder, Rn. 242, S. 201, unter Verweis auf BGH ZUM 1995, 40, zum Namensnennungsrecht eines Architekten; LG München ZUM-RD 1997, 249; Fromm/Nordemann-Hertin § 13, Rn. 6, der jedoch missverständlich in Rn. 9 auch von der Möglichkeit eines a-priori Ausschlusses aufgrund von Verkehrsgewohnheiten und Branchenübungen, die zum Vertragsinhalt geworden sein, spricht. A. A. Hoeren, S. 84, Rn. 198 und wohl Forkel, S. 210 f., der insoweit davon spricht, dass das Recht auf Namensnennung aufgrund von Verkehrsgewohnheiten nicht selten entfällt, sowie - noch vor Geltung des UrhG von 1965 - LG München I GRUR 1957, 617, das eine Klage auf namentliche Nennung mit der Begründung abwies, es bestehe

der dem Urheber mit der Schöpfung des Werkes zunächst uneingeschränkt, gesetzlich zugewiesenen Rechte aus § 13 UrhG. Nicht hingegen haben Aspekte wie Branchenübung oder verkehrsübliche Gepflogenheiten bereits Einfluss auf den Entstehungstatbestand und damit den gesetzlichen Schutzumfang[305]. Insoweit spricht insbesondere auch die Existenz des § 39 UrhG gegen eine tatbestandliche Einschränkung des § 13 UrhG[306].

Weil der Aspekt der Branchenübung bzw. der Verkehrsgepflogenheiten erst unter dem Gesichtspunkt rechtsgeschäftlicher Vereinbarungen Berücksichtigung finden kann, wird hierauf im 6. Teil, bei den Ausführungen zu Rechtsgeschäften über die einzelnen urheberpersönlichkeitsrechtlichen Befugnisse, ausführlicher einzugehen sein.

III. Entstellungen des Werkes, § 14 UrhG, und Schutz vor Entstellungen, § 93 Abs. 1 UrhG

1. Grundsätzliches

§ 14 UrhG bietet dem Urheber Schutz vor Entstellungen oder Beeinträchtigungen seiner Werke. Dabei handelt es sich um eine generalklauselartige Vorschrift; sie enthält sich einer Aufzählung der Beeinträchtigungs- bzw. Entstellungsmodalitäten, die wohl auch abschließend nicht möglich wäre[307]. § 14 UrhG gewährt dem Urheber ein Abwehrrecht, auch Verbotsanspruch genannt[308], gegenüber Entstellungen- oder Beeinträchtigungen des Werks als Immaterialgut sowie der Werkexemplare, die sich in fremden Händen befinden[309]. Dabei kann dieses Werkintegritätsrecht auch betroffen sein, wenn lediglich Werkbestandteile, die dem urheberrechtlichen Schutz nicht unterfallen, verändert wurden, solange dies zu einer Beeinträchtigung bzw. Entstellung des Gesamteindrucks des Werks führt[310].

2. Verhältnis zwischen § 14 UrhG und § 39 UrhG

Das UrhG beinhaltet mehrere bei Werkänderungen einschlägige Vorschriften. Neben § 14 UrhG befassen sich insbesondere noch §§ 39 und 62 UrhG mit Werkänderungen. Da § 62 Abs. 2 S. 1 UrhG auf § 39 UrhG verweist, reduziert sich die Frage nach dem Verhältnis dieser Vorschriften zueinander grundsätzlich auf die Untersuchung des Zusammenhangs zwischen § 39 UrhG und § 14 UrhG.

---

keine Verkehrssitte, die im konkreten Fall eine Namensnennung des Drehbuchautors für einen Werbefilm vorsehe. Vergl. auch RGZ 110, 393 - „Innenausstattung Riviera", wonach ein Anspruch auf Namensnennung eines Innenarchitekten zwar für möglich erachtet, aber zugleich die Tatsacheninstanz zu prüfen angewiesen wurde, ob eine derartige Verkehrsübung bestehe.

305 Heidelberger-Dreyer § 13, Rn. 18; wohl auch v. Welser, S. 36, der aber missverständlich generell von einer Einschränkung auf Tatbestandsebene spricht, ohne dabei zwischen Entstehung und vertraglicher Begrenzung zu differenzieren. Auf die grundsätzliche Problematik des Kriteriums der Branchenüblichkeit weist LG München I, Schulze LGZ 102, hin, wo die Sitte einer Entfernung des Urhebervermerks auf Transparentpausen von signierten Originalbauplänen ausdrücklich als Unsitte bezeichnet wird.

306 Entgegenstehende Auffassungen wurden gegenwärtig - jedenfalls teilweise - auch revidiert. Siehe: Rehbinder einerseits in ZUM 1991, 220, 224 f. und andererseits in Rn. 242, S. 201.

307 Vergl. v. Gamm § 14, Rn. 2.

308 Fromm/Nordemann-Hertin § 14, Rn. 21.

309 Rehbinder, Rn. 244, S. 203.

310 Die Vorschrift entspricht im Grundsatz dem Integritätsrecht des Art. 6 bis RBÜ, schützt insbesondere wie dieses Ehre und Ansehen, geht jedoch im Sinne eines umfassenden Schutzes des persönlichen Bandes des Urhebers zu seinem Werk darüber hinaus und berücksichtigt alle ideellen Interessen des Urhebers; Fromm/Nordemann-Hertin § 14, Rn. 11.

Einerseits wird angenommen, dass § 39 UrhG und § 14 UrhG selbständige, voneinander unabhängige Tatbestände sind, so dass zwischen einem Änderungsverbot, § 39 UrhG, und einem urheberpersönlichkeitsrechtlichen Beeinträchtigungsverbot, § 14 UrhG, zu unterscheiden sei[311]. Die Regelung des § 39 UrhG beträfe das Werk selbst, damit Substanzverletzungen, während § 14 UrhG vor einer Gefährdung der ideellen Interessen schütze[312]. Die Vorschriften hätten demnach einen unterschiedlichen Rechtscharakter und -gegenstand. Widersprüchlich wird dabei jedoch zugleich angemerkt, dass das Recht gegen Änderung nach § 39 UrhG trotz seiner vermögensrechtlichen Ausgestaltung eine urheberpersönlichkeitsrechtliche Grundlage habe[313]; insoweit wären bei der Interessenabwägung des § 39 Abs. 2 die geistigen und persönlichen Interessen des Urhebers ebenfalls zu berücksichtigen. Gerade dieser Umstand aber spricht dafür, dass § 39 UrhG nur ein Ausfluss, d.h. eine Teilregelung des UPR i.w.S. ist und deshalb der Regelung des § 14 UrhG nicht verselbständigt gegenübergestellt werden kann[314]. Zwar dient der Gesamtkomplex der änderungsrelevanten Vorschriften auch materiellen Interessen. Dies entspricht jedoch zugleich dem Schutzbereich des UPR[315], das beide, ideelle und materielle, Anliegen erfasst[316].

Die besondere Bedeutung des § 39 UrhG ist deshalb in einer Klarstellungsfunktion in Bezug darauf zu sehen, dass in der Regel bei vertraglichen Werknutzungsberechtigten kein berechtigtes Interesse zu mehr als nur minimalen Änderungen vorliegt[317]. Entsprechendes gilt für § 62 UrhG, der im Bereich der gesetzlichen Beschränkung des Urheberrechts, §§ 45 ff. UrhG, zu berücksichtigen ist. §§ 39, 62 UrhG beschreiben lediglich unterschiedliche Anwendungsgebiete des allgemeinen Änderungsverbots aus § 14 UrhG[318]. Die Vertreter der anders lautenden Ansicht wären insbesondere vor das Problem gestellt, dass eine Abgrenzung von Änderungen im Sinn des § 39 UrhG von denen nach § 14 UrhG kaum praktikabel ist. Auch würde der Anwendungsbereich und damit die Bedeutung des § 14 UrhG bei einer - angenommenen - Selbständigkeit des § 39 UrhG zu sehr eingeengt. Denn die Abwehr von Eingriffen in die Substanz des Werkes[319] würde zumeist über § 39 UrhG und deshalb von § 14 UrhG nur für den Fall erfasst, dass es sich damit zugleich um eine Entstellung handelt. Gerade aber bei den - dann nur durch § 39 UrhG erfassbaren - Substanzeingriffen wird das ideelle Interesse des Urhebers besonders betroffen sein. Diese Fälle vom Schutzbereich des § 14 UrhG weitestgehend auszunehmen, würde, im Widerspruch zur monistischen Konzeption des UrhG mit seiner Ausgestaltung gerade auch des urheberpersönlichkeitsrechtlichen Schutzes, das berechtigte, ideelle Integritätsinteresse nicht genügend betonen[320]. Folglich sind alle Änderungen des

---

311 So BGH GRUR 1982, 107, 109 - Kirchen-Innenraumgestaltung; BGH GRUR 1974, 675, 676 - Schulerweiterung; Krüger-Nieland UFITA 64 (1972), 129 f.; Fromm/Nordemann-Vinck § 39, Rn. 1; Schmieder NJW 1990, 1945, 1946; in modifizierter Form nun Möhring/Nicolini-Kroitzsch § 14, Rn. 4.

312 v. Gamm § 14, Rn. 4.

313 Möhring/Nicolini, noch deutlich in 1. Auflage, § 39, 1.

314 Schricker-Dietz § 14, Rn. 4; Wallner, S. 71 ff.; Federle, S. 38 f.; im Ergebnis ebenfalls v. Welser, S. 37 f.

315 Vergl. insoweit Ausführungen oben, 1. Teil, I., 1. und auch Fromm/Nordemann-Hertin vor § 12, Rn. 2, trotz abweichender Meinung in diesem Untersuchungspunkt.

316 So aber Fromm/Nordemann-Vinck/Hertin § 39, Rn. 1 die unterscheiden, dass § 14 UrhG ausschließlich den persönlichkeitsrechtlichen Bereich schütze und § 39 UrhG einschlägig sei, wenn ausschließlich wirtschaftliche Interessen in Rede stünden.

317 Schricker-Dietz § 14, Rn. 4.

318 Vergl. insoweit Schricker-Dietz § 14, Rn. 9.

319 Ein Eingriff in die Substanz des Werkes bedeutet nicht nur einen Eingriff bezüglich des Werks als (verkörpertes) Immaterialgut, wie im Bereich der Bildenden Kunst. Selbst wenn das Originalwerk unberührt bleibt, kann ein substantieller Eingriff vorliegen, so bei einer unvollständigen Aufführung des Werks in der Öffentlichkeit, vergl. Schricker-Dietz § 14, Rn. 24.

320 So im Ergebnis auch Wallner, S. 73, der von bloßen Residualbereichen spricht.

Werks vom Anwendungsbereich des Integritätsrechts gem. § 14 UrhG als einer Form der Beeinträchtigung miterfasst[321], ohne dass zu unterscheiden wäre, ob die Veränderung substantieller Art ist bzw. ob diese im Verhältnis zum vertraglichen, § 39 UrhG, oder gesetzlichen, §§ 45 ff. UrhG, Nutzungsberechtigten vorgenommen wurde.

Für den Gegenstand dieser Untersuchung bedeutet dies, dass die Frage der Zulässigkeit rechtsgeschäftlicher Vereinbarungen bezüglich geplanter Werkänderungen immer an § 14 UrhG zu messen ist. § 39 UrhG konkretisiert dabei lediglich den im Rahmen dieser Untersuchung relevanten Bereich des Verhältnisses von Urheber und rechtsgeschäftlichem Nutzungsrechtsinhaber. Insoweit bestätigt § 39 Abs. 1 UrhG Änderungen als zulässige Folge rechtsgeschäftlicher Vereinbarungen[322], sowie nach Abs. 2 als Folge einer Interessenabwägung nach Treu und Glauben, wodurch das Gebot zur Interessenabwägung im Rahmen des § 14 UrhG gerade auch im Nutzungsrechtszusammenhang betont wird[323].

3. Der Schutzbereich von § 14 UrhG

Voraussetzung des urheberrechtlichen Abwehranspruchs über das Werkintegritätsrecht gem. § 14 UrhG ist zweierlei. Erstens das Vorliegen einer Entstellung bzw. Beeinträchtigung aus objektiver Sicht - gemessen am Maßstab des vernünftigen Urhebers[324] - und zweitens eine hierdurch drohende Gefährdung der berechtigten geistigen und persönlichen Interessen des Urhebers am Werk[325]. Eine konkrete Gefährdung oder gar ein Schaden muss nicht schon eingetreten sein. Es reicht aus, dass die Entstellung bzw. Beeinträchtigung nicht bloß innerhalb des privaten Kreises verbleibt[326], sondern mit einer Kenntnisnahme durch einen größeren Personenkreis - im Sinne von „Öffentlichkeit" - gerechnet werden muss[327].

---

321 Schricker-Dietz § 15, Rn. 5; vergl. auch Rehbinder, Rn. 243, S. 201 f.; Haberstumpf, Rn. 218; Heidmeier, S. 79; wohl auch v. Welser, S. 38 ff.

322 Ausführlich zur Bedeutung des § 39 UrhG unten im 6. Teil, unter III., 2., a) und IV., 2., a).

323 Schricker-Schricker/Dietz § 39, Rn. 1.

324 Möhring/Nicolini-Kroitzsch § 14, Rn. 10 f.; Samson, S. 23; v. Gamm § 14, Rn. 8; Fromm/Nordemann-Hertin § 14, Rn. 11.

325 Ob der Interessenabwägung noch eine Prüfungsstufe vorzuschalten ist, in der die Eignung zur Interessengefährdung gesondert zu untersuchen wäre, ist im Ergebnis nicht von praktischer Relevanz. Vergl. zum diesbezüglichen Meinungsstreit für eine 3-stufige Prüfung: Schricker-Dietz § 14, Rn. 18 und dagegen: Fromm/Nordemann-Hertin § 14, Rn. 6 unter Verweis auf BGH GRUR 1982, 107, 110 - Kirchen-Innenraumgestaltung und OLG Hamburg UFITA 81 (1978), 263, 267 - Reihenhaus. Die fehlende praktische Relevanz erkennt letztlich wohl auch der Verfechter des 3-stufigen Prüfungsverfahrens an, indem er annimmt, dass die Eignung zur Interessengefährdung durch das Vorliegen einer Beeinträchtigung indiziert wird, vergl. Schricker-Dietz § 14, Rn. 27. Auch etwaige vertragliche Änderungsvereinbarungen können bei der Bewertung der jeweiligen Interessen und damit letztlich auch im Rahmen der Interessenabwägung berücksichtigt werden; dies als eigenen Prüfungspunkt zu sehen, kompliziert die Sache unnötig. Es reicht aus zu prüfen, ob eine Beeinträchtigung vorliegt und dann eine Interessenabwägung hinsichtlich der kollidierenden Interessen vorzunehmen.

326 A. A. Schricker-Dietz § 14, Rn. 16, und wohl auch Fromm/Nordemann-Hertin § 14, Rn. 10, 14 und 17, hinsichtlich der Werkoriginale im Verhältnis Eigentümer bzw. Besitzer und Urheber unter Verweis darauf, dass in Anbetracht der langen Dauer des Urheberschutzes eine spätere Kenntnisnahme des entstellten Werkes durch einen größeren Personenkreis nicht ausgeschlossen werden könne. Entscheidend muss jedoch sein, inwieweit sich eine potentielle Kenntnisnahme schon konkretisiert hat. Soweit dies noch nicht der Fall ist, muss der Urheber darauf verwiesen werden, später sein Abwehrrecht auszuüben. An der Notwendigkeit des Öffentlichkeitsbezuges bei § 14 UrhG ändert die Argumentation dieser Gegenmeinung deshalb nichts.

327 RGZ 79, 397, 402 - Felseneiland mit Sirenen.

Unter dem Begriff Beeinträchtigung werden Verstümmelung, Kürzungen und Änderungen des Werks selbst sowie die Werkwiedergabe unter verletzenden Umständen bzw. in verletzendem Sachzusammenhang[328] erfasst[329]. Insoweit werden direkte Eingriffe, d.h. Eingriffe in die Substanz des Werkes, sei es des Werkoriginals, des Vervielfältigungsstücks oder dessen Wiedergabe in unkörperlicher Form, und indirekte Eingriffe, die im Darstellungszusammenhang erfolgen, unterschieden[330]. Zu einer künstlerischen, ästhetischen Verschlechterung des Werkes muss es dabei nicht gekommen sein. Auch eine Verbesserung schließt das Vorliegen einer Beeinträchtigung nicht aus[331]. Zwar legt der Begriff Beeinträchtigung eine Verschlechterung oder Abwertung des Werkes nahe, entscheidend ist aber letztlich der vom Urheber gewählte Maßstab, der von Außenstehenden zu respektieren ist. Andernfalls wäre der Richter im Streitfall gezwungen, über den künstlerischen Wert des Originals einerseits und die Umgestaltung andererseits zu befinden. Dies aber soll ihm gerade nicht zustehen[332].

Was die Unterscheidung der Begriffe Beeinträchtigung und Entstellung anbelangt, so wird vertreten, dass nicht bloß eine graduelle Trennung und damit ein Stufenverhältnis der beiden Begriffe zueinander vorliege. Vielmehr seien, unabhängig von der jeweiligen Intensität, direkte Eingriffe als Entstellung und indirekte Eingriffe als Beeinträchtigung zu erfassen[333]. Gegen diese Differenzierung spricht jedoch bereits der Wortlaut des § 14 UrhG, wonach „Entstellung oder eine andere Beeinträchtigung am Werk ..." verboten werden können[334], ersteres sprachlich also ausdrücklich als Unterfall von Letztgenanntem verstanden wird. Eine Unterscheidung, die an die Zielrichtung des Eingriffs anknüpft, kann insoweit nicht gerechtfertigt werden. Zutreffender ist es, nach der Intensität des direkten bzw. indirekten Eingriffs zu fragen und die Entstellung als einen besonders schwerwiegenden Fall einer Beeinträchtigung zu verstehen[335]. Der Terminus Beeinträchtigung bildet den Oberbegriff für jede Art von Änderung, egal ob indirekter oder direkter Art.

Als Kernstück des Integritätsrechts ist im Rahmen des § 14 UrhG abschließend eine Interessenabwägung vorzunehmen. Denn § 14 UrhG reduziert den Schutz insoweit ausdrücklich auf „berechtigte" Interessen des Urhebers. Diese Einschränkung bezieht sich auch auf die Möglichkeit des Verbots einer Entstellung[336]; zur Geltendmachung eines Abwehrrechts be-

---

328 Vergl. zum Fall der Ausstellung eines Bildes an einem, dem Charakter des Objektes zuwiderlaufenden Ort: OLG Frankfurt ZUM 1996, 97, 99.

329 Rehbinder, Rn. 243, S. 201 f.

330 Schricker-Dietz § 14, Rn. 23; Fromm/Nordemann-Hertin § 14, Rn. 9; als indirekte Eingriffe sind insbesondere Werbeunterbrechungen zu nennen, die von großer praktischer Relevanz sind.

331 v. Gamm § 14, Rn. 8; Fromm/Nordemann-Hertin § 14, Rn. 2; Heidmeier, S. 82; Schricker-Dietz § 14, Rn. 21.

332 Fromm/Nordemann-Hertin § 14, Rn. 8. Gerade auch hier kommt zum Tragen, dass das Urheberrecht eben ein an der Person des Urhebers orientiertes Recht ist.

333 Möhring/Nicolini-Kroitzsch § 14, Rn. 11 und 15; Fromm/Nordemann-Hertin § 14, Rn. 8; Bullinger, S. 73.

334 Schricker-Dietz § 14, Rn. 19; Schack, Rn. 342; Schilcher, S. 60; OLG München ZUM 1996, 165; Bullinger, S. 73, der jedenfalls dieser Bildung des Oberbegriffs zustimmt.

335 KG ZUM 1989, 246; OLG Frankfurt/Main GRUR 1995, 215; Schricker-Dietz § 14, Rn. 19.

336 Die andere Ansicht, so Fromm/Nordemann-Hertin § 14, Rn. 5, vergleicht den Wortlaut des § 14 UrhG mit dem des Art. 6 bis RBÜ und verweist darauf, dass die ursprüngliche Fassung „sonstige Änderungen oder Beeinträchtigungen des Werkes zu widersetzen, die seiner Ehre oder seinem Ruf nachteilig sein *kann*", eine Abänderung in „sonstige Änderungen oder Beeinträchtigungen ..., ... nachteilig sein *können*" erfahren hat. Erst hierdurch ergebe sich die Geltung des abschließenden Relativsatzes für alle im Satz zuvor genannten Änderungsformen. Gerade der Verweis auf die RBÜ spricht indes für genau die gegenteilige Auffassung, da insofern eine konventionskonforme Auslegung zu bevorzugen ist. Zudem ergeben sich aus der grammatischen Auslegung des § 14 UrhG nicht die entsprechenden Bedenken wie im Fall der Regelung in der RBÜ. Zum einen stehen sowohl die Änderungsformen - anders als in der RBÜ - als auch der anschließende Rela-

darf es immer einer Interessenabwägung, die zugunsten des Urhebers ausfällt[337]. Dabei haben die Urheberinteressen keinen grundsätzlichen Vorrang[338], sondern höchstens eine gewisse indizielle Bedeutung; je bedeutender der Ruf des betreffenden Urhebers, desto eher ist eine Interessengefährdung anzunehmen.

Bezüglich der relevanten Bewertungskriterien innerhalb der Interessenabwägung[339] sei auf einige grundsätzliche Überlegungen betreffend die Urheberseite hingewiesen. Die Gewichtigkeit der urheberpersönlichkeitsrechtlichen Interessen wird durch die Höhe der schöpferischen Eigenart des Werkes und der darin zum Ausdruck gelangten geistigen Haltung und Auffassung beeinflusst[340]. Insoweit kommt hier der bereits im 1. Teil unter II., 1., b) angesprochene relative Gehalt des UPR deutlich zum Ausdruck. Auch die Intensität des Eingriffs ist relevant. Werkänderungen von geringer Intensität oder solche, die sich aufgrund des bestimmungsgemäßen Gebrauchs ergeben, sprechen gegen eine Gefährdungssituation. So wird angenommen, dass die Urheberinteressen bei Werken, die für Gebrauchszwecke oder Produktwerbung bestimmt sind, tendenziell zurücktreten[341].

Bei Filmwerken muss der Eingriff von besonderer Art sein. Das Integritätsrecht gem. § 93 UrhG ist dem des § 14 UrhG zwar grundsätzlich nachgebildet, dabei jedoch auf die Abwehr gröblicher Beeinträchtigungen bzw. Entstellungen beschränkt[342]. Von einer solchen Qualität ist regelmäßig erst dann zu sprechen, wenn eine völlige Verkehrung des ursprünglichen Sinngehalts des Werkes bzw. eine völlige Verunstaltung von urheberrechtlich wesentlichen Teilen entgegen der Urheberintention vorliegt[343].

---

tivsatz in § 14 UrhG im Singular. Zum anderen steht das infinitive Verb „zu verbieten" in § 14 UrhG vor dem Relativsatz, so dass sich dieser dann auf alles zuvor Genannte bezieht. Außerdem ist eine Ungleichbehandlung von Beeinträchtigung und Entstellung auch nicht gerechtfertigt, da eine Abgrenzung nicht praktikabel ist und streng genommen erst im Rahmen einer Interessenabwägung geklärt werden kann, vergl. auch Schricker-Dietz § 14, Rn. 19.

337 Da § 39 und § 14 UrhG beide Teil des Gesamtkomplexes „Änderungsrecht" sind, vergl. Schricker-Dietz § 14, Rn. 2, und eine Unterscheidung zwischen Änderungen nach § 39 und Beeinträchtigungen nach § 14 UrhG nicht möglich ist, weil letztere den Oberbegriff bilden, ist wie bei § 14 auch bei § 39 UrhG eine Interessensabwägung vorzunehmen. Aus dem Treu und Glauben-Vorbehalt in § 39 Abs. 2 UrhG kann insoweit nichts anders gefolgert werden; vergl. Schricker-Dietz § 14, Rn 4; Schack, Rn. 350 sowie wohl auch v. Gamm § 39, Rn. 8.

338 v. Gamm § 14, Rn. 9; a. A. aber unter Verweis auf § 11 UrhG und das umfassenden UPR, Fromm/Nordemann-Hertin
§ 14, Rn. 4; BGHZ 17, 266, 281 - Grundig Reporter, unter Verweis auf RGZ 79, 379 - Fresko-Malerei, wo jedoch kein absoluter Vorrang urheberpersönlichkeitsrechtlicher Interessen ausgesprochen wurde; für einen beschränkten Vorrang bei Werkoriginalen gegenüber den Eigentümer- bzw. Besitzerinteressen, Schricker-Dietz § 14, Rn. 16.

339 Zu den einzelnen Bewertungskriterien im Rahmen der Interessenabwägung nach § 14, s. ausführlich Federle, S. 46 ff.

340 BGHZ 13, 334, 339 - Dr. H. Schacht u. Co.; vergl. Fromm/Nordemann-Hertin § 14, Rn. 11, der auf die jeweilige Gestaltungshöhe abstellt.

341 Fromm/Nordemann-Hertin § 14, Rn. 11.

342 A. A. Fromm/Nordemann-Nordemann § 93, Rn. 2 ff., der meint, dass im Wege einer verfassungskonformen Auslegung jede Beeinträchtigung bzw. Entstellung ausreiche. Das Wort „gröbliche" sei zu ignorieren. Diese Auffassung verstößt indes gegen den eindeutigen Gesetzeswortlaut. Grenze jeder Auslegung bildet aber der Wortlaut der Vorschrift. Hierfür spricht insbesondere auch die unveränderte Beibehaltung des § 93 UrhG trotz Änderungsvorschlags im Rahmen der Novellierung des UrhG durch das „Gesetz zur Stärkung der vertraglichen Stellung von Urhebern und ausübenden Künstlern", vergl. die vorgeschlagene Neufassung des § 93 RegE und Begründung dazu, Bundesrat Drucksache 404/01, S. 13, 59.

343 OLG München GRUR 1986, 460, 461.

IV. Befugnisse aus dem Bereich des Urheberpersönlichkeitsrechts im weiteren Sinne

Neben dem Bereich des UPR i.e.S. gibt es urheberrechtliche Befugnisse, die dem Bereich des UPR i.w.S. zugeordnet werden, und bei denen der persönlichkeitsrechtliche Charakter besonders deutlich hervortritt. Soweit diese eine gesetzliche Konkretisierung erfahren haben, sind sie auch als Gegenstand von rechtsgeschäftlichen Vereinbarungen in Betracht zu ziehen und nachfolgend zu untersuchen. Dies gilt insbesondere für die Rückrufsrechte aus §§ 41 f. UrhG, denen, wie die Untersuchung zeigen wird, eine besondere Bedeutung bei Rechtsgeschäften über urheberpersönlichkeitsrechtliche Befugnisse zukommt.

1. Zugang zu Werkstücken, § 25 UrhG

§ 25 UrhG gewährt dem Urheber gegenüber dem bzw. bei Vorhandensein von Vervielfältigungsstücken gegenüber den/m Eigen- oder Fremdbesitzer(n) ein Recht auf Zugang zum Werkstück[344]. Hierdurch wird dem Aspekt der fortdauernden ideellen Beziehung des Urhebers zu seinem Werk auch nach Verlust und Aufgabe des Sacheigentums bzw. Besitzes am Werkstück Rechnung getragen[345]. Das Zugangsrecht ist weder reines Persönlichkeits- noch reines Verwertungsrecht, wird aber überwiegend als gerade den urheberpersönlichkeitsrechtlichen Interessen dienend bewertet[346].

§ 25 UrhG verbürgt keinen Herausgabeanspruch, vergl. Abs. 2, sondern ein reines Zugangsrecht, das nur zum Zwecke der Herstellung einer Vervielfältigung oder Bearbeitung und bei Beachtung der Interessen des Werkbesitzers gewährt wird, weshalb eine Interessenabwägung stattfindet[347]. Dabei sind zeitliche, örtliche und sachliche Aspekte hinsichtlich des Zugangs zu berücksichtigen. Auch die Gestaltungshöhe und Bedeutung des Werks spielen eine Rolle. Dem Recht auf Zugang wird durch die Einräumung der Möglichkeit einer Kenntnisnahme des Werks in seiner äußeren Form und dem geistig-ästhetischen Gehalt entsprochen[348]. Erhaltungs- und Aufbewahrungspflichten des Werkbesitzers bestehen auch im Hinblick auf ein erst künftig auszuübendes Zugangsrecht nicht.

2. Rückrufsrecht wegen Nichtausübung, § 41 UrhG

Da auch ideelle Interessen an das Bekanntwerden eines Werkes anknüpfen, kommt dem Recht zum Rückruf von Nutzungsrechten, § 41 UrhG, im Fall der Nichtausübung der Nutzungsrechte durch den Inhaber nicht nur eine vermögensrechtliche, sondern gerade auch eine urheberpersönlichkeitsrechtliche Dimension zu[349]. Insoweit wird bei diesem Rückrufsrecht von einer Doppelnatur gesprochen und auf die besondere Verbindung zum Veröffentlichungsrecht, § 12 UrhG, hingewiesen[350].

---

[344] Schricker-Vogel § 25, Rn. 9.

[345] Schricker-Dietz § 25, Rn. 1.

[346] Vergl. die amtliche Begründung, UFITA 45 (1965), 240, 267. Wegen des verwertungsrechtlichen Bezugs ist es auch in einem vierten, gesonderten Unterabschnitt des Kapitels „Inhalt des Urheberrechts" aufgeführt, so Schricker-Dietz § 25, Rn. 6 und v. Gamm § 25, Rn. 1, der von einer ergänzenden Sonderstellung spricht. Weitergehend Fromm/Nordemann-Vinck/Nordemann § 25, Rn. 1, wonach das Zugangsrecht sogar ein UPR ist; s. auch Rehbinder, Rn. 249, S. 207; Schack, Rn. 366; Praxiskommentar-Bullinger § 25, Rn. 21 sowie Möhring/Nicolini-Spautz § 25, Rn. 1.

[347] Schricker-Vogel § 25, Rn. 16.

[348] v. Gamm § 25, Rn. 7.

[349] Rehbinder, Rn. 316, S. 276.

[350] Schricker-Schricker § 41, Rn. 4. Die Verletzung von Urheberinteressen kann sich infolgedessen aus rein vermögensrechtlicher oder auch ideeller Sicht ergeben. Es reicht aus, wenn ausschließlich ideelle Gründe

Das Rückrufsrecht wegen Nichtausübung steht dem Urheber nur in den Fällen einer Vergabe von ausschließlichen Nutzungsrechten zu. Denn bei der Einräumung bloß einfacher Nutzungsrechte ist er selbst nicht an einer Verwertung gehindert und infolgedessen nicht schutzbedürftig.

Die Ausübung des Rückrufsrechts ist nur zulässig, wenn eine erhebliche Verletzung von Urheberinteressen vorliegt und die Nichtausübung des Nutzungsrechts nicht überwiegend auf Umständen beruht, die in zumutbarer Weise durch den Urheber behoben werden können. Wird der Rückruf nach vorheriger Ankündigung und unter Wahrung der grundsätzlich obligatorischen Nachfristsetzung durch den Urheber erklärt, § 41 Abs. 3 S. 1 UrhG, so erlischt das Nutzungsrecht mit Wirksamwerden des Rückrufs, einer einseitigen, empfangsbedürftigen Willenserklärung, § 41 Abs. 5 UrhG. Der Urheber hat den Nutzungsrechtsinhaber dann zu entschädigen, soweit es der Billigkeit entspricht, § 41 Abs. 6 UrhG[351].

3. Rückrufsrecht wegen gewandelter Überzeugung, § 42 UrhG

Das Rückrufsrecht wegen gewandelter Überzeugung, § 42 UrhG, wird dem Urheber als ein Mittel zur Verhinderung einer Verwertung des Werkes, die zu einer Beeinträchtigung seiner ideellen Interessen führen kann, gewährt. Insoweit besteht ein direkter Bezug zum Veröffentlichungsrecht des § 12 UrhG[352]. Wegen dieses verstärkten Schutzes ideeller Interessen wird dem Rückrufsrecht wegen gewandelter Überzeugung ein primär persönlichkeitsrechtlicher Charakter zugesprochen[353].

Das Rückrufsrecht bezieht sich dabei sowohl auf begonnene Verwertungen, die hierdurch soweit wie möglich rückgängig gemacht werden können, als auch auf erst anstehende, zukünftige Werkverwertungen, die verhindert werden sollen. Es ist jedoch auf die Fälle beschränkt, in denen das Werk der Überzeugung des Urhebers nicht mehr entspricht und ihm deshalb eine Verwertung nicht (mehr) zugemutet werden kann, vergl. § 42 Abs. 1 S. 1 UrhG.

Der strukturelle Aufbau orientiert sich insgesamt an dem von § 41 UrhG. So ist ebenfalls eine Entschädigungsregelung nach Billigkeitsgesichtspunkten für den Fall der Ausübung des Rückrufsrechts getroffen worden, vergl. § 42 Abs. 3. Die Zahlung der Entschädigung wird dabei aber als Wirksamkeitsvoraussetzung des Rückrufs geregelt.

---

des Urhebers an einer Verwertung vorliegen und diesen infolge der fehlenden Verwertung des Nutzungsberechtigten nicht Rechnung getragen wird; also unabhängig davon, dass der Urheber sein Nutzungsentgelt bereits erhalten hat.

351 Mit Erlöschen des Nutzungsrechts wird auch der zugrunde liegende schuldrechtliche Vertrag aufgelöst, vergl. Schricker-Schricker § 41, Rn. 24.

352 Praxiskommentar-Wandtke § 42, Rn. 1.

353 Schricker-Dietz § 42, Rn. 1.

Dritter Teil

Gesetzliche Regelungen in Bezug auf Rechtsgeschäfte über urheberpersönlichkeitsrechtliche Befugnisse

Die Untersuchung des Unübertragbarkeitsdogmas im 2. Teil dieser Arbeit hat ergeben, dass kein zwangsläufiger Zusammenhang zwischen der Rechtsnatur des UPR und einer Unübertragbarkeit dieses Rechts und der einzelnen, aus ihm fließenden Befugnisse besteht. Insoweit ist nun die gesetzliche Bestimmung der Unübertragbarkeit des Urheberrechts in § 29 UrhG von besonderer Relevanz und deshalb, insbesondere auch unter dem Gesichtspunkt einer insoweit konstitutiven Wirkung betreffend das UPR, zu untersuchen. Neben § 29 UrhG sind weitere spezielle Vorschriften für bestimmte Urhebergruppen zu berücksichtigen sowie die Frage einer Differenzierung der dann erarbeiteten, rechtsgeschäftlichen Grundsätze nach weiteren objektiven Kriterien zu stellen.

I. Die Grundnorm § 29 UrhG

1. Einleitende Überlegungen

Der 5. Abschnitt des UrhG regelt den Rechtsverkehr betreffend das Urheberrecht. Für das Urheberrecht insgesamt als auch das UPR allein trifft § 29 UrhG eine Regelung. Danach ist das Urheberrecht nicht übertragbar, es sei denn, dies erfolgt in Erfüllung einer Verfügung von Todes wegen oder an Miterben im Wege der Erbauseinandersetzung, § 29 Abs. 1 UrhG[354]. § 29 Abs. 2 UrhG bestimmt in Ergänzung hierzu die Zulässigkeit der Einräumung von Nutzungsrechten (§ 31 UrhG), der schuldrechtlichen Einwilligungen und Vereinbarungen zu Verwertungsrechten sowie der in § 39 UrhG geregelten Rechtsgeschäfte über Urheberpersönlichkeitsrechte. Damit wird, im Unterschied zu der Rechtslage bis zur Novellierung des UrhG 2002 durch das „Gesetz zur Stärkung der vertraglichen Stellung von Urhebern und ausübenden Künstlern", nunmehr am Anfang des 5. Abschnitts des UrhG eine explizite Regelung zum UPR getroffen. Bisher wurde vor dem Hintergrund der geltenden monistischen Theorie darauf verwiesen, dass § 29 UrhG a.F.[355], der die Unübertragbarkeit des Urheberrechts insgesamt, ohne Erwähnung des UPR, vorsah, so zu lesen sei, dass das UPR die Eigenschaft der Unübertragbarkeit des insoweit einheitlichen Urheberrechts teile[356]; in § 29 UrhG a.F. wurde zugleich die Unübertragbarkeit des UPR gesetzlich verankert gesehen.

---

[354] Bereits in der Festlegung dieser Ausnahmen von der Unübertragbarkeit sieht Leßmann, S. 94, einen Bruch mit der These der Höchstpersönlichkeit und der deshalb unlösbaren Bindung des UPR an den Urheber. Er weist dem Urheberrecht vielmehr eine Doppelnatur zu, wonach es höchstpersönlich sei, solange der Urheber lebt, während dieser Charakter danach wegfalle.

[355] § 29 UrhG a. F. lautete: „Das Urheberrecht kann in Erfüllung einer Verfügung von Todes wegen oder an Miterben im Wege der Erbauseinandersetzung übertragen werden. Im übrigen ist es nicht übertragbar."

[356] Vergl. die Formulierung bei Schricker-Dietz vor §§ 12 ff., Rn. 26; v. Gamm § 11, Rn. 7. Diese Darstellung könnte vermuten lassen, dass die Zuweisung dieser Eigenschaft zum UPR als Konsequenz der gesetzlichen Anordnung und nicht als naturgegebene Eigenschaft infolge des persönlichkeitsrechtlichen Charakters angenommen wird. Insoweit wurde auch, einer umgekehrten Ableitung folgend, formuliert, dass die - a priori angenommene - Unübertragbarkeit des UPR infolge der persönlichkeitsrechtlichen Natur die Grundlage dafür bildete und weiterhin bildet, diesen Charakter auch auf den vermögensrechtlichen Teil des einheitlichen Urheberrechts übergreifen zu lassen, so Götting, FS Schricker, S. 53, 59 und Schricker-Schricker § 29, Rn. 4. Ob nun § 29 Abs. 1 UrhG eine konstitutive, der erst genannten Interpretation folgend, oder aber eine rein deklaratorische Bedeutung entsprechend der zweitgenannten Auffassung zukommt, so bedeutet dies im Er-

Aufgrund der 2002 eingeführten Neuformulierung des § 29 Abs. 2 UrhG stellt sich die Frage, welche Bedeutung dem Verweis auf § 39 UrhG zukommt und inwieweit hiermit eine abschließende Regelung über die Zulässigkeit rechtsgeschäftlicher Vereinbarungen über das UPR getroffen wurde.

2. Regelungszusammenhang zwischen § 29 UrhG und § 39 UrhG

Zur Bestimmung des Regelungszusammenhangs und der -reichweite sind Rechtsnormen bzw. Gesetze auszulegen, was eine Erforschung nach dem Sinn und Zweck der Regelung bedeutet[357]. Maßgeblich ist dabei der im Gesetzeswortlaut objektivierte Wille des Gesetzgebers[358]. Am Anfang der Untersuchung steht die den Ausgangspunkt jeder Auslegung bildende Wortlautanalyse, die unmittelbar durch die Analyse der Gesetzessystematik ergänzt wird, als Bestandteile der „klassischen" Auslegungsmethoden[359].

Der Wortlaut der §§ 29, 39 UrhG und die Gesetzessystematik sprechen dafür, dass § 29 UrhG und § 39 UrhG in einem Regel-Ausnahme-Verhältnis stehen und § 39 UrhG insoweit eine abschließende Ausnahmeregelung trifft. Zwar wird mit der Verweisung in § 29 UrhG der § 39 UrhG umfänglich, also hinsichtlich beider Absätze erfasst; in diesem Zusammenhang ist jedoch lediglich die Regelung in § 39 Abs. 1 UrhG bedeutsam. Denn bei der Regelung des § 39 Abs. 2 UrhG handelt es sich um eine tatbestandliche Schutzbereichsbegrenzung, bei der die rechtsgeschäftliche Dimension nicht berührt wird; bei § 39 Abs. 2 UrhG wird auch von einer gesetzlichen Änderungsbefugnis gesprochen[360].

Der Formulierung des Verweises in § 29 Abs. 2 UrhG nach werden neben den Rechtsgeschäften über Verwertungsrechte „die in § 39 geregelten Rechtsgeschäfte über Urheberpersönlichkeitsrechte" für zulässig befunden. Weil hier keine Hinweise auf eine bloß beispielhafte Aufzählung entnommen werden können, wäre ein Umkehrschluss auf den abschließenden Charakter der Vorschrift hinsichtlich rechtsgeschäftlicher Vereinbarungen über das UPR möglich[361]. Dies würde bedeuten, dass zum einen lediglich Vereinbarungen mit dem Inhaber eines Nutzungsrechts als potentiellem Vertragspartner zulässig sind, s. § 39 Abs. 1 UrhG. Zum anderen spricht § 39 Abs. 2 UrhG auch nur von der Möglichkeit einer vertraglichen *Vereinbarung*, so dass wohl von einer zumindest zweiseitigen Regelung auszugehen wäre. Dies wirft insbesondere die Frage nach der Zulässigkeit bloß einseitiger Billigung durch den Urhe-

---

gebnis in jedem Fall, dass nach beiden Ableitungs- bzw. Herleitungswegen dem UPR die Eigenschaft der Unübertragbarkeit zukommt.

357 Vergl. Palandt-Heinrichs Einl. BGB, Rn. 40 ff.

358 Sog. objektivierte Theorie, die in der zivilrechtlichen Literatur vorherrscht und insbesondere auch durch das BVerfG und den BGH vertreten wird, s. BVerfGE 1, 312 und BGHZ 49, 221.

359 Die gemeinhin verwendeten Auslegungsmethoden gehen auf die Auslegungstheorie von v. Savigny zurück, vergl. Zippelius, S. 42 ff. Mit der wohl überwiegend gebräuchlichen Terminologie zur Beschreibung der unterschiedlichen Auslegungskriterien wird von der sprachlich-grammatikalischen, systematischen, historischen und teleologischen Auslegung gesprochen, vergl. Palandt-Heinrichs Einl. BGB, Rn. 41 ff.; MüKo-Säcker Einl., Rn. 105 ff. Der Wortsinn bildet grundsätzlich den Ausgangspunkt der Auslegung, da diesem eine eingrenzende Funktion zukommt, innerhalb derer dann mehrere Auslegungen infolge der Heranziehung der übrigen Auslegungsmethoden möglich ist, Larenz, S. 320. Auch wenn zwischen den verschiedenen Auslegungsmethoden kein grundsätzliches Rangverhältnis besteht und keine strikte Gewichtung der einzelnen Kriterien feststeht, so sind im Falle eines Widerstreits zwischen den Auslegungsargumenten diese gegeneinander zu gewichten und das Überwiegen der einen oder der anderen Auslegung zu begründen, vergl. Zippelius, S. 62 f.; Larenz, S. 345 f.; a. A. wohl Palandt-Heinrichs Einl. BGB, Rn. 46, der vom Primat der teleologischen Auslegung auszugehen scheint.

360 Praxiskommentar-Wandtke/Grunert § 39, Rn. 20.

361 Vergl. Haas, Rn. 48 und 75.

ber, wie in der Form einer Einwilligung, auf. Auch sind dem Wortlaut nach nur Änderungsvereinbarungen[362] vorgesehen; andere urheberpersönlichkeitsrechtliche Befugnisse bleiben unberücksichtigt.

Trotz der sprachlichen Beschränkung auf - zweiseitige - Vereinbarungen wird zutreffend auf die Möglichkeit auch einseitiger Gestattungen bzw. Einwilligungen verwiesen[363]. Hierfür spricht insbesondere der entstehungsgeschichtliche Hintergrund.

Zum Zeitpunkt des Erlasses des UrhG war in § 13 VerlG zwar ein vorbehaltloses Änderungsverbot vorgesehen. Dabei war jedoch unstreitig anerkannt, dass diese Vorschrift hinsichtlich solcher Änderungen unanwendbar war, in die eingewilligt oder die genehmigt wurden[364]. Diese Rechtslage sollte mit § 39 Abs. 1 UrhG im UrhG von 1965 festgehalten werden, ohne insoweit eine Änderung zu treffen. So erklärt sich auch, dass § 39 UrhG selbst, wenn auch erst in Abs. 2, von der Zulässigkeit einer Einwilligung ausgeht. Die Beschränkung auf zweiseitige Vereinbarungen entspricht nicht dem gesetzgeberischen Anliegen.

Gegen eine restriktive Interpretation betreffend die Zulässigkeit rechtsgeschäftlicher Vereinbarungen im Übrigen wird des Weiteren zutreffend eingewandt, dass es sich bei der Änderung des § 29 UrhG a.F.[365] um ein redaktionelles Versehen handelt[366]. Denn die Änderung des § 29 UrhG stand im Zusammenhang mit einer beabsichtigten Neuregelung des § 39 UrhG innerhalb desselben Novellierungsvorhabens. Der insoweit geplante § 39 UrhG sah eine umfassende Regelung zu Rechtsgeschäften über das Veröffentlichungsrecht, Abs. 1, die Urheberbezeichnung und -nennung, Abs. 2, sowie Werkänderungen, Abs. 3, vor. Ziel dieser Neuregelung war es, einem praktischen Bedürfnis entsprechend, den Grundsatz der Unübertragbarkeit des UPR durch ausdrückliche Zulassung von Rechtsgeschäften abzumildern[367]. Dabei sollte die Neufassung lediglich klarstellenden Charakter haben und nicht über das hinausführen, was bereits allgemein von Rechtsprechung und -praxis als zulässig erachtet wurde. Dass dieser schlicht bestätigende Charakter allerdings rechtlich zweifelhaft war, zeigt das Scheitern dieser Neuregelung, was insbesondere auf den heftigen Widerstand der Verwerterkreise zurückgeführt wird, die darin eine Benachteiligung ihrer bisherigen Position sahen[368]. Insoweit stand die Gefahr einer Veränderung der bisherigen Rechtslage im Raum, was erklärt, warum der geplante § 39 UrhG letztlich nicht Gesetz wurde. Dann aber kann die Beibehaltung des eigentlich auf den neuen § 39 UrhG abgestimmten, seinerseits neu gefassten § 29 UrhG auch nicht als Veränderung der bis zur Novellierung des UrhG geltenden Rechtslage interpretiert

---

362 Der Begriff „Änderung" setzt voraus, dass bereits eine positive Bestimmung erfolgt ist. Denn nur dann kann etwas geändert werden. Nicht erfasst sind deshalb z.B. Fälle, in denen keine Urheberbezeichnung erfolgen soll sowie betreffend das Veröffentlichungsrecht; siehe hierzu unten im 6. Teil, unter IV., 2., a).

363 Fromm/Nordemann-Vinck § 39, Rn. 2 f. und Schricker-Dietz § 39, Rn. 8 f., der unkommentiert von der Zustimmung des Urhebers spricht; undeutlich hierzu Möhring/Nicolini-Spautz § 39, Rn. 7 f.

364 Vergl. VerlagsR-Schricker § 13/§ 39 UrhG, Rn. 10.

365 Dies erfolgte im Zuge der Neuregelung des § 29 Abs. 2 UrhG durch das „Gesetz zur Stärkung der vertraglichen Stellung von Urhebern und ausübenden Künstlern".

366 Schricker GRUR Int. 2002, 797, 799 f.; vergl. auch Haas, Rn. 75 und Heidelberger-Kotthoff § 29, Rn. 12.

367 So die Begründung zum RegE, Bundesrat Drucksache 404/01, zu Nr. 7 (§ 39), S. 53.

368 Haas, Rn. 51; Praxiskommentar-Wandtke/Grunert § 39, Rn. 2; Geulen/Klinger ZUM 2000, 891, 894 f., die insbesondere im Hinblick auf die Werkart „Film" Bedenken an der geplanten Regelung äußerten. Die Filmindustrie sorgte sich wegen des für die Vermarktung bedeutsamen „final cut", den sie den Produzenten aus den Händen genommen gesehen hätten, vergl. Anmerkung zur Begründung RegE, Bundesrat Drucksache 404/01, zu Nr. 7 (§ 39), S. 53; siehe auch Stellungnahme zu den Novellierungsplänen seitens des BDZV und VDZ im Protokoll der 99. Sitzung des Rechtsausschusses und der 61. Sitzung des Ausschusses für Kultur und Medien, S. 212, 230 f. und die gemeinsame Stellung von ARD und ZDF, S. 111, 125 sowie die Beschlussempfehlung des Rechtsausschusses, Bundestag Drucksache 14/8058, S. 9, die ein Entfallen des geplanten § 39 UrhG befürwortete.

werden[369]. Es bleibt bei dem Verständnis des § 39 UrhG als nicht abschließende Ausnahmeregelung. Diese ist insoweit ein Indiz für die grundsätzliche Zulässigkeit rechtsgeschäftlicher Vereinbarungen über das UPR; ein Verständnis, dass bereits vor der Novellierung des UrhG im Jahr 2002 betont wurde[370].

Damit ist auch der Zusammenhang rechtsgeschäftlicher Vereinbarungen über urheberpersönlichkeitsrechtliche Befugnisse mit einer Nutzungsrechtseinräumung keine zwangsläufige, abschließend gemeinte Zulässigkeitsvoraussetzung[371]; eine treuhänderische Wahrnehmung durch Dritte, unabhängig von Nutzungsrechtseinräumungen, wird nicht ausgeschlossen. Ebenso handelt es sich bei der in § 39 Abs. 1 UrhG erwähnten Änderungsvereinbarung um eine schlicht beispielhafte Herausstellung eines unter mehreren zulässigen Rechtsgeschäften, die auch die übrigen urheberpersönlichkeitsrechtlichen Befugnisse betreffen.

Nachdem festgestellt werden konnte, dass die Zulässigkeit weder für einseitige noch für vertragliche Vereinbarungen über das UPR bereits durch den Regelungszusammenhang von § 39 UrhG und § 29 UrhG beschränkt bzw. ausgeschlossen wurde, ist im Weiteren auf die Frage der genauen Reichweite und rechtlichen Konstruktion rechtsgeschäftlicher Vereinbarungen einzugehen. Im Mittelpunkt der Untersuchung steht hier die Grundsatzregelung des § 29 Abs. 1 UrhG und damit die Ermittlung von deren Regelungsinhalt - insbesondere mit Blick auf die Verwendung des Begriffs „Übertragung".

3. Rechtsgeschäfte im Sinne der „Übertragung"

Die sprachlich-grammatische Auslegung ergibt zunächst, dass schuldrechtliche Vereinbarungen keinesfalls vom Verbot des § 29 UrhG erfasst sind, denn „Übertragung" ist ein verfügungstechnischer Begriff. Auch der „Verzicht" ist formulierungsmäßig nicht berücksichtigt; auf darunter erfasste Rechtsgeschäfte soll jedoch aus Darstellungsgründen erst im Anschluss an diese gezielte Untersuchung der „Übertragung", unter 4., eingegangen werden.

Zu Eingang kann absolute Einigkeit in Schrifttum und Rechtsprechung[372] darüber festgestellt werden, dass jedenfalls eine Übertragung als sog. freie Übertragung, die zu einem vollumfänglichen Verlust des UPR oder einzelner seiner Befugnisse führt, nach § 29 UrhG unzulässig und eine entsprechende Vereinbarung damit unwirksam ist[373]. Im eigentlichen Spannungsfeld stehen hier deshalb die weiteren, in diesem Sinne übertragungsähnlichen Rechtsgeschäfte, also generell solche mit Verfügungswirkung. Dies betrifft gerade die im Vormarsch

369 So auch Haas, Rn. 52.

370 S. Schricker-Dietz § 39, Rn. 8. Hierauf verweist auch die Begründung des RegE, Bundesrat Drucksache 404/01, zu Nr. 7 (§ 39), S. 53.

371 So auch Haas, Rn. 53, 57, der gerade hierin einen Hinweis auf den dispositiven Charakter des § 13 S. 2 UrhG sieht.

372 An Stelle Vieler, mit weiteren Nachweisen: Schricker-Dietz Vor §§ 12 ff., Rn. 26.

373 Praxiskommentar-Block § 29, Rn. 7, leitet die Nichtigkeit aus § 29 Abs. 1 UrhG i.V.m. § 134 BGB ab. § 134 BGB betrifft jedoch nur Verbotsgesetze, nicht Beschränkungen der Gestaltungs- oder Verfügungsmacht, die sich aufgrund eines gesetzlichen Ausschlusses der Übertragbarkeit eines Rechts ergeben, s. Palandt-Heinrichs § 134 BGB, Rn. 5. Bei solchen Beschränkungen der Verfügungsmacht ist ein Rechtsgeschäft schon deshalb nicht wirksam, weil es nicht vorgenommen werden kann.

befindliche Rechtsfigur der „gebundenen Übertragung“[374], auch konstitutive Rechtseinräumung genannt, die nicht zu einem derart weitreichenden Vollrechtsverlust führt[375].

Der juristische Sprachgebrauch hinsichtlich des Terminus „Übertragung“ ist insoweit nicht eindeutig. Dies zeigt ein Blick auf die verschiedenen gesetzlichen Verwendungskontexte. So wird einerseits am Beispiel des § 1059 S. 1 BGB deutlich, dass das Gesetz den Begriff „Übertragung“ einmal als Oberbegriff für translative und konstitutive Übertragungen verwendet[376]. Andererseits wird „Übertragung“ an anderer Stelle auch zur Bezeichnung nur der translativen Übertragung, § 873 Abs. 1 BGB[377], benutzt. Insbesondere das UrhG selbst scheint von letztgenanntem Verständnis auszugehen, da die Rechtsfigur der gebundenen Übertragung im Zusammenhang mit Rechtsgeschäften über die Verwertungsrechte zugelassen wird, wie die Regelung der §§ 31 ff. UrhG, die Nutzungsrechtseinräumungen an Dritte ermöglichen, zeigt. Insoweit wurde trotz der Begründung des Gesetzes von 1965 zum § 29 S. 2 a.F., wonach „das Urheberrecht ... grundsätzlich weder als Ganzes noch in seinen Teilen (z.B. Verwertungsrechte) übertragbar sein (soll)“, zugleich geregelt, dass „der Urheber ... vielmehr einem anderen die Verwertung seines Werkes nur dadurch überlassen ... (könne), dass er ihm ein vom Urheberrecht abgeleitetes Nutzungsrecht einräumt, ähnlich wie die auf dem Gebiet des Patentrechts übliche Lizenz. Diese Konstruktion ermöglicht es, dem bereits für das geltende Recht entwickelten Gedanken, dass die vermögensrechtlichen Befugnisse auch nach ihrer Abtretung bis zu einem gewissen Grade im Banne des Urhebers verbleiben, zwanglos Rechnung zu tragen“[378]. Damit hat sich der Gesetzgeber bei der Nutzungsrechtseinräumung für die Rechtsfigur der gebundenen Übertragung ausgesprochen[379]. Dies spricht für ein Verständnis des § 29 UrhG als Verbot ausschließlich der freien Übertragung.

Dieser Befund gilt jedoch zunächst nur für den Bereich der Verwertungsrechte. Dem weiteren argumentativen Schluss auf die Zulässigkeit dieser Rechtsfigur auch im Zusammenhang mit Rechtsgeschäften über das UPR kann indes nicht unbesehen gefolgt werden. Zwar kann auf die im deutschen Urheberrecht geltende monistische Theorie verwiesen und hierauf die Forderung nach einer Gleichbehandlung der Verwertungsrechte und des UPR gestützt werden[380]. Keinesfalls bedingt dies jedoch zugleich auch den weitergehenden Schluss auf die analoge Anwendung der §§ 31 ff. UrhG auf das UPR. Das Monismus-Argument bietet keinen Begründungsansatz für die Annahme der Zulässigkeit der gebundenen Übertragung im urheberpersönlichkeitsrechtlichen Bereich[381]. Denn die §§ 31 ff. UrhG beziehen sich ausdrücklich

---

374 Grundlegend hierzu: Forkel, S. 178 ff.; siehe auch Haberstumpf, Rn. 386 f. und Rehbinder, Rn. 320, S. 280 f. Eine ausführliche dogmatische Darstellung und Erläuterung dieser Rechtsfigur, die keinen definitiven Rechtsverlust, sondern den Verbleib eines Stammrechts beim originären Rechtsinhaber nach sich zieht, folgt unten im 4. Teil, unter II., 1.

375 Zu denken ist auch an die Abtretung von Ansprüchen aus §§ 97 ff. UrhG als verfügender Vertrag. Ausführlicher zu den Rechtsfiguren insgesamt im 4. Teil.

376 Vergl. MüKo-Pohlmann § 1059 BGB, Rn. 1 f. und 7.

377 Vergl. MüKo-Wacke § 873 BGB, Rn. 5 und Bamberger/Roth-Kössinger § 873 BGB, Rn. 4; insoweit wird der Übertragung die Belastung gegenübergestellt.

378 UFITA 45 (1965), 240, 243 und 270.

379 Vergl. Schricker-Schricker vor §§ 28 ff., Rn. 43.

380 So Forkel GRUR 1988, 496, 491 und S. 203, der die Heranziehung der §§ 31 ff. UrhG jedoch bezüglich der jeweiligen urheberpersönlichkeitsrechtlichen Befugnisse getrennt überprüft und weiterhin von einem unübertragbaren Kernbereich ausgeht, vergl. hierzu unten im 4. Teil, unter I., 2.

381 So aber Riedel § 11, Anm B, S. 2., der mit der Vergleichbarkeit der Sachverhalte argumentiert und hierüber zugleich die planwidrige Regelungslücke begründet. Das Vorliegen einer Gleichbehandlung bzw. Ungleichbehandlung gleicher Sachverhalte kann insoweit ein Instrument zur Lückenfeststellung sein, vergl. Zippelius, S. 65 f., gegen den Einwand von Kellerhals, S. 108. Ausführlich zur Frage der Anwendung der §§ 31 ff. UrhG unten im 4. Teil, unter II., 1.

nur auf Verwertungsrechte[382], vergleichbare Vorschriften hinsichtlich des UPR fehlen gänzlich[383].

Gegen die grundsätzliche Zulässigkeit der gebundenen Übertragung von urheberpersönlichkeitsrechtlichen Befugnissen scheint zunächst die historische Entwicklung der Regelung des § 29 UrhG zu sprechen. Denn das Urheberrecht war nach den §§ 8 Abs. 3 LUG, 10 Abs. 2 KUG[384] übertragbar, wobei hinsichtlich des UPR nicht differenziert wurde. Ausdrücklich geregelt war auch, dass das Änderungsuntersagungsrecht gem. §§ 9 LUG, 12 KUG mangels entsprechender vertraglicher Vereinbarungen beim Urheber verblieb; es erschien dem Wortlaut nach also auch übertragbar. Die Einführung des Grundsatzes der Unübertragbarkeit des Urheberrechts in § 29 UrhG durch das UrhG von 1965 bedeutete insoweit dem Wortlaut nach eine Beschränkung und damit „Verschlechterung" der Disponibilität des Urheberrechts insgesamt, damit auch des UPR.

Das Anliegen des Gesetzgebers von 1965 war indes ein anderes. Mit der Grundsatzregelung der Unübertragbarkeit in § 29 UrhG sollte eine Lösung der Abgrenzungsprobleme, die unter der bis dato geltenden Gesetzeslage in Rechtsprechung und Schrifttum bestanden, geschaffen werden[385]. Denn trotz des Wortlauts der einschlägigen Vorschriften in LUG und KUG wurde ganz überwiegend angenommen, dass die aus dem UPR entspringenden Befugnisse zumindest in ihrem Kern nicht abgetreten werden konnten. Infolge der zugleich betonten engen Verbundenheit des UPR mit den Verwertungsrechten war man vor das erwähnte Abgrenzungsproblem zwischen den übertragbaren und den unübertragbaren, beim Urheber verbleibenden Bestandteilen des UPR gestellt. Inmitten dieser praktischen und rechtlichen Schwierigkeiten traf der Gesetzgeber von 1965 die Entscheidung zugunsten einer, gegenüber den alten Regelungen umgekehrt formulierten, grundsätzlichen Unübertragbarkeit des Urheberrechts. Dabei wurde laut Begründung des RegE[386] bewusst und ausdrücklich „von einer unterschiedlichen Regelung der Übertragbarkeit der einzelnen urheberrechtlichen Befugnisse abgesehen. Das Urheberrecht soll(te vielmehr) zukünftig weder im ganzen noch teilweise abtretbar sein". Bereits hier deutet sich an, dass vertragliche Vereinbarungen über das UPR nicht grundsätzlich ausgeschlossen sein sollten, sondern die Grundsatzentscheidung unmittelbare Folge des Scheiterns war, die vorhandenen praktischen (Abgrenzungs-)probleme auf Gesetzesebene zu lösen.

Deutlich und zweifelsfrei äußerte sich der Gesetzgeber dann, wie bereits beim Zusammenhang von § 29 und § 39 UrhG erwähnt, mit der Novellierung des UrhG durch das „Gesetz zur Stärkung der vertraglichen Stellung von Urhebern und ausübenden Künstlern" 2002, indem „einem praktischen Bedürfnis entsprechend ... der Grundsatz der Unübertragbarkeit des UPR als solchem durch die ausdrückliche Zulassung ... (von) Rechtsgeschäften über (das) UPR abgemildert werden (soll)"[387]. Eine vermögensrechtliche Verwertung ist nur dann, im Sinne des betonten „praktischen Bedürfnisses", sinnvoll und erstrebenswert, wenn der ideelle Urheberschutz diese nicht übermäßig behindern oder sogar ungerechtfertigter Weise grundsätzlich ausschließen kann. Insoweit zeigt auch die bereits besprochene Regelung des § 39 UrhG, dass der Gesetzgeber trotz der Grundsatzformulierung in § 29 UrhG von der Notwendigkeit und

[382] Vergl. Schricker, Urheberrecht auf dem Weg, S. 79; v. Welser, S. 90; Schilcher, S. 145 und 153 f. sowie Lößl, S. 15.

[383] Dies stellt den Ausnahmecharakter der §§ 31 ff. UrhG heraus, was die eigentliche Schwierigkeit hinsichtlich einer analogen Anwendung begründet.

[384] Als Beispiel für einen Übertragungszusammenhang nennt § 10 Abs. 3 KUG die Überlassung des Eigentums an einen anderen.

[385] Siehe Begründung des RegE, UFITA 45 (1965), S. 240, 243, insbes. S. 270.

[386] Siehe UFITA 45 (1965), S. 240, 243.

[387] Begründung des RegE, Bundesrat Drucksache 404/01, zu Nr. 7 (§ 39), S. 53.

rechtlichen Zulässigkeit von rechtsgeschäftlichen Vereinbarungen über das UPR ausging. Deshalb kann das Nichttätigwerden des Gesetzgebers, jedenfalls im Jahr 2002, auch nicht als Hinweis auf eine bewusste Regelungslücke verstanden werden[388]; vielmehr trifft § 29 UrhG eine abschließende Regelung zur Frage der Zulässigkeit von rechtsgeschäftlichen Vereinbarungen über urheberpersönlichkeitsrechtliche Befugnisse.

Der Gesetzgeber hat trotz der Entscheidung zum „normativen Schweigen" hinsichtlich der weitergehenden konkreten Ausgestaltung der zulässigen Rechtsgeschäfte ein bestimmtes grundsätzliches Normverständnis für § 29 UrhG ausgedrückt. Dieses ist auch ohne die Normierung im neu geplanten § 39 zu berücksichtigen. Insoweit hat der Gesetzgeber die Neufassung des § 29 UrhG im Jahr 2002 damit kommentiert, dass „eine entsprechende *Verdeutlichung*[389] (hinsichtlich der Rechtsgeschäfte) für das UPR ... bislang gefehlt (hat). Dies hat sich auch im Hinblick auf die zunehmende internationale Diskussion der Frage der Übertragbarkeit ... als nachteilig erwiesen"[390]. Hinter § 29 UrhG steht damit auch aus der Sicht des Gesetzgebers ein Verständnis, das eine restriktive Auslegung betreffend die als unzulässig bestimmten Rechtsgeschäfte verlangt[391].

Bemerkenswert ist auch, dass sich der Gesetzgeber selbst bei der Formulierung seiner Begründung des „Gesetz(es) zur Stärkung der vertraglichen Stellung von Urhebern und ausübenden Künstlern" des Terminus „Verfügung" bedient hat, um zulässige Rechtsgeschäfte zu beschreiben[392]. Auch die Kritik an der für die Neufassung des § 29 UrhG ursprünglich geplanten Überschrift „Verfügungen über das Urheberrecht" zeigt ganz deutlich die Zurückhaltung des Gesetzgebers gegenüber einem umfassenden Ausschluss jeglicher „Übertragung" im Sinne von verfügenden und verfügungsgleichen Rechtsgeschäften. So äußerte auch die Beschlussempfehlung des Rechtsausschusses Bedenken gegenüber der Wahl der Terminologie lediglich mit dem Hinweis darauf, dass jedenfalls die in Abs. 2 erwähnten schuldrechtlichen Einwilligungen - betreffend die Verwertungsrechte - keine Verfügungen sind[393]. Mit einem Verweis auf einen - nicht verfügungsgeschäftlichen - Charakter der Rechtsgeschäfte über das UPR wird gerade nicht argumentiert. Insoweit ging der Rechtsausschluss wohl vielmehr von der Zulässigkeit einer Verfügung über urheberpersönlichkeitsrechtliche Befugnisse aus oder wollte sie jedenfalls nicht als durch die Novellierung grundsätzlich negiert und ausgeschlossen betrachten.

---

388 Die Entscheidung, ob es sich um den Fall einer Lückenfüllung des UrhG oder um eine teleologische Auslegung des § 29 UrhG handelt, ist problematisch. Denn beide Vorgehensweisen gehen ineinander über, sie ähneln einander. In der Rechtspraxis sei deshalb nicht entscheidend, ob das Problem durch Auslegung oder durch Rechtsfortbildung zu lösen ist, vergl. Palandt-Heinrichs Einl. BGB, Rn. 55 f. und auch Larenz, S. 366 f. So weist auch Zippelius, S. 65, darauf hin, dass bei der Feststellung von „Lücken" wie auch bei deren Ausfüllung der vergleichende Blick auf den gesetzlichen Kontext wichtig ist. Damit sind Überschneidungen von Wertungen bei der Auslegung von Gesetzen als Vorstufe der Lückenfeststellung und der Lückenausfüllung zwangsläufig.

389 Die Hervorhebung erfolgte durch die Verfasserin der Arbeit. Die Wortwahl impliziert einmal mehr, dass Rechtsgeschäfte nicht erst als zulässig eingeführt werden sollten, sondern lediglich als bereits zulässige gesetzlich bestätigt werden sollten.

390 Begründung des RegE, Bundesrat Drucksache 404/01, zu Nr. 1 (§ 29), S. 39.

391 Gerade auch in der Literatur wird betont, dass es sich bereits bei der alten Fassung des § 29 UrhG nicht um eine völlige Indisponibilität handelte, vergl. Götting, FS Schricker, S. 53, 65; v. Gamm § 29, Rn. 2 sowie Schricker-Schricker § 29, Rn. 8, der in der Einbeziehung auch von Teilen des Urheberrechts nur eine qualitative statt einer quantitativen Beschränkung sieht.

392 Bundesrat Drucksache 404/01, S. 53, zu Nr. 7 (§ 39).

393 Bundestag Drucksache 14/8058, S. 18.

Am Ende dieses Untersuchungspunkts steht deshalb das Ergebnis, dass § 29 UrhG dahingehend restriktiv auszulegen ist, dass lediglich die freie Übertragung, die zu einem umfänglichen Rechtsverlust des UPR führt, explizit ausgeschlossen ist. Damit sind die gebundene Übertragung und andere verfügungsähnliche sowie insbesondere schuldrechtliche Vereinbarungen nicht per se nach § 29 UrhG unzulässig[394].

4.) Rechtsgeschäfte im Sinne des „Verzichts"/ Verhältnis zwischen „Übertragung" und „Verzicht"

Mit der Entscheidung über die Unzulässigkeit der freien Übertragung des Vollrechts nach § 29 UrhG ist zunächst noch nichts über dessen Verzichtbarkeit gesagt. Dem Wortlaut nach ist der Verzicht, auch als Verfügungsgeschäft, nicht von § 29 UrhG erfasst. Im Schrifttum wird jedoch teilweise aus allgemeinen dogmatischen Überlegungen heraus angenommen, dass mit der Entscheidung über die Frage einer Übertragbarkeit zugleich die Frage der Verzichtbarkeit entschieden wird[395].

Dahinter steht wohl wieder der gewählte gedankliche Ausgangspunkt beim Dogma der Unübertragbarkeit von Persönlichkeitsrechten, da angenommen wird, dass der Aspekt der Höchstpersönlichkeit des UPR jeder Trennung des Werks von der Person des Rechtsträgers entgegenstehe; insoweit entspreche der Verzicht in seiner Wirkung derjenigen einer Übertragung.

Der Verweis auf das Unübertragbarkeitsdogma verliert mit der bereits im 2. Teil dieser Arbeit festgestellten Hinfälligkeit dieses Dogmas seine argumentative Überzeugungskraft. Auch zeigt ein Blick ins Gesetz, so am Beispiel der gesetzlichen Regelung des Nießbrauchsrechts, dass ein Verzicht nicht per se der Übertragung gleichgesetzt wird[396]. So kann das Nießbrauchsrecht gem. § 1059 BGB nicht übertragen werden, ist dabei aber gem. § 1064 BGB verzichtbar. Auch die personenrechtlich bestimmte Vereinsmitgliedschaft gilt, als höchstpersönliche Rechtsstellung, zwar als unübertragbar gem. § 38 BGB, hingegen ist ein Erlöschen gem. § 39 BGB durch Austritt möglich.

Insoweit ist der von anderen im Schrifttum gewählte Ansatz zutreffender[397], der zwar zugesteht, dass Übertragung und Verzicht vielfach denselben Regeln unterliegen[398], aber zugleich darauf verweist, dass dies keine Notwendigkeit ist. Denn der Verzicht als Verfügungsgeschäft bringt die urheberpersönlichkeitsrechtlichen Befugnisse ganz zum Erlöschen. Damit ist es haltbar - selbst bei Heranziehung des Unübertragbarkeitsdogmas -, dass das Gesetz aus diesem Grund den Verzicht einer Befugnis eher erlaubt als die Übertragung. Die Intention des Gesetzgebers kann so verstanden werden, dass die Befugnis unter allen Umständen an die Person des Berechtigten gebunden sein soll, was den Verzicht gegenüber der Übertragung erträglicher erscheinen lässt[399].

---

394 Im Ergebnis ebenso: v. Welser, S. 88; Forkel, S. 178 ff.; Metzger, S. 32 ff. A. A., gegen jede Form einer Übertragung, Möhring/Nicolini-Kroitzsch § 11, Rn. 13 f.; v. Gamm, § 29, Rn. 4; Stolz, S. 51 f. Dies bestätigt einmal mehr den Befund über den systematischen Zusammenhang von § 29 UrhG und § 39 UrhG und deren nicht abschließenden Regelungscharakter hinsichtlich rechtsgeschäftlicher Vereinbarungen über das UPR.

395 Kreile/Wallner ZUM 1997, 625, 628; Rehbinder, Rn. 301, S. 261 und ZUM 1986, 365, 366; v. Gamm § 29, Rn. 5; Heidelberger-Dreyer Vor §§ 12 ff., Rn. 32; Schulze und Schardt, laut Bericht von Lausen, in ZUM 1993, 359, 360 sowie auch Möhring/Nicolini, deutlich in 1. Auflage, § 29, 3., b).

396 v. Welser, S. 58; Hock, S. 102 f.

397 So auch v. Welser, S. 58; Osenberg, S. 9 und Hock, S. 102.

398 Schricker, FS Hubmann, S. 409.

399 So wohl auch Doutrelepont GRUR Int. 1997, 293, 304.

Insbesondere werden unter dem Terminus „Verzicht" im urheberrechtlichen Zusammenhang rechtstechnische Konstruktionen unterschiedlichster Art erfasst[400]. Insoweit ist auf den Unterschied zwischen schlicht schuldrechtlichen und verfügungsrechtlichen Formen hinzuweisen. Jedenfalls erstere können nicht per se mit einer Übertragung als Verfügungsgeschäft gleichgesetzt werden.

Eine Gleichsetzung kann sich aber aus der Bewertung und Behandlung durch das einschlägige Gesetz ergeben. Insoweit bietet das UrhG selbst wichtige, auslegungsrelevante Hinweise. So kann in der Regelung des § 23 UrhG ein Anhaltspunkt für die Zulässigkeit eines Verzichts gesehen werden. Nach dieser Norm kann der Urheber eine Werkbearbeitung bzw. die Veröffentlichung dieser Bearbeitung gestatten, damit also eine Konstellation gutheißen, in der zugleich immer auch eine Werkveränderung und damit eine Beschränkung der Abwehrrechte aus §§ 97 ff. UrhG eintritt. Insoweit spricht die gesetzlich vorgesehene Möglichkeit der Gestattung einer Bearbeitung wegen der damit eintretenden Verzichtswirkung hinsichtlich des Werkintegritätsrechts für die gesetzliche Anerkennung eines Verzichts[401]. Dies bestätigt auch ein Blick auf die Regelungen betreffend Befugnisse des UPR i.w.S., die §§ 41 und 42 UrhG. Hier geht das UrhG selbst davon aus, dass ein Verzicht beim UPR nicht per se ausgeschlossen ist. Denn gerade weil diese Vorschriften ausdrücklich den Verzicht im Voraus ausschließen, vergl. §§ 41 Abs. 4, 42 Abs. 2 UrhG, kann der Rückschluss gezogen werden, dass ein Verzicht beim UPR nicht generell unzulässig ist. Denn wenn es eine ausdrückliche Bestimmung, wie die §§ 41 f. UrhG, für bestimmte urheberpersönlichkeitsrechtlich geprägte Befugnisse gibt, so spricht dies gegen die Annahme eines generell unzulässigen Verzicht. Eine derartige, den Verzicht betreffende Regelung wäre andernfalls, bei grundsätzlicher Unzulässigkeit, nicht notwendig gewesen.

Dem Gesetz selbst liegt also die Vorstellung von der Möglichkeit eines Verzichts bzw. dem Ausschluss der Geltendmachung des UPR zugrunde[402]. Damit ist jedoch noch nichts über die rechtliche Konstruktion des für zulässig befundenen „Verzichts" ausgesagt. Jedenfalls kann dies nur als Bestätigung der Zulässigkeit des schuldrechtlichen Verzichts gesehen werden. Denn der nach §§ 41 f. UrhG für zulässig befundene nachträgliche Verzicht ist ein lediglich schuldrechtlicher, gegenüber dem Nutzungsrechtsinhaber eingegangener und wirkender. Gegenüber allen anderen potentiellen Nutzungsrechtsinhabern bleiben die Rechte aus §§ 41 f. UrhG vollumfänglich bestehen[403].

Deutlicher wird insoweit in der Begründung zur ursprünglich geplanten Neufassung des § 39 UrhG im Rahmen der Novellierung des UrhG 2002 formuliert, wonach die Möglichkeit eines „Verzichts" nicht ausgeschlossen sein soll[404]. Dabei wird jedoch, verstanden als bloße Klarstellung der Rechtslage hinsichtlich der Rechtspraxis und Rechtsprechung, nur von einem *Verzicht auf die Ausübung* der urheberpersönlichkeitsrechtlichen Befugnisse gesprochen. Insoweit ist auch auf die ursprünglich geplante Regelung des § 39 UrhG n.F., insbesondere zum Namensnennungsrecht in Abs. 2 zu verweisen, wo lediglich „gewisse, auf konkrete Einzelnutzungen bezogene Rechtsgeschäfte über Urheberpersönlichkeitsrechte" zugelassen werden. Ein nur teilweises Erlöschen urheberpersönlichkeitsrechtlicher Befugnisse, in Relation zum jeweiligen Nutzungszusammenhang, ist als verfügendes Rechtsgeschäft aber nicht erklärbar.

Zudem ginge der umfassende dingliche Rechtsverzicht über das vom Gesetzgeber gewollte „Maß an Flexibilität" hinsichtlich des Grundsatzes der Unübertragbarkeit in § 29 UrhG hin-

400 Vergl. im Weiteren hierzu den 4. Teil dieser Untersuchung.
401 Vergl. Dieselhorst, S. 138.
402 So auch Schricker, FS Hubmann, S. 417 und Dieselhorst, S. 137 f.
403 Siehe auch Hock, S. 103.
404 Bundesrat Drucksache 404/01, zu Nr. 7 (§ 39), S. 53.

aus; seine Zulässigkeit ist nicht erforderlich[405]. Deshalb ist davon auszugehen, dass das UrhG einen „Verzicht" als unzulässig betrachtet, soweit dabei ein umfassender, dinglicher Rechtsverzicht oder ein anderes Rechtsgeschäft vorgenommen wird, das in der Wirkung für den Urheber einer freien, gem. § 29 UrhG unzulässigen Übertragung entspricht.

5. Zwischenergebnis

Die Untersuchung hat ergeben, dass § 29 UrhG in der Weise restriktiv auszulegen ist, dass lediglich die freie, vollständige Übertragung sowie der dieser wertungsmäßig gleichzusetzende - zumeist verfügende - Verzicht unzulässig ist. Für die Auslegung von vertraglichen Vereinbarungen betreffend das UPR bedeutet dies, dass bei der Wortwahl „Verzicht" bzw. „Übertragung" die Unwirksamkeit des Rechtsgeschäfts im Raume steht. Dieser kann dann als schuldrechtlicher Vertrag bzw. gebundene Übertragung auszulegen sein. Ist eine derartige Auslegung nicht möglich, ist eine entsprechende Umdeutung gem. § 140 BGB in Betracht zu ziehen[406].

Das hier dargelegte Verständnis des § 29 UrhG bedeutet letztlich also lediglich eine Klärung der Zulässigkeitsfrage hinsichtlich des ganz grundsätzlichen Rahmens für rechtsgeschäftliche Dispositionen. Die konkrete rechtstechnische Ausgestaltung im Einzelfall überantwortet der Gesetzgeber weiterhin Praxis, Rechtsprechung und Lehre, auf deren Bestehen und Usancen er in der Begründung zur Novellierung von 2002 auch verweist[407]. Dass er daran nicht unbedingt gut getan hat, verdeutlicht die im Anschluss erfolgende Untersuchung der Vertragspraxis und die im 4. Teil der Arbeit vorzunehmende Untersuchung des Meinungsspektrums in Rechtsprechung und Lehre zu den dogmatischen Erklärungsmodellen für einzelne Rechtsgeschäfte über das UPR. Um den Blick auch für die Erfassung der Bedeutung des § 29 UrhG zu schärfen, sei vorgreiflich darauf hingewiesen, dass ein Bild zur „vermeintlich" geltenden Rechtslage zu zeichnen sein wird, welches zutreffend mit der Formulierung kommentiert wird, dass „zu hoffen (ist), dass die deutsche Rechtsprechung ... eine dogmatische Klärung herbeiführt, die praktikable Ergebnisse ermöglicht. Bisher herrscht hier eine einzige große Unklarheit"[408].

6. Blick auf die vertragliche Praxis im Hinblick auf ihre Aussagerelevanz

In Anbetracht des Verweises des Gesetzgebers auf die Rechtspraxis im Zuge der Novellierung des UrhG 2002 ist an dieser Stelle ein Blick auf die Vertragspraxis zu werfen, auf die unter dem Gesichtspunkt der behaupteten, jedenfalls vorausgesetzten, einheitlichen Rechtslage verwiesen wird[409].

Bereits ein kurzer Blick in entsprechende Formular- und Vertragshandbücher zum Urheberrecht zeigt, dass mitunter eine bedenkliche Praxis üblich scheint und dogmatische Unklar-

---

[405] Begründung des RegE, Bundesrat Drucksache 404/01, zu Nr. 7 (§ 39), S. 53.

[406] Entsprechendes wird regelmäßig für den vermögensrechtlichen Teil des Urheberrechts angenommen, vergl. Praxiskommentar-Block § 29, Rn. 7 f. und Schricker-Schricker § 29, Rn. 9, so dass der als „Übertragung des Urheberrechts" formulierten Vereinbarung letztlich als „schlichter" Einräumung eines Nutzungsrechts rechtlicher Bestand zukommen könnte. Hinsichtlich des genauen Ergebnisses der Umdeutung, damit der im konkreten Fall zulässigen Vereinbarung, kann auf den 6. Teil dieser Arbeit, die Untersuchung der rechtsgeschäftlichen Disponibilität der einzelnen urheberpersönlichkeitsrechtlichen Befugnisse, verwiesen werden.

[407] Vergl. Begründung des RegE, Bundesrat Drucksache 404/01, zu Nr. 7 (§ 39), S. 53, wo auf das Vorhandensein von Branchenübungen Bezug genommen wird.

[408] Rehbinder, Rn. 320, S. 281.

[409] S. die Begründung des RegE, Bundesrat Drucksache 404/01, zu Nr. 7 (§ 39), S. 53.

heiten nicht beseitigt werden, weil eine Klärung wohl nicht zuletzt wegen der generellen, sprachlich allgemein gehaltenen Absprachen ausbleibt. Es seien hier einige Formulierungsvorschläge und Empfehlungen angesprochen:

So das Muster eines Übersetzervertrages, bei dem eine Regelung über die namentliche Erwähnung dergestalt vorgesehen ist, dass der Verlag ein Manuskript im Fall einer Nichtbehebung von Mängeln durch den Übersetzer durch Dritte bearbeiten lassen kann, und der Übersetzer dann das Recht hat, die Nennung seines Namens zu untersagen[410]. Rechtlich wird dies so gedeutet, dass hiermit das Einverständnis erteilt werde, dass für die eigene Übersetzung nunmehr der Dritte als Übersetzer genannt wird. Eine demgegenüber differenzierende und zum Teil auch deutlich andere Regelung wird in Musterverträgen als Bestandteil einer Vereinbarung zwischen dem Börsenverein des Deutschen Buchhandels und dem Deutschen Hochschulverband formuliert, wonach grundsätzlich eine Beibehaltung des Urhebernamens bei Neubearbeitungen von Verlagswerken durch Dritte vorgesehen ist[411].

Bemerkenswert ist auch der Vorschlag für einen Lizenzvertrag im Zusammenhang mit der Regelung des „Wie“, also der Art und Weise einer Namensnennung, wonach der Lizenznehmer bei Tonträgern nur zur Angabe auf dem Cover verpflichtet sein kann[412]; vergleichbar das Muster für einen Musikverlagsvertrag, wonach der Verlag den Urheber stets an der *üblichen Stelle* zu nennen hat[413]. Der letztgenannte Vorschlag sieht sogar für Werkveränderungen eine sehr weitreichende Formulierung vor, wonach dem *Verlag* das Recht eingeräumt wird, „Bearbeitungen und sonstige Veränderungen des Werkes ... zu erlauben ...“, was allerdings unter bestimmten Bedingungen unter einem Einwilligungsvorbehalt des Urhebers steht[414].

Betreffend einen Vertrag zwischen Photographen und Bildagenturen findet sich eine empfohlene Formulierung von einer *Ermächtigung* der Agentur zur Geltendmachung des Anspruchs auf Anerkennung der Urheberschaft und eventueller Schadenersatzansprüche, soweit dies der Agentur zweckmäßig erscheint. Die Erlöse hieraus sollen dann im Verhältnis 50:50 zwischen Agentur und Urheber aufgeteilt werden[415]. Insoweit wäre rechtstechnisch an eine teilweise Abtretung etwaiger Ansprüche durch den Urheber zu denken, was mit Blick auf die betreffenden, erst zukünftig entstehenden Ansprüche in dieser vorgeschlagenen Unbestimmtheit problematisch sein könnte - hierzu unten, 4. Teil, II. 2.

Besonders bedeutsam und praxisrelevant sind vor dem Hintergrund des oft hohen Investitionsaufwandes Vereinbarungen im Bereich des Films. Bedenklich ist dabei jedoch eine vorgeschlagene, weitreichende Regelung, wonach der Filmfirma als Vertragspartnerin des Urhe-

---

410 Vergl. § 3 Abs. 3 des empfohlenen Formulars VII. 12, im Münchener Vertragshandbuch.

411 Vergl. § 11 des Mustervertrages in VerlagsR-Schricker Anh 2, S. 788.

412 Vergl. § 2 Abs. 3 des Formulars VII. 14, im Münchener Vertragshandbuch.

413 Der Hinweis auf die (Branchen-)üblichkeit bei der Namensnennung ist typisch: vergl. § 8 Abs. 1 Formular VII. 17 sowie § 10 Abs. 1 Formular VII. 20 des Münchener Vertragshandbuchs. Auch beim Recht der ersten Inhaltsmitteilung und -beschreibung, § 12 Abs. 2 UrhG, spielt die Branchenübung eine wichtige Rolle bei den Vertragsformulierungen; siehe § 3 Abs. 2 Formular VII. 46 im Münchener Vertragshandbuch, wonach eine Werbung in branchenüblicher Weise vereinbart wird, der Verwerter wird insoweit sogar hierzu verpflichtet. Eine genauere Regelung der Namensnennung wird bspw. im Bereich von Kunstverlagsverträgen vorgeschlagen, vergl. § 10 des Formulars VII. 58 im Münchener Vertragshandbuch, wonach bei einer beabsichtigten Kunstkalenderherstellung der Name des Malers auf dem einzelnen Kalenderblatt und auf dem Deckblatt in angemessener und augenfälliger Form anzugeben ist. Auch die Vereinbarung für Vertragsnormen zwischen dem Börsenverein des Deutschen Buchhandels und dem Deutschen Hochschulverband sieht in § 8 des Vorschlags für einen Verlagsvertrag über einen wissenschaftlichen Beitrag zu einer Sammlung, abgedruckt in VerlagsR-Schricker Anh 2, S. 802, 806, eine namentliche Nennung des Verfassers in einer für die Kategorie der jeweiligen Sammlung üblichen Weise vor.

414 Vergl. § 2 Abs. 4, a) Formular VII. 16 im Münchener Vertragshandbuch.

415 § 3 Formular VII. 65 im Münchener Vertragshandbuch.

bers „freie Hand bei der Gestaltung des Drehbuches, des Filmes als ganzem“ zugewiesen wird[416]. Hier bleiben Wirksamkeitsbedenken im Hinblick auf §§ 29, 93, 14 UrhG nicht aus, wenn mit solchen Vereinbarungen eine absolute Veränderungsfreiheit Dritter bezweckt wird.

Andererseits finden sich auch Formulare für einen Verfilmungsvertrag, die eine Regelung vorsehen, deren konstitutiver Gehalt fraglich ist, soweit diesen nichts vom Regelungsgehalt des § 93 UrhG Abweichendes entnommen werden kann. So wird beispielsweise lediglich das Einstehen des Filmproduzenten für die *inhaltliche oder vom Sinngehalt herrührende Unverfälschtheit des Werks durch die Verfilmung* festgehalten[417]. „Sollte (jedoch) nach Auffassung des Autors das ... fertige Filmwerk das verfilmte Werk inhaltlich ... verfälschen, ist der Autor berechtigt, die Benutzung des Werktitels als Titel des Filmwerkes und/oder des Namens des Autors ... zu untersagen.“[418]

Gänzlich leer läuft das Namensnennungsrecht des § 13 UrhG bei einem Formulierungsvorschlag des Inhalts, dass der Urheber im Titelvorspann zu nennen ist, „soweit ein solcher hergestellt wird“, und dem Verfasser des Filmstoffs ein Anspruch auf Namensnennung nur bei ausdrücklicher einzelvertraglicher Vereinbarung zugestanden wird[419].

Bemerkenswert ist ein Formulierungsvorschlag für einen Mitarbeitervertrag als Werkvertrag, wonach „etwaige dem Mitarbeiter zustehende Urheberpersönlichkeitsrechte ... gegenüber Dritten grundsätzlich vom Auftraggeber wahrgenommen (werden)“[420]. Gerade hier stellt sich die Frage nach der Zulässigkeit einer solchen „Überantwortung“ urheberpersönlichkeitsrechtlicher Befugnisse an andere[421].

Die Auflistung der in der Praxis gebräuchlichen Formulierungen und Vereinbarungen ließe sich fortführen[422]. Dies würde jedoch zu weit gehen, denn hier sollte ausschließlich aufgezeigt werden, dass der Verweis auf die Praxis keine Rechtsklarheit schafft. Insbesondere fehlt es an einer weitreichenden, aktuellen Überprüfung von „Üblichkeiten“ - möglicherweise eher zu bewerten als Unsitten - innerhalb bestimmter Branchen durch die Rechtsprechung[423].

---

416 v. Olenhusen, S. 378: Allgemeine Bedingungen zum Verfilmungsvertrag. Wallner, S. 226, führt einen Standardvertrag einer Produktionsfirma an, der regelt, dass ein Werk-“bearbeitungsrecht“ eingeräumt wird, das zur Abänderung des Werks und aller einzelnen Elemente, zu deren Umstellung oder Weglassung sowie Hinzufügung neuer oder geänderter Teile berechtigt. Wallner bewertet dies, mangels Konkretisierung der geplanten Veränderungen, als nicht mit §§ 14, 93 UrhG vereinbar.

417 So Wallner, S. 216, unter Verweis auf § 4 Formular VII. 28 im Münchener Vertragshandbuch. Vergl. auch die lediglich die Regelung des § 39 Abs. 2 UrhG bestätigende Formulierung in § 3 (5) Formular VII. 46 im Münchener Vertragshandbuch.

418 So § 4 Abs. 3 Formular VII. 28 im Münchener Vertragshandbuch.

419 v. Olenhusen, S. 379.

420 So § 2 Abs. 3 des Vertragsformulars „F. Mitarbeitervertrag“ von Delp, S. 123, 126.

421 Vergl. die einzelnen Konstruktionsmöglichkeiten hierzu im 4. und insbesondere im 6. Teil.

422 Soweit an anderer Stelle der Untersuchung weitergehende Ausführungen und Spezifizierung notwendig werden, wird auf die Regelungen der Praxis ausführlicher eingegangen; siehe die Untersuchung und Darstellung von rechtsgeschäftlichen Vereinbarungen über die einzelnen urheberpersönlichkeitsrechtlichen Befugnisse im 6. Teil.

423 Rechtsprechung, die sich mit bestimmten rechtstechnischen Konstruktionen beschäftigt, gibt es kaum. Jedenfalls bietet sich auch kein einheitliches Bild zu diesem Punkt, vergl. zu dieser Einschätzung auch Metzger, S. 212 f. Soweit es vereinzelt Entscheidungen gibt, werden diese im Zusammenhang mit der weiteren Untersuchung des Meinungsspektrums im 5. Teil der Arbeit bzw. im 7. Teil der Arbeit entsprechend berücksichtigt. Eine ausführliche, isolierte Darstellung der Rechtsprechung findet sich bei Metzger, Diss., S. 20 ff., die bestätigt, dass rechtsdogmatisch keine Klärung erzielt wird.

7. Endergebnis

Gerade der Blick auf die Vertragspraxis bestätigt den bereits unter 5. angesprochenen Befund der „einzigen großen Unklarheit"[424]. Im Weiteren ist deshalb der nach § 29 UrhG verbleibende Spielraum nach allgemeinen Grundsätzen zu untersuchen. Unverzichtbar ist dabei der Hinweis auf das Schutzanliegen des UrhG im Hinblick auf verwertungsrechtliche und ideelle Interessen des Urhebers am Werk[425].

Die zwingende Vorschrift des § 29 UrhG dient dem Ziel, den in der Regel wirtschaftlich und sozial schwächeren Urheber gegenüber der wirtschaftlich mächtigeren Verwerterseite Mindestrechte zu sichern[426]. Dies gilt umso mehr vor dem Hintergrund der stetigen Zunahme der Verhandlungs- und Wirtschaftsmacht auf Verwerterseite, die gegenwärtig adäquater als Verwerterindustrie zu bezeichnen ist. Gerade auch mit der Novellierung des UrhG 2002 wurde dieses rechtspolitische Anliegen durch die formulierungsmäßige Umstrukturierung und die hierdurch bewirkte Stärkung des § 29 UrhG erneut betont und als der das gesamte Urheberrecht prägende Gedanke hervorgehoben[427]. Der gesetzliche Schutzgedanke legitimiert die damit einhergehende Einschränkung der Privatautonomie. Diese Einschränkung entspringt aus gegenwärtiger Sicht, gerade auch vor dem Entwicklungsstand der Rechtslehre und Rechtsprechung im Bereich der bürgerlich-rechtlichen Persönlichkeitsrechte, keiner dogmatischen Notwendigkeit im Sinne einer denklogischen Konsequenz aus dem Unübertragbarkeitsdogma von Persönlichkeitsrechten. Sie ist vielmehr Ausdruck des rechtspolitischen Anliegens des (urheberrechtlichen) Gesetzgebers[428]. Diesem steht es grundsätzlich frei, auf legislatorischer Ebene bestimmte Wertentscheidungen zu treffen[429] und diese - hier den Schutz des Urhebers - über den Grundsatz der Privatautonomie zu stellen. Dies hat der Gesetzgeber durch die Bestimmung des § 29 UrhG getan[430].

Vor diesem Hintergrund stellt sich die dogmatische Lösung hinsichtlich der rechtstechnischen Konstruktion und der Ausgestaltung der im Rahmen des § 29 UrhG verbleibenden Reichweite von zulässigen rechtsgeschäftlichen Vereinbarungen über urheberpersönlichkeitsrechtliche Befugnisse als ein Ausgleich zwischen Verwertungsanliegen und Urheberschutz dar. Dies verlangt nach einer Verschaffung größtmöglicher Verwertbarkeit bei kleinstmöglicher Einschränkung und Aufgabe des ideellen Schutzes des Urhebers[431].

---

424 Rehbinder, Rn. 320, S. 281.

425 Vergl. Begründung des RegE UFITA 45 (1965), S. 240.

426 Begründung des RegE, Bundesrat Drucksache 404/01, S. 17, 29; Götting, FS Schricker, S. 53, 59.

427 S. Begründung des RegE Bundesrat Drucksache 404/01, zu Nr. 1 (§ 29), S. 39. Die systematische Umstrukturierung des alten § 29 UrhG war insbesondere auch eine Reaktion auf die frühere, als „unglücklich" beschriebene Systematisierung, vergl. Götting, FS Schricker, S. 53, 64 und Schricker-Schricker § 29, Rn. 3.

428 Vergl. Forkel, S. 186. A. A. Hilty, FS Rehbinder, S. 259, 274, der sich gegen die Zwangsläufigkeit dieser Aussage betreffend den Verbleib des Urheberrechts beim Urheber ausspricht. Wenngleich dessen Skepsis unter rein dogmatischen Gesichtspunkten, d.h. in Anbetracht des Verweises auf die Rechtsnatur als Persönlichkeitsrecht, angebracht sein mag, so trifft dies nicht auf den rechtspolitischen Aspekt zu. Denn letztlich ergibt sich die „Unübertragbarkeit" iSd § 29 UrhG aus dem rechtspolitischen Schutzanliegen.

429 Vergl. Hilty, FS Rehbinder, S. 259, 273, der dies zwar grundsätzlich anerkennt, aber dennoch im Ergebnis der Ansicht folgt, dass ein Schutz des Urhebers nicht in der Beschränkung der Privatautonomie liege könne, sondern über andere Mechanismen, wie spezifische Inhaltsverbote „griffiger" zu erzielen sei, S. 280. Gerade auch der von ihm favorisierte Schutz über „zwingende Normen", bedeutet im Ergebnis aber doch nichts anderes als ein translatives Übertragungsverbot nach § 29 UrhG eine gleichfalls zwingende Norm.

430 Deshalb ist diese Vorschrift auch nicht als schlichte Wiederholung und Folge eines vermeintlichen - unzutreffenden - Dogmas der Unübertragbarkeit von Persönlichkeitsrechten zu verstehen.

431 Da sich der Gesetzgeber, eben wohl aus Sorge um eine Veränderung der - mutmaßlichen - allgemein anerkannten Rechtslage nicht zur Umsetzung des geplanten, neuen § 39 entschieden hat, ist beim Fortgang der

II. Besonderheiten und Abweichungen von der Grundnorm des § 29 UrhG

Die Frage der Disponibilität ist insbesondere im Zusammenhang mit den unterschiedlichen Konstellationen in der Rechtspraxis zu diskutieren. Auch das UrhG selbst trifft insoweit für Urhebergruppen mit bestimmten Eigenschaften ausdrückliche Regelungen. Ihre rechtliche Bedeutung ist von zunehmendem Interesse, weil das historische Grundbild des selbständigen, einsam schaffenden Künstlers einem wirtschaftlichen und gesellschaftlichen Wandel unterworfen ist, was insbesondere im 2. Teil im Zusammenhang mit der Diskussion zur „Entpersönlichungstendenz" des UPR deutlich wurde. Wegen des unterschiedlichen persönlichkeitsrechtlichen Gehalts des UPR bei miturheberschaftlich oder durch Arbeitnehmer hergestellten Werken sollen die entsprechenden gesetzlichen Vorschriften hier gesondert darauf untersucht werden, wie sie sich zum Grundsatz des § 29 UrhG verhalten, ob sich abweichende Wertungen ergeben.

1. Miturheberschaft, § 8 UrhG

Zunächst ist zu klären, wem und in welcher Form urheberpersönlichkeitsrechtliche Befugnisse bei miturheberschaftlichen Werken zustehen (a), bevor auf den Regelungsgehalt der Vorschrift hinsichtlich der rechtsgeschäftlichen Disponibilität (b) eingegangen werden kann.

(a) Gemäß § 8 Abs. 2 S. 2 UrhG besteht hinsichtlich des Veröffentlichungsrechts und der Verwertung des Werks eine Gesamthandsgemeinschaft zwischen Miturhebern. Weitere urheberpersönlichkeitsrechtliche Befugnisse werden nicht ausdrücklich geregelt[432].

Im Unterschied zu denen, die annehmen, dass auch diese Befugnisse der gesamthänderischen Bindung unterliegen[433], verweist eine Gegenmeinung darauf, dass die Regelungen über die Gesamthandsgemeinschaft auf Vermögensinteressen zugeschnitten seien und sich deshalb nicht für das UPR eigneten[434]. Soweit nicht eine ausdrückliche Regelung in § 8 UrhG getroffen werde, verblieben die urheberpersönlichkeitsrechtlichen Befugnisse deshalb beim einzelnen Miturheber[435].

Zwar ist mit dem Hinweis auf den Aspekt der Höchstpersönlichkeit des UPR und seiner Befugnisse hier umso weniger gewonnen, als sich dieser Aspekt im Hinblick auf das Veröffentlichungsrecht nicht durchsetzen konnte[436]. Dennoch ist der erwähnten Gegenmeinung zuzustimmen, wenn auch mit anderer Begründung. Denn entscheidend ist, dass eine Zuordnung zur Gesamthand dort zu erfolgen hat, wo wie im Fall des Veröffentllichungsrechts aus der Natur der Sache eine einheitliche Entscheidung erfolgen muss. Entsprechendes gilt für den Fall des Werkintegritätsrechts. Insoweit kommt der urheberrechtlichen Befugnis aus § 14

Untersuchung zu bedenken, dass der Umstand der Ablehnung auch gegen eine Einführung dieser Regelung im Wege einer Rechtsfortbildung spricht.

432 Aus der Zuordnung des Veröffentlichungsrechts an die Gesamthandsgemeinschaft, ein Personenverbund, ergibt sich ein weiteres Argument zur Widerlegung der Annahme, dass Persönlichkeitsrechte streng höchstpersönlich sind und ausschließlich einer natürlichen Person zustehen können, vergl. Sontag, S. 32 ff., insbes. S. 34, unter Verweis auf das Namensrecht, § 12 BGB, das auch Vereinen, KGs und OHGs zustehen kann.

433 v. Gamm § 8, Rn. 12, 15, wonach das UPR in der Person des Miturhebers erwächst, aber in der Ausübung durch eine gesamthänderische Bindung beschränkt ist; ähnlich auch Waldenberger mit ausführlicher Begründung, S. 43 ff, 50 ff.; Sontag, S. 29 ff. und Steffen, S. 42.

434 Schricker-Loewenheim § 8, Rn. 10; Ulmer, § 34, III, S. 191 f.

435 Schricker-Loewenheim § 8, Rn. 10.

436 Dies kann auch so zu verstehen sein, dass der Charakter der Höchstpersönlichkeit beim Veröffentlichungsrecht nicht stark bzw. gar nicht ausgeprägt ist.

UrhG keine für jeden Miturheber verschiedene, eigenständige Bedeutung zu, da es letztlich immer um das eine Werk geht, von dem die Urheber ihre ideellen Interessen ableiten[437].

Anders ist hingegen die Situation bezüglich des Rechts auf Zugang zum Werkstück, § 25 UrhG[438] und der Rechte aus § 13 UrhG[439]. Hier kann eine unterschiedliche Zuweisung und damit Wahrnehmung der Befugnisse sinnvoll sein, diese können für jeden Miturheber eine unterschiedliche Bedeutung besitzen. So soll insbesondere § 25 UrhG die Ausübung der urheberrechtlichen Befugnisse gerade erst ermöglichen und beeinträchtigt die Rechtsstellung der übrigen Miturheber aufgrund der potentiellen Mehrfachausübung des Zugangsrechts nicht. Die Rechte aus §§ 13 und 25 UrhG können jedem Miturheber isoliert zustehen, ohne eine Beeinträchtigung der Interessen der anderen Miturheber zu bedingen[440].

Auch das Rückrufsrecht aus § 42 UrhG unterliegt nicht der gesamthänderischen Bindung. Zwar besteht hier ein Zusammenhang zu den Nutzungsrechten, so dass eine Regelung ähnlich der für die Verwertungsrechte nahe liegend erscheint[441]. Dagegen spricht jedoch, dass die gesamthänderische Zuordnung der Verwertungsrechte dem Zweck dient, eine Verwertung im Interesse aller sicher zu stellen. Diesem Gesamtinteresse wird im Idealfall auch nach der Nutzungsrechtseinräumung an Dritte entsprochen werden. Für den Fall jedoch, dass eine Werknutzung nach einheitlicher Entscheidung der Miturheber über die Einräumung von Nutzungsrechten für einen der Miturheber unzumutbar wird, muss es möglich sein, dass dieser eine Rückgängigmachung der Nutzungsrechtseinräumung ohne Beteiligung der anderen betreiben kann. Andernfalls bestünde ein Rechtszustand fort, der gegen das Schutzanliegen des § 8 UrhG, betreffend die Interessen aller Urheber, verstößt. Wäre das Rückrufsrecht gesamthänderisch gebunden, könnten die legitimen Interessen einzelner Miturheber durch die übrigen Miturheber vereitelt werden. Der Interessenkonflikt würde zweckwidrig und entgegen dem Gesetzesanliegen ins Innenverhältnis verlagert.

Dieses Ergebnis der unterschiedlichen Zuordnung der verschiedenen urheberpersönlichkeitsrechtlichen Befugnisse entspricht auch der Systematik des § 8 UrhG, der ausdrücklich nur das Änderungsrecht und das Veröffentlichungsrecht als der Gesamthandsgemeinschaft zustehend formuliert. Die urheberpersönlichkeitsrechtlichen Befugnisse stehen im Übrigen jedem Miturheber ungebunden zu[442].

---

437 § 8 Abs. 2 UrhG hat zwar einen unklaren Wortlaut bezüglich des Änderungsrechts. Aus dem Regelungszusammenhang und der Begründung des RegE, UFITA 45 (1965), 240, 255, ergibt sich jedoch, dass das Änderungsrecht ebenfalls von der gesamthänderischen Bindung erfasst wird. So auch Waldenberger, S. 53, der dies als herrschende Meinung bezeichnet.

438 Schack, Rn. 283 f.; Schricker-Loewenheim § 8, Rn. 10; Praxiskommentar-Thum § 8, Rn. 28; a. A. wohl nur Möhring/Nicolini-Ahlberg § 8, Rn. 31 und v. Gamm § 8, Rn. 15.

439 v. Gamm § 8, Rn. 15, der das Recht auf Anerkennung der Urheberschaft von der Gesamthand ausnimmt; a. A. Möhring/Nicolini-Spautz § 8, Rn. 29.

440 Praxiskommentar-Thum § 25, Rn. 28; so im Ergebnis auch Altenburg, S. 8.; Ulmer, § 34, III, 3., S. 193; Rehbinder, Rn. 171, S. 135; Haberstumpf, Rn. 178; Schack, Rn. 283 f.; Heidmeier, S. 117; Fromm/Nordemann-Nordemann § 8, Rn. 21.

441 So Waldenberger, S. 56, unter Verweis auf Sontag, S. 32, der damit argumentiert, dass, wenn die Entscheidung über die Verwertung des Werkes in den Händen der Gesamthandsgemeinschaft ruhe, dies auch für die Aufhebung einer Verwertungsmöglichkeit gelten müsse, da es sich um die Rücknahme der Verwertungsentscheidung handele.

442 Insofern ist auch § 8 Abs. 2 S. 3 dahingehend modifiziert zu lesen, dass nur bei den gesamthänderisch gebundenen Rechten Leistung an alle und bei den übrigen Befugnissen, wenn ausschließlich eigene ideelle Interessen geltend gemacht werden, Leistung an sich selbst zu verlangen ist, vergl. insoweit Fromm/Nordemann-Nordemann § 8, Rn. 21.

(b) Aussagen zur rechtsgeschäftlichen Disponibilität finden sich in § 8 Abs. 2, S. 2 und 3 UrhG, wonach in Abweichung von § 14 UrhG Änderungen des Werks bei Vorliegen der Einwilligung aller Miturheber erfolgen können. Der Umstand, dass verschiedene Interessen aller Miturheber zu berücksichtigen sind, führt dazu, dass die Einwilligung nicht wider Treu und Glauben versagt werden darf, § 8 Abs. 2 S. 2. Liegt eine Einwilligung aller vor, so kann eine Änderung auch von solcher Qualität zugelassen werden, dass der Bereich von Treu und Glauben verlassen wird und die Regelung insoweit § 39 Abs. 1 UrhG entspricht.

Auch wenn § 8 Abs. 4, S. 1 UrhG den Verzicht erwähnt, so betrifft dies ausdrücklich nur den Anteil jedes Miturhebers an den Verwertungsrechten. Ein Verzicht auf die urheberpersönlichkeitsrechtlichen Befugnisse sollte laut der amtlichen Begründung nicht möglich sein[443]. Hier ist es jedoch fraglich - vergleichbar zu § 29 UrhG -, ob damit jeder Verzicht bezüglich des UPR ausgeschlossen ist.

Teilweise wird über Abs. 4 lediglich auf die Unzulässigkeit des dinglichen Verzichts geschlossen[444]. Denn es handele sich bei dieser Vorschrift um eine Ausnahmeregelung für Verwertungsrechte, so dass durch den Umstand ihrer Existenz zugleich der Grundsatz der Unverzichtbarkeit des Urheberrechts und damit auch des UPR bestätigt werde. Insoweit könnte jedoch auch argumentiert werden, dass die eigentliche Besonderheit der Regelung darin liegt, dass Miturheber zugunsten der anderen Miturheber auf ihren Anteil an *allen* Verwertungsrechten verzichten können[445], während sonst lediglich ein Verzicht auf einzelne Verwertungsrechte zulässig sei[446]. Eine Bestätigung des Grundsatzes der Unverzichtbarkeit, alle rechtstechnischen Konstruktionen betreffend, kann dann darin nicht erblickt werden.

Die amtliche Begründung führt zum UPR bei Miturhebern aus, dass ein Verzicht auf *die persönlichkeitsrechtlichen Bestandteile* - es wird nicht singulär von „einer der Befugnisse", sondern von der Gesamtheit gesprochen - auch einem Miturheber nicht möglich sein soll. Dies spricht zwar gegen den Gesamtverzicht, indes nicht gegen einen - wie auch immer gearteten - Verzicht bezüglich einzelner Bestandteile, wie einzelne urheberpersönlichkeitsrechtliche Befugnisse. Derartige Dispositionen sind für das Werkintegritätsrecht im Wege der Einwilligungserteilung ja auch vorgesehen. Auch der Umstand, dass der Anteil an den Verwertungsrechten den anderen Miturhebern *zuwächst*, also anders als beim dinglichen Verzicht nicht erlischt, betont den Ausnahmecharakter der Vorschrift. Insoweit erklärt sich die Existenz der Vorschrift für die Verwertungsrechte gerade aus dem speziellen Regelungs- und Klarstellungsbedarf im Hinblick auf die gesamthänderische Bindung. Eine Situation, die jedenfalls für die Befugnisse aus §§ 13, 25 und 41 f. UrhG so grundsätzlich nicht besteht.

Der Ausnahmecharakter der Vorschrift kann also in mehrfacher, auch unterschiedlicher Weise belegt werden. Die Zwangsläufigkeit des Schlusses auf die Unverzichtbarkeit urheberpersönlichkeitsrechtlicher Befugnisse infolge der Regelung des § 8 Abs. 4 UrhG besteht insoweit nicht. Fest steht jedenfalls nur, dass es gegen den eindeutigen Wortlaut verstieße, aus dem ausdrücklich zugelassenen Verzicht auf die Verwertungsrechte zugleich ein Argument

---

443 Laut Begründung des RegE, UFITA 45 (1965), 240, 256, sollte die Verwertung bei Werken mit einer großen Zahl von Miturhebern mit z.T. unbedeutenden Beiträgen erleichtert werden, was eine Ausnahme vom Grundsatz des § 29 UrhG notwendig machte.

444 So v. Welser, S. 59; Hock, S. 103; Praxiskommentar-Thum § 25, Rn. 48.

445 Vergl. insoweit die Begründung des RegE, UFITA 45 (1965), 240, 256, wonach Abs. 4 eine „Ausnahme von dem sonst geltenden Grundsatz darstellt, dass die Verwertungsrechte ebenso wie das Urheberrecht *als Ganzes* nicht ... verzichtbar sind".

446 A. A. Fromm/Nordemann-Nordemann § 8, Rn. 16, der in der Vorschrift eine Klarstellung erblickt, dass nur ein Verzicht zugunsten der anderen Miturheber, nicht gegenüber Dritten möglich ist.

hinsichtlich der Befürwortung eines Verzichts auf urheberpersönlichkeitsrechtliche Befugnisse zu entnehmen[447].

Aus § 8 UrhG ergibt sich weder eine Verschärfung gegenüber § 29 UrhG hinsichtlich der Zulässigkeit rechtsgeschäftlicher Dispositionen, noch wird ein leichterer Maßstab angelegt. In diesem Punkt steht die Behandlung des UPR bei miturheberschaftlichen Werken der Behandlung bei der Alleinurheberschaft gleich. Die Entpersönlichungstendenz bei miturheberschaftlichen Werken setzt sich hier, bei der Frage nach der rechtsgeschäftlichen Disponibilität, nicht fort[448].

2. Urheber in Arbeitsverhältnissen, § 43 UrhG

Auch wenn der Urheber als Arbeitnehmer schöpferisch tätig wird, steht ihm mit dem originären Erwerb des Urheberrechts auch das UPR an seinem Werk zu. Hierdurch ist ein Konflikt mit den Interessen des Arbeitgebers vorprogrammiert, denn mit der Gewährung urheberpersönlichkeitsrechtlichen Schutzes geht eine Beschneidung der verwertungsrechtlichen Anliegen und Befugnisse des Arbeitgebers einher[449]. Für diesen Kollisionsfall stellt sich die Frage nach dem Verhältnis der Interessen zueinander und der diesbezüglichen - vertraglichen - Einflussnahmemöglichkeit der Beteiligten.

Das UrhG sieht mit § 43 UrhG zwar eine spezielle Vorschrift für Arbeitnehmerurheber vor, gibt jedoch auf die hier relevante Frage keine ausdrückliche Antwort[450]. Im Schrifttum wird insoweit für die Frage rechtsgeschäftlicher Dispositionen darauf verwiesen, dass zwar einerseits die allgemeinen Grundsätze gelten, dass aber andererseits, da der Arbeitgeber das wirtschaftliche Risiko trage, Anlass für die Annahme weitreichender Rechtseinräumungen geboten sei[451]. Der Schutz des Urhebers, als wirtschaftlich Unterlegener und mit geringerer Geschäftserfahrung Ausgestatteter, werde durch das Arbeitsrecht garantiert. Eines spezifischen urheberrechtlichen Schutzes, wie bei einem freien Urheber, bedürfe es nicht[452]. Ähnlich formuliert auch die Begründung zum UrhG von 1965, dass die Bestimmungen des UrhG in erster Linie zum Schutz des freischaffenden Urhebers gedacht sind, da dieser kein festes Gehalt beziehe und deshalb auf die Erträge aus der Verwertung seiner Werke angewiesen sei[453].

Eine Verlagerung des Schutzes für angestellte Urheber ausschließlich in den arbeitsrechtlichen Bereich würde jedoch der geltenden Rechtslage, wie sie in § 43 UrhG selbst auch zum Ausdruck kommt, widersprechen. § 43 UrhG sieht vor, dass die Vorschriften des 2. Unterabschnitts, also die über Nutzungsrechte, anwendbar sind. Einschränkungen sind hier nur zu machen, „soweit sich aus dem Inhalt oder Wesen des Arbeits- und Dienstverhältnisses ... (etwas) anderes“ ergibt. Insoweit widerspricht eine rein arbeitsrechtliche Behandlung ganz klar dem in § 43 UrhG formulierten gesetzgeberischen Anliegen. Dies wurde auch im Zusammen-

---

447 So aber wohl Rehbinder, Rn. 171, S. 135.

448 Dies bestätigt die Richtigkeit des Hinweises und die Bedeutsamkeit des Fortbestehens der persönlichkeitsrechtlichen Prägung des UPR, s. 1. Teil, II., 1., d).

449 Vergl. Lucas, Softwareentwicklung, S. 175.

450 Kellerhals, S. 145, sieht die einzige Bedeutung des § 43 UrhG in der bloßen Umgehung wesentlicher Problemkreise.

451 Vergl. Kraßer, FS Schricker, S. 77, 86.

452 So auch Hock, S. 135; Ulmer, § 95, III, S. 403 und Zöllner, FS Hubmann, S. 523, 529, die einen Vorrang arbeitsrechtlicher Grundsätze befürworten. Bemerkenswert ist in diesem Zusammenhang aber die Tendenz des Urhebervertragsrechts, sich dem Arbeitsrecht anzunähern, Götting, FS Schricker, S. 53, 60, - ohne dabei allerdings hinfällig zu werden.

453 UFITA 45 (1965), 240, 277 f.

hang mit der Novellierung des Urheberrechtsgesetzes durch das „Gesetz zur Stärkung der vertraglichen Stellung von Urhebern und ausübenden Künstlern" bestätigt, denn insoweit war geplant, den § 43 UrhG dahingehend zu ändern, dass das UrhG künftig *auch ausdrücklich* in vollem Umfang auf Arbeitnehmerurheber anwendbar sei[454]. Dies ist insbesondere vor dem Hintergrund der ursprünglich geplanten Neufassung des § 39 UrhG zur Regelung von Rechtsgeschäften über urheberpersönlichkeitsrechtliche Befugnisse relevant.

Dem Wortlaut des § 43 UrhG nach sind wegen des ausdrücklich ausschließlichen Bezugs auf den 2. Unterabschnitt des UrhG nur die §§ 39, 41, 42 UrhG als relevante Normen betroffen[455]. Diese Regelungen können dem Umkehrschluss aus § 43 UrhG zufolge wegen des Inhalts oder des Wesens des Arbeitsverhältnisses nicht oder nur modifiziert anwendbar sein. Im Übrigen gelten die Vorschriften des UrhG uneingeschränkt auch für Arbeitnehmerurheber. Nun wird aber trotz des Wortlauts zutreffend angenommen, dass auch außerhalb des 2. Unterabschnitts geregelte, zwingende Normen von besonderen Bedürfnissen des Arbeits- und Dienstverhältnisses beeinflusst sein können[456]. Insoweit sind auch die §§ 12 ff. UrhG insgesamt als den vertraglichen Absprachen bei Arbeitsverhältnissen unterliegend erfasst[457]. § 43 wird deshalb als eine die Nichtabdingbarkeit durchbrechende Spezialnorm bezeichnet[458]. Die Zulässigkeit rechtsgeschäftlicher Dispositionen ist somit nicht auf die Fälle des § 39 UrhG beschränkt; insbesondere können Vereinbarungen über das bei selbständigen Urhebern geltende Maß hinausgehen, je nach Inhalt des konkreten Arbeitsverhältnisses.

Ein anderes Verständnis würde bedeuten, in einem Bereich, in dem ein erhöhtes und besonders gerechtfertigtes Interesse an vertraglichen Vereinbarungen über das UPR besteht, eine stärkere Beschränkung der Vertragsfreiheit vorzusehen als bei selbständigen Urhebern, bei denen § 39 UrhG lediglich indizieller Charakter zukommt. Dies stünde gerade auch zu dem durch § 43 UrhG verfolgten Anliegen, die Arbeitgeber gegenüber den sonstigen Verwertern durch Einschränkung des Urheberschutzes und Modifizierung des Urhebervertragsrechts zu privilegieren[459], in Widerspruch. In diesem Sinne äußert sich auch die Begründung zum RegE von 1965, wonach urheberpersönlichkeitsrechtliche Befugnisse „hinsichtlich der Ausübung ... erforderlichen Einschränkungen aus der Eigenart des Arbeits- und Dienstverhältnisses ..." unterworfen sind[460]. Insoweit wurde auch im Zusammenhang mit der Novellierung des UrhG 2002 in der Gesetzesbegründung betont, dass ein Bedürfnis nach Regelungen über das UPR

---

454 So der Wortlaut des geplanten § 43 Abs. 1 UrhG: "Die Vorschriften *dieses Gesetzes* (Hervorhebung durch Verfasserin) gelten auch für einen Urheber, der das Werk in Erfüllung seiner Verpflichtung aus einem Arbeits-und Dienstverhältnis schafft", siehe Bundesrat Drucksache 404/01, S. 6. Vergl. auch Begründung zum RegE, Bundesrat Drucksache 404/01, zu Nr. 8 (§ 43), S. 54 f.

455 Für § 39 UrhG wird insoweit vertreten, dass der Zweck des jeweiligen Arbeitsverhältnisses im Rahmen der Abwägung nach Treu und Glauben zu berücksichtigen ist. Mitunter kann das Arbeitsverhältnis eine geistige Unterordnung unter den Willen und die Meinung des Arbeitgebers bedingen und zur Berechtigung von Änderungen am Inhalt des Werkes führen, wie bei Tendenzbetrieben, so Schricker-Rojahn § 43, Rn. 86. Zu weitgehend in diesem Zusammenhang KG NJW-RR 1996, 1066, 1068 - Poldok, wonach § 39 Abs. 1 UrhG nicht zugunsten des Arbeitnehmerurhebers anwendbar ist, so dass er hierüber auch Veränderung von erheblichem Maße nicht abwehren könne.

456 Schricker-Rojahn § 43, Rn. 36.

457 S. auch Hock, S. 141 f.

458 Schricker-Rojahn § 43, Rn. 36.

459 Vergl. zur Modifizierung des Urhebervertragsrechts, Hock, S. 136 f.

460 Als Beispiel wird angeführt, dass ein Beamter aufgrund seiner dienstrechtlichen Verpflichtungen dulden müsse, dass sein Werk durch weisungsberechtigte Vorgesetzte geändert oder dass es ohne Angabe seines Namens veröffentlicht wird. Fromm/Nordemann-Vinck § 43, Rn. 3, geht von einer grundsätzlichen Einschränkung der Befugnisse selbst aus - dies würde die Arbeitnehmereigenschaft für die Frage der Rechtsnatur des UPR relevant werden lassen und dazu führen, dass dieses, je nach Rechtsträger und Werk, einer insoweit dynamischen Entwicklung unterläge.

auch oder vielmehr gerade bei Arbeitnehmerurhebern besteht; für eine generelle Reduktion des gesetzlich verbürgten Schutzes des UPR bei Arbeitnehmern gebe es indes keinen Grund[461]. Ausreichend sei insoweit die - geplante - Regelung zu Rechtsgeschäften über das UPR in § 39 UrhG; darüber hinaus seien Besonderheiten des Arbeitsverhältnisses „bei der Auslegung im Einzelfall zu beachten".

Dies bedeutet im Ergebnis, dass der Schutzgedanke des UrhG und damit die Tendenz, dass das Urheberrecht - mithin zugleich das UPR - so weit wie möglich beim Urheber verbleiben, für Arbeitnehmer nicht im selben Maße wie für selbständige Urheber gilt, da auf entsprechende Besonderheiten zu reagieren ist[462]. Gerade auch vor dem Hintergrund der gesonderten gesetzlichen Regelung ist eine eigenständige Untersuchung der Frage nach vertraglichen Vereinbarungen bei Arbeitnehmerurhebern gegenüber Freischaffenden nicht nur gerechtfertigt[463], sondern geradezu notwendig. Dabei kann sich infolge der Relativierung des genannten Schutzgrundsatzes eine im Vergleich zu Selbständigen stärkere Entfernung des Urheberrechts vom Arbeitnehmerurheber ergeben. Insoweit ist dem berechtigten Anliegen, zu verhindern, dass der urheberrechtliche Monismus und seine Auswirkungen für die Disponibilität des UPR nicht zum Bremsklotz einer arbeitsteiligen Kulturwirtschaft wird[464], Rechnung zu tragen.

Hier bestätigt sich, dass die im 2. Teil festgestellte Entpersönlichungstendenz bei Werken von Arbeitnehmerurhebern nicht zu einem Verlust des persönlichkeitsrechtlichen Schutzes führt und aus rechtlicher Sicht auch nicht führen muss, da die Verlagerung des wirtschaftlichen Risikos auf vertraglicher Ebene zu einer Privilegierung des Arbeitgebers führen wird. Weitergehende Bedeutung kommt der tatsächlichen Zunahme abhängig Beschäftigter in der Regelungssystematik des UrhG insoweit nicht zu.

3. Unterscheidung nach bestimmten Werkarten

Das gesteigerte Bedürfnis einer rechtsgeschäftlichen Disponibilität der urheberpersönlichkeitsrechtlichen Befugnisse wird insbesondere auch im Zusammenhang mit den unterschiedlichen Werkarten und dementsprechend verschiedenen Gestaltungshöhen diskutiert. Je nach Gestaltungshöhe wird mal mehr, mal weniger den rechtsgeschäftlichen Vereinbarungen die Zulässigkeit ab- bzw. zugesprochen[465] oder das Vorliegen einer stillschweigenden Abrede bejaht[466]. Unter dem Gesichtspunkt einer praxisnahen Betrachtungsweise wird ausdrücklich auf die Komplexität und Individualität des jeweils betroffenen Werks abgestellt[467]. Derart werk-

---

461 Vergl. die Begründung zum RegE, Bundesrat Drucksache 404/01, zu Nr. 8 (§ 43), S. 55.

462 Anderes wohl Kellerhals, S. 147 ff., die § 43 UrhG keine besondere Bedeutung beimisst.

463 So im Ergebnis auch Kellerhals, S. 148 f. und Rojahn, S. 106, die eine Wechselwirkung zwischen dem Werk und arbeitsrechtlichen Verpflichtungen annehmen.

464 Auf dieses Problem weist Rehbinder, Rn. 335, S. 306, hin.

465 Vergl. hierzu generell Schricker-Dietz Vor §§ 12 ff., Rn. 27 f.; s. auch Praxiskommentar-Bullinger vor §§ 12 ff., Rn. 8; Rojahn, S. 106, stellt im Arbeitsverhältnis hinsichtlich des Stellenwerts urheberpersönlichkeitsrechtlicher Befugnisse ebenfalls auf die Gestaltungshöhe ab, s. auch in Schricker-Rojahn § 43, Rn. 86. A. A. Kellerhals, S. 160, die dieses Kriterium nicht im Zusammenhang mit rechtsgeschäftlichen Vereinbarungen formuliert, sondern unter dem Gesichtspunkt einer - tatbestandlichen - Einschränkung des UPR diskutiert, aber im Ergebnis ablehnt.

466 Vergl. Rehbinder, FS Pedrazzini, S. 651, 662, der bei „unpersönlicher Massenware" im Arbeitsverhältnis vom regelmäßigen Vorliegen einer Ghostwriterabrede ausgeht. Bei solchen Werken liege die Beweislast für stillschweigende Abreden infolge von Branchenübungen nicht beim Arbeitgeber, sondern der Arbeitnehmer müsse das Nichtvorliegen beweisen, um Schutz über §§ 97, 12 ff. UrhG geltend machen zu können.

467 Bsph. ausdrücklich Praxiskommentar-Bullinger vor §§ 12 ff., Rn. 8. In der Begründung des RegE zum geplanten § 39 des „Gesetz(es) zur Stärkung der vertraglichen Stellung von Urhebern und ausübenden Künst-

bezogene Ansätze zur Bestimmung der Zulässigkeit rechtsgeschäftlicher Vereinbarungen über urheberpersönlichkeitsrechtliche Befugnisse werden insbesondere auch im Zusammenhang mit Arbeitnehmerurhebern vertreten[468]. Auch die in diesem Teil der Arbeit, unter I., 6. vorgestellten Musterverträge scheinen sich an diesem Kriterium zu orientieren, indem unterschiedlich weitreichende Formulierungen bei den verschiedenen Werkarten verwandt werden.

a) Sonderstellung für multimediale Werke?

Die Diskussion um das UPR und die Frage seiner rechtsgeschäftlichen Disponibilität ist im sog. „Zeitalter der Informationsgesellschaft"[469] insbesondere mit Blick auf das „Phänomen" Multimedia neu losgebrochen[470]. Hier wird auf den im Zusammenhang mit der Digitalisierung besonders verstärkten Aspekt der Massenproduktion von Werken hingewiesen, bei der zugleich der technische und finanzielle Aufwand zur Herstellung und Verwertung der Werke sinkt. Auch ist ein deutlicher Globalisierungstrend mittels technischer Vernetzung festzustellen[471]. Eine bedeutsame Neuentwicklung ist dabei insbesondere der Aspekt der Interaktion. Dies ist eben nicht nur so zu verstehen, dass Informationen als feststehende Alternativen ausgewählt werden, sondern dass unter Umständen sogar der Inhalt von Werken durch Dritte als Folge der bestimmungsgemäßen Nutzung geändert wird[472].

Die Auswirkung der „Multimedialität" und ihrer Begleiterscheinungen werden hinsichtlich ihrer Bedeutsamkeit für das UPR unterschiedlich beurteilt.

Einerseits wird davon ausgegangen, dass die Multimedialisierung für das UPR - und damit wohl eingeschlossen die Frage der Disponibilität - bedeutungslos ist[473]. Insbesondere der Vergleich der gegenwärtigen Entwicklung hin zum multimedialen Zeitalter mit den Vorgängen bei der ersten industriellen Revolution wird abgelehnt; bei Letzterem habe es sich wirklich um etwas Neues gehandelt, während die Entwicklung von Multimedia eher evolutionär

lern" wird „angesichts der großen Spannweite des Urheberrechtsschutzes von der kleinen Münze bis zu den Spitzenwerken des Urheberschaffens ... ein gewisses Maß an Flexibilität ... (gefordert)", Bundesrat Drucksache 404/01, zu Nr. 7 (§ 39), S. 53.

468 Vergl. bereits Fn. 443 und ausführlich hinsichtlich des „Wie" und des „Ob" einer Namensnennung: Hock, S. 82 ff. und 121 ff. Er stellt die Frage nach dem dogmatischen Verständnis und der Reichweite konkludenter Vereinbarungen sowie nach der Tauglichkeit der hier in Frage stehenden Kriterien der „Werkart" und - damit zusammenhängend - der „Gestaltungshöhe" hinsichtlich der Vertragsauslegung. Siehe auch Rehbinder, FS Pedrazzini, S. 651, 662.

469 Siehe zu dieser Begrifflichkeit die BT-Drucksache 13/4000: Info 2000 - Deutschlands Weg in die Informationsgesellschaft. Wandtke GRUR 2002, 1, 4, versteht hierunter eine postindustrielle, auf Unterhaltung und Wirtschaft gerichtete Gesellschaft.

470 Der Begriff kennzeichnet das Zusammenwirken einer Vielzahl von Mitteln zur Wissensübermittlung und zum Informationsaustausch. Aufgrund der inflationären Verwendung des Begriffs wird eine umfassende Definition zunehmend abgelehnt, vergl. Wachter GRUR Int. 1995, 860; v. Lewinski, so berichtet von Wachter in GRUR Int. 1995, 860; Hoeren GRUR 1997, 866, 868. Der Terminus sei, laut Hoeren, ohne Aussagekraft und stelle, laut v. Lewinski, sogar eine Irreführung dar, da es sich eigentlich um die Verschmelzung verschiedener Ausdrucksformen in ein und demselben Medium handele und deshalb zutreffender von „Uno-Medium" gesprochen werden müsste. Streng genommen ist der Begriff auch nicht neu. Von etwas Neuem kann insoweit nur gesprochen werden, als dass auf den technischen Aspekt der Digitalisierung hingewiesen und insoweit mit der gegenwärtigen Verwendung des Begriffs Multimedia diese technische Neuerung erfasst wird; vergl. Dreier, S. 7; Schaefer NJW-CoR 1995, 389 und Loewenheim GRUR 1996, 830, 831.

471 So Wandtke, FS Rehbinder, 389, 392.

472 So Loewenheim GRUR 1996, 830, 831 und Schricker, Urheberrecht auf dem Weg, S. 46 ff.

473 So das Weißbuch, Dok. KOM (93), 700 endg. vom 5.12.1993; Becker ZUM 1995, 231, 238; Wachter GRUR Int. 1995, 860 unter Verweis auf Schricker-Schricker Einl., Rn. 1 und Flechsig, laut Wachter in GRUR Int. 1995, 860, 873.

denn revolutionär sei. Die Herstellung und Nutzung von Multimediaprodukten führe zwar zu einer zahlenmäßigen Zunahme von Eingriffen in das UPR. Die Eingriffe seien dabei jedoch nicht qualitativ von anderen Eingriffen abgrenzbar. Insofern könne nur von einer quantitativen Änderung der Gefährdungssituation durch multimediale Produkte gesprochen werden. Andere Auffassungen lassen hingegen die quantitative Zunahme von Eingriffsmöglichkeiten ausreichen, um dieses erhöhte Gefährdungspotential zugleich als völlig neuartig zu bewerten[474].

Festzuhalten ist jedenfalls, dass Werkentstellungen und Veränderungen immer umfangreicher und ausgereifter werden[475]. Beispielhaft kann hier auf die professionelle Praxis im Bereich der Photographie verwiesen werden, wo mittels Digitaltechnik die Möglichkeiten einer Bildbearbeitung insbesondere aufgrund der Einzelerfassung jedes Bildpunktes (Pixels) erweitert wurde. Über diese punktgenauen Eingriffe sind insbesondere spurlose Veränderungen möglich[476].

Die Forderung nach einer Erhöhung der Disponibilität des UPR[477] ist dabei jedoch ebenso wenig gerechtfertigt, wie die nach der Abschaffung des UPR wegen des Fehlens seiner umfassenden Verfügbarkeit, derer es zur ausreichenden Unterstützung der technischen Entwicklung und des besonderen wirtschaftlichen Wachstums bedürfe[478]. Insoweit wird auch hier wieder angeführt, dass das UPR seinen Ursprung im Bereich der schönen Künste habe und im multimedialen Zeitalter nicht mehr zeitgemäß, sondern ein Stör- und Risikofaktor sei[479]. Presseverlage, Produzenten, Rundfunkbetreiber und Arbeitgeber erklären, dass das UPR ein Unsicherheitsfaktor für die Verwertung der Werke sei und zur Entmutigung der Investoren führe[480].

Gegen eine Abschaffung des urheberpersönlichkeitsrechtlichen Schutzes spricht nicht nur, dass sich die kontinental-europäischen Rechtssysteme hierzu bislang nicht entschieden haben, sondern auch die neuere Entwicklung des ursprünglich persönlichkeitsrechtsfeindlichen Copyrightsystems in den USA. Hier hat gleichsam trotz der fortschreitenden technologischen Entwicklung eine Anerkennung und Einführung von *moral rights* stattgefunden. Auch fehlt es gerade an dem behaupteten praktischen Bedürfnis für die Abkehr vom persönlichkeitsrechtlichen Konzept des Urheberrechts; insoweit ist auf das hier herausgearbeitete Verständnis des § 29 UrhG, wonach rechtsgeschäftliche Dispositionen zulässig sind[481], zu verweisen.

Gestützt wird dies Position durch eine Analyse des IFO-Instituts für Wirtschaftsforschung[482], in der die Zunahme urheberrechtsbezogener Wirtschaftsbereiche festgestellt

---

474 Alder, in: Hilty, Information Highway, S. 338. Ähnlich auch Riekert, in: Götting, Multimedia, S. 134 f., dem zufolge die Einordnung als evolutionär oder revolutionär angesichts des erhöhten Gefährdungspotentials irrelevant sei. Metzger, S. 25, spricht von einer qualitativ erhöhten Gefahr für das Werkintegritätsrecht.

475 So Gaster ZUM 1995, 740, 741 und insbes. S. 750; Leutheusser-Schnarrenberger ZUM 1996, 631, 634; Dreier, S. 8.

476 Pfennig, in: Becker/Dreier, Urheberrecht und digitale Technologie, S. 123, 146.

477 Hier wohl Riekert, in Götting: Multimedia, S. 123, 149 ff., insbes. 151.

478 Vergl. Negroponte, Being Digital, London 1995, S. 58, wonach das Urheberrecht insgesamt hoffnungslos hinter der sich rasant entwickelnden Technik zurückbleibe und als Regelungsinstrument in der digitalen Welt schon bald ausgedient habe.

479 Hoeren GRUR 1997, 866, 867 f.

480 Berichtet von Loewenheim GRUR 1996, 830, 833, nach Erklärung seitens der EU-Kommission Ende 1992.

481 Methodisch wäre dabei an eine „zeitgerechte" Auslegung zu denken, die den Wandel der Normsituation berücksichtigt, vergl. Larenz, S. 350 ff. Dem stünde jedoch der Wortsinn entgegenstehen, denn insoweit lässt sich „unübertragbar" nicht weiter einschränkend auslegen, als bereits oben im 3. Teil, unter I. erfolgt.

482 Siehe dazu Bericht von Röttinger ZUM 1990, 510. Das Gutachten wurde erstellt aufgrund eines BT-Beschlusses vom 23. 5. 1985 auf Empfehlung des Rechtsausschusses und im Mai 1989 vom IFO-Institut vorgelegt.

wird[483]. Die Urheberrechtsindustrie zählt danach zu den positiv-dynamischen Wirtschaftsbereichen der Bundesrepublik Deutschland[484]. Als Ursache wird nicht nur die überdurchschnittliche Preissteigerung in Dienstleistungsbereichen, sondern auch die Einführung neuer Produkte und Techniken angegeben. Eine grundsätzliche Behinderung des Wirtschaftswachstums durch den urheberpersönlichkeitsrechtlichen Schutz kann also nicht festgestellt werden.

Deshalb ist am Bekenntnis zum Schutz auch der ideellen Interessen des Urhebers als Grundlage des deutschen Urheberrechtssystems festzuhalten[485]. Dies entspricht auch dem gesetzgeberischen Anliegen eines hohen urheberrechtlichen Schutzniveaus[486], das durch den Beibehalt des Grundsatzes der Unübertragbarkeit mit der Novellierung im Jahre 2002 gestärkt wurde. Die derzeit bestehenden rechtlichen Schutzmöglichkeiten sind auch hinsichtlich der rasant wachsenden Gefährdung von Eingriffen in das UPR ausreichend[487]. Insofern stellt sich die Werkmanipulation auf digitalem Weg eher als ein tatsächliches denn als ein rechtliches Problem dar.

Auch der im Zusammenhang mit § 29 UrhG rechtlich beschriebene Rahmen zulässiger rechtsgeschäftlicher Vereinbarungen über das UPR muss nicht erweitert werden, sondern ist zur angemessenen Lösung „multimedialer Probleme" entsprechend auszuschöpfen[488]. Denn nicht in der fehlenden freien Übertragbarkeit, sondern in der Unsicherheit hinsichtlich der im Übrigen bestehenden Zulässigkeit von Dispositionen liegt ein entscheidender Schwachpunkt[489]. Dies gilt auch für die Möglichkeit einer Bündelung der Interessenwahrnehmung bei Verwertungsgesellschaften, die in Anbetracht der für den Einzelurheber schwieriger werdenden Feststellung und Abwehr von Eingriffen in das Werk immer dringlicher werden wird. Hier ist an eine treuhänderische Rechtseinräumung auch urheberpersönlichkeitsrechtlicher Rechtspositionen zu denken. Nur in diesem Sinne kann ein besonderes Bedürfnis nach Disponibilität bei Werken neuer Technologien, wie den Multimediawerken, festgestellt werden[490].

b) Geeignetheit der Merkmale „Werkart" und „Gestaltungshöhe" als Abgrenzungskriterien für die Zulässigkeit rechtsgeschäftlicher Dispositionen

Der am Beispiel der Multimediawerke erzielte Befund wird auch in genereller Art durch das UrhG selbst bestätigt. Denn insoweit ist grundsätzlich kein Unterschied in der Zuweisung rechtsgeschäftlicher Disponibilität bei Werken verschiedener Gattungen vorgesehen. Aus-

---

483 Die Urheberrechtsindustrie macht 2,9 % der gesamtwirtschaftlichen Bruttowertschöpfung aus. Der Anteil der Beschäftigten beträgt dabei 3,1 %.

484 Die Wertschöpfung in den Jahren 1980-1986 ist im Bereich der Urheberrechtsindustrie schneller gewachsen als in der übrigen Wirtschaft.

485 Insofern weist Hoeren, GRUR 1997, 866, 867 f., - zur Klarstellung - darauf hin, dass er mit dahingehenden Äußerungen letztlich nicht für die Abschaffung des UPR plädiere, sondern dieses vielmehr als notwendiges Korrektiv anerkenne.

486 Vergl. insoweit die BT-Drucksache 13/4000, INFO 2000, S. 78, 170, Bericht der Bundesregierung vom 7. 3. 1996 sowie die Entwicklung des „Gesetz(es) zur Stärkung der vertraglichen Stellung von Urhebern und ausübenden Künstlern", insbesondere im Hinblick auf §§ 29, 39 UrhG.

487 Vergl. Götting, Resümee, in: Götting: Multimedia, S. 197, 199 und Dreier, S. 17.

488 Vergl. insoweit die Untersuchungen im 6. Teil dieser Arbeit. Zulässig sollen Lizenzierungen konkret umschriebener Eingriffe sein, so BT-Drucksache 13/4000, INFO 2000. Bemerkenswert ist insoweit, dass die geplante Neuregelung des § 39 durch das „Gesetz zur Stärkung der vertraglichen Stellung von Urhebern und ausübenden Künstlern" nicht erfolgt ist.

489 Vergl. auch Dreier, S. 22 und Riekert, in: Götting, Multimedia, S. 123, 149, der als Grundlage eines effektiven Schutzes die Disponibilität des UPR fordert.

490 Eine grundlegend andere Behandlung gegenüber den historisch begründeten Werkarten kann indes nicht gerechtfertigt werden.

schließlich bei Filmwerken erachtet das UrhG eine besondere Behandlung für notwendig. Dies geschieht jedoch nicht über die Regelung des Rahmens zulässiger rechtsgeschäftlicher Vereinbarungen, sondern über eine Beschränkung des Schutzbereichs im Hinblick auf das Werkintegritätsrecht, so dass entgegen § 14 UrhG bei diesen Werken nur bei gröblichen Entstellungen oder gröblichen Beeinträchtigungen ein Abwehrrecht besteht, siehe § 93 UrhG[491]. Entsprechendes gilt bei §§ 14, 39 Abs. 2 UrhG, wo Werkart und Gestaltungshöhe als differierende Größen ausschließlich im Rahmen der Interessenabwägung, also gleichfalls auf der Ebene der Beschreibung und Ermittlung des Schutzbereichs, relevant werden. Dies bestätigt auch § 39 Abs. 1 UrhG, der als primäres Indiz für die Zulässigkeit von rechtsgeschäftlichen Vereinbarungen über urheberpersönlichkeitsrechtliche Befugnisse angeführt wird, indem er keine entsprechende Unterscheidung vornimmt.

Eine Abgrenzung der zulässigen Rechtsgeschäfte über Werkart und Gestaltungshöhe beruht zudem auf einem dogmatischen Fehlschluss sowie auf einer impraktikablen Überlegung. Denn zum einen besteht der Schutz über das Urheberrecht und damit über das UPR immer nur soweit, wie die Schutzfähigkeit des Werkes reicht. Insoweit sind bezogen auf das Werkintegritätsrecht ohnehin Veränderungen an nicht schutzfähigen Werkteilen, die gerade den bemängelten Charakter von Massenware ausmachen, grundsätzlich möglich[492]. Einer diesbezüglichen vertraglichen Vereinbarung bedarf es dort nicht. Zum anderen ist bei den urheberpersönlichkeitsrechtlichen Befugnissen eine Abstufung bzw. Unterscheidung im Sinne eines rechtsgeschäftlichen mehr oder weniger nicht möglich. So reicht der Anspruch auf Namensnennung immer gleich weit. Es gibt nur die Wahl zwischen Nennung und Nichtnennung. Auch das Veröffentlichungsrecht kann nur gewährt oder nicht gewährt werden. Zwar kann bei der Bemessung eines etwaigen Schadenersatzes die Intensität urheberpersönlichkeitsrechtlichen Schutzes bedeutsam werden. Eine Differenzierung ist nur hinsichtlich des „Wie" der Veröffentlichung oder Namensnennung denkbar; dabei geht es dann aber grundsätzlich und für alle Werkarten gleichermaßen um die Möglichkeit vertraglicher Regelungen[493].

Die Untersuchung rechtsgeschäftlicher Vereinbarungen über die urheberpersönlichkeitsrechtlichen Befugnisse sollte deshalb nicht - künstlich - von der jeweiligen Werkart und der Gestaltungshöhe abhängig gemacht werden[494]. Die rechtliche Lösung hinsichtlich der dogmatischen Konstruktion und der inhaltlichen Reichweite muss einheitlich sein und gerade den „persönlichsten" bzw. „individuellsten" Werken gerecht werden, die insoweit wiederum den Maßstab für andere Werke betreffende Rechtsgeschäfte vorgeben können. Denn wie bereits festgestellt, setzt sich das persönlichkeitsrechtliche Konzept des UrhG an allen Werken und gerade auch vorhandenen Entpersönlichungstendenzen zum Trotz fort.

---

491 Die Begründung zu § 103 des RegE (§ 93 UrhG), UFITA 45 (1965), 240, 320, führt aus: „Wegen der großen Zahl ... (der beteiligten Urheber) erscheint es ... geboten, die Ausübung der Rechte aus den §§ 14 und 93 gewissen Beschränkungen zu unterwerfen. Gerade bei Filmen wird sich häufig die Notwendigkeit nachträglicher Änderungen ergeben, etwa aufgrund der freiwilligen Selbstkontrolle der deutschen Filmwirtschaft oder zur Anpassung des Filmwerks an ausländische Verhältnisse. ... (es bedarf eines) gewissen Spielraums ..., um ... eine möglichst weite Verbreitung zu sichern".

492 Vergl. zur Schutzbereichsdarstellung des Werkintegritätsrechts 2. Teil, III.

493 Überlegungen zu Branchen- und Verkehrsübungen ändern hieran nichts. Sie können zwar indiziell für das Vorliegen von stillschweigenden Vereinbarungen sein, für die Frage der grundsätzlichen Zulässigkeit von rechtsgeschäftlichen Vereinbarungen sind sie ohne Bedeutung. Insbesondere ist zu bedenken, dass die jeweilige Übung nicht unmittelbar mit der Werkart bzw. Gestaltungshöhe, sondern primär mit technischen oder wirtschaftlichen Gründen sowie Vermarktungsüberlegungen zusammenhängt.

494 So auch Osenberg, S. 81, jedenfalls das Veröffentlichungsrecht und das Werkintegritätsrecht betreffend.

Vierter Teil

Darstellung und Analyse der dogmatischen Konstruktionen einer zulässigen „Übertragung“ bzw. eines zulässigen „Verzichts“

Im Folgenden sind die verschiedenen Möglichkeiten, soweit sie in Schrifttum und Rechtsprechung als rechtstechnischen Konstruktionen einer rechtsgeschäftlichen Vereinbarung im Sinne eines „Verzichts“ oder einer „Übertragung“ befürwortet werden, zunächst nach allgemeinen und, im Vorgriff auf den 6. Teil der Untersuchung, mitunter schon nach speziellen urheberrechtlichen Grundsätzen zu untersuchen. Das weitreichende Meinungsspektrum zeigt deutlich, dass bei den Auffassungen darüber, was unter den Begriffen „Verzicht“ und „Übertragung“ zu verstehen ist, gerade auch mit Blick auf die Vereinbarkeit mit § 29 UrhG, ein völlig uneinheitliches Bild zu zeichnen ist.

Mitunter lassen sich vermeintliche Unterschiede hinsichtlich der Frage der Zulässigkeit von Rechtsgeschäften über das UPR auf die ganz unterschiedlichen Vorstellungen darüber, was die Begriffe „Übertragung“ und „Verzicht“ letztlich kennzeichnen, zurückführen, so dass dann im Grundsätzlichen weniger inhaltliche, sondern mehr begriffliche Differenzen zu bestehen scheinen[495].

Von diesem Untersuchungspunkt getrennt erfolgt im 6. Teil der Untersuchung die Analyse des sog. „Kernbereichs“, der unabhängig von rechtstechnischen Konstruktionen, als allgemein anerkannte Grenze von Rechtsgeschäften über das UPR verstanden wird. Erst nach Erläuterung der einzelnen rechtsgeschäftlichen Dispositionen in diesem und dem 6. Teil der Untersuchung kann geklärt werden, inwieweit mit dem Hinweis auf die Eigenart des UPR bzw. einzelner Befugnisse ein rechtsgeschäftsfester Bereich beschrieben werden kann und wie es sich mit dem in Rechtsprechung und Lehre unter dem Schlagwort „Kernbereich“ erfassten Residualbereich verhält.

I. Grundsätzliche Überlegungen zur Interessenlage

Die Analyse der rechtstechnischen Gestaltung rechtsgeschäftlicher Dispositionen hat der Lebenswirklichkeit und den wirtschaftlichen und ideellen Interessen der Beteiligten Rechnung zu tragen. Deshalb bedarf es zumindest einer Skizzierung eben jener Interessen- und Sachlage. Insoweit wird auch von Seiten des Gesetzgebers mit dem praktischen Bedürfnis nach einer Disponibilität des UPR argumentiert.

Der Nutzungsberechtigte strebt eine umfassende und optimale Verwertung des Werkes für seine Zwecke unter möglichst vollständiger Ausschöpfung der Nutzungsrechtseinräumung an[496]. Ein Interessenkonflikt zwischen Urheber auf der einen und Verwerter bzw. Nutzungsberechtigtem auf der anderen Seite ist insoweit zwangsläufig[497]. Etwaige urheberpersönlich-

---

495 Insoweit bestätigt sich der Befund von Dieselhorst, S. 135, der annimmt, dass Fälle, in denen von einer Übertragung des UPR gesprochen wird, auf eine Ungenauigkeit in der Terminologie zurückzuführen sind. Vollständig abgelehnt wird die Möglichkeit einer - wie auch immer gearteten - Übertragung des UPR und seiner Befugnisse nur von Möhring/Nicolini-Kroitzsch § 11, Rn. 13 f. sowie § 12, Rn. 33 und § 13, Rn. 16.

496 Nicht zutreffend ist, dass Rechtsgeschäfte über das UPR ohne Bezug zu Rechtsgeschäften über die Verwertungsrechte zulässig sind, so aber Heidelberger-Dreyer Vor §§ 12 ff., Rn. 20. Dies ist indes weniger eine Frage der Zulässigkeit sondern der tatsächlichen Konstellationen: Wenn keine nutzungsrechtlich beachtliche Situation vorliegt, dann stellt sich das Problem der Verletzung des UPR und damit von diesbezüglichen Rechtsgeschäften gar nicht erst; deshalb gehen beide Rechtsgeschäfte notwendig miteinander einher.

497 Beispielhaft ist hier an die Übersetzung und Verfilmung eines Werks zu denken, die nicht nur Nutzungsrechte, sondern auch Umgestaltungen und Änderungen des Werks selbst voraussetzen.

keitsrechtliche Befugnisse können sich störend und beschränkend auf die wirtschaftliche Verwertung des Werkes auswirken - zu denken ist hier bloß an eine namentliche Nennung des Urhebers, die der Werknutzer lieber unterlassen möchte. Dabei kann es aber zugleich auch im Interesse des Urhebers liegen, einen möglichst großen materiellen Vorteil aus seinem Werk durch eine entsprechende Nutzungsrechtseinräumung zugunsten einer anderen Person zu erlangen und seine Schutzinteressen bezüglich ideeller Aspekte spielen dann eine nur untergeordnete oder auch überhaupt keine Rolle. Derartige Überlegungen liegen sogar dem UrhG selbst in § 93 zugrunde, wobei das Werkintegritätsrecht hier bereits auf tatbestandlicher Ebene eingeschränkt wird[498].

Auch kann ein Interesse daran bestehen, Dritten im Wege der „Weiterübertragung" eine Rechtsposition zu verschaffen, die dem Veräußerer zuvor vom Urheber selbst eingeräumt wurde[499]. So insbesondere im Zusammenhang mit der Weiterübertragung eines Nutzungsrechts gem. § 34 UrhG oder dessen Unterlizenzierung gem. § 35 UrhG[500]. Zudem kann der Nutzungsberechtigte neben den unmittelbar verwertungsbezogenen Interessen ebenfalls ein Anliegen an einem wehrhaften Schutz bezüglich der ideellen Seite des Werkes haben, insbesondere mit Blick auf die Werkintegrität. Dies nicht nur neben dem, sondern auch unabhängig vom Urheber. So in Fällen, in denen lediglich ein Werkoriginal ohne Vervielfältigungsstücke, wie im Bereich der Malerei, vorhanden ist, und mit der Veränderung zugleich das Interesse an der Ausstellung des Werkstücks wegfällt, weil es aufgrund der Veränderung bspw. nicht mehr in das Gesamtkonzept der Ausstellung passt. Auch die umgekehrte Konstellation, in der bestimmte Veränderungen des Werks dem Geschäftspartner des Urhebers bzw. des Nutzungsrechtsinhabers mit Blick auf die Konstellationen des §§ 34, 35 UrhG zugestanden werden sollen, ist zu bedenken.

Der wohl eher typische Fall einer Wahrnehmung urheberpersönlichkeitsrechtlicher Befugnisse durch andere Personen liegt jedoch bei einer treuhänderischen Wahrnehmung[501], bei der Urheber und Dritter sozusagen an einem Strang bezüglich der materiellen und ideellen Interessen des Urhebers ziehen. Dabei ist es nicht notwendig, geschweige denn angemessen und mit dem Grundanliegen des UrhG vereinbar, dass demjenigen, der die Rechte des Urhebers wahrnehmen soll, eine Position eingeräumt wird, die ihn zum ausschließlichen Inhaber bzw. Berechtigten macht. Dem Schutz des Urhebers ist nicht gedient, wenn er sich in einer Situation wiederfindet, bei der er sich seines ideellen Schutzes umfänglich begeben hat und auf ein Handeln bzw. Einschreiten eines Dritten - insbesondere auch unter Anwendung dessen frem-

---

498 Urheberfreundlicher und damit konsequenter wäre es indes, statt einer Absenkung des Schutzniveaus weitreichende Rechtsgeschäfte über die betreffende Befugnis zuzulassen.

499 Insbesondere Forkel, S. 178 ff., verweist insoweit auf das Bedürfnis nach der Rechtsfigur der gebundenen Rechtseinräumung. Im Anschluss an diesen auch Haberstumpf, Rn. 386 und Lößl, S. 13 f.

500 Vergl. insoweit auch die Formulierung eines Vertragsmusters: „M. Lizenzvertrag", bei Delp, S. 164 ff., insbesondere die mit „Änderungsbefugnis" überschriebene Regelung in (5 b): „Der Lizenznehmer ist berechtigt, den Lizenzgegenstand beliebig zu verwenden, auch sachgemäße Zusätze, Weglassungen oder sonstige Änderungen, bei Abbildungen auch Änderungen des Maßstabes und der farblichen Wiedergabe, vorzunehmen ..." Delp selbst, S. 171, kommentiert diesen Formulierungsvorschlag gleichsam selbstverständlich damit, dass für den Fall, dass eine aufgrund § 39 Abs. 2 UrhG bestehende Änderungsbefugnis nicht ausreiche, und der Lizenzgeber insoweit gegenüber dem Urheber über eine entsprechende weitergehende Änderungsbefugnis verfüge, er diese an den Lizenznehmer weitergeben könne. Mit diesem Aspekt der „Drittbezogenheit" einer Vereinbarung im Bereich des UPR setzt sich das urheberrechtliche Schrifttum insgesamt jedoch kaum auseinander.

501 Ausführlicher zu dieser Rechtsfigur unten im 4. Teil.

der Wertmaßstäbe - angewiesen ist. Der Spezialfall einer treuhänderischen Wahrnehmung ist der durch Verwertungsgesellschaften[502].

II. Rechtsgeschäfte im Sinn einer „Übertragung“

Bei engster, streng terminologischer Betrachtung wird mit dem Begriff „Übertragung“ ein Verfügungsgeschäft beschrieben, das einen Zuständigkeitswechsel im Recht bewirkt. Dabei bleibt der Bestand des Übertragungsobjekts grundsätzlich unverändert. Der Übertragende erleidet einen dinglichen Rechtsverlust und der neue Berechtigte erlebt einen dinglichen Rechtszuwachs[503]. Es kann dabei zwischen verschiedenen Arten der rechtstechnischen Konstruktion einer Übertragung unterschieden werden, wie bereits im Rahmen der Auslegung des § 29 UrhG angedeutet wurde.

1. Die Übertragung als verfügender Vertrag über urheberpersönlichkeitsrechtliche Befugnisse

Die Übertragung[504] anderer, von Forderungen unterschiedene Rechte, richtet sich nach §§ 398, 413 BGB. Dies betrifft auch das Urheberrecht und speziell die urheberpersönlichkeitsrechtlichen Befugnisse[505]. Die Übertragung nach § 398 BGB erfolgt dabei als translative (auch freie) Übertragung und damit in der einleitend bereits beschriebenen Weise[506]; ein Heimfall oder eine Konsolidation des ursprünglichen Rechts erfolgt nicht. Dies entspricht aber der nach § 29 UrhG unzulässigen Form einer rechtsgeschäftlichen Vereinbarung über urheberpersönlichkeitsrechtliche Befugnisse.

In Betracht kommt insoweit nur die konstitutive (auch gebundene) Übertragung[507]. Diese führt als verfügendes Rechtsgeschäft nicht zum Übergang des ganzen, sondern immer nur eines abgetrennten, geringeren Teils eines Rechts - im Sinne eines Minus - auf ein anderes Rechtssubjekt[508]. Als Konsequenz der Verfügungswirkung tritt bei der gebundenen Übertragung zwar eine Verselbständigung der Befugnisse gegenüber dem Stammrecht ein, diese bedeutet - im Gegensatz zur translativen Übertragung - jedoch keine endgültige Rechtsaufgabe[509]. Die übertragenen Befugnisse bleiben stets in rechtlicher Beziehung zur übertragenden Person. Das abgeleitete Recht ist mit dem beim Verfügenden verbleibenden Recht, dem Mutter- bzw. Vollrecht, und den darin geschützten Interessen verknüpft. Dabei werden aber in

502 Ausführlicher hierzu unten im 6. Teil, bei der Untersuchung der einzelnen urheberpersönlichkeitsrechtlichen Befugnisse.

503 Vergl. v. Gierke, § 32.

504 Siehe zur Übertragung v. Tuhr, § 45 I, S. 59 ff.

505 Federle, S. 76; v. Gamm § 29, Rn. 1.

506 Soweit der Verfügungsgegenstand ein teilbares Recht ist, besteht auch die Möglichkeit einer Aufteilung mit gegenständlicher Wirkung, mit der Folge, dass eine endgültige Abtrennung der rechtlichen Bestandteile vorliegt, und damit eine jeweils voneinander unabhängige Entwicklung eintritt, vergl. insoweit Leßmann, S. 28, der beispielhaft auf die partielle Übertragung des Eigentums verweist, wodurch Miteigentum entsteht, §§ 1008 ff. BGB.

507 Diese Differenzierung zwischen den Übertragungsarten wird bspw. vorgenommen von: Fromm/Nordemann-Hertin vor § 12, Rn. 4; Forkel, S. 168 ff. und Ulmer, § 89, I, S. 379. Die Figur der gebundenen Übertragung wird dabei vertreten von: Forkel, S. 178 ff.; Federle, S. 80 f.; Rehbinder, Rn. 320, S. 280 f.; Schack, Rn. 563 und Rn. 309; Heidelberger-Dreyer Vor §§ 12 ff., Rn. 17, die insoweit von einer Lizenzierung entsprechend zur Situation bei den Verwertungsrechten spricht und dabei widersprüchlich darauf vereist, dass nie ein unbefristeter und unwiderruflicher „Verzicht“ zulässig sei; Haberstumpf, Rn. 387, der diese jedoch auf bestimmte urheberpersönlichkeitsrechtliche Befugnisse beschränkt; siehe auch Schilcher, S. 149 ff. sowie ablehnend Kellerhals, S. 108 ff.

508 Die damit einhergehende Teilung des Rechts wird als qualitative Teilung bezeichnet, vergl. Leßmann, S. 29.

509 Vergl. ausführlich hierzu: Forkel, S. 192 ff., der als der Hauptvertreter dieser Strömung zu bezeichnen ist.

Reichweite der gebundenen Berechtigung konkrete Interessen ausschließlich für den Erwerber geschützt. Hiermit korrespondiert der Verlust des Schutzes genau dieser Interessen auf Seiten des Verfügenden[510] (des Urhebers), was eine Beschränkung des Vollrechts bewirkt, das als solches aber weiterhin beim Urheber verbleibt. Trotz dieses Auseinanderfallens bleibt die innere Verknüpfung aufrechterhalten; das Recht wird bei der Übertragung weder aufgelöst noch zerfällt es[511].

Als Folge der „nur" konstitutiven Übertragung steht dem verfügenden Urheber weiterhin Rechtsschutz hinsichtlich der verbleibenden ideellen Interessen und Berechtigungen zu; insoweit kann er weiterhin Unterlassungs- und Schadenersatzansprüche geltend machen. Da das verbleibende Mutterrecht aufgrund seiner abstrakteren Fassung das konkretere Teilrecht, als einzelne Befugnis, umfasst, kann es zum sog. Heimfall kommen. Dies bedeutet, dass im Fall des Erlöschens der übertragenen Befugnis diese ipso iure dem ursprünglich Berechtigten wieder zufällt und die Rechtsposition bei diesem wieder zu einer unbeschränkten Berechtigung erstarkt. Eine Folge der engen Bindung ist auch die Durchbrechung der Abstraktheit des Verfügungsgeschäfts - der Rechtsübertragung - von dem dazugehörigen Verpflichtungsgeschäft.

Was die Anwendung der gebundenen Übertragung auf das UPR anbetrifft, so wird trotz der starken verbleibenden Bindung der Befugnisse an den Urheber nicht angenommen, dass der Urheber allgemein neben dem Erwerber berechtigt bleibe, Entscheidungen über urheberpersönlichkeitsrechtliche Befugnisse jederzeit selbst vorzunehmen, oder dass dem Urheber im Streit mit dem Vertragspartner stets das letzte Wort gebühre[512]. Der Erwerber könne entsprechend der vertraglichen Vereinbarung die übertragene Befugnis auch ausschließlich allein ausüben[513].

Genau hier zeigt sich bereits einer der Schwachpunkte dieses Erklärungsansatzes für eine rechtstechnische Konstruktion von Vereinbarungen über das UPR[514]. Eine isolierte Zuweisung von urheberpersönlichkeitsrechtlichen Befugnissen an andere Personen und eine Bewirkung der entsprechenden ausschließlichen Berechtigung an Stelle des Urhebers kommt höchstens bei einer treuhänderischen Wahrnehmung in Betracht; diese ist aber auch hier schwerlich mit dem Schutzanliegen des UrhG zugunsten des Urhebers in Einklang zu bringen. Gerade im Hinblick auf die mitunter de facto irreversible Veränderung eines Werkes würde dies weder rechtlich noch sachlich einen Unterschied gegenüber der unzulässigen freien Übertragung bedeuten. Von einem verbleibenden Schutz und damit einer Bindung an den Urheber, im Sinn des durch § 29 UrhG bestärkten Anliegens, kann nicht mehr gesprochen werden.

Nun wird zwar von den Befürwortern der Rechtsfigur der gebundenen Übertragung zugleich eine Beschränkung der Anwendbarkeit nur auf die Befugnisse, die geistige Interessen betreffen, vorgenommen. Bei den persönlichen Interessen komme lediglich eine Wahrneh-

---

510 Bereits die Anknüpfung an die Interessen als Objekt eines Rechtsgeschäfts ist zweifelhaft, vergl. aber die Formulierungen von Forkel ab S. 190; insoweit ist wohl eher auf die die jeweiligen Interessen schützende Befugnis abzustellen.

511 Im Unterschied hierzu liegt bei der translativen Übertragung eine Aufspaltung quantitativer Natur vor, vergl. Leßmann, S. 29.

512 Forkel, S. 194 f.

513 Damit zeigt sich bereits an dieser Stelle der Untersuchung, dass sehr wohl eine praktische Relevanz des Streits auch insoweit gegeben ist, dass gerade keine Einigkeit darüber besteht, ob der Urheber weiterhin gegen Beeinträchtigungen Dritter selbst, neben dem Nutzungsrechtsinhaber, vorgehen kann - dies gegen die Auffassung: Praxiskommentar-Wandtke/Grunert Vor §§ 31 ff., Rn. 33.

514 Gegen diese Rechtsfigur auch Dieselhorst, S. 135, der sie indes bereits am Wortlaut des § 29 UrhG scheitern lässt; Kellerhals, S. 111, die die Option einer Anwendung für bürgerlich-rechtliche Persönlichkeitsrechte jedoch offen lässt und v. Welser, S. 90 f.

mung durch den Vertragspartner als fremdes Recht zur Ausübung und deshalb bloß neben dem Urheber in Betracht[515]. Dies läuft im Ergebnis auf die bereits an anderer Stelle[516] abgelehnte Zweiteilung des UPR hinaus.

Zudem bedeutet der in diesem Zusammenhang betonte Verweis auf den Verbleib eines unveräußerbaren „Kernbereichs" beim Urheber[517], als Kontrolle gegenüber dem Zugeständnis einer Alleinberechtigung des Erwerbers, eine nicht zu unterschätzende Aufweichung dieser Rechtsfigur. Diese Relativierung setzt sich fort in den Forderungen nach einer Ausweitung des unübertragbaren Kernbestandteils sowie der Anlegung strengerer Maßstäbe bei der Vertragsauslegung und der stärkeren Gewichtung der ideellen Interessen des Urhebers[518]. Nicht nur, dass bereits hier - im Widerspruch zu eigenen anders lautenden Äußerungen[519] - wieder ein Festhalten am Dogma der Unübertragbarkeit von Persönlichkeitsrechten zum Ausdruck kommt. Der entscheidende argumentative Bruch geschieht im Weiteren durch eine Art Aufspaltung der Rechtsfigur der gebundenen Übertragung in unterschiedliche Rechtsgeschäfte mit verschieden weitreichenden Rechtsfolgen. Hierdurch wird dieser Rechtsfigur die notwendige dogmatische Berechtigung genommen. Denn wenn auf bereits bestehende zivilrechtliche Konstruktionen zurückgegriffen werden kann, bedarf es dieser Rechtsfigur streng genommen gar nicht[520]. Bemerkenswert ist denn auch die vom Hauptbefürworter dieser Rechtsfigur selbst gewählte Formulierung[521], wonach sich „je nach Situation und Bedürfnis ... der Inhalt der abgeleiteten Berechtigung abstufen (lässt). Sie kann von ausschließlicher Art und frei übertragbar sein und dem Erwerber eine mit Drittschutz und ... gegen willkürliches Eingreifen des Werkschöpfers gesicherte Position geben, kann aber auch, *und das wird häufiger anzunehmen sein* (Hervorhebung durch Verfasserin)[522], schwächer sein, ja sich in ihren Wirkungen sogar einer bloßen Einwilligung oder Ermächtigung annähern."

Skepsis ruft auch der umfassende Rückgriff auf die Regelungen der §§ 31 ff. UrhG hinsichtlich der näheren Ausgestaltung der Rechtsfigur hervor. Zwar ließe sich eine Gleichbehandlung der Verwertungsrechte und des UPR über die monistische Theorie begründen. Einer analogen Anwendung der §§ 31 ff. UrhG kann jedoch nicht gefolgt werden[523], da sie dem Regelungsplan des Gesetzgebers widerspricht. Der Blick auf die Entstehungsgeschichte, im Zusammenhang mit der Neunormierung des § 29 UrhG und Nichtnormierung des geplanten § 39 im Jahr 2002, zeigt, dass der Gesetzgeber im Bewusstsein des Diskussionsstandes in Rechtsprechung und Lehre gerade keine den §§ 31 ff. UrhG entsprechende Regelung getroffen und diese Regelungssystematik, in ihrer konkreten Ausgestaltung, damit abgelehnt hat[524].

---

515 Forkel, S. 187 ff., bringt hier insoweit den Begriff der „Ausübungsüberlassung" als Autorisierungsmöglichkeit für den Werknutzer ins Spiel; vergl. auch Schilcher, S. 150.

516 Letztlich erkennt auch Forkel, S. 191, selbst dies an.

517 Vergl. Forkel, S. 191 ff. sowie Heidelberger-Dreyer Vor §§ 12 ff., Rn. 17.

518 Forkel, S. 196.

519 Vergl. Forkels kritische Haltung hierzu, S. 178 ff., insbes. 184, 186.

520 Dies erkennt auch Federle, S. 80, trotz Bejahung der gebundenen Übertragung als zulässiges Rechtsgeschäft.

521 Forkel, S. 195.

522 Widersprüchlich weist Forkel, S. 181, 184, andererseits auf eine besondere praktische Geeignetheit der Figur der gebundenen Übertragung hin und rechtfertigt gerade hiermit deren Vorrang gegenüber bloß schuldrechtlichen Vereinbarungen.

523 Vergl. Forkel, S. 178 ff.; insbesondere Riedel, § 11, Anm. B, S. 2, befürwortet dies mit Verweis auf eine analoge Anwendung der §§ 31 ff. UrhG auf das UPR.

524 Deshalb kann - wie bereits im Rahmen der Auslegung des § 29 UrhG in grundsätzlicher Art festgestellt wurde - auch nicht von einer planwidrigen Regelungslücke als Voraussetzung für eine Analogie gesprochen werden. Vergl. hiergegen Schricker, Urheberrecht auf dem Weg, S. 79; v. Welser, S. 90; Schilcher, S. 145 und 153 f.

Schließlich kann diese Rechtsfigur auch nicht die Klärung herbeiführen, um derentwillen sie als rechtstechnisches Modell ins Feld geführt wurde. Denn der Verweis auf die gebundene Übertragung als - letztlich einzige - Möglichkeit zur Erreichung des notwendigen Maßes an Verkehrsfähigkeit bei urheberpersönlichkeitsrechtlichen Befugnissen[525] unterliegt bereits in den praktisch häufigen Konstellationen von Zweitlizenzierungen starken Zweifeln. Räumt der Urheber mehreren anderen gleichrangige - insoweit einfache - Nutzungsrechte ein, und sollen die in diesem Zusammenhang stehenden urheberpersönlichkeitsrechtlichen Befugnisse in die rechtsgeschäftliche Vereinbarung mit einbezogen werden, so ist man vor das dogmatische Problem gestellt, wie sich bei gleicher Nutzungsrechtseinräumung auch die z.B. das Werkintegritätsrecht betreffende gebundene Übertragung vollziehen kann. Denn wenn als Konsequenz der gebundenen Übertragung konkrete Interessen in Reichweite der gebundenen Berechtigung ausschließlich für den Erwerber, hier den Ersterwerber, geschützt werden, bleibt offen, wie dann eine weitere entsprechende Lizenzierung unter Zugrundelegung der gebundenen Übertragung zu erklären wäre. Der Schutz des betreffenden Interessenausschnitts wäre infolge der gebundenen Übertragung bereits zum Erstlizenznehmer abgewandert; das verwertungsrechtliche Interesse des zweiten Erwerbers ist aber grundsätzlich von gleichem Wert wie das des ersten Erwerbers. Auch der zweite Erwerber soll nicht an der vereinbarten Nutzung durch Berufung auf urheberpersönlichkeitsrechtliche Befugnisse, im Sinne einer „Vereitelung“ der Nutzungsrechtseinräumung, gehindert werden können. Bei der Einräumung von möglicherweise konkurrierenden Abwehrrechten schafft die Gleichberechtigung der Nutzungsrechtserwerber jedoch Probleme. Wie diese Konflikte zu lösen sind, bleibt bei den Befürwortern der Rechtsfigur der gebundenen Übertragung ungeklärt, da unerörtert[526]. Für den Rechtsverkehr ist mit Blick auf die erwünschte Praktikabilität also nichts gewonnen[527].

Auch wenn die Auslegung des § 29 UrhG nicht grundsätzlich gegen die Zulässigkeit einer gebundenen Übertragung spricht, so ist diese Rechtsfigur im Ergebnis abzulehnen. Sie birgt

---

525 Auf dieses praktische Bedürfnis verweisen Forkel, S. 187 und GRUR 1988, 491, 492; Haberstumpf, Rn. 386 f. sowie Schilcher, S. 149; Heidelberger-Dreyer Vor §§ 12 ff., Rn. 21, betont dabei insbesondere, dass andernfalls kein ausreichender Schutz bestünde, was insbesondere im Verhältnis zu Dritten gelte - ohne dies allerdings dann auch näher zu substantiieren.

526 Im Ergebnis läuft diese Konstruktion damit auf eine mit den Schwierigkeiten im Bereich der Aufspaltbarkeit bei Nutzungsrechten vergleichbare Situation hinaus. Um diesen Aspekt als entscheidenden Streitpunkt scheinen denn auch die grundsätzlichen Meinungsverschiedenheiten über die Frage der gegenständlichen Natur des einfachen Nutzungsrechts zu kreisen, vergl. Fromm/Nordemann-Hertin §§ 31/32, Rn. 2. Geht man von einer bloß schuldrechtlichen Berechtigung aus, bestehen keine Schwierigkeiten in der Begründung unterschiedlichster, umfangmäßig kleinster Abstufungen und Aufspaltbarkeit von vertraglichen Verpflichtungen und Berechtigungen des Werknutzers. Anders hingegen bei der Annahme einer gegenständlichen Berechtigung, die nur bis zum Mindestumfang *einer* Nutzungsart, als wirtschaftlich-technisch verselbständigte Einheit, möglich ist, vergl. hierzu bereits oben im 2. Teil, unter I., 1., c). Dieses Problem würde dann auch im Bereich des UPR drohen. Denn wie weit würde das jeweils eingeräumte Änderungsrecht reichen? Wie weit kann hier, ohne an Rechtsklarheit zu verlieren, differenziert werden? Anders als im Bereich der Verwertungsrechte, wo tatsächliche, objektivierte Unterteilungen und Differenzierungen bei der Werknutzung vorgenommen werden können, aber dennoch eine Abgrenzung zwischen noch dinglicher Rechtszuweisung oder nur schuldrechtlicher Berechtigung im Einzelfall sehr schwierig ist, scheint dies für die urheberpersönlichkeitsrechtlichen Befugnisse, jedenfalls hinsichtlich des „Wie“ einer Veröffentlichung, des „Wie“ der Namensnennung und des gesamten Bereichs des Werkintegritätsrechts praktisch unmöglich.

527 Problematisch ist diese Rechtsfigur auch in prozessualer Hinsicht. Denn infolge der gebundenen Übertragung einer Befugnis kann der Urheber, wegen des verbleibenden Kernbereichs, zwar weiterhin gegen einen zu weitreichenden urheberpersönlichkeitsrechtsverletzenden Gebrauch vorgehen. Die Beweislast wäre jedoch zu Lasten des Urhebers verändert; dieser müsste nunmehr darlegen, dass und inwiefern der bei ihm verbliebene Kernbereich betroffen ist.

dogmatisch-konstruktive Widersprüche in sich, bei deren Auflösung sie selbst die Hinfälligkeit der eigenen konstruktiven Notwendigkeit begründet. Zudem gerät sie in einen gefährlichen Konflikt mit dem Gebot des Urheberschutzes, wonach das UPR die Tendenz hat, so weit wie möglich beim Urheber zu verbleiben. Die Anerkennung der Zulässigkeit einer gebundenen Übertragung birgt die Gefahr, dass das Selbstbestimmungsrecht des Urhebers durch die Fremdbestimmung eines anderen dominiert wird, indem die gebundene Übertragung zu einer Privilegierung des Verwerters führen könnte, die über das für die praktischen Bedürfnisse des Rechtsverkehrs notwendige Maß hinausgeht[528]. Soweit unter diesem Gesichtspunkt eine Beschränkung der Reichweite der gebundenen Übertragung in Einzelfällen angenommen wird, macht es diese Rechtsfigur dogmatisch überflüssig und bewirkt letztlich bloß eine dogmatische Verkomplizierung.

2. Die Übertragung im Sinne einer Abtretung von Ansprüchen aufgrund von Eingriffen in das Urheberpersönlichkeitsrecht

a) Grundsätzliches

Als eine im urheberpersönlichkeitsrechtlichen Bereich zulässige Form einer Übertragung wird auf die Abtretung verwiesen[529]. Hierbei verfügt der Gläubiger über eine Forderung zugunsten eines anderen, § 398 BGB; es liegt eine Übertragung der Gläubigerstellung vor[530]. Dabei sind zwei Formen der Abtretung zu unterscheiden, die Abtretung bereits bestehender und die erst künftiger Forderungen[531]. Voraussetzung ist in beiden Fällen, dass die Forderungen, wenn nicht bereits konkretisiert, so doch wenigstens bestimmbar sind[532]. Grundsätzlich zulässig ist auch die Abtretung bestehender, aber vom Zedenten (Gläubiger bzw. Abtretenden) erst noch zu erwerbender Forderungen[533], sowie eine Abtretung an den Schuldner der Forderung, was zur Konfusion führt. Generelle Grenze einer wirksamen Abtretung bilden die §§ 399, 400 BGB; die Zession scheitert dann an der Unpfändbarkeit und der infolge der Abtretung eintretenden Veränderung des Inhalts der Forderung.

Im Zusammenhang mit dem UPR kommen im Falle eines rechtswidrigen Eingriffs durch Dritte mögliche Ansprüche auf Beseitigung der Beeinträchtigung[534], auf Unterlassung[535] und/oder auf Schadenersatz - auch bezüglich des immateriellen Schadens - als Abtretungsob-

[528] Ob und auf welche anderen Rechtsfiguren zur Erklärung von zulässigen Rechtsgeschäften über das UPR zurückgegriffen werden kann, vergl. unten, 6. Teil dieser Untersuchung.

[529] Vergl. Schricker-Wild § 97, Rn. 91; Fromm/Nordemann-Nordemann § 97, Rn. 60; mit Einschränkungen auch v. Welser, S. 101 f.

[530] Palandt-Heinrichs § 398 BGB, Rn. 6.

[531] Die grundsätzliche Zulässigkeit auch der Abtretung künftiger Forderungen ergibt sich im Wege des argumentum a fortiori aus § 185 Abs. 2 BGB, vergl. Palandt-Heinrichs § 398 BGB, Rn. 11.

[532] Bei Forderungsmehrheit ist die Bestimmbarkeit nach Ansicht der Rechtsprechung bspw. bei Forderungen aus einem bestimmten Geschäftsbetrieb, RG JW 32, 3760, aus einer bestimmten Art von Rechtsgeschäften, BGH WM 61, 350, oder aus einem bestimmten Zeitraum, BGH WM 66, 13, gegeben.

[533] Vergl. Palandt-Heinrichs § 398 BGB, Rn. 11. Folgeproblem ist dann die Frage des Direkt- oder Durchgangserwerbs des Zessionars.

[534] Nachholen der Anerkennung der Urheberschaft: LG München I UFITA 87 (1980), 338, 342; Beseitigung der Entstellung des Werkes: LG München I FuR 1982, 510, 512 - ADAC-Hauptverwaltung I.

[535] Schricker-Wild § 97, Rn. 56; mit Bullinger, S. 61, Fn. 157, ist der Anspruch auf Beseitigung einer Beeinträchtigung gegenüber den spezielleren Ansprüchen auf Unterlassung subsidiär. Der Beseitigungsanspruch bezieht sich auf Konstellationen, in denen eine reine Unterlassung die Gefährdung nicht beseitigen kann.

jekte in Betracht, vergl. § 97 UrhG[536]. Naturgemäß erfolgt der Ersatz des materiellen Schadens im Wege der Naturalrestitution, § 249 BGB, bzw. einer Entschädigung in Geld, § 251 BGB. Hinsichtlich der Entschädigung in Geld sind die im Alternativverhältnis zueinander stehenden Rechtsfolgen des Ersatzes der erlittenen Vermögenseinbuße einschließlich des entgangenen Gewinns[537], die Zahlung einer angemessenen Lizenzgebühr[538] und die Herausgabe des Verletzergewinns zu unterscheiden[539].

Das Abtretungsverbot gem. § 400 BGB steht nicht in Frage, soweit es sich um konkretisierte, aufgrund einer Verletzung des UPR bereits entstandene Ansprüche handelt[540]. Auch § 399 BGB hindert eine Abtretung jedenfalls dann nicht, wenn Schadenersatz in Geld betroffen ist, denn hier tritt nie eine Änderung des Leistungsinhalts ein. Dies gilt auch für etwaige Bereicherungsansprüche, die von der Regelung des § 97 UrhG unberührt bleiben, § 97 Abs. 3 UrhG[541]. Unterlassungs- und Beseitigungsansprüche hingegen werden als höchstpersönliche Ansprüche angesehen, so dass sich eine Abtretung verbiete[542]. Dies wird generell dadurch begründet, dass keine Verselbständigung gegenüber dem Gegenstand, der die Grundlage des Unterlassungsanspruchs bilde, möglich sei[543]. Im Zusammenhang mit bürgerlich-rechtlichen Persönlichkeitsrechten wird zudem darauf verwiesen, dass eine Abtretung auch deshalb unzulässig sei, weil sich die Frage eines Beseitigungsanspruchs nach dem Maßstab des Rechtsträgers beurteile. Dessen Beteiligung sei insofern unabdingbar. Auch bei dem Unterlassungsanspruch trete die Bindung deutlich zutage, da der Rechtsträger zunächst selbst über die Einstufung einer Handlung als ideelle Störung befinden müsse[544].

Die urheberrechtliche Literatur äußert sich, wenn überhaupt[545], sehr zurückhaltend zu diesem Punkt und ist dabei geteilter Ansicht[546]. Die Rechtsprechung wendet sich hingegen deutlicher gegen die Annahme einer Übertragbarkeit - zumindest der Unterlassungsansprüche[547].

---

536 Vergl. hierzu umfassend Praxiskommentar-v. Wolff § 97, Rn. 32 ff. und 75 ff. Gerade durch die Regelung des § 97 UrhG wird sehr deutlich, dass der Schutz des UPR eben nicht nur Schutz der ideellen Interessen bedeutet.

537 Vergl. BGH WRP 1982, 85, 86 - Architektenwerbung, wo die nachteiligen Folgen einer unterlassenen Namensnennung hinsichtlich der Anschlussaufträge berücksichtigt wurden und GRUR 1971, 35, 39 - Maske in Blau, wo ein entgangener Gewinn im Hinblick darauf angenommen wurde, dass eine Werkaufführung ohne die unzulässige Entstellung mehr Theaterbesucher erreicht und damit höhere Einnahmen erzielt hätte. Der Schadenersatzanspruch wurde zwar aufgrund einer Verletzung eines Nutzungsrechts angenommen. Diese Verletzung beruhte indes letztlich auf einer unzulässigen Beeinträchtigung des Werks und damit auf einer Verletzung des Werkintegritätsrechts; insoweit zutreffend die Kritik dieser BGH-Entscheidung von Ulmer, Anmerkungen in GRUR 1971, 40, 41. Wedemeyer, FS Piper, S. 787, 796, gibt zu bedenken, dass Architekten infolge von Werkentstellungen zukünftig in nur verminderter Anzahl bzw. geringerem Umfang oder sogar gar keine neuen Aufträge mehr bekommen könnten.

538 Vergl. zum Werkintegritätsrecht LG Hamburg BauR 1991, 645, 646 - Fensteraustausch.

539 Vergl. Schricker-Wild § 97, Rn. 56 ff.

540 Siehe §§ 851, 857 Abs. 3 ZPO; vergl. Praxiskommentar-Kefferpütz § 112, Rn. 9; Schricker-Wild § 112, Rn. 9. Schilcher, S. 179, geht unproblematisch von einer Gesamtabtretung aus.

541 In der urheberrechtlichen Literatur wird ein Bereicherungsanspruch aus Eingriffskondiktion gem. § 812 Abs. 1, S. 1, 2. Alt BGB diskutiert, vergl. Bullinger, S. 123, Fn. 323 sowie Staudinger-Lorenz Vorbem zu §§ 812 ff. BGB, Rn. 62. Die Einzelheiten sind jedoch - wie im Bereich bürgerlich-rechtlicher Persönlichkeitsrechte generell - nicht geklärt, vergl. hierzu BGHZ 20, 345, 355 - Paul Dahlke und BGHZ 81, 75, 82 - Carrera. Weitergehende Untersuchungen hierzu würden jedoch den Rahmen der Arbeit übersteigen.

542 Freitag, S. 183; Palandt-Bassenge § 1004 BGB, Rn. 2; MüKo-Roth § 399 BGB, Rn. 21.

543 MüKo-Roth § 399 BGB, Rn. 21.

544 So Freitag, S. 183.

545 Vergl. Schilcher, S. 179, die auf dieses Problem mit keinem Wort eingeht.

546 Insoweit wird nicht zwischen den aus einer Verletzung resultierenden Ansprüchen unterschieden, sondern pauschal eine Übertragung zugelassen, vergl. Fromm/Nordemann-Nordemann § 97, Rn. 60; Schricker-Wild § 97, Rn. 91; Dreier-Dreier § 97, Rn. 97; Praxiskommentar-v. Wolff § 97, Rn. 86. Vergl. auch zur Praxis bei

Für das UPR kann eine unauflösbare Bindung der Ansprüche an die Person des - originären - Rechtsträgers nicht über das Argument des notwendig vom Urheber abhängigen Beurteilungsmaßstabes begründet werden. Denn das UrhG selbst geht, indem es die Vererblichkeit der urheberpersönlichkeitsrechtlichen Bestandteile des Urheberrechts annimmt, von einer möglichen Inhaberschaft auch anderer Personen als der des Urhebers und damit von einem möglichen Maßstabwechsel aus. Zudem sind nicht unbedingt schlicht subjektive „Befindlichkeiten" des Urhebers ausschlaggebend, die darüber entscheiden, ob eine Verletzung vorliegt. So wird beim Veröffentlichungsrecht auf eine objektive Tatsachenfeststellung, hier den Umstand der Veröffentlichung selbst, zurückgegriffen. Insoweit ist objektiv festzustellen und damit beurteilbar, welche Maßnahmen oder Unterlassungen hier geeignet und notwendig sind, um die - eventuell erst drohende - Verletzung zu beheben. Hinzukommt, dass eine Änderung des Leistungsinhalts bei Unterlassungshandlungen nicht eintreten kann, da keine Leistung, sondern ein Nichtstun gefordert ist. Bei den auf Beseitigung gerichteten Ansprüchen ist das Werk der „maßgebende" Bezugspunkt, hieran orientiert sich die Beseitigungshandlung; bei einem Wechsel in der Anspruchsinhaberschaft ändert sich hieran nichts.

Für die Abtretbarkeit spricht auch ein systematisch-historisches Argument: Die in § 97 Abs. 2 S. 2 UrhG a.F. geregelte Unübertragbarkeit des Anspruchs auf Ersatz des immateriellen Schadens ist durch das 3. UrhGÄndG 1995 weggefallen[548]. Die im Wege des Umkehrschlusses aus § 97 Abs. 2 UrhG a.F. abgeleitete Übertragbarkeit der Ansprüche aus § 97 Abs. 1 UrhG ist mit Abschaffung des Abs. 2, S. 2 bestätigt und sogar auf immateriellen Schadenersatz erstreckt worden. Insoweit geht das Gesetz selbst von der Möglichkeit einer Abtretung aus. Damit ist im urheberpersönlichkeitsrechtlichen Bereich von der grundsätzlichen Abtretbarkeit bereits bestehender Ansprüche aus § 97 UrhG auszugehen.

b) Überlegungen zu Besonderheiten in 2- und Mehrpersonenverhältnissen

Wird eine Abtretung von Ansprüchen aus § 97 UrhG auf die durch einen Nutzungsberechtigten erfolgte Verletzung des UPR hin vereinbart - als ein rechtsgeschäftliches Mittel zur nachträglichen Eingriffslegitimierung -, so liegt ein Fall der Konfusion vor, in deren Konsequenz die Forderung erlischt. Im Hinblick auf Unterlassungs- und Beseitigungsansprüche stellt sich das Problem der Änderung des Leistungsinhalts dann nicht mehr. Dem berechtigten Interesse des Verwerters an einer rechtlichen Absicherung gegenüber dem auf das UPR gestützten Einschreiten des Urhebers ist damit jedoch nicht hinreichend gedient. Denn er läuft Gefahr, dass der Urheber die erst nach Abschluss und während der Durchführung des Nutzungsvertrages entstehenden Ansprüche doch nicht an ihn abtritt. Insoweit ist zwar an eine Zession in antizipierter Form zu denken. Hier stellt sich jedoch nicht nur das grundsätzliche Problem der notwendigen Bestimmbarkeit bei zukünftigen Forderungen, sondern auch §§ 399, 400 BGB verhindern die Wirksamkeit einer solchen Abtretung[549]. Denn nur konkrete

---

Persönlichkeitsrechten am Bsp. eines Tonträgerproduktionsvertrags, § 7 (2) des Formularvertrages VII. 23 im: Münchener Vertragshandbuch. A. A. hingegen Riedel § 97, Anm B 21; v. Welser, S. 100 f. und Schack, Rn. 563, Fn. 105, der sich argumentativ wieder des „Unübertragbarkeitsdogmas" bedient.

547 BGHZ 119, 237, 241 - Universitätsemblem; OLG Hamburg ZUM 1998, 938, 941 - Musée Imaginaire und ZUM 1999, 78, 80 - Spiegel CD-ROM; KG UFITA 35 (1961), 214, 215. A. A. BGHZ 107, 384 - Emil Nolde, wo jedenfalls eine Ausübungsermächtigung nach § 185 BGB analog zugelassen wird - dabei ist die Übertragbarkeit auch bei der Ermächtigung nach § 185 BGB notwendige Voraussetzung.

548 Vergl. Schricker-Wild § 97, Rn. 91.

549 Vergl. Schricker-Wild § 97, Rn. 33, der die Vorausabtretung bei Verletzung des UPR, allerdings ohne nähere Begründung, als unwirksam ablehnt.

bestehende Ansprüche aus der Verletzung des UPR sind pfändbar und damit abtretbar, vergl. oben. Eine antizipierte Abtretung muss deshalb ausscheiden.

Außerdem wird die Zession auch den Interessen des Rechtsverkehrs vor dem Hintergrund der §§ 34, 35 UrhG nicht gerecht. Denn Nutzungsrechte können mit Zustimmung des Urhebers entweder, wenn es sich um ausschließliche Nutzungsrechte handelt, unterlizenziert, § 35 UrhG, oder weiterübertragen werden, § 34 UrhG. Der jeweilige Zweiterwerber aber würde im Hinblick auf die urheberpersönlichkeitsrechtlichen Befugnisse des Urhebers keine rechtlich gesicherte und in diesem Sinne für ihn wirtschaftlich vollwertige Position erhalten können. Er wäre ebenso wie der Ersterwerber auf die nachträgliche Abtretung etwaiger Ansprüche aus §§ 97 ff. UrhG und damit auf eine unmittelbare Verhandlung mit dem Urheber selbst angewiesen.

Lediglich in Fällen einer treuhänderischen Wahrnehmung ist die Zession, als insoweit gleichsam „nachträgliche" Übertragung - hinsichtlich bereits bestehender Ansprüche - in Betracht zu ziehen. In diesem 3-Personenverhältnis würde der Urheber jedoch seine Rechtszuständigkeit vollständig verlieren und könnte deshalb keinerlei Einfluss mehr nehmen.

Abschließend kann also festgehalten werden, dass mit dem Verweis auf die Zulässigkeit der Abtretung in Anbetracht der Anforderungen des Rechtsverkehrs und des Postulats einer dem praktischen Bedürfnis entsprechenden Abmilderung des Unübertragbarkeitsgrundsatzes[550] wenig gewonnen ist.

3. Schuldrechtliche Formen einer Veränderung der Rechtszuständigkeit

Der Terminus „Übertragung" wird nicht nur zur Beschreibung einer echten Rechtsübertragung infolge eines verfügenden Rechtsgeschäfts verwendet. Im urheberrechtlichen Schrifttum werden hierunter auch Rechtsgeschäfte von ausschließlich verpflichtender Wirkung diskutiert. Insoweit wird unter dem Begriff der Übertragung dann von einer Überlassung zur Ausübung gesprochen[551]. Rechtstechnisch wird diese Überlassung zur Ausübung dahingehend beschrieben, dass der Urheber eine rein schuldrechtliche Berechtigung des Erwerbers, ein Recht auszuüben, begründet und dabei zugleich eine eigene Verpflichtung eingeht, die Fremdausübung des betreffenden Rechts zu dulden[552]. Das überlassene Recht kann dabei entweder im eigenen oder aber im fremden Namen durch den Erwerber geltend gemacht werden. Als dogmatische Grundlage werden insoweit die Rechtsfigur der Ermächtigung bzw. der Stellvertretung herangezogen[553].

---

550 Vergl. die Formulierung des RegE zur Novellierung des UrhG in 2002, Bundesrat Drucksache 404/01, zu Nr. 7 (§ 39), S. 53.

551 Von dieser dogmatischen Konstruktion als einzig zulässige Form von Rechtsgeschäften über urheberpersönlichkeitsrechtliche Befugnisse gehen aus: Schack, Rn. 309 und Rn. 563; Schricker-Dietz vor § 12 ff., Rn. 26; Fromm/Nordemann-Hertin vor § 12, Rn. 4 sowie Dieselhorst, S. 135, der den Begriff „Gestattung" zur Ausübung gebraucht; vergl. auch Dreier-Schulze Vor § 12, Rn. 12 und im Ergebnis wohl auch Heidmeier, S. 60 ff., die jedoch, nicht einheitlich in ihrer Terminologie, auch von Wahrnehmungsvereinbarungen spricht - ein Begriff, der dem Kontext mit Nutzungsrechten entstammt, siehe hierzu Rehbinder, Rn. 304, S. 262.

552 Hubmann, S. 219, der widersprüchlicher Weise jedoch davon ausgeht, dass der Urheber neben dem Erwerber berechtigt bleibe, und Riedel, § 11, Rn. B, bezeichnen die Überlassung zur Ausübung als Verfügung. Hiergegen spricht schon die Bezeichnung „Überlassung zur Ausübung". Es liegt gerade kein Substanzwechsel im Recht vor, was notwendige Voraussetzung einer dinglichen Wirkung wäre. Im Ergebnis insoweit ebenfalls ablehnend, Leßmann, S. 32.

553 Vergl. Schack, Rn. 564; Praxiskommentar-Wandtke/Grunert Vor §§ 31 ff., Rn. 34; s. auch Lößl, S. 13 f.

a) Ermächtigung

aa) Grundsätzliches

Mit einer Ermächtigung[554] kann eine andere Person im Wege einer Einwilligung befähigt werden, als Nichtberechtigte wirksam in eigenem Namen über ein fremdes Recht zu verfügen. Insofern wird dann von einer Verfügungsermächtigung als unmittelbarer, direkter Anwendungsfall des § 185 Abs. 1 BGB gesprochen.

Hiervon ist die sog. Einziehungsermächtigung als eine mittlerweile allgemein anerkannte Rechtsfigur zu unterscheiden[555]. Diese ermöglicht dem Nichtberechtigten die Ausübung einer fremden Forderung im Wege der Einziehung. Diese Ermächtigung ist grundsätzlich dadurch gekennzeichnet, dass sie lediglich die Übertragung eines Forderungs*ausschnitts* bei gleichzeitigem Verbleib der Forderung selbst beim Gläubiger bewirkt[556]. Der Ermächtigende bleibt neben dem Ermächtigten weiterhin zur Geltendmachung befugt[557].

Die Einwilligung, als Grundlage jeder Ermächtigung, ist die im Vorhinein erteilte Zustimmung, § 183 BGB; sie ist eine einseitige, empfangsbedürftige Willenserklärung. Gem. § 183 Satz 1 BGB ist die Einwilligung bis zur Vornahme des Rechtsgeschäfts jederzeit frei widerrufbar. Als Rechtsgeschäft im Sinne von § 183 Satz 1 BGB ist die Ausübung der jeweiligen urheberpersönlichkeitsrechtlichen Befugnis anzusehen. Einschränkungen hinsichtlich der Widerrufbarkeit können sich höchstens aus dem der Erteilung der Einwilligung zugrunde liegenden Rechtsverhältnis ergeben.

bb) Überlegungen zu Besonderheiten in 2- und Mehrpersonenverhältnissen

Wenn nun im urheberpersönlichkeitsrechtlichen Bereich von einer (schuldrechtlichen) Überlassung zur Ausübung gesprochen wird, kommt zunächst nur die Einziehungsermächtigung als konstruktiver Weg in Betracht. Denn die Verfügungsermächtigung betrifft ein Rechtsgeschäft, bei dem auf ein bestehendes Recht der Substanz nach eingewirkt wird, was wiederum die - freie - Übertragbarkeit des UPR voraussetzen würde. Diese Eigenschaft wird aber gerade von denjenigen Vertretern, die ausschließlich eine Überlassung zur Ausübung als zulässig erachten, abgelehnt[558]. Als Erklärungsmodell für rechtsgeschäftliche Vereinbarungen, die keine verfügungsgeschäftliche Übertragung sein sollen, kann die Verfügungsermächtigung somit nicht herangezogen werden. Sie ermöglicht zwar eine Erweiterung des Kreises derer, denen die notwendige Rechtsmacht zur wirksamen Vornahme von Rechtsgeschäften zukommt. Die Rechtsgeschäfte, hinsichtlich derer die Rechtsmacht besteht, bleiben aber von gleicher Art: es sind - in diesem Zusammenhang unzulässige - Verfügungsgeschäfte.

Der Ermächtigung in Form der Einziehungsermächtigung kommt diese weitreichende Wirkung nicht zu. Die jeweils in Frage stehende Forderung verbleibt beim Gläubiger und ü-

---

554 Vergl. Palandt-Heinrichs § 185 BGB, Rn. 7 und 13.

555 Strittig ist die dogmatische Grundlage. So wird einerseits auf eine entsprechende Anwendung von § 185 Abs. 1 BGB verwiesen, während die Ermächtigung andererseits als Ergebnis richterlicher Rechtsfortbildung verstanden wird, vergl. Palandt-Heinrichs § 398 BGB, Rn. 29.

556 Siehe Palandt-Heinrichs § 398 BGB, Rn. 29.

557 Hierauf verweisen insbesondere Ulmer, § 89, II, 1., S. 380; Rehbinder ZUM 1986, 365, 368 sowie Hubmann, S. 219. Fromm/Nordemann-Hertin vor § 12, Rn. 4 und Ulmer, § 89, II, 1., S. 380, gehen im Weiteren davon aus, dass bei Meinungsverschiedenheiten zwischen dem Urheber und dem Ermächtigten die Meinung des Urhebers grundsätzlich Vorrang habe.

558 Soweit bereits eine Übertragbarkeit im engeren Sinne angenommen wird, ist natürlich auch eine Verfügungsermächtigung in Betracht zu ziehen; in diesem Sinne Rehbinder, Rn. 319, S. 279.

ber die Ermächtigung ist insoweit ausschließlich die Modalität der schuldbefreienden Annahme der Schuldnerleistung geregelt[559]. Was jedoch die Absicherung bspw. gegenüber dem Werkintegritätsrecht des Urhebers anbelangt, das bei der vertragsgemäßen Verwertung des Werkes, die zu einer Werkveränderung führen wird, in Rede stehen kann, scheidet die Heranziehung dieser Ermächtigung aus; sie ist hier infolge ihrer grundsätzlichen Konzeption nicht einschlägig[560]. Im Zusammenhang mit einer Nutzungsrechtseinräumung geht es zunächst einmal um ein 2-Personenverhältnis zwischen Verwerter und Urheber. Der dem Regelungsgehalt des § 185 BGB zugrunde liegenden Konstellation nach sind jedoch immer 3-Personenverhältnisse betroffen. Sehr deutlich zeigt dies auch die Widerrufsregelung in § 183 S. 2 BGB, wonach ein Widerruf der Ermächtigung entweder gegenüber dem Ermächtigten oder dem potentiellen Geschäftspartner erfolgen kann. Auch ist eine - wie bei der Abtretung denkbare - Konfusion nicht möglich, so dass es immer bei einem 3-Personenverhältnis bleibt. Weil aber an der Nutzungsrechts(erst-)einräumung zwei Parteien beteiligt sind, kann für die dogmatische Erklärung der in diesem Zusammenhang befürworteten Figur der Überlassung zur Ausübung die Einziehungsermächtigung nicht herangezogen werden; sie dient keinesfalls der Absicherung der Rechtspositionen im Verhältnis Verwerter und Urheber[561].

Der Figur der Einziehungsermächtigung kann man sich insoweit nur als Grundlage für die Geltendmachung von Ansprüchen des Urhebers gegenüber Dritten durch andere Personen anstelle des Urhebers bedienen. Hier ist an die treuhänderische Wahrnehmung der sich aus dem UPR ergebenden Abwehrrechte gegenüber Dritten zu denken. Soll schon vor dem tatsächlichen Eintritt einer Verletzung von urheberpersönlichkeitsrechtlichen Befugnissen eine umfassende Betreuung der Verwertung des Werkes durch andere Personen, auch im Hinblick auf die Wahrung der ideellen Interessen des Urhebers, erfolgen, so steht einer frühzeitig und in diesem Sinne vorbeugend erteilten, wirksamen Einziehungsermächtigung nichts entgegen. Dies betrifft auch den Umstand, dass der genaue Inhalt der Ermächtigung mangels Konkretisierung der Ansprüche im Zeitpunkt der Erteilung noch nicht feststeht. Es reicht aus - argumentum a maiore ad minus - dass eine Bestimmbarkeit gegeben ist. Denn auch bei einer Übertragung von Forderungen reicht die Bestimmbarkeit für die Wirksamkeit der Abtretung aus; die Überlassung zur Ausübung führt dabei sogar nur zu einem Wechsel eines *Forderungsausschnitts,* ist also ein weniger einschneidendes Rechtsgeschäft.

Steht hingegen die Überlegung im Raum, dass dem Nutzungsrechtsinhaber durch den Urheber eine positive Befugnis im Sinne eines Bestimmungsrechts eingeräumt werden soll - wie die Entscheidungen über die Form der Veröffentlichung - so liegt eine Ausübung der Befugnis gleichsam anstelle des Urhebers und insoweit letztlich immer ein 2-Personenverhältnis vor. Rechtstechnisch kann hier, aus den bereits angeführten Gründen, weder die Verfügungsermächtigung noch die Einziehungsermächtigung herangezogen werden. Vielmehr kann es sich nur um eine gleichsam dritte Form einer Ausübung von fremden Rechten durch eine andere Person handeln. Insoweit wird, neben den beiden erstgenannten Formen einer Ermächti-

[559] Umstritten ist dabei jedoch, ob diese Einziehung einer Forderung eine Verfügung ist, vergl. bspw. einerseits Palandt-Heinrichs § 398 BGB, Rn. 29 und andererseits Medicus, Rn. 30.

[560] A. A. aber wohl Haberstumpf, Rn. 386, der diese Rechtsfigur zwar als Erklärungsmodell für Rechtsgeschäfte über das UPR ablehnt. Als Begründung hierfür jedoch ausschließlich auf das Problem der jederzeitigen Widerruflichkeit, als nicht interessengerecht, verweist.

[561] Nicht weitgehend genug insoweit die Überlegungen von v. Welser, S. 102, der hinsichtlich der Frage nach der Zulässigkeit einer Ermächtigung lediglich die Geltendmachung von Ansprüchen aus der Verletzung des UPR und die Gestattung von Eingriffen in das UPR unterscheidet.

gung, von der Rechtsausübung „in sonstiger Weise“[562] gesprochen - gleichfalls ohne einen Wechsel der Rechtssubstanz nach[563]. Auch für diese Form einer Ermächtigung wird auf die gesetzliche Verankerung in § 185 Abs. 1 BGB verwiesen[564]. § 185 BGB bildet insoweit die Rechtsgrundlage für die von der Lehre herausgebildete „allgemeine“ Rechtsfigur der Ausübungsermächtigung[565].

Nur hierdurch können die Ansichten derer im urheberrechtlichen Schrifttum dogmatisch erklärt werden, die im Zusammenhang mit der Überlassung zur Ausübung von einer Ausübungsermächtigung sprechen[566]. Sie verweisen auf die Ermächtigung, als generelle Möglichkeit, einem anderen Rechtsmacht erteilen zu können, um auf einen fremden Rechtskreis einzuwirken, wenn eben keine schlichte Geltendmachung von Abwehrrechten aus §§ 97 ff. UrhG durch eine andere Person anstelle des Urhebers in Rede steht. Die Ausübungsermächtigung entstammt weder dem Bereich einer Bevollmächtigung noch einer Veräußerung, sondern wird als gleichsam dazwischen stehend beurteilt[567].

Der Heranziehung der Rechtsfigur der Ermächtigung als eine zulässige Form rechtsgeschäftlicher Disposition über das UPR kann auch nicht entgegen gehalten werden, dass man sich mit deren Befürwortung über die fehlende Abtretbarkeit nach § 399 1. Alt. BGB hinwegsetze[568]. Zum einen hat die Untersuchung unter 2., a) dies mitunter bereits widerlegt. Zum an-

---

[562] Vergl. insoweit die Formulierung bei Palandt-Heinrichs § 185, Rn. 13 und Freitag, S. 181, der allgemeiner dahingehend formuliert, dass der „Rechtsinhaber ... frei (ist), im Bereich zwischen Bevollmächtigung und Veräußerung stufenlos alle Nuancen von Rechtsmacht einem Dritten zur Ausübung zu erteilen“.

[563] Zur Rechtsfigur der Ermächtigung und den verschiedenen Ermächtigungsarten, s. Doris, S. 18 ff., insbes. S. 20, der jedoch als Wesensmerkmal bei einer Ermächtigung auf eine „echte“ Außenwirkung abstellt. Die Annahme eines 2-Personenverhältnisses steht dem jedoch nicht entgegen. Denn soweit eine Bestimmung zur Veröffentlichung im Wege der Ermächtigung durch den Ermächtigten erfolgt, ist nicht nur die interne Sphäre betroffen, sondern die tatsächliche Veröffentlichung, entsprechend der vorbestimmten Art und Weise, wirkt für bzw. gegen den Urheber mit den Rechtsfolgen des § 6 UrhG.

[564] Vergl. insoweit die Formulierung bei Palandt-Heinrichs § 185, Rn. 13 und die Formulierung von Freitag, s. Fn. 541.

[565] Siehe Palandt-Heinrichs § 185 BGB, Rn. 13 und zum allgemeinen privatrechtlichen Schrifttum auch Staudinger-Schilken Vorbem zu § 164 BGB, Rn. 67 und die umfassende Untersuchung von Doris, S. 155 ff., insbes. S. 156.

[566] So Dieselhorst, S. 135 und Ulmer, § 89, II, S. 380, der davon spricht, dass die Befugnisse - nicht nur konkrete Ansprüche - ausgeübt werden; vergl. auch Schack, Rn. 564, der von einer Ermächtigung zu verfügungsähnlichen Handlungen spricht.

[567] So Freitag, S. 181. Insoweit kann dann sowohl ein eher verfügungsähnlicher Charakter, wie wohl bei Larenz, SR AT, § 34 V c, S. 600 und Staudinger-Schilken, 12. Auflage (1979), Vorbem. zu § 164 BGB, Rn. 67, betont werden oder aber verstärkt auf eine ausschließliche Autorisations- und Legitimationswirkung abgestellt werden, wie Flume, § 57, 1 c, S. 904 f. Mit Blick auf § 29 UrhG bedeutet dies keinen grundlegenden, entscheidenden Unterschied, da keinesfalls eine unzulässige vollumfängliche freie Übertragung des Rechts insgesamt vorliegt. A. A. im Ergebnis Praxiskommentar-Bullinger vor §§ 12 ff., Rn. 5, der sich gegen eine Überlassung zur Ausübung ausspricht.

[568] So Schack, Rn. 564. Dieser, im Zusammenhang mit der Ermächtigung scheinbar selbstverständliche Verweis auf die Wirksamkeitsvoraussetzung: Abtretbarkeit, ist bei dieser Rechtsfigur insoweit zweifelhaft, als dass die Ermächtigung immer nur eine Rechtsmacht verschafft, die es ermöglicht, auf einen *fremden* Rechtskreis *einzuwirken*, s. Staudinger-Schilken Vorbem. zu § 164 BGB, Rn. 62. Eine verfügende oder verfügungsähnliche Wirkung und damit Änderung der Rechtszuständigkeit bewirkt sie nicht, sie bleibt also hinter der Abtretung nach § 398 BGB zurück, vergl. Flume § 57, 1 b, S. 903 f. Siehe aber BGH GRUR 1987, 128 - NENA, wo der BGH einen bereicherungsrechtlichen Zuweisungsgehalt im Zusammenhang mit der aufgrund einer „Einwilligungsermächtigung“ zugewiesenen Rechtsposition annahm, siehe zu dieser Rechtsfigur weiter unten, unter III., 2., b), dd), bbb). Was das UPR angeht, wäre selbst bei der Annahme einer verfügenden bzw. verfügungsähnlichen Wirkung der Ermächtigung zu berücksichtigen, dass weder das Unübertragbarkeitsdogma noch § 29 UrhG gegen jede Form einer „Übertragung“ sprechen. Vergl. auch Dasch, S.

deren geht auch das UrhG selbst von der Zulässigkeit der Ermächtigung anderer Personen durch den Urheber aus. So stellt es für den Fall des Fehlens einer Urheberbezeichnung am Werkstück eine Vermutung für eine Ermächtigung zugunsten des auf dem Werkstück angegebenen Herausgebers bzw. Verlegers auf, § 10 Abs. 2 UrhG[569]. Entscheidend ist aber, dass die Ausübungsermächtigung gerade keinen Wechsel des Rechts der Substanz nach bewirkt. Eine ausschließlich fremdbestimmte Wahrnehmung steht hier, insbesondere mit Blick auf den Fortbestand von Abwehrrechten gegenüber Dritten, nicht in Rede. Dann können auch nicht die gleichen strengen Voraussetzungen wie bei einem umfassenden dinglichen Wechsel in der Rechtszuständigkeit aufgestellt werden. Eine umfängliche - auch antizipierte - Abtretbarkeit ist deshalb keine Voraussetzung für eine wirksame Ausübungsermächtigung.

Die sog. Überlassung zur Ausübung kann rechtstechnisch unterschiedlich zu bestimmen sein, so dass im Einzelfall zu untersuchen ist, welche Konstellation jeweils in Rede steht. Insbesondere schließt die im reinen verwertungsrechtlichen Zusammenhang stehende Fremdwahrnehmung von urheberpersönlichkeitsrechtlichen Befugnissen nicht immer die Befugnis ein, auch Beeinträchtigungen der ideellen Interessen des Urhebers abwehren zu können[570]. Andernfalls erhielte der ermächtigte Verwerter mehr als er grundsätzlich benötigt. Diese Übervorteilung ist nicht mit dem Schutzgedanken des UrhG vereinbar. Sie kollidiert mit der Tendenz, dass das Urheberrecht so weit wie möglich beim Urheber verbleibt. Hieran hat sich die Auslegung der getroffenen Vereinbarungen zu orientieren.

cc) Prozessrechtliche Dimension der Ermächtigung

Urheberpersönlichkeitsrechtliche Ansprüche können prozessual in Form der gewillkürten Prozessstandschaft durch andere Personen anstelle des Urhebers geltend gemacht werden. Diese rechtsgeschäftliche Begründung der Prozessführungsbefugnis fußt auf einer analogen Anwendung des § 185 Abs. 1 BGB[571]. Von dieser Ermächtigung ist die materielle Rechtslage zu trennen. Bedeutung kommt dieser materiell-rechtlichen Ebene für den Klageantrag zu. So kann bei Leistungsklagen nur dann Zahlung an den Prozessstandschafter verlangt werden, wenn der Beklagte an jenen auch schuldbefreiend leisten kann[572]. Dies ist zwar grundsätzlich bei Vorliegen einer materiell-rechtlichen Einziehungsermächtigung der Fall. In urheberpersönlichkeitsrechtlichen Konstellationen wird indes angenommen, dass ausschließlich Leistung an den Urheber verlangt werden kann[573] - dies ist wohl die Konsequenz aus der - unzutreffenden - Annahme der grundsätzlichen Unabtretbarkeit dieser Ansprüche. Die Ermächtigung kann bis zur Klageerhebung widerrufen werden[574].

93, der hinsichtlich der Zulässigkeit der Ermächtigung, bezogen auf das UPR einerseits und andere bürgerlich-rechtliche Persönlichkeitsrechte andererseits, unterscheidet.

569 Auch im Bereich der anderen, bürgerlich-rechtlichen Persönlichkeitsrechte, außerhalb des UrhG, wird eine Prozessstandschaft befürwortet, vergl. Zöller-Volkommer vor § 50 ZPO, Rn. 46; OLG München ZUM 1985, 448, 450 und OLG Hamm NJW-RR 1987, 232, 233.

570 A. A. Schricker, FS Hubmann, S. 409, der durch die Überlassung zur Ausübung nicht nur das Recht auf positive Ausübung der Befugnis, sondern auch das auf Abwehr von Beeinträchtigungen des UPR überlassen sieht.

571 BGH NJW-RR 1993, 669, 670 f.

572 Thomas/Putzo-Putzo § 51 ZPO, Rn. 39.

573 Fromm/Nordemann-Nordemann § 97, Rn. 14; Schricker-Wild § 97, Rn. 33.

574 Vergl. § 183 BGB: das entscheidende Kriterium „Vornahme des Rechtsgeschäfts" entspricht bei der Prozessstandschaft wohl der Erhebung der Klage. A. A. Fromm/Nordemann-Nordemann § 97, Rn. 14, der von einem Widerruf nur aus wichtigem Grund ausgeht.

Notwendige Voraussetzung einer Prozessstandschaft ist ein rechtlich schutzwürdiges Interesse des Prozessstandschafters, ein fremdes Recht im eigenen Namen geltend zu machen[575]. So wenn die eigene Rechtslage des Prozessführungsbefugten durch die Entscheidung beeinflusst und der Prozessgegner nicht unbillig benachteiligt wird. Für den Fall, dass die einem Verwerter eingeräumten Rechte durch eine Verletzung des UPR betroffen sind[576] oder wenn auch materiell-rechtlich eine Überlassung urheberpersönlichkeitsrechtlicher Befugnisse vorliegt[577], wird dies bejaht.

b) Stellvertretung

Die Überlassung zur Ausübung wird dogmatisch mitunter auch auf die Stellvertretung gem. § 164 BGB gestützt[578]. Bei dieser wird dann einer anderer Person die Rechtsmacht zur Vornahme von Rechtsgeschäften über das UPR im Namen des Urhebers eingeräumt. Der Urheber bleibt dabei weiterhin neben dem Bevollmächtigten berechtigt. Wie bei der Ermächtigung handelt der Bevollmächtigte im Interesse des Urhebers, diesen treffen die Rechtsfolgen. Anders jedoch als bei der Bevollmächtigung muss der Ermächtigte nicht kenntlich machen, dass er über ein fremdes Recht disponiert[579]. Die Ermächtigung ist eine gegenstandsbezogene Rechtsmacht, die Vollmacht ist personenbezogen[580]. Soweit es um eine schuldrechtliche Bindung geht, die eine andere Person für den Urheber begründet, bedarf es hingegen keiner Abgrenzung zwischen Stellvertretung und Ermächtigung, denn diese vertragliche Bindung kann nur als Folge einer Stellvertretung eintreten. Die Figur einer Verpflichtungsermächtigung wird ganz überwiegend abgelehnt[581].

Der Verweis auf die Stellvertretung als dogmatische Erklärung für eine zulässige Ausübungsüberlassung hinsichtlich des UPR trägt aber genau in diesem Diskussionspunkt nicht zur Klärung bei. Die Frage der Stellvertretung betrifft eher Folgeprobleme, denn auch für sie gilt, dass eine Bevollmächtigung immer nur insoweit erfolgen kann, wie auch der Vollmachtgeber selbst rechtswirksam in der Lage ist, Willenserklärungen abzugeben und somit Rechtsgeschäfte vorzunehmen. Ungeklärt bleibt also, ob und wie der Urheber selbst rechtsgeschäft-

575 Insoweit jedenfalls die ständige Rechtsprechung: BGHZ 96, 151; NJW 2000, 738 und für den urheberpersönlichkeitsrechtlichen Bereich BGHZ 107, 384, 389 - Emil Nolde sowie die h. M. im Schrifttum; kritisch zur Prozessstandschaft äußert sich hingegen Koch JZ 1984, 809.

576 Fromm/Nordemann-Nordemann § 97, Rn. 14.

577 Dreier-Schulze Vor § 12, Rn. 13.

578 Vergl. Ulmer, § 89, II, S. 379 f.; Büchler, S. 29; Rehbinder ZUM 1986, 365, 368; Fromm/Nordemann-Hertin § 29, Rn. 5.

579 Palandt-Heinrichs § 185 BGB, Rn. 7.

580 Palandt-Heinrichs Einf v § 164 BGB, Rn. 13; ob eine Ermächtigung oder eine Vertretung vorliegt, ist durch Auslegung im Einzelfall zu bestimmen.

581 Palandt-Heinrichs Einf v § 164 BGB, Rn. 13 und § 185 BGB, Rn. 3; BGHZ 34, 122, 125 und 114, 100; Staudinger-Schilken Vorbem zu §§ 164 ff. BGB, Rn. 70; Flume, § 57, 1, d), S. 905 und Medicus, Rn. 29, 594; vergl. aber Soergel-Leptien § 185 BGB, Rn. 35 ff. § 185 BGB bezieht sich ausdrücklich zunächst nur auf Verfügungsgeschäfte. Für eine analoge Anwendung auf Verpflichtungsgeschäfte, im Sinne einer Verpflichtungsermächtigung, gibt es keine Regelungslücke, da diese Konstellation durch die §§ 164 ff. BGB, bereits auf Gesetzesebene, bedacht ist. Zudem würden mit der Zulassung einer Verpflichtungsermächtigung grundsätzliche Regelungen über die Stellvertretung, insbesondere das Offenkundigkeitsprinzip, umgangen. Ein Prinzip, das den berechtigten Schutzinteressen des Geschäftspartners an der Person seines geschäftlichen Gegenspielers Rechnung trägt, also für die Rechtssicherheit bei Verpflichtungsgeschäften wichtig und damit grundsätzlich unabdingbar ist.

lich disponieren kann. Die Zuweisung einer Verkehrsfähigkeit zum UPR ist mithin Voraussetzung für eine Stellvertretung[582].

III. Rechtsgeschäfte im Sinne eines „Verzichts"

Entsprechend dem Verständnis von Rechtsgeschäften im Sinne einer „Übertragung" ist der Terminus „Verzicht" gleichfalls inhaltlich nicht eindeutig festgelegt; es werden verschiedene dogmatische Konstruktionen hierunter zusammengefasst. Synonym wird auch von einer Beschränkung[583] oder Einschränkung[584] gesprochen. Insgesamt geht es bei der Frage eines Verzichts ganz allgemein um die Legalisierung eines Eingriffs in das UPR, mithin um den Verzicht auf Verbotsrechte[585].

1. Der Verzicht als Verfügungsgeschäft

Der dingliche Verzicht wirkt als ein Verfügungsgeschäft auf den Bestand eines Rechts als solches ein und führt zu dessen Erlöschen; je nach vereinbarter Reichweite entweder in der Gesamtheit oder der einzelnen Bestandteile des Rechts. Ein derartiger Verzicht auf urheberpersönlichkeitsrechtliche Befugnisse wird ganz überwiegend als unzulässig abgelehnt[586], was sich im Rahmen der Auslegung des § 29 UrhG im 3. Teil, unter I., 4. und 5. bestätigt hat[587].

Soweit konkrete Ansprüche aufgrund einer bereits eingetretenen Verletzung des UPR entstanden sind, kommt ein Verzicht in Form des Erlassvertrages, § 397 BGB, in Betracht[588]. Dabei handelt es sich um einen verfügenden Vertrag, der das Erlöschen des Schuldverhältnisses bewirkt[589] - also nicht wie der dingliche Verzicht den Verlust einer Befugnis insgesamt zur Folge hat. Ein Erlassvertrag zugunsten eines Dritten ist ausgeschlossen[590].

---

582 Das Gleiche gilt für die der Vollständigkeit halber noch zu bedenkende prozessrechtliche Vertretung, die Prozessvollmacht, §§ 78, 79 ZPO. Hinsichtlich des Umfangs ist zu unterscheiden zwischen der Bevollmächtigung zur Vornahme von Prozesshandlungen und der zur Vornahme von Rechtsgeschäften bzw. rechtsgeschäftsähnlichen Handlungen im Zusammenhang mit dem Gegenstand des Rechtsstreits, vergl. Thomas/Putzo-Putzo § 81, Rn. 4 und 5. Die Prozessvollmacht ändert grundsätzlich nichts an der Aktivlegitimation des Vollmachtgebers, betrifft insofern also materiell-rechtlich zunächst einmal nicht dessen Rechte. Sie ist, insbesondere auch mit Blick auf den „Anwaltszwang" gem. § 78 BGB, unproblematisch zulässig.

583 Ulmer, § 89, S. 379 f.

584 v. Welser, S. 51.

585 Schricker, FS Hubmann, S. 409, 410.

586 A. A. wohl Seetzen, S. 63, dem zufolge sich der Verzicht an die Allgemeinheit wende und durch öffentliche Erklärung geltend zu machen sei, S. 48 und Stolz, S. 61, für das Namensnennungsrecht sowie generell für das UPR wohl Handbuch-Nordemann § 23, Rn. 10 f. Unklar KG UFITA 80 (1977), 368, 374 - Manfred Köhnlechner, da sowohl die Möglichkeit eines Verzichts als auch einer vertraglichen Beschränkung des Rechts aus § 13 S. 2 UrhG zugelassen wird.

587 Allerdings trifft der argumentative Ableitungszusammenhang nicht zu, soweit dies mit dem höchstpersönlichen Charakter des UPR begründet und, insofern anknüpfend an das Unübertragbarkeitsdogma bei Persönlichkeitsrechten, generell aus der Unübertragbarkeit des UPR abgeleitet wird; zu dieser Ableitung bereits oben, unter 3. Teil, I., 4.

588 Heidmeier, S. 96 f.; Schricker, FS Hubmann, S. 409, 413; v. Gamm § 14, Rn. 7; Hubmann, S. 217; Riedel, § 11, Anmerkg. B; Seetzen, S. 64.

589 Palandt-Heinrichs § 397 BGB, Rn. 1 ff.

590 So die h. M., vergl. BGH NJW 94, 2483; KG OLGZ 78, 67, 71; Palandt-Heinrichs Einf v § 328 BGB, Rn. 8. Für eine analoge Anwendung des § 328 BGB auf Verfügungsgeschäfte besteht kein Bedürfnis; durch Erlass der Forderung des „Zedenten" und Begründung einer inhaltsgleichen Forderung gem. § 328 BGB zugunsten des „Zessionars" wird das gleiche Ergebnis erreicht.

Mit einer solchen Vereinbarung ist dem Verwerter jedoch nicht angemessen gedient, da er keine Rechtssicherheit im Vorfeld einer möglichen Verletzung des UPR, also bereits bei Abschluss eines Nutzungsvertrages, erlangen kann. Insofern wird auf die Möglichkeit eines antizipierten Erlasses bezüglich noch nicht eingetretener aber beabsichtigter Rechtsverletzungen verwiesen[591]. Dem ist entgegenzuhalten, dass der Erlassvertrag das Bestehen der Forderung notwendig voraussetzt[592]. Für die Zulässigkeit eines antizipierten Erlasses kann auch nicht die Regelung der §§ 41 Abs. 4 und 42 Abs. 2 UrhG angeführt werden[593]. Zwar geben diese Regelungen Anlass für die Annahme der Zulässigkeit eines „vorherigen" Verzichts, vergl. hierzu im 3. Teil, unter I., 4. Anhaltspunkte bzw. Aussagen über die genaue dogmatische Einordnung des zulässigen Verzichts bieten die §§ 41, 42 UrhG hingegen nicht. Gegen die Annahme der Zulässigkeit eines antizipierten Erlassvertrages kann zudem die Regelung des § 276 Abs. 2 BGB angeführt werden. Danach kann ein Haftungsausschluss für vorsätzliches Handeln nicht vereinbart werden. Ein antizipierter Erlassvertrag käme aber einem Haftungsausschluss für vorsätzliches Handeln gleich, würde also wertungsmäßig gegen die Regelung des § 276 Abs. 2 BGB verstoßen[594]. Auch der Verweis auf die praktische Notwendigkeit in Anbetracht der Interessenlage zwischen Urheber und Verwerter ändert daran nichts[595]. Dies kann praktisch wünschenswerte, dogmatisch aber unhaltbare Ergebnisse nicht rechtfertigen.

2. Der obligatorische Verzicht

Im Unterschied zum Rechtsverzicht als Verfügungsgeschäft handelt es sich bei dem obligatorischen Verzicht[596] als Verpflichtungsgeschäft lediglich um einen Rechtsausübungsverzicht. Wegen der grundsätzlich relativen Wirkung tritt eine Bindungswirkung nur gegenüber dem eigenen Vertragspartner ein. Insofern ist es wichtig, die bloß verpflichtende Wirkung eines rechtsgeschäftlichen Verzichts von der verfügenden Wirkung zu unterscheiden, auch wenn im urheberrechtlichen Schrifttum beides durchaus unter dem Schlagwort „Verzicht" erfasst wird. Hinsichtlich des schuldrechtlichen Verzichts wird zwischen verschiedenen dogmatischen Konstruktionsmöglichkeiten differenziert.

---

591 Fromm/Nordemann-Hertin vor § 12, Rn. 5; Schricker, FS Hubmann, S 414 f.; vergl. auch Jahn, S. 93 f.; Kotsiris UFITA 119 (1992), 5, 28; Heidelberger-Dreyer Vor §§ 12 ff., Rn. 32, die diese Möglichkeit neben einer Lizenzierbarkeit im Sinne einer gebundenen Übertragung urheberpersönlichkeitsrechtlicher Befugnisse bei hinreichend bestimmten, zukünftigen Ansprüchen annimmt - damit widerspricht sich dann aber ihrer eigenen Behauptung der Notwendigkeit einer Lizenzierbarkeit des UPR.

592 So RGZ 124, 325, 326 und 148, 257, 262; OLG München GRUR 1986, 460, 463 - Die unendliche Geschichte; Dieselhorst, S. 140 f.; v. Gamm § 14, Rn. 7; Dasch, S. 29; v. Welser, S. 59 f.; a. A. BGHZ 40, 330 und Palandt-Heinrichs § 397 BGB, Rn. 2, wonach ein antizipierter Erlass (lediglich) dazu führt, dass die Forderung gar nicht erst entsteht, unter Verweis auf BGH BB 1956, 1086.

593 Dies könnte der Wortlaut der Vorschriften aber zunächst nahe legen, vergl. Schricker, FS Hubmann, S. 409, 414.

594 Vergl. Götting, S. 146; Dasch, S. 30; Helle AfP 1985, 93, 94; a. A. wohl BGHZ 40, 330 und BGH BB 1956, 1086.

595 So aber Schricker, FS Hubmann, S. 409, 414.

596 Zu diesem Ansatz: Dieselhorst, S. 139; Osenberg, S. 41.

a) Das pactum de non petendo

aa) Grundsätzliches

Das pactum de non petendo[597] bezeichnet eine vertragliche Vereinbarung zwischen einem Gläubiger und dessen Schuldner, in dem sich der Gläubiger verpflichtet, von einem - auch erst künftigen[598] - Anspruch gegen den Schuldner keinen Gebrauch zu machen[599]. Der Anspruch erlischt dabei nicht. Es wird lediglich ein Leistungsverweigerungsrecht, eine rechtshemmende Einrede, für den Schuldner begründet. Diese auch als Stillhalteabkommen bezeichnete Vereinbarung kann befristeter oder unbefristeter Art sein. Letzterenfalls nähert sie sich in ihren Wirkungen dann dem Erlassvertrag an[600]. Als obligatorischer Vertrag wirkt das Stillhalteabkommen nur inter partes und ist, mangels abweichender Abreden, nicht frei widerrufbar[601].

bb) Überlegungen zu Besonderheiten in 2- und Mehrpersonenverhältnissen

Wegen der relativen Wirkung betrifft eine Beschränkung urheberpersönlichkeitsrechtlicher Befugnisse im Wege eines pactum de non petendo zunächst nur 2-Personenverhältnisse. Bei 3-Personenverhältnissen, die im Wege einer Übertragung bzw. Einräumung von Nutzungsrechten gem. §§ 34 f. UrhG an Dritte zustande kommen können, stellt sich die Frage nach einer Absicherung der Rechtsposition des Lizenzerwerbers (potentielle Eingriffe in das UPR betreffend) gegenüber dem Urheber; insbesondere dann, wenn auf eine erneute Kontaktierung des Urhebers durch den Neuerwerber verzichtet werden soll.

aaa) Übertragung gem. §§ 413, 398 BGB

Hier wird insbesondere auf die grundsätzliche Möglichkeit der Übertragung von Einreden gem. § 413 BGB[602] verwiesen; insoweit betrifft dies auch die über ein pactum de non petendo begründeten Einreden[603].

---

597 Siehe: Schack, Rn. 989; Osenberg, S. 44; Rehbinder, Rn. 319, S. 279, der von einem Verzicht auf die Geltendmachung von Ansprüchen aus der Verletzung des UPR spricht; Praxiskommentar-Bullinger vor §§ 12 ff., Rn. 7, der von einer schuldrechtlichen Verpflichtung zur Unterlassung der Ausübung urheberpersönlichkeitsrechtlicher Befugnisse spricht; vergl. auch Dieselhorst, S. 141, wonach im pactum de non petendo zugleich eine rechtfertigende Einwilligung liege; OLG München GRUR 1986, 460, 463 - Die unendliche Geschichte, verwendet zwar den Begriff „Einwilligung", sieht darin jedoch eine Vereinbarung, keine Ansprüche aus dem UPR geltend zu machen, was indes einem pactum de non petendo entspricht; dementsprechend auch v. Gamm § 14, Rn. 7.

598 Vergl. MüKo-Schlüter § 397 BGB, Rn. 9 und Staudinger-Jagmann Vorbem zu §§ 328 ff. BGB, Rn. 55 unter Verweis auf BGH VersR 1960, 726, 727 sowie BGH NJW 1998, 902, 903, im Zusammenhang mit Haftungsausschlüssen zugunsten Dritter.

599 Palandt-Heinrichs § 205 BGB, Rn. 2.

600 Larenz, SR AT, § 19 I, a), S. 270.

601 Wegen dieses rechtsgeschäftlichen Charakters setzt das Stillhalteabkommen die Geschäftsfähigkeit nach §§ 107 ff. BGB voraus. Anders wohl nur Dieselhorst, S. 141, unter Verweis auf das Schrifttum Rechtsprechung zum aPR und die anderen, bürgerlich-rechtlichen Persönlichkeitsrechte: BGHZ 29, 33, 36; Staudinger-Schäfer, 12. Auflage, § 823 BGB, Rn. 458; Soergel-Zeuner, 12. Auflage, § 823 BGB, Rn. 197.

602 So v. Welser, S. 84 ff.

603 v. Welser, S. 86, der insoweit auch die Einwilligung erwähnt. Vergl. hierzu grundsätzlich auch Dasch, S. 94 f.; Götting, S. 162 f.; Helle AfP 1985, 93, 99, wonach auch die durch eine Einwilligung erlangte Rechtsposition übertragbar ist.

Praktisch relevant werde dies, wenn der Urheber Rechtsverletzungen im Wege des pactum de non petendo legitimiert habe und das betreffende Werk unter Fortbestand der legitimierten Verletzung des UPR an Dritte zur Nutzung überlassen bzw. weiterveräußert wird. Hier wird beispielhaft die Situation angeführt, dass ein Architekt bauliche Veränderungen durch den Eigentümer an dem von ihm geschaffenen Bauwerk zulässt und der Eigentümer das so veränderte Bauwerk später veräußert[604]. Dies werfe die Frage auf, wie der Erwerber, der Dritte, gegen Ansprüche des Urhebers geschützt sei. Denn das vertragliche Zugeständnis von Veränderungen durch den vorherigen Eigentümer wirke nur zu dessen Gunsten.

Dieser Sichtweise liegt indes eine unzutreffende Rechtsansicht zugrunde. Das betreffende Bauwerk wurde in einer durch den Urheber legitimierten Art verändert. Der Umstand, dass ein Eigentümerwechsel stattfindet, ändert dabei nichts an dieser Legitimationswirkung; dies löst keine Abwehransprüche aus.

Abgesehen von dem nicht zutreffend gewählten Anwendungsfall wird die vorgeschlagene Heranziehung des § 413 BGB in Mehrpersonenverhältnissen aber auch einem grundsätzlichen dogmatischen Aspekt nicht gerecht. Bei einer Abtretung des Leistungsverweigerungsrechts aus einem pactum de non petendo nach § 413 BGB wird keine Erstreckung dieser Einrede auf ein 3-Personenverhältnis erreicht. Eine Übertragung der Einrede des Vertragspartners des Urhebers an eine dritte Person ist nicht in dem Sinne dogmatisch zulässig, dass hierdurch für den Dritten eine eigenständige Einrede hinsichtlich möglicher eigenständiger Ansprüche des Urhebers gegenüber dem Abtretungsempfänger begründet wird[605]. Die Einrede bleibt auch nach einer Übertragung auf ein bestimmtes, sie begründendes Schuldverhältnis und damit vermittelt auch auf die insoweit betroffene Person bezogen. Dieser Bezug kann auch bei einem Wechsel der Inhaberschaft der Einrede gem. §§ 413, 398 UrhG nicht verloren gehen. Mögliche Ansprüche des Urhebers gegen dritte Personen entstehen innerhalb eines neuen, eigenständigen Schuldverhältnisses. Dieses kann insoweit nur neben das bereits in einem anderen 2-Personenverhältnis Bestehende treten; entsprechende Einreden wären hierfür neu zu begründen.

bbb) Pactum de non petendo zugunsten Dritter

Einen konstruktiven Lösungsweg im 3-Personenverhältnis bietet jedoch die Vereinbarung eines pactum de non petendo zugunsten eines Dritten[606]. Dies ist eine grundsätzliche Möglichkeit einer Erstreckung der vertraglichen Wirkung auf am Vertragsschluss unbeteiligte Dritte. Die Drittwirkung ist in der Entstehung des Schuldverhältnisses veranlagt, ohne dass eine der Abtretung entsprechende Verselbständigung und Verfügungswirkung vorliegt[607]. Für den unbeteiligten Dritten wird eine Einrede begründet, soweit er eine im pactum de non petendo festgelegte Verletzungshandlung vornimmt. Die Person des Dritten muss beim Vertragsschluss noch nicht bestimmt sein, es genügt Bestimmbarkeit nach persönlichen oder sachlichen Kriterien[608]; es reicht sogar eine erst spätere Bestimmung des Dritten[609].

---

604 Siehe v. Welser, S. 85.

605 Dies schlussfolgert aber wohl v. Welser, S. 83 und 86.

606 Palandt-Heinrichs Einf v § 328 BGB, Rn. 8; Gernhuber, § 22 II 3., S. 544 f.; MüKo-Gottwald § 328 BGB, Rn. 22; Siehe auch RGZ 127, 126, 129; BGH LM § 328 Nr. 15.

607 A. A. indes wohl MüKo-Gottwald § 328 BGB, Rn. 22.

608 MüKo-Gottwald § 328 BGB, Rn. 24.

609 OLG Karlsruhe WM 1997, 1476, 1477.

Auch wenn dieser Lösungsansatz der Konstruktion der Abtretung der sich aus einem pactum de non petendo ergebenden Rechtsposition zu ähneln scheint[610], ist auf zwei zu unterscheidende Aspekte hinzuweisen: Zum einen handelt es sich beim pactum de non petendo zugunsten Dritter um eine rechtstechnisch allgemein als zulässig anerkannte Form einer Drittberücksichtigung und zum anderen wird hierdurch vermieden, dass eine Einrede an einen Dritten im Wege einer Abtretung nach § 413 BGB unter Ausschluss jeglicher Beteiligung oder jeglichen Wissens des ursprünglichen Vertragspartners verschafft würde. Denn bei einem pactum de non petendo zugunsten eines Dritten ist der Vertragspartner an der Bestimmung des Dritten beteiligt und billigt dessen Einbeziehung mit dem Abschluss des Vertrages[611].

cc) Beschränkung des Umfangs des pactum de non petendo

Dogmatische Bedenken gegenüber der Annahme eines pactum de non petendo bestehen im Hinblick auf § 29 UrhG können aber dann bestehen, wenn eine ganz generelle und weitreichende Formulierung bezüglich potentieller Ansprüche, hinsichtlich derer eine Einrede begründet werden soll, getroffen wird. Denn dies könnte, insbesondere unter dem Gesichtspunkt einer vertraglichen Vereinbarung zugunsten Dritter, trotz des rechtstechnischen Verbleibs der Befugnis insgesamt beim Urheber, einer dinglichen Verzichtsvereinbarung gleichkommen. Denkbar wäre, dass der Urheber sein Selbstbestimmungsrecht dann letztlich nicht mehr ausübt, sondern sich dessen begibt[612].

b) Die Einwilligung

aa) Grundsätzliches

Als weitere Möglichkeit eines „Verzichts" wird die Einwilligung[613] als Rechtsfigur diskutiert. Sie ist als solche nicht in grundsätzlicher Art im Gesetz geregelt, wird aber allgemein anerkannt. Die Bestimmung ihrer Wirkung und Rechtsnatur ist im Bereich der Persönlichkeitsrechte jedoch höchst strittig[614]; diese Meinungsunterschiede setzten sich hinsichtlich des UPR fort.

Im Hinblick auf die deliktsrechtliche Struktur des § 97 UrhG und einer Vergleichbarkeit zur Einwilligung betreffend Eingriffen in Schutzgüter im Sinn des § 823 Abs. 1 BGB wird angenommen, dass die Einwilligung einen Eingriff in das UPR rechtfertigt, so dass die Verletzungsqualität entfällt[615]. Andere hingegen plädieren für eine tatbestandsausschließende

---

610 Siehe MüKo-Gottwald § 328 BGB, Rn. 22, der von einem Verfügungscharakter des pactum de non petendo spricht.

611 Ob und inwieweit diese Überlegung im Zusammenhang mit den urheberpersönlichkeitsrechtlichen Befugnissen bedeutsam ist, siehe 6. Teil.

612 Vergl. die Überlegungen im 6. Teil zu den einzelnen Befugnissen hinsichtlich einer eventuellen Notwendigkeit zur einschränkenden Auslegung bzw. Umdeutung von vertraglichen Vereinbarungen über das UPR.

613 Die Gruppe derer in der Literatur und Rechtsprechung, die eine Einwilligung als zulässig erachten, ist wohl am größten: Kreile/Wallner ZUM 1997, 625, 628; Schricker, FS Hubmann, S. 409, der auch von „Gestattung" spricht; Heidmeier, S. 97 f.; Schricker-Dietz vor § 12, Rn. 28; Leutheusser-Schnarrenberger ZUM 1996, 631, 634; Wedemeyer, FS Piper, S. 787, 791 f.; Haberstumpf, Rn. 419.

614 Nach wohl allgemeiner Ansicht stellt die Einwilligung in eine Eigentumsverletzung oder ein sonstiges Vermögensrecht iSd § 823 Abs. 1 BGB eine rechtfertigende Einwilligung dar, s. MüKo-Schmitt § 105, Rn. 20 ff.

615 Vergl. Praxiskommentar-v. Wolff § 97, Rn. 29; Schricker, FS Hubmann, S. 409, 411; Schricker-Wild § 97, Rn. 19; wohl auch Schilcher, S. 148 f.; Federle, S. 78 f.; Metzger, S. 40, der sogar direkt auf Literatur zum allg. Deliktsrecht des BGB verweist, vergl. Fn. 229.

Wirkung der Einwilligung[616] bzw. nehmen eine Einordnung als negatives Tatbestandsmerkmal vor[617]. Insoweit stellt das Schrifttum zu den bürgerlich-rechtlichen Persönlichkeitsrechten auf einen Vergleich mit der speziellen Regelung des § 22 KUG ab. Das Gesetz verlangt diesbezüglich ausdrücklich das Vorliegen einer Einwilligung zur Veröffentlichung der Bildnisse von Personen.

Im UrhG finden sich mit § 6 UrhG und § 23 UrhG nur bezüglich des Veröffentlichungsrechts Vorschriften, die Anhaltspunkte für die rechtliche Wirkung der Einwilligung auf der Rechtsfolgenseite bieten. In § 23 UrhG wird ausdrücklich von einer Einwilligung gesprochen. Die Systematik spricht dafür, der Einwilligung hinsichtlich der §§ 97 ff. UrhG tatbestandsausschließende Wirkung zuzusprechen; das Gesetz formuliert die Zulässigkeit einer Veröffentlichung nur unter der Bedingung, dass sie „mit Einwilligung" des Urhebers geschieht. Bei § 6 UrhG wird der Terminus „Zustimmung" verwandt, wobei insoweit auf die Vorschriften des §§ 182 ff. BGB verwiesen wird[618]. Auch dies spricht im Hinblick auf die Abwehrrechte der §§ 97 ff. UrhG für ein Verständnis der Einwilligung im urheberrechtlichen Bereich als eine vorherige Zustimmung von tatbestandsausschließender Wirkung.

Entscheidend ist jedoch, dass ein genereller Rückgriff auf allgemeine Regeln, wie er auch für andere Persönlichkeitsrechte diskutiert wird, in Anbetracht der besonderen Ausgestaltung des UPR im UrhG, der Eigenständigkeit gegenüber anderen Persönlichkeitsrechten[619] und den hieraus notwendig resultierenden Eigenheiten, Schwierigkeiten bereitet. Wegen des im Unterschied zu anderen bürgerlich-rechtlichen Persönlichkeitsrechten vorhandenen Werkbezugs ist die Einwilligung beim UPR weniger personen-, sondern gerade objektbezogen. Da also nicht, wie bei anderen Persönlichkeitsrechten, der Schutz der Person als solcher, sondern die Beziehung zu einem außerpersönlichen Gut, dem Geisteswerk, geschützt wird, rechtfertigt dies auch eine spezielle Untersuchung und Bewertung der Wirkung einer Einwilligung im Zusammenhang mit dem UPR[620].

Dabei ist eine pauschale, für alle urheberpersönlichkeitsrechtlichen Befugnisse geltende Einordnung weder angemessen noch zulässig. Denn vergleichbar der Spezialität des § 22 KUG für das Bildnisrecht treffen §§ 6 und 23 UrhG spezielle Regelungen - nur - für das Veröffentlichungsrecht. Die dogmatische Einordnung der Einwilligung hat auch im urheberpersönlichkeitsrechtlichen Bereich nach dem jeweils betroffenen Rechtsgut und dessen spezieller Ausgestaltung zu erfolgen[621]. So ist hier beispielhaft auf den Unterschied bei §§ 12, 13 UrhG im Verhältnis zu anderen Persönlichkeitsrechten hinzuweisen. Insoweit ist § 13 UrhG nicht bloß als negatives Abwehrrecht konzipiert, sondern verbürgt auch ein positives Forderungsrecht. Durch § 12 UrhG hingegen wird ein positives Bestimmungsrecht gewährt. Inhalt und

---

616 So v. Welser, S. 61; vom Dorp, S. 146 ff., der darauf abstellt, dass ein Eingriff mit dem Willen des Rechtsgutträgers immer tatbestandsbegrenzend sei; Wedemeyer, FS Piper, S. 787, 791; unklar bei: Rehbinder, Rn. 451, S. 420, der regelmäßig eine tatbestandsausschließende Wirkung annimmt. Siehe auch Peifer, S. 313, zu Persönlichkeitsrechten generell.

617 Dasch, S. 35; vergleichbar im Ergebnis auch Müsse, S. 92.

618 Praxiskommentar-Marquardt § 6, Rn. 15; Schricker-Katzenberger § 6, Rn. 25 ff.; Müsse, S. 93.

619 Vergl. hierzu bereits oben, unter 1. Teil, II, 1., c).

620 So Lucas-Schloetter GRUR Int. 2002, 809, 811; vergl. auch Dasch, S. 57, der eine besondere Einordnung der Einwilligung bei Persönlichkeitsrechen in Abgrenzung zu reinen Vermögensrechten und damit auch die Erarbeitung von spezifischen Rechtsgrundsätzen befürwortet; vergleichbar auch - speziell im Zusammenhang mit der Zustimmung iSd § 6 UrhG - vom Dorp, S. 111; Praxiskommentar-Bullinger § 23, Rn. 11, betont die Unterscheidung der Einwilligung iSd § 23 UrhG und des § 183 BGB.

621 Für den Bereich der bürgerlich-rechtlichen Persönlichkeitsrechte haben dies zutreffend Dasch, S. 38 ff., insbes. S. 57 und Götting, S. 148 f. und 165 f. unternommen.

Ausgestaltung des urheberpersönlichkeitsrechtlichen Schutzes sind unterschiedlich, dementsprechend kann auch die Wirkung einer Einwilligung verschieden sein[622].

Insoweit ist auf den 6. Teil der Untersuchung zu verweisen, in dem die Wirkungsweise einer Einwilligung für jede urheberpersönlichkeitsrechtliche Befugnis getrennt zu untersuchen sein wird.

bb) Widerrufbarkeit

Entscheidend für den Fortgang und das Ergebnis der Untersuchung ist jedoch die Frage der Rechtsnatur der Einwilligung, die nicht notwendig durch die Einordnung als tatbestandsausschließend oder rechtfertigend mitbestimmt wird[623]. Denn von der Zuweisung eines rechtsgeschäftlichen oder bloß rechtsgeschäftsähnlichen Charakters[624] bzw. von der Bewertung als Realakt[625] hängt die Reichweite der Bindungswirkung und damit insbesondere die Möglichkeit eines Widerrufs durch den Einwilligenden ab[626]. Dabei ist im Weiteren zwischen der einseitig erteilten und der im Rahmen eines Vertrages erteilten Einwilligung zu unterscheiden[627].

Aus der Einordnung der einseitigen Einwilligung als rechtsgeschäftliche Handlung ergibt sich die Anwendbarkeit des § 130 BGB und damit eine grundsätzlich uneingeschränkte Bindungswirkung[628]. Für die Zulässigkeit eines Widerrufs bedürfte es dann, nach allgemeinen privatrechtlichen Grundsätzen, einer besonderen Rechtfertigung. Mitunter wird aber auch hier weiter differenziert und stattdessen für eine Anwendung der Rückrufsregeln des § 183 BGB plädiert[629] oder zwischen verschiedenen Stadien der Bindungswirkung unterschieden[630]. Die Einordnung der Einwilligung als Realakt oder rechtsgeschäftsähnliche Handlung hingegen spricht für die Zuweisung einer freien Widerrufbarkeit[631].

Das weitreichende Meinungsspektrum zur Frage der legitimierenden Wirkung der Einwilligung besteht also auch hinsichtlich der Bestimmung ihrer Rechtsnatur[632].

---

622 Im Bereich der §§ 12 ff. BGB kann statt der Annahme eines Verzichts auch das Vorliegen einer Übertragung zutreffender sein, s. unten im 6. Teil, unter I.

623 So auch Helle, AfP 1985, S. 93, 96. A. A. aber wohl Staudinger-Hager § 823 BGB, Rn. C 176. Dem steht das insoweit bestehende Meinungsspektrum in der Literatur entgegen. Es ist denkbar weit und reicht von der Einordnung als tatbestandsausschließend mit auch rechtsgeschäftlichem Charakter, s. vom Dorp, S. 195, bis hin zur Qualifizierung als rechtfertigender Umstand mit bloß rechtsgeschäftsähnlichem Charakter, s. Palandt-Heinrichs Überbl v § 104 BGB, Rn. 6 ff.

624 Palandt-Heinrichs Überbl vor § 104 BGB, Rn. 6 ff.; MüKo-Schmitt § 105 BGB, Rn. 21 ff.

625 So wohl MüKo-Schramm vor § 182 BGB, Rn. 19; Uhlenbruck MedR 1992, 134, 135 f.

626 So im Ergebnis auch Götting, S. 148 ff.; Soergel-Hefermehl vor § 104 BGB, Rn. 24, der für das jeweilige Ergebnis das konkret in Frage stehende Rechtsgut und die Bedeutung des Selbstbestimmungsrechts mit einbeziehen will.

627 So deutlich auch Götting, S. 152.

628 So Götting, S. 150; vergl. auch Helle AfP 1985, 93, 101.

629 Vergl. Federle, S. 78 f., allerdings ohne Aussage zur Rechtsnatur der Einwilligung; Müsse, S. 99 f. und Praxiskommentar-Marquardt § 6, Rn. 21, zur Zustimmung. Die Rechtsprechung des BGH ist hinsichtlich der Zuordnung einer rechtsgeschäftlichen Natur unentschlossen, gar widersprüchlich, vergl. hierzu Götting, S. 148.

630 Vergl. Staudinger-Hager § 823 BGB, Rn. C 184 und Praxiskommentar-Fricke § 22 KUG, Rn. 19 f.

631 Vergl. Metzger, S. 40; MüKo-Mertens, 3. Auflage, § 823 BGB, Rn. 39 und MüKo-Wagner, § 823 BGB, Rn. 666, 672, sowie Staudinger-Hager § 823 BGB, Rn. C 184.

632 Dass in diesem Bereich insgesamt wenig Klarheit und Stringenz herrscht, ergibt sich schon aus der Lektüre der komprimierten Kommentierung in Staudinger-Hager § 823 BGB, Rn. C 176 und C 184. Diese Darstellung begnügt sich aus Klarheits- und Platzgründen auf die Darstellung der wichtigsten grundsätzlichen Strömungen und ihrer grundsätzlichen Konsequenzen innerhalb des weitreichenden Meinungsspektrums. Ausführlich zum Meinungsspektrum, Dasch, S. 82 ff. und Götting, S. 147 ff.

Die Bewertung der Einwilligung als Realakt, damit als reine Willensbetätigung, die zu einem äußeren, tatsächlichen Erfolg führt und an die Rechtsfolgen durch die Rechtsordnung als bloßer Reflex geknüpft werden[633], erfasst die Bedeutung der Einwilligung unzureichend. Mit der Erteilung der Einwilligung übt der Urheber sein Selbstbestimmungsrecht aus, was die rechtliche Legitimierung eines Eingriffs nach sich zieht. Insoweit hat sie rechtsgestaltende Wirkung, die durch den Einwilligenden nicht nur als Reflex in Kauf genommen, sondern gerade bezweckt wird. Über dieses voluntative Element bezüglich des eintretenden Rechtserfolgs wird dann weiter, je nach vorhandenem Finalitätsbezug zwischen der Handlung und dem Rechtserfolg, die Entscheidung zwischen rechtsgeschäftlichen oder rechtsgeschäftsähnlichen Handlungen getroffen[634].

Im urheberpersönlichkeitsrechtlichen Bereich spricht der Zusammenhang mit einem außerhalb der Person stehenden, wenngleich immateriellen Gut zwar für eine Nähe zu rechtsgeschäftsähnlichen Handlungen. Die Abgrenzung ist aber eine mehr graduelle Frage und entscheidend ist letztlich, dass im Bereich des Widerrufs aus Wertungsaspekten nicht von einer freien Widerruflichkeit ausgegangen werden kann[635]. Wenn man sich mit der grundsätzlichen Bejahung der Zulässigkeit einer Einwilligung im persönlichkeitsrechtlichen Zusammenhang in den rechtsgeschäftlichen Bereich begibt, so kann man nicht umhin, hier auch dem grundlegenden Gedanken des Verkehrsschutzes Rechnung zu tragen und das beiderseitig entstehende Vertrauen in das begründete Rechtsverhältnis zwischen den Beteiligten entsprechend zu berücksichtigen. Die Interessen der Beteiligten sind gewichtig und verlangen nach Rechtssicherheit, die nicht einseitig zu Lasten einer Partei erreicht werden kann. Insoweit würde aber auch eine Anwendung der Regelung des § 130 BGB, mit der Folge seiner grundsätzlichen Unwiderruflichkeit, den Träger des Persönlichkeitsrechts ungerechtfertigter Weise über Gebühr belasten und deshalb nicht mit dem Postulat des Urheberschutzes im UrhG vereinbar sein. Insbesondere wäre der Unterschied zur vertraglich erteilten Einwilligung zu sehr eingeebnet.

Insoweit ist der Gedanke der Vertrauensbegründung beim Geschäftspartner bei auch „bloß" einseitigen Erklärungen in differenzierter Weise in der Widerrufsregelung des § 183 BGB berücksichtigt[636]. Auch wenn dieser Regelung die Situation eines 3-Personenverhältnisses zugrunde liegt, so trägt sie den Interessen in der hier in Frage stehenden Situation am ausgewogensten Rechnung. Denn es ist angemessen, einen Widerruf durch den Urheber bis zur tatsächlichen Vornahme des Eingriffs in dessen Rechtsgüter zuzulassen - entsprechend der Regelung des § 183 S. 1 BGB, die auf den Zeitpunkt der Vornahme des Rechtsgeschäfts abstellt[637]. Gelangt man im Einzelfall zu einer anderen Bewertung und stellt ein besonderes Sicherheitsbedürfnis und erhöhtes Vertrauen auf Seiten des Verwerters fest, wird in der Praxis - nicht zuletzt wegen besonderer Begleitumstände wie etwa Entgeltlichkeit der Einwilligungserteilung - ohnehin eine Situation vorliegen, die insgesamt zu einer anderen

---

633 Flume, S. 108.

634 Vergl. sog. Rechtsgeschäftstheorie, vom Dorp, S. 148 ff. und Dasch, S. 46 ff.

635 Vergl. Palandt-Heinrichs Überbl. v. § 104 BGB, Rn. 4, der der Begrifflichkeit und der Einteilung wenig Bedeutsamkeit beimisst, da es keine einheitlichen Grundsätze gebe, und es für die Rechtsanwendung auf die Eigenart jeden Handlungstyps ankomme. Insoweit kann eine Gleichbehandlung mit Rechtsgeschäften mal angebracht, mal abzulehnen sein. Sind Rechtsgeschäft und Rechtshandlung nach gleichen Regeln zu behandeln, so ist auch deren Abgrenzung von geringem Wert, so auch Götting, S. 166, der die Unterscheidung insoweit als Geschmackssache bezeichnet.

636 Einen entsprechenden Ansatzpunkt wählt auch Dasch, S. 84, der aber - inkonsequenter Weise - für die „isolierte Einwilligung" in den Grenzen des §§ 226, 242 BGB eine jederzeitige Widerrufbarkeit annimmt, S. 88.

637 Insoweit kann auch der „seriellen" Verwertung, wie verschiedenen Auflagen im Verlagsbereich, entsprochen werden. Zur weitergehenden Frage, ob und wie eine entsprechende Entschädigung zu erfolgen hat, s. Götting, S. 150 f.

rechtlichen Beurteilung führen muss. Dann wird vom Vorliegen einer vertraglichen Absprache auszugehen sein, so dass der Regelungsbereich des § 183 S. 1 BGB und der Bereich der grundsätzlich jederzeitigen Widerrufbarkeit ohnehin verlassen ist. Hat der Einwilligungsempfänger mit Blick auf eine zukünftige Verwertung ein besonderes Interesse an der Legitimierung von Eingriffen in das UPR, wird in der Praxis im Rahmen des Nutzungsrechtsvertrages eine entsprechende Vereinbarung getroffen werden. Somit werden Fälle der isolierten, einseitigen Einwilligung praktisch kaum auftreten und werden deshalb wenig relevant[638].

Im Bereich der vertraglich vereinbarten Einwilligung besteht dann auch Einigkeit darüber, dass ein Widerruf grundsätzlich ausgeschlossen ist[639], es sei denn, es wurden anders lautende Regelungen im Vertrag getroffen[640]. Ausnahmsweise kann sich auch aufgrund gesetzlicher Vorschriften etwas anderes ergeben. Im urheberrechtlichen Bereich kommt insoweit dem § 42 UrhG besondere Bedeutung zu[641]. Hierbei handelt es sich um eine im Nutzungsrechtszusammenhang einschlägige, spezielle Regelung, so dass sie einer Anwendung etwaiger Vorschriften aus dem BGB zu Dauerschuldverhältnissen, wie § 314 BGB, grundsätzlich vorgehen muss, §§ 42 Abs. 5 i.V.m. 41 Abs. 7 UrhG; es sei denn, es treten spezielle Umstände hinzu, die anderes rechtfertigen[642]. Welche Form einer Einwilligung - einseitig oder im Rahmen eines Vertrages erteilt - vorliegt, ist eine Frage des Einzelfalls[643].

cc) Beschränkung des Umfangs der Einwilligung

Pauschale Einwilligungen in Verletzungen eines Rechtsguts sind zwar grundsätzlich denkbar. Soweit es den persönlichkeitsrechtlichen Bereich betrifft, werden jedoch Einschränkun-

---

638 So auch Götting, S. 152; Staudinger-Hager § 823 BGB, Rn. C 176, verweist ebenfalls auf den vertraglichen Zusammenhang. So erklärt sich auch die von Teilen der Literatur vorgenommene Einordnung als die dem Erlassvertrag angenäherte Einwilligung als verfügender Vertrag, so v. Gamm, § 14, Rn. 7. bzw. der Einwilligung als Gestattungsvertrag, vergl. MüKo-Schwerdtner, § 12 BGB, Rn. 137 und ders., 3. Auflage, § 12 BGB, Rn. 167 ff. Im urheberrechtlichen Schrifttum gehen Hock, S. 105 ff.; Rehbinder, Rn. 319, S. 279; Stolz, S. 62 ff. und im Ergebnis wohl auch Kellerhals, S. 117 ff., insbes. S. 120, von einer Gestattung bzw. einem Gestattungsvertrag aus, der dem Eingriff in absolute Rechte die Rechtswidrigkeit nehme und eine Einrede bzw. Einwilligung gewähre, vergl. insoweit die Ausführungen von Dasch, S. 28 und Hock, S. 105, insbes. Fn. 37. Auch der Streit zur Widerrufbarkeit scheint sich entsprechend widerzuspiegeln, siehe einerseits: Hock, S. 105, der eine jederzeitige, freie Widerrufbarkeit annimmt und andererseits: Rehbinder, Rn. 319, S. 280 und auch Kellerhals, S. 119, die auf den Charakter als Dauerschuldverhältnis verweisen und lediglich eine jederzeitige Kündigung aus wichtigen Grund zulassen.

639 Gerade das Zusammentreffen einer Einwilligungserteilung mit weiteren vertraglichen Absprachen erklärt auch die Vermengung mit der Gestattung bzw. dem Gestattungsvertrag, vergl. hierzu Peifer, S. 313, insbes. Fn. 896; Dasch, S. 28 ff., insbes. S. 31 und Götting, S. 145, Fn. 17, die eine derartige Vermengung jedoch zutreffend ablehnen. Denn entscheidend ist insoweit im Unterschied zur Gestattung die Möglichkeit einer einseitigen Erteilung einer Einwilligung.

640 Diese vermittelnde Überlegung formulieren insbesondere: Schricker, FS Hubmann, S. 409, 417; Dasch, S. 84 ff., der unter Berücksichtigung des Gedankens des § 183 S. 1 BGB eine der Bindungswirkung des § 130 BGB sehr nahe kommende Lösung favorisiert.

641 Wegen des vertraglichen Zusammenhangs ist eine Anwendung des § 42 UrhG bei einseitig erteilten Einwilligungen nicht zu diskutieren; dessen bedarf es bei der hier vertretenen Lösung auch nicht. Vergleich zur Bedeutung des § 42 UrhG unten, im 6. Teil, mit ausführlichen Untersuchungen im Zusammenhang mit rechtsgeschäftlichen Vereinbarungen betreffend die verschiedenen urheberpersönlichkeitsrechtlichen Befugnisse.

642 Schricker-Schricker § 41, Rn. 12.

643 Konkrete Überlegungen zu bestimmten Konstellationen finden sich im 6. Teil im Zusammenhang mit den rechtsgeschäftlichen Befugnissen über die jeweiligen urheberpersönlichkeitsrechtlichen Befugnisse.

gen vorgenommen[644]. Auch wenn der pauschale Verweis auf einen höchstpersönlichen Charakter mit der Schlussfolgerung der Unverzichtbarkeit hinsichtlich des UPR nicht unproblematisch ist, so ist in diesem Zusammenhang die gesetzliche Regelung des § 29 UrhG mit ihrem Schutzanliegen zu bedenken. Denn im Einzelfall kann eine weitreichende pauschale Einwilligung zu einem, der unzulässigen Übertragung wertungsmäßig gleichzusetzenden, umfassenden Verzicht führen[645]. Deshalb wird zutreffend betont, dass nur dann eine zulässige und damit wirksame Einwilligung vorliegt, wenn sich diese auf konkrete, genau bestimmte und bekannte Eingriffe bezieht[646]. In dieser Hinsicht ist der Regelungsgehalt mit dem Erlassvertrag und dem pactum de non petendo bezüglich bereits bestehender Ansprüche vergleichbar, die ebenfalls - aufgrund der zeitlichen, entstehungstatbestandlichen Rückbezogenheit - an konkretisierte Eingriffe anknüpfen.

Die Bestimmtheitsanforderungen an die Einwilligung können dabei je nach betroffener urheberpersönlichkeitsrechtlicher Befugnis unterschiedlich zu stellen sein.

dd) Überlegungen zu Besonderheiten in 3-Personenverhältnissen

Die Einwilligung wirkt sowohl als einseitige Erklärung als auch im Rahmen eines Nutzungsrechtsvertrages zwischen Einwilligendem und Einwilligungsempfänger bzw. Nutzungsrechtserwerber. Mit Blick auf die §§ 34, 35 UrhG, über die eine Erweiterung des 2- auf ein 3-Personenverhältnis eintritt, stellt sich auch bei dieser Rechtsfigur die Frage nach einer Erstreckung der Legitimierungswirkung der Einwilligung bei Eingriffen in das UPR auf Dritte; mithin die Frage nach der Umlauffähigkeit einer Einwilligung.

aaa) Grundsätzliches/ Übertragung gem. §§ 413, 398 BGB

Überwiegend wird angenommen, dass eine im Hinblick auf eine bestimmte, konkret bezeichnete Verletzung einer persönlichkeitsrechtlichen Befugnis erteilte Einwilligung analog §§ 413, 398 BGB an einen Dritten abgetreten werden kann[647]. Hierdurch wird auch dieser in

---

644 Götting, S. 142 und vergl. auch Forkel GRUR 1988, 491, 499 ff. Auch diejenigen, die auf eine schrankenlose und pauschale Einwilligung verweisen, kommen letztlich zum gleichen Ergebnis, indem sie eine Auslegung nach §§ 133, 157 BGB befürworten, die die konkrete Reichweite im Einzelfall bestimmt, vergl. Staudinger-Hager § 823 BGB, Rn. C 180.

645 So ausdrücklich Wedemeyer, FS Piper, S. 787, 792. Bei welcher urheberpersönlichkeitsrechtlichen Befugnis dieses Unzulässigkeitsargument tatsächlich gerechtfertigt ist, siehe im 6. Teil.

646 Vergl. Schricker, FS Hubmann, S. 409, 419; Wedemeyer, FS Piper, S. 787, 791 f.; Fromm/Nordemann-Hertin § 14, Rn. 7 und ähnlich auch Ulmer, § 89, III, 2., S. 381; OLG München GRUR 1986, 460, 463 - Die unendliche Geschichte. A. A. wohl nur Haas, Rn. 62 f., der Werkänderungen infolge der Einwilligung in die jeweilige konkrete Änderung oder auch durch Vereinbarung in allgemeiner Form zulässt. Er erachtet allgemein gehaltene Änderungserlaubnisse als im Interesse des Urhebers mitunter geradezu notwendig, befürwortet dann aber einen verbleibenden Schutz über die „Kerntheorie", im Sinne eines unverzichtbaren Kernbereichs des UPR, ohne diesen zu definieren und verweist im Übrigen auf die Inhaltskontrolle der bei Nutzungsverträgen verwendeten AGBs.

647 In Ergänzung und Fortsetzung der Meinung derer, die von einer „Gestattung" anstelle einer Einwilligung sprechen, vergl. Fn. 638, sei hier auf die konstruktive Schwierigkeit bei einer Anwendung im 3-Personenverhältnis hingewiesen. Zwar wird von einer „Weitergabe der Rechte aus wirksamer Gestattung" gesprochen; s. Hock, S. 106, der sich wohl als einer der ganz wenigen in der urheberrechtlichen Literatur mit dem Problem des 3-Personenverhältnisses befasst. Dabei wird jedoch keine dogmatische Herleitung unternommen, sondern schlicht auf die Zulässigkeit einer solchen Erweiterung des Wirkungskreises infolge des § 39 UrhG verwiesen. Diese Regelung sehe eine Gestattung gegenüber *„dem* Inhaber des Nutzungsrechts" vor, also ohne dass ein Unterschied zwischen unmittelbar erworbenen und abgeleiteten Nutzungsrechten gemacht werde. Diese Argumentation überzeugt indes nicht. Zum einen bestätigt der Wortlaut des § 39

den Stand versetzt, entsprechend legitimierte und somit rechtmäßige Eingriffe vorzunehmen[648]. Damit eine „Weiterleitung" der Legitimation hier nicht ohne Beteiligung des Urhebers, über dessen Kopf hinweg erfolgt, wird ein grundsätzliches Zustimmungserfordernis aus dem Rechtsgedanken des § 34 Abs. 1 UrhG abgeleitet[649], da das Zustimmungserfordernis (auch) im Nutzungsrechtszusammenhang der Wahrung der ideellen Interessen des Rechtsträgers dient[650]. Mit der Forderung nach einer Zustimmung zur Weiterübertragung der Einwilligung wird einer unzulässigen Verfügungswirkung der Einwilligung vorgebeugt - dies insbesondere im Unterschied zur Auffassung derer, die für eine rechtstechnische Konstruktion über die Abtretung der aus einem pactum de non petendo entstehenden Rechtsposition plädieren, vergl. a), bb), aaa). Eine unterschiedliche Bewertung der Zulässigkeit einer Übertragung der Einrede aus dem pactum de non petendo und der Einwilligung gem. §§ 413, 398 BGB analog folgt auch aus einem Vergleich des in beiden Konstellationen unterschiedlich gewahrten Selbstbestimmungsrechts des Urhebers. Dadurch, dass die erteilte Einwilligung bereits die Entstehung des Anspruchs ausschließt, kommt das gebilligte Fremdverhalten wertungsmäßig einem selbstbestimmten Eigenverhalten des Urhebers gleich; denn dann ist eine Namensanbringung oder -weglassung, wie auch eine Werkveröffentlichung oder eine Werkänderung, die anstelle des Urhebers durch den Einwilligungsempfänger vorgenommen werden, wertungsmäßig das gleiche wie eine Ausübung des UPR durch den Urheber selbst. Beim pactum de non petendo - die Zulässigkeit einer Abtretung nach §§ 398, 413 BGB unterstellt[651] - liegt hingegen eine Rechtsverletzung und damit ein Anspruch aus §§ 97 ff. UrhG vor, der lediglich nicht durchsetzbar ist. Der Eingriff in das Selbstbestimmungsrecht wird demnach nicht legitimiert; mithin wird hier der Aspekt der Fremdtätigkeit und Fremdbestimmung stärker betont. Insoweit ist die Begründung der Verkehrsfähigkeit des UPR mittels der Figur einer übertragbaren Einwilligung der rechtstechnischen Konstruktion über eine übertragbare Einrede aus einem pactum de non petendo aus Wertungsgründen vorzuziehen.

Anders als man dies vielleicht im Bereich der Persönlichkeitsrechte außerhalb des UrhG einwenden könnte, liegt mit der Anerkennung dieser Abtretungsmöglichkeit keine Umfunktiona-

---

UrhG diese Schlussfolgerung nicht, und zum anderen liegt der Regelung die Wahrung der Relativität der Vertrags- und Schuldverhältnisse zugrunde, so dass es einer besonderen Betonung dem Wortlaut nach nicht bedarf. Vielmehr hätte es zur Annahme des Gegenteils, also einer Erweiterung der relativen Wirkung, einer derartigen Regelung bedurft. § 39 UrhG bestätigt eine „Weitergabebefugnis" hinsichtlich der Gestattung insoweit nicht. Siehe generell zum bürgerlich-rechtlichen Schrifttum Palandt-Heinrichs § 12 BGB, Rn. 17, der ebenfalls ohne nähere Begründung eine Weiterübertragung der Gestattung bezüglich des Namensrechts gem. § 12 BGB annimmt.

648 Die analoge Anwendung erfolgt vor dem Hintergrund, dass die Einwilligung kein der Voraussetzung des § 413 BGB entsprechendes, subjektives Recht ist. Die Rechtskreiserweiterung beim Einwilligungsempfänger entspricht aber der über ein subjektives Recht gewährten Rechtsmacht. Vergl. hierzu Dasch, S. 94 f.; Götting, S. 162 f.; Helle AfP 1985, 93, 99; v. Welser, S. 85 f.

649 Götting, S. 163; Dasch, S. 96; vergl. auch Schricker-Schricker § 34, Rn. 5; a. A. ohne Aufstellen eines Zustimmungserfordernis hingegen v. Welser, S. 65 f. Die Widerrufsmöglichkeit wird über eine entsprechende Anwendung des § 404 BGB gewahrt, vergl. Götting, S. 163, Fn. 107; grds. hierzu Palandt-Heinrichs § 404 BGB, Rn. 3 und 4.

650 S. Schricker-Schricker § 34, Rn. 1 f.

651 Siehe hierzu oben, II, 2., b). Ein Unterschied besteht bei der Einwilligung gegenüber dem pactum de non petendo insoweit, als dass erstere mehr objekt- und letzteres mehr personenbezogen ist. Hieraus ergeben sich auch die dogmatischen Bedenken gegenüber der Loslösung der im Wege des pactum de non petendo begründeten Einrede aus dem zugrunde liegenden Schuldverhältnis, als eine notwendige Konsequenz aus einer Übertragung entsprechend §§ 398, 413 BGB.

lisierung der Rechtsfigur der Einwilligung vor[652]. Denn im Bereich des UPR führt der Werkbezug zu einer grundsätzlich anderen Bewertung der Einwilligung als bei bürgerlichrechtlichen Persönlichkeitsrechten. Insoweit steht eine Verfälschung des Rechtscharakters als reines Abwehrrecht und damit der Vorwurf der Umgestaltung von Persönlichkeitsrechten zu positiven Benutzungs- und Eigentumsrechten[653] hier nicht zur Debatte. Die Verkehrsfähigkeit der Einwilligung ist insoweit im urheberpersönlichkeitsrechtlichen Bereich bereits begriffsimmanent, weil sie über die Verkehrsfähigkeit des immateriellen Rechtsguts selbst impliziert ist. Wenngleich das UPR nicht ausschließlich und in diesem Sinne gleichsam nur mittelbar den vermögensrechtlichen Interessen dienen soll, geht es gerade auch bei dem persönlichkeitsrechtlichen Schutz des Urhebers um eine Sicherstellung der Verwertung des Werkes zugunsten des Urhebers. Genau dieser Gedanke wird nun mit der Gewährung einer Umlauffähigkeit der Einwilligung im Bereich des UPR fortgesetzt. Die Einwilligung zu Eingriffen in das UPR ist insoweit Ausdruck der Selbstbestimmung des Urhebers und hat eine der Verwertung des Werkes dienende, akzessorische Funktion. Sie hat nicht - wie bspw. beim Namens- oder Bildnisrecht - die Bedeutung der Begründung einer eigenständigen, wirtschaftlichen Nutzung eines Persönlichkeitsgutes[654]. Deshalb kann in Bezug auf das UPR auch dahin stehen, ob diese Verkehrsfähigkeit terminologisch nun mit dinglicher bzw. verfügender oder bloß mit verfügungsgleicher Wirkung der Einwilligung zu beschreiben ist[655]. Die Wirkung und Bedeutung der Einwilligung wird insoweit nicht, vergleichbar der Situation bei bürgerlich-rechtlichen Persönlichkeitsrechten, zur rechtsgeschäftlichen Einräumung eines Benutzungsrechts von Persönlichkeitsgütern umfunktioniert.

Da der Eingriff in die urheberpersönlichkeitsrechtliche Befugnis dem Inhalt und der Reichweite nach durch das Konkretisierungserfordernis vorbestimmt ist und deshalb gleichartig durch den Dritten, d.h. insbesondere ohne willkürliches Abweichen von der erteilten Einwilligung erfolgt, ergeben sich auch im Übrigen, gerade aus § 29 UrhG, keine Bedenken.

bbb) Einwilligungsermächtigung/ Einwilligungsvollmacht

Die Möglichkeit einer Übertragung der Einwilligung analog §§ 398, 413 BGB ist jedoch in den Konstellationen unzureichend, in denen eine Vermehrung der Eingriffssituation vorliegt. So in den Fällen, wo Nutzungsrechtsinhaber zu Eingriffen legitimiert wurden und diese auch getätigt haben, wenn im Anschluss daran der Neuerwerber von Nutzungsrechten nach § 35 UrhG entsprechende Eingriffe ebenfalls vornehmen können soll. Dann liegt keine Situation vor, in der (nur) derjenige, der die Einwilligung nach §§ 398, 413 BGB analog erwirbt, die erlaubten Eingriffe tätigt. Mit der Übertragung der Einwilligung würde aber der Ersterwerber des Nutzungsrechts auch die für ihn wirkende Legitimierungsmöglichkeit verlieren, obgleich

652 Insoweit wäre der Vorwurf, dass die Annahme einer übertragbaren Einwilligung lediglich bezwecke, das Fehlen einer Lizenz zu kompensieren, zu vordergründig, vergl. zu diesem Vorwurf: Peifer, S. 320.

653 S. Peifer, S. 320, der damit eine Beschränkung der persönlichen Autonomie einhergehen sieht und dies als freiheitsfeindlich bezeichnet, S. 293.

654 Insoweit wird im Zusammenhang mit der verfügenden Wirkung der Einwilligung bei den bürgerlichrechtlichen Persönlichkeitsrechten auch von hierdurch begründeten positiven Nutzungs- und Verwertungsrechten hinsichtlich des Persönlichkeitsguts gesprochen, vergl. Freitag, S. 166 ff..

655 Im Bereich der übrigen bürgerlich-rechtlichen Persönlichkeitsrechte wird hinsichtlich der Bestimmung der Rechtsqualität unterschieden zwischen einem verfügungsähnlichen Geschäft, so Dasch, S. 35, sowie der Verschaffung einer Rechtsposition, ohne Verbrauch von Verfügungsmacht, so Götting, S. 145. Hier deutet sich wohl an, wie die von v. Gamm, § 14, Rn. 7, beschriebene, dem Erlassvertrag angenäherte Einwilligung als verfügender Vertrag dogmatisch verstanden und begründet werden kann. Unklar ist die Auffassung von Lucas-Schloetter, GRUR Int. 2002, 811, in diesem Punkt. Sie spricht von einer dinglichen Wirkung der Einwilligung beim *droit moral*, ohne allerdings den dogmatischen Hintergrund hierfür zu konkretisieren.

ein von ihm getätigter Eingriff mit seiner Werknutzung fortbestehen kann. Praktisch relevant wird diese Situation hinsichtlich der Unterdrückung einer Namensnennung des Urhebers, wenn jede durch den Urheber gestattete Verwertung ohne Namensnennung erfolgt und die Verwertung des Werks dabei insgesamt gemäß der Legitimierung des Urhebers durch Zustimmungserteilung zur Vergabe von Unterlizenzen, § 35 UrhG, sowohl durch den Hauptlizenznehmer als auch durch den Unterlizenznehmer durchgeführt wird.

Hier ist an die im Schrifttum zunehmend diskutierte Rechtsfigur der Einwilligungsermächtigung zu denken[656]. Mittels dieser wird dem Ermächtigten die Rechtsmacht eingeräumt, Einwilligungen im eigenen Namen mit Wirkung gegenüber dem Urheber an Dritte zu erteilen[657]. Entsprechend den anderen Formen einer Ermächtigung, vergl. II., 3., a), aa), bleibt der Ermächtigende neben dem Ermächtigten weiterhin zur Geltendmachung seiner Rechte sowie - hier - der Möglichkeit der Einwilligungserteilung an Dritte befugt. Diese spezielle Ermächtigung findet ihre Rechtsgrundlage in § 185 Abs. 1 BGB analog.

Die Einwilligungsermächtigung ist von der Einwilligungsvollmacht abzugrenzen, die den Bevollmächtigten dazu befähigt, mit Wirkung für den Rechtsgutinhaber in Eingriffe in Persönlichkeitsmerkmale einzuwilligen[658]. Den Anforderungen der Praxis kommt die Figur der Einwilligungsermächtigung in größerem Maße entgegen[659]. Da der Personenkreis der unmittelbar an der Einwilligung Beteiligten auf den Einwilligungserteilenden und den Einwilligungsempfänger begrenzt ist, deckt sich dies mit den Personenbeziehungen im Hinblick auf die rechtsgeschäftlichen Vereinbarungen nach §§ 34, 35 UrhG - insbesondere dann, wenn das entsprechende Zustimmungserfordernis durch den Urheber abbedungen wurde. Dann ist es praktikabler, die Selbständigkeit der Vertragsverhältnisse nach §§ 34, 35 UrhG zwischen Hauptlizenznehmer bzw. Erstlizenznehmer einerseits und Unter- bzw. Zweitlizenzerwerber andererseits gegenüber dem Urheber beizubehalten. Denn der Aktionsradius des Ersterwerbers ist mit Blick auf die erteilte Zustimmung des Urhebers über §§ 34, 35 UrhG bereits nutzungsrechtlich erweitert. Wegen der Parallelität der Rechtsbeziehungen sollte sich diese Erweiterung dann mittels Einwilligungsermächtigung auch auf den persönlichkeitsrechtlichen Teil erstrecken; insoweit wirkt sich dann aus, dass bei der Einwilligungsermächtigung eine Erweiterung des Aktionskreises des Ermächtigten/Einwilligungserteilenden vorliegt, während bei der Vollmacht eine derartige Erweiterung lediglich zugunsten des Vollmachtgebers bewirkt wird[660].

Zunehmend befürwortet wird die Einwilligungsermächtigung insbesondere im Bereich des sog. Personenmerchandising[661]. Auch der BGH formuliert in der sog. NENA-Entscheidung[662]

---

656 Nach Auffassung von Lucas-Schloetter, GRUR Int. 2002, 809, 811 f., wäre weder eine Übertragung analog §§ 398, 400 BGB noch die Figur der Einwilligungsermächtigung heranzuziehen. Sie geht beim *droit moral* von einer per se dinglichen Wirkung der Einwilligung aus, die sich auf die betriebene Nutzung des Werkes beziehe, egal durch wen diese letztlich erfolge; die Legitimationswirkung bleibe dadurch erhalten, dass der Einwilligungsempfänger die Verwertung des Werks in der vom Urheber erlaubten Fassung auch einem Dritten gestatten dürfe. Dies bedeutet jedoch gerade auch vor dem Hintergrund des - demzufolge ignorierten - Zustimmungserfordernis entsprechend den Regelungen der §§ 34, 35 UrhG eine insgesamt zu weitreichende, dogmatisch nicht haltbare Wirkung der Einwilligung beim UPR.

657 Siehe Dasch, S. 92.

658 Siehe Götting, S. 164.

659 So für das Recht aus § 22 KUG auch Dasch, S. 92.

660 Vergl. Dasch, S. 93.

661 Freitag, S. 165 ff.; Dasch, S. 92 ff.; Götting, S. 164, der mit einem argumentum a maiore ad minus die Zulässigkeit der Einwilligungsermächtigung aus der Zulässigkeit der Abtretung, der sich aus der Einwilligung ergebenden Einrede, analog §§ 398, 400 BGB herleitet; vergl. auch Helle RabelsZ 60 (1996), S. 448, 466 f. A. A. Peifer, S. 320 ff. und zum urheberrechtlichen Schrifttum: Schack, Rn. 567 und v. Welser, S. 105 f.

662 GRUR 1987, 128.

dahingehend, dass der in Frage stehende Merchandisingvertrag so zu verstehen sei, dass „NENA die (betreffende) Klägerin *ermächtigt* hat, Dritten die wirtschaftliche Verwertung ihres Bildnisses gegen eine Vergütung zu *gestatten*“[663].

Die Gegenansicht lehnt die Einwilligungsermächtigung als unzulässige Rechtsfigur ab, da das Selbstbestimmungsrecht des Urhebers dessen Entscheidung über die Erteilung der Einwilligung unverzichtbar mache; es entspreche nicht der höchstpersönlichen Natur, dies an andere zu delegieren[664]. Dabei wird jedoch vernachlässigt, dass die Einräumung einer Ermächtigung an einen Dritten gerade Ausdruck und nicht Verlust des Selbstbestimmungsrechts des Rechtsinhabers ist[665]. Zudem bleibt der Urheber neben dem Ermächtigten weiterhin selbst berechtigt und damit „selbstbestimmt“, Einwilligungen zu erteilen[666]. Letztlich wird also der Handlungs- und Rechtskreis des Urhebers durch die Figur der Einwilligungsermächtigung nur zu dessen Vorteil erweitert.

Auch die in diesem Zusammenhang geäußerten Bedenken im Hinblick auf eine Verdinglichung einer bloß obligatorischen Rechtsposition durch die Rechtsfigur der Einwilligungsermächtigung sind unzutreffend[667]. Diese kritische Schlussfolgerung und Interpretation steht in unmittelbarem Zusammenhang mit der NENA-Entscheidung. Der darin vom BGH an einen Merchandiser zugesprochene Bereicherungsanspruch gegenüber einer Person, die unberechtigt NENA-Fanartikel hergestellt hat, ist zutreffend kritisch zu würdigen[668], da damit einer grundsätzlich bloß obligatorisch wirkenden Rechtsfigur ein bereicherungsrechtlicher Zuweisungsgehalt zugesprochen wurde. Indes darf nicht verkannt werden, dass dies nicht insgesamt gegen die Rechtsfigur der Einwilligungsermächtigung spricht; insbesondere nicht im urheberpersönlichkeitsrechtlichen Bereich[669]. Ihr liegt nicht zwangsläufig eine unzulässige Verfügungswirkung zugrunde[670]. Die Entscheidung stand in dem besonderen Zusammenhang der Zuweisung eines Nutzungsrechts und eines Lizenzanspruchs bei einer Unterlizenzierung an Dritte. Eine Konstellation, die beim UPR nicht in Rede steht, da die Nutzungsbefugnis hinsichtlich des Werks - wie bereits oben, unter aaa) erwähnt - nicht im Wege einer Vereinbarung über (urheber-)persönlichkeitsrechtliche Befugnisse zugewiesen wird. Sie wird vielmehr durch die Einräumung von Nutzungsrechten, gem. §§ 28 ff. UrhG, als Ableitung aus den Verwertungsrechten, erteilt. Der vereinbarte Vergütungs- bzw. Lizenzanspruch fließt insoweit auch nicht als unmittelbare Entsprechung zum UPR, sondern stellt das zu der Nutzungsrechtseinräumung wirtschaftliche Äquivalent dar. Die kritischen Bedenken gegenüber der Fi-

663 GRUR 1987, 128, 129.

664 So v. Welser, S. 105; s. auch Schack, Rn. 567.

665 So auch Dasch, S. 94.

666 Dies hängt mit der fehlenden Verfügungswirkung der Ermächtigung zusammen. Denn die Ermächtigung bewirkt weder eine (verfügungsähnliche) Abspaltung noch einen Übergang eines Teils des Rechts des Ermächtigten, sondern sie führt lediglich zu einer Autorisierung bzw. Legitimation des Ermächtigten zu verbindlichen Handlungen, entsprechend ihrer Erteilung, Flume, § 57, 1 c, S. 904 f. Vergl. auch Dasch, S. 92 f.

667 So Schack, Rn. 567; vergl. Peifer, S. 318 ff. und v. Welser, S. 64, die den Vorwurf der Verdinglichung bereits im Zusammenhang mit der „Grundfigur“ der Einwilligung diskutieren.

668 Zu folgen ist dem im betreffenden Fall befürworteten Weg über die Annahme einer gewillkürten Prozessstandschaft, so Schricker, EWiR § 22, KUG 1/87, 79 und im Ergebnis auch Schack, Rn. 567, Fn. 137.

669 Vergl. Götting, S. 143 ff., der eine Verfügungswirkung der Einwilligung ablehnt, aber eine Einwilligungsermächtigung befürwortet.

670 Insoweit darf die NENA-Entscheidung in diesem Punkt nicht für die Rechtsfigur der Einwilligungsermächtigung insgesamt verallgemeinert werden. Der bereicherungsrechtliche Gehalt steht hier nicht zur Diskussion. Dass der Vorwurf einer Verfügungswirkung auch vor dem Hintergrund der dogmatischen Bewertung der Rechtsfigur der Ermächtigung insgesamt nicht zutreffend ist, ergibt sich daraus, dass die Ermächtigung eben keine Abspaltung aus dem Recht des Ermächtigenden bedeutet, s. Fn. 649.

gur der Einwilligungsermächtigung bei bürgerlich-rechtlichen Persönlichkeitsrechten können jedenfalls im Zusammenhang mit dem UPR nicht durchgreifen.

Unzulässig ist aber die Ermächtigung zu Erteilung pauschaler Einwilligungen im Sinne einer Generalermächtigung, wodurch eine umfassende Überantwortung an den Ermächtigten und damit eine Entscheidung des Ermächtigten ohne konkrete Mitbestimmung durch den Urheber erfolgen könnte. Insofern ist bei der Einwilligungsermächtigung, entsprechend der Einwilligungserteilung durch den Urheber selbst, zu verlangen, dass die Einwilligungsmöglichkeit nur für solche Eingriffe wirksam besteht, die hinreichend konkretisiert und bestimmbar sind[671]. Denn wozu der Urheber selbst nicht in der Lage ist, dazu kann er auch einen anderen nicht ermächtigen.

Wenngleich hierdurch der Handlungsspielraum begrenzt wird, macht dies die Rechtsfigur als Erklärungsmodell nicht hinfällig. Insbesondere das praktische Bedürfnis für die Einschaltung Dritter wird hierdurch nicht ausgeschlossen[672]. Denn die Einziehungsermächtigung stellt einen - letztlich den einzigen - konstruktiv zulässigen Weg dar, anderen, nämlich den Ermächtigten, Rechte im Zusammenhang mit einer Verwertung und Vermarktung des Werkes einzuräumen und zugleich zu ermöglichen, dass diese ihrerseits andere Lizenznehmer zu einer erlaubten Werkverwertung unter Vornahme eines Eingriffs in das UPR legitimieren können.

3. Zusammenfassung und Endergebnis

Abschließend bleibt festzuhalten, welche Möglichkeiten konstruktiv als „Verzicht" (a) bzw. „Übertragung" (b) urheberpersönlichkeitsrechtlicher Befugnisse nach den bisherigen Untersuchungen der grundsätzlichen und mitunter bereits spezifisch urheberrechtlichen Gesichtspunkte denkbar ist.

(a)
- Die translative Übertragung scheitert im urheberrechtlichen Bereich an § 29 UrhG.
- Hinsichtlich der Figur der konstitutiven Übertragung bestehen dogmatische Bedenken und Unsicherheiten, die zu Lasten des Rechtsverkehrs gereichen[673]. Zudem entfernt man sich mit ihrer Anwendung bzw. Auslegung einer Vereinbarung nach §§ 133, 157 BGB als konstitutive Übertragung zu weit vom Schutzgedanken des UrhG, wie er insbesondere in § 29 UrhG zum Ausdruck kommt. Wo diese Entfernung in übermäßiger Weise droht, weil nicht aus verwertungsrechtlichen Gründen notwendig, und deshalb eine einseitige Privilegierung des Verwerters in Frage steht, ist sie als unzulässige rechtsgeschäftliche Vereinbarung abzulehnen. Anstatt mit den inhaltlich unterschiedlich weit reichenden Formen einer konstitutiven Übertragung zu argumentieren, ist auf die anderen bestehenden Rechtsfiguren - direkt, nicht unter dem Deckmantel der konstitutiven Übertragung - zurückzugreifen.
- Die Abtretung von Ansprüchen aus § 97 BGB ist nur in nachträglicher, d.h. hinsichtlich bereits bestehender Ansprüche, nicht in antizipierter Form zulässig[674]. Eine Heranziehung in verwertungsrechtlichen Mehrpersonenverhältnissen ist nicht denkbar. Lediglich bei Treuhandverhältnissen steht diese Figur in Rede. Nachteilig für den Urheber ist dabei jedoch der umfassende Verlust der bestehenden Ansprüche.

---

671 Vergl. Dasch, S. 92 ff.; anders wohl der BGH, der in der NENA-Entscheidung, GRUR 1987, 128, keine Begrenzung annimmt.

672 So aber v. Welser, S. 105.

673 S. oben, unter II., 1.

674 S. oben, unter II., 2.

- Eine Verfügungsermächtigung nach § 185 BGB ist unzulässig. Bei der Einziehungsermächtigung analog § 185 BGB ist zu bedenken, dass sie nur 3-Personenverhältnisse betrifft; wie jede Ermächtigung beruht sie auf einer nach § 183 BGB widerruflichen Einwilligung. Im Wege der Ausübungsermächtigung analog § 185 BGB können positive urheberpersönlichkeitsrechtliche Befugnisse, im Sinne von Bestimmungsrechten, anderen Personen mit Bindungswirkung für den Urheber zur Ausübung überlassen werden. In prozessualer Hinsicht ist eine Ermächtigung analog § 185 BGB hinsichtlich der Ansprüche aus §§ 97 ff. UrhG möglich.

(b)- Der umfassende dingliche Verzicht ist nach § 29 UrhG unzulässig.
- Der Erlassvertrag gem. § 397 BGB ist nur bezüglich bereits bestehender Forderungen, im Sinne eines nachträglichen Verzichts, zulässig.
- Das pactum de non petendo ist wegen der nur relativen Wirkung ausschließlich in 2-Personenverhältnissen von Bedeutung. Eine Übertragung des Leistungsverweigerungsrechts gem. § 413 BGB ist unzulässig[675]. Denkbar ist insoweit aber ein pactum de non petendo zugunsten Dritter, über das der Urheber auch an der Bestimmung der Person des Dritten beteiligt ist und dessen Einbeziehung er billigt. Dem Umfang nach ist die Begründung von Leistungsverweigerungsrechten wegen § 29 UrhG jedoch beschränkt.
- Die Einwilligung legitimiert künftige Eingriffe in das UPR. Ihr kann entweder tatbestandsausschließende oder auch rechtfertigende Wirkung hinsichtlich etwaiger Abwehransprüche aus §§ 97 ff. UrhG zukommen[676]. Sie kann sowohl einseitig und dabei entsprechend § 183 S. 1 BGB widerruflich als auch in vertraglicher Form mit grundsätzlicher Unwiderruflichkeit erteilt werden. Im Zusammenhang mit Mehrpersonenverhältnissen ist ihre Übertragbarkeit analog §§ 398, 413 BGB zu berücksichtigen, wobei ein grundsätzliches Zustimmungserfordernis seitens des Urhebers besteht. Zudem ist die Rechtsfigur der Einwilligungsermächtigung zulässig. In jedem Fall ist eine Einwilligung wegen § 29 UrhG nur in beschränktem Umfang, nicht pauschal erteilt, zulässig.

Etwaige weitergehende Besonderheiten und die Geeignetheit der jeweiligen Rechtsfiguren zur rechtstechnischen Erklärung von konkreten Einzelkonstellationen betreffend jede im 2. Teil der Arbeit dargestellte urheberpersönlichkeitsrechtliche Befugnis werden sich im Anschluss im 6. Teil der Arbeit herauskristallisieren. Dabei werden die dogmatischen Eigenarten der einzelnen urheberpersönlichkeitsrechtlichen Befugnisse wie auch die jeweils in Frage stehenden praktischen Bedürfnisse des Rechtsverkehrs sowie die Interessen des Urhebers und seines Geschäftspartners in konkretisierten Fallgruppen zu berücksichtigen sein.

Zunächst soll im Weiteren ein vergleichender Blick auf das US-amerikanische und französische Recht geworfen werden. Es ist zu untersuchen, wie diese Rechtsordnungen, im ersteren Fall das grundverschiedene Copyrightsystem und im letzteren Fall das dem deutschen Recht sehr verwandte *Droit d'Auteur*, die rechtlichen und praktischen Problemkonstellationen der Verkehrsfähigkeit der rechtssystematisch dem deutschen UPR entsprechenden persönlichkeitsrechtlichen Befugnis(se) behandeln.

---

675 S. oben, unter III., 2., a), bb), aaa).
676 S. oben, unter III., 2., b), aa).

Fünfter Teil

Rechtsvergleich

I. Darstellung und Untersuchung des französischen Rechts

Wie bereits im 1. Teil dieser Untersuchung ausgeführt, markierte die gesetzliche Berücksichtigung und damit Stärkung der persönlichkeitsrechtlichen Interessen des Urhebers auch im französischen Recht den Wendepunkt der bis dato freien und unbeschränkten Übertragbarkeit des einheitlichen Urheberrechts, im Sinne der Theorie vom geistigen Eigentum. Die Polarität von persönlichkeitsrechtlichem und vermögensrechtlichem Interessenschutz führte hier, bestätigt mit Einführung des CPI, zu einer deutlichen Trennung zwischen den dem Gesetz nach übertragbaren Vermögensrechten und den vom Gesetz grundsätzlich als unveräußerbar bestimmten *droits moraux*. Die besonders hervorgehobene Bedeutung und Vorrangstellung des *droit moral* gegenüber den Vermögensrechten hat ein erhöhtes Konfliktpotential für die Verwertungssituation der Urheberwerke geschaffen[677]. Es ist insoweit von Interesse, wie das französische Recht, das in einer sehr engen verwandtschaftlichen Nähe zum deutschen Urheberrecht steht, diesen Konflikt regelt. Ausgangspunkt der Betrachtungen bildet auch hier die Darstellung des Schutzbereichs des *droit moral* und der hierdurch geschützten Befugnisse.

1. Das *Droit Moral* als Gegenstand von Rechtsgeschäften

Eine Unterscheidung zwischen einem *droit moral* im engeren und einem solchen im weiteren Sinne, vergleichbar dem deutschen Recht, gibt es in Frankreich nicht. Das französische Recht sieht vielmehr abschließend geregelte urheberpersönlichkeitsrechtliche Einzelbefugnisse vor. Sie werden unter dem Begriff *droit moral* zusammengefasst[678]. Diese abschließende Aufzählung von urheberpersönlichkeitsrechtlichen Befugnissen ist eine notwendige Folge des Dualismus, also der strikten - tatbestandlichen - Trennung von vermögensrechtlichen und persönlichkeitsrechtlichen Befugnissen[679]. Das französische *droit moral* findet seine deutsche Entsprechung insoweit im UPR i.e.S.[680].

---

677 Anzumerken ist hier insoweit auch, dass trotz des eindeutigen Gesetzeswortlauts in Art. L. 131-4 CPI auf die Tendenz verwiesen wird, die *cession* (Übertragung) über eine Beschränkung ihrer Wirkung auf eine *concession* (Lizenzierung) anzugleichen. Insoweit wird in der *cession* keine bedingungslose Überlassung des betreffenden Rechts gesehen und damit ein Verbleib im Bann des Urhebers betont, siehe Boytha, FS Kreile, S. 109, 122 unter Verweis auf Desbois, S. 606 ff.

678 Eine andere Zuordnung legt auch die uneinheitliche Terminologie im französischen Recht nicht nahe. Zwar spricht die französische Literatur sowohl im Plural von *droits moraux* als auch im Singular vom *droit moral*. Eine inhaltlich andere Bedeutung wird damit nicht verbunden. In dem einem Fall wird lediglich die Seite der einzelnen Befugnisse aus dem einheitlichen Recht stärker betont, während im anderen Fall stärker auf den Aspekt der Einheitlichkeit hingewiesen wird, so Bertand, 6.112., S. 261. In der folgenden Darstellung wird der singuläre Terminus verwandet, da zum einen das französische Gesetz selbst vom *droit moral* spricht, vergl. Art. L. 121-1 CPI und zum anderen von der Unveräußerlichkeit des einheitlichen *droit moral* die Unveräußerlichkeit auch der einzelnen Befugnisse abgeleitet wird.

679 Zur Erinnerung: Umgekehrt bedeutet dies, dass die Unmöglichkeit einer abschließenden Aufzählung urheberpersönlichkeitsrechtlicher Befugnisse im deutschen Recht die notwendige Konsequenz der monistischen Theorie ist.

680 Vergl. Dietz, S. 39.

a) Das Veröffentlichungsrecht (*Droit de Divulgation*)

Gem. Art. L. 121-2 al. 1, S. 1 CPI[681] wird dem Urheber das Recht gewährt, über die Frage einer Veröffentlichung seines Werkes zu bestimmen. Dabei wird ihm gem. Art. L. 121-2 al. 1, S. 2 CPI neben der Befugnis zur Entscheidung über das „Ob" auch die Entscheidung über die Art und Weise, das „Wie" einer Veröffentlichung zugewiesen. Insoweit liegt hier eine Entsprechung zur deutschen Regelung des Veröffentlichungsrechts in § 12 Abs. 1 UrhG vor. Dabei stellt die wohl herrschende französische Lehre gleichfalls auf den Willensakt, die nach außen tretende innere Entscheidung, sein Werk zu veröffentlichen, als Schutzobjekt ab, so dass, wie im deutschen Recht, von einem Schutz der Veröffentlichungsreife gesprochen werden kann[682]. Der Umstand der tatsächlichen Veröffentlichung (*divulgation*) führt nach herrschender Ansicht[683], entsprechend zum deutschen Recht, zur Erschöpfung des Veröffentlichungsrechts[684]. Diese liegt jedenfalls dann vor, wenn von einer *communication au public,* also einer Vermittlung an die Öffentlichkeit in Abgrenzung zur privaten Benutzung, gesprochen werden kann[685].

Besondere Bedeutung kommt dem Veröffentlichungsrecht insoweit zu, als dass die *droits patrimoniaux* erst mit der Ausübung des *droit de divulgation* entstehen[686]. Dabei wird aber, bei fortwährendem Bekenntnis zur dualistischen Theorie, zunehmend betont, dass der Urhe-

---

681 Art. L. 121-2 al. 1 CPI lautet: „L'auteur a seul le droit de divulguer son oeuvre. Sous réserve des dispositions de l'article L. 132-24, il détermine le procédé de divulgation et fixe les conditions de celle-ci."

682 Desjonqueres, n. 250: „c'est le droit pour l'auteur de décider si son oeuvre sera communiquée au public, ..."; sehr deutlich auch Bertand, 6.14., S. 277 und Dietz, S. 57 ff. unter Verweis auf Colombet, S. 154 und Desbois, S. 476 f. Eine andere Betonung nehmen Greffe/Greffe, n. 989, vor, indem sie formulieren: „le droit de divulgation ... (est) le droit exclusif pour l'auteur ... ." Sie bleiben insofern genau am Gesetzeswortlaut.

683 Gautier, n. 120; Bertand, 6.14., S. 277; vergl. hierzu mit Nachweisen für die verschiedenen Ansichten auch in der Rechtsprechung: Lucas, S. 69 f. Als Ausgangspunkt der Meinungsunterschiede wird dabei auf die Entscheidung „Whistler" - ausführlicher hierzu unten im 5. Teil, unter I., 3., a) - verwiesen.

684 Entsprechend der deutschen Diskussion wird von der Mindermeinung entgegengehalten, dass die eine Art der Veröffentlichung nicht zugleich die Akzeptanz gegenüber einer anderen mit einschließe.

685 Vergl. Gautier, n. 120 und Greffe/Greffe, n. 989. Mittlerweile hat sich der französische Terminus *divulgation* inhaltlich dahin entwickelt, dass eine Entsprechung mit dem deutschen Recht angenommen werden kann. Der Hauptunterschied, auf den in diesem Zusammenhang hinzuweisen war, wurde im Zusammenhang mit dem Ausstellungsrecht und der Eigentumsübertragung gesehen. Insoweit konnten sich Konstellationen ergeben, bei denen, gemessen an der deutschen Begriffsvorstellung eine Mehrfachveröffentlichung, damit bereits zugleich auch eine Erschöpfung vorlag, während nach französischem Rechtsverständnis trotz „Mehrfachveröffentlichung" erst mit der letzten Veröffentlichung rechtstechnisch eine *divulgation* und damit Erschöpfung des Rechts aus Art. L. 121-2 al. 1 CPI geben war, vergl. hierzu ausführlich Dietz, S. 64 ff. Das französische Gesetz von 1957 (sog. loi 1957), der Vorläufer des CPI, kannte kein ausdrücklich kodifiziertes Ausstellungsrecht, sondern garantierte dieses Recht als Ausfluss des Eigentumsrechts, wenn dieses an Dritte übertragen wurde. Infolge dessen konnte mit der Veräußerung des Werkes im französischen Recht eine Ausübung und Erschöpfung des droit de divulgation eintreten, vergl. Dietz, S. 57 ff. Auch andersherum waren Konstellationen möglich, in denen der Urheber selbst das Werk ausstellte, aber eine Ausübung oder gar Erschöpfung des droit de divulgation hierin jedoch nicht lag. Mit der Novellierung des loi 1957 im Jahre 1985 wurde seitens des Gesetzgebers klargestellt, dass unter dem Begriff der *présentation publique*, Art. L. 122-2 CPI, nun auch die *exposition publique* (Ausstellungsrecht) erfasst wird, so dass ein Rekurrieren auf den Tatbestand der Eigentumsübertragung, zur Einräumung eines entsprechenden Ausstellungsrechts des Erwerbers, nicht mehr notwendig ist, vergl. Colombet, n. 200, S. 168.

686 S. Desbois, n. 389, S. 479, der insoweit formuliert: „L'oeuvre, en effet, n'a été „patrimonialisée" que dans la mesure où l'auteur a décidé de la communiquer au public." Diesem Verständnis stehe auch nicht die Regelung des Art. L. 111-2 CPI entgegen, wonach das Werk als erschaffen gilt, unabhängig von jeglicher tatsächlichen Veröffentlichung. Denn dies soll keine Zuweisung von *droits patrimoniaux* vor Veröffentlichung sein, sondern nur zum Ausdruck bringen, dass das Werk bereits vor dieser Veröffentlichung durch das Gesetz geschützt ist, so Colombet, n. 136, S. 131.

ber wegen der engen Verbindung zwischen den Verwertungsrechten und dem Veröffentlichungsrecht, mit der Entscheidung über die Veröffentlichungsreife meist auch das Vervielfältigungs- und Verbreitungsrecht ausübe[687]. Das „Wie“ der Veröffentlichung werde dabei über die Art der Nutzungsrechtseinräumung konkretisiert[688]. - Vorgreiflich sei bereits an dieser Stelle darauf hingewiesen, dass die Schlussfolgerungen für die Frage einer rechtsgeschäftlichen Disposition im deutschen und französischen Recht trotz des vergleichbaren dogmatischen Verständnisses eines unmittelbaren Zusammenhangs zwischen den *droits moraux* und den Verwertungsrechten, durchaus sehr unterschiedlich sind, wie die weiteren Untersuchungen zeigen werden. -

Zudem wird dem Urheber ein Recht auf die erste Inhaltsmitteilung gewährt. Es ist jedoch, insoweit anders als im deutschen Recht, nicht als eigenständige Befugnis geregelt, sondern wird aus dem Veröffentlichungsrecht abgeleitet[689].

b) Recht auf Anerkennung der Urheberschaft (*Droit à la Paternité*)

Unter dem einheitlichen *droit à la paternité* werden das *droit au respect de son nom* (Namensnennungsrecht) und das *droit au respect de sa qualité* (Recht auf Nennung der Titel, Grade u.ä.[690]) zusammengefasst, deren ausdrückliche gesetzliche Garantie in Art. L. 121-1 al. 1 CPI[691] verortet ist. Das *droit au respect de son nom* beinhaltet das positive Recht auf vollständige Benennung des Autors auf allen Werkstücken, Reproduktionen und bei diesbezüglicher Werbung[692]; entsprechend der deutschen Regelung besteht ein Namensnennungsanspruch also sowohl bei unmittelbarer als auch mittelbarer Werkverwertung. Aus der Gewährung dieses Namensnennungsrechts wird die Zuweisung des generellen Rechts auf Anerkennung der Urheberschaft abgeleitet.

---

687 So ganz deutlich Bertand, 6.14., S. 277. Lucas/Lucas, S. 303 sprechen sogar von gewissen Überschneidungen zwischen dem *droit moral* insgesamt und Verwertungsrechten - trotz grundsätzlicher Anerkennung des modifizierten Dualismus. Desbois, n. 388, S. 478, weist in diesem Zusammenhang auf die Vereinbarkeit dieses Umstands mit der dualistischen Theorie hin. Denn die Entscheidung über die Veröffentlichung sei deutlich zu trennen von dem Vertragsabschluss bezüglich einer Verwertung des Werkes. Die Veröffentlichungsentscheidung gehe immer notwendigerweise zeitlich voran, liege also vor der Werkverwertung und insbesondere dem diesbezüglichen Vertragsschluss.

688 Diese Verbindung wurde hingegen unter Geltung des Gesetzes von 1957 mit dem Verweis auf die Nichtkodifizierung des Ausstellungsrecht, s. Fn. 683, in Zweifel gezogen, vergl. Dietz, S. 57 ff., insbes. 68 ff. In der Sache kann die Nutzungsgewährung nach französischer Rechtsauffassung wohl nur eine abschließende Konkretisierung des „Wie“ des Veröffentlichungsrechts des Urhebers bedeuten. Denn insoweit ist, vor dem Hintergrund des Dualismus, die Bedeutung des *droit de divulgation* als Ausgangspunkt und Entstehungstatbestand der *droits patrimoniaux* zu bedenken. Denn mit der, dem Vertragsschluss vorgelagerten Entscheidung über die Veröffentlichung gelangen die *droits patrimoniaux* zur Entstehung. Dabei wäre ein Verständnis denkbar, wonach die Entstehung der *droits patrimoniaux* dann aber auch nur soweit und dergestalt vorliegt, wie es der getroffenen inneren Entscheidung des Urhebers entspricht. Der der Entscheidung des Urhebers über die Veröffentlichung - notwendig - nachfolgende Vertrag ist hinsichtlich der jeweils entstandenen *droits patrimoniaux* dann ohne rechtsbegründende Bedeutung, ist ohne grundsätzlichen Einfluss. Insoweit könnte die inhaltliche Bedeutung des Vertrages für das Veröffentlichungsrecht dann nur darin liegen, die nähere Ausgestaltung der Verwertung zu regeln, so dass er sich auf die abschließende nähere Konkretisierung des „Wie“ der Veröffentlichung bezieht, vergl. Desbois, n. 388, S. 477 f.

689 Altenburg, S. 105, unter Verweis auf: TGI Paris RIDA 147 (1991), S. 344.

690 So die h. M., vergl. an Stelle vieler: Colombet, n. 140, S. 134; Bertand, 6.12., S. 270; Lucas, S. 74. A. A. wohl nur Gavin, S. 93 f.; Metzger, S. 132, die das *droit au respect de sa qualité* als Recht auf Anerkennung der Urheberschaft verstehen.

691 Art. L. 121-1 al. 1 CPI lautet: „L'auteur jouit du droit au respect de son nom, de sa qualité et de son oeuvre.“ Grundlegende Entscheidungen hierzu finden sich zusammengefasst dargestellt bei Greffe/Greffe, n. 1034.

692 Gautier, n. 120-1.

Daneben treten das negative Recht auf Nichtnennung des Namens, als Recht auf Anonymität, und das Recht auf Wahl und Nutzung eines Pseudonyms[693], deren gesetzliche Verbürgung insbesondere durch Art. L. 113-6 al. 1 CPI[694] bestätigt wird. Das damit korrespondierende Abwehrrecht[695], auch gegenüber einer Fremdanmaßung der Urheberschaft, wird durch Rückgriff auf die allgemeinen Regeln der §§ 1382 ff. C.Civ., in denen Unterlassungs- und Schadenersatzansprüche geregelt sind, gewährt. Praktisch bedeutet dies, dass der Verwerter mit der Übergabe eines Werkstücks bzw. Originals an ihn das Verlangen des Urhebers nach einer namentlichen (Nicht)nennung[696] - entsprechend dem deutschen Recht - beachten muss.

Bei bestimmten Werkarten und Verwertungsformen werden Beschränkungen des Namensnennungsrechts hinsichtlich der Bestimmung der Modalität der Namensnennung, wie bspw. der Ort der Namensanbringung oder der Größe des Namenszuges, angenommen. Insoweit kann der Urheber dann nicht frei entscheiden und nicht jede Art und Weise einer Namensnennung durchsetzen. Im Vergleich zum deutschen Recht ist der gewährte Schutz hinsichtlich des „Wie“ einer Namensnennung vom Grundsatz her, sozusagen auf Tatbestandsebene, enger[697].

c) Das Werkintegritätsrecht (*Droit au Respect de l'Oeuvre*)

Art. L. 121-1 al. 1 CPI[698] garantiert ein *droit au respect de l'oeuvre* (Werkintegritätsrecht) bezüglich der *intégrité physique* und der *intégrité de l'esprit*[699]; es ist als uneingeschränktes Abwehrrecht gegenüber direkten und indirekten Eingriffen ausgestaltet. Anders als nach deutschem Recht, wo eine Eignung zur Gefährdung der geistigen und persönlichen Interessen durch den Eingriff ins Werk vorliegen muss, wird das *droit au respect de l'oeuvre* uneingeschränkt, ohne derartige tatbestandliche Beschränkung auf eine bestimmte Eingriffsqualität, gewährt.

Diese weitreichende gesetzliche Gewährung von Integritätsschutz könnte nun vermuten lassen, dass mit der Frage nach einer Legitimation von Änderungen generell und ausschließlich der Bereich rechtsgeschäftlicher Vereinbarungen beschritten werden müsste. Etwaige Konflikte, die gerade auch im Zusammenhang mit dem Werkintegritätsrecht zwischen Urheber und Verwerter bei der Werknutzung entstehen, lösen die französische Rechtsprechung und Lehre indes mitunter über eine Einschränkung[700] des tatbestandlichen Schutzbereichs nach generellen, ungeschriebenen Aspekten, wie dem einer Interessenabwägung (*équilibre d'intérêts*)[701], und unter dem Gesichtspunkt des Rechtsmissbrauchs (*abus de droit)*, ausführlicher hierzu unten, unter 2., c), bb). Infolgedessen werden im Einzelfall unter Berücksichti-

---

693 Allein Desjonqueres, n. 265, sieht in der Wahl einer anonymen oder pseudonymen Veröffentlichung keine positive Rechtsausübung, sondern eine *aliénation* als Ausnahme zum Grundsatz der inaliénabilité.

694 Art. L. 113-6 al. 1 CPI lautet: „Les auteurs des oeuvres pseudonymes et anonymes jouissent sur celles-ci des droits reconnus par l'article L. 111-1.“

695 Gautier, n. 120.

696 TGI Paris, Gaz. Pal. 26-28 nov. 1995, zitiert nach Greffe/Greffe, n. 1061.

697 Lucas, S. 73 f.

698 Für den Wortlaut kann auf Fn. 691 verwiesen werden. Eine Zusammenfassung von relevanten Entscheidungen zu verschiedenen Werkarten geben: Greffe/Greffe, n. 1004 ff.

699 Gautier, n. 121.

700 Es wird insoweit ausdrücklich von *limites* gesprochen, vergl. Lucas, S. 77 ff.

701 Zutreffend betont deshalb auch Lucas-Schloetter, GRUR Int. 2002, 2, dass das Rechtsinstitut der Interessenabwägung der individualistischen Auffassung des französischen Urheberrechts nicht widerspricht und de facto auch selbstverständlich angewendet wird.

gung des betroffenen Personenkreises[702], der Werkart[703] und der Art des jeweiligen Verwertungsrechts unterschiedlich weitreichende Veränderungen trotz des Gesetzeswortlauts für zulässig befunden. Beispielhaft kann hier die Werkkategorie der Architektur herausgegriffen werden[704]. So wurde bei gebrauchszweckorientierten Bauwerken entschieden, dass eine absolute Unantastbarkeit (*intangibilité*) des Bauwerks nicht auferlegt werden darf, da dies einen schweren Schaden für das Eigentumsrecht sowie die freie Wirtschaft und Industrie (*liberté du commerce et de l'industrie*) bedeuten würde. Anpassungen, die als zeitgemäße und örtliche bzw. räumliche Notwendigkeit oder als Erneuerung unter dem Gesichtspunkt wirtschaftlicher Zwänge erscheinen, sind deshalb zulässig. Ausschließlich Veränderungen von grundlegender, substantieller Art muss sich der Eigentümer enthalten[705].

Die Rechtsprechung und im Anschluss an diese auch die Rechtslehre verschließen sich also nicht praktischen Erwägungen und wirtschaftlichen Interessen. Der Verweis auf eine Beschränkung des Werkintegritätsrechts des Urhebers wird insoweit gerade auch im Hinblick auf neue Technologien bedeutsam. Das Zugeständnis von Veränderungen infolge technischer Notwendigkeiten oder nutzungsbedingter Änderungen findet sich auch hier. Die Zulässigkeitsgrenze bilden, vergleichbar dem Bereich der Architektur, Veränderungsergebnisse, die als Verfälschung oder Entstellung (*dénaturation ou mutilation*) des Werkes zu bewerten sind[706]. Entsprechendes gilt auch im Zusammenhang mit dem Bearbeitungsrecht (*droit d'adaptation*). Infolge der Einräumung eines Bearbeitungsrechts sind z. B. Veränderungen ohne Rücksprache mit dem Urheber zulässig, die durch die Transformierung eines Werks in eine andere Werkgattung (wie bei der Verfilmung eines Buches) notwendig werden[707], es sei denn, der Geist, der Charakter bzw. die Substanz des Ursprungswerkes werden nicht mehr gewahrt[708]. Eine besondere Regelung hat der Bereich der Software erfahren, wo sogar eine gesetzliche Beschränkung des Schutzbereichs im Sinne einer Schutzumkehrung vorliegt; nach Art. L. 121-7 CPI[709] dürfen Veränderungen insoweit grundsätzlich uneingeschränkt vorge-

---

702 Dabei wird auf die unterschiedliche Reichweite im Verhältnis zu Werkeigentümern einerseits und Werkverwertern andererseits hingewiesen, vergl. Heitland, S. 189 f., unter Verweis auf Colombet, n. 151 ff.; Françon, S. 217.

703 Ausführliche Nachweise zu gerichtlichen Entscheidungen bei verschiedenen Werkarten finden sich bei Altenburg, S. 127 ff. und Bertand, 6.131., S. 274 f.

704 Einen komprimierten Überblick bezüglich anderer Werkarten bietet: Code de la propriété intellectuelle, Éditions du Juris-Classeur, Art. L. 121-1, III, S. 1472 f. sowie Gautier, n. 132 ff.

705 Colombet, n. 158, S. 144 f., unter Verweis auf „Bull/Bonnier", Paris 1re chambre, RIDA 147 (1991), S. 311, 313 und „Théâtre des Champs-Élysées", TGI Paris, RIDA 145 (1990), S. 386.

706 Gautier, n. 138-1.

707 Anderes als nach deutschem Recht setzt grundsätzlich bereits die Herstellung einer Bearbeitung und nicht erst deren Veröffentlichung eine Einwilligung des Urhebers voraus, vergl. Dietz, S. 94 ff. und Plaisant, n. 131, S. 56. Insoweit wäre es denkbar, die Einwilligung zur Herstellung unter dem Gesichtspunkt einer gleichzeitigen Legitimierung von Eingriffen in die Werkintegrität zu untersuchen. Dies könnte statt als tatbestandliche Beschränkung des Schutzbereichs als eine rechtsgeschäftliche Vereinbarung über das *droit moral* betrachtet werden. Derartige Überlegungen und Diskussionsansätze finden sich aber weder in der französischen Rechtsprechung noch der Lehre; ausgenommen die Ansätze bei Lucas-Schloetter GRUR Int. 2002, 2, 5: „Hat der Urheber eingewilligt, dass sein Werk ... bearbeitet wird, so hat er sich verpflichtet, seinem Vertragspartner einen breiten Spielraum für die Schaffung des abgeleiteten Werkes zu überlassen, ... "

708 S. Françon, S. 218, Fn. 29 unter Verweis auf das Grundsatzurteil des Cour des Cassation „Dialogues des Carmélites", D. 1967, S. 485, in Bezug auf eine Filmfassung eines Buches.

709 Der Wortlaut ist: „Sauf stipulation contraire plus favorable à l'auteur d'un logiciel, celui-ci ne peut: 1° s'opposer à la modification du logiciel par le cessionnaire des droits mentionnés au 2° de l'article L. 122-6, lorsqu'elle n'est préjudiciable ni à son honneur ni à sa réputation; 2° exercer son droit de repentir ou de retrait."

nommen werden, es sei denn, diese würden in einer Verletzung bzw. Abträglichkeit für den Ruf oder die Ehre des Urhebers resultieren.

Nach französischem Recht ist also für die Bestimmung der Reichweite des gewährten Schutzes der Werkintegrität eine genaue Einzelfallanalyse vorzunehmen. Die Umschreibung dieses Rechts als ein Recht verschiedener Stärke beschreibt die rechtliche Struktur des Werkintegritätsrechts überaus treffend[710].

d) Die Rückrufsrechte (*Droit de Repentir ou de Retrait*)

Entsprechend der deutschen Regelung stehen dem Urheber auch nach französischem Recht gem. Art. L. 121-4 CPI[711] Rückrufsrechte zu. Regelmäßig wird dabei unterschieden zwischen dem Recht des Urhebers, seine Entscheidung zur Verbreitung bzw. Veröffentlichung des Werkes auch nach Abtretung seiner Verwertungsrechte grundsätzlich rückgängig zu machen (*droit de retrait*), und dem Recht, das betreffende eigene Werk zu verändern bzw. umzuarbeiten (*droit de repentir*)[712]. Das französische Recht fordert im Gegensatz zum deutschen Recht weder eine dem § 42 UrhG entsprechende tatbestandliche Voraussetzung eines Überzeugungswandel des Urhebers, der zur Unzumutbarkeit der Werknutzung führt, noch - wie im Fall des § 41 UrhG - eine Nichtausübung der Nutzungsrechte durch den Verwerter. Die Rechtsausübung ist - in diesem Punkt entsprechend zum deutschen Recht - einzig an eine vorherige Entschädigungspflicht des Urhebers gegenüber dem Verwerter geknüpft[713]. Eine in der Praxis wohl wichtige Ausnahme vom Anwendungsbereich der Rückrufsrechte ist in Art. L. 121-7 CPI für Computerprogramme vorgesehen; ohne abweichende Vereinbarung kann sich der Urheber bei diesbezüglichen Verwertungsverträgen grundsätzlich nicht auf die Rückrufsrechte berufen[714].

Wegen der Abweichung vom Grundsatz des pacta sunt servanda (*force obligatoire des conventions*) wird für Art. L. 121-4 CPI das Erfordernis einer engen Auslegung (*interprétation restrictive*) aufgestellt[715]. Insoweit verbietet sich nach herrschender Meinung, neben den Konstellationen einer Übertragung von Verwertungsrechten, eine Anwendung dieser Vorschrift auch auf Eigentumsübertragungen[716].

---

710 Françon, S. 217. Siehe auch Colombet, n. 131, S. 56.

711 Art. L. 121-4 CPI lautet: „Nonobstant la cession de son droit d'exploitation, l'auteur même postérieurement à la publication de son oeuvre, jouit d'un droit de repentir ou de retrait vis-à-vis du cessionnaire. Il ne peut toutefois exercer ce droit qu'à charge d'indemniser préalablement le cessionnaire du préjudice que ce repentir ou ce retrait peut lui causer. Lorsque, postérieurement à l'exercice de son droit de repentir ou de retrait, l'auteur décide de faire publier son oeuvre, il est tenu d'offrir par priorité ses droits d'exploitation au cessionnaire qu'il avait originairement choisi et aux conditions originairement determinées."

712 So die ganz h. M.: Desjonqueres, n. 250; Françon, S. 221; Gavin, n. 64 und Le Tarnec, S. 48; a.A. Colombet, n. 163, S. 148, unter Bezugnahme auf Desbois, S. 484, wonach der Terminus *retrait* die Beendigung des Vertrages nach der Veröffentlichung und *repentir* die vor der Veröffentlichung meine, insofern also die zwei Stufen der Ausübung des Rückrufsrechts beschreibe.

713 Die Tatsache, dass dieses Rückrufsrecht in der Praxis selten ausgeübt wird, wird - wie in Deutschland - auf genau diese Entschädigungspflicht zurückgeführt, Gautier, n. 121.

714 Art. L. 121-7 CPI lautet:
„ Sauf stipulation contraire plus favorable à l'auteur d'un logiciel, celui-ci ne peut:
1° ...
2° exercer son droit de repentir ou de retrait."

715 Françon, S. 222: „*une dérogation à la force obligatoire des contrats*".

716 So auch Colombet, n. 173, S. 152 f., der eine analoge Anwendung ablehnt; das Rückrufsrecht sei kein Korrelat des Veröffentlichungsrechts, insofern sei hierüber keine Enteignung vornehmbar.

Eine (nicht rechtsgeschäftliche) Einschränkung des Anwendungsbereichs können die Rückrufsrechte über das Rechtsinstitut des *abus de droit* erfahren. Bei einer Ausübung der Rückrufsrechte aus nicht bloß ideellen Gründen kann eine missbräuchliche Geltendmachung vorliegen, so dass eine Ausübung dieser Rechte als unzulässig abgelehnt wird[717] - zum *abus de droit* ausführlicher unten, unter 2., c), bb).

e) Zugangsrecht (*Droit d'Accès à l'Oeuvre*)

Für den Fall, dass das Werk Eigentum eines Dritten geworden ist, sieht das Gesetz die Möglichkeit der Gewährung eines Zugangsrechts vor, Art. L. 111-3 al. 2 CPI[718], wenn dies dem Urheber zur Ausübung seines *droit de reproduction* dient[719]. Dieses Recht wird mitunter mit dem deutschen Zugangsrecht gem. § 25 UrhG verglichen[720]; der Anwendungsbereich ist nach dem französischen Recht jedoch bereits der gesetzlichen Formulierung nach deutlich eingeschränkt und deshalb wohl enger als der des Zugangsrechts nach deutschem Recht. Der eigentliche dogmatische Unterschied besteht jedoch darin, dass das französische Zugangsrecht nicht als - zugleich auch - urheberpersönlichkeitsrechtliche Befugnis verstanden wird. Demzufolge bleibt es bei den weiteren Untersuchungen des französischen Rechts im Hinblick auf die Frage der Zulässigkeit rechtsgeschäftlicher Vereinbarungen über das *droit moral* außer Betracht.

2. Grundlagen rechtsgeschäftlicher Dispositionen über das *Droit Moral*

a) Vorbemerkungen

Eine dem deutschen Recht vergleichbare Vielfalt von Rechtsfiguren als dogmatische Erklärungsmodelle für rechtsgeschäftliche Vereinbarungen über urheberpersönlichkeitsrechtliche Befugnisse, wie im 4. Teil der Untersuchung dargestellt, wird im französischen Recht nicht diskutiert. Es gibt in diesem Bereich keine vergleichbaren, feststehenden Rechtsfiguren. Dabei ist zu bedenken, dass das französische Recht auch grundsätzlich nicht zwischen Verfügungs- und Verpflichtungsgeschäften unterscheidet; sie bilden vielmehr eine Einheit[721]. Es gilt das sog. Konsensprinzip, so dass der auf Verschaffung eines Rechts gerichtete Konsens dessen Übergang unmittelbar bewirkt[722]. Eine „Drittwirkung"[723], als Folge einer absoluten

[717] Hierauf weist insbesondere Pollaud-Dulian RIDA 145 (1990), S. 127, 183 hin.

[718] Art. L. 111-3 al. 2 CPI lautet: „Néanmoins, en cas d'abus notoire du propriétaire empêchant l'exercice du droit de divulgation, le tribunal de grande instance peut prendre toute mesure appropriée, conformément aux dispositions de l'article L. 121-3."

[719] Colombet, n. 159, S. 146.

[720] Pollaud-Dulian RIDA 145 (1990), 127, 173.

[721] Hübner/Constantinesco, S. 188. Die dingliche Rechtslage knüpft dabei mitunter zusätzlich zum notwendigen Konsens zwischen den Parteien an den Besitz oder bestimmte Publizitätsakte an.

[722] Ferid/Sonnenberger, 1 F 78.

[723] Damit sei eine dem deutschen Recht vergleichbare Verfügungswirkung beschrieben. Ansonsten gilt im französischen - wie im deutschen Recht -, dass ein Vertrag wegen der bloß relativen Wirkung zwischen den Vertragsparteien grundsätzlich gegenüber einem Dritten keine unmittelbar rechtliche Wirkung zeigt. Für den Dritten ist der Vertrag zwischen anderen jedoch insofern bedeutsam, als dass er die damit geschaffene, rechtliche Situation nicht ignorieren kann, sie ist für ihn eine schlicht faktische Folge; siehe Guimezanes, S. 209 f. Anders bei einer unmittelbar rechtlichen Drittwirkung, im Sinne einer Begründung von Rechten und Pflichten für diesen Dritten, die nach französischem Recht nur in wenigen Anwendungsfällen möglich ist; hiervon wird bei der Übertragung eines Vertrages, der mit einer Sache verbunden ist, gesprochen. So gehen z. B. Arbeitsverträge auf den Erwerber des betreffenden Unternehmens über, vergl. Guimezanes, S. 210.

Rechtsposition, wird über bestimmte Publikationsakte, wie der tatsächlichen Besitzerlangung bei beweglichen Sachen, erreicht. Insoweit wird also auch im französischen Recht je nach Reichweite der Rechtsfolgen der einzelnen Rechtsgeschäfte (generell *convention* oder *contrat* genannt) in der Wirkung zwischen verpflichtenden und verfügenden Rechtsgeschäften unterschieden, obwohl dem französischen Recht die unterscheidende deutsche Begrifflichkeit (Verpflichtungs- und Verfügungsgeschäft) fremd ist.

Für den urheber(persönlichkeits)rechtlichen Bereich kann festgehalten werden, dass Rechtsprechung und Lehre grundsätzlich - nur - zwischen den Begriffen „Verzicht" (*renonciation*) und „Übertragung" (*cession*) unterscheiden. Die rechtlichen Wirkungen und Bedingungen werden zwar durchaus abgestuft und differenziert beurteilt, allerdings ohne Verwendung bestimmter rechtlicher Systembegriffe, wie nach der deutschen Dogmatik üblich[724]. Eine weitere grundsätzliche Auffälligkeit besteht darin, dass sich die französische Rechtsprechung und Rechtslehre nahezu gar nicht, jedenfalls nicht explizit, mit dem Problem des 3-Personenverhältnisses, also der Wirkung einer getroffenen Vereinbarung betreffend das *droit moral* im Hinblick auf eine Weiterübertragung der Verwertungsrechte an Dritte, befasst.

b) Grundsatz des Art. L. 121-1 al. 3 CPI

aa) Allgemeines

Das französische Gesetz gewährt das *droit moral* als ein an die Person des Rechtsträgers gebundenes (*attaché à sa personne*), ewiges (*perpétuel*), unveräußerbares (*inaliénable*) und unverjährbares (*imprescriptible*) Recht, Art. L. 121-1 al. 3 CPI[725]. Für die grundsätzliche Annahme der Unveräußerlichkeit wird dabei ganz überwiegend[726] auf die Natur des *droit moral* als ein Persönlichkeitsrecht (*droit de la personnalité*) verwiesen[727]. Dieses sei als höchstpersönliches Recht untrennbar mit der Person des Rechtsträgers verbunden. Dieser sich bereits aus der Rechtsnatur ergebende Umstand werde für das *droit moral* auch ausdrücklich gesetzlich festgelegt in Art. L. 121-1 al. 3 CPI[728]. Insoweit kommt der gesetzlichen Regelung also bloß deklaratorische Bedeutung zu - vergl. hingegen den 1. und 3. Teil der Untersuchung zur gleichsam konstitutiven Bedeutung des § 29 UrhG.

Die Absolutheit der gesetzlichen Formulierung in Art. L. 121-1 al. 3 CPI wird jedoch von der Rechtsprechung und der Literatur nicht geteilt[729]. Die wohl ganz herrschende Ansicht erachtet nicht jede vertragliche Vereinbarung über das *droit moral* als unwirksam. Eine Veran-

---

[724] Eine Übersetzung bzw. Überführung der nach französischem Recht diskutierten Rechtsgeschäfte im Bereich des *droit moral* in die exakten deutschen Begrifflichkeiten soll hier insoweit auch nicht versucht werden; eine derartig vergleichende Gegenüberstellung kann innerhalb der weitergehenden Untersuchung jedenfalls nur in Ansätzen unternommen werden.

[725] Art. L. 121-1 al. 3 CPI lautet: „Il (le droit moral) est perpétuel, inaliénable et imprescriptible." Zur Frage der Auffassung der Lehre und Rechtsprechung vor Geltung des loi de 1957 und damit vor der gesetzlichen Einführung des Grundsatzes der Unveräußerbarkeit, s. Gavin, n. 255 ff., S. 254 ff.

[726] Siehe hierzu aber die Analyse zum deutschen Recht sowie insbesondere auch zum französischen Recht im 1. Teil, unter II., 2., c) und 3.

[727] So die ganz h.M., bsph.: Desbois, Rn. 381; Dumas, S. 209; Savatier RIDA 142 (1989), 307, 316. Dass auch in der französischen Lehre Zweifel laut werden, und sich damit ein Wandel hinsichtlich der Zwangsläufigkeit dieses Zusammenhangs andeutet, sieht wohl auch Savatier RIDA 142 (1989), 307, 316 der insoweit auf das Bildnisrecht verweist. Dieses sei zwar unveräußerbar, dennoch sei es Gegenstand von vertraglichen Vereinbarungen.

[728] Savatier RIDA 142 (1989), 307, 316.

[729] So wird häufig auf eine Formulierung von Savatier verwiesen, wonach: "C'est bien à tort qu'on prétend inaliénable et imprescriptible le droit moral de l'auteur", aus Dumas, S. 199.

kerung eines solchen Prinzips sei nicht ohne gleichzeitiges Zugeständnis abweichender Nuancierungen möglich[730]. Als Aufweichung des in Art. L. 121-1 al. 3 CPI geregelten Grundsatzes zur Frage rechtsgeschäftlicher Vereinbarungen über das *droit moral* wird auf den Bereich cinematographischer Werke und Rundfunkwerke verwiesen, wo der Gesetzgeber selbst eine „Bresche" durch eine größere Nachgiebigkeit des *droit moral* geschlagen habe[731]. Deshalb sei der Grundsatz der Unveräußerlichkeit eng zu interpretieren.

Insoweit wird auch in der Rechtslehre gerne einschränkend betont, dass die allgemeinen Prinzipien und Regeln des Privatrechts auch im Urheberrecht gelten. So sei mit Blick auf den Grundsatz der Vertragsfreiheit zu berücksichtigen, dass dieser nicht gänzlich ausgesetzt werden könne, sondern im Urheberrecht höchstens von einer *liberté surveillée* zu sprechen sei[732]. In Rechnung zu stellen sei dabei, dass ein gegenseitiges Pflichtenverhältnis zwischen den betreffenden Vertragsparteien bestehe, so dass zum einen das *droit moral* geachtet und zum anderen der kommerziellen Verwertung des Werkes kein Schaden im Sinne einer Behinderung zugefügt werden soll. Der von den Parteien willentlich und übereinstimmend festgelegten Bestimmung des Werkschicksals komme eine Schlüsselfunktion zu. Insoweit wird auf den allgemeinen Grundsatz der ordnungsgemäßen Vertragsdurchführung (*l'execution de bonne foi, Art. 1134 al. 3 C. civ.*[733]) verwiesen. Dies bedeute insbesondere, dass die Vertragsparteien auch bei gegenläufigen Interessen zusammenarbeiten und in der Folge also bestimmte Werkhandhabungen des Verwerters zulässig sein müssen, dabei aber nur solche vorgenommen werden dürfen, die regelmäßig und üblicher Weise vorkommen und nicht schädigender Art für den Urheber und sein Werk sind[734].

Was diese - vermeintlich - deutlichen Äußerungen und die Betonung allgemeiner Grundsätze auch im Urheberrecht letztlich tatsächlich für den Befund hinsichtlich der Verkehrsfähigkeit des *droit moral* bedeuten, wird die weitere Untersuchung zeigen. Der Sache nach deutet dies, neben der bereits tatbestandlichen Schutzbereichsbegrenzung über Interessengesichtspunkte wie am Beispiel des Werkintegritätsrechts, auf eine weitere Begrenzung urheberpersönlichkeitsrechtlicher Positionen über die Lehre vom *abus de droit* hin, siehe hierzu unten, unter c), bb). Festzustellen ist zudem, dass die unterschiedlichen Bereiche tatbestandlicher und rechtsgeschäftlicher Beschränkungen sprachlich und begrifflich oft nicht deutlich getrennt, sondern gemeinsam unter dem Gesichtspunkt der *aliénabilité* diskutiert werden[735].

---

730 Colombet, n. 131, S. 128; Parisot D. 1972, chron., S. 71; Desbois, n. 382, S. 470, der zwar einerseits den Verzicht mit der Begehung eines moralischen Selbstmordes („*suicide moral*") gleichsetzt, aber dennoch eine Abschwächung des Unveräußerlichkeitsgrundsatzes befürwortet; s. auch Metzger, S. 140; Damich 13 Columbia-VLA Journal of L. & The Arts 291, 325 (1989); Gautier, n. 122; Françon, D. 1976, chron., S. 55, 56; Dumas, S. 199; Lucas-Schoetter, n. 459 ff., 536 ff.

731 Vergl. Dumas, S. 199. Dass dies letztlich aber wenig aussagekräftig für den rechtsgeschäftlichen Bereich ist, zeigt die weitere Untersuchung. Denn bei den genannten Werkarten findet zwar eine Einschränkung des Schutzbereichs statt, hierzu unten, unter d), bb). An der Frage der Zulässigkeit von Rechtsgeschäften ändert dies jedoch wenig. Konkrete Schlussfolgerungen aus diesen oder anderen gesetzlichen Vorschriften im Verhältnis zu Art. L. 121-1 al. 3 CPI werden aus systematischen Gründen innerhalb der Untersuchung der einzelnen Befugnisse des *droit moral* untersucht werden; auch das Gesetz selbst differenziert zwischen den jeweiligen Befugnissen und formuliert diesbezüglich unterschiedlich.

732 Siehe Gautier, n. 122 und Françon D. 1976, chron., S. 55, der ebenfalls von einer „etendue de facon etroite de la prohibition des conventions sur le droit moral" spricht.

733 Die Berufung auf Treu und Glauben ist dabei jedoch nicht so institutionalisiert wie im deutschen Recht, wird aber in den genannten Vorschriften des C.Civ. anerkannt, s. Guimezanes, S. 209.

734 Gautier, n. 132 ff.

735 Vergl. Colombet, n. 131, S. 128 und Bertand, 6.113., S. 262, der davon spricht, dass „Le caractère inaliénable ... relève d'un ordre public „relatif", d'abord parce que l'auteur peut y (au droit à la paternité et à l'intégrité de l'oeuvre) renoncer temporairement et autoriser, ..., l'adaptation de son oeuvre ..."

Überlegungen zur Schutzbereichsbegrenzung und Fragen zur rechtsgeschäftlichen Disponibilität des *droit moral* fließen in der Diskussion zusammen.

Ein deutlicher Bruch - jedenfalls der Formulierung[736] nach - mit dem Grundsatz der Unveräußerbarkeit scheint hingegen auf Gesetzesebene mit Art. L. 132-11 al. 2 und al. 3 sowie Art. L. 121-7 CPI feststellbar. Art. L. 132-11 al. 2 CPI sieht die Möglichkeit einer *autorisation* (Genehmigung) von Werkveränderungen durch den Urheber innerhalb eines Verlagsvertrages (*contrat d'édition*) vor; Art. L. 121-7 und 132-11 al. 3 CPI lassen eine *stipulation contraire* (abweichende Vereinbarung) hinsichtlich der Veränderungen an Software und des Namensnennungsanspruchs bei einem *contrat d'édition* zu. Wie die rechtliche Handhabung und Beurteilung dieser Vorschriften, gerade vor dem Hintergrund des Unübertragbarkeitsgrundsatzes, letztlich erfolgt und gesehen wird, wird unten, unter 3., b), aa), aaa) bzw. 3., c), aa) analysiert werden.

bb) Verhältnis zwischen Übertragung und Verzicht

In Anbetracht der gesetzlich statuierten Unveräußerbarkeit (*inaliénabilité*) wird betont, dass diese Festlegung der Wortbedeutung nach nicht auch bereits eine Verzichtbarkeit ausschließe[737]. Mit konkreten Ausführungen und Grundsätzen tun sich Lehre und Rechtsprechung jedoch schwer.

Als unzulässig gilt jedenfalls die Möglichkeit einer „echten" Übertragung (*cession* oder *aliénation*), die es erlauben würde, dass der Erwerber an Stelle des Urhebers dessen *droit moral* ausübt[738]; *cession* meint den Übergang eines Rechts auf eine andere Person, der dieses exklusiv zugeordnet wird. Entsprechend dem deutschen Verständnis würde also im Wege der Übertragung dem anderen die Möglichkeit eingeräumt, positive und negative Befugnisse des Rechts auszuüben[739]. Als zulässig erachtet wird hingegen vereinzelt eine Vereinbarung, die eine Übertragung einzelner Befugnis im Sinne eines *„déléguer simplement de l'exercice"* vorsieht; also wohl im Sinne einer Überlassung zur Ausübung[740]. Nicht genannt sind dabei allerdings konkrete Anwendungszusammenhänge oder die genaue rechtliche Ausgestaltung.

Als unzulässig wird ganz überwiegend auch der - definitive - Verzicht (*renonciation définitive*) abgelehnt[741]. Dem Terminus *renonciation* liegt im französischen Recht insoweit grundsätzlich das Verständnis zugrunde, dass hierdurch die Aufgabe und infolgedessen das

---

736 Vergl. dazu, dass die Schlussfolgerung aus der Existenz des Art. L. 132-11 al. 2 CPI grundsätzlich unterschiedlich sind, unten, unter 3., b), aa), aaa) und c), aa).

737 Bertand, 6.113., S. 262, der von einer *distinction primordiale* spricht; vergl. auch Doutrelepont, n. 464, S. 298. Unklar noch in der Vorauflage bei Gautier, n. 122, in der dieser zwar auf die „Unübertragbarkeit" („Il ne peut être cédé.") hinweist, aber zugleich das britische Recht erwähnt, das einen Verzicht zulasse („le droit anglais, qui permet d'y renoncer ..."), ohne hieraus im Hinblick auf den französischen Gesetzeswortlaut Schlüsse zu ziehen; nunmehr hingegen anders, vergl. n. 122 (5. Auflage). Insoweit hat Gautier bereits in RIDA 139 (1989), S. 63, 83, den Vorgang des *renoncer conventionnellement à sa paternité* mit dem des *aliéner partiellement* verglichen. So bereits ausdrücklich Parisot D. 1972, chron., S. 71, der aus der inaliénabilité neben der Unzulässigkeit der cession auch die der renonciation ableitet; so wohl auch Metzger, S. 148, der von der Unzulässigkeit des Totalverzichts spricht; vergl. auch Lucas/Lucas, n. 409, S. 332.

738 Vergl. Dumas, S. 199: „Sans doute est-il incontestable que le droit moral, à raison de son caractère strictement personnel, ne saurait donner lieu à une véritable cession qui permettrait au cessionnaire de l'exercerà à la place de l'auteur." A. A. wohl nur Parisot D. 1971, chron., S. 71, 76, der auf die Zulässigkeit einer widerrufbaren Übertragung verweist.

739 A. A. wohl nur Huguet, n. 101, S. 74, der die Vornahme von Werkveränderungen durch andere Personen und damit die Fremdausübung der Abwehrrechte dogmatisch unter dem Gesichtspunkt einer Übertragung des Werkintegritätsrechts problematisiert und letztlich als unzulässig ablehnt.

740 Dumas, S. 199.

741 An Stelle vieler: Savatier RIDA 142 (1989), 307, 316 und Quellen, Frankreich/I, VI, 3.

Erlöschen eines Rechts bewirkt wird[742]. Wird hingegen im urheberrechtlichen Bereich von einem zulässigen Verzicht gesprochen, so scheint dahinter das Verständnis als schlichte Nichtausübungsverpflichtung zu stehen - allerdings zumeist gleichfalls mit dem Begriff *renonciation* beschrieben[743]. Unter diesem Gesichtspunkt unterscheidet auch das französische Recht beim *droit moral* zwischen der Zulässigkeit von Rechtsgeschäften wie der Veräußerung und dem Verzicht[744].

Der Unveräußerbarkeitsgrundsatz verbiete keinesfalls einen Verzicht auf einzelne Befugnisse des *droit moral* in begrenztem und bestimmtem Rahmen[745]. Insoweit werden auch gegenüber dem nachträglichen Verzicht, durch den eine bereits erfolgte Verletzung legalisiert wird, keine Bedenken geäußert[746].

Aus rechtsgeschäftlicher Perspektive - also nicht nur im Hinblick auf tatbestandliche Beschränkungen - scheint sich gerade hierauf die allgemeine Betonung der beschränkten Geltung des Grundsatzes der *inaliénabilité* zu gründen, wodurch den praktischen Bedürfnissen entsprechend eine Verkehrsfähigkeit des *droit moral* gewährleistet werden soll[747]. Dabei wird bereits an dieser Stelle der Untersuchung deutlich, dass im französischen urheberrechtlichen Schrifttum und in der Rechtsprechung unterschiedliche Inhalte mit dem Begriff Verzicht (*renonciation*) verbunden werden[748]. Es ist eine Differenzierung im Einzelfall festzustellen, die nicht nur der Reichweite der Vereinbarung, sondern auch der jeweils betroffenen Befugnis des *droit moral* nach erfolgt.

Weil Rechtsprechung und Lehre nicht mit einheitlichen Grundsätzen und positiven Beschreibungen des Bereichs zulässiger Rechtsgeschäfte im Zusammenhang mit der Grundnorm

---

742 In: Encyclopédie, bei: „Renonciation"; siehe auch Lucas-Schloetter, n. 463, 465. Kritisch zu sehen ist in diesem Zusammenhang die Überlegung, dass zwar kein Verzicht möglich sei, zeitliche Umstände der Nichtgeltendmachung jedoch nicht unberücksichtigt bleiben könnten, so vergl. Desbois, n. 382, S. 470, der im Zusammenhang mit einer verzichtenden Vereinbarung eines Autors gegenüber einem Filmschaffenden hinsichtlich des Werkintegritätsrechts darauf verweist, dass diese zwar nichtig wäre, es aber auch nicht notwendig sei, dass das *droit moral* 30 Jahre nach der Ausstrahlung des veränderten Filmwerks noch ausgeübt werden könne. Vergl. insoweit auch die Entscheidung „Casadesus/Marconi", RIDA 100 (1979), S. 209, in der eine Geltendmachung des Urheberschafts- und Namensnennungsrechts nach 46 Jahren verwehrt wurde; ausführlicher zu dieser Entscheidung unten, unter 3., b), bb), aaa). Diese rechtliche Bewertung kommt in ihrer Wirkung einem wirksamen umfassenden rechtsgeschäftlichen Verzicht gleich.

743 Doutrelepont, n. 464, S. 298; Koumantos RIDA 1999, S. 87, 93, unterscheidet diesen Fall von dem, dass der ursprüngliche Rechtsinhaber erkläre, dass er sich nicht mehr als Inhaber sehe, womit also eine Rechtsaufgabe vorliege.

744 Vergl. Ferid/Sonnenberger, 1 F 85, S. 412.

745 Sirinelli RIDA 142 (1989), S. 301, 316; Françon D. 1976, chron., S. 55, Lucas-Schloetter, n. 511, 515 und Dumas, S. 199. Dumas spricht einerseits von den, in bestimmtem Maße zulässigen *renonciations abdicatives* und andererseits den unzulässigen *renonciations translatives*, versteht das letztere inhaltlich jedoch wohl wie die cession. Er definiert renonciations translatives insoweit als Zuordnung einer urheberpersönlichkeitsrechtlichen Befugnis an eine andere Person, die diese an Stelle des Urhebers ausüben kann, S. 209.

746 Vergl. die grundsätzlichen Ausführungen zur generellen Skepsis gegenüber einem vorherigen Verzicht und der Tendenz, auch bei sog. unverzichtbaren Rechten zumindest den nachträglichen Verzicht zuzulassen, Encyclopédie, bei: „Renonciation". Siehe insoweit auch Lucas/Lucas, n. 376, S. 308; vergl. Lucas-Schloetter, n. 499, die diese Unterscheidung jedoch als nicht weiterführend kritisiert; Quellen, Frankreich/I, VI., 3. sowie Koumantos RIDA (1999), S. 87, 97, der diesen Verzicht auch als *approbation* bezeichnet. Insbesondere im Bereich des Werkintegritätsrechts wird diese Unterscheidung zwischen vorherigem und nachträglichem Verzicht bedeutsam werden, vergl. unten, unter 3., c).

747 Vergl. Betrand, 6.113., c), S. 262.

748 Savatier RIDA 142 (1989), 307, 316 spricht insoweit von „l'ambiguité de la notion d'inaliénabilité" und führt hierauf die bestehende Unsicherheiten und Zweifel in der Diskussion zurück.

des Art. L. 121-1 al. 3 CPI aufwarten[749] und sich konkretere Äußerungen und Differenzierungen lediglich im Zusammenhang mit den einzelnen Befugnissen des *droit moral* finden, sind diese entsprechend gesondert und ausführlich weiter unten, unter 3. zu untersuchen.

cc) Treuhänderische Wahrnehmung urheberpersönlichkeitsrechtlicher Befugnisse

Neben „Verzicht" und „Übertragung" als Rechtsgeschäfte über das *droit moral* wird in der französischen Literatur eine begrifflich hiervon getrennte, weitere Form einer Fremdwahrnehmung des *droit moral* diskutiert. Obwohl der Unveräußerbarkeitsgrundsatz in Art. L. 121-1 al. 3 CPI für den Bereich der *cession* strikt angewendet wird, wird die Erteilung eines *mandat* an Dritte als zulässig erachtet[750]. Damit wird der Bereich einer Stellvertretung angesprochen. Erwähnenswert scheint in diesem Zusammenhang auch die Vorschrift des Art. 113-6 al. 2 CPI[751], die gleichsam selbstverständlich von der Zulässigkeit einer Fremdwahrnehmung des *droit moral* ausgeht, indem bestimmt wird, dass die Urheber pseudonymer oder anonymer Werke in der Ausübung der Rechte aus Art. L. 111-1 CPI durch den Herausgeber oder Verleger repräsentiert werden.

Vergleichbar dem deutschen Recht wird die Stellvertretung (*représentation*) als rechtsgeschäftliches Handeln einer Person mit unmittelbarer Wirkung für eine andere Person, für die nach außen hin aufgetreten wird, verstanden[752]. Damit stimmt es in der Definition mit dem *mandat* überein[753]. Zwar kennzeichnet die *représentation* im französischen Recht eher das Außenverhältnis zwischen Vertretenem und Drittem[754]. Eine strikte Trennung zwischen Innen- und Außenverhältnis, damit vom Rechtsgrund der Stellvertretung wie bspw. beim Auftrag nach deutschem Recht, wird jedoch nicht vorgenommen[755]. So kann *mandat* mal den Auftrag, mal die Vollmacht oder mitunter sogar beides kennzeichnen[756]. Die synonyme Verwendung erklärt sich daraus, dass Auftrag und Vollmacht nach französischem Recht eher eine Einheit bilden[757]. Das *mandat* ist gem. Art. 2004 C. Civ. grundsätzlich frei widerruflich.

---

749 Beispielhaft insoweit ein oft betontes Verständnis: Parisot D. 1971, chron., S. 71, 76, wonach nur die definitive Veräußerung unzulässig, der widerrufliche Verzicht hingegen immer möglich sei.

750 Lucas/Lucas, n. 373, S. 307; Gautier, n. 122; Lucas-Schloetter, n. 595; Raynard, n. 303 bis, der sehr deutlich zwischen einer „echten" Übertragung und der représentation trennt und wohl auch Gavin, n. 86, S. 89 f.; unklar, ob das, was Dumas, S. 199, mit der Formulierung „déléguer simplement l'exercice de ses droits", meint, hier gleichfalls einzuordnen ist. Sehr strikt hingegen Greffe/Greffe, n. 986, die die absolute Unübertragbarkeit und dabei als absolute Ausnahme nur den gesetzlich genannten Fall des Ablebens des Urhebers betonen.

751 Art. L. 113-6 al. 2 CPI lautet: „Ils (les auteurs des oeuvres pseudonymes et anonymes) sont représentés dans l'exercice de ces droits par l'éditeur ou le publicateur originaire, tant qu'ils n'ont pas fait connaître leur identité civile et justifié de leur qualité."

752 Ferid/Sonnenberger, 1 F 1007.

753 Vergl. hierzu Guimezanes, S. 236 f.

754 Folge ist, dass das französische Recht, nicht wie das deutsche Recht, eine allgemeine Regelung der Stellvertretung (*représentation*) kennt, vergl. Ferid/Sonnenberger, 1 F 1001 ff.

755 Insoweit verweisen aber Ferid/Sonnenberger, 1 F 1001 ff., auf diesbezügliche neuere Tendenzen in der Rechtslehre.

756 Vergl. Guimezanes, S. 236 f., wo einerseits unter *mandat* das rechtliche Können im Außenverhältnis und andererseits zugleich auch die rechtlichen Pflichten im Innenverhältnis erfasst werden. Auch Hübner/Constantinesco, S. 170, weisen darauf hin, dass trotz zunehmenden Bewusstseins einer Trennung des Außen- und Innenverhältnisses weiterhin der Begriff *mandat* zur Beschreibung der Stellvertretung (*représentation*) verwendet wird.

757 Vergl. Ferid/Sonnenberger, 1 F 1001.

Soweit im urheberrechtlichen Schrifttum von der Möglichkeit eines *mandat* gesprochen wird, wird hinsichtlich der Frage der Zulässigkeit durchaus weiter differenziert. Insoweit gilt die Erteilung eines *mandat général* als unvereinbar mit dem Grundsatz der Unveräußerbarkeit, so dass auf die ausschließliche Zulässigkeit des *mandat spécial* verwiesen wird[758]. Diese Unterscheidung sieht Art. 1987 C. civ.[759] vor; dies ist der deutschen Spezial- bzw. Generalvollmacht vergleichbar.

Konkretere Grenzen und Bedingungen eines *mandat* im urheberpersönlichkeitsrechtlichen Bereich werden in der französischen Literatur jedoch kaum diskutiert. Soweit sich hierzu überhaupt etwas findet, wird die Erteilung eines *mandat* an die Bedingung geknüpft, dass diese gegenüber vom Urheber für zuverlässig befundenen Vertrauenspersonen erfolge - beispielhaft werden *ami, société d'auteur, comité artistique* und *agent* genannt. Diese werden damit betraut, die einzelnen Formen einer Ausübungen des *droit moral* (wie Kürzen von Werken aus Gründen der Werbeunterbrechung u. ä.) mit den Nutzern auszuhandeln[760]. Andere befürworten eine Fremdwahrnehmung in den Fällen, in denen ein Arbeitsverhältnis besteht, und Arbeitgeber und Urheber insofern an einem Strang ziehen, als dass der Arbeitgeber den Ruf des Urhebers oder die Qualität der Produkte sichern will[761].

Wegen des praktischen Bedürfnisses wird auf eine zulässige Erteilung eines *mandat* insbesondere auch im Zusammenhang mit der Rechtewahrnehmung durch eine *société de gestion collective* erkannt; dies mit dem Anliegen, auch den Interessen der Verwerter (*cessionnaires des droits patrimoniaux*) gerecht zu werden[762]. Der Urheber sei so weit wie möglich an dem jeweiligen Entscheidungsprozess zu beteiligen; wie dies genau, sowohl in praktischer als auch rechtlicher Hinsicht zu geschehen hat, wird nicht erläutert.

Die angeführten Beispiele ähneln der im deutschen Urheberrecht als treuhänderische Wahrnehmung diskutierten Konstellation einer Fremdwahrnehmung urheberpersönlichkeitsrechtlicher Befugnisse. In der französischen Literatur wird jedoch auch befürwortet, dass ein *mandat* gegenüber dem direkten Vertragspartner des Urhebers, dem Verwerter - wie dem *éditeur* oder *producteur* - erteilt wird[763]. Vor dem Hintergrund der gesetzlich statuierten Unveräußerbarkeit des *droit moral* wären hier weitere begründende Ausführungen hinsichtlich einer derartigen generellen Annahme der Zulässigkeit eines *mandat* gegenüber Verwertern zu erwarten gewesen[764]. Insoweit bietet das französische Recht im Bereich der treuhänderischen Fremdwahrnehmung des *droit moral* nicht nur ein recht uneinheitliches, sondern auch widersprüchliches Bild.

---

758 So ausdrücklich Gavin, S. 89, n. 86.

759 Der Gesetzeswortlaut bedient sich hier des Begriffes *mandat*.

760 Gautier, n. 122.

761 Vergl. Huet D. 1985, chron., S. 261, 262, der insoweit von einer „*représentation pour le comte des auteurs*" spricht.

762 Lucas/Lucas, n. 373, S. 307 f.

763 Lucas/Lucas, n. 373, S. 307 f., die dies fast beiläufig, ohne nähere Ausführungen erwähnen.

764 Zur Erinnerung an die Striktheit der Annahme der Unzulässigkeit einer Übertragung sei hier auf Doutrelepont, n. 352, S. 239 f., hingewiesen.

c) Der Unveräußerbarkeitsgrundsatz nach Art. L. 121-1 al. 3 CPI im Verhältnis zu den Grundsätzen der *Nullité Relative/Absolue* und dem *Abus de Droit*

aa) Rechtsfolge eines Verstoßes gegen Art. L. 121-1 al. 3 CPI/ Die *Confirmation* im urheberpersönlichkeitsrechtlichen Zusammenhang

Die Folge eines Verstoßes gegen die gesetzlich festgeschriebene Unveräußerbarkeit des *droit moral* ist die Nichtigkeit (*nullité*) einer derartigen Vereinbarung. Die Zuweisung der *nullité* ist eine nachträgliche Sanktion eines ursprünglichen Mangels eines Rechtsgeschäfts und bewirkt, dass das betreffende Rechtsgeschäft rückwirkend vernichtet wird[765].

Dennoch wird von der französischen Literatur darauf verwiesen, dass eine rechtliche Verbindlichkeit derartiger Vereinbarungen im Wege einer Bestätigung (*confirmation*) denkbar ist[766]. Insoweit würde ein Eingriff in das *droit moral* nachträglich legitimiert und wäre zu keinem späteren Zeitpunkt mehr durch den Urheber abwehrbar. Dies setzt voraus, dass es sich um eine *nullité relative* handelt, da nur diese bestätigungsfähig ist, im Unterschied zu einer *nullité absolue*[767].

Die *nullité* kann sich entweder aus einer bestimmten Rechtsnorm, also direkt aus dem Gesetz, als auch aus grundsätzlichen Wertungen hinsichtlich des betreffenden Vertragsgegenstandes oder des Vertragsgrundes ergeben[768]. Steht eine bestimmte Rechtsnorm in Rede, ist im Weiteren danach zu fragen, ob der Schutzzweck allgemeinen (*intérêt général*) oder bloß individuellen Interessen (*intérêt particulier*) dient[769]. Im ersteren Fall wird von einer *nullité absolue* ausgegangen. Ob die eine oder andere Form der Nichtigkeit vorliegt, ist also eine Frage des Einzelfalls und speziell für die jeweils betroffenen Rechtsgebiete zu beantworten[770].

Die Ansichten darüber, von welcher Art die Nichtigkeit im Fall des Verstoßes gegen Art. L. 121-1 al. 3 CPI ist, differieren[771]. Als herrschende Ansicht kann insoweit wohl die Auffassung bezeichnet werden, die von einer *nullité relative* ausgeht[772]. Demzufolge habe das *droit moral* einen sog. *caractère d'ordre public protection,* so dass der Verstoß gegen den Unveräußerbarkeitsgrundsatz ein Verstoß gegen den *ordre public protection* sei. Nach allgemeinen Grundsätzen werden die unter dem Begriff *ordre public protection* erfassten Vorschriften als dem Schutz bestimmter Personengruppen und damit individuellen Interessen dienend erachtet, so dass ein Verstoß mit der *nullité relative* sanktioniert wird[773].

---

765 Ferid/Sonnenberger, 1 F 901 ff., S. 593 ff.

766 Vergl. insoweit Gautier, n. 122; Françon D. 1976, chron., S. 55.

767 Ferid/Sonnenberger, 1 F 927.

768 Ferid/Sonnenberger, 1 F 907 ff.

769 Vergl. Ferid/Sonnenberger, 1 F 908, die auf die Unterschiede zur älteren Lehre hinweisen. Danach wurde auf die Schwere des Geschäftsmangels abgestellt. Guimezanes, S. 205 f., verkürzt die Unterscheidung auf das Kriterium des Interessenschutzes.

770 Vergl. insoweit Ferid/Sonnenberger, 1 F 907 ff., S. 595 ff., die im weiteren den Versuch einer Zusammenfassung feststehender, genereller Maßstäbe unternehmen.

771 Huguet, n. 111, S. 80 unterscheidet insoweit als Anknüpfungspunkt für die Unwirksamkeit auch zwischen dem Vertragsobjekt und den Motiven (*causes*) der vertraglichen Vereinbarung, ist jedoch der Ansicht, dass auf das Objekt - *droit moral* - abzustellen sei.

772 Lucas/Lucas, n. 374, S. 308; Françon D. 1976, chron., S. 55; Gautier, n. 142; Bertand, 6.113., c), S. 262; Parisot D. 1972, chron., S. 71, 77. A. A. wohl Plaisant, n. 140, S. 60 und die Rechtsprechung: „Fantômas", TGI Paris, RIDA 60 (1969), S. 166 und „Allain", RIDA 1971, S. 74 und D. 1966, S.166. Unklar Pollaud-Dulian RIDA 145 (1990) S. 127, 141, der lediglich eine Zuordnung zur generellen Kategorie des *ordre public* vornimmt.

773 Vergl. allgemein: Ferid/Sonnenberger, 1 F 911, S. 596, sowie zur urheberrechtlichen Literatur: Lucas/Lucas, n. 374, S. 308.

Hinsichtlich der weiteren rechtlichen Behandlung fehlen indes konkrete Ausführungen im urheberrechtlichen Schrifttum, so dass auf die allgemeinen Grundsätze zu verweisen ist. Die *nullité relative* ist - wie insoweit auch die *nullité absolue* - grundsätzlich im Klagewege als *action en nullité* geltend zu machen. Dem steht das Berufen auf die Nichtigkeit im Wege der Einrede (*exception en nullité*) gleich. Dabei wird bei Klagen auf Vertragserfüllung jedoch angenommen, dass das Vorliegen einer *exception en nullité* im Fall der *nullité relative* nicht von Amts wegen durch den Richter geprüft wird[774]. Wie die Begrifflichkeit *relative* bereits impliziert, kann über die Durchsetzung der Nichtigkeit nur die Person entscheiden, deren Schutz die verletzte Rechtsvorschrift dient. Im Unterschied hierzu kommt dieses Recht bei Vorliegen einer *nullité absolue* jedem zu, der ein berechtigtes Eigeninteresse hat. Geht es um die Durchsetzung einer *nullité relative*, so ist zu beachten, dass die Nichtigkeitsklage einer 5-jährigen Verjährungsfrist unterworfen ist.

Eine Möglichkeit des Verlusts des Klage- und Einrederechts ist die Erteilung einer *confirmation* durch den von der Rechtsverletzung Betroffenen. Bei der *confirmation* handelt es sich um ein einseitiges, nicht empfangsbedürftiges Rechtsgeschäft[775]; dessen Wirksamkeitsvoraussetzung ist die Kenntnis des Bestätigenden vom Mangel und sein Wille, diesen nicht geltend zu machen. Dies schließt die Möglichkeit einer *confirmation* im Voraus, also mit Abschluss des betreffenden Rechtsgeschäfts, aus[776]. Rechtsfolge der *confirmation* ist, dass der Nichtigkeitsgrund rückwirkend wegfällt[777].

Zum Aspekt der *confirmation* finden sich auch Ausführungen im urheberrechtlichen Schrifttum, und zwar im Zusammenhang mit rechtsgeschäftlichen Vereinbarungen bezüglich des Werkintegritätsrechts[778]. Habe der Urheber bestimmte Veränderungen des Werkes - z.B. infolge einer Verfilmung - gebilligt und das so veränderte Werk vorab, also vor der Freigabe an die Öffentlichkeit, begutachten können, sei das Recht, sich auf die Nichtigkeit zu berufen entstanden und eine *confirmation* damit zulässig. Dabei drohe jedoch die Gefahr, dass der Urheber trotz einer zunächst erfolgten „Bestätigung“ der Werkveränderung letztlich von seinem Recht Gebrauch macht, dass sein Name nicht genannt wird[779]; insoweit wird im Recht auf Namensunterdrückung gleichsam eine neben der *confirmation* verbleibende Möglichkeit eines Interessenausgleichs gesehen[780].

In der Sache handelt es sich bei einer *confirmation* im Zusammenhang mit rechtsgeschäftlichen Vereinbarungen über das *droit moral* letztlich um einen nachträglichen Verzicht[781]. Dessen Zulässigkeit wird ja auch ganz überwiegend betont[782]. Ein Konflikt mit Art. L. 121-1 al. 3 CPI wird darin keinesfalls gesehen.

---

774 Siehe Ferid/Sonnenberger, 1 F 915 und 918.

775 Ferid/Sonnenberger, 1 F 930.

776 Ferid/Sonnenberger, 1 F 930.

777 Dogmatisch unklar, jedenfalls problematisch, ist in diesem Zusammenhang das Bejahen einer „Behebung des Mangels“ als notwendige Wirksamkeitsvoraussetzung der *confirmation*, vergl. Ferid/Sonnenberger, 1 F 930.

778 Vergl. Gautier, n. 122 und n. 142.

779 Gautier, n.142, formuliert insoweit: „une confirmation, une fois né le droit à exciper de la nullité, i.e. film réalisé et projeté en preview à l'auteur, nous semble valable, quitte à ce que celui-ci exige le retrait de son nom du générique.“

780 Gautier, n. 142.

781 So wohl auch Gautier selbst, denn er verweist auf S. 266, Fn. 2 und S. 229, Fn. 3, im Zusammenhang mit der Darstellung dieser Bedingungen einer *confirmation* auf Lucas/Lucas, n. 427 und Desbois, 451, die sich mit dem Verzicht beschäftigen und diesen in Form eines nachträglichen „Einzelfallverzichts“ für zulässig befinden.

782 Siehe hierzu oben, unter 2., a) und b).

bb) Die Bedeutung des *Abus de Droit*

Als weitere Beschränkung des Grundsatzes der Unveräußerbarkeit des *droit moral* wird in Schrifttum und Rechtsprechung ein Zusammenhang mit dem Gedanken des sog. *abus de droit*, einem allgemeinen Grundsatz des französischen Rechts, diskutiert[783]. Im französischen Schrifttum werden zwei Konstellationen unterschieden.

aaa) Beschränkung der Rechtsausübung, mithin des gesetzlich gewährten Schutzumfangs des *Droit Moral*

Trotz grundsätzlich uneingeschränkter Zuweisung des *droit moral* wird darauf hingewiesen, dass der Urheber dieses nicht in beliebiger, willkürlicher Weise ausüben könne, da es sich nach allgemeiner Ansicht nicht um ein im freien Ermessen des Rechtsinhabers stehendes Recht (*droit discrétionnaire*) handelt[784]. Die Ausübung des *droit moral* unterliege, wie jede andere Rechtsausübung auch, der Missbrauchskontrolle (*abus de droit)* durch die Gerichte[785]. Dem stehe auch der höchstpersönliche Charakter des *droit moral* und die hierdurch bedingte Individualität der Rechtsausübung nicht entgegen, denn auch das CPI selbst erkenne die mögliche Beschränkung des *droit moral* durch den Gedanken des *abus de droit* an, indem es ausdrücklich einen speziellen Anwendungsfall in Art. L. 121-3 CPI regele[786]. Der hieraus mögliche Umkehrschluss, dass mit dieser Vorschrift ein insoweit abschließender Spezialfall des *abus de droit* im Bereich des Urheberrechts geregelt werde und damit eine weitergehende Rechtsmissbrauchskontrolle für das *droit moral* und dessen Ausübung ausgeschlossen sei, wird zurückgewiesen[787]. Hierin wird vielmehr eine Wertungsvorgabe gesehen, wonach die gerichtliche Kontrolle im urheberpersönlichkeitsrechtlichen Bereich lediglich ausnahmsweise erfolgen und dabei in den seltensten Fällen ein Rechtsmissbrauch auch angenommen werden könne[788].

Ein *abus de droit* wird grundsätzlich in den Fällen angenommen, in denen eine Schädigungsabsicht und/oder eine Umkehrung des Zwecks und damit der Zielrichtung des gewährten Rechts (*un détournement de la finalité du droit*) vorliegt[789]. Im Fall des *droit moral* wird

[783] Bertand, 6.113., S. 262, sieht den abus de droit als einzig mögliche Einschränkung der freien Widerrufbarkeit eines Verzichts: „Le droit moral peut donc faire l'objet de renonciation révocable librement, sauf abus de droit."

[784] Wohl ganz h. M.: vergl. Desjonqueres, n. 275; Lucas-Schloetter GRUR Int. 2002, 2, 3, Fn. 9, die eine Übersetzung als „dem freien Ermessen überlassen" vorschlägt; Greffe/Greffe, n. 1021; Betrand, n. 6.113., S. 262; Lucas/Lucas, n. 379, S. 309 f. A. A. am Beispiel des Veröffentlichungsrechts wohl aber Desbois, n. 380, S. 469.

[785] Colombet, n. 134, S. 130. Die Rechtsprechung formuliert in der Entscheidung des Cour de Cass., D. 1985, info. rap., S. 312: „l'exercice de son droit moral par l'auteur de l'oeuvre originale revêt un caractère discrétionnaire, de sorte que l'appréciation de la légitimité de cet exercice échappe au juge"; Caron RIDA (1998), S. 3, 49; vergl. grundsätzlich zur Rechtsmissbrauchskontrolle und den entsprechenden Rechtsfolgen bei Verträgen: Ferid/Sonnenberger, 1 C 166.

[786] Art. L. 121-3 CPI lautet: „En cas d'abus notoire dans l'usage ou le non-usage du droit de divulgation de la part des représentants de l'auteur décédé visés à l'article L. 121-2, le tribunal de grande instance peut ordonner toute mesure appropriée." Über die Antragsbefugnis auch des für Kultur- und Wissenschaft zuständigen Ministers werden über die persönlichkeitsrechtlichen Belange hinaus auch kulturpolitische und konservatorische Belange der Allgemeinheit geschützt, s. Quelle, Frankreich/I, VI, 2.

[787] Lucas/Lucas, n. 387, S. 319.

[788] Mit Blick auf die Rechtswirklichkeit gibt Bertand, 6.113., d), S. 262, aber zu bedenken, dass der „tägliche" Missbrauch und Gebrauch des *droit moral* aus rein merkantilen Zwecken weit reiche, und dass insoweit eine stärkere Sanktionierung durch die Gerichte wünschenswert sei.

[789] Bertand, 6.113., d), S. 262 f.

von einer missbräuchlichen Rechtsausübung gesprochen, wenn dessen Ausübung mit einer legitimen Rechtsausübung der *droits patrimoniaux* durch Dritte kollidiert oder die Rechtsausübung aus rein wirtschaftlichen bzw. finanziellen Interessen erfolgt, so dass sich das *droit moral* als ein gleichsam zweites *droit patrimonial* darstellt[790].

Die Rechtsfolge eines *abus de droit* kann grundsätzlich in einer Verpflichtung zur Leistung von Schadenersatz, in Geld- oder Naturalleistung, bestehen[791]; hinsichtlich des *droit moral* erfolgt eine Sanktionierung etwaigen Rechtsmissbrauchs, indem dessen Geltendmachung versagt wird.

Die französische Rechtslehre und Rechtsprechung haben die Geltung des *abus de droit* im Zusammenhang mit den einzelnen Befugnissen des *droit moral* konkretisiert.

Hinsichtlich der Rückrufsrechte wurde durch die Rechtsprechung bekräftigt, dass die Ausübung aus rein wirtschaftlichen Gründen rechtsmissbräuchlich ist[792]. In der einschlägigen Entscheidung hatte der Urheber sein Rückrufsrecht geltend gemacht, um ein höheres Entgelt für die (Neu-)verwertung des von ihm miturheberschaftlich geschaffenen Werks zu erhalten. Hierin wurde eine zweckentfremdete Ausübung der Rechte (im Sinne des sog. *détournement de la finalité*) gesehen, die den ideellen Interessen zu dienen bestimmt sind. Bezüglich des Werkintegritätsrechts befand die Rechtsprechung, dass eine Berufung hierauf nicht mit dem Ziel einer reinen Schikane (*vexation*) der Vertragspartner und ihrer Werknutzung erfolgen darf[793].

Gerade im Zusammenhang mit dem Werkintegritätsrecht ist aber zu betonen, dass zwischen der Rechtsausübungskontrolle über den Gedanken des *abus de droit* und der tatbestandlichen Beschränkung des gesetzlichen Schutzbereichs über eine Interessenabwägung deutlich zu trennen ist[794]. Die Grenzen scheinen jedoch zu verwischen. Dies zeigt der unter dem Gesichtspunkt einer Rechtsmissbrauchskontrolle getätigte Verweis darauf[795], dass dem Urheber ein Abwehrrecht aus seinem Werkintegritätsrecht, trotz der weiten tatbestandlichen Formulierung, nur bei solchen Eingriffen zustehe, die nicht nur subjektiv vom Urheber empfunden, sondern auch objektiv von werkentstellendem Charakter sind. Dies erscheint indes nicht als eine Anwendung der Grundsätze des *abus de droit*. Auch eine Abgrenzung zwischen dem *abus de droit* und einer zulässigen Rechtsausübung unter Heranziehung der Kriterien der Zweckbestimmung des Werkes und der Schwere des Eingriffs[796] erscheint dogmatisch zweifelhaft; jedenfalls zeigt sich hieran die Schwierigkeit, die sich aus der mitunter fließenden Abgrenzung zwischen Gesichtspunkten des Interessenausgleichs und des *abus de droit* ergeben[797].

---

790 Insoweit verweist Bertand, 6.113., d), S. 263, beispielhaft auf die musikalische Bearbeitung für den Bereich der Werbung.

791 Vergl. Ferid/Sonnenberger, 1C 166.

792 „Chiavarino/SPE", Cour de Cassation, RIDA 151 (1992), S. 272, dem sich die Lehre ganz überwiegend angeschlossen hat, vergl. Desjonqueres, n. 275. Ausführlich und kritisch diskutiert von Sirinelli RIDA 151 (1992), 275 ff. als Anmerkungen zu diesem Urteil.

793 Vergl. Cour de Cass., D. 1945, S. 287 und die Entscheidung „Bonnard", wiedergegeben bei Plaisant, n. 140, S. 60.

794 Dies wird auch bei Lucas-Schloetter, GRUR Int. 2002, 2, 3, deutlich.

795 So Altenburg, S. 101.

796 Vergl. Metzger, S. 139, unter Verweis auf Cour de Cass., D. 1993, jur., S. 522; siehe auch Caron RIDA 176 (1998), S. 31 ff.

797 Bemerkenswert ist dabei, dass in der Entscheidung selbst nicht von einem Rechtsmissbrauch gesprochen wird.

Diese Abgrenzung erscheint jedoch insbesondere im Hinblick auf den Grundsatz der Unveräußerbarkeit des *droit moral* von Bedeutung. Insofern sei auf Folgendes hingewiesen[798]: Die Bewertung einer Rechtsausübung als Rechtsmissbrauch sollte die Feststellung voraussetzen, dass das jeweilige Recht des Urhebers, hier das Werkintegritätsrecht, tatbestandlich vorliegt; zunächst wäre die Zuweisung einer entsprechenden, subjektiven Rechtsposition zu überprüfen. Dann erst drängt sich die Frage auf, ob der Gebrauch des grundsätzlich bestehenden Abwehrrechts im Einzelfall zu verwehren ist. Denn wertungsmäßig hat der Urheber bei Fällen des Rechtsmissbrauchs die subjektive Rechtsposition zwar grundsätzlich inne, kann sie jedoch nicht geltend machen.

Fehlt es an dieser gedanklichen Unterscheidung, entsteht ein weiterer wertungsmäßiger Widerspruch und zwar mit der im französischen Schrifttum geforderten restriktiven Anwendung der Lehre vom *abus de droit* im Bereich des *droit moral*[799]. Denn in der Praxis wird wegen des grundsätzlich weiten Schutzbereichs des Werkintegritätsrechts im französischen Recht wohl häufig eine Einschränkung im Wege einer Interessenabwägung vorzunehmen sein. Die insoweit fehlende deutliche Trennung von der Lehre des *abus de droit* würde dann dazu führen, dass eine Gleichsetzung mit der tatbestandlichen Beschränkung des Werkintegritätsrechts und in der Konsequenz statt einer nur ausnahmsweisen Bejahung des Rechtsmissbrauchs dessen Annahme im Regelfall drohen würde.

bbb) Bindungswirkung vertraglicher Vereinbarungen über den Einwand eines *Abus de Droit*?

Auch im Zusammenhang mit einer ausdrücklichen vertraglichen Vereinbarung betreffend das *droit moral* wird die Bedeutsamkeit der Rechtsmissbrauchskontrolle angesprochen. So insbesondere hinsichtlich des Veröffentlichungs- und des Namensnennungsrechts, bei denen die französische Rechtslehre dem Gedanken des *abus de droit* eine bestätigungsgleiche Funktion für vertragliche Vereinbarungen und deren Bindungswirkung zuordnet.

Vor dem Hintergrund des engen Zusammenhangs zwischen dem Veröffentlichungsrecht und den Verwertungsrechten[800] wirft das französische Schrifttum die Frage auf[801], ob der Urheber trotz Abschluss eines Verwertungsvertrages und erfolgter Zuweisung der *droits de reproduction* und *représentation* hinter seinem Wort zurückbleiben und sich auf sein Veröffentlichungsrecht aus Art. L. 121- 2 al. 1 CPI berufen könne. Grundsätzlich sei dem Urheber dieses Recht zuzugestehen. Andernfalls würde dies bedeuten, dass der Vertrag, der eine Übertragung der Verwertungsrechte beinhalte, zugleich einen antizipierten Verzicht auf die Ausübung des Veröffentlichungsrechts darstelle, was gegen den ordre public verstieße. Da aber nun andererseits auch das Veröffentlichungsrecht der Rechtsmissbrauchskontrolle unterfalle, könne durchaus eine Situation vorliegen, in der eine wirksame Verpflichtung des Urhebers anzunehmen sei, so dass sich dieser an seinem Versprechen festhalten lassen müsse; die Ablehnung einer Veröffentlichung durch den Urheber wäre rechtsmissbräuchlich und infolgedessen nichtig. Der Vertragspartner könnte sich über die Weigerung einer Veröffentlichung

---

[798] Vergl. hierzu auch die Überlegungen von Lucas-Schloetter GRUR Int. 2002, 2; insbesondere der Aufbau des Aufsatzes unterstützt diese Aussage.

[799] Vergl. die ausdrückliche Betonung des Ausnahmecharakters: Lucas/Lucas, n. 387, S. 319.

[800] Insoweit ist hier auf die Ausführungen zum Schutzbereich des Veröffentlichungsrechts, oben, unter I., 1., a) hinzuweisen, wonach die Ausübung des Veröffentlichungsrechts Entstehungsgrund für die Verwertungsrechte ist.

[801] Lucas/Lucas, n. 387, S. 319 f.; unter Verweis auf Desbois, n. 396, S. 487 f. Den Verweis auf die Möglichkeit des Rückrufsrechts nach Art. L. 121-4 CPI lehnen sie in diesem Zusammenhang ab, da dieses ein bereits veröffentlichtes Werk voraussetze.

hinwegsetzen[802], so dass dem Urheber letztlich nur die Möglichkeit zur Ausübung seiner Rückrufsrechte verbliebe, dies aber dann nur unter der Bedingung einer vorherigen Entschädigung des Vertragspartners. Ein der richterlichen Kontrolle unterliegender Rechtsmissbrauch sei jedoch nur dann anzunehmen, wenn keine „innere Auseinandersetzung" (l'absence de débat intérieur[803]) beim Urheber stattgefunden habe. Dies sei eine Bedingung, die von demjenigen, der sich auf den Rechtsmissbrauch berufe, besonders schwer zu beweisen wäre.

Trotz vielversprechender Ansätze und zutreffender Betonung des Zusammenhangs zwischen den Verwertungsrechten und dem Veröffentlichungsrecht ist die im französischen Schrifttum unternommene Analyse letztlich wenig gewinnbringend; sie ändert jedenfalls nichts an der Beibehaltung des Unveräußerlichkeitsgrundsatzes, sogar in seiner strengsten Lesart. Unklar bleibt insbesondere, welche Bedeutung im Ergebnis den zwischen Urhebern und Verwertern getroffenen, vertraglichen Vereinbarungen zugewiesen wird; für die konkrete rechtliche Lösung spielen sie keine unerlässliche Rolle. Denn wenn der prozessualen - in den wenigsten Fällen erfüllbaren - Beweislast entsprochen werden könnte, könnte die Ausübung des Veröffentlichungsrechts nach französischer Rechtsauffassung auch ohne die Berufung auf den Umstand des Vertragsabschlusses untersagt werden; hinter dem Hinweis auf *l'absence de débat intérieur*[804] steht letztlich ausschließlich eine Bewertung der Ausübung des Veröffentlichungsrechts als zweckentfremdet, d.h. nicht entsprechend der Schutzbestimmung und damit rechtsmissbräuchlich. Dies ergibt sich aber nicht erst aus dem Zusammenhang mit einer anders lautenden vertraglichen Vereinbarung.

Im Bereich des Namensnennungsrechts wird unter Hinweis auf den Grundsatz des Rechtsmissbrauchs im Fall einer - befristeten - Ghostwritervereinbarung (*contrat de nègre*[805]) angenommen, dass der Vertragspartner erfolgreich eine Vertragsauflösung oder Entschädigungszahlung verlangen kann, wenn sich der Urheber abredewidrig auf seine Urheberschaft beruft[806]. Das bedeutet also nicht, wie im Fall des Veröffentlichungsrechts dargestellt, dass eine vertragliche Verpflichtung zu einer Rechtsausübung des *droit moral* unter bestimmten Umständen auch einklagbar sein kann. Die Pflicht zur Vertragsauflösung bzw. Entschädigung knüpft dabei unmittelbar an den vertrauensbegründenden Umstand des Vertragsabschlusses an; insoweit wird betont, dass das Versprechen des Ghostwriters, seine Urheberschaft zu keinem innerhalb des vereinbarten Zeitraums liegenden Zeitpunkt zu offenbaren, die anregende und entscheidende Ursache dafür gewesen sei, dass der Verwerter den Vertrag überhaupt geschlossen und sich damit verpflichtet habe[807]. Die genauen Umstände, die die Annahme eines Rechtsmissbrauchs in diesem Zusammenhang rechtfertigen, werden indes nicht erläutert.

---

802 Lucas/Lucas, n. 387, S. 320.

803 So Lucas/Lucas, n. 387, S. 320 und Lucas, S. 70 f., ohne weitere Erklärung.

804 Eine genaue Beschreibung dessen, was Lucas/Lucas, s. Fn. 788, darunter verstehen, geben sie nicht. Es scheint sich hier aber letztlich bloß um eine Umschreibung der Voraussetzung des Rechtsmissbrauchs, eines *détournement de la finalité*, zu handeln. Denn sie beziehen sich auf entsprechende Ausführungen zum Rückrufsrecht und die Entscheidung „Chiavarino", sowie auf n. 400, S. 326 und den dortigen Verweis auf Desbois, n. 396.

805 Auch in der gegenwärtigen französischen Literatur ist der Terminus *contrat de nègre* üblich, vergl. Lucas/Lucas, n. 409, S. 332; Bertand, n. 6.113., S. 262; Gautier RIDA 139 (1989), S. 63. Zwar ist man sich der diskriminierenden Wirkung bewusst, verweist aber darauf, dass diese sprachliche Fassung historisch begründet und etwaige diskriminierende Einschätzungen mittlerweile verschwunden seien, so dass eine Verwendung als reiner Fachausdruck im Verlagsbereich überlebt habe, so Gautier RIDA 139 (1989), S. 63.

806 Gautier RIDA 139 (1989), 63, 97 ff., insbes. S. 99 f. Strowel, n. 386, S. 499. Vergleichbare Auffassungen siehe unten, unter 3., b), bb), bbb), die dieses Ergebnis jedoch nicht als Folge der Anwendung der *théorie de l'abus de droit* erörtern.

807 Gautier RIDA 176 (1998), S. 63, 101.

Andere Autoren im Schrifttum sind strenger hinsichtlich der Bejahung eines Missbrauchs des Namensnennungsrechts und verlangen, dass bereits zum Zeitpunkt des Vertragsschlusses eine Absicht des Urhebers bestand, zu einem späteren Zeitpunkt entgegen dieser Aussage doch sein Recht auf Urheberschaft/Namensnennung geltend zu machen[808]. Diese späte Rechtsausübung beruhe auf einer bösgläubigen und unredlichen Einstellung des Urhebers (*attitude imprégnée de mauvaise foi*[809]) und sei deshalb als Missbrauch des *droit moral* zu bewerten.

cc) Zwischenergebnis

Die Bedeutsamkeit der *confirmation* und des *abus de droit* wird zwar insbesondere auch im Zusammenhang mit der Eingehung vertraglicher Vereinbarungen betreffend das *droit moral* betont. Die Untersuchung des diesbezüglichen Schrifttums widerspricht jedoch eher einem besonderen, hervorzuhebenden Stellenwert im Hinblick auf die Durchsetzung von vertraglichen Vereinbarungen[810]. Zur Begründung eines, entgegen der gesetzlichen Formulierung, nicht absoluten Geltungsanspruchs des Unübertragbarkeitsgrundsatzes[811] können die Lehre vom *abus de droit* und die Betonung der Zulässigkeit einer *confirmation* wenig beitragen. Zum einen scheint der Aspekt der vertraglichen Vereinbarung für die konkreten rechtlichen Schlussfolgerungen und Ergebnisse irrelevant zu sein, und zum anderen ist auch der Anwendungsbereich des *abus de droit* letztlich sehr beschränkt. Dem Verwerter verschafft dies im Hinblick auf seine Werknutzungssituation keinesfalls ausreichende Rechtssicherheit.

d) Besonderheiten für bestimmte Urhebergruppen im Hinblick auf den Grundsatz des Art. L. 121-1 al. 3 CPI?

aa) Arbeitnehmerurheber

Grundsätzlich wird die Regelung des Art. L. 111-1 al. 3 CPI[812] betreffend Urheber, die in einem Arbeitsverhältnis stehen, als eine Bestätigung des Grundsatzes der Unveräußerlichkeit des *droit moral* gem. Art. L. 121-1 al. 3 CPI bewertet. In einem abhängigen Beschäftigungsverhältnis stehe zwar die Übertragung von Verwertungsrechten in Frage[813], das *droit moral* aber verbleibe dabei weiterhin und unverändert beim Arbeitnehmerurheber (*créateur salarié/auteur salarié*)[814]. Insoweit wird auch darin kein „Verzicht" erblickt, dass der Urheber in

808 Caron RIDA 176 (1998), S. 3, 53.

809 Denn insoweit wird der Rechtsmissbrauch als eine Missachtung der Verpflichtung, einen Vertrag nach „Treu und Gauben" durchzuführen, s. Art. 1134 al. 3 C. civ. (*obligation d'exécuter le contrat de bonne foi*) verstanden, so Caron RIDA 176 (1998), S. 3, 51.

810 Vergl. aber die Betonung bei Bertand, 6.113., c), S. 262.

811 Bsph. sei hier zur Erinnerung auf Bertand, 6.51., S. 295 verwiesen.

812 Art. L. 111-1 al. 3 CPI lautet: „L'existence ou la conclusion d'un contrat de louage d'ouvrage ou de service par l'auteur d'une oeuvre de l'esprit n'emporte aucune dérogation à la jouissance du droit reconnu par l'alinéa 1er."

813 Bemerkenswert im Vergleich zum deutschen Recht, § 40 Abs. 1 UrhG, ist insoweit, dass eine Übertragung der erst an zukünftigen Werken entstehenden Verwertungsrechte unter dem Vorbehalt des Verbots nach Art. L. 131-1 CPI steht, vergl. Lucas/Lucas, n. 164, S. 156. Der Annahme einer konkludenten pauschalen Übertragung der *droit d'exploitation* bereits zum Zeitpunkt des Abschlusses des Arbeitsvertrages hat der Cour de Cassation eine klare Absage erteilt, „Gouy/Nortène", RIDA (1993), S. 193.

814 Doutrelepont, n. 104, S. 102; Gavin, S. 257; Greffe/Greffe, n. 1048; dies gelte umso mehr, wenn es sich um eine juristische Person handelt, da dieser niemals *droits moraux* zustehen könnten, so Gautier, n. 129. Ein-

Anbetracht einer Veröffentlichung seines Werkes ohne Namensnennung nach Beendigung des Arbeitsverhältnisses keine Entschädigung verlangt[815]; es wird vielmehr angenommen, dass der Urheber jederzeit sein *droit moral* geltend machen kann[816].

Trotz dieser strikten Haltung wird zugleich darauf verwiesen, dass sich im Arbeitsverhältnis besondere Probleme aus der Unübertragbarkeit des *droit moral* ergeben[817]. Die Unveräußerbarkeit bestehe insoweit nur theoretisch, in der Praxis gälten andere Regeln[818]. So bedeute die besondere Situation im Hinblick auf das Werkintegritätsrecht, dass der Arbeitnehmerurheber bestimmte Änderungen hinnehmen müsse, insbesondere solche von „leichter" Qualität. Denn in Anbetracht der tatsächlichen Kenntnis des Urhebers von der Verwendung seiner Werke und der Intention der Werkschöpfung zu Gebrauchszwecken müsse der Urheber auch die Konsequenzen für sein *droit moral* tragen[819].

Die besondere Situation des Arbeitsverhältnisses führt demnach zu einer Beschränkung des gesetzlichen Schutzbereichs des Werkintegritätsrechts[820]; rechtsgeschäftliche Vereinbarungen werden weiterhin für unzulässig befunden. Dass eine Abweichung vom Grundsatz der *inaliénabilité* auch im Arbeitsverhältnis letztlich wieder nur eine Entscheidung über die Reichweite des Schutzbereichs nach Interessengesichtspunkten ist, kommt auch in den speziellen gesetzlichen Vorschriften für Computersoftware, Art. L. 113-9 al. 1[821] und 121-7[822] CPI, zum Ausdruck. Die Verwertungsrechte gehen hier bereits per Gesetz, nicht erst im Wege rechtsgeschäftlicher Vereinbarung auf den Arbeitgeber über[823], während das *droit moral* grundsätzlich auch bei dieser Werkart beim Urheber verbleibt. Das Werkintegritätsrecht ist jedoch tatbestandlich auf die Abwehr solcher Eingriffe beschränkt, die eine Verletzung des Rufs oder der Ehre des Urhebers bedeuten. Die Rückrufsrechte sind bei dieser Werkart gem. Art. 121-7 CPI - mangels abweichender vertraglicher Vereinbarung - grundsätzlich ausgeschlossen. An

---

schlägige Rechtsprechung: CA Paris, RIDA 71 (1972), S. 133 und D. 1990, som. com., S. 187; CA Aix-En-Provence, D. 1966, jur., S. 70.

815 Doutrelepont, n. 354, S. 240 f.

816 Bertand, 7.431., S. 333.

817 Lucas, S. 30 f., spricht von Klärungsbedarf und weist auf die Legitimität der Interessen der Vertragspartner (der Arbeitgeber) und die zu berücksichtigende „wirtschaftliche Logik" hin.

818 So Huguet, n. 119, S. 85, ohne jedoch konkrete Ausführungen zu machen. In diesem Zusammenhang wird mitunter auch begrifflich nicht genügend differenziert, vergl. Colombet, n. 131, S. 128 - unter Verweis auf: CA Aix-En-Provence, D. 1966, jur., S. 70 -, der ohne nähere Ausführungen davon ausgeht, dass das *droit moral* mitunter teilweise übertragbar erscheine, insbesondere in Anbetracht der Tatsache, dass es sich um einen bezahlten Urheber handelt.

819 Gautier, n. 128 (4. Auflage) unter Verweis auf „Catena", RIDA (1990), S. 333.

820 So auch Bertand, 7.432., S. 333 und der Hinweis von Doutrelepont, n. 518, S. 329 auf eine Entscheidung des Cour de Cassation, D. 1988, juris., S. 79, wonach sich der Urheber bestimmten finanziellen oder ästhetischen Zwängen, denen der Arbeitgeber unterliege, ebenfalls unterordnen muss.

821 Art. L. 113-9 al. 1 CPI lautet: „Sauf dispositions statutaires ou stipulations contraires, les droits partimoniaux sur les logiciels et leur documentation créés par un ou plusieurs employés dans l'exercice de leurs fonctions ou d'après les instructions de leur employeur sont dévolus à l'employeur qui est seul habilité à les exercer."

822 Art. L. 121-7 CPI lautet: „Sauf stipulation contraire plus favorable, celui-ci ne peut: 1° S'opposer à la modification du logiciel par le cessionnaire des droits mentionnés au 2° de l'article L. 122-6, lorsque'elle n'est préjudiciable ni à son honneur ni à sa réputation; 2° Exercer son droit de repentir ou de retrait."

823 Colombet, n. 102; Doutrelepont, n. 271, S. 200; Dumas, S. 306; a. A. Huet D. 1985, chron., S. 261, 262, der sich jedoch noch auf die Gesetzesfassung von 1985 (s. Art. 45) bezieht, die insoweit auslegungsfähig war. Im Rahmen einer Novellierung im Jahr 1994 wurde jedoch mit einer neuen Formulierung klargestellt, dass nur die *droits patrimoniaux* dem Arbeitgeber zugeordnet werden, so dass diese Ansicht wohl als überholt gelten muss.

der Unveräußerbarkeit im rechtsgeschäftlichen Sinne ändert dies nichts[824]. So wird gerade auch wegen des abschließenden Charakters der genannten Regelungen darauf verwiesen, dass es im Übrigen bei den allgemeinen Grundsätzen bleibe[825].

Abweichende Ansichten werden nur vereinzelt hinsichtlich einzelner Befugnisse des *droit moral* im Schrifttum geäußert.

Für das Namensnennungsrecht wird angenommen[826], dass der Urheber im Zusammenhang mit der Eingehung des Arbeitsverhältnisses seine Zustimmung dazu erteile, dass der Arbeitgeber als Autor des Werkes betrachtet wird, was nicht nur einem rein tatsächlichen, sondern auch einem rechtlichen Verzicht entspreche. Die gesetzliche Regelung könne deshalb nur bedeuten, dass hiermit eine gesetzgeberische Anweisung zu einer strikten Interpretation getroffen werde, was bedeute, dass eine genaue Auslegung des jeweiligen Vertrages vorzunehmen sei und eine Zustimmung des Urhebers in Arbeitsverhältnissen nicht einfach vermutet werden könne. Soweit andere schlicht darauf verweisen, dass bei bestimmten Werkarten, in Fällen einer rein industriellen Reproduktion, eine Beschränkung des Namensnennungsrechts anzunehmen sei[827], ist unklar, ob dies vertraglicher und damit verzichtender Natur sein soll oder gleichfalls wieder „nur“ im Wege einer Interessenabwägung erreicht wird.

Hinsichtlich des Veröffentlichungsrechts wird sogar vertreten, dass eine Bestimmung der Veröffentlichung durch andere vorliegen kann. So wenn der Urheber innerhalb des Unterordnungsverhältnisses ein Werk nach entsprechenden Vorgaben kreiert, die durch andere, ihm hierarchisch übergeordnete Personen, auch mit Blick auf bestimmte Veröffentlichungsmodalitäten, festgelegt werden[828].

Das Bild ist nach der französischen Rechtsprechung und Rechtslehre auch für Arbeitnehmerurheber insgesamt dadurch gekennzeichnet, dass zwar Versuche zur Abmilderung der *inaliénabilité* unternommen werden. Nach ganz herrschender Ansicht erfolgt dies aber im Wege einer „Interessenabwägung“ und damit bereits auf der Ebene der Schutzbereichsbestimmung - wenngleich dies so nicht ausdrücklich formuliert und benannt wird. Dies entspricht auch dem, was der französische Gesetzgeber bei der speziellen Normierung für Computersoftware wertungsmäßig umgesetzt hat. Die praktischen und wirtschaftlichen Bedürfnisse des Rechtsverkehrs werden neuerdings auf Gesetzesebene durch eine Einschränkung des Schutzbereichs des *droit moral* berücksichtigt. In Anbetracht der gesetzlichen Regelung für Computersoftware wird sogar davon gesprochen, dass das *droit moral* nicht nur begrenzt, sondern gleichsam inexistent sei [829]. Die Frage der Zulässigkeit rechtsgeschäftlicher Vereinbarungen rückt damit in den Hintergrund, denn einer rechtsgeschäftlichen Disponibilität bedarf es hier nicht mehr.

---

824 Es wird aber zugestanden, dass der Urheber umgekehrt eine Erweiterung des Werkschutzes und damit wieder ein Schutzniveau entsprechend der grundsätzlichen Regelung des Werkintegritätsrechts in Art. L. 121-1 al. 1 CPI durch entsprechende vertragliche Vereinbarungen erreichen kann.

825 Doutrelepont, n. 271, S. 200; vergl. auch Edelmann, n. 429, S. 322, der hier wieder auf den möglichen Einwand des Rechtsmissbrauchs gegenüber der Veröffentlichungsverweigerung des Urhebers hinweist.

826 Wohl nur Savatier, nach den Ausführungen von Gavin, S. 95, n. 93 f., insbes. n. 95, der gegen die Meinung Savatiers anführt, dass es sich um einen bloß temporären Verzicht auf die *Ausübung* des *droit moral* handeln könne. Bemerkenswert ist auch hier wieder, dass dies eine Meinung ist, die noch vor Geltung des loi 1957 vertreten wurde.

827 Bertand, n. 7.431., S. 333, unter Verweis auf CA Paris, D. 1985, info. rap., S. 10.

828 Debbasch, n. 600, S. 624; Dumas, S. 203. Wie auch bei vielen anderen Diskussionspunkten und Meinungen wird auch hier der dogmatische Unterbau nicht mitgeliefert.

829 Bertand, 12.52., S. 601, gibt dabei zu bedenken, dass dies auf dem praktischen Umstand beruhe, dass die Mehrheit der Software durch Programmiererteams im Rahmen ihres Arbeitsverhältnisses geschaffen werde.

bb) Miturheber

Vergleichbar der deutschen Miturheberschaft gewährt das französische Recht speziellen Schutz für gemeinschaftlich geschaffene Werke (*oeuvre de collaboration)*[830]. *Oeuvre de collaboration* werden vom Gesetz schlicht also solche definiert, bei denen mehrere natürliche Personen mitgewirkt haben, Art. L. 113-2 al. 1 CPI[831]. Gem. Art. L. 113-3 CPI[832] begründet dies gemeinsames Eigentum aller *collaborateurs* (im weiteren Miturheber) an dem betreffenden Werk[833]. Damit steht allen Miturhebern ein gleiches, unteilbares Recht am Gesamtwerk zu, es sei denn etwas Abweichendes wurde vertraglich geregelt; insoweit erfolgt die Ertragsverteilung aus der Verwertung des Werkes grundsätzlich anteilig nach Köpfen und nicht nach dem jeweiligen Beitrag des einzelnen Miturhebers zum Gesamtwerk[834].

Nach überwiegender Auffassung bezieht sich die Rechtsgemeinschaft allerdings nur auf die Vermögensrechte und nicht auf das *droit moral*. Diese stehen jedem Miturheber individuell zu[835]. Dies bedeutet, dass die Miturhebergemeinschaft hinsichtlich der Vermögensrechte zwar nach Ablauf der Schutzfristen endet, bezüglich des *droit moral* hingegen fortbesteht, da dieses - anders als nach deutschem Recht - unverjährbar und von unbegrenzter Dauer ist.

Mit Blick auf die individuelle Zuweisung des *droit moral* stellt sich die Frage nach der Reichweite des für die Miturheberschaft aufgestellten Einstimmigkeitserfordernisses gem. Art. L. 113-1 al. 2, 3 CPI[836]. Diese Grundregel besagt, dass die Miturheber ihre Rechte entsprechend eines gemeinsamen, einstimmigen Entschlusses ausüben müssen. Bei einem Interessenwiderstreit zwischen den Miturhebern kann eine gerichtliche Entscheidung bezüglich des streitigen Punkts erreicht werden, Art. L. 131-1 al. 3, und insoweit wieder die Lehre vom *abus de droit* Berücksichtigung finden[837].

Die ganz herrschende Meinung weicht jedoch hinsichtlich des Namensnennungsrechts vom Einstimmigkeitserfordernis ab und nimmt an, dass dessen Ausübung jedem Urheber unabhängig vom Willen der Miturheber zustehe, er insoweit allein über die Rechtsausübung bestimmen könne[838]. Die Miturheber können dem Begehren auf (Nicht-)nennung des Namens einzelner Miturheber nicht entgegentreten. Bei der Wahl eines Gruppenpseudonyms hingegen stünde nur allen gemeinsam das Recht an diesem zu, so dass auch nach Verlassen der Gruppe eine Unterbindung der Benutzung dieses Pseudonyms durch einzelne Miturheber nicht mög-

---

830 Miturheberschaftliche Werke sind von zusammengesetzten (*oeuvres composites*), abgeleiteten (*oeuvres derivées*) und kollektiven Werken (*oeuvres collectives*), bei denen keine gemeinschaftliche Zuordnung der Rechte erfolgt, zu unterscheiden. Vergl. ausführlicher hierzu: Waldenberger, S. 137 ff. und Quellen, Frankreich/I, III, 2. Das *oeuvre collective* ist vergleichbar dem gesetzlich nicht geregelten, aber im deutschen Recht diskutierten sog. Gruppenwerk, vergl. Schricker-Loewenheim § 8 UrhG, Rn. 3, während das *oeuvre composite* sowie das *oeuvre derivée* in Relation zur deutschen Bearbeitung gem. § 3 UrhG zu sehen sind.

831 Vergl. Wortlaut des Art. L. 113-2 al. 1 CPI, der lautet: „Est dite oeuvre de collaboration l´oeuvre à la création de laquelle ont concouru plusieurs personnes physiques."

832 Der Wortlaut ist: „L´oeuvre de collaboration est la propriété commune des coauteurs."

833 Waldenberger, S. 178, geht - wie die ihm zufolge überwiegende Auffassung - davon aus, dass sich die Behandlung dieses Eigentums nicht nach den Regeln des Gemeinschaftseigentums (*indivision*) in Art. 815 ff. C. civ. richte, sondern speziellen, urheberrechtlichen Regeln unterliege. A. A. Gautier, n. 130, 390 und Lucas/Lucas, n. 183 f., S. 165 f.

834 Waldenberger, S. 187.

835 Siehe Waldenberger, S. 180.

836 Der Wortlaut ist: „Les coauteurs doivent exercer leurs droits d´un commun accord. En cas de désaccord, il appartient à la juridiction civile de statuer."

837 Bsph.: D. 1988, info. rap., S. 255.

838 Siehe Waldenberger, S. 180.

lich wäre; die Wahl des Pseudonyms und die damit verbundene Rechtsausübung sei nicht umkehrbar und der ausgeschiedene Miturheber deshalb an die Rechtsausübung gebunden[839].

Bei den anderen Befugnissen des *droit moral* wird das Einstimmigkeitserfordernis des Art. L. 113-1 CPI streng befolgt[840]. Dies sei eine schlichte Berücksichtigung des tatsächlichen Umstandes, dass das Werk von mehreren geschaffen wurde, woran sich die Ausübung des *droit moral* zu orientieren habe[841]. Soweit mit Hinweis hierauf von einer „gewissen Veräußerbarkeit des *droit moral*" bei Miturhebern gesprochen wird[842], ist dies inhaltlich unzutreffend, sofern man die Veräußerung begrifflich als rechtsgeschäftliche Disposition über das *droit moral* begreift.

Der Vollständigkeit halber sei auf Besonderheiten hingewiesen, die bei Miturhebern von sog. *oeuvre audiovisuelle* (Filmwerke) und sog. *oeuvre radiophoniques* (Rundfunkwerken) bestehen. Eine Berufung auf das *droit moral* ist den Miturhebern bei Filmwerken erst nach Fertigstellung des betreffenden Gesamtwerkes möglich, Art. L. 121-5 al. 5 CPI[843]; insoweit hat eine gemeinschaftliche Akzeptanz der Nullkopie stattzufinden, Art. L. 121-5 CPI[844]. Aus dem Umstand, dass Art. L. 121-5 CPI nur „gegebenenfalls" (*eventuellement*) eine Zustimmung aller[845] Miturheber neben der des Regisseurs und des Produzenten verlangt, wird gefolgert, dass zu unterscheiden sei, ob der Beitrag der Miturheber *décisif* war oder nicht. Nur im ersten Fall bedürfe es der umfassenden Zustimmung aller[846], letzterenfalls hingegen könne der betreffende Miturheber auf die Endfassung und die Veröffentlichungsreife des Gesamtwerks keinen Einfluss nehmen[847]. Eine Vereinbarung dahingehend, dass die Entscheidungsbefugnis einem anderen Miturheber überlassen bzw. das Bestimmungsrecht bestimmter Miturheber ausgeschlossen wird, wird als unzulässig abgelehnt[848].

---

839 Desjonqueres, n. 505; Gautier, n. 130 unter Verweis auf die Rechtsprechung: „Gipsy Kings", D. 2000, jur., S. 299.

840 An der individuellen Zuordnung ändert dies indes nichts, vergl. ausführlicher hierzu Waldenberger, S. 180 ff.

841 Zutreffend formulieren Lucas/Lucas, n. 422, S. 343: „Comme les autres attributs du droit moral, le droit au respect de l'oeuvre subit des *limitations* en cas de pluralité d'auteurs."

842 Huguet, n. 144, S. 104 f.; Parisot D. 1972, chron., S. 71, 73.

843 Wortlaut ist: „Les droits propres des auteurs, tels qu'ils sont définis à l'article L. 121-1, ne peuvent être exercés par eux que sur l'oeuvre audiovisuelle achevée."

844 Der Wortlaut ist: „L'oeuvre audiovisuelle est réputée achevée lorsque la version définitive a été établie d'un commun accord entre, d'une part, le réalisateur ou, éventuellement, les coauteurs et, d'autre part, le producteur."

845 Insoweit betrifft dies neben dem Regisseur andere Urheber wie bspw. Urheber des Drehbuchs sowie Urheber der Filmmusik, die bei Filmwerken eine Miturhebergemeinschaft bilden können, s. Debbasch, n. 609.

846 Colombet, n. 178, S. 155 und Lucas/Lucas, n. 196, S. 174; a. A. Desbois, n. , S. 790 f.

847 Aus dem Umstand, dass das Gesetz vorsieht, dass ein Miturheber sich der Verwertung des Gesamtwerks trotz des seinerseits unvollendeten Beitrags nicht widersetzen kann, wird abgeleitet, dass die Geltendmachung der Rückrufsrechte gleichfalls ausgeschlossen sei, siehe Art. L. 121-6 CPI und vergl. Waldenberger, S. 199. Art. L. 121-6 CPI lautet: „Si l'un des auteurs refuse d'achever sa contribution à l'oeuvre audiovisuelle ou se trouve dans l'impossibilité d'achever cette contribution par suite de force majeure, il ne pourra s'opposer à l'utilisation, en vue de l'achèvement de l'oeuvre, de la partie de cette contribution déjà réalisée. Il aura, pour cette contribution, la qualité d'auteur et jouira des droits qui en découlent." Dasselbe gilt auch für Rundfunkwerke, gem. Art. L. 113-8 al. 2 CPI: „Les dispositions du dernier alinéa de l'article L. 113-7 et celles de l'article L. 121-6 sont applicables aux oeuvres radiophoniques." Was insoweit das Werkintegritätsrecht anbelangt, so wird die Forderung der einstimmigen Rechtsausübung ausdrücklich durch Art. L. 121-5 al. 3 CPI bestätigt: „Toute modification de cette version par addition, suppression ou changement d'un élément quelconque exige l'accord des personnes mentionnées au premier alinéa."

848 Gautier, S. 239 (4. Auflage); Dumas, S. 106; „Luntz", CA Paris, D. 1971, jur., S. 307 - so entschieden im Hinblick auf eine Vereinbarung bezüglich des Werkintegritätsrechts; bestätigt durch Cour de Cass., D. 1973, jur., S. 363. Altenburg, S. 88, verweist auf die bestehende Praxis bei angestellten Filmschaffenden, zulasten

Nach der französischen Rechtslage gilt bei der Miturheberschaft hinsichtlich der Frage der Zulässigkeit rechtsgeschäftlicher Dispositionen über das *droit moral* also das Gleiche wie bei Einzelurhebern[849]. Es ergeben sich auch keine Besonderheiten im Hinblick auf die Schutzbereichsbestimmung. Ausgenommen ist der Bereich der Film- und Rundfunkwerke, wo bereits auf Gesetzesebene eine deutliche Einschränkung bzw. Modifizierung des *droit moral* vorgenommen wird. Hierdurch soll Konflikten zwischen den Miturhebern vorgebeugt werden; eine besondere Berücksichtigung von Verwerterinteressen, vergleichbar dem § 93 UrhG oder wie nach französischem Recht für den Arbeitnehmerurheber befürwortet, erfolgt hierdurch nicht.

3. Rechtsgeschäfte über die einzelnen Befugnisse des *Droit Moral*

a) Das Veröffentlichungsrecht (*Droit de Divulgation*)

Ganz herrschende Ansicht[850] ist wohl, dass das Veröffentlichungsrecht jedenfalls unter dem Gesichtspunkt der *théorie de l'abus de droit* entweder tatbestandlich einschränkbar ist bzw. unter Umständen eine Schadenersatzpflicht für den Urheber begründen kann, wenn sich dieser entgegen einer vertraglichen Vereinbarung zur Veröffentlichung weigert. Daneben stehen sich innerhalb des Meinungsspektrums derer, die im Weiteren die Frage der Zulässigkeit vertraglicher Vereinbarungen über das Veröffentlichungsrecht diskutieren, zwei Ansichten diametral gegenüber.

Zum einen wird betont, dass es sich um ein *droit purement potestatif* handele und der Schutz der schöpferischen Freiheit des Urhebers die Unwirksamkeit und Annullierung von Verträgen erfordere. Jede einschränkende Vereinbarung sei, als mit dem Schutz der schöpferischen Freiheit und der Schöpferpersönlichkeit unvereinbar, unwirksam[851]. Diese strikte Haltung der herrschenden Lehre[852] entspricht auch der Rechtsprechung. Diese hat insbesondere in der auch gegenwärtig primär zitierten, über 100-jährigen[853] Entscheidung „Whistler“[854] des Cour de Cassation den Grundstein für die fortwährende Bestätigung der absoluten Entschei-

---

derer dieses Mitbestimmungsrecht weitestgehend im Vertrag mit dem Produzenten ausgeschlossen wird. Zulässig sei dies nur, soweit der Inhalt und der Umfang der Vereinbarung lediglich deklaratorischen Charakter dergestalt hätten, als dass die betreffenden angestellten Miturheber lediglich einen unbedeutenden Beitrag (d. h. nicht décisif) geleistet haben. Vergl. hierzu Debbasch, Rn. 600.

849 Bemerkenswert ist insoweit, dass bei der grundsätzlichen Beantwortung der Frage nach der Disponibilität des *droit moral* vom Schrifttum regelmäßig denn auch uneingeschränkt auf gerichtliche Entscheidungen verwiesen wird, die miturheberschaftliche Konstellationen betrafen. Sie werden als allgemein gültig, auch für Einzelurheber geltend, behandelt. Vergl. insoweit die Untersuchung der Rechtsprechung unten, unter 3., b), aa), ccc) und bb), bbb).

850 Vergl. insoweit die Ausführungen zum abus de droit, oben, unter c), bb) und bsph. Bertand, n. 6.14., S. 277. Einen anderen Ansatz wählt Lucas-Schloetter, n. 510, die von der Zulässigkeit einer Verflichtung zur Nichtveröffentlichung ausgeht, allerdings unter der Einschränkung einer zeitlichen – von ihr jedoch nicht näher bestimmten – Limitation sowie der Möglichkeit eines Rückrufs aus berechtigten Gründen (*pour justes motifs*), n. 533 – den sie im Bereich der *cession* näher bestimmt als ein Fall des Rechtsmissbrauchs des betreffenden Dritten, siehe n. 646.

851 Pollaud-Dulian RIDA 145 (1990), S. 127, 138 f.

852 Vergl. Desbois, n. 406, S. 497 ff.; Colombet, n. 170, S. 151; Dietz, S. 58; Lucas-Schloetter, n. 611, jedenfalls für die Frage des „Ob“ einer Veröffentlichung, wobei sie konkrete Ausführungen zu Inhalt, Reichweite und rechtstechnischer Konstuktion einer zulässigen „Fremdausübung“ des „Wie“ der Veröffentlichung indes auch nicht tätigt.

853 Entscheidungen neueren Datums scheint es nicht zu geben; jedenfalls werden keine im Zusammenhang mit der Frage der Disponibilität vom französischen Schrifttum diskutiert.

854 „William Eden/Whistler“, D. 1900, S. 497; in vergleichbarer Sache bestätigt durch: „Rouault/Vollard“, Tribunal de la Seine, D. 1947, S. 98.

dungsfreiheit des Urhebers über die Veröffentlichung gelegt. In der Entscheidung „Whistler“ ging es um einen Bestellvertrag (*contrat de commande*). Ein Maler (Whistler) wurde mit der Anfertigung eines Porträts (von Lady Eden) beauftragt. Nachdem die Arbeiten an dem Bild bereits aufgenommen worden waren, entstand in der Folgezeit Uneinigkeit zwischen den Parteien über die Frage, ob das Porträt als fertig gestellt anzusehen ist; jedenfalls verlangte der Auftraggeber (Sir Eden) die Herausgabe des Bildes, das ihm vollendet erschien. Das Gericht wies den geltend gemachten Herausgabeanspruch zwar zurück, verurteilte aber den Maler zur Rückerstattung des im Voraus gezahlten Lohns und zur Leistung von Schadenersatz.

Gerade mit der Nichteinklagbarkeit der Herausgabe bejahte das Gericht den höchstpersönlichen Charakter der Entscheidung des Urhebers über die Veröffentlichungsreife seines Werkes und die rechtsgeschäftliche Indisponibilität. Dieses Recht, über das der Urheber trotz Abschluss eines Bestellvertrages befinden konnte, hinderte die Verurteilung zur Herausgabe[855]. Eine andere Bewertung desselben Urteils, im Sinne einer rechtsgeschäftlichen Veräußerbarkeit des Veröffentlichungsrechts, kann auch nicht aus dem Umstand der Verurteilung zur Leistung von Schadenersatz gezogen werden[856]. Denn dies ist eine Sekundärleistungspflicht, als Folge der Verletzung der Pflicht aus dem Bestellvertrag, ein dem Auftrag entsprechend hergestelltes Werk abzuliefern[857]. Dabei reicht die schlichte Verweigerung der Lieferung, ohne dass es der Fahrlässigkeit oder Bösgläubigkeit des Urhebers bedürfte[858]. Die Entschädigungspflicht stellt sich also nicht als Ahndung einer durch den Urheber vertragswidrig unterlassenen positiven Ausübung des Veröffentlichungsrechts dar[859].

Die genaue rechtliche Begründung bzw. die einschlägige Rechtsgrundlage der Entschädigungspflicht des Urhebers blieb nach der Entscheidung „Whistler“ jedoch unklar und wird insoweit bei Bestellverträgen im gegenwärtigen Schrifttum weiterhin diskutiert. Dabei reicht das Spektrum über die Annahme einer Vertrauenshaftung, infolge des durch den Urheber übernommenen Risikos[860], über eine Bejahung der Anwendung der Rückrufsregeln nach Art. L. 121-4 CPI, allerdings in Anknüpfung an den Gedanken der Übertragung von Verwertungsrechten, sowie der Annahme einer *obligation alternative*[861], die darin bestehe, entweder das bestellte Werk abzuliefern oder dieses mit der Folge einer Entschädigungspflicht zu behalten, bis hin zu der Ansicht, dass ein Verstoß gegen eine interessengerechte und loyale Vertragsführung vorliege (*l'équité et le principe de bonne foi dans l'exécution des contrats)*, Art. 1134

855 Desbois, n. 406, S. 498.

856 A. A. wohl Metzger, S. 151 ff., der hierin ein Argument für die Zulässigkeit eines schuldrechtlichen Verzichts erblickt. Ebenfalls betont wird der Unterschied hingegen von Pollaud-Dulian RIDA 145 (1990), 127, 137, der die Schadenersatzleistung als Folge der Vertragspflichtverletzung versteht, und davon das Erzwingen der Vertragsdurchführung unterscheidet, die keinesfalls verlangt und vom Gericht ausgesprochen werden könne.

857 Eine andere Frage wiederum ist die, ob diese Pflicht im Einzelfall nach allgemeinen zivilrechtlichen Grundsätzen entfallen kann. So für den Fall, dass keine *faute* vorliegt und der Urheber sich exkulpieren kann. Lucas/Lucas, n. 388, S. 320, gehen wohl sogar soweit, dass eine Berufung auf das *droit de divulgation* bei Bestellverträgen zulässig sei, ohne zivilrechtliche Verpflichtungen nach zu ziehen. Ausführlich zum Umfang des Schadenersatzes und der Diskussion, ob und wann diese entfällt: Metzger, S. 152 ff. An der von der herrschenden Meinung und Rechtsprechung postulierten Unverzichtbarkeit des Veröffentlichungsrechts, auch im Hinblick auf kollidierende vertragliche Verpflichtungen, wie in der Entscheidung „Whistler“, ändert dies jedoch nichts.

858 Vergl. Anmerkg. zur Entscheidung „Whistler“ von Rau, D. 1900, S. 497, 498 und zur gegenwärtig weiterhin stattfindenden Diskussion: Denoix de Saint Marc, S. 165 ff., n. 392 ff., insbes. S. 168 f., n. 400 ff.

859 Vergl. Dietz, S. 59, zur Verschaffenspflicht bezüglich des Eigentums.

860 Lucas/Lucas, n. 387, S. 320, die dies bereits im allgemeinen Zusammenhang, d.h. bei den Ausführungen zum Verhältnis zwischen Veröffentlichungsrecht und den Verwertungsrechten bei Nutzungsverträgen, und nicht erst bei urheberrechtlich relevanten Bestellverträgen diskutieren.

861 Diese ist in Art. 1189 C. Civ. geregelt.

al. 3 und 1135 C. civ.[862]. Entscheidend ist jedoch bei allen Ansichten, dass an den Umstand der Nichtlieferung des Werkes angeknüpft wird, anstatt auf den Aspekt der Nichtausübung des Veröffentlichungsrechts zu rekurrieren.

Die Gegenansicht[863] kommt unter Verweis auf die Geltung der allgemeinen Prinzipien des Vertragsrechts auch im Urheberrecht zum konträren Ergebnis. Denn für das Veröffentlichungsrecht bedeute deren Anwendung, dass sich der Urheber mit Unterzeichnung der Vereinbarung (ein Werk zu schaffen, herauszugeben etc.) so behandeln lassen müsse, als hätte er die Veröffentlichung akzeptiert. Insoweit geht dann die Veröffentlichung mit der Durchführung der vertraglichen Vereinbarung im Sinne von „Gut-Glaubens"[864]-Grundsätzen (*bonne foi contractuelle*) zusammen. Abweichend von der Entscheidung „Whistler" wird deshalb angenommen, dass bei Bestellverträgen eine Verurteilung zur Durchführung der Leistung (als *exécution en nature*) infolge einer Verletzung der definitiven vertraglichen Selbstverpflichtung rechtlich möglich ist[865]. Die richterliche Entscheidung könnte insoweit die Zustimmung zur Veröffentlichung bestätigen und eine Verpflichtung zur Herausgabe des bestellten Werks aussprechen. Möglich sei auch, dass dem Vertragspartner stattdessen eine Entschädigung unter Heranziehung der Regeln über die Rückrufsrechte im Fall der Weigerung des Urhebers zur Veröffentlichung zugesprochen werde[866]. Die vertragliche Verpflichtung des Urhebers müsse, mangels Beweises des Gegenteils, als Akzeptanz der Veröffentlichung begriffen werden[867].

Insoweit wird die Rückrufsregelung in Art. L. 121-4 CPI also gleichsam als Bestätigung einer den Urheber hinsichtlich seines Veröffentlichungsrechts bindenden Vereinbarung gesehen; von dieser könne er sich nur über Anwendung der Rückrufsregeln lösen. Im Unterschied zu der oben bereits erwähnten Heranziehung der Rückrufsregelungen wird gedanklich also nicht lediglich an die Übertragung von Verwertungsrechten, die rückgängig gemacht werden sollen, angeknüpft.

In diesem Aspekt der unterschiedlich begründeten Heranziehung der Rückrufsregelungen spitzt sich die unterschiedliche Beantwortung der Frage der Übertragbarkeit des *droit de divulgation* zu. Als wohl extremste Position wird hier sogar von der grundsätzlichen Übertragbarkeit des *droit de divulgation* gesprochen[868]. Die wohl herrschende Ansicht hingegen lehnt eine weite Anwendung - im Sinne einer Analogie - des Art. L. 121-4 CPI und damit auch die insoweit behauptete Abmilderungsfunktion gegenüber der Übertragbarkeit des Veröffentlichungsrechts ab[869]. Bei einem einfachen Bestellvertrag, wo keine Übertragung von Verwertungsrechten in Rede stehe, sei Art. L. 121-4 CPI schon dem Wortlaut nach nicht anwendbar; betont wird deshalb der Gesetzeswortlaut: „Nonobstand la *cession de son droit d'exploitation*

---

862 Vergl. zum Meinungsstand: Denoix de Saint Marc, S. 165 ff., n. 393 ff.

863 Gautier, n. 120 und n. 127.

864 Dies kann nicht mit dem deutschen Grundsatz des § 242 BGB umfänglich gleichgesetzt werden, vergl. Metzger, S. 148.

865 Derartige Überlegungen finden sich bereits in der Anmerkung von Rau, D. 1900, S. 497, 498 f.

866 Gautier, n. 120 und n. 127.

867 Eine derartige Bindung des Urhebers an seine Ausübung des Veröffentlichungsrechts wird von Vertretern der herrschenden Meinung erst als Folge einer Übereignung des Werkes nach Fertigstellung angenommen, vergl. Desjonqueres, n. 310; Dumas, S. 224. Bemerkenswert ist insoweit auch die Ansicht von Gautier, n. 127, dass mit der Unterzeichnung eines Verwertungsvertrages die Entscheidung zur Veröffentlichung miterworben werde, so dass der Urheber bei einer Änderung seiner diesbezüglichen Meinung auf die Rückrufsrechte verwiesen sei.

868 Dietz, S. 131 unter Hinweis auf Strömholm DdA 1964, 132, 135.

869 Vergl. Desbois, S. 479 und n. 408, S. 500 f.; Colombet, n. 170 ff., S. 151; Dumas, S. 224 f.; Lucas/Lucas, n. 392 ff., S. 324 f.; Bertand, 6.15., S. 278; siehe auch Quellen, Frankreich/I, VI., 4.

(Hervorhebung durch Verfasserin) ... jouit d'un droit de repentir ...“[870]. Deshalb richte sich die Frage der Ausübung des Veröffentlichungsrechts bei einfachen Bestellverträgen, im Gegensatz zu solchen Verträgen, in denen die Frage einer Verwertungsrechtsübertragung mitgeregelt werde, nach Art. L. 121-2 al. 1 CPI, der von einer absoluten Entscheidungsfreiheit des Urhebers hinsichtlich seines Veröffentlichungsrechts spreche. Der Annahme einer vertraglichen Beschränkung des Veröffentlichungsrechts durch einen Bestellvertrag - selbst wenn darin zugleich Verwertungsrechte geregelt seien - stehe bereits denknotwendig entgegen, dass die Verwertungsrechte erst mit der Ausübung des Veröffentlichungsrechts (sog. *patrimonialisation de l'oeuvre*) entstünden, was zwangsläufig zunächst die Entstehung des Werkes voraussetze, auf das sich die Entscheidung über die Veröffentlichung dann beziehen könne[871]. Vor dieser Werkentstehung könne der Urheber weder hinsichtlich seines Veröffentlichungsrechts noch seiner Verwertungsrechte, die ja zum Zeitpunkt des Vertragsschlusses inexistent wären, vertragliche Verpflichtungen eingehen[872]. Die Frage von Rückrufsrechten stelle sich im Hinblick auf den jeweiligen Vertragsabschluss damit auch nicht[873].

Die Gegenposition fußt auf einem anderen Verständnis des Art. L. 121-4 CPI und leitet die Annahme wirksamer vertraglicher Verpflichtungen bezüglich des Veröffentlichungsrechts gerade aus der Existenz der Vorschriften zu den Rückrufsrechten ab. Aus diesen ergebe sich eine Beschränkung und damit Abmilderung der generellen Unveräußerbarkeit des *droit moral* im Hinblick auf das Veröffentlichungsrecht[874]. Das Veröffentlichungsrecht sei auch erst in Art. L. 121-2 CPI genannt, damit also systematisch nach den anderen Befugnissen des *droit moral* und deren Festschreibung der Unveräußerbarkeit in Art. L. 121-1 CPI[875]. Zudem wird damit argumentiert, dass die gesetzliche Zuweisung von Rückrufsrechten regelungstechnisch überflüssig wäre, wenn die vertragliche Verpflichtung hinsichtlich des Veröffentlichungsrechts bereits infolge der allgemein bestimmten, absoluten Unveräußerbarkeit jederzeit widerrufbar wäre[876]. (Diese Argumentation erinnert an die Überlegungen zur deutschen Rechtslage hinsichtlich der Verzichtbarkeit im Rahmen der Auslegung des § 29 UrhG, vergl. 3. Teil, I, 4.). Den Rückrufsrechten komme gerade die Funktion zu, den Grundsatz der Verbindlichkeit vertraglicher Vereinbarungen - auch bei denen, die das Veröffentlichungsrecht betreffen - zu durchbrechen; nur im Hinblick auf die Unübertragbarkeit und Unverzichtbarkeit des droit de repentir sei auch das Veröffentlichungsrecht unübertragbar[877].

---

[870] Desbois, n. 392, S. 483 und n. 406, S. 497 ff.

[871] Desbois, n. 388, S. 477.

[872] Desbois, n. 388, verweist auf diesen Schutz der internen Sphäre, der Entscheidung über die Veröffentlichungsreife, durch das Veröffentlichungsrecht. Diese Argumentation steht hingegen nicht im Widerspruch mit der Annahme einer Unumkehrbarkeit der getroffenen Entscheidung infolge des Verwertungsvertrages; diskutiert wird dieser Aspekt der Unumkehrbarkeit im französischen Schrifttum indes nicht.

[873] Desbois, n. 406, S. 498 f. und Denoix de Saint Marc, S. 166 f., n. 396 f. Es fehlt am Anknüpfungspunkt, der Übertragung von Verwertungsrechten, für die gesetzliche Rückrufsregelung.

[874] So Dietz, S. 131 unter Verweis auf Strömholm, S. 46 f.

[875] So Dietz, S. 131 und Strömholm, S. 46 f.; dieses Argument wird ganz überwiegend abgelehnt und wohl auch aktuell von keinem mehr vertreten.

[876] Eine derartige Argumentation lehnen Lucas/Lucas, n. 387, S. 319, ausdrücklich ab; dahinter steht die Auffassung, dass die Rückrufsrechte erst nach der tatsächlichen Veröffentlichung eines Werkes anwendbar sind. Lucas/Lucas, n. 393, S. 324, machen insoweit auf eine „Missverständnismöglichkeit“ beim Wortlaut des Art. L. 121-4 CPI aufmerksam, indem geregelt werde, dass eine Ausübung der Rückrufsrechte *„même postérieurement* (Hervorhebung durch Verfasserin) à la publication de son oeuvre ...“ möglich sei. Vergl. auch Altenburg, S. 102 und die Rechtsprechung in D. 1988, info. rap., S. 255. A. A. grundsätzlich Colombet, n. 166, S. 149, der eine Anwendung auch vor der tatsächlichen Veröffentlichung befürwortet.

[877] Dietz, S. 132.

Abschließend sei auf einen wichtigen Unterschied hingewiesen, der unmittelbar die Geltung der gesetzlich statuierten Unveräußerbarkeit des *droit moral* betrifft (dies ist notwendig vor dem Hintergrund, dass innerhalb des Meinungsspektrums ein übereinstimmendes Ergebnis infolge der Zuweisung eines Geldanspruchs zugunsten des Vertragspartners bei einer Weigerung des Urhebers zur Veröffentlichung möglich ist[878]). Die einen stellen insoweit auf eine Verletzung des Bestellvertrages im Hinblick auf die Lieferungspflicht ab, während die anderen die Entschädigungspflicht als Folge der Ausübung der Rückrufsrechte in Bezug auf die Entscheidung über das Veröffentlichungsrecht verstehen. Letztere müssen dabei denknotwendig davon ausgehen, dass eine wirksame verpflichtende Rechtsausübung hinsichtlich des Veröffentlichungsrechts durch den Urheber vorliegt, die die freie Widerrufbarkeit der Vereinbarkeit ausschließt[879].

b) Namensnennungsrecht (*Droit au Respect de son Nom*)

Neben der "Möglichkeit" einer Nichtgeltendmachung des *droit* à *la paternité* aufgrund der *théorie de l'abus de droit*[880] - wie beim Veröffentlichungsrecht - sowie der gleichfalls tatbestandlichen Einschränkung des Bestimmungsrechts betreffend das „Wie" der Namensnennung im Wege einer Interessenabwägung[881] ist nun auf die Frage der rechtsgeschäftlichen Disponibilität des Namensnennungsrechts einzugehen.

aa) Rechtsgeschäfte betreffend die Nichtnennung des Urhebers

aaa) Eingangsüberlegung

Die Formulierung des Art. L. 132-11 al. 3 CPI[882] ließe zunächst vermuten, dass vertragliche Vereinbarungen, die die Frage der Namensnennung zum Gegenstand haben, zulässig sind. Denn das Gesetz selbst spricht hinsichtlich des Verlagsvertrages von *convention contraire*, die eine Namensnennungsverpflichtung des Verlegers ausschließen kann. Nun wird aber entgegen dieser Erwartung ganz überwiegend ein Normverständnis an den Tag gelegt, wonach dies keine Ausnahme, sondern eine Bestätigung des Prinzips der Unveräußerbarkeit gem. Art. L. 121-1 al. 1 CPI darstellt[883]. Der Hinweis auf die *convention contraire* bestätige lediglich die Freiheit des Urhebers, eine anonyme Veröffentlichung wählen zu können. Insoweit liege mal eine positive, mal eine negative Ausübung des Rechts auf Namensnennung bzw. Pseudonymwahl vor. Diese sei jedoch jederzeit umkehrbar, insoweit frei widerruflich[884]; es handele sich nicht um eine rechtsgeschäftliche (Verzichts-)vereinbarung. Dieser Aspekt der reinen Rechtsausübung werde auch durch Art. L. 113-6 al. 1 CPI bestätigt[885].

---

[878] Der Vollständigkeit halber sei noch hinzugefügt, dass die Rückrufsrechte nicht bereits in den Gesetzen von 1957 vorgesehen waren, sondern erst später durch den Gesetzgeber eingeführt wurden. Hierauf weist auch Colombet, n. 166 ff., S. 149 ff., ausdrücklich hin.

[879] Die Diskussion leidet letztlich an der fehlenden Klarheit über genau diesen Punkt.

[880] Vergl. oben, unter 2., c), bb).

[881] Vergl. oben, unter 1., b).

[882] Wortlaut: „Il (l'éditeur) doit, sauf convention contraire, faire figurer sur chacun des exemplaires le nom, le pseudonyme ou la marque de l'auteur."

[883] Vergl. Lucas/Lucas, n. 602, S. 478.

[884] Insoweit könne sich der Urheber jederzeit auf sein *droit moral* berufen; vergl. Gautier, n. 130; Colombet, n. 142, S. 135; wohl auch Françon, S. 216.

[885] Art. L. 113-6 al. 1 CPI lautet: „Les auteurs des oeuvres pseudonymes et anonymes jouissent sur celles-ci des droits reconnus par l'article L. 111-1." Doutrelepont, n. 342 ff., S. 234 ff. und n. 352, S. 239, versteht das

Andere im Schrifttum sprechen in Anbetracht der gesetzlichen Regelung zwar ebenfalls von einer Ausübung des *droit au respect de son nom* durch Wahl einer anonymen oder pseudonymen Veröffentlichung, erblicken hierin aber zugleich einen mehr oder weniger weitreichenden, impliziten Verzicht[886].

Unabhängig davon, ob Art. L. 132-11 al. 3 CPI als Indiz für eine Verzichtbarkeit oder stattdessen als schlichte Bestätigung der Unverzichtbarkeit interpretiert wird, besteht über die grundsätzliche Frage der Zulässigkeit und Bindungswirkung von rechtsgeschäftlichen Verpflichtungen des Urhebers hinsichtlich des *droit au respect de son nom* Uneinigkeit in Rechtsprechung und Schrifttum.

bbb) Rechtsprechung

Die im Zusammenhang mit einem vertraglichen Verzicht zitierten Entscheidungen sind auf ihren diesbezüglichen Aussagegehalt hin genauer zu untersuchen.

In der Entscheidung „Société Édition Diffusion Presse/Aguiraud"[887] des Cour de Paris wurde ausdrücklich auf die Wirksamkeit eines Verzichts (*renonciation*) auf Namensnennung erkannt. Dieser könne jedoch nicht zu einer dauerhaften Bindung des Urhebers führen, sondern vielmehr nur den jeweiligen konkreten Verwertungsdurchgang betreffen. Bei einer erneuten Verwertung (hier: Reproduktion) des Werkes könne der Urheber auf der Nennung seines Namens bestehen; ein wirksamer Verzicht sei insoweit nicht möglich. Da vorliegend jedoch bei weiteren Reproduktionen keine Namensnennung erfolgt war, führte die Berufung des Urhebers auf sein *droit à la paternité* dazu, dass hinsichtlich dieser Verwertungsdurchgänge ein Schadenseintritt vorlag und entsprechender Schadenersatz (*dommages-intérêts*) zugewiesen wurde[888].

Bestätigt wird diese Entscheidung, die ihrerseits eine Reihe früherer vergleichbarer Entscheidungen[889] inhaltlich fortgesetzt hat, durch solche neueren Datums. Dabei wird konkretisiert, dass die *renonciation* jedenfalls spätestens mit der Klage (*date de l'assignation* oder auch *initiative procédural*) des Urhebers an Wirksamkeit verliere[890]. Der Verzicht wird als ein nur temporärer bezeichnet[891].

In der Entscheidung „Boyer/Béart"[892] des Cour de Cassation ging es um die gegenüber dem schlichten Namensnennungsanspruch weiter reichende Frage einer Fremdzuweisung der Urheberschaft[893]. Hier lag eine Vereinbarung (hier *transaction* genannt) zwischen den Partei-

Unterzeichnen eines Werkes durch eine andere Person, an Stelle des Urhebers, nur als Bestimmung der Modalität der Rechtsausübung.

886 Gavin, n. 49, S. 56.

887 D. 1969, S. 703.

888 Die Société E. D. P. wurde zwar zur Zahlung von Schadenersatz wegen Verletzung des *droit moral* verurteilt; es lässt sich jedoch nicht nachvollziehen, womit die Höhe begründet wurde.

889 Siehe hierzu Dietz, S. 138 ff.

890 Paris, D. 1987, som. com., S. 153, 154; vergl. auch TGI Paris, RIDA 122 (1984), S. 220, 222, wo die Unwirksamkeit einer das gesamte *droit moral* umfassenden Verzichtsklausel festgestellt wurde und TGI Paris, RIDA 71 (1972), S. 133, 137.

891 In der Anmerkung zu dieser Entscheidung wird dieser Verzicht ausdrücklich als ein nur für die Vergangenheit wirksamer verstanden, s. D. 1987, S. 154. In der Entscheidung „Berthoin/Larousse", TGI Paris, RIDA 71 (1972), S. 133, 137, wurde sogar statt der Verwendung des Terminus Verzicht dahingehend formuliert, dass eine *„convention ... d'anonymat temporaire"* vorliege.

892 RIDA (1991), S. 125.

893 Lucas/Lucas, n. 409, S. 332, sortieren diesen Fall wohl bei der Gruppe der Ghostwritervereinbarung ein; es geht hier indes nicht um eine Fremdzuweisung eines Werkes an einen Nichturheber, sondern um eine Disposition zugunsten eines anderen am Werk beteiligten Urhebers.

en zugrunde, mit der die eine zugunsten der anderen anerkannte, dass diese Alleinurheber des betreffenden Werks ist, obwohl rechtlich zunächst beiden der Urheberstatus zukam[894]. Die Vereinbarung, die nicht als Bestimmung der namentlichen Nennung, sondern als Zuweisung der Urheberschaft selbst formuliert war und vom Gericht auch derart bewertet wurde, sei unwirksam. Ob es sich in dieser Konstellation rechtstechnisch um einen Verzicht oder eine Übertragung handelt, blieb offen; das Gericht enthielt sich derartiger Terminologie.

In einer vergleichbaren Entscheidung wurde eine entsprechende Klausel unter beiden Gesichtspunkten, sowohl als verzichtende als auch einer anderen Person die Urheberschaft zusprechende, insoweit übertragende Klausel, für unwirksam erklärt[895].

Bemerkenswert ist, dass bei dem Zugeständnis der Widerrufbarkeit der als Verzicht bestimmten Absprache auch in zeitlicher Hinsicht sehr großzügig zugunsten des Urhebers entschieden wird. So konnte der Urheber in der Entscheidung „Guino/Renoir"[896] des TGI Paris selbst nach 53 Jahren Untätigkeit bezüglich seiner namentlichen Nichterwähnung im Zusammenhang mit der Werkverwertung sein Recht auf Anerkennung der Urheberschaft[897] erfolgreich geltend machen[898]. Das Gericht urteilte, dass der Unveräußerbarkeitsgrundsatz hinsichtlich des Rechts auf Anerkennung der Urheberschaft nicht verhindere, dass der Urheber temporär die Inanspruchnahme von Vorteilen aus der fortdauernden Innehabung des Rechts ablehnt. Mit der Klage hingegen habe sich Kläger auf seine Stellung als Urheber erfolgreich berufen, was auf den vergangenen Zeitraum zurückwirke.

Eine weitere Entscheidung durch den Cour d'Appel de Paris bestätigte diese umfassende Rückwirkung des Verzichtswiderrufs zwar - im Unterschied zu „Société Édition Diffusion Presse/Aguiraud", s.o. Sie kommt jedoch im Hinblick auf die zeitliche Dimension zu einem anders lautenden Ergebnis. Hier wurde die Klage eines Urhebers abgewiesen, der sein Werk ohne Signatur zur Verwertung freigegeben und dann fünf Jahre zugewartet hatte, bevor er

---

894 Diese Vereinbarung war für die Entscheidung im Hinblick auf die Klärung des streitgegenständlichen Anspruchs auf Erlösbeteiligung an einer Verwertungshandlung relevant.

895 Vergl. die Formulierung des TGI Paris, RIDA 185 (2000), S. 422: „illicite (est) la clause d'un contrat type attribuant la qualité de coauteur à 50 % à celui qui révise l'oeuvre réalisée par un auteur, ... La clause par laquelle un auteur renonce définitivement à ses droits ... est illicite dans la mesure où elle implique une renonciation définitive à un droit inaliénable et imprescriptible."

896 RIDA (1971), S. 217. In der Sache ging es wie in „Boyer/Béart" um den Verwertungserlös, für dessen Zuweisung die Feststellung der Urheberschaft und damit auch die diesbezügliche Verzichtserklärung notwendigerweise zu untersuchen waren.

897 Zwar differenziert die gesetzliche Regelung nicht wie das UrhG zwischen dem Recht auf Namensnennung und dem Recht auf Anerkennung der Urheberschaft. Dennoch wird in der Rechtsprechung mit Blick auf den jeweiligen Streitgegenstand mitunter unterschieden. So wird ausdrücklich eine Formulierung gewählt, wonach der Urheber auf seine Urheberschaft verzichtet hat: „renoncé a se prévaloir de sa qualité d'auteur", s. „Guino/Renoir", TGI Paris, RIDA (1971), S. 217, 219. Im Vergleich hierzu die Formulierungen: „la paternité d'une oeuvre à laquelle lui-même, ..., avait renoncé", in „Casadesus/Marconi", RIDA 100 (1979), S. 209, 212, im Zusammenhang mit einer Ghostwritervereinbarung, sowie: „la renonciation passé, ..., à son droit de voir son nom figurer au même titre, ...", in „Montpezat/Flammarion", RIDA 133 (1978), S. 193, 197.

898 Es ging hier aber nicht um eine Verletzung des *droit moral* und etwaiger diesbezüglicher Ansprüche im Zusammenhang mit der Schädigung immaterieller Interessen, sondern der Urheber machte seinen Anteil am Verwertungserlös des betreffenden Werks hinsichtlich des zurückliegenden Zeitraums geltend, vergl. deutlich die Sprache im Urteil: RIDA (1971), S. 217, 222. Ergänzend sei hier noch darauf hingewiesen, dass es vorliegend um eine miturheberschaftliche Konstellation ging, bei der hinsichtlich des *droit moral* keine Abweichung von den Grundsätzen bei Einzelurhebern vorgesehen ist, was das Ergebnis der Untersuchung oben, unter 2., d), bb), bestätigt.

sein Begehren, seine Urheberschaft aufzudecken, manifestiert hat[899]. Zu bedenken ist hier wohl, dass, anders als in den zuvor genannten Entscheidungen, keine ausdrückliche und streitige Verzichtsvereinbarung vorlag. Insoweit drängt sich die Frage auf, ob letztlich nicht eher eine Nichtausübung als ein rechtsgeschäftlicher Verzicht dahinter stand.

Dies leitet zum nächsten Untersuchungspunkt über, ob lediglich ausdrückliche oder auch stillschweigende - wenn auch nur temporär wirksame - „Verzichts"-Vereinbarungen zulässig sind. Hier ist keine einheitliche Tendenz feststellbar. Einerseits scheint eine ältere Entscheidung des TGI de Paris die Notwendigkeit eines ausdrücklichen Verzichts (*renonciation explicite*) anzunehmen[900]. Andererseits wird in der neueren Rechtsprechung formuliert, dass eine Gestattung der Verwendung eines Werks zu Werbezwecken (betraf ein Musikstück als Werbefilmuntermalung) vermuten lasse, dass der Urheber auf seine Namensnennung verzichtet, wenn der Werbefilm keinen Vor- oder Abspann beinhaltet[901]. Für die Zulässigkeit auch des konkludenten Verzichts spricht zudem, dass das TGI de Paris eine längere Untätigkeit und längeres Schweigen als Anhaltspunkte für eine *convention verbale d'anonymat* gewertet hat[902]. Eine vermittelnde Position wird in einer Entscheidung des Cour d'Appel de Paris neueren Datums eingenommen, wonach mangels einer geschriebenen Verzichtsvereinbarung zu fordern sei, dass jedenfalls ein insoweit unzweideutiges Verhalten vorliegen müsse[903]. Die Verzichtbarkeit der Schriftform wurde dabei bereits in einer früheren Entscheidung durch die Gerichte ausgesprochen[904].

Abschießend kann als grundsätzliche Tendenz der Rechtsprechung wohl festgehalten werden, dass ein Verzicht jedenfalls nur solange als wirksam erachtet wird, bis sich der Urheber eines anderen besinnt und dementsprechend sein *droit à la paternité*, das ihm weiterhin ungeschmälert zusteht, ausübt und damit die Vereinbarung widerruft. Der „Rechtsverlust" ist jedenfalls ein bloß temporärer. Überraschenderweise wird mitunter sogar eine retroaktive Wirkung des Widerrufs bejaht.

Bemerkenswert ist die uneinheitliche Terminologie. So wird einerseits schlicht von einer bloßen Untätigkeit bzw. Nichtausübung des Rechts auf Namensnennung bzw. Anerkennung der Urheberschaft gesprochen, während andererseits mit dem technischen Begriff des Verzichts (*renonciation*) gearbeitet wird[905]. Dies bestätigt den Eindruck, der bereits eingangs bei aaa), im Rahmen der Analyse des Art. L. 132-11 al. 3 CPI entstand, dass formulierungsmäßige Widersprüche nicht zugleich auch inhaltliche Differenzen bedeuten; denn letztlich ist der beschriebene wirksame „Verzicht" nicht anderes als ein Wechsel der zunächst gewählten

---

[899] Cah. dr. auteur, janv. 1988, S. 15, zitiert nach: Lucas/Lucas, n. 410, S. 332, Fn. 278. Vergl. insoweit auch die Entscheidung „Casadesus/Pathé Marconi", unten, unter bb), aaa), die eine Verwirkung im Fall eines Ghostcomposers betrifft.

[900] „Azoulay/Lelouch", D. 1969, S. 702: „avaient le devoir, en l'absence de toute renonciation explicite et personnelle des auteurs, de montionner le nom ..." Der Vollständigkeit halber ist hier darauf hinzuweisen, dass in der zugrunde liegenden Entscheidung ein abhängig beschäftigter Urheber betroffen war. Da diese Eigenschaft jedoch nicht zu einer anderen Behandlung als bei selbständigen Urhebern bezüglich der Frage der Zulässigkeit von Verzichtsvereinbarungen führt, kann dieser Aspekt hier vernachlässigt werden, vergl. insoweit oben, unter 2., d), aa).

[901] Siehe D. 1992, S. 75, mit Anmerkg. von Hassler.

[902] „Berthoin/Larousse", TGI Paris, RIDA 71 (1972), S. 133, 137.

[903] Siehe: Ann. Propr. Ind. 1997, 91.

[904] Siehe Cour de Paris, D. 1987, som. com., S. 153, 154; TGI Paris, RIDA 71 (1972), S. 133, 137; vergl. auch TGI Paris, RIDA 122 (1984), S. 220, 222.

[905] Vergl. aber zum grundsätzlichen rechtstechnischen Verständnis der *renonciation* oben, unter 2., b), bb).

Form der Rechtsausübung. Dem Urheber steht insoweit sowohl die positive als auch die negative Ausübung des Rechts auf Namensnennung zu.

Im französischen Schrifttum wird die fehlende Differenzierung zwischen Rechtsausübung und rechtsgeschäftlichem Verzicht als Zeichen dafür gesehen, dass sich die Rechtsprechung mit letzterem dogmatisch schwer tue. Um dann im Ergebnis unerwünschte Wertungen zu vermeiden[906], messe sie beides am Grundsatz der Unveräußerlichkeit des *droit moral*. Neuerdings hat jedoch auch die Rechtsprechung selbst im Zusammenhang mit dem Werkintegritätsrecht ausdrücklich auf gerade diese Differenzierung zwischen bloßer Rechtsausübung und Rechtsverzicht Wert gelegt[907].

ccc) Rechtslehre

Neben dieser vereinzelt gebliebenen Kritik[908] bestätigt die französische Rechtslehre ganz überwiegend die Grundtendenz der Rechtsprechung hinsichtlich der Zulässigkeit des bloß temporären Verzichts[909]; dabei sind auch hier wieder Formulierungen vom zeitlich befristeten Verzicht auf die *Ausübung*[910] des Namensnennungsrechts anzutreffen.

Trotz der Bestätigung der Widerruflichkeit einer Verzichtsvereinbarung (*caractère précaire et revocable*)[911] wird, im Unterschied zur mehrheitlichen Tendenz in der Rechtsprechung, ganz überwiegend eine Wirkung nur für die Zukunft angenommen[912]; ein Schadenersatzanspruch hinsichtlich bereits abgeschlossener Verwertungsakte ist damit ausgeschlossen. Dies

---

906 Dies wirft wohl auch Lucas/Lucas, n. 410, S. 332 f., der Rechtsprechungsentwicklung vor. Denn bei der Annahme einer Wirksamkeit der Vereinbarung im Sinne eines rechtsgeschäftlichen Verzichts würde sich eigentlich die Frage stellen, ob mit dem Widerruf nicht eine Zuweisung von Schadenersatz für den Vertragspartner ausgelöst werde. Dies gereiche dann jedoch zum Nachteil der Durchsetzungskraft des *droit moral*.

907 CA Paris, RIDA 187 (2001), S. 326; vergl. insoweit auch die Untersuchungen zum Werkintegritätsrecht unten, unter c).

908 So Lucas/Lucas, n. 410, S. 332 f., mit Blick auf die Schwierigkeiten hinsichtlich der terminologischen Zuordnung von negativer Rechtsausübung einerseits und Rechtsverzicht andererseits. Durch die Gewährung eines jederzeitigen Widerrufs sei klargestellt, dass letztlich eine Einordnung der in Rede stehenden „Abreden" als negative Rechtsausübung vorgenommen werde. Siehe hierzu auch Gautier RIDA 139 (1989), S. 63, 91.

909 Siehe Huguet, n. 111, S. 80 f.; Doutrelepont, n. 350, S. 237 f.; Lucas-Schloetter, n. 509; Gavin, n. 51, S. 56; Françon D. 1976, chron., S. 55, 56 sowie Sirinelli RIDA 142 (1989), S. 301, 316 und Dumas, S. 209 ff., die mitunter den Rechtsausübungsverzicht und den Rechtsverzicht sprachlich nicht ganz konsequent zu trennen scheinen. A. A. wohl Edelmann, S. 47, der keine Differenzierungen darlegt und insoweit uneingeschränkt von der Unverzichtbarkeit spricht. Im Hinblick auf grundsätzliche Äußerungen zurückhaltend, Desbois, n. 431 ff., S. 527 ff.

910 Doutrelepont, n. 342 ff., S. 234 ff., spricht insoweit von einer *renonciation partielle* - im Unterschied zur *renonciation totale*; so auch Strowel, n. 385, S. 497; Lucas-Schoetter, n. 525, 535, hingegen geht sogar von einer Ausübung des droit moral bzw. einer seiner Befugnisse aus.

911 So ausdrücklich Huguet, n. 111, S. 80 f.; vergl. auch Sirinelli RIDA 142 (1989), S. 301, 316; Dumas, S. 209 ff.; Huguet, n. 111, S. 80 f.; Doutrelepont, n. 350, S. 237 f.; Gavin, n. 51, S. 56; Françon D. 1976, chron., S. 55, 56; Lucas-Schloetter, n. 533, bei Vorliegen von berechtigten Gründen (*pour justes motifs*); Strowel, n. 386, S. 499.

912 Damit entspricht die herrschende Lehre der Auffassung der Rechtsprechung in der Entscheidung „Société Édition Diffusion Presse/Aguiraud"; vergl. Doutrelepont, n. 352, S. 238 ff., insbes. 240; Gautier, n. 130; Plaisant, n. 82; Dumas, S. 210 ; Lucas-Schloetter, n. 533. Unklar insoweit aber Desbois, n. 439, S. 531 f., der zwar von einer jederzeitigen, einseitigen Widerrufbarkeit spricht. Ob einem Widerruf Rückwirkung zukommt und eine entsprechende Entschädigungspflicht für den Urheber entstehen lässt, beantwortet Desbois nicht; unklar auch bei Greffe/Greffe, n. 983.

wird aus Art. L. 113-6 al. 2 CPI gefolgert[913]. Denn der „Verzicht" auf Namensnennung entspreche einer Rechtsausübung durch Dritte, die das Gesetz selbst in Art. L. 113-6 al. 2 CPI als zulässig anerkenne. Deshalb könne nicht zugleich auf die Rechtsfolge aus Art. L. 121-1 al. 1 CPI zugegriffen und die insoweit retroaktive Wirkung der Nichtigkeit herangezogen werden[914].

Eine vermittelnde Ansicht geht davon aus, dass eine Beschränkung des Widerrufs wirksam vertraglich vereinbart werden könnte, so dass eine jederzeitige einseitige Ausübung damit nicht mehr per se möglich wäre[915].

Auch die von der Rechtsprechung mitunter geäußerte Skepsis gegenüber konkludenten Verzichtsvereinbarungen betreffend die Namensnennung wird von Teilen des Schrifttums geteilt[916]. Ein Verzicht könne nicht vermutet werden, sondern müsse ausdrücklich und zweifelsfrei erklärt werden und dabei die Reichweite beschreiben, die wiederum eng zu interpretieren sei. Mitunter wird auch die Schriftlichkeit einer derartigen vertraglichen Vereinbarung verlangt[917].

Soweit gänzlich andere Konzepte und Argumentationsansätze vertreten werden, ist dies wohl auf ein grundsätzlich anderes Verständnis des zum Anfang der Untersuchung analysierten Art. L. 132-11 al. 3 CPI zurückzuführen, der eben auch als Anhaltspunkt für die Zulässigkeit von vertraglichen Vereinbarungen gedeutet werden kann.

In Abweichung zur herrschenden Ansicht in Schrifttum und Rechtsprechung wird insoweit davon gesprochen, dass ein Verzicht (*renonciation abdicative*[918]) zulässig sei, wenn er für einen bestimmten Zeitraum, in dem das Recht nicht ausgeübt werden dürfe, vereinbart werde. Dieser Verzicht sei verpflichtend für den Urheber und schließe den jederzeitigen Widerruf aus. Dies sei eine bloß teilweise Einschränkung des Rechts auf namentliche Nennung und widerspreche deshalb nicht dem Grundsatz der Unveräußerbarkeit[919].

Mitunter wird auch - wie beim *droit de divulgation* - auf die allgemeine, zivilrechtliche Figur der *obligation alternative*[920] verwiesen[921]. Der Urheber habe als Schuldner zwar nur einmal zu leisten, könne aber zur Erfüllung dieser Pflicht zwischen zwei oder mehreren vereinbarten Modalitäten wählen. Dies bedeute keinen vertraglichen Verzicht, sondern der Urheber

---

913 Art. L. 113-6 al. 2 CPI: „Ils (les auteurs) sont représentes dans l'exercice de ces droit par l'éditeur ou le publicateur originaire, tant qu'ils n'ont pas fait connaître leur identité civile et justifié de leur qualité."

914 Doutrelepont, n. 352, S. 240, weist darauf hin, dass eine Vereinbarung entweder wegen Verstoßes gegen Art. L. 121-1 CPI nichtig, mit den Konsequenzen der Rückwirkung der Nichtigkeit, oder wirksam und dabei widerrufbar für die Zukunft sei; eine Vermengung könne insoweit nicht stattfinden. Vergl. auch Dumas, S. 210, der die zurückliegende Handlung der Nichtsignierung als Folge des freien Willens des Urhebers und als zeitlich beschränkte Nichtausübung des Namensnennungsrechts im Einklang mit dem Gesetz sieht. Auch hier deutet sich wieder das Vermengen von negativer Rechtsausübung und Rechtsverzicht an.

915 Bertand, 6.113., S. 262.

916 Vergl. Doutrelepont, n. 351, S. 238 unter Berufung auf: Plaisant, Hommage à Desbois, S. 67 und Gavin, S. 59 f., die sich gegen das Verständnis wendet, dass bei Abschluss von Werk- und Dienstverträgen zugleich auch ein Verzicht vorliege. A. A. aber wohl Lucas, S. 74 f., unter Billigung der insoweit ergangenen Urteile.

917 Sirinelli RIDA 142 (1989), S. 301, 316.

918 Im Unterschied zur *renonciation translative*, wodurch einem anderen die Befugnis zukomme, an Stelle des Urhebers das Werk zu signieren - entsprechend dem Fall des Ghostwriters, vergl. zur Terminologie auch: Dumas, S. 209; Gavin, S. 57.

919 Dumas, S. 209 f.

920 Siehe Encyclopédie, bei: „Obligations". Ausführlich hierzu im Bereich des Urheberrechts: Gautier RIDA 139 (1989), S. 63, 91 ff., erachtet diese Figur auch bei Ghostwriterverträgen für anwendbar. Vergl. im Zusammenhang mit der *obligation alternative* die deutsche Wahlschuld, §§ 262 BGB.

921 Siehe Desbois, n. 432, S. 527; Gautier RIDA 139 (1989), 63, 91.

gehe die alternative Verpflichtung ein, entweder fortgesetzt zuzulassen, dass sein Name geheim gehalten wird, oder den Schleier der Anonymität für die weitere Durchführung des Vertrages zu lüften[922]. Der Annahme eines Widerrufs bedürfte es dann wohl nicht mehr[923]. Keinesfalls könne der Urheber einen Schadenersatz für die Vergangenheit verlangen; denn bei der Möglichkeit der „Korrektur" des Bekenntnisses zur Urheberschaft im Rahmen der *obligation alternative* sei das nicht erzwungene, sondern selbst gewählte „Inkognito" des Urhebers bereits durch das festgelegte Entgelt bedacht[924]. Unklar bleibt bei der Lösung über die Figur der *obligation alternative* die Herleitung der Rechtsfolgen für den Fall der „Lüftung der Maske" durch den Urheber; es wird sowohl ein Recht auf Vertragsauflösung zugunsten des Vertragspartners[925] als auch alternativ eine Schadenersatzpflicht des Urhebers[926] bejaht.

Hinsichtlich der Begründung einer Schadenersatzpflicht liegt generell wieder eine Überschneidung mit dem Hinweis auf die Wertung aus der Rückrufsregelung in Art. L. 121-4 CPI vor, so dass auch hier - wie beim Veröffentlichungsrecht - die Frage einer insoweit analog begründeten Entschädigungspflicht im Raum steht. Als Argument hierfür kann auf eine Formulierung in der Entscheidung „Montpezat/Flammarion"[927] verwiesen werden, aus der sich die Bedeutsamkeit der Ausübung des Rückrufrechts als Beendigung der Wirkung des Verzichts ableiten lässt („la renonciation passée ..., a cessé d'avoir effet au plus tard le 1re octobre 1981, date de l'assignation, contenant la première manifestation de son repentir." (Unterstreichung durch Verfasserin)).

Ein gänzlich anderer Weg zur Lösung der Frage einer Zulässigkeit rechtsgeschäftlicher Vereinbarungen wird, statt in der Befolgung allgemeiner Grundsätze, in der differenzierten Einzelfallanalyse gesehen. Der jeweilige Vertrag bedürfe einer Analyse im Hinblick auf die

---

922 Gautier RIDA 139 (1989), S. 63, 91.

923 Gautier RIDA 139 (1989), S. 63, 93, hingegen meint, dass die dogmatische Qualifikation der Vereinbarung zwischen dem Urheber und dem Verwerter hinsichtlich der namentlichen Nichtnennung letztlich dahingestellt sein könne, denn das Entscheidende sei die Widerruflichkeit; lediglich um die insoweit einschlägigen Regeln und Rechtsfolgen müsse es in der weiteren Diskussion gehen. Hierbei ist jedoch zu bedenken, dass sehr wohl über die rechtstechnische Art der Vereinbarung nachzudenken ist, denn wenn es sich um eine obligation alternative handeln soll, wäre eine Begründung der möglichen Rechtsfolge einer Vertragsauflösung und Schadenersatzersatzpflicht wünschenswert, vergl. zum diesbezüglichen Vorwurf der Inkonsequenz und fehlender dogmatischen Begründung in diesem Punkt, Denoix de Saint Marc, S. 167, n. 399.

924 Denn das Einzige, was bei einem Vertrag unter Vereinbarung einer obligation alternative noch variable sei, sei die „Korrektur" des (Nicht-)Bekenntnisses zur Urheberschaft, s. Denoix de Saint Marc, S. 167 f., n. 398 ff. Gautier RIDA 139 (1989), S. 63, 95 f., sieht die Richtigkeit der Nichtgewährung eines geldwerten Anspruchs auch in der Entscheidung „Guino/Renoir", TGI Paris RIDA (1971), S. 217, bestätigt, wo gleichfalls kein Schadenersatzanspruch zugesprochen und damit keine in der Vergangenheit begangene Verletzung des *droit moral* angenommen wurde.

925 Desbois, n. 432, S. 527. Inwieweit hierdurch eine Rückerstattungspflicht hinsichtlich bereits erhaltener Leistungen oder gar eine Schadenersatzpflicht für den Urheber entsteht, wird nicht problematisiert. Dumas, S. 210, favorisiert gleichfalls eine derartige Lösung, dies aber im Zusammenhang mit Ghostwritervereinbarungen, siehe unten, unter bb).

926 Nicht ganz deutlich in Herleitung und Begründung, Gautier RIDA 139 (1989), S. 63, 91 ff., insbes. S. 101. Es hat den Anschein, dass er, insoweit anders als Desbois, s. Fn. 943, eine Vertragsauflösung und sogar eine Schadenersatzpflicht im Ergebnis auf die *théorie de l'abus de droit* stützt, so jedenfalls die Argumentation in: n. 130, S. 219. Demgegenüber ist jedoch einzuwenden, dass das, was als alternative Verpflichtung zulässig ist, wertungsmäßig nicht zugleich rechtsmissbräuchlich sein kann.

927 CA Paris, RIDA 133 (1987), S. 193; ausführlicher zu dieser Entscheidung unter bb), aaa). Gautier mutmaßt hinsichtlich der Wortwahl des Gerichts, dass diese sicherlich nicht unmotiviert, grundlos erfolgt sei, s. Fn. 944, S. 93.

Intentionen und Motive der Parteien[928]. Dabei gebühre dem öffentlichen Wohl, dem Allgemeinwohl (*raison d'intérêt général*), der Vorrang gegenüber dem Wohl des Urhebers; dieses stehe immer an zweiter Stelle. Konkretisiert wird dies durch Beispielsfälle[929]. Soll die Nichtnennung des Urhebers eine Täuschung der Öffentlichkeit bezwecken, sei diese unzulässig; so wenn eine Examensarbeit durch einen besseren Kandidaten unerkannt für einen anderen verfasst werde[930]. Wenn hingegen einem allgemeinen Zweck gedient werden soll, sei die verpflichtende Nichtnennung des Urhebers gutzuheißen; so im Fall eines Werkes, an dem mehrere Urheber beteiligt sind, diese jedoch einzeln auf die Namensnennung um einer Einheitlichkeit der Darstellung wegen verzichten, so dass die für eine bessere Qualität des Werkes notwendigen Handhabungen vorgenommen werden können[931]. Gegen diese Auffassung wird eingewandt, dass es bei der Frage der Wirksamkeit eines Rechtsgeschäfts nicht um die Beweggründe, sondern um das betroffene Objekt gehe; dieses werde im urheberrechtlichen Bereich durch das Gesetz selbst - den CPI - als unveräußerbar bestimmt[932]. Zudem könne gerade im Urheberrecht ein ausschließlich am Allgemeinwohl orientiertes Bewertungssystem nicht herangezogen werden[933]; denn bei dem geltenden Prinzip des *Droit d'Auteur* stehe der Schutz der Interessen des Individuums, nicht der Allgemeinheit im Vordergrund.

ddd) Zusammenfassung und Ergebnis

Als Hauptergebnis und Grundtendenz kann insgesamt hervorgehoben werden, dass die Rechtsprechung und die Rechtslehre an der strikten Unverzichtbarkeit des Rechts auf Namensnennung festhalten, auch wenn die Formulierungen und die Wortwahl auf den ersten Blick einen anderen Eindruck vermitteln. Dies zeigt sich insbesondere an der Gewährung eines jederzeitigen, einseitigen Widerrufsrechts hinsichtlich der - trotzdem - ausdrücklich als „Verzicht" (*renonciation*) bezeichneten Vereinbarung, sowie an dem mitunter auch für die Vergangenheit zugesprochenen Schadenersatz im Hinblick auf die Unterlassung der namentlichen Nennung des Urhebers. In der Sache entspricht dies einer weiterhin unbegrenzten Rechtsausübungsmöglichkeit, so dass der Meinungswechsel des Urhebers lediglich als umgekehrte Form der zunächst getätigten Rechtsausübung erscheint.

Soweit im Schrifttum hingegen ein Widerruf nur für die Zukunft bejaht wird und damit Schadenersatzansprüche ausgeschlossen werden, kann dies als echter Rechtsverzicht anstatt als schlichte Nichtausübung des Namensnennungsrechts verstanden werden. Verstärkt wird dieser Eindruck durch die Annahme der Verpflichtung des Urhebers zur Entschädigungszahlung oder zur Einwilligung im Fall einer Vertragsauflösung. Denn dann ist eine, wenngleich jederzeitige, Auflösung des Verzichts mit Wirkung für die Zukunft zwar zulässig; dies aber nicht bedingungslos, sondern um den Preis einer Entschädigung. Dies erinnert stark an die mitunter auch ausdrücklich erwähnte Rückrufsregelung in Art. L. 121-4 CPI und setzt eine

---

928 Vergl. hierzu auch Gavin, n. 50, S. 56 f., der in diesem Zusammenhang auf Art. 1133 C. Civ. verweist, eine Normierung der *théorie de la cause*, der über den unmoralischen und unwirksamen Charakter einer Vereinbarung bestimmt; s. auch Gautier RIDA 139 (1989), S. 63, 87.

929 So Desbois, n.437, S. 529 f., der aber im Ergebnis eine derartige Betrachtungsweise der Zulässigkeit von rechtsgeschäftlichen Vereinbarungen im Urheberrecht ablehnt, vergl. n. 438, S. 530 ff.

930 Letztlich ist dies jedoch ein Fall einer Ghostwritervereinbarung.

931 Konsequenz einer derartigen, am Gemeinwohl orientierten Überlegung wäre wohl eine weitere Annäherung an den - eigentlich urheberrechtsfremden - Gedanken des Denkmalschutzes bezüglich der Forderung nach Wahrung der Werkintegrität, was an anderer Stelle im französischen Recht bedacht ist, vergl. Dietz, S. 166 ff. und 182.

932 Gavin, n. 229, S. 56.

933 Desbois, n. 438 f., S. 530 f., der sich jedoch insgesamt nicht gegen die Zulässigkeit jedweder Verzichtsvereinbarung ausspricht; sieht diese aber immer unter den Vorbehalt der jederzeitigen Widerrufbarkeit gestellt.

wirksame, beide Vertragsparteien grundsätzlich bindende Vereinbarung voraus; was die Annahme der Befürwortung der Zulässigkeit eines „echten" rechtsgeschäftlichen Verzichts auf das Namensnennungsrecht - jedenfalls durch diese Auffassungen im Schrifttum - bestätigt[934].

bb) Ghostwritervereinbarungen

Der Ghostwritervertrag[935] (*contrat de nègre*) wird als eine vertragliche Vereinbarung definiert, bei der sich ein professioneller Urheber gegen Entgelt dazu verpflichtet, ein Werk herzustellen und dabei erlaubt, dass sich der Vertragspartner statt seiner selbst auf die Urheberschaft beruft[936]. Hierunter werden auch Konstellationen erfasst, in denen ein miturheberschaftliches Werk betroffen ist und insoweit vereinbart wird, dass der bzw. die Miturheber sich auf die Alleinurheberschaft berufen können[937].

aaa) Rechtsprechung

Gerade in Anbetracht des letztgenannten Umstands ist hervorzuheben, dass bei den als einschlägig betrachteten Entscheidungen häufig gerade diese Konstellationen, betreffend den Verzicht zugunsten des anderen Miturhebers, betroffen waren[938].

In der sehr frühen Entscheidung „Dumas/Maquet" des Cour de Paris wurde die Zulässigkeit eines Verzichts auf das *droit à la paternité* anerkannt[939]. Dabei lag folgender Sachverhalt zugrunde: Der Schriftsteller Alexandre Dumas ließ den bekannten Teil des Werks „Drei Musketiere" von Maquet schreiben und begehrte gleichwohl seine Nennung als Alleinurheber des Gesamtwerks. Dumas konnte sich erfolgreich auf einen diesbezüglichen Verzicht seitens Maquet berufen.

Diese Entscheidung wird jedoch gegenwärtig, insbesondere im Zusammenhang mit der Einführung des Gesetzes von 1957 und des darin ausdrücklich festgeschriebenen Unveräußerbarkeitsgrundsatzes, kritisch beurteilt[940]. Insoweit zeigen Entscheidungen neueren Datums, insbesondere durch den Cour de Cassation, denn auch in Richtung einer anderen Entwicklung.

---

934 Im Unterschied zu den obigen Ausführungen zum Veröffentlichungsrecht, kann beim droit á la paternité zur Begründung einer Entschädigungspflicht unmittelbar an die Verletzung der „Vertragspflicht" der Nichtnennung des Urhebernamens angeknüpft werden, während im Bereich des Veröffentlichungsrechts unmittelbar auf die Nichtlieferung bzw. Nichtherausgabe des Werkexemplars - im Hinblick auf Bestellverträge - abgestellt werden kann.

935 Natürlich sind hierbei nicht nur die Ghostwriter, sondern auch Ghostcomposer, Ghostpainter etc. zu bedenken. Der Vereinfachung halber soll hier jedoch nur vom Ghostwriter gesprochen werden.

936 Vergl. insoweit Gautier RIDA 139 (1989), S. 63, 65, der dies etwas eingeschränkter zum Ghostwriter formuliert.

937 S. Gautier RIDA 139 (1989), S. 63, S. 75. Er betont, S. 73, die Notwendigkeit, den Urheberstatus des Ghostwriters - gerade bei nur minimalen Schaffensbeiträgen - einleitend erst einmal festzustellen.

938 Deshalb sind hier auch die Entscheidungen „Boyer/Béart" und „Guino/Renoir" von Interesse. Auch Gautier RIDA 139 (1989), S. 63, 97, verweist bei seiner Untersuchung der contrats de nègre auf diese Entscheidungen.

939 Ann. propr. ind. 1859, S. 390, zitiert von Gautier, n. 130, im Zusammenhang mit der Untersuchung von Ghostwritervereinbarungen. Er bezeichnet Dumas, RIDA 139 (1989), S. 63, 65, als Prototyp eines Unternehmers in der Epoche des industriellen Romans. In Anbetracht der zeitlichen Zustände spreche nichts gegen die Zulässigkeit von Ghostwritervereinbarungen.

940 Vergl. Lucas/Lucas, n. 410, S. 332; Gautier, n. 130 und RIDA 139 (1989), S. 63, 79 f.

In den Entscheidungen „Villiers/Soton“[941] des Cour de Cassation und „Montpezat/Flammarion“[942] des Cour d'Appel de Paris schufen Autoren nach den Vorgaben bzw. Anregungen von Verlegern Romane, wobei sie in den betreffenden Verlagsverträgen auf die Namensnennung bei Veröffentlichung der Romane verzichteten. Die Kläger begehrten nunmehr sowohl Namensnennung bei jeder weiteren Veröffentlichung der Romane als auch Schadenersatz für die in der Vergangenheit nicht erfolgte Beachtung des *droit à la paternité*. In „Villiers/Soton“ wurde das ausdrückliche Einverständnis damit, dass die geschaffenen Werke unter dem Namen Villiers veröffentlicht wurden, als eine Akzeptanz des Urhebers (Soton) gegenüber der Beibehaltung seiner Anonymität gesehen und als *clause d'anonymat* bezeichnet. In „Montpezat/Flammarion“ wurde die Akzeptanz der Veröffentlichung unter anderem Namen ausdrücklich als *renonciation* bezeichnet[943].

Die betreffenden Vereinbarungen wurden zwar in beiden Entscheidungen als zulässig und wirksam bewertet, es wurde aber zugleich festgestellt, dass diese widerrufbar seien, was mit der Klage (*par les termes de son assignation*[944] bzw. *date de l'assignation*[945]) durch den Urheber auch erfolgt sei. Dem Widerruf wurde hier wohl eine retroaktive Wirkung zugesprochen, da eine Verurteilung zum Schadenersatz auch im Hinblick auf die Verletzung des *droit moral*, die bereits zurücklag, erfolgte.

Grundsätzlich anders entschieden hatte das TGI de Paris in einer früheren Entscheidung „Casadesus/Sté Pathé Marconi, SACEM, Emi“[946]. In der Sache ging es um einen Komponisten (Casadesus), der selbst den Eindruck verbreitet hatte, dass das von ihm geschaffene Werk ein solches von Mozart sei und sich dementsprechend 1931 bei einer Verwertungsgesellschaft (SACEM) lediglich als Arrangeur des betreffenden Konzertes „Adélaide“ eintragen ließ. Nun aber wandte er sich 1977, also 46 Jahre später, gegen die Erstveröffentlichung durch eine Plattenfirma, die den Komponisten entsprechend der Angabe bei der Verwertungsgesellschaft nur als Arrangeur nennen wollte, und verlangte die Nennung als Urheber. Das Gericht verneinte einen derartigen Anspruch unter dem Gesichtspunkt einer ausdrücklichen *renonciation* auf die *paternité de l'oeuvre*. Nicht nur, dass der Urheber so lange untätig war[947], er habe sich dabei gegenüber der SACEM im Wege einer berichtigenden Erklärung (*déclaration rectificative*) über die Urheberschaft von Mozart seiner eigenen begeben[948].

---

941 RIDA (1993), S. 205; als Bestätigung der Vorinstanz: CA Paris, D. 1993, juris., S. 442. Obwohl eine miturheberschaftliche Konstellation vorliegt, wird die Entscheidung unter dem Gesichtspunkt des contrat de nègre diskutiert, vergl. Anmerkung. von Edelmann zu „Villiers/Soton“ in: D. 1993, juris., S. 443, 444.

942 RIDA (1987), S. 193. Als Beispiel für einen *contrat de nègre* verweisen Edelmann, S. 50 und Gautier RIDA 139 (1989), 63, 75 und 89 auf diese Entscheidung.

943 In „Villiers/Soton“, RIDA (1993), S. 205, 207, wird eine *clause d'anonymat* von der unzulässigen *renonciation définitive* unterschieden.

944 So die Formulierung in „Villiers/Soton“, RIDA (1993), S. 205.

945 So die Formulierung in „Montepazat/Flammarion“, RIDA (1987), S. 193, 197.

946 RIDA (1979), S. 209 „Concerto Adélaide“. Kritisch hierzu Pollaud-Dulian RIDA 145 (1990), S. 127, 175. Bemerkenswert ist, dass der zeitliche Zusammenhang, 46 Jahre Wartezeit, hier wohl eher einer Verwirkung denn einer Renonciation entspricht; jedenfalls dann, wenn man hierunter ausschließlich rechtsgeschäftliche Vereinbarungen erfassen will.

947 Vergl. zu diesem Aspekt des reinen Untätigseins die Entscheidung „Guino/Renoir“, RIDA (1971), S. 217.

948 Streng genommen ging es in dieser Entscheidung nicht um eine Fremdzuordnung bzw. Anmaßung der Urheberschaft wie bei einer Ghostwriter-Konstellation. Der vorgegebene Urheber selbst, Mozart, rühmte sich nicht der Urheberschaft - wie im Fall eines Ghostwriters -, sondern der betreffende Komponist Casadesus selbst schiebt diesem vielmehr sein Werk ungefragt unter. Dennoch wird übereinstimmend im Zusammenhang mit der Erörterung des *contrat de nègre* auf diese Entscheidung verwiesen, vergl. bsph.: Lucas/Lucas, n. 409 ff., S. 332; Metzger, S. 157. Anders hingegen Colombet, n. 141, S. 134, der nicht den Zusammenhang

Bemerkenswert ist, dass die Anmeldung und der Verzicht gegenüber der SACEM auch Wirkung gegenüber den Mitbeklagten (Sociétés Marconi und Emi Record), die bei der SACEM Nutzungsrechte erworben hatten, zukam; gleichsam selbstverständlich wird eine „Drittwirkung" des Verzichts angenommen, obwohl eine Vereinbarung mit dem Mitbeklagten dem Sachverhalt nach nicht bestand[949].

Spätestens mit der aktuelleren Entscheidung „Villiers/Soton" durch den Cour de Cassation dürfte diese Rechtsprechung jedoch obsolet sein.

bbb) Rechtslehre

Im Unterschied zur Rechtsprechung wird die Konstellation eines *contrat de nègre*[950] in der Rechtslehre ausdrücklich zwar auch unter dem Gesichtspunkt einer Übertragung[951] des *droit à la paternité* diskutiert, dabei jedoch gleichfalls als unzulässig abgelehnt[952]. Die „Vaterschaft" am Werk sei als tatsächlicher Umstand einer vertraglichen Zuordnung unzugänglich. Das Vertragsrecht könne hierauf keinen Einfluss haben, eine fiktive Urheberschaft sei absurd[953]. Auch der Umstand, dass die Urheberschaft einer Kommerzialisierung nicht zugänglich sei, hindere die Wirksamkeit einer Übertragung. Denn nach Art. 1128 C. Civ.[954] seien nicht kommerzialisierte Gegenstände als Objekte vertraglicher Vereinbarungen ausgeschlossen[955].

Zudem bedeute die Annahme der Zulässigkeit einer wirksamen Übertragung nicht nur, eine Fremdzuweisung der Urheberschaft isoliert vorzunehmen, sondern dass außerdem alle hieran anknüpfenden geldwerten und moralischen Interessen - damit wohl auch alle Befugnisse aus dem *droit moral* - mit der dritten Person verbunden würden[956]. Mit der Verpflichtung zum Verschweigen des wahren Urhebers würde diesem dann überhaupt kein Schutz mehr vor

---

zum contrat de nègre herstellt, sondern diese Entscheidung im Zusammenhang mit generellen Überlegungen zum Verzicht auf eine namentliche Nennung diskutiert.

949 Eine rechtliche Deutung als Verwirkung wäre vor dem Hintergrund, dass das entscheidende Gericht ausdrücklich von einer verzichtenden Erklärung ausgeht, zweifelhaft. Denn andernfalls hätte die Untätigkeit des Urhebers - als Anknüpfungspunkt für eine Verwirkung - gleichfalls der SACEM gegenüber Konsequenzen nach sich ziehen müssen, so dass es dann der Bezugnahme des Gerichts auf die Umstände der Anmeldung des Werkes bei der SACEM wohl nicht mehr bedurft hätte.

950 Die Lehre äußert sich nur generell zum *contrat de nègre*. Inwieweit hier auch miturheberschaftliche Konstellationen erfasst werden, kann nicht ergründet werden; dahingehend wird nicht konkretisiert und somit auch keine Differenzierung vorgenommen. Sehr ausführlich insbesondere auch unter dem Gesichtspunkt der gesellschaftlichen Entwicklung und der moralischen Bewertung von Ghostwriterkonstellationen, Gautier RIDA 139 (1989), S. 63.

951 Denn der Urheber enthalte sich nicht nur der Lüftung seiner Urheberschaft, vielmehr soll, indem er seine geistige Vaterschaft zugunsten eines anderen zurücknehme, letzterem diese Eigenschaft fiktiv zukommen; vergl. Lucas-Schloetter, n. 622, die jedoch den Unterschied zwischen „Verzicht" und „Übertragung" im Ergebnis wieder einebnet, indem sie bemerkt: „Les contrat translatifs du droit de paternité doivent finalement être traités comme les conventions simplement abdicatives", n. 640.

952 So Desbois, n. 439, S. 531; Gavin, n. 49, S. 56, der mitunter auch von einer *renonciation translative* spricht, vergl. S. 59 ff.; Lucas-Schloetter, n. 622, die eine Übertragung im Sinne einer *cession véritable, un abandon total et définitif* als unzulässig ablehnt.

953 Bsph.: Gavin, n. 54, S. 61.

954 Art. 1128 C. civ lautet: „Il n'y a que les choses qui sont dans le commerce qui puissent être l'objet des conventions."

955 Dies stellt wiederum einen Zirkelschluss dar, da Voraussetzung dieser Argumentation die Richtigkeit der Ausgangsthese ist, dass das *droit moral* nicht disponibel ist. Genau diese These soll aber durch den Verweis auf Art. 1128 C. civ. bewiesen werden.

956 Desbois, n. 435, S. 528.

Werkveränderungen gewährt werden können[957]. Dies sei auch nicht mit dem Verweis darauf gerechtfertigt, dass der Urheber in der Öffentlichkeit mangels Namensnennung nicht bekannt sei und deshalb keine Verletzung seines *droit moral* vorliegen könne. Nicht nur, dass grundsätzliche, praktische Schwierigkeiten bei der Bewahrung von Geheimnissen bestünden; hinzukomme, dass der Urheber selbst die Veränderung als Verletzung empfinde, die ihm, auch ohne dass er sein Werk signiert habe, in Erinnerung bleibe.

Soweit Ghostwritervereinbarungen von der Rechtslehre auch unter dem Gesichtspunkt des Verzichts diskutiert werden[958], wird hier nichts Abweichendes von dem bereits unter aa), ccc) Ausgeführten vertreten; das notwendige Wirksamkeitselement[959] des Verzichts wird auch hier in der jederzeitigen Widerrufbarkeit gesehen, wobei im Unterschied zur Rechtsprechung überwiegend eine Wirkung nur für die Zukunft angenommen wird[960].

Vergleichbar wird die Zulässigkeit einer Ghostwriterabrede auch von einer zeitlichen Beschränkung abhändig gemacht, nach deren Ablauf es dem Urheber frei stehe, sich zu seinem Werk zu bekennen[961].

ccc) Zusammenfassung und Ergebnis

Obgleich bei Ghostwritervereinbarungen das praktische Bedürfnis für rechtsgeschäftliche Vereinbarungen in der Rechtslehre besonders betont wird[962], werden daraus keine besonderen rechtlichen Schlussfolgerungen gezogen. Die Ghostwritervereinbarung wird zwar von einigen im Schrifttum als eigene Kategorie, von anderen jedoch als bloßer Unterfall einer anonymen bzw. pseudonymen Veröffentlichung verstanden[963]; was dann auch die gleiche rechtliche Beurteilung wie die Fälle einer schlichten Nichtnennung des Namens erklärt[964]. Auch die Rechtsprechung differenziert insoweit nicht hinsichtlich der rechtlichen Behandlung der verschiedenen Konstellationen.

Verständlich wird dies vor dem Hintergrund, dass das französische Recht - anders als das deutsche - gesetzlich nicht zwischen dem Recht auf Namensnennung und dem auf Anerkennung der Urheberschaft trennt, sondern ein einheitlich normiertes Recht auf Achtung des Namens des Urhebers geschaffen hat. Das Recht auf Anerkennung der Urheberschaft wird dabei gedanklich vorausgesetzt[965].

---

957 Desbois, n. 439, S. 531.

958 Für Doutrelepont, n. 352 f., S. 238 ff., ist die Zulässigkeits- und Wirksamkeitsgrenze von Ghostwritervereinbarungen überschritten, wenn es nicht nur um eine Rechtsausübungsvereinbarung mit jederzeitiger Widerrufbarkeit mit Wirkung für die Zukunft gehe, die sich nach Art. L. 113-6 CPI richte, sondern zudem eine Treueklausel (*clause de confidentialité*) vereinbart werde, die nichtig sei, da sie gegen Art. L. 121-1 al. 1 CPI, den Unveräußerlichkeitsgrundsatz, verstoße.

959 Vergl. Bertand, n. 6.113., S. 262; Raynard, n. 310; Lucas, S. 74; wo die Bedeutung des Widerrufs als entscheidendes Zulässigkeitskriterium deutlich wird.

960 Von einer Mehrheit bzw. Einstimmigkeit in der Lehre hinsichtlich der Bedingungen des Widerrufs spricht ausdrücklich: Dumas, S. 210; vergl. auch: Gautier, n. 130. Dumas verweist auch hinsichtlich der Ghostwritervereinbarungen bei der Geltendmachung des Widerrufsrechts durch den Urheber auf die Konsequenz eines Vertragsauflösungs- oder Schadenersatzrechts zugunsten des Vertragspartners.

961 Lucas-Schloetter, n. 639, die im Zusammenhang mit Verlagsverträgen beispielhaft die Beschränkung auf eine Auflage benennt.

962 Insbes. Bertand, 6.113., S. 262; Gautier, n. 130.

963 Vergl. Gautier RIDA 139 (1989), S. 63, 91 und n. 130; Doutrelepont, n. 352, S. 239 sowie Edelmann, Anmerkung zu: „Villiers/Soton", D. 1993, juris., S. 443, 444, die ebenfalls unterscheiden, dabei aber die Ghostwriterfälle als Untergruppe denen der pseudonymen Veröffentlichung zuordnen.

964 Bsph.: Gautier, n. 130. Vergl. auch: Desbois, n. 434 ff., S. 528 ff.; Gavin, n. 49, S. 56 ff.

965 Nur selten wird auch begrifflich differenziert, so aber: Lucas, S. 74, der einerseits sowohl von einer „convention par laquelle un nègre accepte d'*abdiquer sa parternité* au profit d'un auteur apparent ..." und ande-

Was die eher als Ausnahme von der Grundtendenz der Rechtsprechung zu bezeichnende Entscheidung „Casadesus/Sté Pathé Marconi, SACEM, Emi“ betrifft, ist ein deutlicher Unterschied hinsichtlich des tatsächlichen Hintergrundes gegenüber den anderen Entscheidungen feststellbar; der besondere zeitliche Zusammenhang bietet eine mögliche Erklärung für die abweichende rechtliche Beurteilung.

c) Werkintegritätsrecht (*Droit au Respect de l'Oeuvre*)

aa) Eingangsüberlegung

Im Zusammenhang mit der Darstellung des in Art. L. 121-1 al. 1 CPI gesetzlich festgelegten Grundsatzes der Unveräußerbarkeit des *droit moral* wurde bereits auf Art. L. 132-11 al. 3 CPI hingewiesen; von Bedeutung für das Werkintegritätsrecht ist insoweit Art. L. 132-11 al. 2 CPI[966]. Dieser sieht bei Verlagsverträgen die Möglichkeit der Erteilung einer schriftlichen Erlaubnis (*autorisation écrite*) zu Werkänderungen vor.

Der französische Begriff *autorisation* wird regelmäßig als vorherige Zustimmung (Einwilligung) übersetzt[967]. Da das französische Recht diesen Begriff jedoch uneinheitlich gebraucht ist eine exakte rechtliche Einordnung schwierig[968]. Im persönlichkeitsrechtlichen Bereich wird die *autorisation*[969] im Zusammenhang mit der Legitimierung eines Eingriffs in den Schutzbereich angesprochen. Ihr Vorliegen schließt die Unzulässigkeit eines Eingriffs in ein Persönlichkeitsrecht, die Verletzung (*atteinte illicite*), und damit einen Schadenersatzanspruch nach Art. 1382 C.Civ. aus[970].

Durchaus nahe liegend wäre es nun, dass das, was für den Bereich der anderen bürgerlichrechtlichen Persönlichkeitsrechte gilt, auch für das *droit moral* Berücksichtigung findet. Denn die Ahndung einer Verletzung des *droit moral* richtet sich gleichfalls nach den allgemeinen Regeln der Art. 1382 ff. C. Civ.[971]. Insoweit müssen alle Voraussetzungen einer deliktischen Haftung erfüllt sein, wobei daran gedacht werden könnte, dass das Vorliegen einer *faute* dann ebenfalls durch eine *autorisation* ausgeschlossen wird. Vertreter der urheberrechtlichen Lehre greifen derartige Überlegungen indes nicht auf. Sie sehen den Unveräußerbarkeitsgrundsatz des Art. L. 121-1 CPI mit der Regelung des Art. L. 132-11 al. 2 CPI nicht durchbrochen, son-

---

rerseits auch von *renoncer à son droit au nom*, spricht, statt insgesamt den Bezug zum *droit à la paternité* herzustellen.

966 Der Wortlaut lautet: „Il (l'éditeur) ne peut, sans autorisation écrite de l'auteur, apporter à l'oeuvre aucune modification.“ Auch Huguet, n. 102, S. 75, verweist auf den contrat d'édition als Bestätigung, dass der Grundsatz der Unveräußerbarkeit Ausnahmen kenne.

967 Vergl. Ferid/Sonnenberger, 1 F 1101, S. 637.

968 Ferid/Sonnenberger, 1 F 11, S. 387 und 1 F 1101 ff., S. 637 ff.

969 Statt des Begriffs *autorisation* wird mitunter auch bedeutungs- und inhaltsgleich der Terminus *consentment* verwendet, vergl. hierzu Ferid/Sonnenberger, 2 O 130 sowie Gautier, n. 122, zur urheberrechtlichen Literatur.

970 Die Rechtsverletzung, *atteinte illicite*, begründet die tatbestandliche Voraussetzung einer deliktischen Handlung, die sog. *faute*; vergl. hierzu insgesamt: Ferid/Sonnenberger, 1 D 245 und insbes. 1 D 247 ff., Seite 256 ff. Das französische Recht macht die außervertragliche Ersatzpflicht - lediglich - von einem subjektiven Schuldvorwurf (*faute*) und nicht von der Rechtswidrigkeit abhängig - eine derartige Differenzierung ist im französischen Recht jedenfalls zumeist unüblich, vergl. Ferid/Sonnenberger, 2 O 104, S. 467. Verglichen mit deutschem Rechtsdenken kommt der *autorisation* dann insoweit eine quasi tatbestandsausschließende Wirkung zu. Jedenfalls ist die *autorisation* im Bereich der Persönlichkeitsrechte grundsätzlich beachtlich; vergl. aber zur Frage der Beachtlichkeit einer Einwilligung des Geschädigten bei Vermögensrechten und Körperverletzung, Ferid/Sonnenberger, 2 O 130, Seite 467.

971 Siehe Altenburg, S. 93.

dern vielmehr bestätigt[972] - kommen damit für das Werkintegritätsrecht zu einer entsprechenden Bedeutung des Art. L. 132-11 al. 3 CPI wie hinsichtlich des Art. L. 132-11 al. 2 CPI für das Namensnennungsrecht.

bb) Rechtsprechung

In der urheberrechtlichen Rechtsprechung wird der Begriff der *autorisation* - inhaltsgleich wohl auch *consentment*[973] - vergleichbar den anderen bürgerlich-rechtlichen Persönlichkeitsrechten verwendet und ihr die Wirkung einer Legitimierung von Werkveränderungen beigemessen, so dass eine Verletzung des Werkintegritätsrechts ausgeschlossen wird[974]. In den Entscheidungen „Moritz/Éditions Denoel"[975] und „C.E.D.A.M./Mochizuki et Zimmermann"[976] des TGI de Paris wird eine *autorisation préalable* (vorherige Zustimmung) - damit nicht bloß ein nachträglicher Verzicht - bezüglich des Werkintegritätsrechts als zulässig anerkannt. Diese *autorisation préalable* sei schriftlich zu erteilen und müsse präzise die vorgeschlagene Änderung beschreiben; *préalable* meint danach wohl vor Ausführung der Werkveränderung.

Die Bewertung einer *autorisation préalable* als eine zulässige Form der vorherigen Legitimierung einer Fremdveränderung eines Werks scheint dabei eng mit dem Grad der jeweiligen Bestimmtheit der Beschreibung der geplanten Werkveränderungen zusammenzuhängen. Zum Verständnis soll insoweit die Entwicklung der Rechtsprechung anhand einiger Urteile nachvollzogen werden.

Wenngleich in der sehr frühen Entscheidung „Banque de France/Cons. Merson"[977] des Cour d'Appel de Paris die Zulässigkeit eines weitreichenden Verzichts anklingt, indem das Gericht ohne weitere Einschränkungen formulierte, dass der Urheber auf die Ausübung des *droit moral* verzichten kann („L'artiste peut renoncer à l'exercice de son droit moral ..."), so blieb diese Entscheidung in ihrer Absolutheit und Reichweite wohl einzigartig.

Die Rechtsprechung entschied in der Folgezeit - gleichfalls noch vor Einführung des Urheberrechtsgesetzes von 1957 - genau umgekehrt. So wurde in der Entscheidung „Mistinguett"[978] des TGI de Seine eine Vertragsklausel, die Verwertern ein gleichermaßen weitreichendes Änderungsrecht einräumte („(ils peuvent) ... modifier, changer, ajouter, biffer, remplacer ou altérer l'ouvrage de la façon qu'ils estimeraient nécessaire ..."), für unwirksam befunden; der Urheber könne nicht im Vorhinein allen Veränderungen oder Entstellungen durch Vertragspartner zustimmen, ein solcher Verzicht sei nichtig. Auch der Entscheidung „Gaumont/Blanchar"[979] des Cour d'Appel de Paris zufolge ist ein umfassender vorheriger Verzicht der Urheber unzulässig („(ils) ... ne peuvent d'avance renoncer, en bloc et par blancseing, à l'exercice de leur droit moral ..."). Dabei wird zugleich darauf verwiesen, dass es Urhebern, die aufgrund der gesetzlichen Gewährung eines Rückrufsrechts jederzeit Veränderungen am Werk vornehmen können, aber auch möglich sein müsse, in voller Kenntnis der Sach-

---

972 Vergl. Desbois, n. 451, S. 541 f.; Doutrelepont, n. 463, S. 297, die Sirinelli, Le droit moral de l'auteur et le droit commun des contrats, thèse de Paris, 1985, S. 274, zitiert.

973 Auf den synonymen Gebrauch im französischen Recht wurde bereits hingewiesen, siehe Fn. 969.

974 Vergl. D. 1981, S. 85 und D. 1989, S. 46, wo inhaltsgleich der Terminus *consentment (préalable et écrit)* verwendet wird.

975 D. 1989, somm. com., S. 46.

976 D. 1981, somm. com., S. 85.

977 D. 1936, S. 256; bestätigte die Vorinstanz: D. 1933, S. 533.

978 RIDA 7 (1959), S. 149.

979 D. 1951, jur., S. 9.

lage, vorgeschlagene Veränderungen, die sie der Anzahl, der Wichtigkeit und der Zweckmäßigkeit nach kennen, zuzustimmen[980].

Bereits hier zeigt sich die Grundtendenz der Rechtsprechung, die deutlicher in den späteren Entscheidungen „C.E.D.A.M./Mochizuki et Zimmermann" und „Moritz/Éditions Denoel" des TGI de Paris zum Ausdruck kommt, eine Disposition über das Werkintegritätsrecht nicht zuzulassen, soweit diese als *renonciation en avance* - als umfassender Rechtsverzicht - zu verstehen ist; während eine *autorisation* bzw. ein *consentment*, die sich auf konkrete, genau bestimmte Einzeleingriffe beziehen, zulässig sind.

Hieraus die Schlussfolgerung zu ziehen, dass die französische Rechtsprechung einen vorherigen Verzicht gleich einer Verfügung zulasse, wenn eine dem Umfang nach genau bestimmte Begrenztheit vorliegt[981], erscheint indes fragwürdig. Denn hiergegen spricht bereits die deutliche Gegenüberstellung von vorherigem Verzicht (*renonciation en avance*) einerseits und spezifizierter Zustimmung (*consentment en connaissance de cause*) andererseits in der frühen Entscheidung des Cour d'Appel de Paris „Gaumont/Blanchar"[982]; auch wird über die Frage der Drittwirkung oder eines Erlöschens des *droit moral* insoweit gar nicht entschieden.

Die Differenzierung zwischen Zulässigkeit und Unzulässigkeit einer Vereinbarung, die über das Kriterium der Bestimmtheit zu erfolgen scheint, kann auch hier wieder - wie beim Namensnennungsrecht - mit der mangelnden Genauigkeit der Unterscheidung von Rechtsausübung und Rechtsverzicht in Zusammenhang gebracht werden.

Dies bestätigt auch die Lektüre von „Barbelivien et Montagné/Agapes"[983], wo gleichfalls eine Wirksamkeit und Verbindlichkeit für den Urheber nur bei spezifizierten vorherigen Erklärungen und andernfalls ein unzulässiger Verzicht angenommen wurde. Dabei betonte der Cour d'Appel de Paris, unter Bestätigung der erstinstanzlichen Entscheidung, ausdrücklich den Unterschied zwischen Rechtsausübung und Rechtsverzicht („les appelants n'ont nullement aliéné, par anticipation, leur droit moral, mais l'ont exercé en toute connaissance de cause")[984].

Bemerkenswert ist an der Entscheidung des Appellationsgerichts aber, dass hier die Bestimmtheitsanforderungen letztlich doch sehr weit gelockert wurden, so dass schon die ausdrückliche Bestimmung der vertraglichen Vereinbarung als eine *clause précise et circonstanciée* fragwürdig erscheinen muss. Dabei ging es in der Sache darum, dass ein Lied („On va s'aimer") als musikalische Untermalung für einen Werbespot genutzt und dabei ein neuer Text unterlegt werden sollte, der selbständig ohne Mitsprache der Urheber durch die Verwerter bestimmt wurde. Das Appellationsgericht erachtete es insoweit als ausreichend, dass der Vertrag die Nutzung des Werkes ganz generell beschrieb und diesbezüglich zugleich die ebenfalls weitreichende Möglichkeit vorsah, den Liedtext zu ersetzen, zu verändern und sogar textlich zu parodieren[985]; es formulierte insoweit ausdrücklich: „par cette clause précise et cir-

---

980 Das Gericht formulierte insoweit: „(ils) ... peuvent consentir, en connaissance de cause, aux modifications qui leur sont suggérées et dont ils sont mis à même d'apprécier le nombre, l'importance et l'opportunité".

981 So aber Metzger, S. 159. Wie hier auch Prinz, S. 106.

982 D. 1951, jur., S. 9, 10.

983 TGI Paris, RIDA 175 (1998), S. 343; bestätigt von CA Paris, RIDA 187 (2001), S. 326; aber verworfen von Cour de Cass., D. 2003, jur., S. 559.

984 RIDA 187 (2001), S. 326, 329. Gautier, n. 122, ordnet diese Konstellation der Erteilung eines *mandat* zu.

985 RIDA 175 (1998), S. 343, 348, unter Angabe von art. 3 E des Nutzungsvertrages: „Au titre de l'utilisation de l'oeuvre dans les bandes sonores des films et autres formes de représentation, le cessionnaire sera en droit de: 1) exploiter directement et/ou autoriser des tiers à utiliser l'oeuvre dans son intégralité ou en partie ... ou pour tout autre type de représentations ... même s'il n'est pas spécifiquement mentionné dans les présentes; 2) effectuer ou faire effectuer par des tiers des ajouts à la partition musicale pour les exploitations décrites au paragraphe 1) qui précède, d'autres paroles différentes des paroles originales ou constituant une parodie de

constanciée, sur le sens et la portée desquelles ils (die Urheber/appelants) n'ont pu se méprendre, les appelants n'ont nullement aliéné, par anticipation, leur droit moral, mais l'ont exercé en toute connaissance de cause, en définissant les limites de l'exploitation ...")[986]. Insgesamt wurde bestätigt, was die Erstinstanz explizit ausgesprochen hatte, dass nämlich die getroffene Absprache wirksam und damit grundsätzlich nicht widerrufbar sei[987].

Bemerkenswert ist zudem, dass das Appellationsgericht scheinbar selbstverständlich die Möglichkeit, Veränderungen zulässigerweise vorzunehmen, auch Dritten gewährte. Insoweit war zum einen im betreffenden Vertrag ausdrücklich von der Vornahme der Veränderung durch Dritte die Rede[988], und zum anderen konnten die Rechte aus der Vereinbarung ausdrücklich auch, in Teilen oder in Gänze, an Dritte übertragen werden[989]. Vor dem Hintergrund der Annahme einer schlichten Rechtsausübung des Urhebers auch hinsichtlich des Werkintegritätsrechts erschien diese „Drittwirkung" wohl nicht problematisch[990]; mit Blick auf die grundsätzlich bloß relative Wirkung von Verträgen hätte die Weiterleitung des Veränderungsrechts hingegen einer näheren Begründung bedurft.

Insgesamt kann es letztlich also nicht verwundern, dass der Cour de Cassation[991] die Entscheidung des Appellationsgerichts aufhob, weil er die vorherige Vereinbarung als von pauschaler Art bewertete und damit einen Verstoß gegen die Unveräußerbarkeit des Werkintegritätsrechts annahm: „L'inaliénabilité du droit au respect de l'oeuvre, ..., s'oppose à de que l'auteur abandonne au cessionnaire, de façon préalable et générale, l'appreciation exclusive des utilisation, diffusion, adaptation, retrait adjonction et changement auxquels ce dernier souhaiterait procéder."[992] Wenngleich der Cour de Cassation vorherigen Absprachen damit nicht insgesamt ihre Zulässigkeit abgesprochen hat[993], so hat diese Entscheidung indes weder zur Konkretisierung des Bestimmtheitserfordernisses bei vorherigen Absprachen noch zur Unterscheidung zwischen rechtsgeschäftlicher Disposition und reiner Rechtsausübung bezüglich des Werkintegritätsrechts beigetragen; insoweit wurde nur die hier streitige Klausel als pauschal und damit unzulässig bewertet.

---

celles-ci. Le cédant autorise le cessionnaire, selon son jugement, qui ne pourra pas être contesté, à négocier et définir les conditions des exploitations mentionnées dans les paragraphes f) et 2) précédent, considérant ces décisions comme approuvées et ratifiées".

986 RIDA 187 (2001), S. 326, 329. Gautier, n. 122, ordnet diese Konstellation der Erteilung eines *mandat* zu.

987 Das TGI Paris hatte ausgeführt, RIDA 175 (1998), S. 343, 349: „le cédant ne puisse remettre en cause son engagement alors qu'aucun abus dans l'exercice strictement limité du droit n'est à déplorer." Gautier, n. 122, verweist in der 4. Auflage auf diese Entscheidung als Beispiel für die Zulässigkeit eines *mandat*; das betreffende Gericht hingegen geht von einer derartigen Drittwahrnehmung nicht aus, problematisiert dementsprechend auch die Figur des *mandat* nicht.

988 Siehe: art. 3 E des Vertrages zitiert in Fn. 985.

989 Insoweit wird auf art. 14 des Vertrages verwiesen: „le cessionnaire est en droit de céder le présent contrat en totalité ou en partie à des tiers."

990 Insoweit hätte man einen Verzicht unter dem Gesichtspunkt einer Verfügung diskutieren können.

991 D. 2003, jur. S. 559.

992 Das Kasssationsgericht deutet die Entscheidung des Appellationsgerichts so, dass diese sich darauf zurückziehen musste, dass es primär um eine zulässige Bestimmung der Verwertung des Werkes ginge und dass deshalb das Werkintegritätsrecht nicht von einer Veräußerung betroffen sei; zu dem Umstand aber, dass das Appellationsgericht hier ausdrücklich eine Rechtsausübung anstatt eine rechtsgeschäftliche Vereinbarung hinsichtlich des *droit moral* annahm, äußerte sich das Kassationsgericht nicht.

993 So auch, obgleich insgesamt mit anderem Ergebnis, Metzger, GRUR Int. 2003, S. 782, 783, als Anmerkung zu diesem Urteil; er beurteilt die streitgegenständliche, weitreichende Klausel als hinreichend konkret und infolgedessen die Abrede als wirksam.

Untypisch innerhalb dieser Entwicklung der Rechtsprechung ist jedenfalls die insoweit wohl auch einzigartig gebliebene Entscheidung „Gaumont/Allain“[994] des Cour d'Appel de Paris. In der Sache ging es um die Verfilmung eines Romans, bei der der Urheber (Allain) im Vorhinein jede Form einer Bearbeitung erlaubt hat, die neben der Hinzufügung von frei bestimmten Dialogen sogar zu einer Veränderung der Hauptfiguren der Romanvorlage führen kann, wenn es vom Vertragspartner für notwendig befunden werde. Für den Fall, dass eine Veränderung der Hauptcharaktere vorgenommen werde, sah die Vereinbarung im Weiteren vor, dass im Vor- bzw. Abspann des Films ein Hinweis erfolgen müsse, dass es sich um neue Abenteuer handele, zu denen die Romanvorlage von Allain inspiriert habe[995]. Das Gericht erachtete diese Absprache für wirksam.

Auffällig ist zum einen, dass auch hier nicht von einem *Verzicht,* sondern von einer *Rechtsausübung* des *droit moral* gesprochen wurde[996]. Insoweit ist zu bedenken, dass eine Veränderung nach allgemeinen Grundsätzen bei Zuweisung eines *droit d'adaptation* zulässig sein kann, siehe oben, unter 1., c). Hier wurde jedoch ein weitreichendes, uneingeschränktes Veränderungsrecht zugesprochen, so dass zum einen der Bereich des *droit d'adaptation* verlassen sein dürfte, aber zugleich auch die in anderen Entscheidungen geforderte Bestimmtheit von Absprachen hinsichtlich zukünftiger, geplanter Veränderungen vernachlässigt wurde. Dies lässt die Frage nach der Vereinbarkeit mit dem Unveräußerbarkeitsgrundsatz besonders relevant werden; das Gericht verwies insoweit darauf, dass die Vereinbarung, als frei verhandelte und frei abgeschlossene, nicht durch den Fingerzeig auf diesen Grundsatz hinfällig werden könne, da andernfalls jegliche Form einer Bearbeitung bereits bestehender Werke unmöglich gemacht würde[997]. Diese pauschale Argumentation erscheint jedoch eher zweifelhaft, obwohl die Durchbrechung der Bestimmtheitsanforderung an eine Vereinbarung hinsichtlich des Werkintegritätsrechts in der konkreten Entscheidung nicht so schwer wiegt. Denn hier wurde im Zusammenspiel mit dem Veränderungsrecht eine entsprechende Hinweispflicht betreffend den Bearbeitungsumstand auferlegt. Dies könnte als Kompensation der fehlenden Bestimmtheit gesehen werden[998]. In jedem Fall ist der ausgeprägte Einzelfallcharakter der Entscheidung „Gaumont/Allain“ herauszustellen; mit Blick auf die bereits erwähnte Entscheidung „Barbelivien et Montagné/Agapes“ des Cour de Cassation wird die dogmatische Richtigkeit des Urteils wohl verstärkt zu bezweifeln sein.

---

994 RIDA 69 (1971), S. 74. Diesen Ausnahmecharakter betonen auch Metzger, S. 159 f. und Doutrelepont, n. 469, S. 301; zu weitreichend in der Schlussfolgerung hingegen: Lucas/Lucas, n. 427, S. 347, die hierin einen Beleg dafür sehen, dass die Rechtsprechung insgesamt uneinheitlich sei.

995 RIDA 69 (1971), S. 74, der Vertrag lautete: „Allain accepta par avance toute adaptation et tout dialogue qui pourraient être établis par quiconque, sous contrôle et avec accord de la S.N.E.G., étant entendu que, s'il estimait que les caractères typiques des principaux héros de ses romans n'étaient pas respectés, la S.N.E.G. aurait à faire figurer aux génériques du ou des films et aux génériques seulement, une mention indiquant qu'il s'agirait d'aventures nouvelles inspirées par les romans de Pierre Souvestre et Marcel Allain.“

996 „par ce procédé, il (auteur) exerçait son droit moral dans des conditions qui ont été respectées par la S.N.E.G ...“, RIDA 69 (1971), S. 76.

997 RIDA 69 (1971), S. 76.

998 Vergl. auch Gautier (4. Auflage), n. 142, S. 237, Fn. 1. Kritik an dieser Rechtsprechung übt Doutrelepont, n. 469, S. 301, da hiermit ein Kriterium in das französische Recht eingeführt werde, dem sich dieses eigentlich gerade nicht widme. So werde ein eingeschränkterer Schutz favorisiert, indem man letztlich auf den Aspekt der „Verletzung des Ansehens und der Ehre“ des Urhebers rekurriere. Bertand, n. 6.131., S. 274, geht sogar soweit, wegen Fehlens einer Namensnennung bei bestimmten Werkarten zugleich immer auch von einem Fehlen eines Eingriffs in das Werkintegritätsrecht auszugehen. Denn wegen der Anonymität könne eine Veränderung hier nie Schaden an der Reputation oder der Ehre des Urhebers verursachen.

Als Grundtendenz in der Rechtsprechung kann abschließend wohl festgehalten werden, dass der Urheber jedenfalls nur bestimmte genau spezifizierte und dem Umfang nach eingeschränkte Werkveränderungen durch Dritte im Vorhinein legitimieren kann. Unklar bleibt, ob rechtstechnisch hierin letztlich noch eine reine Rechtsausübung durch den Urheber gesehen wird, so dass erst beim Zugeständnis eines weitreichenden generellen Änderungsumfangs von einer *renonciation* zu sprechen wäre - die jedoch als mit dem Unveräußerbarkeitsgrundsatz des Art. L. 121-1 CPI unvereinbar und damit unzulässig zu bewerten sein dürfte.

cc) Rechtslehre

Die Ansichten im französischen Schrifttum betonen insgesamt deutlicher den rechtsgeschäftlichen Charakter einer Vereinbarung über Werkveränderungen mit Dritten[999]. Sie ziehen zugleich den Kreis von bloß tatbestandlicher Schutzbereichsbegrenzung des Werkintegritätsrechts durch Verwertungsverträge enger[1000] und beschreiten damit früher als die Rechtsprechung den rechtsgeschäftlichen Bereich. Kritik an der insoweit gegenläufigen Tendenz der Rechtsprechung wird insbesondere mit Blick auf die Entscheidung „Bonnier/Bull" des Cour de Cassation[1001] geäußert. Hierin wurde der Bereich der tatbestandlichen Begrenzung des Werkintegritätsrechts sehr weit gezogen, indem man auf den Gebrauchszweck rekurrierte. Dies hat die Rechtslehre kritisiert und als Rückkehr zur Zulässigkeit von Verzichtsvereinbarungen, von *clauses abdicatives*, interpretiert, die durch die Rechtsprechung gleichsam falsch „etikettiert" und unter dem Deckmantel einer Schutzbereichsbestimmung eingeführt wurden[1002].

Ist der rechtsgeschäftliche Bereich nach dem Verständnis der Rechtslehre beschritten, werden Wirksamkeitsvoraussetzungen an den Rechtsverzicht gestellt, die den Bestimmtheitsanforderungen der Rechtsprechung vergleichbar sind[1003]. Unklar ist dabei jedoch, ob dies dann rechtstechnisch nicht eher als ein nachträglicher Verzicht bewertet wird; so wird überwiegend schlicht vom zulässigen Verzicht *a posteriori* gesprochen[1004]. Verstärkt wird die dogmatische Unsicherheit durch das ungeklärte Verständnis der Begriffe „Nachträglichkeit" bzw. „Vorherigkeit"; wobei keine einheitliche Linie zu bestehen scheint.

Meist wird darauf verwiesen, dass ein - insoweit ausschließlich zulässiger - nachträglicher Verzicht (a posteriori) vorliege, wenn der Urheber Kenntnis von der Veränderung (*pleine*

---

999 Vergl. Colombet, n. 131, S. 128, der insoweit sogar von einem impliziten Verzicht bei einer Übertragung des *droit d'adaptation* ausgeht.

1000 Deshalb wird unterschieden, dass zwar bei Bearbeitungsverträgen, nicht aber bei den anderen Verwertungsformen wie dem *contrat d'édition* oder *contrat de représentation* eine tatbestandliche Beschränkung vorliege, siehe Desbois, n. 451, S. 540.

1001 D. 1993, jur., S. 522.

1002 Anmerkung von Edelman in: D. 1993, jur., S. 523, 525.

1003 Vergl. Lucas-Schloetter, n. 504; Colombet, n. 159, S. 140. Im Ergebnis erklärt dieses Verständnis eines zulässigen Verzichts, der lediglich in Fällen einer Spezifizierung der Werkveränderung bejaht wird, auch die Auffassung, dass Art. L. 132-22 al. 2 CPI den Unveräußerbarkeitsgrundsatz nicht durchbreche, sondern bestätige, vergl. Desbois, n. 451, S. 540. Denn damit ist schlicht betont, dass umfassende Blanko-Verzichtsvereinbarungen nichtig sind, obwohl die in Art. L. 132-22 al. 2 CPI erwähnte *autorisation* nicht dem Inhalt nach begrenzt formuliert ist. Lucas/Lucas, n. 427, S. 348 stellt insoweit ausdrücklich auf den Einzelfall ab.

1004 Vergl. den Befund von Doutrelepont, n. 470, S. 302, die zugleich auf die übliche Praxis solcher Vereinbarungen verweist. Unklar bei Colombet: siehe n. 149 einerseits und n. 150 - zum contrat d'édition - andererseits.

connaissance de cause) hat[1005]; dieser Verzicht wird dann teilweise auch als Bestätigung bzw. Genehmigung (*ratification*) verstanden[1006]. Andere definieren den nachträglichen Verzicht dadurch, dass dieser erst erfolge, nachdem die jeweilige Befugnis ihre Wirkung entfaltet habe[1007]. Diese Differenzierung scheint jedoch mit Blick auf das Werkintegritätsrecht, das als Abwehrrecht statt als positives Recht konzeptioniert ist, wenig gewinnbringend; letztlich wird damit wieder auf den Umstand der bereits vorliegenden Verletzung der Werkintegrität, die schon erfolgte Werkveränderung, abgestellt. Wieder anders Diejenigen, die danach unterscheiden, ob der Verzicht vor oder nach der Veröffentlichung des betreffenden Werks erfolgt ist[1008]; insoweit kann von einem nach Werkveränderung, aber vor Veröffentlichung liegenden, mit Blick auf den Verletzungszeitpunkt dann vorherigen Verzicht zu sprechen sein[1009].

Andererseits wird auch von geplanten Veränderungen gesprochen und gefordert, dass die entsprechende Vereinbarung diese Veränderungen speziell regeln müsse und nicht blanko erteilt werden könne[1010]. Läge dem das Verständnis eines nachträglichen Verzichts zugrunde, würde die Forderung nach einer derartigen Begrenztheit, die sich beim nachträglichen Verzicht schon aus dem Umstand der bereits durchgeführten Veränderung ergibt, keinen Sinn.

Im Übrigen wird gleichsam in Entsprechung zu den Bestimmtheitsanforderungen der Rechsprechung für die Praxis auch der Vorschlag einer Vereinfachung laut, der durch einen entsprechenden Vertragsanhang zu erzielen sei. Hierin müsse genau beschrieben sein, welche Veränderungen als zulässig akzeptiert und welche als unerwünscht abgelehnt werden[1011]. Dabei wären Veränderungen grundsätzlich nur solcher Werkelemente legitimierbar, die nicht die charakteristischen Merkmale des betreffenden Werkes bildeten. Handele es sich um substantielle Veränderungen bzw. Entstellungen, so würde eine derartige Vertragsklausel automa-

---

1005 Colombet, n. 149, S. 140, spricht von: „l'auteur renonce à se plaindre d'une altération dont il a connaissance: il s'agit alors d'une ratification“; Desbois, n. 451, S. 542; Lucas, S. 79, spricht von „l'auteur peut valider des atteintes à l'intégrité ... dès lors qu'il agit en pleine connaissance de cause“ und geht dabei wohl - wie mit vergleichbaren Formulierungen die anderen Autoren auch - vom Vorliegen einer bereits eingetretenen Verletzung aus, die dann im Sinne von „nachträglich“ legitimiert wird. Vergl. auch die Formulierung bei Doutrelepont, n. 463, S. 298: „possibilité pour l'auteur de renoncer *a posteriori* à son droit à l'intégrité, aprés avoir pris connaissance des modifications que le cessionnaire des droits d'exploitation *souhaitait* apporter à l'oeuvre...“ Anders formuliert hingegen Gautier, n. 122, der als Unterscheidung zwischen vorherigem und nachträglichem Verzicht schlicht auf den Umstand abstellt, ob der Verzicht vor oder nach bereits erfolgter Veränderung des Werkes erfolgt.

1006 Vergl. ausdrücklich Colombet, n. 149, S. 140 und Desbois, n. 451, S. 542. Siehe auch Françon D. 1976, S. 55, 56, der einen teilweisen, nur beschränkten Verzicht nach bereits eingetretener Verletzung durch den Vertragspartner annimmt.

1007 Lucas/Lucas, n. 376, S. 308.

1008 Wohl Sirinelli RIDA 142 (1989), S. 301, 317, Fn. 58. Denoix de Saint Marc, n. 506, spricht von einer *renonciation anticipée* bei noch nicht fertig gestellten Werken, als Auftragsarbeiten; dass dieser unzulässig ist, hat der Cour de Cassation in „Soc. anon. Fox-Europa/Luntz“, D. 1973, 363, entschieden.

1009 Vergl. insoweit die Ausführungen von Lucas/Lucas, n. 427, S. 347 f. und n. 376, S. 308 f.

1010 So bsph.: Gautier (4. Auflage), n. 142 und n. 122, der im Zusammenhang mit dem Verständnis als vorheriger „Verzicht“ dann konsequenterweise - entsprechend der Begrifflichkeit der Rechsprechung - auch vom *consentment spécial et non équivoque* bzw. *autorisation préalable* spricht; s. auch Desbois, n. 451, S. 439 ff., insbes. S. 440 et 442. Dabei wird für die Praxis auch der Vorschlag einer Vereinbarung eines nicht „discrétionnairen“ Vetrorechts (d.h. nicht im Ermessen stehend und damit der Kontrolle über die Lehre vom *abus de droit* unterliegend) befürwortet, womit sich der Urheber das Recht vorbehalte, Veränderungen zu prüfen und eventuell auch abzulehnen, vergl. Doutrelepont, n. 465 ff., S. 299 f.; vergl. in abgeschwächter Form insoweit auch: Françon, S. 219, der betont, dass mit der Vereinbarung eines Vetorechts des Urhebers eine Vorlagepflicht des Bearbeiters bei geplanten Veränderungen vorgesehen sei. Auch Denoix de Saint Marc, n. 509, verwirft die Zulässigkeit vorheriger Vereinbarungen nicht insgesamt, verweist dann aber „nur“ darauf, dass diese „serait donc susceptible d'encourir la sanction d'une nullité relative.“

1011 Gautier, n. 122,.

tisch verfallen. Diese Vereinbarung wird dann - in Übereinstimmung mit der Begrifflichkeit der Rechtsprechung - als eine *autorisation a priori* bezeichnet[1012].

Insgesamt entsteht damit der Eindruck, dass der überwiegende Teil der Rechtslehre eine zulässige Vereinbarung über das Werkintegritätsrecht rechtstechnisch lediglich als einen „nachträglichen“ Verzicht begreift bzw. benennt[1013]; diesbezüglich wird angemerkt, dass die Grenze zur reinen Rechtsausübung des Werkintegritätsrechts damit verblasst[1014].

Was die Formbedürftigkeit der Vereinbarung anbelangt, wird jedenfalls bei einem *contrat d'édition*, unter Berufung auf Art. L. 132-22 CPI, die Forderung nach der Einhaltung der Schriftform aufgestellt[1015].

dd) Zusammenfassung und Ergebnis

Bezüglich der Bestimmtheitsanforderungen bei der Beschreibung einzelner geplanter Werkveränderungen besteht Übereinstimmung zwischen Rechtsprechung und Rechtslehre. Eine entsprechende Vereinbarung muss sich auf konkrete, genau bestimmte Einzeleingriffe beziehen, die der Anzahl, der Wichtigkeit und der Zweckmäßigkeit nach bekannt sein müssen.

Dabei ist zwar bei Rechtsprechung und -lehre übereinstimmend die Grundtendenz einer Bezeichnung als *renonciation* feststellbar. Die genaue rechtstechnische Einordnung bleibt jedoch unklar. Insbesondere die Analyse der Rechtslehre lässt die Frage offen, ob sie eine Änderungsvereinbarung als vorherigen oder eben bloß nachträglichen Verzicht für zulässig befindet. Insoweit fehlt es auch an einer Konkretisierung der für die Wirksamkeit einer Vereinbarung hinreichenden Bestimmtheit; auch die Ansicht der Rechtsprechung erschließt sich hinsichtlich des geltenden Maßstabs nicht eindeutig[1016].

d) Rückrufsrechte (*Droit de Repentir ou de Retrait*)

Mit der Frage der Disponibilität der Rückrufsrechte beschäftigt sich die Rechtsprechung nicht und auch von der Rechtslehre wird dieser Bereich stiefmütterlich behandelt.

[1012] Gautier, n. 122, der daran anknüpft, ob die Veränderung vor oder nach der getroffenen Vereinbarung erfolgt ist, vergl. Fn. 1004.

[1013] Desbois, n. 451, S. 542, formuliert insoweit: „l'auteur ne peut se livrer à la discrétion de l'exploitant et renoncer au contrôle des modifications que celui-ci estimerait nécessaires ou opportunes: seules sont valides les ratifications, c'est-à-dire les approbations, les renonciations données en pleine connaissance de cause, a posteriori.“; vergl. auch Doutrelepont, n. 459 ff., S. 296 ff. und Colombet, n. 149, S. 140, der ebenfalls von einer *ratification* spricht.
Gänzlich anders hingegen Gavin, n. 85, S. 88, der von zulässigen Verzichtsvereinbarungen sogar nur bei einem *contrat d'adaptation* spricht; beim Zusammenhang mit der Einräumung eines *droit de représentation* oder *reproduction* sei die *nullité* des Verzichts stets notwendige Folge. Dennoch verweist er auf das praktische Bedürfnis nach einer gewissen vermarktungsbedingten Disponibilität, rekurriert dabei aber auf die Rechtsfigur des *mandat*.

[1014] Vergl. Denoix de Saint Marc, n. 509 ; kritisch zum Unterscheidungskriterium der vorherigen bzw. nachträglichen Zustimmung, Lucas-Schloetter n. 531, die betont, dass lediglich die Bestimmtheit des Eingriffs und damit des Ergebnisses relevant sei.

[1015] Lucas/Lucas, n. 427, S. 347.

[1016] Auch Vischer, FS Müller-Freienfels, S. 85, 90, stellt eine Ungewissheit im französischen Recht darüber fest, ob und wie weit eine vorherige Billigung von Werkveränderungen seitens des Urhebers eine nachträgliche Berufung auf das *droit moral* ausschließe. Vergl. auch die Analyse bei Prinz, S. 111 f.

Besonders relevant ist die Frage der Verzichtbarkeit dabei für diejenigen, die im Hinblick auf das Veröffentlichungsrecht rechtsgeschäftliche Verpflichtungen des Urhebers aus der Existenz der gesetzlichen Rückrufsregelung ableiten[1017]. Denn insoweit werden die Rückrufsrechte bei der Annahme der Disponibilität des Veröffentlichungsrechts als unverzichtbarer Restbestand des *droit moral* begriffen; sie bilden also ihrerseits die Grenze für vertragliche Verpflichtungen über das Veröffentlichungsrecht[1018]. Um dieser Funktion willen ist notwendigerweise die Unveräußerbarkeit - zumindest - der Rückrufsrechte vorauszusetzen[1019].

Woraus sich diese ergebe, wird nicht abschließend geklärt[1020]. Einerseits wird darauf verwiesen, dass die Unzulässigkeit eines vorherigen Verzichts in den Rückrufsrechten und ihrer Zweckbestimmung selbst angelegt sei[1021]. Der Urheber könne auf sein Rückrufsrecht nicht verzichten, da deren gesetzlicher Regelung die Annahme zugrunde liege, dass immer bestimmte Rückrufsgründe vorstellbar seien, die der Urheber zum Zeitpunkt des Vertragsschlusses noch nicht bedenkt. Genau diese nicht bedachten Gründe würden konzeptionell von den Rückrufsrechten anvisiert, indem sie dem Ausgleich eines - unvorhergesehenen - Motivationswandels des Urhebers dienten[1022]. Was den nachträglichen Verzicht anbelange, so sei auf die Lehre vom *abus de droit* zu verweisen – anzumerken ist insoweit, dass dies der Sache nach nun aber gerade kein rechtsgeschäftlicher Verzicht ist, vergl. hierzu oben, unter 2., c), bb).

Andererseits wird betont, dass kein Unterschied zwischen den verschiedenen Befugnissen des *droit moral* bestehe, so dass schlicht auf die Unveräußerbarkeit bzw. Unverzichtbarkeit verwiesen werden könne. Obwohl Art. L. 121-1 CPI die Rückrufsrechte nicht ausdrücklich miteinbeziehe, entsprächen die Rückrufsrechte ihrer Natur nach den übrigen Befugnissen des *droit moral* und besäßen deshalb die gleichen Eigenschaften[1023].

II. Darstellung und Untersuchung des US-amerikanischen Rechts

Im US-amerikanischen Recht gibt es eine deutliche Abgrenzung von einerseits rein wirtschaftlichen Interessen, gewahrt über das *Copyright*, und andererseits davon unabhängigen rein ideellen Interessen, gewahrt über die *moral rights*. Die Gewährung persönlichkeitsrechtlicher Rechtspositionen stellt sich im Copyrightsystem mit einem frei übertragbaren *Copyright* als grundsätzlicher Fremdkörper dar[1024]. Bereits dies begründet die Erwartung von Un-

---

1017 Siehe oben, unter a); vergl. Strömholm, S. 46 f.; Dietz, S. 131.

1018 So Dietz, S. 131 f. Insoweit formuliert auch Eggersberger, S. 233, dass sich im Bereich der Rückrufsrechte das Problem der Unübertragbarkeit als ein solches der Wirksamkeit des Verzichts darstelle.

1019 Infolgedessen geht Dietz, S. 134 f., scheinbar selbstverständlich genau hiervon aus.

1020 Auch Huguet, n. 106, S. 77, stellt die Unverzichtbarkeit lapidar fest. Im Übrigen, n. 107, S. 78 f., verweist er - wegen der Gefahr einer Umgehung der Rückrufsrechte - auf die Unzulässigkeit einer Verpflichtung zur Nichtausübung des Werkintegritätsrechts und die Absicherung dieser Vertragspflicht durch eine Vertragsstrafe (*clause penale*) für den Fall der Zuwiderhandlung. Nicht nur dass hiermit meist eine erhöhte Entschädigung vereinbart sein werde, die damit noch stärker als die gesetzlich geregelte Entschädigungspflicht von der Ausübung der Rückrufsrechte abschrecke, bereits die Grundverpflichtung zur Nichtausübung der Rückrufsrechte sei unzulässig, so dass die Unwirksamkeit der *obligation principale* gem. Art. 1227 C.civ. auch die Unwirksamkeit der Vertragsstrafe nach sich zöge.

1021 Doutrelepont, n. 553 ff., S. 350 ff.; vergl. ähnlich auch Lucas-Schlötter, n. 610.

1022 Doutrelepont, n. 553 ff., S. 350 ff., sieht die Konstellation eines nachträglichen Verzichts bei den Rückrufsrechten über die Möglichkeit einer Interessenabwägung im Rahmen der Überprüfung eines *abus de droit* berücksichtigt.

1023 Desbois, n. 399, S. 490.

1024 Insoweit wird eine Abschaffung von *moral rights* gefordert. Dies mit dem wohl ureigensten amerikanischen Argument, dass Regulierungen und Restriktionen durch Gesetz eine Entwicklung nicht förderten, sondern behinderten. Dies gelte auch im Fall des VARA. Die Kunst werde nicht gefördert, sondern es entstehe vielterschieden zum kontinental-europäischen System bei der Konfliktlösung zwischen materiellen und ideellen Rechtspositionen von Urhebern und Verwertern. Insoweit ist insbesondere auch die rechtsgeschäftliche Behandlung der als Entsprechung zu den *moral rights* über das Common Law begründeten Rechtspositionen von Interesse; denn in Anbetracht dieses Schutzes wurde die Einführung von expliziten, gesetzlich anerkannten *moral rights* zunächst abgelehnt, vergl. 1. Teil, I., 3.

Auch die nähere Untersuchung des US-amerikanischen Rechts beginnt mit der Darstellung des Inhalts und der Reichweite der *moral rights* bzw. *artist's rights*[1025] sowie entsprechender Rechtspositionen nach dem Common Law[1026].

1. *Moral Rights* und entsprechende Rechtspositionen nach dem Common Law als Gegenstand von Rechtsgeschäften[1027]

a) Grundsätzliches zum Verhältnis von Federal Law und State Law

Die Gewährung von *moral rights* sowohl nach State als auch nach Federal Law, dem VARA, bzw. vergleichbarer Rechtspositionen nach Common Law, wirft das Problem des Verhältnisses der Rechtsnormen zueinander auf. In 17 U.S.C. § 301 (f) (1) wird der Vorrang des Bundesrechts gegenüber dem Recht der Gliedstaaten im Sinne einer Ausschlussregelung (*preemption provision*[1028]) bestimmt[1029]. Soweit also durch State Law und auch Common Law Rechte an urheberrechtlich schutzfähigen Werken (die *Works of Visual Art*) vergleichbar den *moral rights* nach 17 U.S.C. § 106A (als *equivalent rights*) gewährt werden, tritt dieser Schutz hinter der bundesgesetzlichen Regelung des VARA zurück[1030]. Wann eine Entsprechung vorliegt, die zur Ausschlusswirkung führt, ist gegenwärtig nicht abschließend geklärt[1031].

---

mehr der Eindruck, dass Kunst nicht für sich sprechen und wirken könne und deshalb eines Schutzes durch den Gesetzgeber bedürfe. Es sei besser Kunst den Gesetzen des freien Marktes zu unterwerfen und hierdurch eine objektivierte Einschätzung von Qualität und Bedeutung zu erhalten anstatt durch gerichtliche Entscheidungen im Einzelfall zu erzielen, so Bensen, 14 Hofstra L. Rev. (1996) 1127, 1144 ff., IV und V. Sehr deutlich formuliert er auch: „In a nation built on hard work and competition, by intelligent people who value liberty above all else, legal recognition of moral rights is an embarassing step backwards.“, S. 1149 a. E.

1025 Dies entspricht der Terminologie des VARA.

1026 Federle, S. 151, beschreibt den Schutz über Anspruchsgrundlagen aus dem Common Law neben dem VARA und den speziellen State Laws insgesamt als „patchwork“. Hinsichtlich der Frage, ob insgesamt auch unter Berücksichtigung der Anspruchsgrundlagen aus dem Common Law ein dem deutschen Recht vergleichbarer Schutz von urheberpersönlichkeitsrechtlichen Befugnissen gegeben ist, ist auf die ausführlichen Untersuchungen von Federle, Dieselhorst und Mersmann zu verweisen.

1027 Klarstellend sei darauf hingewiesen, dass die folgenden Ausführungen in Anbetracht des US-amerikanischen Case Law-Systems natürlich nur als ein Extrakt, als eine Zusammenstellung von Einzelfällen verstanden werden können, die einen Überblick ermöglichen sollen. Siehe insoweit auch Dieselhorst, S. 59.

1028 Die Lehre von der Ausschlusswirkung stützt sich auf die verfassungsrechtliche Supremacy Clause, U.S. Const., Art. VI, cl. 1, s. hierzu Mersmann, S. 119 ff. Mit 17 U.S.C. § 301 liegt der seltene Fall vor, dass der Ausschluss ausdrücklich geregelt wird.

1029 Der Wortlaut ist folgender: (f) (1) „On or after the effective date set forth in section 610 (a) of the Visual Artists Rights Act of 1990, all legal or equitable rights that are equivalent to any of the rights conferred by section 106A with respect to works of visual art to which the rights conferred by section 106A apply are governed exclusively by section 106A and 113 (d) and the provisions of this title relating to such sections. Thereafter, no person is entitled to any such right or equivalent right in any work of visual art under the common law or statutes of any state.“

1030 Nimmer, § 8D.21 [B]. Bsph. ist die Entscheidung Gegenhuber v. Hystopolis Productions, 1992 U.S. Dist. Lexis 10156 (N.D. Ill. July 10, 1992), zitiert und wiedergegeben in: Waiver of moral rights, S. 105 ff: Darin wurde eine Klage durch den Federal Court an den State Court zurückverwiesen, da der VARA wegen der

Was die unterschiedlichen Regelungsgegenstände anbelangt, so ist festzuhalten, dass die Gesetze der Gliedstaaten, wie auch der VARA, für wenige Werkarten Schutz über *moral rights* garantieren[1032]. Dabei gehen die Werkkataloge der Gesetze der Gliedstaaten jedoch nicht vollständig in dem des VARA auf[1033]; so fallen beispielsweise Film- und Videoproduktionen[1034] wie auch Kunstwerke aus Glas nicht unter den Schutz des VARA[1035], aber durchaus unter den Schutz der Gesetze der Gliedstaaten. Nahe liegend erscheint deshalb anzunehmen, dass es hinsichtlich solcher Werke, die dem Anwendungsbereich des VARA nicht unterliegen, bei den nach den State Laws gewährten *moral rights* bzw. beim Schutz über das Common Law verbleibt[1036]. Letzteres wird mit Blick darauf relevant, dass sowohl die State Laws als auch der VARA - zumeist nur - Werke der bildenden Kunst schützen, so dass sich für die verbleibenden Werkbereiche die Frage des Schutzes über Common Law stellt; als wichtige Werkgruppe ist hier an Sprach- und Musikwerke zu denken, die weder dem Schutz nach VARA noch dem nach den State Laws unterliegen.

Diese formale Dreigleisigkeit des Schutzes betont die Notwendigkeit der gegenüberstellenden Beschreibung der Regelungsgegenstände und damit des Schutzbereichs der speziell

---

betreffenden Werkart nicht einschlägig sei und damit keine Grundlage für eine Anwendung der sog. federal jurisdiction vorliege.

1031 Vergl. Federle, S. 116 f., der den Anwendungsbereich der State Laws als vom VARA weitestgehend verdrängt sieht. S. auch Mersmann, S. 198 f., mit weiteren Hinweisen. Ihr zufolge wollte der Gesetzgeber die Anspruchsgrundlagen nach dem Common Law nicht durch den VARA ausschließen, S. 197, Fn. 610. Nimmer, § 8D.02 [B], verweist insbesondere auf den BCIA und die Auffassung des Kongresses, wonach den Anforderungen der Berner Konvention durch die Gewährung von Schutz über die State Laws Rechnung getragen werde. Dieser Befund spreche gegen einen *preemption* durch den VARA; so auch Nakashima, 41 Santa Clara L. Rev. (2000), 203, 215 f.

1032 Vergl. bsph.: Cal. Civ. Code § 987 (b), (2): „Fine Art means an original painting, sculpture, or drawing, or an original work of art in glass, of recognized quality, ...“ und N.Y. Arts and Cult. Aff. L., title C, § 11.01., 9.: „Fine art means a painting, sculpture, drawing, or work of graphic art, and print, but not multiples.“ Vergl. auch die nächste Fn. hinsichtlich der Definition der geschützten Werke nach VARA.

1033 Nach 17 U.S.C. § 101 sind „Werke der visuellen Kunst“ (1) Gemälde, Zeichnungen, Drucke und Skulpturen, wenn sie Unikate sind oder eine limitierte Auflage von 200 oder weniger vom Urheber signierten und fortlaufend durchnummerierten Exemplaren haben oder wenn im Falle von Skulpturen 200 oder weniger gegossene, geschnitzte, gehauene oder sonst wie serienmäßig hergestellte Skulpturen existieren, die fortlaufend nummeriert sind und die Unterschrift oder ein anderes Kennzeichen des Urhebers tragen, oder (2) Standfotografien, die ausschließlich für Ausstellungszwecke gemacht wurden und entweder in einem einzigen vom Urheber signierten Exemplar bestehen oder eine Auflage von 200 oder weniger vom Urheber signierten und fortlaufend durchnummerierten Exemplaren haben. Keine Werke der visuellen Kunst sind (A) (i) Poster, Landkarten, Globusse, sonstige Karten, technische Zeichnungen, Diagramme, Modelle, Werke der angewandten Kunst, Kinofilme und sonstige audiovisuelle Werke, Bücher, Zeitschriften, Zeitungen, Magazine, Datenbanken, elektronische Informationsdienste, elektronische und ähnliche Publikationen; (ii) Handelswaren und werbende, fördernde, beschreibende, bedeckende oder verpackende Materialien oder Behältnisse; (iii) Teile oder Bestandteile der in (i) und (ii) bezeichneten Dinge; (B) Werke, die im Auftrags- oder Anstellungsverhältnis geschaffen wurden; oder Werke, die nach diesem Titel keinen Urheberrechtsschutz genießen.

1034 Vergl. hingegen: Mass. Gen. L., ch. 231, § 85 S (b).

1035 Hingegen fallen diese unter das kalifornische Recht, Cal. Civ. Code § 987 (a). Ausführliche Untersuchung zur genauen Reichweite des jeweiligen Schutzes finden sich bspw. bei Zuber, 23 Pacific L. J. 445, 492 ff. (1992).

1036 Vergl. Mersmann, S. 189 f.; Peifer ZUM 1993, 325, 338 ff.; Dieselhorst GRUR Int. 1991, 593, 339. Besonderheiten gelten nach dem einschlägigen Gesetz von Connecticut, da dessen Statuten für die Gewährung von *moral rights* nicht an das Kriterium der „Originalität“ anknüpfen, Conn. Gen. Stat., title 42, ch. 737C, § 42-116s - 42-116t; vergl. hierzu Peifer ZUM 1993, 325, 346.

urheberrechtlichen Federal und State Laws sowie der entsprechenden Rechtspositionen nach Common Law als Ausgangspunkt der Untersuchung[1037].

b) Veröffentlichungsrecht (*Right of Divulgation*)

Das US-amerikanische Recht gewährt auch nach Einführung des VARA kein ausdrückliches Veröffentlichungsrecht. Den insoweit einschlägigen gerichtlichen Entscheidungen wird als Grundsatz entnommen[1038], dass eine Zugänglichmachung des Werks gegenüber der Öffentlichkeit nur mit Zustimmung (*consent*) des Urhebers erfolgen kann[1039]; die ungenehmigte Veröffentlichung stelle eine Verletzung des *Copyrights* des Urhebers dar[1040]. Überträgt der Urheber aber sein *Copyright*, so kann er einer Fremdveröffentlichung nicht mehr entgegentreten. Bei Miturheberschaft (*joint authorship*) setzt die Erstveröffentlichung ein allseitiges Einverständnis der Miturheber voraus[1041].

c) Namensnennungsrecht/ Recht auf Anerkennung der Urheberschaft (*Right of Attribution* oder *Right of Paternity*)[1042]

aa) Schutz nach VARA

Der VARA[1043] gewährt ein Recht auf Anerkennung der Urheberschaft (*right of attribution* bzw. *right of paternity* genannt). Hierunter fällt das positive Recht, seine Urheberschaft am Werk geltend zu machen, 17 U.S.C. § 106A (a) (1) (A), sowie das negative Recht, zu verhindern, dass einem ein Werk, das man nicht geschaffen hat, zugeordnet wird, 17 U.S.C. § 106A (a) (1) (B)[1044]. Die Möglichkeit der Geltendmachung der Urheberschaft wird jedoch ausdrücklich nur als Schutz des „Ob" einer Namensnennung berücksichtigt; hinsichtlich des „Wie" trifft der VARA insoweit keine Regelung[1045]. Auch gehen die Meinungen darüber, ob aus

---

1037 Die Darstellung des Schutzes nach Common Law beschränkt sich dabei auf die geläufigsten Anspruchsgrundlagen; im Übrigen kann auf ausführliche Arbeiten von Dieselhorst und Federle (letzterer zum Werkintegritätsrecht) verwiesen werden.

1038 S. Nimmer, § 8D.05 [A].

1039 Zur historischen Entwicklung des Erstveröffentlichungsrechts nach US-amerikanischem Recht berichtet ausführlich Dieselhorst, S. 49 ff. Er verweist als Beweis für die Gewährung eines Erstveröffentlichungsrechts auch im US-amerikanischen Recht auf den Zusammenhang mit den Werkverwertungsarten, die nach U.S.C. § 106 dem Genehmigungsrecht des Copyrightinhabers unterliegen. Insoweit fällt eine Veröffentlichung dann immer mit dem Tatbestand einer geschützten Werkverwertung zusammen, so dass bei Nichtvorliegen einer Genehmigung immer zugleich eine Verletzung des *Copyright*s vorliegt und der Schutz des Veröffentlichungsrechts insoweit ein über die Verwertungsrechte vermittelter Schutz ist.

1040 Siehe Dieselhorst, S. 51 f.

1041 Aus Nimmer, § 8D.05 [A], n. 7: Survivors of the Riga Ghetto, Inc. v. Huttenbach, 141 Misc.2d 921, 535 N.Y.S.2d 670 (N.Y. S. Ct. 1988).

1042 Im Folgenden wird der Schutz eines mit § 13 UrhG vergleichbaren Namensnennungsrechts nur in Grundzügen dargestellt; für ausführliche Untersuchungen kann auf Dieselhorst, S. 52 ff. und Nimmer, § 8D.03, verwiesen werden.

1043 Nach der Terminologie des VARA werden die *moral rights artists rights* genannt.

1044 Diese Ausprägung des *right of attribution* entspricht dem kontinental-europäischen *droit de non paternité*, das nach deutschem Recht als Ausfluss des allgemeinen Persönlichkeitsrechts und nicht als Teil des UPR geschützt wird, vergl. Schricker-Dietz § 13, Rn. 11.

1045 Insgesamt kritisch betrachtet wird die Regelung nach VARA von VerSteeg, 67 Washington L. Rev. 827 (1992), der darauf verweist, dass es empfehlenswert, wenn nicht sogar notwendig sei, wegen des überwiegend unbestimmten Anwendungsbereichs und der Ungenauigkeit bzw. zu abstrakten Formulierungen des Gesetzes, vertragliche Vereinbarungen für die jeweils konkreten Situationen und Anliegen zu treffen. So sei

dem positiven Recht auf Anerkennung der Urheberschaft ein grundsätzliches Recht auf anonyme oder pseudonyme Veröffentlichung abgeleitet werden kann, auseinander[1046]. Ausdrücklich geregelt wird ein Recht zur Untersagung der Namensnennung bei vom Urheber geschaffenen Werken für den Fall, dass eine Entstellung, Verstümmelung oder sonstige Änderung des Werks vorliegt, die der Ehre oder dem Ruf des Urhebers schaden könnte, 17 U.S.C. § 106A (a) (2).

Eine wichtige und sehr weitreichende Einschränkung des Rechts auf Anerkennung der Urheberschaft sieht 17 U.S.C. § 106A (c), (3)[1047] vor. Danach ist dem Urheber ein Schutz seiner Namensnennung und seiner Urheberschaft bei Reproduktionen, Beschreibung und jeder anderen Nutzung des Werkes in einer solchen Form, die unter den Katalog im Unterabschnitt (A) zur Definition von *work of visual art* in 17 U.S.C. § 101[1048] fällt, verwehrt. Nicht zuletzt auch wegen der weite Auslegung der Vorschrift bedeutet dies, dass in der Konsequenz kein Schutz ideeller Interessen am immateriellen Werk, sondern lediglich am Objekt, dem Kunstgegenstand selbst, stattfindet[1049]. Bei Werkreproduktionen muss keine namentliche Nennung des Urhebers erfolgen[1050]. Der Gesetzgeber wollte mit dieser Ausschlussregelung sicherstellen, dass die gängige Verwertungspraxis durch die Gewährung von *moral rights* nicht behindert wird, indem über eine weitreichende Berücksichtigung der Werkverwertung wieder genau die Werkformen in den Schutz des VARA einbezogen würden, die durch die Begrenzung der geschützten Werke in 17 U.S.C. § 101 gerade ausgeschlossen sein sollten[1051].

---

bspw. festlegbar, wie eine Namensnennung des Urhebers zu erfolgen habe, da das Gesetz selbst neben der grundsätzlichen Gewährung des „Ob" keine entsprechende Aussage treffe.

1046 So jedenfalls nach dem H.R. Rep. No. 101-514, 101st Cong., 2d Sess. 14 (1990), zitiert nach Nimmer. Hiergegen wird eingewendet, dass dieses weite Verständnis des right of attribution in § 106A (a) (1) (A) aufgrund der Formulierung in § 106A (a) (2) ausgeschlossen scheint. Denn danach werde ein negatives Recht, in der Art eines Namensunterdrückungsrechts, ausdrücklich nur bei einer Änderung des Werks zugesprochen. Eine Anerkennung von pseudonymer oder anonymer Veröffentlichung in genereller Weise sei damit ausgeschlossen, vergl. Nimmer, § 8D.06 [B] [1]; dies schlussfolgert auch Baucks ZUM 1992, 72, 74; Cooper Dreyfuss/Rosenthal Kwall, Assignment 9, S. 321.

1047 Der Wortlaut lautet insoweit: „The rights described in paragraphs (1) and (2) of subsection (a) (Recht auf Anerkennung der Urheberschaft und auf Nichtnennung bzw. Untersagung der Fremdzuordnung) shall not apply to any reproduction, depiction, portrayal, or other use of a work in, upon, or in any connection with any item described in subparagraph (A) or (B) of the definition of „work of visual art" in section 101, ..."

1048 Vergl. Nimmer, § 8D.06 [A] [2]. Der Wortlaut des Abschnitts (2), Unterabschnitt (A) bei der Definition von *work of visual art* in section 101 lautet insoweit: „(i) any poster, map, globe, chart, technical drawing, diagram, model, applied art, motion picture or other audio-visual work, book, magazine, newspaper, periodical, data base, electronic information service, electronic publication, or similar publication; (ii) any merchandising item or advertising, promotional, descriptive, covering, or packaging material or container; (iii) any portion or part of any item described in clause (i) or (ii); ..."

1049 Siehe Nimmer, § 8D.06 [A] [2] und [B] [2].

1050 Vergl. Nimmer, § 8D.06 [B] [2]; Dieselhorst, GRUR Int. 1992, 902, 908; Goldstein, Part Three, III, S. 801; Ginsburg, 14 Columbia-VLA Journal of L. & The Arts, (1990), 477, 482; Patry, S. 1045 f. - widersprüchlich allerdings dessen Einlassung zum Verhältnis von U.S.C. § 106 zu § 106A, S. 1059 f.

1051 Siehe Zuber, 23 Pacific L. J. (1992), 445, 485 f. Die Gesetzesbegründung weist ausdrücklich darauf hin: „For example, a newspaper, book, or magazine may include a photograph of a painting or a piece of sculpture. A motion picture may include a scene in an art gallery. The exclusion form the definition of a work of visual art would be of little or no value if these industries could be held liable under section 106A for the manner in which they depict, portray, reproduce, or otherwise make use of such a work. Moreover because such actions do not affect the single or limited edition copy, imposing liability in theses situations would not further the paramount goal of the legislation: to preserve and protect certain categories of original works of art", H.R.Rep. No. 101.514, 101st Cong., 2d Sess. 17-18 (1990), zitiert nach Brown/Denicola, S. 762.

Dies verdeutlicht, dass, trotz der Gewährung ideellen Schutzes über den VARA, wirtschaftliche Interessen hiervon deutlich getrennt und dabei weiterhin als vorrangiges, primäres Anliegen urheberrechtlichen Schutzes gesehen werden[1052].

bb) Schutz nach den State Laws

Die meisten[1053] Regelungen der Gliedstaaten[1054] garantieren neben dem positiven Recht auf Anerkennung der Urheberschaft ausdrücklich auch das negative Recht auf Unterdrückung der Urheberschaft (*right to disclaim authorship*) - insoweit also anders als die bundesgesetzliche Regelung; dieses Unterdrückungsrecht wird aber überwiegend[1055] nur dann gewährt, wenn ein berechtigter, stichhaltiger Grund (*just and valid reason*[1056]) hierfür vorliegt[1057]. Eine ausdrückliche Garantie des Rechts auf ein Pseudonym findet sich in den Gesetzen der Gliedstaaten Massachusetts, Mass. Gen. L. ch. 231 § 85S (d) und New Mexico, N.M. Stat. Ann. § 13-4b-3B.

Keines der Gesetze der Gliedstaaten sieht eine ausdrückliche Beschränkung des Schutzbereichs für Werkreproduktionen entsprechend der bundesgesetzlichen Regelung in 17 U.S.C. § 106A (c), (3) vor. Die überwiegende Zahl der State Laws knüpft bei der Definition der geschützten *works of fine art* ausschließlich an Werke, die *originals* sind, an[1058]. Insoweit kann angenommen werden, dass Kopien bzw. Reproduktionen als „nicht-originale" Werkverkörperungen ohnehin vom Schutzbereich ausgenommen sind; einer Regelung entsprechend 17 U.S.C. § 106A (c), (3) bedarf es dann nicht mehr[1059]. Die Reichweite des Schutzes entspricht insoweit der nach VARA.

Soweit einige State Laws hingegen auch Reproduktionen in den Schutzbereich einbeziehen, geschieht dies entweder durch ausdrückliche Erwähnung neben dem Schutz von *original works of fine art*[1060] oder dadurch, dass die Beschreibung des Bereichs der geschützten Werke nicht an die Formulierung *original works* anknüpft[1061].

[1052] Vergl. H.R. Rep. No. 101-514, 101st Cong., 2d Sess. 14 (1990), zitiert nach Nimmer, § 8D.06, n. 97: Artists' rights are designed to „in no way interfere with ordinary commerce in works of art by art dealers, auction houses, and others similarly situated."

[1053] Anders der *Connecticut Art Preservation and Artists' Rights Act*, der lediglich ein positives Recht auf Anerkennung der Urheberschaft, Conn. Gen. Stats., title 42, ch. 737C, § 42-116t (b) gewährt.

[1054] Die einzelnen Kodifizierungen sind - zumindest teilweise - in Nimmer, § 8D.10, abgedruckt. Eine vergleichende tabellarische Darstellung der unterschiedlichen Reichweite der verschiedenen State Codes ist bei Damich, 13 Columbia-VLA Journal of Law & The Arts (1989) 291, 333, zu finden.

[1055] Anders insoweit nur der *Pennsylvania Fine Arts Preservation Act*, der ein negatives Recht auf Nichtnennung der Urheberschaft generell, also ohne Beschränkung auf das Vorliegen eines berechtigten und stichhaltigen Grundes, gewährt, Pa. Stats. Ann., title 73, ch. 31, § 2103.

[1056] Regelmäßig wird ein solcher Grund als vorliegend angenommen, wenn das Werk ohne Zustimmung des Urhebers verändert wurde und hierdurch die Reputation des Urhebers Schaden zu nehmen droht - also eine Regelung, die mit der des VARA übereinstimmt.

[1057] Vergl.: Cal. Civ. Code § 987 (d); La. Rev. Stats. Ann. § 51:2154 (B) und (C); Me. Rev. Stats., title 27, § 303 (3); Mass. Gen. L., ch. 231 § 85S (d); N.J. Stats. Ann., title 2A, § 2A:24A-5; N.Y. Arts and Cult. Aff. L., title C, § 14.03, 2. (a) und R. I. Stats., ch. 62, § 5-62-4 (a).

[1058] Vergl. Cal. Civ. Code § 987, (2).

[1059] Auf diesen Umstand, einer rein deklaratorischen Bedeutung des 17 U.S.C. § 104A (c), (3) weist auch Patry, S. 1045 f., hin.

[1060] Vergl. Louisiana Rev. Stats., title 51, § 2154 B und C; unklar bei N.Y. Arts & Cult. Aff. L. § 11.01. wo an die Definition von *fine art* angeknüpft wird, worunter „painting, sculpture, drawing or work of graphic art, and print, but *not mutiples*" erfasst werden.

[1061] Vergl. Conn. Gen. Stats., title 42, ch. 737C, § 42-116s, (2).

cc) Schutz über das Common Law

Auch hinsichtlich des Schutzes über Common Law sind zwei Konstellationen zu unterscheiden. So die positive Seite des Rechts auf Anerkennung der Urheberschaft, im Sinne eines Anspruchs auf Namensnennung im Zusammenhang mit der Werknutzung, und die negative Kehrseite, d.h. das Recht, die Benutzung des Urhebernamens zu untersagen[1062].

Hinsichtlich des positiven Rechts auf Namensnennung[1063] ist insbesondere § 43 (a) Lanham Act[1064] von Bedeutung. Hierauf kann sich ein Anspruch infolge eines sog. *reverse passing off* stützen, wenn jemand fremde Produkte unter eigenem Namen anbietet; die hiermit verbundene, notwendig unrichtige bzw. täuschende Angabe über den Hersteller liegt dann darin, dass ein vom Urheber selbst angebrachter Namenszug entfernt und ein anderer Name auf dem Werkstück angebracht wird[1065]. Liegt keine Falschbenennung, sondern schlicht eine Verweigerung einer Namensnennung vor, kann ein Schutz als sog. *implied reverse passing off* möglich sein; dabei muss der Eindruck einer eigenen Leistung, bei tatsächlich fremder Leistung, gerade wegen der (schlichten) Unterdrückung des Benennungsrechts entstehen[1066].

Die neuere Rechtsprechung des Supreme Court[1067] hat jedoch verdeutlicht, dass der Schutz über § 43 (a) Lanham Act stark einzelfallabhängig ist; der zunächst beschrittenen Tendenz, aus § 43 (a) Lanham Act ein grundsätzlich verbürgtes Recht auf Namesnennung abzuleiten, wurde eine Absage erteilt[1068]. Dies wird damit begründet, dass der Lanham Act zum einen nicht in Konflikt treten dürfe mit dem Copyright Law, und zum anderen mit Erlass des VARA eine abschließende Regelung zur Gewährung von moral rights getroffen worden sei, die auf-

---

1062 Nimmer, § 8D.03 [B] [1].

1063 Ob dies neben VARA gewährt oder nach der Vorrangklausel des 17 U.S.C. § 301 (f) ausgeschlossen wird, ist strittig. Zu bedenken wäre jedenfalls, soweit man nicht bereits eine andere Qualität des Rechtsschutzes gegenüber den *moral rights* nach VARA bejaht, dass ein Schutz über das Common Law wegen des engen, sachlichen Anwendungsbereichs des VARA nahe liegend erscheint.

1064 Der Lanham Act ist das Bundeswarenzeichen- und -wettbewerbsgesetz. Er verbietet generell Waren oder Dienstleistungen in den Verkehr zu bringen, wenn diese mit einer über die Herkunft oder den Inhalt täuschenden, falschen Bezeichnung versehen wurden (*false designation of origin, false desription or representation*) und gibt jedem ein Klagerecht, der durch die Falschbezeichnung einen Schaden erleiden kann. Hiermit wird unmittelbar dem Konsumentenschutz gedient. § 43 (a) Lanham Act lautet: „Any person who, on or in connection with any goods or services, (...), uses in commerce any word, term, (...), or any false designation of origin, false or misleading description of fact, or false or misleading representation of fact, which is likely to cause confusion, or to cause mistake, or to deceive as to the affiliation, connection, or association of such person with another person, or as to the origin, (...) of his or her goods, services or commercial activities by another person, or in commercial advertising (...), misrepresents the nature, characteristics, (...) of his or her or another person's goods, (...) shall be liable in a civil action by any person who believes that he or she is likely to be damaged by such act."

1065 So: Smith v. Montoro, 648 F.2d 602 (9th Cir. 1981).

1066 Vergl. hierzu Ginsburg GRUR Int. 1991, 593, 597; kritisch insoweit Dieselhorst, S. 66 f. unter Bezugnahme auf Smith v. Montoro, 648 F.2d 602, 605, 607 (9th Cir. 1981) und Nimmer, § 8D.03 [A] [1] [a] unter Verweis auf Murray Hill Publ'ns, Inc. v. ABC Communications, Inc., 264 F.3d 622 (6th Cir. 2001) und Agee v. Paramount Communications, Inc., 59 F.3d 317, 327 (2d Cir. 1995).

1067 Siehe Dastar Corp. v. Twentieth Century Fox Film Corp., 539 U.S. 23 (2003), in der sich der Supreme Court erstmalig mit dem sog. *reverse passing off* beschäftigte.

1068 Vergl. hierzu Nimmer, § 8D.03 [A] [2] [b], der auf die nach Smith v. Montoro, s. Fn. 1063, ergangene bereits uneinheitliche Rechtsprechung im Vorfeld der Entscheidung des Supreme Court verweist - so einerseits Salim v. Lee, 202 F. Supp. 2d 1122, 1124 (C.D. Cal. 2002) und andererseits Adams v. Jackson, 218 F. Supp. 2d 1006, 1012 (N.D. Ind. 2001).

grund der Anerkennung gleicher Rechtspositionen über § 43 (a) Lanham Act nicht obsolet werden dürfe[1069].

Ungeachtet dessen kann die Nichtnennung des Namens als Lizenzvertragsverletzung zu ahnden sein, wenn im Lizenzvertrag ausdrücklich mitvereinbart wurde, dass eine Namensnennung bei jeder Werkverwertung erfolgen muss[1070]. Schweigt der Vertrag hinsichtlich der Frage eines Namensnennungsrechts bzw. einer -pflicht, wird mitunter - allerdings entgegen der wohl ganz herrschenden Meinung - damit argumentiert, dass ein Anspruch aus den Gebräuchlichkeiten (wohl im Sinn von Branchenübung) und der Art und Weise, in der das Werk verwertet wird, abgeleitet werden kann[1071]. Insoweit wird dann also von konkludenten Namensnennungsvereinbarungen ausgegangen[1072].

Die negative Seite des Rechts auf Anerkennung der Urheberschaft, als Recht auf Namensunterdrückung, wird grundsätzlich nur bei einer entsprechenden, vertraglichen Vereinbarung gewährleistet[1073]. In der Regel kann der Urheber einer wahrheitsgemäßen Zuweisung seines Werkes unter Nennung seines Namens nicht entgegentreten, auch nicht, wenn er unter einem Pseudonym veröffentlicht hat. Nur ausnahmsweise wird dem Urheber ein Verbotsrecht als Verletzung des *right of privacy* gewährt; so, wenn eine ungenehmigte Veröffentlichung vorliegt, obwohl der Urheber das Werk nachvollziehbar als nicht veröffentlichungswert bzw. -reif ansieht und die Verwendung des Urhebernamens für die Öffentlichkeit den Anschein erweckt, dass die Veröffentlichung mit Genehmigung des Urhebers erfolgt, oder wenn diese den Urheber in Misskredit bringt[1074].

Wird eine Aktualität vorgespiegelt, die mit der tatsächlichen Schaffensphase eines Werks nicht übereinstimmt, kann sich auch ein Verbotsrecht aus § 43 (a) Lanham Act ergeben.

Insgesamt scheint der Schutz im Sinne eines Namensunterdrückungsrechts nach Common Law wertungsmäßig von vergleichbarer Qualität wie der nach VARA, der für das Namensunterdrückungsrecht an eine Ehr- oder Rufschädigung als Folge einer Werkveränderung anknüpft, 17 U.S.C. § 106A (a) (2). Ungleich stärker ausgeprägt ist der Schutz über das Com-

---

[1069] Eine Gesetzesauslegung und –anwendung, die ein anderes Gesetz und dessen Regelungsgehalt überflüssig werden lasse, sei zu vermeiden, so in Daster Corp. v. Twentieth Century Fox Film Corp., 539 U.S. 23 (2003), bei 35, formuliert.

[1070] Sehr detaillierte Regelungen bezüglich des „Ob“ und „Wie“ eines Namensnennungsrechts finden sich bspw. in den „DGA (Director's Guild of America) Basic Agreement 2002“, Article 8. Diese wurde als Teil der umfassenden tarifvertraglichen Vereinbarungen (Basic (Guild) Agreements) ausgehandelt. Diese Tarifverträge binden insoweit alle Mitglieder der Guild auf der einen und die Vertreter der AMPTP (Alliance of Motion Picture and Television Producers) auf der anderen Seite, vergl. hierzu die Darstellung bei Reber ZUM 2001, 282, 283 ff.

[1071] Vergl. bei Nimmer, § 8D.03.

[1072] Die Möglichkeit konkludenter Namensnennungsvereinbarungen wird in der US-amerikanischen Lehre und Rechtsprechung zwar anerkannt. Es wird aber kontrovers diskutiert, ob der Verwerter bei einem Schweigen des Vertrages zur Nennung verpflichtet sei; zum Meinungsstand siehe Dieselhorst, S. 54 ff.

[1073] Nimmer, § 8D.03 [B] [2].

[1074] Vorausgesetzt wird aber in jedem Fall, dass sich das Werk selbst nicht bereits im öffentlichen Bereich befindet oder dass die Veröffentlichungsumstände fälschlicherweise auf eine Genehmigung durch den Urheber schließen lassen. Liegt eine genehmigte Veröffentlichung vor, so kann der Urheber keinesfalls eine Nichtzuschreibung des Werks verlangen; vergl. Nimmer, § 8D.03 [B] [2]. Federle, S. 133 ordnet diese Kategorie dem Schutz der Werkintegrität zu. Dies zeigt, dass der Übergang zwischen dem Schutz der Werkintegrität und dem auf Anerkennung der Urheberschaft nach Anspruchsgrundlagen aus dem Common Law fließend ist.

mon Law gegenüber einer Falschzuschreibung eines fremden Werks - was dem kontinentaleuropäischen droit de non-paternité entspricht[1075].

d) Werkintegritätsrecht (*Right of Integrity*)[1076]

aa) Schutz nach Federal Law, insbesondere nach VARA

Der VARA gewährt ein Abwehrrecht gegenüber Eingriffen in die Integrität eines Werks nur bei vorsätzlichen Entstellungen, Verstümmelungen oder sonstigen Änderungen des Werks (alterations, mutilations, defacements oder modification), die der Ehre oder dem Ruf des Urhebers schaden könnten, 17 U.S.C. § 106A (a) (3) (A)[1077]. Per Definition ausgeschlossen sind, unabhängig von Qualität und Schwere, solche Veränderungen eines Werkes, die entweder aufgrund der Materialbeschaffenheit, des Alterungsprozesses, als Folge von Erhaltungsmaßnahmen oder der Art und Weise einer öffentlichen Ausstellung, mit Blick auf Beleuchtung und Werkplatzierung eintreten, 17 U.S.C. § 106A (a) (3) (A); es sei denn, die Veränderung wird grob fahrlässig verursacht, 17 U.S.C. § 106A (c) (2).

Auch das Werkintegritätsrecht wird - wie das Recht auf Anerkennung der Urheberschaft bzw. auf namentliche Nennung - nicht bei Reproduktionen bzw. solche Werknutzungen, die unter den Katalog in Unterabschnitt (A) zur Definition von *work of visual art* in § 101 fallen, gewährt, 17 U.S.C. § 106A (c), (3)[1078]. Es ist also kein grundsätzliches *right of faithful reproduction* vorgesehen[1079]. Nur das Werkoriginal, nicht das immaterielle Gut als solches wird geschützt.

Dafür gewährt 17 U.S.C. § 106A (a) (3) (B) bei Werken von anerkannter Bedeutung (*recognized stature*) auch Schutz vor Zerstörung und geht damit über den Schutz nach deutschem Recht hinaus[1080].

Ein weiterer Ausschluss vom Schutzbereich des VARA ist bei Kunst am Bau (*artworks incorporated into buildings*) vorgesehen, 17 U.S.C. § 113 (d)[1081].

Neben dem speziellen Schutz der Werkintegrität als *moral* bzw. - im Sprachgebrauch des VARA - *artist right* kann der Urheber generellen urheberrechtlichen Schutz vor Veränderungen im Fall eines Eingriffs in das ausschließliche Recht des Urhebers zur Werkbearbeitung, der Herstellung sog. abgeleiteter Werke (*derivative works*), erlangen, 17 U.S.C. § 101[1082]. In-

---

1075 Zur Erinnerung sei angemerkt, dass das droit de non-paternité nach deutschem Recht nicht über das UrhG, insbesondere nicht über den § 13 UrhG, gewährt wird. Nach dem US-amerikanischen Recht kann insoweit ein Schutz über das Wettbewerbsrecht, im Fall eines unlauteren Wettbewerbs (*unfair competition)* oder infolge der Bewertung als eine falsche Kennzeichnung, und damit als Verletzung des § 43 (a) Lanham Act, gewährt werden. Zudem kann sich ein Verbotsrecht aus Deliktsrecht im Falle einer Beleidigung (*tort of defamation*) ergeben, wenn das fälschlich zugeordnete Werk von minderer Qualität ist und deshalb der Ruf des Urhebers beschädigt wird. Auch unter dem Gesichtspunkt einer unrechtmäßigen Nutzung des Namens des Urhebers kann eine Untersagung wegen Verletzung des *right of privacy* möglich sein; vergl. insoweit Nimmer, § 8D.03 [A] [1].

1076 Ausführlich hierzu Federle.

1077 Dem ursprünglichen Gesetzesentwurf zufolge sollte auch gegen fahrlässige Veränderungen ein Unterlassungsanspruch geltend gemacht werden können, s. Nimmer, § 8D.06, n. 116.

1078 Der Wortlaut lautet insoweit: „and any such reproduction, depiction, portrayal, or other use of a work is not a destruction, distortion, mutilation, or other modification described in paragraph (3) of subsection (a)."

1079 Damich, 39 Catholic University L. Rev. 945, 952 f. (1990).

1080 Für das deutsche Recht siehe hierzu: Schricker-Dietz § 14, Rn. 37 ff.

1081 Siehe hierzu ausführlich unten, unter 3., b), cc).

1082 Siehe Dieselhorst, S. 71.

soweit bedürfen bereits die Herstellung einer Bearbeitung und damit einhergehende Veränderungen des Ausgangswerks der Genehmigung durch den Urheber, vergl. U.S.C. § 106 (2)[1083]. Mit Übertragung des *Copyrights* kann sich der Urheber jedoch nicht mehr gegen eine Bearbeitung und entsprechende Veränderungen wehren[1084]; es sei denn, der betreffende Vertrag sieht Beschränkungen hinsichtlich der erlaubten Änderungen vor[1085].

bb) Schutz nach den State Laws

Der Schutz der Integrität des Werks nach den State Laws folgt zwei verschiedenen Grundmodellen. Die eine Gruppe wird von den sog. *preservation statutes* gebildet[1086]. Nach dieser Konzeption sind grundsätzlich - nur - vorsätzliche Entstellungen oder Veränderungen des Werkes verboten[1087]. Einige Gliedstaaten sehen einen weitergehenden Schutz bei Rahmungen und Restaurierungs- bzw. Konservierungsarbeiten vor, wo sich der Urheber auch gegenüber Entstellung und Veränderung infolge grober Fahrlässigkeit zur Wehr setzen kann[1088].

Die zweite Gruppe, die sog. *artists' rights statutes*, gewähren ein Werkintegritätsrecht nur als Verbotsrecht gegenüber der öffentlichen Ausstellung von veränderten bzw. entstellten Werken[1089]. Dabei muss das öffentlich zugänglich gemachte Werk dem Urheber zuzuordnen, damit als dessen Schöpfung erkennbar sein. Zusätzlich muss nach den meisten Gesetzen[1090] die Gefahr der Schädigung des Rufs bzw. Ansehens des Urhebers infolge der Ausstellung des veränderten bzw. entstellten Werks vorliegen[1091]. Entsprechend der Regelung des VARA werden manche Werkveränderungen von einigen State Laws gar nicht erst als verbotene

[1083] Wegbereitend für diese Dimension urheberrechtlichen Schutzes war die Entscheidung: Gilliam v. American Broadcasting Companies, 538 F.2d 14 (2nd Cir. 1976).

[1084] Daneben tritt für einen eng begrenzten Bereich die Sondervorschrift des U.S.C. § 115 (2). Danach sind Musikwerke, die vom Urheber veröffentlicht worden sind, einer Zwangslizenz unterstellt. Dies beinhaltet die Befugnis, dem Werk ein Arrangement zu unterlegen, das dem Zweck und der Art der Aufnahme des Werks entspricht. Deshalb reicht ein Veränderungsrecht dabei nur soweit, wie die grundlegende Melodie und der fundamentale Charakter des Werks gewahrt bleiben.

[1085] Was letztlich wieder den Bereich des lediglich vertraglich begründeten Schutzes, s. hierzu unten, unter cc), betreffen würde. Ginsburg, GRUR Int. 1991, 593, 596, spricht insoweit von der Übertragbarkeit des Rechts auf Werkunversehrtheit.

[1086] Vergl. insoweit die Darstellung: Table of Content, in: Waiver of moral rights. Insoweit werden die Gesetze von Kalifornien und New York als Grundmodelle gesehen. Bemerkenswert ist, dass die meisten Statuten der Bundesstaaten ohnehin nur Werke von *recognized quality* als geschützte *Fine Arts* definieren, vergl. Cal. Civ. Code § 987 (b), (2); Mass. Gen. L., ch. 231, § 85S (b); Pa. Stats. Ann., title 73, ch. 31, § 2102; anders hingegen Conn. Gen. Stats.. title 42, ch. 737C, § 42-116s (2).

[1087] So: Cal. Civ. Code § 987 (c) (1); Conn. Gen. Stats., title 42, ch. 737C, § 42-116t (a); Pa. Stats. Ann., title 73, ch. 31, § 2104 (a) und Mass. Gen. L., ch. 231, § 85S (c), wonach auch grob fahrlässig verursachte Veränderungen oder Entstellungen verboten sind.

[1088] Cal. Civ. Code § 987 (c) (2) und Pa. Stats. Ann., title 73, ch. 31, § 2104 (b).

[1089] Louisiana Rev. Stats., title 51, § 2153; Maine Rev. Stats., title 27, § 303 (4) (A); N.J. Stats. Ann., title 2A, § 2A:24 A-4; N.Y. Arts and Cult. Aff. L., title C, § 14.03 und Gen. L. of Rhode Island § 5-62-3. Diese Gesetze werden auch als Artists' Rights Statutes bezeichnet, vergl. den Table of Content, in: Waiver of moral rights.

[1090] Anders insoweit nur Gen. L. of Rhode Island § 5-62-5 (a), wonach zwar ebenfalls auf eine öffentliche Ausstellung und Zuschreibung des Werks zum Urheber abgestellt, eine Rufschädigung dabei jedoch nicht gefordert wird.

[1091] Maine Rev. Stats, title 27, § 303 (4) (A); N.J. Stats. Ann., title 2A, § 2A:24 A-4 und N.Y. Arts and Cult. Aff. L., title C, § 14.03 (1). Undeutlich insoweit Louisiana Rev. Stats., title 51, § 2153, worauf auch Peifer ZUM 1993, 325, 345, unter Berücksichtigung der Gesetzessystematik hinweist. Aus dieser ergibt sich nicht eindeutig, ob die Bestimmung der Voraussetzung einer Rufschädigung in § 2153 (3) ein selbstständiger Unterabschnitt oder eine ergänzende Zuordnung zu § 2153 (1) und (2) ist.

Werkveränderung oder -entstellung erfasst[1092]; dies betrifft Veränderungen als Folge des Alterungsprozesses - es sei denn, diesbezügliche Schutzanforderungen wurden grob fahrlässig vernachlässigt -, sowie Veränderungen aufgrund von Werkkonservierungsmaßnahmen, wenn sie nicht grob fahrlässig verursacht wurden[1093].

Entsprechend der Rechtslage nach VARA besteht auch nach den meisten State Laws trotz Fehlens einer dem 17 U.S.C. § 106A (c), (3) entsprechenden Vorschrift grundsätzlich kein Werkintegritätsrecht an Werkreproduktionen, da es sich hierbei nicht um *original works* handelt. Soweit einige State Laws abweichende Regelungen vorsehen, werden Werkreproduktionen - wie beim Recht auf Anerkennung der Urheberschaft - entweder unter der Schutzbereichsdefinition *work of fine art* mangels Beschränkung auf *original works* miterfasst oder aber ausdrücklich neben diesen als geschützte Werkform erwähnt[1094]. Notwendige Schutzvoraussetzung der Werkreproduktionen im Sinne eines *right to faithful reproduction* ist jedenfalls ein Öffentlichkeitsbezug des veränderten, reproduzierten Werks. Dabei sind wiederum solche Reproduktionen vom Integritätsschutz ausgenommen, bei denen eine Werkveränderung (*changes*)[1095] als notwendige Konsequenz aus dem gewählten Reproduktionsverfahren eintritt.

cc) Schutz über das Common Law

Ein Abwehrrecht bezüglich der Werkintegrität kann - vergleichbar dem Recht auf Namensunterdrückung - auf § 43 (a) Lanham Act gestützt sein, wenn infolge einer Werkveränderung der Eindruck entsteht, dass dieses Werk mit dem vom Urheber geschaffenen nichts mehr zu tun hat und infolgedessen einer falschen, den Verbraucher irreführenden Ursprungsbezeichnung gleichkommt[1096]. Zudem kann die Veröffentlichung eines veränderten Werks als *tort of defamation* unterbindbar sein, wenn dies eine Rufschmälerung des Urhebers in der Öffentlichkeit bewirkt.

Auch an den Fall einer ausdrücklich vertraglich vereinbarten Untersagung von Werkveränderungen ist zu denken. Hinsichtlich der Annahme von konkludenten Veränderungsverboten übt das US-amerikanische Recht Zurückhaltung. Im Zusammenhang mit der Diskussion entsprechender konkludenter Vereinbarungen bzw. ergänzender Auslegung (*implied conditions*) zugunsten des Urhebers wird auf die „Gilliam"-Entscheidung[1097] verwiesen[1098]. In dem betreffenden Sachverhalt stand eine vertragliche Vereinbarung in Rede, die die Übertragung

---

[1092] Maine Rev. Stats., title 27, § 303 (4) (B); N.J. Stats. Ann., title 2A, § 2A: 24A-6 (a), (b) und (c); N.Y. Arts and Cult. Aff. L., title C, § 14.03 (3) (a), (b) und (c).

[1093] Nach N.Y. Arts & Cult. Aff. L., title C, § 14.03 (3), (c) und Gen. L. of Rhode Island § 5-62-5 (c), reicht insoweit bereits einfache Fahrlässigkeit aus.

[1094] Im Sinne der letztgenannten Alternative der Schutzgewährung: Louisiana, Maine, New Jersey, New York und Rhode Island, s. Louisiana Rev. Stats., title 51, § 2153 (2), (3); Maine Rev. Stats., title 27, § 303, 2.; N.J. Stats. Ann., title 2A, § 24:24A-4; N.Y. Arts and Cult. Aff. L., title C, § 14.03, 2. und Gen. L. of Rhode Island § 5-62-3; vergl. im Übrigen die Ausführungen zum Namensnennungsrecht oben, unter c), bb) und die in Fn. 1060 f. genannten State Laws.

[1095] Im Englischen wird hier der Terminus *change* verwendet; im Gegensatz zu den beiden anderen Ausschlussbeispielen, wo von „alteration, defacemant, mutilation oder modification" gesprochen wird; vergl. Maine Rev. Stats., title 27, § 303 (4) (B). Dies könnte für eine andere Eingriffsqualität, von minderer Schwere, sprechen.

[1096] Siehe Dieselhorst, S. 84 ff. Kritisch insoweit nunmehr Nimmer, § 8D.04 [A] [2] mit Blick auf die Entscheidung Daster Corp. v. Twentieth Century Fox Film Corp, 539 U.S. 23 (2003); hierzu oben zum Namensnennungsrecht bei c), cc), insbesondere die Aussage in Fn. 1069.

[1097] Siehe Gilliam v. American Broadcasting, Inc., 538 F.2d 14 (2nd Cir. 1976).

[1098] Siehe Nimmer, § 8D.04 [A] [1].

der Urheberrechte an einem Skript für eine TV-Serie regelte und vorsah, dass alle Rechte, die nicht ausdrücklich dem Vertragspartner zugewiesen wurden, dem Urheber vorbehalten sind. Infolge dieses Rechtevorbehalts gelangte das Gericht zu der Ansicht, dass die Verwertung eines Werks in veränderter und insoweit nicht ausdrücklich gestatteter Form eine unerlaubte Verwertung und letztlich eine Verletzung des *Copyrights* (*copyright infringement*) darstelle, wenn die vorgenommenen Veränderungen derart intensiv sind, dass sie die Integrität des Originalwerks beeinträchtigen[1099].

Der Gedanke des vertraglichen Werkintegritätsrechtsschutzes überschneidet sich hier mit dem verwertungsrechtlichen Schutz[1100]. Bereits bei anderen, der Gilliam-Entscheidung vorangegangenen Entscheidungen, deutete sich eine Tendenz an, anstelle eines absoluten, freien Änderungsrechts des Werknutzers, Änderungen grundsätzlich nur unter bestimmten Bedingungen, einer Branchenübung (*industry practice*) entsprechend[1101], oder nur bis zu einem bestimmten Grad, d. h. ohne Beeinträchtigung der künstlerischen Qualität des Werkes, zuzulassen[1102].

Zudem wird selbst bei ausdrücklichen Veränderungsgestattungen impliziter Schutz gegenüber Veränderungen befürwortet, die von anderer Qualität sind und über das gestattete Maß hinausgehen[1103].

e) Rückrufsrechte (*Retraction* oder *Right of Withdrawal*)

Das US-amerikanische Recht kennt keine Rückrufsrechte[1104] entsprechend dem kontinental-europäischen Verständnis. Das US-amerikanische Schrifttum verweist insoweit darauf, dass die Öffentlichkeit ein berechtigtes Interesse an der Geschichte und Entwicklung eines Künstlers und seines Stils habe. Zur Unterstützung der besonderen Beachtungswürdigkeit dieses Anliegens wird auf den *California Art Preservation Act* verwiesen, der ausdrücklich genau dieses öffentliche Interesse neben dem des Künstlers anerkennt[1105]. Auf einen den kontinental-europäischen Rückrufsrechten vergleichbaren Schutz wird verwiesen, wenn mit der Werkverwertung eine Täuschung der Öffentlichkeit, bspw. über die Aktualität des Werkes, einhergeht[1106].

1099 Neben der Annahme eines copyright infringement wurde auch auf eine Verletzung des § 43 (a) Lanham Act als Grund für eine Stattgabe verwiesen.

1100 Im Schrifttum, vergl. Nimmer, § 8D.04 [A] [1], wird kritisiert, dass die vom Gericht angeführte Argumentation entweder die Annahme eines grundsätzlichen Werkintegritätsrechts notwendig mache - die Entscheidung selbst äußert sich hierzu nicht. Oder aber es sei zu schlussfolgern, dass die Beurteilung als *copyright infringement* auf der Annahme des Gerichts beruhe, dass in dem Lizenzvertrag konkludent vereinbart wurde, dass eine Ausübung der eingeräumten Rechte nach dem Vertrag ausgeschlossen ist, wenn dabei relevante Veränderungen am Werk vorgenommen werden. Nimmer, § 8D.04 [B] [1], hingegen will Veränderungen, die durch einen Inhaber von - umfassenden - Reproduktions- und Aufführungsrechten vorgenommen werden, als Verletzung des Bearbeitungsrechts (*adaption right*) erfassen.

1101 Vergl. die ausführliche Untersuchung von Federle, S. 107 ff.; Dieselhorst, S. 174, Fn. 36, verweist insoweit auf: Preminger v. Columbia Pictures Corp., 49 Misc.2d 363, 267 N.Y.S.2d 594, 148 USPQ (S. Ct. N.Y. County 1966).

1102 Stevens v. National Broadcasting Co., 148 U.S.P.Q. 755 (Cal. Super. Ct. 1966).

1103 Curwood v. Affiliated Distributors, Inc., 283 Fed. 219 (S.D.N.Y. 1922); zitiert nach Dieselhorst, S. 82, Fn. 118.

1104 Dreier GRUR Int. 1985, 525, 527; Nimmer, § 8D.05 [B].

1105 Vergl. DuBoff/Holt Caplan, S-28, 3.

1106 Nimmer, § 8D.05 [B], unter Beachtung der Einschränkungen, die sich aus der neuesten Entscheidung des Supreme Court: Daster Corp. v. Twentieth Century Fox Film Corp., 539 U.S. 23 (2003) ergeben; siehe hierzu oben unter c), cc).

Abschließend ist hier der Vollständigkeit halber anzumerken, dass das US-amerikanische Recht ein dem deutschen Zugangsrecht, § 25 UrhG, entsprechenden Schutz nicht vorsieht.

2. Beschränkungen der Gewährung von *Moral Rights* durch die *Work for hire-Doctrine* und den *Fair Use*

a) Die *Work for hire-Doctrine* im Zusammenhang mit *Moral Rights*

aa) Grundsätzliches

Nicht nur, dass der Bereich der Werkarten und der Verwertungsformen, hinsichtlich derer Schutz nach VARA gewährt wird, deutlich begrenzt ist. Hinzukommt, dass der Schöpfer von Werken gleich welcher Werkart, die als *works (made) for hire* geschaffen wurden, keinen urheberrechtlichen Schutz, weder für *economic* noch für *moral rights*, genießt[1107].

Nach der *work for hire-Doctrine* entsteht das Urheberrecht bei Werken, die im Rahmen eines Anstellungs- oder Auftragsverhältnisses geschaffen werden, nicht beim Urheber, sondern wird originär[1108] dem Arbeit- bzw. Auftraggeber zugewiesen, 17 U.S.C. § 201 (b)[1109]. Etwas anderes gilt nur im Fall abweichender Vereinbarung zwischen Arbeitgeber und Werkschöpfer.

Ob der Werkschöpfer als Arbeitnehmer einzustufen ist, unterliegt den Bestimmungen des *law of agency*[1110]. Hier sind die Kriterien des § 220 (2) Rest. 2nd (Agency) heranzuziehen und einer Einzelfallwertung zugrunde zu legen[1111]. Als Auftragsarbeiten gelten die von selbständigen Urhebern (*independent contractor*) gemäß einem erteilten Auftrag hergestellten Werke, die einer in der Definition von *work made for hire* in 17 U.S.C.§ 101 Abschnitt (2)[1112] genannten Werkart entsprechen; es muss eine schriftliche, beiderseits unterzeichnete Vereinbarung vorliegen, wonach der Urheber mit der Herstellung des Werkes beauftragt und zugleich bestimmt wird, dass das Werk von den Vertragsparteien als *work for hire* angesehen wird. Dieser Vertrag muss vor Herstellung des in Auftrag gegebenen Werkes abgeschlossen worden sein[1113].

1107 Die Nichtzuweisung von *moral rights* wird als unvereinbar mit der grundsätzlichen Theorie mitunter abgelehnt, vergl. Damich, 39 Catholic University L. Rev. (1990), 945, 964 f. Generell zur *work for hire-Doctrine*: Quellen, USA/I, III.

1108 Obwohl eine schriftliche Vereinbarung zwischen Arbeitnehmer und Arbeitgeber vorliegt, wird dies nicht als rechtsgeschäftlicher Erwerb beurteilt.

1109 Der Wortlaut ist: „WORKS MADE FOR HIRE. - In the case of a work made for hire, the employer or other person for whom the work was prepared is considered the author for purposes of this title, and, unless the parties have expressly agreed otherwise in a written instrument signed by them, owns all of the rights comprised in the copyright."

1110 Dreyfuss/Kwall, Assignment 9, S. 327. Hierbei handelt es sich um sog. general Common Law, das in allen Gliedstaaten der USA gilt. Hierdurch wird eine einheitliche Rechtsanwendung innerhalb des gesamten Bundesgebietes garantiert.

1111 So Pleister, S. 43. 17 U.S.C. § 101 formuliert in (1) insoweit nämlich nur: „a work prepared by an employee within the scope of his or her employment; ..."

1112 Der Wortlaut ist folgender: „(2) a work specially ordered or commissioned for use as a contribution to a collective work, as a part of a motion picture or other audiovisual work, as a translation, as a supplementary work, as a compilation, as an instructional text, as a test, as answer material for a test, or as an atlas, if the parties expressly agree in a written instrument signed by them that the work shall be considered a work made for hire."

1113 Pleister, S. 45.

bb) Gesetzeslage nach VARA und den State Laws hinsichtlich der *Works Made for Hire*

Der VARA schließt die *works made for hire* bereits von seinem Anwendungsbereich aus. 17 U.S.C. § 101 (B) regelt insoweit, dass Werke, die in Auftrags- oder Anstellungsverhältnissen geschaffen wurden, keine Werke der visuellen Kunst sind. Bemerkenswert ist, dass die *work for hire-Doctrine,* obwohl ursprünglich für die Frage der Inhaberschaft des *Copyrights* bestimmend, durch die Formulierung in 17 U.S.C. § 101 (B) ebenfalls, wenn auch nur mittelbar, über die Frage der Gewährung von *moral rights* entscheidet[1114].

Diese Ausschlussregelung kam auch in dem ersten unter Berücksichtigung des VARA entschiedenen Rechtsstreit zum Tragen[1115]. In „Carter v. Helmsley-Spear, Inc."[1116] stufte das Gericht 2. Instanz, der Appellate Court, das streitgegenständliche Werk als ein *work for hire* ein und ließ dieses damit nicht in den Schutzbereich des VARA fallen[1117].

Zwar läg es nahe, als Folge der *work for hire-Doctrine*, auch hinsichtlich des Regelungsbereichs des VARA anzunehmen, dass, vergleichbar zur Situation beim *Copyright*, die *moral rights* unmittelbar den Arbeit- bzw. Auftraggebern zuzuordnen sind. Dieses Missverständnis und die dogmatische Problematik einer Fremdzuweisung dieser Rechte umgeht der VARA jedoch dadurch, dass derartige Werke vom Schutzbereich insgesamt ausgenommen sind - sich die Frage einer Fremdzuweisung also nicht mehr stellt[1118]. Mit der Anwendung der *work for hire-Doctrine* wird also keine Bestimmung hinsichtlich der Person des Rechtsinhabers, damit zum persönlichen Regelungsbereich, sondern zum sachlichen Anwendungsbereich des VARA getroffen.

Die einschlägigen Gesetze der Gliedstaaten treffen zwar eine dem 17 U.S.C. § 201 (b) im Ergebnis vergleichbare Regelung. Dabei bestimmen die Gesetze der Gliedstaaten die vom Anwendungsbereich ausgenommenen Werkarten - im Vergleich zu VARA - zumeist enger[1119] und verweisen der Formulierung nach auch nicht generell und ausschließlich auf den Umstand der Einordnung der Werke als *works made for hire*. Insoweit sind Werke ausgeschlossen, die, außer dass sie nach einer „*work for hire*"-Vereinbarung zustande gekommen sind, zudem auch zur kommerziellen Nutzung bestimmt sein müssen[1120]; dabei nehmen einige Regelungen der Gliedstaaten diese kumulative Einschränkung über den Aspekt der kommerziel-

---

1114 Vergl. so auch S. 163, in: Waiver of moral rights.

1115 Siehe hierzu auch Nakashima, 41 Santa Clara L. Rev. 203, Fn. 138.

1116 861 F. Supp. 303 (S.D.N.Y. 1994), (rev'd and vacated in part and aff'd in part) 71 F.3d 77 (2d. Cir. 1995), cert. denied, 116 S. Ct. 1824 (1996).

1117 Dabei subsumierte das Gericht 1. und 2. Instanz den Sachverhalt unter die Regelung des 17 U.S.C. § 101 A (1) (*work prepared by an employee*). 17 U.S.C. § 101 A (2) war wegen Nichtvorliegens eines Werkes im Sinne der abschließend aufgezählten Werkarten nicht einschlägig - das streitgegenständliche Werk war für eine Lobby eines Geschäftsgebäudes, in der es aufgestellt wurde, geschaffen worden. Die 1. Instanz ordnete das Werk nicht als ein solches *made for hire* ein, während der Appellate Court unter Berücksichtigung der gleichen Prüfungspunkte zum konträren Ergebnis und nach Gesamtbetrachtung der Einzelfaktoren zu dessen Einstufung als ein *work for hire* gelangte und dieses damit als vom Regelungsbereich des VARA ausgeschlossen betrachtete. Ausführliche Darstellung der rechtlichen Untersuchung und Vorgehensweise in: Waiver of moral rights, S. 87 ff.

1118 So Damich, 39 Catholic University L. Rev. 945, 966 (1990).

1119 Damit stellt sich auch für diesen Punkt wieder die Frage nach dem Verhältnis des Federal zu den State Laws.

1120 Vergl. insoweit Cal. Civ. C. § 987 (b) (2) und (7), die lauten: „(2) „Fine Art" means an original painting, sculpture, or an original work of art in glass, of recognized quality, but shall not include work prepared under contract for commercial use by its purchaser. (7) „Commercial use" means fine art created under a work-for-hire arrangement for use in advertising, magazines, newspapers, or other print and electronic media."

len Werknutzung nur bei Auftragswerken vor[1121]. Andererseits werden mitunter auch nur Werke von Arbeitnehmern, also ohne Einbeziehung von *commissioned works*, ausgenommen[1122]. Einige der gliedstaatlichen Gesetze sehen hingegen keinen expliziten Ausschluss von *works for hire* vor, sondern treffen die generelle Aussage, dass Werke, die als Vertragsarbeit, Werbe- oder Handelsware (*work prepared under contract for advertising or trade use*) geschaffen werden, vom Anwendungsbereich ausgeschlossen sind, es sei denn, der Vertrag sieht etwas anderes vor[1123].

cc) Bewertung durch die Rechtslehre und Ergebnis

Die Rechtslehre kritisiert den Ausschluss von *moral rights* im Arbeitgeber-Arbeitnehmer-Verhältnis[1124]. Mit Blick auf das Namensnennungsrecht wird es für sinnvoller gehalten, eine grundsätzliche Beschränkung vorzunehmen, so dass eine Änderung der einmal erfolgten Ausübung des Namensnennungsrechts nur mit Wirkung für die Zukunft durch den Arbeitnehmer erfolgen könnte. Hinsichtlich des Werkintegritätsrechts sei die Regelung zu billigen, da ein dem Namensnennungsrecht vergleichbares Zugeständnis an den Urheber ohnehin erst anzunehmen sei, wenn ein Werk auch veröffentlicht werde. Bis zu diesem Zeitpunkt gehe es in Ordnung, dass der Urheber nichts gegen eine Werkveränderung durch den Arbeitgeber unternehmen kann. Danach wäre an einen Ausgleich über das Recht auf Namensunterdrückung zu denken[1125].

Bemerkenswert ist an dieser Stelle, dass in einem Vertragsmuster von einer der drei wichtigsten Gewerkschaften im urheberrechtlichen Bereich (den *entertainment guilds*) eine Formulierung gewählt wird, die dem Vertragspartner des Urhebers, als Folge der Qualifizierung eines Werks als ein *work made for hire*, ausdrücklich auch die *moral rights* zuordnet[1126].

Anders als nach deutschem und französischem Recht stellt sich die Frage rechtsgeschäftlicher Disponibilität von *moral rights* bei Arbeitnehmer-Arbeitgeber-Verhältnissen nach US-amerikanischem Recht also gar nicht erst. Die Forderung nach einer praktikablen Regelung der betreffenden Rechte wurde hier rigoros, letztlich zugunsten der Verwerter, durch Ausschluss jeglichen urheberrechtlich begründeten ideellen Schutzes für alle Werke, die als *works (made) for hire* entstanden sind, gelöst.

1121 Vergl. Conn. Gen. Stats., title 42, ch. 737C, § 42-116s (2) (A) und (B). Hinsichtlich der Auftragswerke wird dabei anders als nach Federal Law lediglich eine einseitige Unterschrift durch den Urheber verlangt.

1122 Mass. Gen. L., ch. 231, § 85S (b).

1123 Louisiana Rev. Stats., title 51, § 2155 D; N.J. Stats. Ann., title 2A, § 2A:24-7; N.Y. Arts & Cult. Aff. L., title C, § 14.03, 3. (d); Pa. Stats. Ann., title 73, ch. 31, § 2107 (3) und Maine Rev. Stats., title 27, § 303, 4. B.

1124 So Damich, 39 Catholic University L. Rev. 945, 988 (1990), der Ausnahmen vom grundsätzlichen Schutz von *moral rights* nur dort zulassen will, wo dem Namensnennungsrecht die Art des gewählten Mediums oder die Größe des Werks entgegenstehen.

1125 Ohne einen Öffentlichkeitsbezug besteht aber doch ohnehin kein Konflikt mit einem Werkintegritätsschutz im Fall von Werkveränderungen. Karlen, 38 J. Copyr. Soc'y U.S.A. 242, 263 ff. (1991), bejaht sogar die volle Anwendung der *work for hire-Doctrine* auf *moral rights*, da insoweit die Interessen des Arbeitgebers denen des Arbeitnehmers vorgingen.

1126 So Nr. 24 des „Writers Theatrical Short-Form Contract" der Writers Guild: „Producer shall solely and exclusively own ... all rights of every kind and nature wether now or hereafter known or created in and in connection with such results, product and proceeds ..., including: (i) the copyright ...; ... (v) all rights generally known as the „moral rights of authors". Der Vertrag ist abrufbar unter www.wga.org/contract2.html. Zu den Gewerkschaften und den Tarifverträgen ausführlich: Reber und ders. ZUM 2001, 282, 283 ff.

b) Die Bedeutung des *Fair Use* für *Moral Rights*[1127]

Handelt es sich bei der Nutzung eines Werkes um einen sog. *fair use* (im Sinn eines angemessenen, legitimen Gebrauchs), so stehen dem Urheber keine Abwehrrechte im Hinblick auf einen dabei zugleich erfolgten Eingriff in seine *moral rights* zu, vergl. 17 U.S.C. § 106A (a) [1128], § 107[1129].

Der Gedanke der *fair use-defense* wurde richterrechtlich entwickelt und schließlich als Generalklausel in 17 U.S.C. § 107 gesetzlich verankert[1130]. Hierdurch wird eine grundsätzliche Begrenzung des Schutzes durch das *Copyright* bewirkt[1131]. Diese Einrede wird aber nicht auf Tatbestandsebene, als tatbestandliche *limitation*, sondern als gesonderter Prüfungspunkt, nach Prüfung und Bejahung einer Rechtsverletzung, als Rechtfertigung der eingetretenen Verletzung (d.h. als *defense*) relevant[1132]. Diese mitunter sehr weitreichende Privilegierung bestimmter Nutzungsarten und -umstände wird mit dem Hinweis auf die US-amerikanische Verfassung als selbstverständlich empfunden; dies diene dem verfassungsrechtlichen Ziel, „to promote the progress of Science and Useful Arts"[1133]. Das Vorliegen einer Rechtfertigung aufgrund eines *fair use* ist eine Frage des Einzelfalls, wobei insbesondere die in 17 U.S.C. § 107 nicht abschließend genannten[1134] Kriterien in eine wertende Gesamtbetrachtung zu stellen sind[1135]. In der Rechtspraxis bedeutet dies, dass die Verwendung des Werkes auch ohne entsprechende Erlaubnis zur Schaffung hiervon abgeleiteter Werke, wie Parodie oder Satire, sowie zum Gebrauch in der Schule oder Forschung und auch vor Gericht[1136] zulässig sein kann; der *fair use* ist dabei vergütungsfrei[1137].

Die genaue Reichweite und Bedeutung der „*fair use*"-Einrede hinsichtlich des möglichen Verlustes des Schutzes über *moral rights* ist nicht geklärt. Als eine vergleichbare Konstellati-

---

1127 Es finden sich auch Überlegungen zu einer „Treu und Glauben"-Einrede. Insoweit wird gefordert, dass dem Urheber Grenzen zu ziehen seien, wonach er nicht unvernünftig handeln dürfe, so Dworkin, S. 265, berichtet in: Waiver of moral rights, S. 55, Rn. 227, 102.

1128 17 U.S.C. § 106A (a) lautet insoweit: „Subject to section 107 (...), the author of a work of visual art (1) shall have the right (A) to claim authorship of that work, and (B) to prevent the use of his or her name as the author of any work of visual art which he or she did not create; (2) ..."

1129 17 U.S.C. § 107 lautet: „Notwithstanding the provisions of sections 106 and 106A, the fair use of a copyrighted work, including such use by reproduction in copies or phonorecords or by any other means specified by that section, for purposes such as criticism, comment, new reporting, teaching (including multiple copies for classroom use), scholarship or research, is not an infringement of copyright. In determining wether the use made of a work in any particular case is a fair use the factors to be considered shall include [1) bis 4)]. The fact that a work is unpublished shall not itself bar a finding of fair use if such findung is made upon consideration of all the above factors."

1130 Vergl. Nimmer, § 13.05, zur historischen Entwicklung und Pettenati, 12 Pace Intl. L. Rev. 425, 432 (2000).

1131 Dahinter steht laut Kaplan, 107 Harvard L. Rev. 1977, 1982 (1977), die Überzeugung, dass dem Urheber keine umfassende Kontrolle über alle denkbaren Verwendungen des Werkes zukommen soll, so dass dem Ziel gedient werde sicherzustellen, dass der Öffentlichkeit diese Werke zugute kommen.

1132 Siehe Heitland, S. 239.

1133 Dies kommt auch in Praktiker-Handbüchern zum Ausdruck, vergl. Bruwelheide, S. 11.

1134 Aufgeführt sind insoweit ausdrücklich: Zweck und Charakter der Benutzung; Wesen des benutzten Werks; Umfang und Bedeutsamkeit des kopierten Teils im Verhältnis zum Ausgangswerk als Ganzem; Wirkung der Benutzung auf die Absatzchancen bzw. den Wert der Vorlage.

1135 Heitland, S. 252 weist darauf hin, dass die „*fair use*"-Einrede häufig anwendbar ist, was nicht zuletzt auf die äußerste Flexibilität - besser: mangelnde Schärfe - der Kriterien, nach denen die tatbestandlichen Voraussetzungen zu beurteilen sind, schließen lässt.

1136 Siehe Nimmer, § 13.05 [D] [2] und [E] [3] m. w. N.

1137 Anders ist dies, im Vergleich, hinsichtlich der gesetzlich festgelegten Zwangslizenzen (*compulsory license*), wie bspw. 17 U.S.C. §§ 111 und 118.

on wird auf die Entscheidung „Leibovitz v. Paramount Pictures Corporation“[1138] verwiesen. Ihr lag folgender Sachverhalt zugrunde: Ein von der Photographin Leibovitz gefertigtes Photo von der Schauspielerin Demi Moore, das diese als hoch schwangere Frau zeigte, wurde als Cover des Vanity Fair Magazin verwendet. Die Beklagte (Paramount Pictures) nutzte das Photo nun zu Werbezwecken für eine Filmkomödie in veränderter Form. Der Kopf von Demi Moore wurde insoweit durch den eines männlichen Schauspielers (Leslie Neilson) unter weiterer Abänderung künstlerischer Effekte, wie bspw. der Beleuchtung, ersetzt. Die Beklagte berief sich darauf, das Originalphoto parodiert zu haben. Das Gericht gelangte dabei zu dem Ergebnis, dass beide Arbeiten unterschiedliche Märkte bedienten, so dass eine kommerzielle Schädigung der Originalphotographie nicht zu befürchten wäre. Diese Argumentation verdeutlicht den auch im Bereich der *moral rights* durchschlagenden, an wirtschaftlichen Anliegen orientierten Rechtsschutz nach US-amerikanischem Recht[1139].

Die Rechtslehre betrachtet diese Regelung insgesamt kritisch[1140]. Ihr sollte eine nur begrenzte Bedeutung zukommen, denn die „*fair use*“-Einrede beruhe gerade auf materiellen Erwägungen, die mit *moral rights* nichts zu tun hätten[1141]. Allein der Umstand, dass das Werk im Schulunterricht, in kritischer Werkbesprechung oder anderen, in 17 U.S.C. § 107 berücksichtigen Zusammenhängen benutzt werde, könne eine Verletzung der *moral rights* nicht beheben; im Unterschied zu der materiellem Schutz dienenden Abwehr eines *copyright infringement*. Zudem sei schwer zu bestimmen, wann ein *fair use* im Zusammenhang mit einem Eingriff in *moral rights* vorliegen soll[1142]. Hinsichtlich des Namensnennungsrechts erscheine es zweifelhaft, bei einem Leugnen der Urheberschaft von Fairness zu sprechen.

Insbesondere auch vor dem Hintergrund der fortschreitenden Digitalisierung bereite die Anwendbarkeit der „*fair use*“-Einrede Probleme[1143]. Denn die tatsächliche Erleichterung von

---

[1138] 948 F. Supp. 1214 (S.D.N.Y. 1996).

[1139] Im Hinblick auf die weitreichende Beschränkung des Schutzbereichs der *moral rights* über 17 U.S.C. § 106A (c), (3) wäre hier vielmehr die Frage nach der verbleibenden praktischen Relevanz des *fair use* zu stellen gewesen - ein Aspekt auf den nicht eingegangen wird.

[1140] Vergl. Federle, S. 113, Fn. 163; a. A. insoweit aber Lee, 58 Washington and Lee L. Rev. 795, 846 (2001), der davon ausgeht, dass die *fair use-Doctrine*, ebenso wie die *work for hire-Doctrine*, als ureigenste Prinzipien des US-amerikanischen *Copyrights* auch in einem Moral-Rights-System anwendbar sein müssen. Dieses System solle jedoch nicht auf einer bloßen Übernahme einer fremden Civil Law-Doctrine bestehen, sondern, anders als bislang im VARA zum Ausdruck kommend, einen Schutz der Würde des Künstlers vorsehen; in diesem Sinne *dignity based* sein, vergl. Fn. 224. Siehe auch Yonover, 14 Cardozo Arts & Ent. L. J. 79, 86 (1996), der für den Bereich der Parodie eine weite Anwendung des *fair use* zugunsten des Parodisten befürwortet und annimmt, dass das Werkintegritätsrecht insoweit in den meisten Fällen hinten anstehen sollte.

[1141] Karlen 15 Hastings Comm. and Ent. L. J. 905, 912 f. (1993). Unter ähnlichem Gesichtspunkt lehnt auch Pettenati, 12 Pace Intl. L. Rev. 425, 432 (2000), die Anwendbarkeit der *fair use-Doctrine* auf *moral rights* ab.

[1142] Besonders schwer wiege auch der Umstand, dass eine Zerstörung des Werkes in Rede stehen könne. Dies über das wörtliche Verständnis des fair-use hinaus, so Ginsburg 14 Columbia-VLA Journal of Law & The Arts 477, 487 insbes. Fn. 36 (1990). Yonover, 14 Cardozo Arts & Ent. L. J. 79, 110 (1996), geht gerade bezüglich des Werkintegritätsrechts einen grundsätzlich anderen Weg. Auch bei einer wirtschaftlichen Verwertung der Parodie sollte - anders als bei den „*copyright infringement*“-Fällen - grundsätzlich von einem fairen Gebrauch ausgegangen werden. Andere Lösungen der Interessenkollision zwischen Parodie und Werkintegritätsschutz, über Zwangslizenzen oder eine Beschränkung der verfügbaren Rechtsmittel bzw. der Art und des Umfangs einer Haftung, lehnt er ab. Vielmehr müsse der Interessenausgleich eine Umkehr der Beweislast nach sich ziehen, so dass dem Urheber in „*moral rights*“-Fällen der Beweis des *unfair use*, damit der Überschreitung des Rahmens eines zunächst als angemessen anzunehmenden Gebrauchs obliege, S. 116 ff. Im Zweifel sollte eine Lösung zugunsten des Parodisten befürwortet und hiermit grundsätzlich kreative Produktivität gefördert werden; letztlich gehe es darum, dass mehr statt weniger Kunst hervorgebracht werde, S. 121.

[1143] Hierauf weist Kaplan, 107 Harvard L. Rev. 1977, 1990 f. (1994), hin.

Werkveränderungen, bei zusätzlicher Einschränkung des rechtlichen Schutzes infolge einer möglichen *fair use-defense*, führe insgesamt zu einer Schmälerung des mit der gesetzlichen Einführung von ***moral rights*** eigentlich verfolgten Anliegens, das schöpferische Schaffen zu fördern und hierzu anzuspornen.

c) Zwischenergebnis

Liegt ein Arbeits- oder Auftragsverhältnis im Sinne der *work for hire Doctrine* vor oder handelt es sich bei dem nicht erlaubten Eingriff in ein *moral right* um einen sog. *fair use*, dann läuft der Schutz der *moral rights* nach VARA leer. Die Frage einer rechtsgeschäftlichen Disponibilität der *moral rights* stellt sich in diesen Konstellationen nicht mehr.

3. Rechtsgeschäfte über *Moral Rights* bzw. entsprechende Rechtspositionen nach Common Law

a) Grundsätzliches

Das US-amerikanische Recht ist als sog. Case Law abstrakten Dogmen gegenüber grundsätzlich abgeneigt[1144]. Dies bestätigt auch der Befund zu dem hier einschlägigen Problemkreis der Rechtsgeschäfte über *moral rights*. Die Diskussion in der Rechtslehre sowie die Formulierungen der einschlägigen Gesetze beschränken sich insoweit auf drei grundsätzliche Aspekte und entsprechende Termini.

Soweit von einem *transfer* (*of rights*) gesprochen wird, bezeichnet dies den Übergang eines Rechts auf eine andere Person[1145]. Der Erwerber kann das erworbene Recht dann nicht nur positiv ausüben, sondern auch diesbezügliche Abwehrrechte gegenüber Dritten, einschließlich dem Übertragenden, geltend machen[1146]. Dies entspricht rechtstechnisch der „Übertragung" als Verfügungsgeschäft nach deutschem Recht.

Dem wird als Gegenstück der *waiver* (*of rights*) zugeordnet. Dies bedeutet zum einen ein Verzicht im Sinne einer Rechtsaufgabe, durch die der ursprüngliche Rechtsinhaber seine Inhaberschaft verliert[1147]. Zum anderen wird hierunter aber auch die schlichte Verpflichtung gegenüber dem Vertragspartner, das betreffende Recht nicht auszuüben, erfasst[1148]. Welches Verständnis sich im urheberrechtlichen Bereich durchgesetzt hat, werden die weiteren Untersuchungen zeigen.

Als dritter Terminus wird der *consent* innerhalb der Grundsatzdiskussion sowie der Gesetzformulierung nach im urheberrechtlichen Bereich verwendet. Dieser Begriff entspricht inhaltlich der im deutschen Recht anerkannten Einwilligung in deliktische Handlungen[1149]. In-

---

[1144] Vergl. Zweigert, § 1 I, 3., S. 4.

[1145] Koumantos RIDA 1999, 86, 92.

[1146] Netanal 12 Cardozo Arts and Ent. L. J. (1994), 1, 50.

[1147] Siehe Black`s Law Dictionary, S. 1574, zur Definition von *Waiver*: „The voluntary relinquishment or abandonment - express or implied - of a legal right or advantage. The party alleged to have waived a right must have had both knowledge of the existing right and the intention of forgoing it."

[1148] Koumantos, RIDA 1999, 86, 92, verweist hinsichtlich eines *transfer* und eines *waiver* - im Sinne eines Rechtsausübungsverzichts - auf die Form einer vertraglichen Vereinbarung, während für den Rechtsverzicht eine einseitige Erklärung ausreiche.

[1149] Siehe Black´s Law Dictionary, S. 300, zur Definition von *Consent*: „Agreement, approval, or permission as to some act or purpose, esp. given voluntarily by a competent person. Consent is an affirmative defense to assault, battery, and related torts, as well as such torts as defamation, invasion of privacy, conversion and trespass."

soweit wird auch die grundsätzliche Widerrufbarkeit des *consent*, zumindest im urheberrechtlichen Bereich, befürwortet[1150].

b) Gesetzliche Regelungen zu Rechtsgeschäften über *Moral Rights* in VARA und in den State Laws

aa) Grundsatzregelung nach VARA

VARA garantiert den Urhebern *moral rights* als eigenständige Rechte, d.h. unabhängig von der Eigentumslage am Werkstück sowie dem *Copyright* und diesbezüglichen rechtsgeschäftlichen Dispositionen. 17 U.S.C. § 106A (b) formuliert insoweit: „Only the author of a work of visual art has the rights confered by subsection (a) (betreffend *moral rights*) in that work, wether or not the author is the copyright owner." Der VARA schließt dabei ausdrücklich die Übertragung (*transfer*) der *moral rights* aus, U.S.C. § 106A (e) (1)[1151]. Die Gesetzesbegründung führt insoweit den persönlichkeitsrechtlichen Charakter der *moral rights* an, der eine Übertragung verbiete[1152]. Damit hat sich auch im US-amerikanischen Recht das Dogma der unlösbaren Verbindung der *moral rights* von der Person des Rechtsträgers durchgesetzt[1153]. Der Verweis auf die persönlichkeitsrechtliche Natur ist aber mit Blick auf die Regelung des *right of publicity* nicht selbstverständlich und nach US-amerikanischem Rechtsverständnis an sich nicht denknotwendig[1154].

Auch der US-amerikanische Gesetzgeber wollte den hohen Stellenwert des Grundsatzes der Vertragsfreiheit nicht gänzlich unberücksichtigt lassen[1155]. Sehr weitreichend, gerade im Vergleich mit der französischen und deutschen Regelung, hat er dabei ausdrücklich die Zulässigkeit eines Verzichts (*waiver*) auf die *moral rights* bestimmt, 17 U.S.C. § 106A (e) (1)[1156]. Damit hat sich die Auffassung durchgesetzt, dass die potentielle Gefahr der routinemäßigen Forderung nach einem Rechtsverzicht (*waiver of rights*) des Urhebers hinter den Folgen eines Verbots von Verzichtsvereinbarungen zurücktreten muss, da andernfalls die normalen Geschäfts- und Handelspraktiken gehemmt oder gar verhindert würden[1157]. Diese Regelung bestätigt auch die grundsätzliche dogmatische Überlegung, Verzicht- und Übertragbarkeit gerade auch bei so genannten höchstpersönlichen Rechten deutlich zu unterscheiden und nicht schlicht von der Unzulässigkeit einer Übertragbarkeit auf die Unzulässigkeit eines Verzichts zu schließen[1158].

[1150] Damich 84 Columbia L. Rev. 1733, 1745 (1984); Horowitz 25 Harvard J. on Legis. 153, 191 (1988).

[1151] „The rights (...) may not be transferred ..."

[1152] „an assignment or transfer of these rights to third parties would be contrary to the personal nature of the rights ...", H.R. Rep. No. 101-514, 101st Cong., 2d Sess. 19 (1990).

[1153] Die Begründung des Gesetzgebers zur Unübertragbarkeit führt auch VerSteeg, 67 Washington L. Rev. 827, 847 ff. (1992), an, obwohl er im Weiteren, entgegen diesem ausdrücklichen Befund, auch paternalistische Gründe des Gesetzgebers für die Festlegung der Unübertragbarkeit für denkbar hält, diese aber seinerseits zurückweist.

[1154] Vergl. insoweit die Ausführungen, oben im 1. Teil, unter 3.

[1155] Auf diesen Grundsatz verweisen auch Merryman/Elsen, S. 339, im Zusammenhang mit dem New York Artists' Authorship Rights Act.

[1156] Wegen dieser Verzichtbarkeit liegt auch keine Kollision des VARA mit dem 5. Zusatz zur US-amerikanischen Verfassung vor; das Verletzungspotential aufgrund der Zuweisung der Kontrolle über den Gebrauch fremden Sacheigentums an eine „dritte" Seite, das eine verfassungswidrige, unerlaubte Übernahme (*impermissible taking*) darstellen kann, entfällt hiermit.

[1157] Hierauf wird oft hingewiesen, so bsph. auch Patry, S. 1050, Fn. 165 unter Verweis auf H.R. Rep. No. 514 und Fn. 18.

[1158] Vergl. insoweit die Ausführungen oben, unter I., 2., b), bb) und oben im 3. Teil, unter 4.

Voraussetzung eines wirksamen Rechtsverzichts nach VARA ist, dass dieser ausdrücklich in einer schriftlichen, vom Urheber unterzeichneten Urkunde erfolgt. Dabei muss das Werk und die Nutzung, auf die er sich bezieht, genau bezeichnet sein; nur darauf erstreckt sich dann auch der Verzicht, 17 U.S.C. § 106A (e) (1)[1159] - dabei ist zu berücksichtigen, dass sich „Nutzung" nicht auf Werkreproduktionen beziehen kann, da diese ohnehin vom Schutzbereich des VARA ausgenommen sind. Ob der Verzicht nun als einseitiges Rechtsgeschäft, weil nur durch den Urheber zu unterschreiben, oder als zweiseitige vertragliche Vereinbarung zu verstehen ist, weil hinsichtlich der Bestimmung der Reichweite eine Einbeziehung des Werknutzers notwendig sein kann, bleibt unklar. Jedenfalls wird nicht hinsichtlich der Disponibilität der verschiedenen *moral rights* unterschieden[1160].

Auch scheint dem Gesetzeswortlaut nach eine weitreichende Ausformulierung von Nutzungszusammenhängen und Veränderungsmodalitäten zulässig; es gibt keine qualitative oder quantitative Beschränkung. Im Schrifttum wird dabei aber betont, dass die Anforderungen des VARA genau genommen werden sollten und deshalb eine enge Auslegung vorzunehmen sei[1161]. Diese Striktheit wird in der Regelung in 17 U.S.C. § 106A (e) (2) bestätigt[1162], wonach in einer Übertragung des Eigentums, des Urheberrechts oder einzelner Verwertungsrechte nicht zugleich auch der konkludente Verzicht auf *moral rights* mitenthalten ist. Auch in der praktischen Konsequenz sei diese Beschränkung notwendig, denn andernfalls würde die gesetzliche Einführung von *moral rights* keine wirkliche Veränderung der bis dato bestehenden Gesetzeslage bedeuten und wäre letztlich inhaltlich sinnlos[1163]. Insbesondere könnten in der Praxis Buy-out-Regelungen drohen, wonach die Urheber in schriftlichen Verträgen umfassend auf ihre Rechte verzichteten, auch wenn dies aus Gründen der Nutzung des Werks gar nicht notwendig wäre[1164]. Etwas anderes gelte ausschließlich für die Urheber, die eine ent-

---

1159 17 U.S.C. § 106A (e) (1) lautet: „those rights may be waived if the author expressly agrees to such waiver in a written instrument signed by the author. Such instrument shall specifically identify the work, and uses of that work, to which the waiver applies, and the waiver shall apply only to the work and uses so identified."

1160 Hinsichtlich des Werkintegritätsrechts wird angenommen, dass jede Veränderung oder Beschädigung des Werks, die das Resultat eines nicht in der Verzichtsvereinbarung spezifizierten Gebrauchs ist, zu einer Haftung führt, Strong, S. 157.

1161 Nimmer, § 8D.06 [D]. Die bislang wohl einzige Entscheidung, in der sich ein Künstler erfolgreich auf den VARA berufen konnte, ist Martin v. City of Indianapolis, 192 F.3d 608 (7th Cir. 1999) - zitiert nach Nimmer, a.a.O., n. 157.1 -, in der der Künstler Martin eine Zerstörung seiner Skulptur durch die Stadt Indianapolis *nachträglich* rügte und erfolgreich eine Verletzung seines Werkintegritätsrechts geltend machen konnte. Das Gericht setzte sich am Rande auch mit der Frage eines Verzichts auseinander und widersprach der Ansicht, dass ein Verzicht auf die Rechte aus VARA in der zugrunde liegenden „Projektvereinbarung" zwischen den Prozessparteien zum Ausdruck komme. Darin wurde der Stadt Indianapolis das Recht zugebilligt, das Kunstwerk unter bestimmten, näher beschriebenen Voraussetzungen zu entfernen, wenn zuvor eine schriftliche Mitteilung an den Künstler erfolgt - an dieser fehlte es im vorliegenden Fall - und diesem die Gelegenheit gegeben wird, innerhalb von 90 Tagen die Skulptur selbst zu entfernen. Dies spricht dafür, dass das Schriftformerfordernis des VARA hinsichtlich eines Verzichts auch von der Rechtsprechung strikt angewendet wird.

1162 17 U.S.C. § 106A (e) (2) lautet: „Ownership of the rights (...) is distinct from ownership of any copy of that work or of a copyright or any exclusive right under a copyright in that work. Transfer of ownership of any copy of a work of visual art, or of a copyright or any exclusive right under a copyright, shall not constitute a waiver of the (moral) rights ..."

1163 So äußert sich Damich, 13 Columbia-VLA Journal of Law & The Arts 291, 327 (1989), hinsichtlich der Regelungen von „waivern" in den state statutes.

1164 Diese Überlegung ist indes beim VARA insoweit nicht von großer Überzeugungskraft, als dass der VARA ohnehin nur für einen kleinen Bereich Schutz bietet, denn weite Bereiche praktisch relevanter Werknutzung sowie wichtige Werkarten sind ausgeschlossen, vergl. 17 U.S.C. § 101 und § 106A (c). Entsprechende Kritik und Bedenken gegenüber blanket waivern äußerte Damich, Columbia-VLA J. of L. & the Arts 291, 327 (1989) bereits im Hinblick auf die Verzichtsregelungen in den State Laws.

sprechende Verhandlungsposition gegenüber ihren Vertragspartnern behaupten und durchsetzen könnten. Derart verhandlungsstarke Urheber hätten aber bereits nach der alten Gesetzeslage, vor Einführung der *moral rights*, die Möglichkeit zur vertraglichen Vereinbarung eines den *moral rights* vergleichbaren Schutzes gehabt. Der Gesetzesbegründung nach ist jedenfalls ein unbeschränkter Verzicht (*blanket waiver*) mit der Regelung des VARA unvereinbar und unzulässig[1165].

Im Hinblick auf die Verzichtsregelung im VARA erachtet das *Copyright Office* eine Klarstellung durch den Gesetzgeber für wünschenswert, die regelt, was mit der Forderung nach einer Spezifizierung des Werkgebrauchs beabsichtigt sei und wann eine unangemessen weitreichende Formulierung vorliege[1166]. Bedenklich erscheine es, wenn ein Verzicht als den formulierungsmäßigen Anforderungen des VARA entsprechend beurteilt wird, der eine Spezifizierung des Gebrauchs des betreffenden Werkes in der vertraglichen Vereinbarung durch die Beschreibung „Gebrauch als ein Kunstwerk der bildenden Kunst" („*the work's use is „as a work of visual art*"") vornimmt[1167]. Hierdurch wäre der Rechtsverzicht für alle Nutzungssituationen des Werkes wirksam, in denen das Recht auf Werkintegrität oder Anerkennung der Urheberschaft potentiell generell betroffen sein könnte[1168].

Für den Verzicht wird eine weitere Beschränkung betreffend den Wirkungskreis angenommen. Der Verzicht könne nur von der Person beansprucht werden, zu deren Gunsten er eingegangen wurde[1169]. Auch die Übertragung des Verzichts (*transfer of waiver*) sei ausgeschlossen; ihm komme grundsätzlich nur relative Wirkung zu. Insoweit handelt es sich beim Verzicht nach VARA also nicht um einen Rechtsverzicht, sondern nur um einen Rechtsausübungsverzicht, vergl. hierzu oben, unter a).

Ein entscheidender Unterschied zur Rechtslage vor Einführung der Verzichtsregelung im VARA wird darin gesehen, dass der Interessenschutz über das Vertragsrecht von der Verantwortlichkeit des Urhebers, hin auf die Seite des Verwerters verlagert wurde; sei es nun an diesem, sich um einen Verzicht des Urheber zu bemühen[1170].

bb) Kritik des Schrifttums an der Grundsatzregelung des VARA

Im Schrifttum wird die Verzichtsregelung überwiegend befürwortet und als ein notwendiger Ausgleich zwischen den Urheber- und Werknutzerinteressen gesehen[1171]; Bedenken hinsichtlich etwaiger ungleicher Verhandlungsstärken der Parteien werden als nebensächlich zu-

---

1165 H.R. Rep. No. 101-514, 101st Cong., 2d Sess. 19 (1990).

1166 Vergl. in: Waiver of moral rights, Executive Summary, S. XVIII. Das *Copyright Office* stellte in dieser Untersuchung fest, dass die Vertragspraxis zum Rechtsverzicht noch uneinheitlich in der sprachlichen Ausformulierung ist und dass mangels feststellbarer, einheitlicher Praxis auch nicht geklärt werden könne, ob den Anforderungen des VARA grundsätzlich Rechnung getragen wird, S. 187 - ausführlich zum Hintergrund und Ergebnis der Untersuchung, sowie den erwähnten und besprochenen Vertragsmustern unten, unter 4.

1167 Verweis des *Copyright Office*, in: Waiver of moral rights, Executive Summary, S. XII.

1168 Vergleichbar weitreichende Formulierungen scheinen gängige Vertragspraxis zu sein, so Benson, in: Waiver of moral rights, S. 153. Vergl. auch den Formulierungsvorschlag von Nimmer, § 28.06: Subparagraph (b)„This waiver applies to the following uses: any and all application in which either the attribution right or the integrity right may be implicated. With the respect to works enumerated in subparagraph (a) aboive for uses enumerated in subparagraph (b), Artist hereby expressly and forever waves under U.S. federal or state law or under the laws of any other country that conveys rights of the same nature as those conveyed under 17 U.S.C. § 106A, or any other type of moral right or droit moral."

1169 Nimmer, § 8D.06 [D].

1170 Ginsburg 14 Columbia-VLA 477, 488 (1990).

1171 Merryman, Comment Letter, in: Waiver of moral rights, S. 118.

rückgewiesen[1172]. Soweit mitunter eine Ergänzung der Verzichtsregelung gewünscht wird, zielt dies darauf, die Werke mit einem Hinweis zu versehen, der Auskunft darüber gibt, auf welche Rechte nach VARA verzichtet wurde, so dass die Öffentlichkeit eine unerlaubte Veränderung eines Werkes erkennen könne[1173]. Der Vermerk eines Verzichts könne dabei vergleichbar einem Copyrightvermerk erfolgen[1174].

Soweit im Schrifttum vereinzelt in grundsätzlicher Art zur Verzichtbarkeit von *moral rights* kritisch Stellung bezogen wird, werden zunächst Forderungen nach einer inhaltlichen Differenzierung laut.

So wird die Möglichkeit eines bindenden Verzichts bei nicht ersetzbaren Kunstwerken gänzlich abgelehnt[1175]. Zudem wird befürwortet, dass der Urheber, unabhängig davon, dass dieser zunächst eine Zustimmung (*consent*) erteilt habe, gerichtlich weder zur Duldung einer substantiellen Werkveränderung noch der darin liegenden Verletzung seiner Persönlichkeit gezwungen werden könne, wenn sich der Urheber später eines anderen besinne[1176]. Das Vertrauen auf eine erteilte Zustimmung seitens des Empfängers müsse zwar geschützt werden, dem könne jedoch dadurch Rechnung getragen werden, dass eine Nichtanerkennung der erteilten Zustimmung des Urhebers nur gegen eine Entschädigung des Empfängers und nur bis zur tatsächlichen Vornahme der durch Zustimmung legitimierten Veränderung, also zeitlich beschränkt, möglich ist - was an die Heranziehung des Gedankens der Rückrufsregelungen im urheberpersönlichkeitsrechtlichen Zusammenhang nach deutschem und französischem Recht erinnert. Im Fall eines zulässigen Widerrufs der entsprechenden Zustimmung sei auch denkbar, dass der Urheber für die im Vertrauen auf die Zustimmung getätigten Aufwendungen in Regress genommen werde[1177]. Hier sei an die eingangs dargestellte Unterscheidung zwischen einem verbindlichen *waiver* und einem widerruflichen *consent* erinnert.

Beispielhaft wird auf das Namensnennungsrecht verwiesen, wo entsprechende Verzichtsvereinbarungen (widersprüchlich in diesem Zusammenhang allerdings *waiver* genannt) nicht durchsetzbar sein sollten[1178]. Gehe der Urheber eine insoweit unverbindliche Vereinbarung

---

[1172] Drastisch formuliert Merryman: „in my experience these concerns (about waivers of moral rights) are vastly exaggerated by sentimentalists whose fervor is inversely proportional to their familiarity with the art world", in: Waiver of moral rights, S. 118, Fn. 151.

[1173] So Pulin, in: Waiver of moral rights, S. 155. Dieser Vorschlag stößt jedoch auf Seiten des *Copyright Office* nicht auf Gegenliebe, da darin die Gefahr gesehen wird, dass dies als eine Art öffentliche Einladung zur Veränderung des Werkes verstanden werden könnte, in: Waiver of moral rights, S. 193.

[1174] Bemerkenswert ist in diesem Zusammenhang der National Film Preservation Act of 1988, vergl. hierzu: Dietz GRUR Int. 1989, 627, 634. Als außerhalb des Urheberrechts stehendes Regelungswerk sah dieser zumindest indirekten Schutz vor materiellen Änderungen vor. Das Film Preservation Board konnte jährlich 25 kulturell, historisch oder ästhetisch bedeutende Filme in ein nationales Filmregister aufnehmen. Bei Änderungen dieser Filme im Zuge von Verwertungshandlungen waren diese Änderungen zu vermerken. Der praktische Anwendungsbereich des Gesetzes war jedoch gering, da zum einen eben nur die ausgewählten Filme berücksichtigt und erst 10 Jahre nach ihrer Erstveröffentlichung in das entsprechende Register aufgenommen wurden, und sich der Schutz zum anderen nicht auf Werbeunterbrechungen und solche Veränderungen erstreckte, die sich in Übereinstimmung mit den Verkehrsgewohnheiten und Standards ergaben. Dieses Gesetz galt zudem auch nur für drei Jahre, bis 1991, vergl. hierzu insgesamt: Husband 17 Columbia-VLA Journal of Law & The Arts 327, 345 ff. (1993).

[1175] So Damich 39 Catholic University L. Rev. 945, 990 (1990).

[1176] Damich 39 Catholic University L. Rev. 945, 990 (1990).

[1177] Damich, in: Waiver of moral rights, S. 151, Fn. 546.

[1178] Damich, 39 Catholic University L. Rev. 945, 991 (1990), Fn. 242, erkennt zwar an, dass hierdurch die übliche Praxis der Ghostwritervereinbarungen gefährdet werde, bewertet dies aber als durchaus im gesellschaftlichen Interesse liegend. Zu bedenken ist hier jedoch, dass eine Ghostwritervereinbarung ohnehin nicht die *moral rights* nach dem sog. *statutory law* - weder VARA noch die State Laws - betreffen würde. Denn

(*agreement*) hinsichtlich der Anonymität oder Pseudonymität ein, solle der Geschäftspartner auf diese Vereinbarung jedenfalls bis zur Anzeige eines Widerrufs („*until he is notified of revocation*") vertrauen können[1179]. Bei einer vereinbarten Anonymität oder Pseudonymität könne der Schutz des Vertrauens des Geschäftspartners dazu führen, dass diesem bei absprachegemäßer Anfertigung von Vervielfältigungsstücken ohne Namensangabe gerichtlich ein entsprechendes Verbreitungsrecht zugesprochen werde und ausschließlich die weitere Vervielfältigung ohne Namensangabe untersagt werde. Erst bei nachfolgender Werkverwertung sei dann auf abweichende Vorstellungen des Urhebers einzugehen[1180]. (Hier sei angemerkt, dass ein entsprechender Verzicht des Urhebers mangels eines grundsätzlichen *right to faithful reproduction* eigentlich nicht notwendig wäre, denn selbst entstellende Reproduktionen eines Werkoriginals können nach VARA nicht unterbunden werden.)

Ein Abwehrrecht betreffend Werkänderungen entfalle, wenn infolge einer vorherigen, wenn auch widerrufbaren Zustimmung Veränderungen bereits vorgenommen wurden und der Urheber sich erst danach eines anderen besinne[1181].

Vereinbarungen, die der Urheber erst nach Ausführung einer Werkveränderung bzw. einer bestimmten Namens(nicht)nennung und in voller Kenntnis der Umstände schließe, können nicht als unverbindlich zurückgewiesen werden[1182] - was an die französische Diskussion zum nachträglichen Verzicht erinnert.

Andererseits wird sogar die Forderung nach einer weitergehenden Disponibilität der *moral rights* laut. So werden das Verbot der Übertragung des Verzichts sowie die Bestimmung der Unübertragbarkeit von *moral rights* insgesamt kritisiert[1183]. Denn einerseits werde mit der grundsätzlichen Zuweisung von *moral rights* die vertragliche Stellung des Urhebers gegenüber den Verwertern zwar gestärkt und diesem wirtschaftliche Macht zugewiesen. Doch werde sie ihm andererseits durch die Unübertragbarkeit, ein weiterer Aspekt wirtschaftlicher Macht, wieder ein Stück weit genommen[1184]. Zudem sei der Ausschluss der Übertragbarkeit paternalistischen Ursprungs, folge also einer Begründung, die die Begrenzung des weitreichenden Grundsatzes der Vertragsfreiheit nicht rechtfertige; insoweit könne ausschließlich auf wirtschaftliche Begründungen zurückgegriffen werden.

Bemerkenswert ist in Anbetracht dieser Kritik jedoch, dass der US-amerikanische Gesetzgeber selbst nicht auf paternalistische, sondern auf dogmatische Grundsätze bei der Statuie-

---

Schriftwerke sind als geschützte Werkarten nicht erfasst, was letztlich auch Damich, in: Waiver of moral rights, S. 151, erkennt.

1179 Damich, in: Waiver of moral rights, S. 143, sieht hierin das vertraglich zulässige Gegenstück zum unzulässigen Verzicht im Vorhinein. A. A. Netanal, 12 Cardozo Arts and Ent. L. J. (1994), 1, 48, der hingegen von einer unwiderruflichen Rechtsaufgabe ausgeht (*irrevocably relinquished*).

1180 Damich 39 Catholic University L. Rev. 945, 991 (1990), Fn. 241.

1181 Damich, in: Waiver of moral rights, S. 151.

1182 Damich 39 Catholic University L. Rev. 945, 991 (1990).

1183 So VerSteeg 67 Washington L. Rev. 827, 848 ff. (1992). Einen gänzlich anderen Ansatz bezüglich des Schutzes von *moral rights* und deren Übertragbarkeit und Verzichtbarkeit verfolgt, Lee, 58 Washington and Lee L. Rev. 795, 841 (2001). Er richtet sich gegen die schlichte Adaption einer fremden, genauer der französischen Lehre. Vielmehr solle der Schutz von *moral rights* über den Schutz der Würde des Urhebers begründet werden, so dass auch zutiefst subjektiv-persönliche Interessen erfasst werden, und der Schutz damit nicht nur auf eher objektiv begründbaren Gesichtspunkten, wie der Ehre und dem Ruf, wie bei VARA, basiere, S. 843 f. Zwar sei die Würde eines Menschen an sich nicht verzichtbar, doch sei der jeweilige Respekt für die künstlerische Würde, die Frage, ob dem Urheber daran gelegen ist, dass der künstlerischen Würde Respekt gezollt werde, den Wünschen des jeweiligen Urhebers überlassen, S. 845.

1184 Dahinter steht wohl die Annahme, dass vertraglicher Machtzuwachs und wirtschaftliche Stärkung einer Partei notwendig eine Zuweisung auch der Disponibilität der betreffenden Rechtsgüter bedeutet.

rung der eingeschränkten Disponibilität der *moral rights* rekurriert hat. Außerdem kann der Auffassung insgesamt entgegengehalten werden, dass auch das US-amerikanische Recht grundsätzlich auf paternalistische Gründe für eine Begrenzung der Vertragsfreiheit zurückgreift; insoweit wird auf sog. housing und public transportation laws verwiesen[1185].

cc) Grundsatzregelungen nach den State Laws

Die Mehrzahl der Kodifizierungen der Gliedstaaten sehen ebenfalls ausdrücklich einen Rechtsverzicht (*waiver*) vor[1186]. Beispielhaft kann auf die kalifornische Regelung verwiesen werden, wonach der Verzicht ausdrücklich, in Schriftform und durch den Urheber unterschrieben zu erfolgen hat[1187] - entsprechend der Verzichtsregelung im VARA.

Bemerkenswert ist jedoch, dass dabei, anders als nach VARA, überwiegend[1188] nicht gefordert wird, dass das Werk selbst sowie die Art der jeweils beabsichtigten Nutzung spezifiziert in der Verzichtsvereinbarung angegeben werden. Probleme bei der Bestimmung der Wirkungsweise eines wirksamen Verzichts scheinen auch dadurch vorprogrammiert, dass mitunter[1189] anstelle des Urhebers Organisationen zum Schutz öffentlicher Interessen zum Vorgehen gegen Verletzungen der Werkintegrität legitimiert werden. Wie aber wirkt sich nun der Verzicht des Urhebers auf die Klagemöglichkeit dieser Organisationen aus?[1190]. Einerseits wird damit argumentiert, dass der Aspekt des Kunstschutzes für kommende Generationen - was als Hauptanliegen gerade im kalifornischen Gesetz betont wird - gegen einen weitreichenden Verzicht und deshalb wohl auch gegen eine „Drittwirkung" spreche[1191]. Andererseits liege jedoch die Vermutung nahe, dass eine solche „Drittwirkung" notwendige Folge eines Verzichts sei. Denn es wäre nicht gerecht, dass der Käufer eines Kunstwerks, der einen Verzicht des Urhebers erreicht hat, den Ansprüchen Dritter, der genannten Organisationen, ausgesetzt sein könnte. Dies würde letztlich die Hinfälligkeit der gesetzlichen Verzichtsregelung bedeuten.

Bei der vergleichbaren Regelung im Gesetz des Bundesstaates Massachusetts wird sich dieses Problem wohl nicht in der Form stellen. Denn das Gesetz erkennt Künstlerorganisationen bzw. sog. *bona fide unions* zwar eine Aktivlegitimation zu, Mass. Gen. Laws, ch. 231, § 85S (e)[1192]. Dies aber nur, soweit eine diesbezügliche schriftliche Autorisierung durch den Künstler vorliegt; zu überlegen wäre deshalb, ob mit der Vereinbarung eines Verzichts nicht auch die Autorisierungsbefugnis des Künstlers entfällt, da ja die materiell-rechtliche Grundlage fehlt.

1185 Vergl. VerSteeg 67 Washington L. Rev. 827, 848 (1992).

1186 Vergl. insoweit Cal. Civ. Code § 987 (g) (3); Conn. Gen. Stats, title 42, ch. 737C, § 42-116t (d) (3); Mass. Gen. L., ch. 231, § 85S (g); Pa. Stats. Ann., title 73, ch. 31, § 2107 (2); New Mexico Stats. Ann. § 13-4B-2 und Nev. Rev. Stats. Ann. § 598.970.

1187 Cal. Civ. Code § 987 (g) (3) lautet insoweit: „The rights (...) may not be waived except by an instrument in writing expressly so providing which is signed by the artist."

1188 Anders insoweit nur Mass. Gen. Laws, ch. 231, § 85S (g), wonach der Verzicht sich beziehen muss auf „specific works with identification and such waiver shall only apply to work so identified."

1189 Siehe § 989 (c) Cal. Civ. Code: „An organization acting in public interest may commence an action for injunctive relief to preserve or restore the integrity of a work of fine art ..." Vergl. auch Mass. Gen. L., ch. 231, § 85S (e).

1190 Auf dieses Problem verweist Zuber 23 Pacific L. J. 445, 458 (1992).

1191 So Zuber 23 Pacific L. J. 445, 458 (1992).

1192 Der Wortlaut lautet insoweit: „The artist or any bona fide union or other artists´ organization authorized in writing by the artist for such purpose may commence an action in the superior court department of the trial court of the commonwealth."

dd) State Laws ohne ausdrückliche Verzichtsregelung

Bezüglich der Frage der Zulässigkeit eines Rechtsverzichts in den Bundesstaaten, deren Gesetze keine ausdrückliche Regelung zum Verzicht auf *moral rights* treffen[1193], besteht im US-amerikanischen Schrifttum Uneinigkeit.

Zum einen wird auf die Formulierungen der Gesetze bei der Zuweisung des Rechts auf Anerkennung der Urheberschaft verwiesen. Die Rechtsgewährung ist insoweit zu „allen Zeiten" („An artist shall retain *at all times*[1194] the right to claim authorship ..."[1195]) vorgesehen, so dass damit auch die Unverzichtbarkeit der Rechte geregelt werde[1196]. Dem könnte jedoch entgegengehalten werden, dass eine solche Formulierung auch in den State Laws, die einen *waiver of rights* ausdrücklich zulassen, gewählt wurde. Keinesfalls aber kann dieses Wortlautargument in Bezug auf das Werkintegritätsrecht überzeugen. Denn die betreffenden Gesetze gewähren dieses als Verbotsrecht gegenüber der öffentlichen Ausstellung des veränderten Werks; die Veränderung bzw. Entstellung an sich kann nicht unterbunden werden. Auch taucht keine entsprechende Formulierung *at all times* auf.

Im Hinblick darauf, dass die gesetzliche Regelung die Möglichkeit einer Zustimmung (*consent*) des Urhebers zur öffentlichen Ausstellung des veränderten Werks vorsieht[1197], wird geschlussfolgert, dass die Konsequenz aus der Annahme des Verlustes etwaiger Abwehrrechte gegenüber Werkveränderungen infolge der Erteilung einer Zustimmung sein müsse, auch einen Verzicht (*waiver of rights*) auf die gewährten *moral rights* zuzulassen[1198].

Zudem wird darauf verwiesen, dass eine Zustimmung nicht mit einem Verzicht gleichgesetzt werden könne[1199]. Eine Zustimmung sei einseitig durch den Urheber widerrufbar, ein Rechtsverzicht hingegen für beide Parteien bindend[1200]. Dieser Unterschied manifestiere sich auch in dem bewussten Gebrauch beider Begriffe in unterschiedlichen Zusammenhängen innerhalb eines einheitlichen Gesetzes[1201]. Der Schluss von der Zulässigkeit eines *consent* auf die eines *waiver of rights* sei insgesamt höchst zweifelhaft und daher abzulehnen. Dies betreffe gerade auch die Rückschlüsse auf eine Verzichtbarkeit des Rechts auf Anerkennung der

---

1193 So die Bundesstaaten New York, New Jersey, Rhode Island, Maine und Louisiana. Dies betrifft sowohl generelle als auch spezielle Verzichtsregelungen, wie für den Bereich der sog. „Kunst am Bau" - ausgenommen ist insoweit nur der Bundesstaat Louisiana, wo jedenfalls für sog. „Kunst am Bau" eine Verzichtsregelung vorgesehen ist.

1194 Die Übersetzung zu „allen Zeiten" bzw. „immer" erscheint hier angemessener als „ewig", so aber Mersmann, S. 117. Denn diese Bedeutung erscheint vor dem Hintergrund nahe liegender, dass das *Copyright* an sich übertragbar ist und insoweit klargestellt wird, dass das Recht auf Anerkennung der Urheberschaft hingegen *immer* beim Urheber verbleibt. Zudem würde die Übersetzung „ewig" auch im Widerspruch zu der zugleich vorgesehenen zeitlichen Limitierung der Beanspruchbarkeit von *moral rights* bis zum Ablauf des 50. Jahres nach dem Tod des Urhebers stehen, vergl. Pa. Stats. Ann., title 73, ch. 31, § 2107 (1).

1195 Beispielhaft kann auf Gen. L. of Rhode Island § 5-62-4 verwiesen werden.

1196 Damich 84 Columbia L. Rev. 1733, 1744 (1984) und 13 Columbia-VLA Journal of Law & The Arts 291, 326 (1989).

1197 Vergl. bsph. Maine Rev. Stats, title 27, § 303 (2): „no person, other than the artist or a person acting with the artist's consent, may knowingly display in a place accessible to the public or publish a work of fine art of that artist ... in an altered, defaced, mutilated or modified form ..."

1198 Vergl. Dreier GRUR Int. 1985, 525, 530, Fn. 54, unter Verweis auf: Scott/Cohen 8 Art & the Law 367, 375 (1984) und Davis, 17 Hofstra L. Rev. 317, 339 (1989), bezüglich der entsprechenden Regelung in N.Y. Arts and Cultural Affairs Law § 14.03., 1.

1199 Insbesondere Damich 84 Columbia L. Rev. 1733, 1745 (1984).

1200 Damich 84 Columbia L. Rev. 1733, 1745 (1984); Horowitz 25 Harvard J. on Legis. 153, 191 (1988).

1201 Vergl. insoweit Louisiana Rev. Stats., title 51, § 2153 und § 2155 (F) (1).

Urheberschaft[1202] - die Gesetze verwenden den Begriff *consent* in diesem Zusammenhang nicht.

Unzutreffend sei auch, aus dem Umstand, dass eine ausdrückliche gesetzliche Regelung zum Ausschluss eines Verzichts fehle, den Schluss zu ziehen, dass dieser inzident zugelassen werde[1203]. Denn allgemeinen Rechtsgrundsätzen zufolge seien Statuten einschränkend auszulegen[1204].

Gegen die Annahme einer (ungeschriebenen) Zulässigkeit des Verzichts spricht zudem eine weitere Überlegung. Unterstellt man einmal die Richtigkeit dieser Annahme, wäre damit letztlich ein Verzicht zulässig, ohne dass, entsprechend den Regelungen der anderen Gliedstaaten bzw. des VARA, besondere Wirksamkeitsvoraussetzungen gelten würden. Dann wäre ein formloser mündlicher und umfassender Verzicht zulässig, was jedoch schwerlich mit dem ausdrücklich formulierten Gesetzeszweck der betreffenden Gliedstaaten[1205] und der darin zum Ausdruck gebrachten besonderen Bedeutung der *moral rights* vereinbar wäre; deren gesetzliche Anerkennung und Einführung würde zur reinen Farce. Deshalb ist es aus US-amerikanischer Sicht am überzeugendsten, aus dem Fehlen jeglicher Verzichtsregelung in den Gesetzen der Gliedstaaten abzuleiten, dass ein Verzicht unzulässig ist[1206].

Mit Blick auf die von einigen[1207] Gliedstaaten nur eingeschränkte Gewährung des Rechts auf Unterdrückung der Urheberschaft bei „gerechtfertigen Gründen" (*for just and valid reason*), spräche aber nichts gegen eine gerichtliche Berücksichtigung des tatsächlichen Vorliegens einer - wenngleich unwirksamen[1208] - Zustimmung zum Verzicht (*consent to waive his right*). Insoweit könnte angenommen werden, dass eine nach Zustimmungserteilung erfolgte Ausübung des Rechts auf Namensunterdrückung nicht aus „gerechtfertigtem Grund" erfolge und deshalb nicht zu gewähren sei[1209].

Unabhängig von der Frage der Zulässigkeit eines Verzichts wird auch auf die Möglichkeit verwiesen, einen sog. *disclaimer* anzubringen, wodurch eine Verletzung der *artists' rights* im Falle von Werkveränderungen ausgeschlossen werde. In einer solchen Klausel sei klarzustellen, welche Änderung am Werk von einer anderen Person anstelle des Urhebers stammen[1210] - die Notwendigkeit eines Verzichts wäre damit hinfällig.

1202 Auf diese Trennung und unterschiedliche Beurteilung weist auch Nimmer, § 8D.08 [B], hin.

1203 Hierauf verweist Damich 84 Columbia L. Rev. 1733, 1745 (1984).

1204 Vergl. Peifer ZUM 1993, 325, 342 und Mersmann, S. 118, die insoweit Blumenwitz, S. 47, anführen.

1205 Vergl. N.J. Stats. Ann., title 2A, § 2A:24A-2 „Legislative findings and declarations".

1206 So auch Nimmer, § 8D.08 [B]; a. A. Peifer ZUM 1993, 325, 344.

1207 Vergl. insoweit New York Artists'Authorship Rights Act, N.Y. Arts and Cult. Aff. L., title C, § 14.03, 2., a) und California Art Preservation Act, Cal. Civ. Code § 987, (d), der jedoch eine ausdrückliche Regelung zur Zulässigkeit eines Verzichts trifft.

1208 In New Yorks Gesetzen wird keine Regelung zum Verzicht getroffen, so dass nach der hier vertretenen Ansicht dieser grundsätzlich unzulässig wäre.

1209 So Nimmer, § 8D.08 [B]; vergl. insoweit die Regelung zum *right to disclaim authorship*, in: N.Y. Arts and Cult. Aff. L., title C, § 14.03 (2) (a).

1210 Nimmer, § 8D.08 [A].

ee) Besonderheiten bei Miturhebern

aaa) Gesetzeslage nach VARA

Auf die Bedeutsamkeit von rechtsgeschäftlichen Dispositionen bei miturheberschaftlich geschaffenen Werken (*joint works*[1211]) wird auch in der US-amerikanischen Literatur vor dem Hintergrund der anteilmäßigen Zunahme derartiger Werke hingewiesen[1212]. So wird sogar die grundsätzliche Zuweisung von *moral rights* bei miturheberschaftlichen Werken kritisiert, da hierdurch die Werkverwertung erschwert werde[1213].

Die *moral rights* werden den Miturhebern gemeinschaftlich, als *coowners*, zugewiesen, 17 U.S.C. § 106A (b)[1214]. Diese *Coowner* bilden eine Bruchteilsgemeinschaft hinsichtlich des Werkes, wobei jeder *Coowner* das Werk einseitig nutzen und diesbezügliche Lizenzen einräumen kann, soweit eine Abrechnung des Gewinns (*accounting of profits*) mit den anderen Coownern erfolgt. Die Gewinnaufteilung erfolgt dabei zu gleichen Teilen, unabhängig von dem jeweiligen tatsächlichen Werkbeitrag des einzelnen Miturhebers[1215]. Wohl um einen Gleichlauf zwischen *economic rights* und *moral rights* zu erhalten, wurde eine spezielle, sehr weitgehende Regelung des Verzichts auf *moral rights* bei miturheberschaftlichen Werken getroffen; nach 17 U.S.C. § 106A (d) (1)[1216] gilt der Verzicht eines Miturhebers für und gegen alle übrigen Miturheber[1217].

Genau hier setzt auch die dogmatische Kritik an der Verzichtsregelung des VARA an. Man könne nicht Ungleiches gleich behandeln; die *moral rights* und das *Copyright* seien absolut verschiedene Rechte[1218]. Zudem werde die unterschiedliche Bedeutung und der verschiedene Umfang der Beteiligung der einzelnen Miturheber am Werk egalisiert. Denn ein Miturheber, der einen vergleichsweise unbedeutenden Beitrag gegenüber einem anderen Miturheber leis-

---

1211 17 U.S.C. § 101 bestimmt: „joint work [is] ... a work prepared by two or more authors with the intention that their contributions be merged into inseparable or interdependent parts of a unitary whole". Als Rechtsprechungsbeispiel zum Vorliegen von Miturheberschaft wird auf Childress v. Taylor, 945 F.2d 500 (2nd Cir. 1991) verwiesen, wo eine Bewertung als Miturheberschaft durch zwei notwendige Komponenten konkretisiert wird: „(1) made independently copyrightable contributions to the work, and (2) fully intended to be co-authors.", S. 507 f.

1212 Siehe Ginsburg GRUR Int. 1991, 593, 561; auch Voegtli, 63 Brooklyn L. Rev. 1213, 1215 f. (1997), die vor diesem Hintergrund die romantische Vorstellung vom einsamen, zurückgezogenen Urheber hinterfragt. Vergl. zur Frage der Bedeutsamkeit der Zunahme des Anteils miturheberschaftlicher Werke für das deutsche Rechtsverständnis, im 1. Teil, unter II., 1., b), bb).

1213 Vergl. die Stellungnahme des Committee for America's Copyright Community (CACC), das eine große Gruppe der Urheberindustrie repräsentiert, in: Waiver of moral rights, S. 120.

1214 § 106A (b) lautet: „The authors of a joint work of visual art are coowners of the [moral] rights (...) in that work."

1215 Rosenthal Kwall 75 Southern California L. Rev. 1, 57 (2001).

1216 § 106A (d) (1) lautet insoweit: „In the case of a joint work prepared by two or more authors, a waiver of rights under this paragraph made by one such author waives such rights for all such authors ..."

1217 Insgesamt zu Coownern: Dreyfuss/Kwall, Assignment 9, S. 318. Wohl in Anlehnung an die Behandlung der vermögensrechtlichen Seite des Urheberschutzes zwischen Miturhebern wird darauf verwiesen, dass eine Klage gegen einen Miturheber, der „einseitig", ohne Rücksprache mit den anderen Miturhebern, einen Verzicht auf *moral rights*, der gegenüber allen anderen Miturhebern wirkt, vereinbart, nur bezüglich der Forderung des Ausgleichs einer eventuell erlangten Gegenleistung unter allen Miturhebern erfolgversprechend erscheint, so Strong, S. 157.

1218 Karlen 15 Hastings Com. and Ent. L. J. 905, 918 (1993).

tet, könne diesen von seinen Rechten umfassend ausschließen, indem er einen Verzicht eingeht, der zugleich für den „Haupt"miturheber einen umfassenden Rechtsverlust bedeutet[1219].

Diese Regelung stößt denn auch bei den potentiell betroffenen Künstlern auf Kritik[1220]. Es werde ein nicht nachvollziehbarer Vorrang der Persönlichkeit und diesbezüglicher Interessen eines Miturhebers vor denen aller anderen Miturheber ausgesprochen[1221]. Auch das *Copyright Office* bewertet diese Regelung als ungerechtfertigt und hält eine Novellierung des VARA durch den Gesetzgeber für wünschenswert, indem ein Rechtsverzicht für alle anderen Miturheber zugleich nur dann erklärt werden können sollte, wenn eine schriftliche Zustimmung (*consent*) jedes einzelnen Miturhebers vorliege[1222] - was letztlich eine Stellvertretung bedeuten würde[1223].

Mitunter wird auch gefordert, dass die Ausübung des Rechts zum Verzicht nicht zum Nachteil der anderen Miturheber erfolgen dürfe[1224] - eine Lösung, die das neue Problem aufwirft, wann ein Nachteil für die anderen Miturheber vorliegt, was weitere Rechtsunsicherheit schafft.

Neben dieser grundsätzlichen Kritik wird die Sinnhaftigkeit und Notwendigkeit der Erstreckung des Verzichts auf alle Miturheber aber hinsichtlich des Werkintegritätsrechts auch unterstützt. Denn andernfalls sei der Verzicht eines Miturhebers nichts wert und laufe leer, wenn die übrigen Miturheber wegen derselben Werkänderung Abwehrrechte geltend machen könnten[1225].

1219 Karlen 15 Hastings Com and Ent. L. J. 905, 922 (1993). Damich, S. 151, McGreevy, S. 145 und die NEA (National Endowment for the Arts), S. 156, in: Waiver of moral rights, sehen in dieser Regelung einen Widerspruch zur „*moral rights*"-Theorie und dem Verbot der Übertragung dieser Rechte.

1220 Vergl. in: Waiver of moral rights, Fn. 136, Executive Summary, XI.

1221 Damich 39 Catholic University L. Rev. 945, 966 (1990). Vor diesem Hintergrund wird auch darauf verwiesen, dass das US-amerikanische Recht keine Klagemöglichkeit für den Fall vorsehe, dass ein Miturheber die *moral rights* der anderen verletzt, wenn nach deren Meinung eine nicht wünschenswerte Veränderung des Werkes infolge eines Rechtsverzichts durch den einzelnen Miturheber eintritt, so Rosenthal Kwall 75 Southern California L. Rev. 1, 37 f. (2001), unter Verweis auf Sherman, 17 Cardozo L. Rev. 373, 416 f. (1995), der die Verzichtsvorschrift bei Miturhebern dahingehend deutet, dass *moral rights* durch einen Miturheber als „Geisel" gehalten werden können, wenn damit gedroht werde, einen Rechtsverzicht einzugehen, um einen finanziellen Gewinn zu erhalten.

1222 Vergl. in: Waiver of moral rights, Executive Summary, S. XVII. Auch Damich, S. 151, in: Waiver of moral rights, hinsichtlich des Werkintegritätsrechts. Siehe auch VerSteeg, 67 Washington L. Rev. 827, 846 (1992), der eine derartige Einschränkung bereits nach geltender Rechtslage im Vertragsweg vornimmt; dieser kommt dann allerdings nur relative Wirkung, zwischen den Miturhebern, im Innenverhältnis, zu. Im Verhältnis zu den Verwertern bleibt es bei der Verzichtswirkung des „einer für alle", so dass lediglich über eine Schadenersatzpflicht infolge abredewidrigen Alleinverzichts im Verhältnis der Miturheber untereinander nachzudenken wäre.

1223 Dies entspricht dem Vorschlag, dass ein einstimmiger Verzicht aller Miturheber zu fordern sein könnte, siehe hierzu Damich 39 Catholic University L. Rev. 945, 990 (1990) und Rosenthal Kwall, 75 Southern California L. Rev. 1, 42 (2001), der insoweit allerdings das Bestehen praktischer Schwierigkeiten zugibt.

1224 So Damich, 13 Columbia-VLA J. of Law & the Arts 291, 322 (1989), wo er Kritik an den State Laws äußert.

1225 Nimmer, § 8D.06 [D]. Ihm zufolge sei dies jedoch beim Recht auf Anerkennung der Urheberschaft nicht berechtigt; es sei nicht notwendig, aufgrund des Verzichts auf Namensnennung durch einen Miturheber diesen Rechtsverlust auch für alle anderen Miturheber eintreten zu lassen, siehe auch Karlen 38 J. Copyright Soc`y 242, 257 (1991) und Damich, 39 Catholic University L. Rev. 945, 990 (1990).

bbb) Gesetzeslage nach den State Laws

Soweit die Gesetze der Gliedstaaten die Situation der Miturheberschaft hinsichtlich des Verzichts speziell berücksichtigen, treffen sie unterschiedliche und weitestgehend auch nicht ganz eindeutige Regelungen.

Das kalifornische Gesetz weist das Werkintegritätsrecht, das Recht auf namentliche Nennung bzw. Anerkennung der Urheberschaft sowie die diesbezügliche Möglichkeit eines Verzichts dem *artist* zu. Trotz der singulären Formulierung *artist*, werden hierdurch grundsätzlich auch Personenmehrheiten erfasst[1226], vergl. Cal. Civ. C. § 987 (b) (1): „ *„artist" means the individual or individuals who creat a work of fine art* (Hervorhebung durch Verfasserin)". Im Hinblick auf das für den Verzicht formulierte Wirksamkeitserfordernis einer Unterschrift durch den *artist*, s. Cal. Civ. C. § 987 (g), (3), bleibt jedoch unklar, ob ein Verzicht durch einen Miturheber für alle möglich oder vielmehr die Unterschrift aller Miturheber zu fordern ist.

Die Heranziehung des Grundsatzes der engen Auslegung von Gesetzen spricht für die Notwendigkeit einer Beteiligung aller Miturheber. Weitere Anhaltspunkte im Gesetz finden sich hierzu jedoch nicht; es werden insbesondere auch keine Ausführungen zu den Modalitäten und der Wirkungsweise des Verzichts gemacht. Nicht vertretbar erscheint jedenfalls ein Verständnis, das der Verzichtsregelung zur Miturheberschaft im VARA entspricht, da VARA eine sehr weitreichende, dabei aber ausdrückliche Regelung trifft.

Das einschlägige Gesetz des Bundesstaates Louisiana spricht zwar ebenfalls vom *artist*, im Singular, und erfasst darunter gleichfalls Miturheber[1227], indem es *artist* definiert als *creator or each of the joint creators*, s. Louis. Rev. Stats., title 51, § 2152 (1). Soweit ein dem Werkintegritätsrecht entsprechendes Recht überhaupt gewährt wird[1228], fordert das Gesetz aber ausdrücklich die Zustimmung aller Miturheber für die Wirksamkeit eines *consent* zur Ausstellung veränderter miturheberschaftlicher Werke, Louis. Rev. Stats., title 51, § 2153. Beim Recht auf Unterdrückung der Urheberschaft hingegen wird schlicht vom *artist's consent* gesprochen, Louis. Rev. Stats., title 51, § 2154 (c). Unter Beachtung der erwähnten Definition von *artist* könnte dies bedeuten, dass gleichfalls die Zustimmung aller Miturheber zu fordern ist.

Wieder anders ist insoweit die Rechtslage im Bundesstaat Massachusetts. Hier wird ausdrücklich geregelt, dass: „In case of a joint creation of a work of art, each joint creator shall have the rights of an artist with respect to the work of fine art as a whole", Mass. Gen. L., ch. 231, § 85S (b). Besondere Verzichtsregelungen für Miturheber finden sich nicht; die Möglichkeit des Verzichts wird schlicht dem *artist* zugewiesen, s. Mass. Gen. L. ch. 231, § 85S (g). In Anbetracht der Zuweisung von Rechten an Miturheber unter expliziter Betonung des Umstands der Einheitlichkeit des Werkes liegt die Annahme nahe, dass der Verzicht, der das Werk in seiner Gesamtheit betrifft, nur einheitlich durch alle Urheber erfolgen kann und die grundsätzlich individuelle Zuordnung der *moral rights* unter diesem Gesichtspunkt durchbrochen wird.

[1226] Vergl. Cal. Civ. Code § 987 (c) (1), (d) und (h).

[1227] Louisiana Rev. Stats., title 51, § 2152 (1).

[1228] Es wird lediglich Schutz hinsichtlich der Ausstellung der veränderten Werke gewährt.

ff) Besonderheiten bei „Kunst am Bau“ (*Artworks Incorporated into Buildings*)

aaa) Gesetzeslage nach VARA

Weitreichend eingeschränkt sind die *moral rights* bei Kunstwerken, die in öffentlichen Gebäuden aufgestellt bzw. einbezogen oder zu dessen Bestandteil geworden sind, wenn eine Entfernung nicht ohne die Verursachung einer Veränderung, Entstellung, Verstümmelung oder Zerstörung des Werkes erfolgen kann. Diese Eingriffe in die Werkintegrität sind zulässig, wenn der Urheber dem Einbau des Werkes schriftlich, in einer von ihm und dem Eigentümer des Gebäudes unterzeichneten Urkunde zugestimmt hat (bezeichnet als *consent*) und in der Urkunde zugleich auf die mögliche Folge einer Veränderung bzw. Entstellung im Fall einer späteren Entfernung des Werkes hingewiesen wurde, vergl. 17 U.S.C. § 113 (d) (1) (B).

Zudem wird der Gesetzesbegründung nach bei diesen Fällen von „Kunst am bzw. im Bau“ (*artworks incorporated into buildings*) eine Ausnahme von der Unübertragbarkeit des Verzichts auf *moral rights* gemacht[1229]. Die Wirksamkeit der Zustimmung erstrecke sich nicht nur auf den derzeitigen Gebäudeeigentümer bzw. Zustimmungsempfänger, sondern auch auf alle nachfolgenden Eigentümer des betreffenden Gebäudes[1230]. Bemerkenswert ist dabei, dass dieser *consent* auch durch den Gebäudeeigentümer zu unterschreiben ist, während nach der grundsätzlichen Regelung des nur inter partes wirkenden Verzichts (*waiver of rights)* im VARA die Unterschrift des Urhebers genügt.

Diese spezielle Verzichtsregelung zur „Kunst am Bau“ stößt fast einhellig auf Zustimmung, sowohl von Seiten der Künstler als auch der Verwerter[1231]. Ohne eine derartige Regelung bestünde die Gefahr, dass das Interesse und das Engagement von Gebäudeeigentümern für Kunst zurückgehe, da das Kunstobjekt dann eine dauerhafte Belastung darstellen könnte[1232]. Dabei wird mit Blick auf das tatsächliche Kräfteverhältnis zwischen den betroffenen Parteien darauf verwiesen, dass der *consent* letztlich überwiegend von weniger bekannten Künstlern eingegangen werde.

bbb) Gesetzeslage nach den State Laws

In einigen Gesetzen der Gliedstaaten werden ebenfalls dem VARA vergleichbare Spezialregelungen für „Kunst am Bau“ getroffen[1233]. Dabei ist aber ein Unterschied herauszustellen. Nach den betreffenden State Laws besteht bei „Kunst am Bau“ grundsätzlich eine gesetzliche Vermutung für einen Verzicht (*waiver*) des Urhebers auf sein Werkintegritätsrecht. Etwas anderes gilt nur, wenn eine schriftliche, vom Gebäudeeigentümer unterzeichnete und ordnungsgemäß registrierte[1234] Urkunde vorliegt, in der das Werkintegritätsrecht ausdrücklich vorbehalten wird. Zur Frage, wo und wie eine Registrierung zu erfolgen hat, schweigen die Geset-

---

1229 Kritisch insoweit Nimmer, § 8D.06, n. 135.

1230 H.R. Rep. No. 101-514m 101st Cong., 2d Sess. 20 (1990).

1231 Vergl. S. 159, in: Waiver of moral rights. Insbesondere auch das *Copyright Office* befürwortet und betont, dass die Verzichtsregelung in 17 U.S.C. § 113 (d) beibehalten werden sollte, S. 189, in: Waiver of moral rights.

1232 S. 160, in: Waiver of moral rights.

1233 Cal. Civ. Code § 987 (h) (1); Conn. Gen. Stats., title 42, ch. 737C, § 42-116t (e); Louisiana Rev. Stats., title 51, § 2155 (F) (1) - sieht jedoch keine generelle Verzichtsmöglichkeit vor; Mass. Gen. L., ch. 231, § 85S (h) (1) und Pa. Stats. Ann., title 73, ch. 31, § 2108 (a).

1234 Dieses Erfordernis wird nur in Pennsylvania nicht gestellt, Pa. Stats. Ann., title 73, ch. 31, § 2108 (a).

ze[1235]. Liegt ein entsprechendes, ordnungsgemäß registriertes Schriftstück vor, bindet die Vereinbarung auch den nachfolgenden Eigentümer des Gebäudes[1236]. Hierdurch wird letztlich eine Regelung getroffen, die der Rechtslage vor Einführung der „*moral rights*"-Gesetze nach dem Common Law hinsichtlich aller Werkarten entspricht.

Eine Einschränkung findet sich im Gesetz von Massachusetts; danach muss der schriftliche Vorbehalt des Werkintegritätsrechts zeitlich vor dem Einbau des Kunstwerks liegen, Mass. Gen. L., ch. 231, § 85S (h), (1)[1237].

c) Die rechtsgeschäftliche Disponibilität der den *Moral Rights* vergleichbaren Rechtspositionen nach dem Common Law

Wegen der primär vermögensrechtlichen Prägung des Rechtsschutzes wird im Zusammenhang mit einem Verzicht auf eine den *moral rights* vergleichbare Rechtsposition aus dem Common Law grundsätzlich darauf verwiesen, dass es um die Überprüfung der Angemessenheit der Gegenleistung gehe. Die ideellen Interessen fänden insoweit nur als schlichter Reflex Berücksichtigung[1238]. Der Urheber könne generell auf jeden Schutz seines Werkes und seiner Urheberschaft nach dem Common Law verzichten[1239].

Vereinzelt wird dabei auch ausführlich auf die Situation betreffend die einzelnen Anspruchsgrundlagen nach Common Law eingegangen.

Der Schutz vor Falschzuschreibung von Werken über § 43 (a) Lanham Act[1240], sowohl bei Nennung einer anderen Person als Urheber als auch bei schlichter Nichtnennung des Urhebers, unterfalle dem Grundsatz der freien Verzichtbarkeit, da es sich hier um Wettbewerbsrecht und um ein wirtschaftliches Recht handele[1241]. Der Verzicht auf den Schutz und die Rechtsstellung des Urhebers nach dem Lanham Act seien selbst dann wirksam, wenn die Wahrscheinlichkeit einer Verbrauchertäuschung bestehe. Besonders relevant wird dies bei Ghostwriter-Abreden, die zu einer Täuschung des Verbrauchers über die tatsächliche Identität des Autors führen können[1242]. Insoweit liege zwar rein formal gesehen durchaus ein unzulässiges *reverse passing off* nach § 43 (a) Lanham Act vor, da der Urheber jedoch eine entsprechende vertragliche Vereinbarung über die Fremdzuordnung des Werkes in der Öffentlichkeit

1235 Nimmer, § 8D.07, schlägt insoweit vor, dass es zutreffender sei, im örtlichen Grundstücksregister (*local real estate recordation files*) anstatt im *Copyright Office* eine Registrierung vorzunehmen.

1236 Beispielhaft kann auf Cal. Civ. Code § 987 (h) (1) verwiesen werden: „If a work of fine art cannot be removed from a building without substantial physical defacement, mutilation, alteration, or destruction of the work, the rights (...), unless expressly reserved by an instrument in writing signed by the owner of the building, containing a legal description of the property and properly recorded, shall be deemed waived. The instrument, if properly redorded, shall be binding on subsequent owners of the building."

1237 Mass. Gen. L., ch. 231, § 85S (h) (1) lautet insoweit: „unless expressly reserved (...) and properly recorded, prior to the installation of such art shall be deemed waived."

1238 Peifer ZUM 1993, 325, 327.

1239 Peifer ZUM 1993, 325, 327; Netanel 12 Cardozo Arts and Ent. L. J. (1994), 1, 37, 43 und 48.

1240 Siehe hierzu oben, unter 1., c), cc). Zu berücksichtigen ist dabei der aufgrund der Supreme Court-Entscheidung Dastar Corp. v. Twentieth Century Fox Film Corp., 539 U.S. 23 (2003) ohnehin nur noch sehr eingeschränkt durchsetzbare Schutz von *moral rights* mittels Berufung auf § 43 (a) Lanham Act.

1241 Dieselhorst, S. 69 und Peifer, S. 127, der zwar zu bedenken gibt, dass das Wettbewerbsrecht seiner Zielsetzung nach auch Verbraucherinteressen schütze, sich aber insgesamt für eine Verzichtbarkeit ausspricht, vergl. insbes. Fn. 138 unter Verweis auf: Jaeger v. American International Pictures, Inc., 330 F. Supp. 274 (1971) und Autry v. Republic Productions, 213 F.2d 667 (1954).

1242 Vergl. insoweit Dieselhorst, S. 69.

eingegangen ist, müsse Beanspruchung und Durchsetzung der Urheberschaft durch den betreffenden Urheber von den Gerichten abgelehnt werden[1243].

Was den Bereich des Werkintegritätsschutzes anbelange, könnte ein wettbewerbsrechtlicher Verstoß dadurch ausgeschlossen sein, dass der Verwerter den Urheber im Zusammenhang mit dem veränderten Werk nicht nennt[1244], so dass eine Täuschung der Verbraucher unterbunden wird. Ein Verzicht bzw. ein Handeln seitens des Urhebers ist damit überhaupt nicht notwendig; der Verwerter kann unabhängig vom Urheber, ohne dessen Mitwirkung, einer Rechtsverletzung entgegenwirken.

Werde eine Pflicht zur namentlichen Nennung des Urhebers vertraglich vereinbart, reiche es zur Verhinderung einer Verbrauchertäuschung und damit eines Verstoßes gegen § 43 (a) Lanham Act aus, wenn der Verbraucher davon in Kenntnis gesetzt werde, dass ein verändertes Werk vorliegt und der Urheber sich hiervon distanziert. Diese Form einer Aufklärung (als sog. *disclaimer*) sei jedoch nur in den Konstellationen zulässig und ausreichend, in denen sie auch aufgrund der jeweiligen Werkart, damit des jeweiligen Kommunikationsmediums, wirksam und effektiv sein könne[1245].

Vergleichbares gilt hinsichtlich des Schutzes der Werkintegrität als *tort of defamation*. Die Beleidigung könnte hier bereits durch die Nichtnennung des Urhebers - unter der Prämisse, dass dieser nicht auf andere Weise als Urheber des betreffenden Werkes bekannt ist - ausgeschlossen werden, da damit der Ruf und das Ansehen des Urhebers nicht mehr verletzt werden können.

Im Fall des Schutzes gegenüber Werkveränderungen über das *right of privacy*, wenn hierdurch eine Rufschädigung in der Öffentlichkeit eintritt, wird vertreten, dass sich ein Verzicht (*waiver*) auf etwaige Ansprüche bei prominenten Urhebern bereits aus dem Umstand der Selbstdarstellung in der Öffentlichkeit ergeben könne[1246] - inwieweit diese Selbstdarstellung aber den Eindruck einer Werkveränderung egalisieren können soll, ist letztlich zweifelhaft.

Bei der Gewährung lediglich vertraglich begründeten, urheberpersönlichkeitsrechtlichen Schutzes stellt sich die Frage der rechtsgeschäftlichen Disponibilität erst gar nicht. Im Übrigen finden sich hier weitreichende Ansichten, die mit der Gewährung von Nutzungsrechten zugleich die konkludente Einwilligung in die mit der Nutzung einhergehenden Veränderungen annehmen[1247]. Teilweise wird auch befürwortet, dass Vertragspartner selbst bei einer vertraglichen Vereinbarung über die Wahrung der Werkintegrität das Recht haben, minimale Veränderungen vorzunehmen, wenn und soweit diese notwendig sind, um das Werk zu modernisieren oder in ein anderes Medium zu überführen[1248].

Unter Verweis auf die Übung der Gerichte, Verträge, die eine Übertragung des *Copyright*s regeln, weit auszulegen, wird gleichfalls vertreten, dass dem neuen Inhaber des *Copyright*s

---

1243 Netanel 12 Cardozo Arts and Ent. L. J. (1994), 1, 37, insbes. Fn. 187.

1244 Dieselhorst, S. 69.

1245 Vergl. hierzu Dieselhorst, S. 91 f.

1246 Siehe Peifer, S. 134. Diese Argumentation entspricht den Überlegungen bei der Entwicklung und Gewährung eines *right of publicity* und der Annahme seiner grundsätzlichen Übertragbarkeit, vergl. Götting, S. 191 ff., insbes. S. 234 ff. und generell oben im 1. Teil, unter II., 3.

1247 Siehe Federle, S. 136 f.; so auch Nimmer, § 8D.04 [A] [1], der bsph. anführt, dass in der Zuweisung des Rechts auf Fernsehausstrahlung eines Films auch das Recht liege, in dem Maße, wie es der vorherrschenden Praxis im Sinn von Branchenüblichkeit entspreche, den Film zu schneiden bzw. zu kürzen und Werbung einzufügen. Die Grenze dieses Rechts sei erreicht im Fall einer Verstümmelung des Werks.

1248 Nimmer, § 8D.04 [A] [1].

auch das Recht auf Anerkennung der Urheberschaft mitübertragen werde, was insbesondere beim Fehlen einer ausdrücklichen Regelung zu diesem Punkt gelte[1249]. Hinsichtlich des Werkintegritätsrechts sei anzunehmen, dass in der Übertragung des *Copyright*s zugleich ein Verzicht auf das Recht zur Abwehr von Werkveränderungen liege[1250].

Insgesamt ist festzuhalten, dass beim Schutz über Anspruchsgrundlagen aus dem Common Law kaum von einer gefestigten Rechtsposition des Urhebers gesprochen werden kann. In den meisten Fällen kann bereits die Verwirklichung eines Verletzungstatbestandes durch entsprechende einseitige Handhabungen des Geschäftspartners verhindert werden. Ein rechtsgeschäftlicher Verzicht des Urhebers ist dies nicht. Dessen bedarf es aber auch gar nicht, so dass ein pauschaler Verweis auf die Verzichtbarkeit der den *moral rights* entsprechenden Rechtspositionen im Ergebnis leer läuft; es fehlt bereits an einer unabhängig vom Verwerter bestehenden, insoweit sicheren Rechtsposition, die den Urheber schützt.

4. Rechtstatsächliche Untersuchung

a) Grundsätzliche Analyse der Rechts- und Vertragspraxis

Mit Erlass des VARA wurde dem Register of *Copyright* aufgegeben, eine Studie über die vertragliche Praxis im Hinblick auf die Verzichtsregelung im VARA durchzuführen, § 608 (a) (1) VARA[1251]. Gerichtliche Entscheidungen, die sich mit der vertraglichen Praxis befassen, gibt es nicht. Aus dem Umstand der Initiierung einer derartigen Studie durch den Gesetzgeber wird auf dessen Anliegen geschlossen, sicherzustellen, dass die Möglichkeit von Verzichtsklauseln nicht missbraucht wird[1252].

Hinsichtlich des Ausgangs der Studie ist anzumerken, dass das *Copyright Office* die Frage nach dem praktischen Einfluss der Verzichtsregelung im VARA als zu jener Zeit schwer vorhersagbar bewertet hat[1253]. Infolge der bis dato mangelnden Vertrautheit mit *moral rights* fehle die Erfahrung mit Verzichtsregelungen und sogar das Wissen um deren Zulässigkeit[1254]. Der rechtstatsächliche Befund ist insofern vor dem Hintergrund der seit Einführung des VARA vergangenen kurzen Zeitspanne und der insgesamt knappen Untersuchungsdauer von 5 Jahren zu sehen.

Als ein Ergebnis der Studie durch das *Copyright Office* wurde zum einen festgehalten, dass es durchaus üblich sei, einen Rechtsverzicht vorzunehmen und entsprechende Verträge eher selten aus diesem Grund von den Künstlern abgelehnt wurden. Bei denen, die dies taten, handelte es sich eher um Künstler, die über ihre Kunst ein nennenswertes Einkommen erzielen

---

1249 Vergl. Pitta, 12 Ent. and Sports Lawyer 3, 4 (1995), unter Verweis auf: Harris v. Twentieth Century Fox Film Corp., 43 F. Supp. 119, 121 (S.D.N.Y. 1942).

1250 Pitta 12 Ent. and Sports Lawyer 3, 4 (1995).

1251 Vergl. die Untersuchung: Waiver of moral rights. Eingangs werden die Vorgehensweise, der Umfang der Teilnahme und die einzelnen Untersuchungspunkte dargestellt, vergl. Executive Summary.

1252 Ginsburg 14 Columbia-VLA Journal of Law & The Arts 477, 489 (1990). Sie sieht die Gefahr, dass sich eine Praxis etabliert, bei der den Anforderungen nach Spezifizierung der Verzichtsklauseln durch eine ausgeklügelte und ausgefeilte Formulierungskunst durch Anwälte zwar Rechnung getragen werde, dabei aber der Aspekt der Überprüfung der tatsächlichen Notwendigkeit und der Art und Weise der Verhandlung über Veränderungen des Werkes in den Hintergrund trete oder sogar hinfällig werde.

1253 Waiver of moral rights, Executive Summary, XIII.

1254 Vergl. Ausführungen hierzu in: Waiver of moral rights, Executive Summary, VII f. So hatten nur etwa ¾ der Beteiligten Kenntnis von der rechtlichen Gewährung von *moral rights*; wobei wiederum weniger als die Hälfte davon um die Verzichtbarkeit dieser Rechte wussten.

und/oder die sich professioneller Unterstützung beim Abschluss ihrer Verträge bedienten. Nicht selten wiesen die betreffenden Verträge für den Rechtsverzicht ein spezielles, getrenntes Entgelt aus[1255].

Deutlich wurde zudem, dass sich die Gewohnheit eines mündlichen Vertragsabschlusses insbesondere bei Werken, die nicht unter die „Kunst am Bau"-Klausel[1256] fallen, sog. *moveable works*, fortsetzt, so dass damit den Verzichtsanforderungen des VARA nicht genügt werden kann[1257]. Selbst für den Fall, dass ein schriftlicher Vertrag vorlag, empfanden Künstler die Geltung des VARA als wenig unterstützend für ihre Verhandlungsposition. Auch bestehe generell eine allzu ausgeprägte Komplexität von Verträgen, während rechtlicher Rat zu kostspielig sei.

Einen erheblichen und entscheidenden Unterschied zur Situation vor Geltung des VARA und seiner Möglichkeit zur Vereinbarung eines Rechtsverzichts konnte das *Copyright Office* insgesamt nicht feststellen[1258]. Für den Fall jedoch, dass der Gesetzgeber eine Abschaffung der Verzichtsmöglichkeit erwäge, gibt das *Copyright Office* bei den sog. *moveable artworks* zu bedenken, dass die in Gebäuden zwar errichteten, aber nicht eingebauten Werke, wie umgebungsspezifische oder große Auftragsarbeiten der öffentlichen Hand, weiterhin einem Verzichtsvorbehalt unterfallen sollten, da andernfalls die Vertragsabschlusswilligkeit der Käufer geschmälert würde[1259].

Abschließend ist festzuhalten, dass wegen der Unüblichkeit schriftlicher Vertragsabschlüsse in der US-amerikanischen Vertragspraxis regelmäßig kein wirksamer Verzicht auf *moral rights* vorliegt. In diesem rechtstatsächlichen Sinn könnte dann von einer Unverzichtbarkeit der *moral rights* gesprochen werden. Außerdem bedingt diese Vertragspraxis trotz abstrakter Möglichkeit eines Verzichts, dass mit der Gewährung von *moral rights* durch den VARA insgesamt eine Verbesserung des Urheberschutzes eingetreten ist. Dies gilt jedenfalls solange, wie die Praxis mündlicher Vertragsabschlüsse fortbesteht.

b) Beispiele zur Vertragsgestaltung/ Musterverträge[1260]

Nach Ansicht von Galeristen werden Verzichtsklauseln in der Praxis einen Teil des Kaufvertrages (*bill of sale*) zwischen Galeristen, als exklusive Vertreter des Künstlers, und Käufern bilden[1261]. Scheinbar selbstverständlich wird dann davon ausgegangen, dass der Galerist insoweit vertretungsberechtigt ist und einen Verzicht mit Wirkung gegenüber dem Künstler vereinbaren kann. Diese Rechtsmacht sei jedenfalls in Vereinbarungen mit dem Künstler enthalten, wonach der Galerist berechtigt wird, alle Aspekte des Verkaufs zu kontrollieren; ein guter Galerist werden den Künstler von dem geforderten Verzicht in Kenntnis setzen.

1255 Dies gaben 1/3 der Befragten an, vergl. Fundstelle in Fn. 135.

1256 Siehe hierzu oben, 3., b), cc), aaa).

1257 Als Konsequenz wird angenommen, dass im Bereich der *moveable works* tatsächlich eine Stärkung der Rechte der Urheber stattgefunden hat. Dabei wird auch darauf hingewiesen, dass sich eine Praxis geschriebener Verträge auch in diesem Bereich durchzusetzen scheint. Vergl., Executive Summary, S. XVI.

1258 So sei der Kunstmarkt insgesamt nicht entscheidend verändert und halte insoweit keine geänderten Bedingungen bereit; vergl. S. 190, in: Waiver of moral rights.

1259 S. 191, in: Waiver of moral rights.

1260 Bei den aufgeführten Verträgen handelt es sich um solche, die dem *Copyright Office* als Antwort auf dessen Anschreiben als Musterformulierungen im Rahmen der Untersuchung nach 17 U.S.C. § 608 (a) übermittelt wurden.

1261 So der Direktor des VAGA (Visual Artists and Galleries Association), S. 165, in: Waiver of moral rights.

Das *Copyright Office* verweist unter Betonung der eng verstandenen Spezifizierungslast nach VARA[1262] kritisch auf ein im Schrifttum vorgeschlagenes Vertragsmuster für eine Auftragsvereinbarung (*commission agreement*) bzw. einen Kaufvertrag (*bill of sale*)[1263]. Mit Blick auf die Spezifizierungsanforderungen des VARA hinsichtlich der Nutzung des Werks, auf die sich der Rechtsverzicht beziehen soll, genügt danach, dass sich der unmittelbare, primäre Gebrauch des Werkstücks aus seiner Charakterisierung als Werk der bildenden Kunst ergebe; VARA verlange nicht, dass jeder Gebrauch in dem Verzicht beschrieben wird[1264]. Es reiche eine Formulierung, die das Werk durch die Nennung seines Titels spezifiziere und darlege, dass der Verzicht auf „any and all applications in which either the attribution right or the integrity right may be implicated" anwendbar sei; folgende Vertragsklausel sei wirksam: „the artist hereby expressly and forever waives any and all rights arising under 17 U.S.C. § 106A[1265], and any rights arising under U.S. federal or state law or under the laws of any other country that conveys rights of the same nature as those conveyed under 17 U.S.C. § 106A, or any other type of moral right or droit moral".

Ein anderer Formulierungsvorschlag sieht einen „Generalverzicht" in einem *Publishing Work for Hire Agreement*[1266] vor. Danach verzichtet der Urheber auf seine *artist's rights*, „persuant to any state or federal statutes regarding the material purchased by the Publisher and described herein". Zudem wird der Herausgeber (*Publisher*) vom Urheber autorisiert, ihn als Urheber zu offenbaren sowie seinen Namens zu benutzen und insbesondere auch andere Personen hinsichtlich der Nennung und Benutzung des Namens im Zusammenhang mit der Werbung und Förderung der Publikation zu autorisieren[1267]. Hier wird also nicht nur ein Bestimmungsrecht hinsichtlich der Namensnennung eingeräumt, sondern auch Rechtsmacht verliehen, Dritten diesbezügliche Befugnisse einzuräumen - vergleichbar einer Ermächtigung nach deutschem Recht. Unklar ist indes, wieso überhaupt an eine Vereinbarung über *moral rights* bei einem derartigen „*work for hire*"-Vertrag gedacht wird.

Als zu weitreichend bewertet das *Copyright Office* auch einen Formulierungsvorschlag im Rahmen des sog. Campbell's Soup Art Contest von 1994[1268], in deren vom Urheber zu unterschreibenden und zu datierenden Teilnahmeformularen ein *waiver of moral rights* dahingehend formuliert ist, dass der betreffende Künstler auf das Recht auf Anerkennung der Urheberschaft verzichtet. Dabei wird explizit jedes Recht zur Überprüfung der Verwendung der Kunstwerke sowie alle Rechte, auf die sich ein Anspruch, Klage oder Verfahren gegen das betreffende Unternehmen stützen könnte, ausgeschlossen[1269] - bei Letzterem ist wohl insbesondere an potentielle Ansprüche aus Common Law zu denken. Mit Blick auf VARA ist wieder die fehlende Spezifizierung des Rechtsverzichts zu beanstanden.

1262 So auch das *Copyright Office*, S. 189, in: Waiver of moral rights. Vergl. auch Ginsburg, 14 Columbia-VLA Journal of Law & The Arts 477, 488 (1990), die eine Formulierung wie „all my right, title and interest" als unwirksam einstuft.

1263 Siehe in: Waiver of moral rights, S. 167, unter Verweis auf das Muster von Nimmer, § 28.06.

1264 Vergl. insoweit zu dieser Ansicht oben, unter 3., b), aa).

1265 Hier wäre doch eigentlich zu hinterfragen oder zumindest zu erläutern gewesen, wieso bei einem Auftragswerk überhaupt ein Verzicht vereinbart wird, denn soweit ein work made for hire betroffen ist, ist ohnehin der sachliche Anwendungsbereich des VARA nicht eröffnet, vergl. hierzu oben, unter 2., a).

1266 Siehe Perle & Williams, Prentice Hall Law & Business Publishing Law Handbook, A-22, 2d ed. 1992, Appendix 4, in: Waiver of moral rights, S. 168.

1267 Der Schutz über den VARA entfällt hier ohnehin infolge der Regelung des 17 U.S.C. 106A (c), (3).

1268 Diese Frage wirft auch das *Copyright Office* auf, S. 188, in: Waiver of moral rights.

1269 S. 169, in: Waiver of moral rights. Eine vergleichbare Formulierung bewertet Ginsburg, GRUR Int. 1991, 593, 599, als nicht mit den Anforderungen des VARA vereinbar und damit nichtig.

Neben diesen im Grundsatz generell und pauschal gehaltenen Verzichtsvereinbarungen werden auch Vertragsformulierungen angegeben, die besondere Situationen berücksichtigen und insoweit differenziert formulieren.

So wird beispielsweise dem Umstand Rechnung getragen, dass das Werk in einer speziellen Lage bzw. an einem speziellen Ort errichtet wird[1270]. Zwar wird ausdrücklich vereinbart - insoweit deklaratorisch gegenüber VARA[1271] -, dass das Werkintegritätsrecht zu wahren ist. Für den Fall, dass in dieses Recht eingegriffen wird, ist ausgleichend vorgesehen, dass eine Namensnennung des Urhebers unterbleibt; was einer Verzichtsvereinbarung gleichkommt[1272]. Dass dabei den Anforderungen des VARA genügt wird, ist zweifelhaft; das *Copyright Office* bezieht insoweit keine Stellung[1273]. Anders hingegen bei einem *Los Angeles County Metropolitan Transportation Authority Contract*, in dem ein Verzicht auf das Werkintegritätsrecht ohne Ausgleich über ein Namensunterdrückungsrecht vorgesehen ist[1274]. Das *Copyright Office* hat dies als nicht mit den Verzichtsanforderungen nach VARA vereinbar bewertet.

1270 So ein Vertragsbeispiel des Massachusetts Bay Transportation Authority „Arts-on-the-Line" Program (MBTA), Contract with Artist for Fabrication and Supervision of Installation von 1991: § 23.C at 7, in: Waiver of moral rights, S. 170 f. und Los Angeles County Metropolitan Transportation Authority, Contract, Art. IX(B) at 12 (1994), in: Waiver of moral rights, S. 172 f.

1271 Die Vertragssprache orientiert sich dabei aber an dem Massachusetts Art Preservation Act. Dabei handelt es sich um Formulierungen, die bereits vor Geltung des VARA gebräuchlich waren.

1272 Insoweit wird generell darauf verwiesen, dass auch nicht explizit als Waiver formulierte Verträge letztlich wie solche wirken. So wenn vereinbart werde, dass eine Werkveränderung erst nach Rücksprache mit dem betreffenden Künstler und dessen schriftlicher, vorheriger Genehmigung (*approval*) erfolgen dürfe, vergl. Benson, in: Waiver of moral rights, S. 170, der dies im Hinblick auf die üblichen *arts commission contracts*, die seitens der Municipality of Metropolitan Seattle for the Downtown Seattle Transit Project, Contract No. CT/F8-86, im Jahr 1986 verwendet wurden, zu bedenken gibt. Darin wurde letztlich keinerlei Regelung getroffen, wonach eine Entfernung eines Werkes bei Veränderung unterbunden werden kann. Insoweit waren lediglich Auflagen hinsichtlich des Entfernungsrechts für die Stadt vorgesehen; vergl. die zusammenfassende Darstellung, in: Waiver of moral rights, S. 169 f.

1273 Ein Formulierungsbeispiel eines Vertrages mit der MBTA, Contract with Artist for Fabrication and Supervision of Installation § 23.C at 7 lautet: „The MBTA agrees that it will not intentionally destroy, damage, alter, modify, or change the work in any way. If an alteration should occur, the work shall no longer be represented as the work of the Artist without written permission. MBTA agrees to reasonably assure that the work will be properly maintained and protected. This does not preclude MBTA´s right to move the work of art or to remove it from display, provided that if any part of the artwork is moved from the site without the consent of the Artist, then it will no longer be represented as the Artist´s work. If the work cannot be moved without mutilation or destruction, the Artist has the right to remove such elements of the artwork as may be salvaged without damage to the property."

1274 So Benson, in: Waiver of moral rights, S. 172. Der Vertragstext seitens der Los Angeles County Metropolitan Transportation Authority, Art. IX (B) at 12, lautet: „The parties agree that subsequent to installation of the Artwork, USG or the AUTHORITY may, at it sole discretion, remove the Artwork from the Project or move the Artwork to any location at any time even though such removal or movement may subject the Artwork to physical defacement, mutilation, alteration, distortion, or destruction or other modification. The Artist specifically agrees to waive as against USG and the AUTHORITY, and any and all of their respective successors in interest, any rights which the Artist may have under California Civil Code Section 987, et seq., or under Federal Code Sections 17 USC 106A and 17 USC 113 and agrees that under no circumstances will title to the Artwork revert to the Artist, his heirs, legatees, assignees or personal representative." Vergleichbar weitgehend auch eine Vertragsformulierung über eine Installation im Philadelphia Convention Center für die Künstlerin Judy Pfaff: 7.2 Content and Waiver: „The Artist consents to the installation of the Work in the Convention Center and the Artist and the Authority acknowledge that installation of the Work may subject the Work to destruction, distortion, mutilation or other modfication by reason of its removal and that pursuant to Section 113 (d) (i) of Title 17 of the United States Code, the rights conferred on the Artist by paragraphs (2) and (3) of Section 106 (A) (a) of said Title shall not apply and are hereby waived by the Artist. Authority agrees to make every effort not ot damage, destroy, distort, mutilate or in any way modify the work in the process of such removal."

Bemerkenswert ist auch eine Regelung, die hinsichtlich des Rechtsverzichts auf das Werkintegritätsrecht an die Qualität der Veränderungen anknüpft. Insoweit wird Schutz vor Veränderungen zwar für die besonderen Charakteristika des Werks gewährt, bezüglich anderer Werkteile wird aber ein Verzicht formuliert[1275]. Auch eine Beschränkung der *moral rights* in zeitlicher Hinsicht wird vorgeschlagen, so dass nur innerhalb des vertraglich bestimmten Zeitraums eine Gewährung von Schutz nach VARA garantiert wird[1276].

Abschließend kann festgehalten werden, dass es in der US-amerikanischen Rechtspraxis unterschiedlichste Formulierungsvorschläge und Vertragsmuster für Verzichtsvereinbarungen gibt. Ob diese nach den Bestimmungen des VARA allerdings bei einer gerichtlichen Überprüfung Bestand hätten, ist zweifelhaft. Die künftige rechtliche Klärung bleibt abzuwarten. Bemerkenswert ist auch, dass trotz der Regelung des VARA, die einen Verzicht auf *moral rights* bei *works made for hire* hinfällig werden lässt, dennoch diesbezügliche vertragliche Regelungen vorgeschlagen werden.

III. Zusammenfassung zum Rechtsvergleich

1. Ergebnis hinsichtlich der französischen Rechtslage

a) Grundsätzliches

Unabhängig von Nutzungszusammenhang, Werkart und Urhebereigenschaft wird im Zusammenhang mit der gesetzlich verbürgten Unveräußerbarkeit der *droits moraux* auf die grundsätzliche Möglichkeit einer Bestätigung (*confirmation*) von insoweit nichtigen Vereinbarungen hingewiesen. Im Ergebnis gelangt man nach französischem Rechtsverständnis damit jedoch nur zu einer dem wirksamen nachträglichen Verzicht entsprechenden Rechtslage. Dabei ist zu bedenken, dass die Zulässigkeit eines nachträglichen Verzichts ohnehin ganz überwiegend als mit dem Grundsatz der Unveräußerbarkeit nach Art. L. 121-1 al. 1 CPI vereinbar angesehen wird.

Daneben wird grundsätzlich auch die Zulässigkeit einer Fremdwahrnehmung der *droits moraux* im Wege einer Stellvertretung, über die Erteilung eines *mandat*, angenommen; dies ganz überwiegend im Zusammenhang mit einer treuhänderischen Fremdwahrnehmung.

b) Arbeitnehmerurheber und Miturheber

Abweichungen von diesen und den unter c) bis f) zusammenzufassenden Grundsätzen zur Zulässigkeit rechtsgeschäftlicher Vereinbarungen über die einzelnen *droits moraux* werden auch für Arbeitnehmerurheber nicht zugelassen, obwohl ausdrücklich anerkannt wird, dass die strikte Haltung und Befürwortung der Unveräußerbarkeit so nicht gelten könne. Im Ergebnis wird dies dann aber „nur" über eine tatbestandliche Beschränkung des Schutzbereichs

---

[1275] So der General Services Administration Public Buildings Service Contract for Artists's Services § B.1.1.: „[F]or purposes of section 603 of the Visual Artists Rights Act of 1990, 17 U.S.C. 106A, the Government and the Artist will mutually agree upon a definition of the work of art which will include the significant characteristics salient to its meaning. Only the significant characteristics so agreed upon will be subject to the protection of section 603 against any intentional distortion, mutilation, or other modification of the work or against any intentional or grossly negligent destruction of the work. The Artist agrees to waiver of protection to all other aspects and uses of the work pursuant to section 603 (e).", in: Waiver of moral rights, S. 173 f.

[1276] Vergl. die Vertragsbeispiele in: Waiver of moral rights, S. 176 f.

des jeweiligen *droit moral* infolge einer Interessenabwägung im Einzelfall berücksichtigt. Ein Mechanismus zur Konfliktlösung, der insbesondere durch die gesetzliche Reduzierung des Werkintegritätsschutzes bei Computersoftware, als wirtschaftlich zunehmend relevante Werkart, bestätigt und verstärkt wird, wo ausschließlich solche Eingriffe, die ruf- oder ehrschädigend sind, abgewehrt werden können, Art. L. 113-9 al. 1 und 121-7 CPI. Die mildere, damit urheberfreundlichere Lösung anstelle der Schutzbereichsbeschränkung des *droit moral* wäre indes, grundsätzlichen umfassenden Schutz zu gewähren und rechtsgeschäftliche Vereinbarungen in Arbeitnehmer-Arbeitgeber-Konstellationen zuzulassen. Derartige Ansätze finden sich vereinzelt denn auch in der französischen Rechtslehre.

Dieses Bild entspricht der Situation bei Miturhebern. Insbesondere wird wirtschaftlich besonders interessanten Werken, wie Filmwerken, gleichfalls durch eine gesetzliche Begrenzung des Schutzes des *droit moral*, s. Art. L. 121-5 al. 5 CPI, Rechnung getragen.

c) *Droit de Divulgation*

Im deutschen Recht ist das Veröffentlichungsrecht bereits seiner tatbestandlichen Konzeption nach für nutzungsrechtliche Erwägungen aufgeschlossen; insoweit wird der grundsätzliche Gleichlauf des Schutzes über das Veröffentlichungsrecht mit den Verwertungsrechten bzw. Nutzungsrechten betont. Das französische Recht zieht diese Schlussfolgerung so nicht, da erst die Ausübung des Veröffentlichungsrechts die Verwertungsrechte entstehen lasse, so dass der Einräumung von Verwertungsrechten ausschließlich eine Konkretisierung im Hinblick auf das „Wie" der Veröffentlichung zukommen könne. Konsequenzen für rechtsgeschäftliche Dispositionen über das Veröffentlichungsrecht werden hieran jedoch nicht geknüpft[1277]. Vielmehr folgt die französische Rechtsprechung der strikten Auffassung, dass keine vertragliche Verpflichtung hinsichtlich des Veröffentlichungsrechts wirksam eingegangen werden kann und betont insoweit den Grundsatz der Unveräußerbarkeit des *droit moral* nach Art. L. 121-1 al. 1 CPI.

Die französische Rechtslehre stimmt ganz überwiegend mit der Rechtsprechung überein. Soweit hier einige Auffassungen zu einem anderen Ergebnis gelangen und eine Berufung auf das Veröffentlichungsrecht bei entsprechenden vertraglichen Vereinbarungen als ausgeschlossen betrachten, ist dies Folge der verstärkten Betonung allgemeiner Grundsätze des Vertragsrechts, die eben auch im Bereich des *droit moral* gälten.

Im Fall von Bestellverträgen erfolgt der Interessenausgleich infolge der Nichtgewährung der Veröffentlichungsbefugnis gegenüber dem Besteller/Verwerter der Rechtsprechung zufolge über einen Schadenersatzanspruch wegen Verletzung der vertraglichen Pflicht zu Werkherstellung und -ablieferung. Die Rechtslehre schließt sich überwiegend der Rechtsprechung an, variiert dabei jedoch in der Begründung eines Zahlungsanspruchs zugunsten des Verwerters. Soweit sogar von einer wirksamen Verpflichtung des Urhebers auch hinsichtlich seines Veröffentlichungsrechts ausgegangen wird, wird zugleich auf die Möglichkeit eines Widerrufs der Vereinbarung unter Anwendung der Regelung des Art. L. 121-4 CPI verwiesen, so dass mit Ausübung des Widerrufs eine Entschädigung durch den Urheber zu zahlen ist - wie im Ergebnis nach der Rechtsprechung auch; eine ausdrückliche Qualifizierung der Vereinbarung hinsichtlich des Veröffentlichungsrechts als Übertragung oder Verzicht wird dabei allerdings nicht vorgenommen.

[1277] Andeutungen finden sich in diesem Zusammenhang zwar bei Raynard, n. 305 ff., insbes. n. 307; dieser schlägt jedoch auch keinen in sich geschlossenen Lösungsansatz vor.

d) *Droit à la Paternité*

Das Recht auf Namensnennung wird im französischen Recht als Bestimmungsrecht hinsichtlich der Art und Weise, des „Wie" der Kenntlichmachung der Urheberschaft, nicht derart weitreichend gewährt wie im deutschen Recht. Es wird bereits eine Einschränkung des Schutzumfangs, trotz des eindeutigen, weitreichenden Gesetzeswortlauts, in Abhängigkeit von der jeweiligen Werkart und Werknutzung über eine Interessenabwägung vorgenommen[1278]. Die Frage rechtsgeschäftlicher Vereinbarungen stellt sich wegen dieser beschränkten Reichweite konsequenterweise nur hinsichtlich des „Ob" einer Namensnennung[1279].

Dabei lehnt die Rechtsprechung grundsätzlich eine Übertragung des Namensnennungsrechts unter Verweis auf den gesetzlichen Grundsatz der Unveräußerbarkeit als unzulässig ab. Sie unterscheidet insoweit nicht zwischen den Fällen einer Namensnennung, einer -unterdrückung und einer Ghostwriter- oder Pseudonymvereinbarung[1280]. Gleiches gilt hinsichtlich der hiervon getrennten Frage der Verzichtbarkeit. Hier ist die Grundtendenz feststellbar, dass ein Verzicht nur in Form einer jederzeit einseitig durch den Urheber widerrufbaren Verpflichtung zugelassen wird, wobei dem Widerruf mitunter sogar eine retroaktive Wirkung zugesprochen wird. Soweit hiervon vereinzelt abgewichen wird, wird ein „Verfall des Namensnennungsrechts" angenommen, der auf eine zu lange Untätigkeit des Urhebers zurückgeführt wird. Ein dauerhafter, umfassender Verzicht des Urhebers ist nach der Rechtsprechung jedenfalls unwirksam.

Insgesamt nähert sie sich damit, insbesondere auch in der Art der Formulierung, einem dogmatischen Verständnis an, wonach derartige Vereinbarungen letztlich keinen Rechtsverzicht darstellen, sondern als schlichte negative bzw. positive Rechtsausübung durch den Urheber zu bewerten sind. Eine Diskussion unter dem Gesichtspunkt der Unveräußerbarkeit erübrigt sich dann eigentlich.

Die Rechtslehre folgt größtenteils der Grundtendenz der Rechtsprechung, lehnt aber ganz überwiegend - zumindest - die retroaktive Wirkung des Widerrufs ab.

e) *Droit au Respect de l'Oeuvre*

Das Werkintegritätsrecht wird dem Gesetzeswortlaut nach im französischen Recht uneingeschränkt, damit weitergehend als nach dem Wortlaut der deutschen Vorschrift, gegenüber jeder Art von Werkveränderung gewährt. Bei bestimmten Werknutzungszusammenhängen kann sich jedoch eine Einschränkung des Schutzbereichs als Folge einer Interessenabwägung ergeben; dabei werden insbesondere der betroffene Personenkreis, die Werkart sowie die jeweilige Verwertungsform berücksichtigt. Einer rechtsgeschäftlichen Vereinbarung bedarf es - aus Verwertersicht - dann noch nicht.

[1278] Dies entspricht letztlich auch der Forderung einer Mindermeinung nach einer einschränkenden Lesart des § 13 UrhG und damit einer grundsätzlich bloß eingeschränkten Gewährung des Namensnennungsrechts nach deutschem Recht.

[1279] Vergl. insoweit die empfohlene Mustervereinbarung für einen *contrat d'édition* mit Blick auf die *Société des Gens de Lettres de France* auf der einen Seite und dem *Syndicat National de l'Édition* auf der anderen Seite (abgedruckt in Plaisant, Annexe XI): Art. 3 „L'éditeur s'engage à n'apporter á l'oeuvre aucune modification sans l'autorisation écrite de l'auteur. Il s'engage à faire figurer sur chacun des exemplaires le nom de l'auteur, son pseudonyme ou la marque que celui-ci lui indiquera." Eine Regelung bezüglich der Art und Weise der Namensnennung wird hier also nicht getroffen.

[1280] Eine gänzlich andere Auffassung vertrat die Rechtsprechung lediglich in „Casadesus/Marconi", RIDA 100 (1979), S. 209.

Soweit nach Abwägung der Interessen ein Schutz des Werkes zugunsten des Urhebers zu gewähren ist, ist nach der französischen Rechtsprechung eine Legitimierung von Werkveränderungen im Wege eines Verzichts jedenfalls uneingeschränkt im Nachhinein zulässig. Ob auch eine vorherige Vereinbarung wirksam getroffen werden kann, scheint grundsätzlich zwar durchaus befürwortet zu werden; soweit als Wirksamkeitsvoraussetzung verlangt wird, dass die Werkänderungen genau bestimmt und dem Umfang nach eingeschränkt sei müssen, ist der genaue Maßstab einer hinreichenden Bestimmbarkeit ungeklärt.

Die verwendete Terminologie ist dabei jedoch uneinheitlich; es wird sowohl von einer *autorisation préalable* als auch von einer *renonciation en avance* sowie von einer schlichten Rechtsausübung (*exercer son droit)* gesprochen. Wie bereits im Bereich des Namensnennungsrechts entsteht bei näherer Untersuchung der Rechtsprechung der Eindruck, dass ein Rechtsverzicht nur dann zugelassen wird, wenn dieser derart konkretisiert ist, dass er einer Selbstvornahme der Werkveränderung durch den Urheber und in diesem Sinne letztlich einer schlichten Rechtsausübung, anstatt einem rechtsgeschäftlichen Verzicht, entspricht.

Die Rechtslehre lässt Absprachen unter vergleichbaren Bestimmtheitsanforderungen zu; insbesondere mit dem von der Lehre in diesem Zusammenhang oft betonten Kriterium der Kenntnis von der Änderung und damit von der Sachlage (formuliert als *pleine connaissance de cause*) entsteht allerdings der Eindruck, dass sich der überwiegende Teil der Lehre stärker gegen ein Zulässigkeitsverständnis als vorheriger Verzicht und stattdessen für eine Einordnung als nachträglicher Verzicht ausspricht.

f) *Droit de Repentir ou de Retrait*

Anders als nach deutschem Recht kann der Urheber ohne weitere Voraussetzungen, außer der Zahlung einer Entschädigung, die Rückrufsrechte nach Art. L. 121-4 CPI ausüben. Bei Computerprogrammen ist die Berufung auf die Rückrufsrechte gesetzlich ausgeschlossen.

Rechtsprechung zur Frage der Zulässigkeit von Rechtsgeschäften über die Rückrufsrechte gibt es nicht. Für die Auffassung des Schrifttums kommt dieser Frage indes besondere Bedeutung zu, soweit im Zusammenhang mit dem Veröffentlichungsrecht die Zulässigkeit von verbindlichen rechtsgeschäftlichen Vereinbarungen in Form eines Rechtsausübungsverzichts angenommen wird. Denn dann bilden die Rückrufsrechte den unverzichtbaren Kern *droit moral*, was zugleich die Annahme einer Unübertragbarkeit und Unverzichtbarkeit der Rückrufsrechte selbst bedingt.

g) Gesamtschlussfolgerungen

Abschließend ist festzuhalten, dass die nahezu einhellig geäußerte und gern betonte Aussage, dass der Grundsatz der Unveräußerbarkeit nach Art. L. 121-1 al. 1 CPI nicht absolut gelte, jedenfalls unter dem Gesichtspunkt der Zulässigkeit von rechtsgeschäftlichen Vereinbarungen über das *droit moral* letztlich leer läuft.

Eine Berechtigung hat diese Aussage lediglich vor dem Hintergrund, dass ein Großteil der Konfliktfälle zwischen Urheber- und Verwerterinteressen betreffend das *droit moral* bereits im Wege der Begrenzung des jeweils in Frage stehenden, tatbestandlichen Schutzbereichs gelöst wird; sei es von Gesetzes wegen durch bestimmte Ausnahmenormen, wie für Computersoftware oder Filmwerke, oder durch eine Interessenabwägung im Einzelfall[1281]. Verstärkt

[1281] Sehr deutlich zur Erinnerung: Debbasch, n. 600, S. 623 mit seiner Formulierung: „ce droit (droit moral) est attaché à la personne de l´auteur, ... est ... inaliénable, ... Mais ce droit n´est pas absolut. Il est tout d´abord limité par la loi ..."

wird diese Tendenz einer Zurückweisung bzw. Reduzierung des Schutzes von urheberpersönlichkeitsrechtlichen Interessen durch die Lehre vom *abus de droit*, wonach in Fällen rechtsmissbräuchlicher Geltendmachung eine Berufung auf das *droit moral* verweigert wird. Dabei wird insbesondere die Ausübung des *droit moral* aus materiellen Interessen als Rechtsmissbrauch bewertet; insoweit kommt hier ganz deutlich die grundsätzliche Trennung ideeller und materieller Interessen innerhalb des französischen Dualismus zum Tragen. Besondere Aufmerksamkeit innerhalb der Rechtsprechung hat die Theorie des *abus de droit* bislang nur hinsichtlich der Zurückweisung der Rückrufsrechte erfahren. Die nahe liegende Frage aber, ob nicht bei einer ausdrücklichen Verzichtserklärung des Urhebers eine spätere Berufung auf den Grundsatz der Unveräußerbarkeit eine rechtsmissbräuchliche Handlung darstellt, wird auch ganz überwiegend im Schrifttum so nicht gestellt[1282].

Im Übrigen sind rechtsgeschäftliche Vereinbarungen über die *droits moraux* jedenfalls als nachträglicher Verzicht - nach Vorliegen einer Rechtsverletzung - zulässig. Im Vorhinein hingegen können Vereinbarungen nur begrenzt - und nach der Rechtsprechung im streng vertraglichen Sinne letztlich auch nur im Bereich des Werkintegritätsrechts - wirksam getroffen werden; rechtstechnisch betrachtet stellen sie sich dann aber eher als eine schlichte (Nicht)ausübung des *droit moral* dar.

Weitergehend lassen sich lediglich wenige Vertreter der französischen Rechtslehre ein; eine weitreichende Anerkennung rechtsgeschäftlicher Disponibilität - insbesondere als vorherige vertragliche Verpflichtung - ist auch hier weder in grundsätzlicher Art noch als herrschende Ansicht feststellbar.

2. Ergebnis hinsichtlich der US-amerikanischen Rechtslage

a) Grundsätzliches zur Reichweite des Schutzes von *Moral Rights*

Im US-amerikanischen Recht sind drei verschiedene Ebenen des Schutzes zu unterscheiden; so zum einen der Schutz von *moral rights* über spezielle Gesetze, wie den bundesgesetzlichen *Copyright Act* und den inkorporierten VARA sowie der Schutz über spezielle einzelstaatliche Regelungen und den eher allgemeinen Schutz von vergleichbaren Rechtspositionen über das Common Law.

Was die Gewährung eines Veröffentlichungsrechts anbelangt, so besteht kein dem französischen und deutschen Recht entsprechender Schutz; weder über State noch Federal Law. Eine unerlaubte Veröffentlichung stellt regelmäßig ein *copyright infringement* dar, so dass ein derartiger Schutz vollumfänglich mit der Übertragung des *Copyrights* entfällt - insoweit ist dies zwar mit dem Gedanken der engen Verbindung zwischen der Ausübung des Veröffentlichungsrechts und der Nutzungsrechtseinräumung nach deutschem Recht vergleichbar, geht in der Reichweite aber deutlich darüber hinaus. Die Frage nach rechtsgeschäftlichen Dispositionen über das Veröffentlichungsrecht stellt sich nicht.

Ein Recht auf namentliche Nennung wird durch den VARA nur hinsichtlich des „Ob" garantiert; daneben wird als generelles Recht das auf Anerkennung der Urheberschaft gewährt. Ein Namensunterdrückungsrecht besteht beim Vorliegen einer Werkentstellung oder sonstigen Werkänderung, die der Ehre oder dem Ruf des Urhebers schaden. Dies stellt eine Alternative gegenüber dem generellen Recht auf Werkintegrität darstellt, das nach VARA gleichfalls nur unter der Bedingung einer Ruf- oder Ehrschädigung vorgesehen ist.

[1282] Diese Frage wirft jedenfalls - wohl als einziger - Sirinelli RIDA 151 (1992), S. 273, 290 auf.

Der Schutz von *moral rights* nach VARA ist dabei insgesamt nur für einen kleinen Bereich von Werkarten der bildenden Kunst vorgesehen und wird außerdem für kommerziell wichtige Bereiche von Werknutzungen, insbesondere bei Werkreproduktionen, umfassend ausgeschlossen, vergl. 17 U.S.C. § 106A (c) (3). Hinzu tritt eine weitere Einschränkung urheberpersönlichkeitsrechtlicher Positionen im Falle eines *fair use*; wobei die genaue Reichweite noch nicht geklärt ist.

Im Übrigen können besonders intensive Werkveränderungen außerhalb des Anwendungsbereichs des VARA nach Federal Law als *copyright infringement* unterbunden werden, wenn die Werknutzung des veränderten Werks wertungsmäßig nicht mehr der erlaubten Verwertung entspricht. Mit dem Verlust des *Copyrights* entfällt dieser Schutz und damit die Notwendigkeit entsprechender vertraglicher Vereinbarungen.

Die verschiedenen State Laws garantieren ebenfalls nur für einen eingeschränkten Bereich von Werkarten einen Schutz von *moral rights*. Dabei wird zumeist neben dem positiven auch das negative Recht auf Anerkennung der Urheberschaft gewährt, so dass bereits hier eine „Ergänzungsfunktion" der einzelstaatlichen Regelungen gegenüber dem VARA besteht, was insbesondere im Hinblick auf die Preemption-Vorschrift des VARA relevant ist. Dies gilt auch in Anbetracht der bei einigen State Laws fehlenden Beschränkung des Schutzes im Hinblick auf kommerzielle Werknutzungen, insbesondere Werkreproduktionen, entsprechend der VARA-Regelung in 17 U.S.C. § 106A (c) (3).

Anders als VARA sehen die State Laws aber ein Recht auf Werkintegrität zumeist nur gegenüber vorsätzlichen bzw. grob fahrlässigen Werkveränderungen oder sogar nur im Hinblick auf die öffentliche Ausstellung veränderter Werke vor.

Nach Common Law kann sowohl ein Namensnennungs- als auch -unterdrückungsrecht geschützt sein; so im Einzelfall über eine verbraucherschützende Bestimmung, die eine Täuschung der Verkehrskreise hinsichtlich des Ursprungs eines „Produkts" verhindern soll, vergl. § 43 (a) Lanham Act[1283], wie auch bei Vorliegen einer Verletzung der Privatsphäre des Urhebers, über allgemeine persönlichkeitsrechtliche Grundlagen (*right of privacy*). Soweit entsprechende Ansprüche aufgrund Vertragsrecht befürwortet werden, sind ausdrückliche Vereinbarungen zu treffen, oder aber sie ergeben sich aus bestimmten zugrunde gelegten Gebräuchlichkeiten bei der Werkverwertung - vergleichbar der Verkehrssitte und Branchenübung nach deutschem Recht.

b) Arbeitnehmerurheber

Neben dem ohnehin nur wenige Werkarten - und nach VARA auch nur wenige Nutzungszusammenhänge - erfassenden, spezifisch urheberrechtlichen Schutz über Federal Law und State Laws ist eine weitere grundsätzliche Beschränkung der Gewährung von *moral rights* im US-amerikanischen Recht hinsichtlich Arbeitnehmerurheber zu berücksichtigen. Als Fortführung der *work for hire-Doctrine* auch im urheberpersönlichkeitsrechtlichen Bereich sind von Arbeitnehmerurhebern geschaffene Werke grundsätzlich und umfassend vom Anwendungsbereich des VARA ausgeschlossen; *moral rights* entstehen bei derartigen Werken erst gar nicht. Soweit die State Laws weitergehend differenzieren, wird verlangt, dass die Werke nicht

[1283] Auf die sehr eingeschränkte Möglichkeit, rechtlichen Schutz über § 43 (a) Lanham Act zu erlangen, weist Nimmer, § 8D.03 [A] [2] [b], mit Blick auf die neueste Entscheidung des Supreme Court in Dastar v. Twentieth Century Fox hin, siehe hierzu oben, unter II., 1., c), cc).

nur entsprechend einer „*work for hire*"-Vereinbarung zustande gekommen sein müssen, sondern dass diese auch einer kommerziellen Nutzung dienen sollen.

Die US-amerikanische Rechtslehre befürwortet hingegen einen Mittelweg, wonach jedenfalls die einmal erfolgte Ausübung des Namensnennungsrechts durch den Urheber geschützt und damit verbindlich auch für den Arbeitgeber sein sollte; im Falle von Werkveränderungen könnte ein Interessenausgleich über die Gewährung eines Namensunterdrückungsrechts erzielt werden.

c) Zulässige Rechtsgeschäfte über *Moral Rights*

Soweit sich die angesichts der weitreichenden Schutzbereichsbeschränkungen an Bedeutung verlierende Frage rechtsgeschäftlicher Vereinbarungen über *moral rights* oder vergleichbarer Rechtspositionen über das Common Law noch stellt, unterscheidet das US-amerikanische Recht grundsätzlich nicht zwischen den verschiedenen Schutzgütern, den einzelnen *moral rights* und deren Schutzrichtungen. Lediglich vereinzelt sind bei bestimmten Werkarten besondere Regelungen zu finden.

Der VARA fordert grundsätzlich einen ausdrücklichen, schriftlichen und in einer vom Urheber unterschriebenen Urkunde erklärten Verzicht (*waiver*) auf *moral rights*, unter Bestimmung des betroffenen Werks und dessen jeweiliger Nutzung; der konkludente Verzicht wird damit dem Grunde nach ausgeschlossen[1284]. Zur genauen Klärung der zulässigen Reichweite eines Verzichts nach US-amerikanischem Recht liegen noch keine gerichtlichen Entscheidungen vor. In der Rechtslehre finden sich mitunter auch Ansichten, die durch umfassende Formulierungen letztlich jede denkbare Nutzung des Werks zu erfassen suchen und damit die gesetzlich formulierte Bestimmtheit des Verzichts obsolet werden lassen - dies rügt auch ein Teil der Rechtslehre selbst. Zudem ist ein Verzicht im Sinne eines *blanket waiver* nach den Vorstellungen des Gesetzgebers unzulässig.

Wegen der lediglich relativen Wirkung des Verzichts im US-amerikanischen Recht kann von einem mit deutscher Begrifflichkeit beschriebenen Rechtsausübungsverzicht gesprochen werden.

Zudem ist die Übertragung des Verzichts (*transfer of waiver*) nach US-amerikanischem Recht grundsätzlich ausgeschlossen. Etwas anderes gilt im Bereich der in Gebäude baulich integrierten Kunst (*artworks incorporated into buildings*), sog. „Kunst am Bau". Stimmt der Urheber einem Einbau des Werkes in einer von ihm und dem Eigentümer unterschriebenen Urkunde zu, dann kann er einer Werkentstellung bzw. -veränderung infolge eines späteren Ausbaus des Werkes nicht mehr entgegentreten. Diese Zustimmung wirkt als Verzicht auf das Werkintegritätsrecht und geht über eine relative Wirkung zwischen den Vertragsparteien hinaus, indem gesetzlich bestimmt wird, dass sich die erteilte Zustimmung auf alle späteren, nachfolgenden Eigentümer des Gebäudes erstreckt.

Bei miturheberschaftlichen Werken trifft der VARA eine Regelung, wonach der Verzicht eines Miturhebers zugleich für alle übrigen Miturheber Wirkung entfaltet; eine Regelung, die seitens des Schrifttums mitunter kritisch beurteilt wird.

Die State Laws treffen überwiegend der Verzichtsvorschrift des VARA entsprechende Regelungen. Hinsichtlich der sog. „Kunst am Bau" wird hingegen eine umgekehrte Konzeption gewählt, indem grundsätzlich eine gesetzliche Vermutung für einen Verzicht auf das Werk-

---

[1284] Vergl. Dieselhorst, S. 184 f.

integritätsrecht getroffen wird; etwas anderes gilt nur bei entsprechender vertraglicher Vereinbarung.

Darüber hinaus sehen die State Laws keine dem VARA entsprechende Regelung bei Miturheberschaft vor. Überzeugend ist insoweit die im Schrifttum favorisierte Annahme einer Nichtgeltung des Verzichts durch einen Miturheber gegenüber den anderen, und damit die Notwendigkeit einer Verzichtserklärung durch alle Miturheber bzw. die Wirkung nur für jeden einzelnen Miturheber beim Recht auf namentliche Nennung.

Soweit einzelne State Laws überhaupt keine Verzichtsregelung vorsehen, wird mit guten Gründen im Schrifttum vertreten, dass ein Verzicht deshalb auch insgesamt nicht oder jedenfalls nur hinsichtlich des Rechts auf Unterdrückung der Urheberschaft zulässig sei. Wenn der Auffassung im Schrifttum gefolgt wird, dass ein Hinweis auf den Umstand der Werkveränderung (sog. *disclaimer*) eine Verletzung des Werkintegritätsrechts ausschließe, wird auch insoweit die Bedeutung und Notwendigkeit der Zulässigkeit von *waivern* in den Hintergrund gedrängt.

Hinsichtlich des Schutzes von den *moral rights* vergleichbaren Rechtspositionen über das Common Law ist festzustellen, dass sich die urheberrechtsfremden Wertungen zur Begründung eines Schutzes auch bei der Bestimmung der Verzichtbarkeit der möglichen Rechtspositionen fortsetzen. Ganz überwiegend kann insoweit der Werknutzer selbst, einseitig und ohne Mitwirkung des Urhebers, eine Geltendmachung bzw. ein Entstehen der den *moral rights* vergleichbaren Rechtspositionen verhindern. So ist im Fall der Heranziehung von verbraucherschützenden Vorschriften an eine entsprechende Produktinformation und -aufklärung zu denken, die insoweit zugleich auf die ideelle Position des Urhebers einwirkt. Verbleiben darüber hinaus Konstellationen, bei denen einseitiges Handeln des Verwerters nicht ausreicht, so wird übereinstimmend die Möglichkeit eines weitreichenden Verzichts des Urhebers auf entsprechende Rechtspositionen anerkannt. Da der Schutz urheberpersönlichkeitsrechtlicher Interessen hier lediglich als Reflex erfolgt, wird eine Kollision mit persönlichkeitsrechtlichen Grundsätzen nicht gesehen. Insoweit sind, trotz des im Vergleich zum sachlichen Anwendungsbereich des VARA und der State Laws weitreichenderen Schutzes über das Common Law, Werknutzungen im Sinne des Verwerters abgesichert und potentielle Konfliktfälle zu dessen Gunsten entschieden. Auch wenn lediglich im Wege vertraglicher Vereinbarung ein entsprechender Schutz der ideellen Interessen des Urhebers erreicht wird, bleibt die Frage des Verzichts außen vor.

d) Gesamtschlussfolgerungen

Die grundsätzliche Zulässigkeit eines Verzichts auf *moral rights* im US-amerikanischen Recht ist im Vergleich zur französischen Dogmatik zu Persönlichkeitsrechten und dem insoweit beiderseits weiterhin überwiegend anerkannten[1285] Unübertragbarkeitsdogma durchaus bemerkenswert. Denn im US-amerikanischen Recht wird gleichfalls die ideelle Verbindung zwischen Urheber und Werk als Ausdruck seiner Persönlichkeit betont und eine Übertragbarkeit mit dem Hinweis auf die Rechtsnatur der *moral rights* als Persönlichkeitsrechte grundsätzlich abgelehnt[1286].

Zu bedenken ist insoweit auch, dass es sich bei den durch den VARA und den durch die speziellen State Laws geschützten Werken regelmäßig um gerade solche von hoher persön-

1285 Vergl. aber zu den hier vertretenen weitreichenden Einwänden oben im 1. Teil, unter II., 2.

1286 Insoweit wird, wie im französischen und deutschen Recht, die Frage der Zulässigkeit des Verzichts im Verhältnis zu der der Übertragung unterschiedlich beurteilt.

lichkeitsrechtlicher Prägung handelt und dass deutlich betont wird, dass die *moral rights* - im Unterschied zum deutschen Verständnis vom UPR - ausschließlich ideelle Interessen des Urhebers schützen sollen. Damit wird ein Verzicht in einem Zusammenhang zugelassen, wo sich der Verweis auf die sog. Höchstpersönlichkeit der Rechte eigentlich besonders aufdrängt[1287]. Insgesamt kommt dies nach klassischem kontinental-europäischen Verständnis eines *droit moral*, das mit der US-amerikanischen „*moral rights*"-Gesetzgebung durchaus übernommen werden sollte, einem dogmatischen Bruch gleich. Die rechtsgeschäftliche Disponibilität reicht jedoch in Anbetracht der generellen dogmatischen Bewertung des *Waiver* als ein schlichter Rechtsausübungsverzicht - ausgenommen bei sog. Kunst am Bau - nicht sehr weit. Zudem lässt der Blick auf die Behandlung des *right of privacy* und dessen Weiterentwicklung durchaus auch eine Deutung des dogmatischen „Bruchs" als konsequent und stimmig innerhalb des US-amerikanischen Rechtssystems zu[1288]. Denn das *right of privacy*, als nicht kommerzialisierter Bereich bürgerlich-rechtlicher Persönlichkeitsrechte, wird als verzichtbares Recht behandelt. Unter Berücksichtigung der dogmatischen Behandlung des *right of publicity* wäre sogar eine Anerkennung der Übertragbarkeit denkbar gewesen; dies gilt umso mehr im Zusammenhang mit dem *Copyright*, das vollumfänglich übertragbar ist.

Letztlich ist die Übernahme des urheberpersönlichkeitsrechtlichen Konzepts und damit eines stark personalisierten Urheberrechtsverständnisses nur halbherzig erfolgt und stellt, verglichen mit dem US-amerikanischen Rechtsverständnis insgesamt, einen Fremdkörper dar. Die unterschiedliche Konzeption des US-amerikanischen *Copyright*s im Vergleich zum französischen *Droit d'Auteur* setzt sich, trotz Einführung von *moral rights*, entschieden fort. Dieser zunächst vermeintlich weitreichende Schritt der USA entpuppt sich als einer von gleichsam marginaler Bedeutung; dies in Anbetracht der vielen sich ergänzenden und deshalb kaum noch für eine positive Zuweisung von *moral rights* Platz belassenden Beschränkungen des Schutzes, wobei für den noch verbleibenden Bereich urheberpersönlichkeitsrechtlichen Schutzes sogar die Möglichkeit eines Verzichts ausdrücklich gesetzlich vorgesehen ist[1289]. Aus Verwertungssicht bedarf es einer Übertragbarkeit oder einer umfassenden dinglichen Verzichtbarkeit von *moral rights* indes nicht mehr. Mithin ist die wirtschaftliche Werkverwertung, auch entgegen den ideellen Interessen des Urhebers, weiterhin das eigentliche Gesetzesanliegen nach US-amerikanischem Urheberrechtsverständnis.

Auch der Schutz über das Common Law bietet kein anderes Bild. Hier kommt den rechtsgeschäftlichen Dispositionen zwar grundsätzliche Bedeutung zu. Mit der - unproblematischen - Zulässigkeit des Verzichts auf derartige Rechtspositionen wird auch insoweit wieder das Primat des verwertungswirtschaftlichen Anliegens, der finanziellen Ausbeutung schöpferischer Tätigkeit, durch das Copyrightsystem unterstützt.

Zudem stellt sich die Frage nach rechtsgeschäftlichen Dispositionen in der Rechtspraxis ganz überwiegend nicht, was die Untersuchung des *Copyright Office* bestätigt, die insoweit als Ursachen zum einen die geringe Bekanntheit der bestehenden Rechtslage, damit mangelnde Kenntnis von den *moral rights*, und zum anderen die überwiegende Gebräuchlichkeit mündlicher Verträge anführt.

1287 Soweit insgesamt Kritik geäußert und differenzierende Beurteilungen zur Verzichtbarkeit von *moral rights* durch das Schrifttum unternommen werden, entspricht dies in der Tendenz einer Zuwendung zur kontinental-europäischen Rechtsauffassung.
Dennoch wird im urheberrechtlichen Bereich gerade auf die persönlichkeitsrechtliche Natur verwiesen, um eine Unverzichtbarkeit zu begründen und zu fordern, so Damich Columbia-VLA J. of L. & the Arts 291, 327.

1289 Dies lässt auch die grundsätzliche Kritik gegenüber der mit Einführung der *moral rights* durch VARA zugleich vorgesehenen Verzichtsregelung gleichsam als Farce erscheinen, siehe hierzu Federle, S. 112, Fn. 158.

In der Konsequenz bedeutet dies für die weitere Untersuchung, dass der schlichte Fingerzeig auf die US-amerikanische Regelung zum Rechtsverzicht wie auch auf die französische Rechtslage und hieraus abgeleitete, direkte Rückschlüsse auf die deutsche Rechtslage problematisch ist. Rückschlüsse können insoweit nur innerhalb der deutschen Dogmatik und bei Wahrung der eigenständigen Systematik stattfinden; was insbesondere auch eine Berücksichtigung des deutschen Monismus fordert. Die Richtung in eine weniger weitreichende oder auch deutlich stärker ausgeprägte Disponibilität des UPR ist wegen der Systemunterschiede zum deutschen Recht weder durch das französische noch das US-amerikanische Recht unmittelbar vorbestimmt. Dies wird bereits durch den Umstand verdeutlicht, dass denkbar unterschiedliche Regelungen zur Disponibilität in den genannten Rechtsordnungen bestehen.

Sechster Teil

Untersuchung der einzelnen urheberpersönlichkeitsrechtlichen Befugnisse als Gegenstand rechtsgeschäftlicher Vereinbarungen (Analyse des deutschen Rechts)

Wie die Untersuchung zum deutschen Recht bislang ergeben hat, ist die Frage nach der Disponibilität urheberpersönlichkeitsrechtlicher Befugnisse unmittelbar auf das rechtspolitische Anliegen des Urheberschutzes bezogen und nicht unter dem Gesichtspunkt von dogmatischen Notwendigkeiten zu beantworten[1290]. Das Urheberrechtsgesetz selbst bietet neben dem Verbot der umfänglichen freien Übertragung des UPR und einzelner Befugnisse keine weitere konkrete Aussage. Neben dem Grundanliegen des Urheberschutzes ist es der Berücksichtigung von abstrakten Interessengesichtspunkten und praktischen Bedürfnissen nicht abgeneigt, wie insbesondere die Regelungen der §§ 93 und 43 UrhG zeigen.

Im Weiteren soll nun eine Untersuchung der einzelnen urheberpersönlichkeitsrechtlichen Befugnisse im Hinblick auf ihre jeweilige Disponibilität, unter Berücksichtigung der nach § 29 UrhG sowie der nach allgemeinen Überlegungen als zulässig verbleibenden konstruktiven Möglichkeiten von „Verzichts-" bzw. „Übertragungs"-Vereinbarungen, in unterschiedlichen praktischen Konstellationen erfolgen. Dabei gilt der bereits formulierte Gedanke[1291], dass ein angemessener Ausgleich zwischen Verwerteranliegen und Urheberschutz nach Verschaffung einer größtmöglichen Verwertbarkeit auf der einen Seite und kleinstmöglicher Einschränkung des persönlichkeitsrechtlichen Schutzes auf der anderen Seite verlangt.

Besondere Aufmerksamkeit gilt der oft vernachlässigten, aber umso wichtigeren Abgrenzung von Rechtsausübung, Rechtsausübungsverzicht und Rechtsverzicht bzw. -übertragung; nur bei dem letztgenannten Begriffspaar ist der rechtsgeschäftliche Bereich beschritten. Insoweit ist zu bedenken, dass viele Unklarheiten und dogmatische Streitpunkte in der oft fehlenden strikten Trennung dieser Bereiche veranlagt sind[1292].

I. Veröffentlichungsrecht, § 12 Abs. 1 UrhG

1. Vorüberlegungen

Zunächst ist das Verhältnis von positiver und negativer Befugnis des Veröffentlichungsrechts klarzustellen.

Es besteht keine sachliche Rechtfertigung dafür, über die negative Befugnis betreffend das „Ob" einer Veröffentlichung und diesbezügliche rechtsgeschäftliche Dispositionen isoliert und der entsprechenden positiven Befugnis gegenüber verselbständigt nachzudenken[1293]; der negativen Befugnis kommt im rechtsgeschäftlichen Bereich neben der positiven Befugnis keine eigenständige Bedeutung zu. Mit der Entscheidung über die eine Befugnis wird zugleich als Gegenstück über die andere mitentschieden[1294]; so entspricht eine vertragliche

---

[1290] Insoweit kann aus dem Verweis auf die Rechtsnatur des UPR keine abschließenden Aussagen für oder gegen rechtsgeschäftliche Dispositionen abgeleitet werden.

[1291] Siehe oben im 3. Teil, I., 7.

[1292] So auch Dieselhorst, S. 139, Fn. 21.

[1293] Unzutreffend insoweit Osenberg, S. 45 ff. und 63 ff.

[1294] Auf diesen Zusammenhang verweist auch Lucas-Schloetter GRUR Int. 2002, 809, 811, die jedoch zu weit geht, indem sie einen Ausübungsverzicht generell für unnötig hält. Erst hierdurch aber wird die Verbindlichkeit der einmal gewählten Rechtsausübung, in der einen oder anderen Richtung, festgelegt, was durch die weitere Untersuchung noch verdeutlicht werden wird.

Verpflichtung des Urhebers zur Ausübung der negativen Befugnis im Sinne einer Entscheidung zur Nichtveröffentlichung in der Wirkung einem Verzicht auf die positive Befugnis[1295], wie auch umgekehrt die vertragliche Verpflichtung des Urhebers zur Ausübung der positiven Befugnis einem Verzicht auf die negative Befugnis entspricht.

Aus Vereinfachungsgründen wird die Untersuchung rechtsgeschäftlicher Dispositionen anhand der positiven Befugnis - und dem flankierenden Abwehrrecht - fortgeführt[1296]. Dies trägt auch den praktischen Bedürfnissen und Interessen der beteiligten Vertragspartner angemessener Rechnung, da die positive Ausübung den relevanten nach außen tretenden Entschluss des Urhebers objektiv und damit greifbarer markiert.

Hiervon zu trennen ist die positive Befugnis als Bestimmungsrecht des Urhebers über die Art und Weise sowie den Zeitpunkt der Veröffentlichung; es wird nicht als notwendiges Gegenstück von der Befugnis hinsichtlich des „Ob" einer Veröffentlichung miterfasst. Deshalb kann der Bestimmungsbefugnis unter dem Aspekt rechtsgeschäftlicher Disponibilität eine eigenständige Bedeutung zukommen.

Wenngleich es sich also insoweit um zwei selbständige Befugnisse handelt, so ist zu bedenken, dass deren Ausübung in der Praxis mit der Nutzungsrechtseinräumung zusammenfällt. Dies hat die Untersuchung des Schutzbereichs des Veröffentlichungsrechts gem. § 12 Abs. 1 UrhG[1297] ergeben. Danach liegt ein enger Zusammenhang und überwiegend sogar ein faktischer, grundsätzlicher Gleichlauf zwischen der Nutzungsrechtseinräumung und der Ausübung der Entscheidungsbefugnis nach § 12 UrhG, betreffend das „Ob", „Wann" und „Wie" einer Veröffentlichung, vor[1298]. Dieser Zusammenhang ist auch für die Untersuchung der rechtsgeschäftlichen Dispositionen über das Veröffentlichungsrecht zu bedenken.

Zudem ist zu untersuchen, ob sich in den Konstellationen, in denen von einer eigenständigen, wenn auch „rudimentären" Bedeutung des Veröffentlichungsrechts neben einer Nutzungsrechtseinräumung bzw. den Verwertungsrechten des Urhebers gesprochen werden kann, Besonderheiten im rechtsgeschäftlichen Bereich ergeben. Insoweit sind also von der Nutzungsrechtseinräumung mit gleichzeitiger Entscheidung des Urhebers über das Veröffentlichungsrecht [2., a)] die Fälle einer Nutzungsrechtseinräumung vor bzw. ohne Entscheidung über die Veröffentlichung, im Sinne einer Vorabeinräumung von Nutzungsrechten [2., b)], zu unterscheiden.

Außerdem ist die besondere Konstellation einer werkverwertungsunabhängigen, treuhänderischen Wahrnehmung des Veröffentlichungsrechts [2., d)] zu untersuchen und Besonderheiten in Bezug auf bestimmte Gruppen von Urhebern sind zu hinterfragen [3.]. Letzteres spielt insbesondere unter rechtsvergleichenden Aspekten eine Rolle, da die Untersuchung des französischen und US-amerikanischen Rechts ergeben hat, dass die rechtsgeschäftliche Disponibilität des *droit moral* bzw. der *moral rights* in gleichen Sachverhalten, bezogen auf miturheberschaftliche Werke und Arbeitnehmerurheber, durchaus unterschiedlich geregelt sind.

1295 Ohne jedoch die entsprechenden Konsequenzen hieraus zu ziehen, erkennt auch Osenberg, S. 45, 48, diesen Zusammenhang.

1296 Dem Abwehrrecht aus § 97 UrhG kommt dabei gleichfalls keine eigenständige Bedeutung zu, da dies lediglich die Wehrhaftigkeit der Bestimmungsrechte aus § 12 UrhG sichert, aber keine inhaltliche Differenzierung bedingt. Wertungsmäßig gilt bei einer vertraglichen Formulierung oder Deutung als rechtsgeschäftliche Disposition über die negative Befugnis dann wegen der Spiegelbildlichkeit das im Folgenden Untersuchte entsprechend.

1297 Vergl. oben im 2. Teil, unter 1., c).

1298 Vergl. auch OLG München NJW 2001, 618, 619.

2. Grundkonstellationen

a) Rechtsgeschäfte über das Veröffentlichungsrecht bei einer Nutzungsrechtseinräumung mit gleichzeitiger Entscheidung des Urhebers über das Veröffentlichungsrecht

aa) Verortung der rechtsgeschäftlichen Vorgänge

Mit der - betreffend das Veröffentlichungsrecht - vorbehaltlosen Nutzungsrechtseinräumung übt der Urheber sein Veröffentlichungsrecht hinsichtlich des „Ob", des „Wann" und des „Wie" aus[1299], denn dem Vertragspartner wird das Nutzungsrecht nur insoweit eingeräumt, wie der Urheber sein Werk für veröffentlichungsreif hält, was auch die Art und Weise und den Zeitpunkt der Veröffentlichung betrifft. Damit kann bei der anschließenden Veröffentlichung des Werkes durch den Nutzungsrechtsinhaber rein denknotwendig keine Fremdausübung des Veröffentlichungsrechts mehr erfolgen, es bedarf dieser auch nicht mehr[1300]. Demzufolge kommt es auf die Frage einer „Übertragung" des Veröffentlichungsrechts zur Ermöglichung der Werknutzung durch den Nutzungsrechtsinhaber nicht mehr an[1301].

Das Vorliegen einer Rechtsausübung darf dabei jedoch nicht isoliert gesehen werden und darüber hinwegtäuschen, dass der rechtsgeschäftliche Bereich notwendigerweise zugleich beschritten wird - wenn auch nicht in Form einer „Übertragung" bzw. „Überlassung zur Ausübung"[1302]. Denn das Gesetz selbst geht hinsichtlich der Gewährung des Veröffentlichungsrechts nach § 12 Abs. 1 UrhG grundsätzlich von der Möglichkeit einer freien, unbeschränkten Rechtsausübung durch den Urheber aus. Dieser kann eine einmal erfolgte Veröffentlichungsentscheidung an sich jederzeit revidieren; die Rechtsausübung allein, für sich genommen,

---

1299 Vergl. hierzu oben im 2. Teil, unter 1., b).

1300 Schricker-Dietz § 12, Rn. 21; Fromm/Nordemann-Hertin § 12, Rn. 2; wohl auch Heidmeier, S. 62. Dies wird jedoch ganz überwiegend nicht sauber getrennt und allgemein bei Nutzungsrechtseinräumungen auch eine Überlassung bzw. Übertragung des Veröffentlichungsrechts angenommen: vergl. Dreier-Schulze Vor § 12, Rn. 9, 11, der davon spricht, dass das Veröffentlichungsrecht selten eingeräumt wird bzw. durchaus selbständig eingeräumt wird - dabei zeigt er jedoch keinen einschlägigen Anwendungsfall auf; vergl. auch Kellerhals, S. 117 ff.; Heidelberger-Dreyer Vor §§ 12 ff., Rn. 21 und § 12, Rn. 14, die auf die Lizenzierbarkeit in diesen Zusammenhang hinweist; Rehbinder, Rn. 319, S. 279; v. Gamm § 29, Rn. 4; VerlagsR-Schricker § 8 VerlG, Rn. 3 sowie Reupert, S. 305, verdeutlicht durch ihren Normvorschlag.
Hinsichtlich Forkels Kritik an der hier insoweit vertretenen Auffassung, S. 180 f., ist zu bemerken, dass dieser die unzutreffende Schlussfolgerung zieht, dass mit einer „Rechtsausübung" auch ein „Erlöschen" gemeint sei. Dabei ist insbesondere der hier angenommene Umstand, dass ein Schutz gegenüber Dritten weiterhin bestehen bleibt, gerade Folge dieser Differenzierung.

1301 Hinzukommt, dass es grundsätzlich auch keinen Grund gibt, eine weitergehende, über die reine Rechtsausübung hinausreichende Übertragung bzw. Überlassung zur Ausübung zugunsten des Nutzungsrechtsinhabers anzunehmen. Dies ginge über das notwendige Maß einer Disposition über das Veröffentlichungsrecht zu Lasten des Urhebers hinaus; der Nutzungsrechtsinhaber ist durch seine Nutzungsrechte gegenüber unberechtigten Drittveröffentlichungen geschützt. Soll ihm auch ein Schutz der ideellen Interessen an der Veröffentlichung obliegen, so entspricht dies letztlich der Situation einer treuhänderischen Wahrnehmung, so dass hierauf verwiesen werden kann, s. unten, unter c).

1302 Vergl. auch VerlagsR-Schricker § 8 VerlG, Rn. 3, wonach der Urheber in dem Umfang, in dem die Ausübung des Verlagsrechts dies erfordere, auf die Geltendmachung seiner UPRe verzichte - obwohl Schricker widersprüchlich noch in: Urheberrecht auf dem Weg, S. 99, formulierte, dass Rechtsgeschäfte über das Veröffentlichungsrecht selten seien, und es einer diesbezüglichen Regelung nicht bedürfe. A. A. aber wohl Ulmer, § 89, III, 1., S. 381 und ähnlich auch Lucas-Schloetter GRUR Int. 2002, 809, 811 f., die darauf verweisen, dass die Zustimmungserteilung keine Beschränkung des Veröffentlichungsrechts, sondern Rechtsausübung ist.

führt nicht zum Erlöschen und damit zum Verlust der Entscheidungsbefugnis[1303]. Insbesondere verbleibt dem Urheber bis zur tatsächlichen Veröffentlichung die Befugnis, sich gegenüber unerlaubten Drittveröffentlichungen zur Wehr zu setzen.

Die Ausübung des Veröffentlichungsrechts infolge einer Nutzungsrechtseinräumung hingegen muss als nicht mehr frei und unbeschränkt revidierbar angesehen werden. Insoweit wird ja auch gänzlich unbestritten und zutreffend - dabei gleichsam selbstverständlich - in Rechtsprechung und Rechtslehre auf den Umstand des Verlusts des Abwehrrechts gegenüber dem Nutzungsrechtsinhaber verwiesen, siehe hierzu bereits oben im 2. Teil, unter I., 1., b)[1304].

Dies ist nur erklärbar durch die Annahme einer entsprechenden vertraglichen Bindung des Urhebers im Sinne eines „Verzichts" auf das Veröffentlichungsrecht[1305] - d.h. genauer auf die Revidierbarkeit der Veröffentlichungsentscheidung - gegenüber seinem Vertragspartner. Wenn also keine ausdrücklich abweichende Regelung getroffen wird, wird ganz regelmäßig von einer konkludenten „Verzichtserklärung" des Urhebers im Zusammenhang mit der Nutzungsrechtseinräumung auszugehen sein, will man dem Urheber hier nicht einen geheimen Vorbehalt oder anderes widersprüchliches Verhalten unterstellen[1306].

Der insoweit eintretende Verlust des Abwehrrechts nach §§ 97, 12 UrhG entspricht auch dem inhaltlichen Gleichlauf mit der Nutzungsrechtseinräumung. Denn wenn auf der einen Seite dem Verwerter Nutzungsrechte im Wege eines den Urheber grundsätzlich bindenden Verfügungsgeschäfts eingeräumt werden, kann nicht andererseits dem Urheber zugleich das Recht belassen werden, eine Nutzung jederzeit über das Veröffentlichungsrecht nach Belieben unterbinden zu können[1307].

bb) Rechtstechnische Einordnung des „Verzichts"

Klärungsbedürftig ist im Weiteren, wie der zumindest konkludent mit der Nutzungsrechtseinräumung erklärte „Verzicht" des Urhebers rechtstechnisch einzuordnen ist.

Der Erlassvertrag und die Forderungsabtretung können nicht als Erklärungsmodell herangezogen werden, da diese nur bezüglich bestehender Forderungen aus bereits eingetretener Rechtsverletzungen wirksam vereinbar sind, was bei der hier untersuchten Konstellation eines vorherigen „Verzichts" nicht in Frage steht.

1303 Insoweit könnte auch die Einrede aus § 242 BGB, als Vorwurf eines venire contra factum proprium, gegenüber einer Revision der Rechtsausübung, d. h. einem Wechsel zwischen positiver und negativer Veröffentlichungsentscheidung, nicht erhoben werden. Denn das, was das Gesetz an revidierbaren Entscheidungen sogar ohne Rechtsverlust erlaubt und vorsieht, kann niemals widersprüchliches Verhalten begründen.

1304 Vergl. Ulmer, § 39 II, 1, S. 212; Schricker-Dietz § 12, Rn. 18; diese Rechtsfolge sollte auch gesetzlich, im geplanten § 39 Abs. 1 UrhG des „Gesetz(es) zur Stärkung der vertraglichen Stellung von Urhebern und ausübenden Künstlern", BT-Drucksache 404/01, S. 8, siehe auch oben, 2. Teil, I., 1., c), S. 40, verankert werden.

1305 Nicht nur, dass die bereits erfolgte Rechtsausübung durch den Urheber selbst der Annahme einer Übertragung entgegensteht, dem Vertragspartner wächst auch keine aus dem Veröffentlichungsrecht abgeleitete Befugnis zu. A. A. Forkel, S. 180 und Haberstumpf, Rn. 202, die hier mit der Rechtsfigur der gebundenen Übertragung operieren.

1306 Dies wird ganz einhellig bei der Frage der rechtsgeschäftlichen Disponibilität des Veröffentlichungsrechts vernachlässigt und stattdessen ohne dogmatische Begründung schlicht auf den Wegfall dieses Rechts verwiesen, vergl. bsph.: Möhring/Nicolini-Kroitzsch § 12, Rn. 16 f., wonach bei Fehlen einer vertraglichen Regelung über das Veröffentlichungsrecht dieses nach Werkablieferung nicht mehr gegenüber dem Nutzungsrechtsinhaber geltend gemacht werden kann.

1307 So die wohl herrschende Meinung, anstelle vieler: Müsse, S. 99 ff.; Dieselhorst, S. 113.

Die Qualifizierung als gebundene Übertragung[1308] ist ebenfalls unzutreffend. Nicht nur, dass dieser Rechtsfigur bereits grundsätzliche dogmatische Bedenken entgegenstehen. Daneben reicht die rechtliche Wirkung in ungerechtfertigter Weise über einen Verlust von Abwehrrechten gegenüber dem Nutzungsrechtserwerber hinaus und begründet die Gefahr, dass das Selbstbestimmungsrecht des Urhebers durch die Fremdbestimmung eines anderen über die Werkveröffentlichung dominiert wird (vergl. hierzu oben im 4. Teil, II, 1.). Auch der Aspekt der Zuweisung eigener Abwehrrechte an den Vertragspartner kann nicht zu einer anderen Beurteilung führen[1309]. Diese bestehen bereits aufgrund der eingeräumten Nutzungsrechte; eines flankierenden Schutzes des Erwerbers über das Veröffentlichungsrecht bedarf es insoweit nicht. Dies würde den Nutzungsrechtserwerber unnötig übervorteilen und dem Schutzanliegen des UrhG - ausgedrückt durch die Eigenschaft des Urheberrechts, so weit wie möglich beim Urheber zu verbleiben[1310] - ungerechtfertigt zuwiderlaufen. Insbesondere das Argument, dass der Nutzungsrechtserwerber in den Fällen einer erneuten, nochmaligen Einräumung derselben Befugnis an einen Dritten mehr Sicherheit gegenüber den Launen und der Willkür des Urhebers durch eine gebundene Übertragung gewinne[1311], überzeugt nicht. Denn diese verwertungsrechtliche Möglichkeit sieht gerade das Gesetz selbst vor, indem es unterschiedliche Arten einer Nutzungsrechtseinräumung - nicht nur als ausschließliche, sondern auch als einfache Berechtigungen, vergl. § 31 Abs. 1 UrhG - bereithält. Die unterschiedliche Rechtseinräumung und die damit verbundene, gesetzlich beabsichtigte unterschiedliche Reichweite des Schutzes würde durch die Zubilligung eines Abwehrrechts als Folge einer gebundenen Übertragung des Veröffentlichungsrechts im Widerspruch zur Gesetzessystematik eingeebnet[1312]. Zudem ist über die Figur der gebundenen Übertragung schwer erklärbar, dass der Urheber Abwehrrechte gegenüber Dritten behält; wäre der Urheber insoweit auf den ausschließlichen Schutz durch seine Verwertungsrechte zu verweisen? Hier würde genau die bereits oben im 4. Teil, unter II, 1. kritisierte Aufweichung von Reichweite und Bedeutung der „gebundenen Übertragung“ hin zu einer letztlich bloß schuldrechtlichen Verpflichtung des Urhebers gegenüber seinem Vertragspartner einsetzen. Deshalb ist von einer solchen auch unmittelbar und unverfälscht zu sprechen und das verbleibende Abwehrrecht des Urhebers gegenüber Dritten hierdurch zu erklären.

Insgesamt ist die Annahme einer rein schuldrechtlichen Vereinbarung ausreichend und deshalb mit Blick auf § 29 UrhG zutreffender.

1308 So aber Forkel, S. 207 f. und wohl auch BGHZ 15, 249, 258; österr. OGH GRUR Int. 1987, 262, 264 - für das Namensnennungsrecht; Krüger-Nieland, FS Hauß 1978, S. 215, 220 und Schack, Rn. 563; für die generelle Deutung als gebundene Übertragung auch Haberstumpf, Rn. 202.

1309 Hierauf weist hingegen Forkel, S. 187.

1310 Trotz der Fragwürdigkeit des Dogmas der „Unübertragbarkeit“ (vergl. oben im 1. Teil, unter II., 2.) und der notwendigen neuen Beurteilung und Sichtweise des UPR unter dem Blickwinkel der unterschiedlichen Werkarten, Gestaltungshöhe und der Arbeitnehmereigenschaft des Urhebers, findet das Bestehen eines persönlichen Bandes zwischen Urheber und Werk weiterhin Berücksichtigung. Eine Lockerung und Loslösung von der Person des Urhebers erfolgt deshalb nur soweit, wie dies aus Interessengesichtspunkten und Praxisanforderungen notwendig und insoweit letztlich mit § 29 UrhG vereinbar ist; vergl. hierzu oben im 3. Teil, unter I., 7.

1311 So Forkel, S. 207.

1312 Denn ein Abwehrrecht besteht immer nur soweit, wie auch die Nutzungsrechtseinräumung reicht; da aber jede Nutzung letztlich auch einer Veröffentlichungsform entspricht, wäre jede Nutzung unabhängig vom eigenen Nutzungsrecht unterbindbar. Vergl. auch Ulmer, § 39, II, 1., S. 212, wonach - am Beispiel des Verlegers - eine Abwehr unbefugter Veröffentlichungen im Sinne eines Vorabdrucks aufgrund des Verlagsrechts, nicht des Veröffentlichungsrechts erfolgt.

Konstruktiv denkbar und unter Schutzgesichtspunkten auch interessengerecht ist die Einordnung des „Verzichts" als pactum de non petendo[1313]. Es bedeutet eine minimale Schmälerung der Rechtsposition auf Seiten des Urhebers bei gleichzeitiger Begründung maximal notwendigen Schutzes für den Nutzungsrechtserwerber. Die Schwäche dieser Lösung liegt jedoch darin, dass bei einem pactum de non petendo rechtstechnisch immer eine Verletzung des Veröffentlichungsrechts vorliegt; der Nutzungsrechtserwerber handelt bei einer derartigen Deutung weiterhin unrechtmäßig, sein unrechtmäßiges Verhalten ist nur geduldet[1314].

Angemessener ist es deshalb - wie das KG[1315]- von einer Einwilligung auszugehen, so dass bereits eine Rechtsverletzung ausgeschlossen ist. Für die Zulässigkeit dieser Rechtsfigur als rechtliche Konstruktion eines „Verzichts" im Bereich des Veröffentlichungsrechts bietet insbesondere der Wortlaut der §§ 6 Abs. 1, 12 Abs. 2 und 23 UrhG einen Anhaltspunkt[1316]. Nach diesen Vorschriften ist die Erteilung einer Zustimmung - entweder in Form einer Einwilligung gem. § 183 S. 1 BGB oder einer Genehmigung gem. § 184 S. 1 BGB - zur Fremdveröffentlichung vorgesehen. Insoweit gilt nur ein mit Zustimmung des Urhebers veröffentlichtes Werk auch als ein im Sinn des § 6 UrhG rechtmäßig veröffentlichtes. Dies bedeutet dann nicht nur ein Erlöschen des Veröffentlichungsrechts gem. § 12 UrhG, sondern zieht weitere verwertungsrechtliche Folgen, wie das Erlöschen des Ausstellungsrechts, § 18 UrhG, nach sich[1317].

Zwar scheint die Zustimmung iSd §§ 6, 12 Abs. 2 und 23 UrhG nicht direkt mit einer „verzichtenden" Einwilligung betreffend die Abwehrrechte aufgrund des Entscheidungsrechts über die Veröffentlichung gem. § 12 Abs. 1 UrhG gleichsetzbar. Denn den Gesetzesformulierungen nach wird statt an die Entscheidung zur Veröffentlichungsreife vielmehr an den tatsächlichen Umstand der Veröffentlichung angeknüpft. In ihrer rechtlichen Wirkung betrifft die Zustimmung jedoch nicht nur die materiellen, sondern auch die ideellen Interessen an der Werkveröffentlichung[1318]. Zudem ist die Regelung der Zustimmung in §§ 6, 12 Abs. 2 und 23 UrhG letztlich unmittelbare Folge der Gewährung des Veröffentlichungsrechts nach § 12 Abs. 1 UrhG[1319], so dass die Zustimmung auch die urheberpersönlichkeitsrechtlichen Interessen als eine insoweit „verzichtende" Einwilligung betreffen muss[1320].

Dabei ist das Verständnis der Zustimmung - und damit der Einwilligung - als reine Rechtsausübung unzutreffend[1321]. Die Auffassung, dass die Erlaubnis zur Veröffentlichung keine Beschränkung, sondern das dem Veröffentlichungsrecht immanente Recht ist, die Zustimmung zur Veröffentlichung zu erteilen, kann den - gänzlich unbestrittenen - Verlust des Abwehrrechts aus §§ 97, 12 Abs. 1 UrhG gegenüber dem Vertragspartner infolge der Nutzungsrechtseinräumung nicht erklären[1322].

1313 So generell Dieselhorst, S. 141; v. Welser, S. 60.

1314 Siehe oben im 4. Teil, unter III., a), aa).

1315 NJW 1995, 392, 394.

1316 Vergl. hierzu bereits die Ausführungen hierzu oben im 4. Teil, unter III., 2., b), aa).

1317 Schricker-Katzenberger § 6, Rn. 3.

1318 Vergl. Ulmer, § 39, I, 2., S. 211.

1319 Praxiskommentar-Marquardt § 6, Rn. 13.

1320 Für diesen Befund spricht auch die Regelung des § 23 S. 1 UrhG, wo sogar ausdrücklich von einer „Einwilligung" in die Veröffentlichung gesprochen wird. Diese bezieht sich sowohl auf die Werkverwertung als auch auf das Veröffentlichungsrecht; beide Entscheidungsprozesse gehen Hand in Hand; s. Praxiskommentar-Bullinger § 23, Rn. 7.

1321 Vergl. Ulmer, § 89, III, S. 1., S. 381 und Lucas-Schloetter GRUR Int. 2002, 809, 811; siehe auch Müsse, S. 92, der vergleichbar von der Zustimmung als „Tatbestandsmerkmal des Veröffentlichungsrechts" spricht, jedoch keinen Bezug zu einer „verzichtenden" Einwilligung herstellt, vergl. S. 79, und insoweit - wie Ulmer - von einem Gebrauch des UPR statt eines diesbezüglichen Verzichts ausgeht.

1322 Auch Ulmer erkennt diese rechtliche Wirkung an, § 39, II, 1., S. 212.

Wegen der Erwähnung der Zustimmung im Gesetz, insbesondere in § 12 Abs. 2 UrhG, kommt dieser ein Bezug zum Tatbestand des Schutzes selbst zu; eine verzichtende Vereinbarung über das Veröffentlichungsrecht in Form einer Einwilligung wirkt tatbestandsausschließend[1323].

Im Hinblick auf die grundsätzlich zu verlangende Beschränkung des Umfangs einer Einwilligungserteilung[1324] ergeben sich keine Schwierigkeiten. Zum einen wäre eine Konkretisierung der potentiellen Eingriffe im Zusammenhang mit dem Veröffentlichungsrecht über eine beschränkte Nutzungsrechtseinräumung erreichbar. Entscheidend aber ist, dass die Forderung nach der Erteilung bloß beschränkter - anstelle genereller - Einwilligungen hier nicht zwingend geboten, deshalb nicht gerechtfertigt ist: Mit dem Ausschluss pauschaler Einwilligungen soll grundsätzlich der andernfalls drohenden Gefahr von Dispositionen über urheberpersönlichkeitsrechtliche Befugnisse begegnet werden, die wertungsmäßig einer nach § 29 UrhG unzulässigen Übertragung entsprechen. Diese Gefahr besteht hier jedoch nicht, da mit der Nutzungsrechtseinräumung immer zugleich eine Ausübung des Veröffentlichungsrechts vorliegt, so dass diesbezüglich eine Übertragung ohnehin nicht mehr möglich ist. Insoweit steht auch pauschalen, umfassenden Nutzungsrechtseinräumungen unter Annahme entsprechend weitreichender tatbestandsausschließender Einwilligungen nichts entgegen.

cc) Widerruf

Wie bereits oben im 4. Teil, unter III., 2., b), bb) untersucht, trägt eine entsprechende Anwendung des § 183 S. 1 BGB, damit eine Widerrufsmöglichkeit bis zur Vornahme des verletzenden Eingriffs, der Interessenlage und Rechtssicherheit grundsätzlich am besten und ausgewogensten Rechnung. In der vorliegenden Konstellation einer Nutzungsrechtseinräumung wird hingegen sogar von einer unwiderruflichen Vereinbarung auszugehen sein[1325], da regelmäßig eine vertraglich erteilte Einwilligung vorliegen wird. Diese ist dabei nicht bloß eine mögliche Nebenabrede, sondern notwendiger Bestandteil des Nutzungsrechtsvertrages. Denn der Urheber hat durch die Nutzungsrechtseinräumung eine rechtliche Situation geschaffen, von der er sich nur über die Anwendung der Rückrufsregeln nach §§ 41 f. UrhG lossagen kann. Wäre ein Widerruf der Einwilligung - wenngleich auch nur unter den eingeschränkteren Bedingungen des § 183 S. 1 BGB - zulässig, würde die Möglichkeit einer Untersagung der Werknutzung aus §§ 97, 12 UrhG geschaffen und die Rückrufsvorschriften letztlich ausgehebelt. Insbesondere der grundsätzliche Gleichlauf zwischen Veröffentlichungsrecht und Verwertungsrecht wäre ungerechtfertigterweise durchbrochen. Hinzukommt, dass der Vertragspartner des Urhebers nicht nur im Vertrauen auf die Einwilligung, sondern auch auf die Nutzungsrechtseinräumung bereits im Vorfeld der eigentlichen Werknutzung - z. T. höchst kostenintensive - Vorbereitungen getroffen haben kann und insoweit ein erhöhtes Schutzbedürfnis besteht.

Dementsprechend wird im Schrifttum mitunter mit der Annahme einer - wenn auch einseitig - erteilten Einwilligung zugleich eine abweichende Widerrufsregelung aus dem Grundver-

---

[1323] So im Ergebnis auch v. Welser, S. 61 f.; vergl. auch vom Dorp, S. 147; a. A. KG NJW 1995, 392, 294. Dazu, dass einer Einwilligung mal rechtfertigende und mal tatbestandsausschließende Wirkung hinsichtlich der Eingriffe in Persönlichkeitsmerkmale zukommen kann, vergl. oben im 4. Teil, unter III., 2., aa).

[1324] Siehe oben im 4. Teil, unter III., 2., cc).

[1325] A. A. Osenberg, S. 72 f., der von einer jederzeitigen Widerrufbarkeit ausgeht, die eine Schadenersatzpflicht auslöse, die sich nicht als Folge der Anwendung des § 42 UrhG insgesamt, sondern aus einer analogen Anwendung nur des § 42 Abs. 3 S. 1 UrhG ergebe.

hältnis iSd § 183 S. 1 BGB angenommen[1326]. Zutreffender erklärt ist dies jedoch mit Annahme einer als Teil der Nutzungsrechtsvereinbarung, also vertraglich erteilten Einwilligung, so dass ein freier Widerruf ohnehin ausgeschlossen ist[1327].

Insoweit können die Wirkung der „Ausübung" des Veröffentlichungsrechts infolge der Nutzungsrechtseinräumung - wie allgemein zutreffend betont wird - und die - nach der hier vertretenen Ansicht - zugleich erteilte Einwilligung nur nach Maßgabe des § 42 UrhG rückgängig gemacht werden[1328]. Dabei wird ganz überwiegend zwar von einer analogen Anwendung des § 42 UrhG hinsichtlich der vertraglichen Vereinbarung betreffend das Veröffentlichungsrecht ausgegangen[1329]. Hier besteht jedoch keine Regelungslücke, sondern diese Konstellation wird von § 42 UrhG direkt, über die Tatbestandsvoraussetzung der „Unzumutbarkeit der Werkverwertung", erfasst[1330]. Stehen ideelle Interessen einer Werkverwertung, im Sinne einer Unzumutbarkeit nach § 42 UrhG entgegen, wird das Anliegen der Abänderung der einmal erfolgten Rechtsausübung des Veröffentlichungsrechts über die Rückgängigmachung der Nutzungsrechtseinräumung erfasst. Insoweit dient § 42 UrhG den ideellen Interessen und hat primär persönlichkeitsrechtlichen Charakter[1331]. Dabei ist mit Ausübung des Veröffentlichungsrechts sowohl der nutzungsrechtliche Teil[1332] als auch zugleich der veröffentlichungsrechtliche Teil der Vereinbarung betroffen; es kann nicht zwischen den beiden vertraglichen Abreden getrennt werden. Insbesondere macht auch eine Ausübung des § 42 UrhG nur bezo-

1326 So Müsse, S. 99 ff. und wohl auch v. Welser, S. 79 ff.

1327 Schricker, FS Hubmann, S. 409, 417; v. Welser, S. 79; Rehbinder, ZUM 1991, 220, 227, geht von einem jederzeitigen Widerruf aus; er bezieht dies jedoch nicht nur auf die Einwilligung, sondern generell auf Nutzungsvereinbarungen und sieht den Interessenausgleich in einem möglichen Schadenersatz aufgrund vertraglicher Pflichtverletzung gewahrt. Siehe auch v. Welser, S. 79, Fn. 305 ff.; vergl. insoweit oben im 4. Teil, unter III., 2., b), bb); siehe auch KG NJW 1995, 392, 394, das von einer Unwiderruflichkeit als Bestandteil einer Duldungspflicht spricht.
Anzumerken bleibt, dass, auch wenn beide Erklärungsmodelle in der Sache zum vergleichbaren Ergebnis führen, doch eine unterschiedliche Wertentscheidung in Rede steht. Denn bei einer vertraglichen Einwilligung besteht grundsätzlich eine Bindung; es sei denn, einer der Fälle der §§ 41 f. UrhG liegt vor. Während bei einseitig erteilten Einwilligungen unter Anwendung des § 183 S. 1 BGB das Regel-Ausnahme-Verhältnis genau das Umgekehrte ist; grundsätzlich liegt keine Bindung vor, es sei denn, aus dem zugrunde liegenden Rechtsverhältnis ergibt sich etwas anderes. Letztlich konsequenter, den Interessen der Parteien angemessener und aus der Sicht des objektiven Empfängerhorizontes zutreffender ist es aber, den Bereich der einseitigen Vereinbarungen und damit §§ 182 ff. BGB zu verlassen und von einer vertraglich gebundenen Einwilligung auszugehen.

1328 So Schricker-Dietz § 12, Rn. 18; vergl. auch Haberstumpf, Rn. 201; Rehbinder, Rn. 319, S. 279.

1329 Vergl. aber die unklaren Formulierungen bei Schricker-Dietz § 12, Rn. 12 und Haberstumpf, Rn. 201 einerseits und andererseits bei Metzger, S. 213, der ausdrücklich eine analoge Anwendung annimmt; siehe auch v. Welser, S. 79 ff.; Rehbinder, Rn. 319, S 279. Die analoge Anwendung rechtfertige sich dadurch, dass der Gesetzgeber zwar den engen Zusammenhang zwischen dem Veröffentlichungsrecht und den Nutzungsrechten erkannt - wie insbesondere auch durch die Gesetzesbegründung verdeutlicht -, dabei jedoch vernachlässigt habe, den Rückruf auch für beide Komponenten zu regeln. Soweit Osenberg, S. 69, die Notwendigkeit einer „nur" analogen Anwendung damit begründet, dass der Urheber entgegen seiner eigentlichen Überzeugung dazu veranlasst worden sei, dem Verzicht doch zuzustimmen, ändert dies nichts daran, dass er letztlich seiner Meinung entsprechend gehandelt hat. Im Übrigen werden auch keine hohen Anforderungen an den „Meinungswandel" gestellt, s. Schricker-Dietz § 42, Rn. 24, so dass es letztlich auf die Frage der „Zumutbarkeit" i.S.d. § 42 UrhG ankommt. Der Meinungswandel tritt insoweit in den Hintergrund, so dass keine analoge Anwendung notwendig erscheint.

1330 Ähnlich wohl auch Kellerhals, S. 119.

1331 Schricker-Dietz § 42, Rn. 1.

1332 Über § 42 UrhG werden dabei sowohl die Verpflichtung als auch die Verfügung zur Einräumung des Nutzungsrechts erfasst. Das Nutzungsrecht fällt mit Ausübung des Rückrufsrechts ex-nunc an den Urheber heim und der zugrunde liegende schuldrechtliche Vertrag endet, s. VerlG-Schicker § 35 VerlG, Rn. 27.

gen auf den verwertungsrechtlichen Teil der Vereinbarung keinen Sinn[1333] (- dies natürlich immer bezogen auf den Fall vor Erstveröffentlichung, vor dem Erlöschen des Veröffentlichungsrechts).

Dies spiegelt den Gleichlauf von Nutzungsrecht und Veröffentlichungsrecht und die stark verwertungsrechtlich geprägte Seite des Veröffentlichungsrechts wieder und setzt insoweit die monistische Theorie des geltenden Urheberrechts konsequent fort[1334]. In den Fällen, wo die Einräumung des Nutzungsrechts unwirksam bzw. aus anderen - d.h. nicht aus § 42 UrhG folgenden - Gründen hinfällig wird, ist zu bedenken, dass die Legitimation zu Eingriffen in das Veröffentlichungsrecht ebenfalls entfällt; denn die Einwilligung bildet den Bestandteil einer einheitlichen schuldrechtlichen Abrede, die solche dann „nur" insgesamt hinfällig werden kann[1335].

Auch wenn keine entsprechende ausdrückliche Vereinbarung vorliegt, ist in den Fällen einer Nutzungsrechtseinräumung ohne Vorbehalt des Veröffentlichungsrechts regelmäßig anzunehmen, dass zugleich eine schuldrechtliche Verzichtsabrede zugunsten des Nutzungsrechtserwerbers in Form einer vertraglich erteilten Einwilligung zu Eingriffen in das Veröffentlichungsrecht getroffen wurde[1336].

dd) Besonderheiten in 3- und Mehrpersonenverhältnissen

Die Frage nach einer Übertragbarkeit des Veröffentlichungsrechts gem. § 12 Abs. 1 UrhG stellt sich mit Blick auf die § 34 UrhG (a) und § 35 UrhG (b) - soweit eine tatsächliche Veröffentlichung noch nicht erfolgt ist[1337]. Auch hier gilt wieder, dass die Nutzungsrechtseinräumung nicht über eine Berufung auf den urheberpersönlichkeitsrechtlichen Schutz durch das Veröffentlichungsrecht vereitelt werden soll, was bedeutet, dass der Urheber gegenüber dem Dritten, an den das Nutzungsrecht weiterübertragen bzw. an den eine Unterlizenz eingeräumt wird, keine Abwehrrechte aus §§ 97, 12 UrhG geltend machen können soll.

(a) Zwar ist es gerade im Hinblick auf eine Situation, wie sie § 34 UrhG vor Augen hat, zunächst nahe liegend (aber unzutreffend) davon auszugehen, dass ein gebunden übertragenes

---

1333 A. A. wohl Kellerhals, S. 119, die insoweit aber auch, anders als hier vertreten, von einer Überlassung des Veröffentlichungsrechts zur Ausübung ausgeht.

1334 § 42 UrhG trägt insbesondere auch dem Fall Rechnung, dass eine Verbreitung des Werkes den Autor in die Gefahr einer rechtlichen Verfolgung bringen würde, s. Osenberg, S. 66. Der Annahme der Unwirksamkeit einer vertraglichen Vereinbarung im Sinne eines Verzichts auf das negative Veröffentlichungsrecht bedarf es insoweit nicht.

1335 Siehe auch Kellerhals, S. 118 f., die zwar von einer engen Verknüpfung ausgeht, dabei jedoch nicht den rechtstechnischen Zusammenhang erkennen lässt. Sie geht von der Durchbrechung der, wie sie annimmt, grundsätzlichen Trennung der Einräumung materieller und ideeller Rechte aus, ohne dabei genau zu benennen, woraus diese folgt. Vergl. aber den Zusammenhang mit dem Recht auf Namensnennung bzw. -anbringung nach § 13 UrhG, wo etwas anderes gelten kann, unten unter III., 2., b), cc).

1336 Vergl. insoweit die Ausführungen von Schricker-Loewenheim § 23, Rn. 19 und Praxiskommentar-Bullinger § 23, Rn. 7, im Zusammenhang mit der Einwilligung nach § 23 UrhG, wonach diese sowohl den nutzungsrechtlichen als auch urheberpersönlichkeitsrechtlichen Teil betrifft. Denkbar wäre auch die Annahme einer Gestattungsabrede. Diese dürfte dann aber entgegen der Meinung derer, die diese Rechtsfigur befürworten, nicht jederzeit widerrufbar sein. Die genaue dogmatische Verortung dieser schuldrechtlichen Verzichtsabrede ist jedoch weiterhin ungeklärt.

1337 Vergl. hierzu auch Ulmer, § 39, II, 1., S. 212, der auf diese besondere Konstellation aufmerksam macht. Er geht von einer *Gestattung* des Urhebers aus, die es dem Nutzungsrechtsinhaber ermöglicht, anderen eine Veröffentlichung zu *erlauben*. Welche konkrete dogmatische Rechtsfigur letztlich dahinter steht, bleibt jedoch völlig offen.

Veröffentlichungsrecht vorliegt, das mit der „Weiterleitung“ der Nutzungsbefugnis gleichfalls gebunden weiterübertragen wird[1338]. Insoweit wird im Schrifttum hinsichtlich der Nutzungsrechtsübertragung nach § 34 UrhG auch eine analoge Anwendung des § 34 UrhG bezüglich einer Weiterübertragung der urheberpersönlichkeitsrechtlichen Befugnisse, soweit diese der Ausübung von Nutzungsrechten zu dienen bestimmt seien, in Erwägung gezogen[1339]. Der Annahme einer Übertragung steht aber auch in dieser Mehrpersonenkonstellation entgegen, dass bereits eine Ausübung des Veröffentlichungsrechts durch den Urheber erfolgt ist und es damit also bei einer - schuldrechtlichen - Beschränkung des Veröffentlichungsrechts, im Sinne eines Verzichts, bleibt, der hier auch dem Neuerwerber zukommen soll.

Nach der gesetzlichen - dispositiven[1340] - Regelung des § 34 Abs. 1, S. 1 UrhG ist die Übertragung des Nutzungsrechts grundsätzlich an die Zustimmung des Urhebers gebunden[1341]. Insoweit kann angenommen werden, dass im Rahmen dieser Zustimmungserteilung zugleich - zumindest konkludent - eine Regelung bezüglich des Veröffentlichungsrechts getroffen wird, so dass gegenüber dem Nutzungsrechtserwerber, ohne dessen Beteiligung, gleichfalls eine Beschränkung des Abwehrrechts aus dem Veröffentlichungsrecht eintreten kann[1342].

Deshalb scheitert die Annahme einer Abtretung der Einrede aus einem zwischen Urheber und Ersterwerber des Nutzungsrechts geschlossenen pactum de non petendo an einen Zweiterwerber nach §§ 413, 398 BGB hier nicht an den im persönlichkeitsrechtlichen Bereich grundsätzlich geäußerten Bedenken, dass der ursprüngliche Rechtsgutsinhaber bei dieser Konstruktion zunächst nicht an der Übertragung beteiligt wäre[1343]. Denn die Vereinbarung hinsichtlich des Veröffentlichungsrechts steht im unmittelbaren, untrennbaren Kontext mit der Nutzungsrechtseinräumung und damit auch der grundsätzlich notwendigen Zustimmung des Urhebers zur Weiterübertragung durch den Ersterwerber nach § 34 Abs. 1 UrhG. Die erteilte Zustimmung bezieht sich auf die nutzungsrechtliche und die veröffentlichungsrechtliche Komponente[1344]. Hier wirkt sich das mit dem Zustimmungserfordernis verbundene gesetzgeberische Anliegen, das persönlichkeitsrechtlichen Wurzeln entspringt und eine weitgehende Kontrolle des Urhebers über sein Werk sicherstellen soll[1345], besonders deutlich aus.

1338 Bei der Nutzungsrechtsübertragung wird im Verhältnis zum Veräußerer eine translative Verfügung angenommen - da der Erstlizenznehmer seine Rechtsposition vollständig verliert; der zweite Lizenznehmer aber erhält ein nach wie vor an den Urheber gebundenes Nutzungsrecht. Es kann insoweit nicht mehr übertragen werden, als dem Veräußerer als Erstlizenznehmer zukommen ist; dieser erhält im Wege der konstitutiven Übertragung ein „lediglich“ im Bann des Urhebers verbleibendes Nutzungsrecht, vergl. Schack, Rn. 555.

1339 Schricker-Schricker § 34, Rn. 6; Fromm/Nordemann-Hertin § 34, Rn. 4; vergl. auch Forkel, S. 180 f. und VerlagsR-Schricker § 28, Rn. 23, S. 516, der von einer Weiterübertragung der persönlichkeitsrechtlichen Befugnis spricht.

1340 Vergl. Schricker-Schricker § 34, Rn. 10.

1341 Dies wird als Folge der Übertragung von Nutzungsrechten in gebundener Form gesehen, wodurch eine gewisse Einflussmöglichkeit des Urhebers gesichert werde, vergl. Schack, Rn. 554.

1342 So auf das UPR insgesamt bezogen auch Lößl, S. 14.

1343 Vergl. hierzu oben im 4. Teil, unter III., 2., a), bb), aaa).

1344 Die allgemeinen Bedenken gegenüber der fehlenden Zustimmung des Inhabers des Persönlichkeitsrechts bei einer Weiterübertragung des pactum de non petendo sind durch die „Eingleisigkeit“ der rechtsgeschäftlichen Vereinbarungen im Bereich der allgemeinen, bürgerlich-rechtlichen Persönlichkeitsrechte bedingt. Denn insoweit stehen hier, im Unterschied zu urheberrechtlichen Konstellationen, nicht sowohl nutzungsrechtliche als auch urheberpersönlichkeitsrechtliche Gesichtspunkte in Rede; es geht ausschließlich um eine nutzungsrechtliche Legitimierung eines Persönlichkeitsmerkmals selbst im Wege einer Abtretung der Rechtsposition aus einem pactum de non petendo; ein weiterer verwertungsrechtlicher Aspekt, wie beim Urheberrecht, steht gerade nicht zur Debatte.

1345 Schricker-Schricker § 34, Rn. 2.

Es bedarf dann auch nicht der Annahme eines pactum de non petendo zugunsten eines Dritten (des Zweiterwerbers), wodurch ein Mindestmaß an (Mit-)bestimmung nach allgemeinen Grundsätzen bei bürgerlich-rechtlichen Persönlichkeitsrechten hinsichtlich der Person des „Dritten" (hier der Zweiterwerber) gewährleistet wäre[1346]. Denn durch die Regelung des Zustimmungserfordernisses in § 34 UrhG wird im urheberrechtlichen Bereich ein abweichender Schutzmaßstab definiert.

Danach kann das Zustimmungserfordernis abbedungen werden. Diese Abdingbarkeit, wie auch die Möglichkeit der Erteilung einer Zustimmung ohne Kenntnis des Zweiterwerbers, kommt einem gesetzlich vorgesehenen „Verzicht" auf das persönlichkeitsrechtlich geprägte Bestimmungsrecht gleich. Will man diesen Regelungsgehalt des § 34 UrhG und damit diese gesetzlich befürwortete Gestaltungsmöglichkeit nicht negieren, muss dies als speziell urheberrechtliche Regelung anderen - strengeren - Grundsätzen des bürgerlich-rechtlichen Persönlichkeitsschutzes und somit einem strengen Bestimmtheitserfordernis vorgehen.

Da ein pactum de non petendo aus Wertungsgründen, vergl. oben aa), als konstruktives Erklärungsmodell auch innerhalb der Konstellation des § 34 UrhG abzulehnen ist, ist hier gleichfalls auf die Figur der tatbestandsausschließenden Einwilligung vorzuziehen[1347]. Insoweit ist bei den Konstellationen nach § 34 UrhG eine Weiterübertragung der sich aus der Einwilligung ergebenden Rechtsposition gem. §§ 413, 398 BGB anzunehmen[1348].

Die Zustimmung im Sinn des § 34 UrhG bezieht sich dann sowohl auf die Weiterübertragung der Nutzungsrechte als auch auf die Weiterübertragung dieser Rechtsposition. Bei einer Abbedingung des Zustimmungserfordernisses betreffend die Weiterübertragung des Nutzungsrechts bedarf es dieser auch für die Weiterübertragung der Einwilligung nach §§ 413, 398 BGB nicht. Hierdurch wird den praktischen Bedürfnissen der Beteiligten ausreichend Rechnung getragen. Der Ersterwerber verliert zwar seine Eingriffslegitimation bezüglich des Veröffentlichungsrechts zugunsten des Zweiterwerbers, er bedarf ihrer neben dem Zweiterwerber aber auch nicht mehr. Denn es nimmt immer nur entweder der Ersterwerber selbst oder aber stattdessen der Zweiterwerber der Nutzungsrechte die Erstveröffentlichung vor. Ist diese bis zur Weiterübertragung des Nutzungsrechts durch den Erstwerber nicht erfolgt, macht ein - insoweit isolierter - Fortbestand der aus der erteilten Einwilligung erwachsenden Legitimation eines Eingriffs in das Veröffentlichungsrecht zugunsten des Ersterwerbers keinen Sinn mehr.

(b) Hinsichtlich der Situation der Erteilung von Unterlizenzen gem. § 35 UrhG ist zu bedenken, dass sich der Hauptlizenznehmer in der Praxis dabei wohl nicht grundsätzlich das Recht nehmen lassen wird, das Werk selbst z. B. uraufzuführen oder „erst"zuverlegen, d. h. im Sinn des § 12 UrhG „erst"zuveröffentlichen. Denn dies stellt zumeist die wirtschaftlich be-

---

[1346] Vergl. insoweit die grundsätzlichen Überlegungen oben im 4. Teil, unter III., 2., a), bb), bbb). Problematisch wäre an dieser konstruktiven Lösung ohnehin, dass nicht berücksichtigt wird, dass der Ersterwerber auch weiterhin, trotz Möglichkeit einer Weiterübertragung des Nutzungsrechts, zunächst einmal selbst zur (Erst-) nutzung des Werks berechtigt sein soll und ist. Insoweit käme ihm jedoch kein Schutz gegenüber den Abwehrrechten des Urhebers gem. §§ 97, 12 UrhG zu. Dies ist wenig praxisnah und nicht interessengerecht. Denn, anders als bei Fällen der bloßen treuhänderischen Wahrnehmung, geht es bei der Ersteinräumung des Nutzungsrechts mit Zustimmung zu einer Weiterübertragung gerade um die Möglichkeit der Nutzung des Werkes auch durch den Ersterwerber und nicht nur um eine Weiterübertragung von Nutzungsrechten an Dritte.

[1347] Insoweit ist hier auch nicht mehr auf die oben im 4. Teil, unter III., 2., a), cc), grundsätzlich diskutierten Bedenken bei der Gewährung des pactum de non petendo bezüglich weitreichender und pauschaler Ansprüche, hinsichtlich derer eine Einrede begründet werden soll, einzugehen.

[1348] Siehe hierzu oben im 4. Teil, unter III. 2., b), dd), aaa). Nach Forkel ist die Stellung aus einer Ermächtigung oder Einwilligung jedoch nicht übertragbar, S. 181.

sonders interessante Nutzung dar. Insoweit wird er sich hinsichtlich der Erstveröffentlichung auch keinesfalls einem Wettlauf mit dem Unterlizenznehmer aussetzen, so dass die Frage eines Schutzes vor Abwehrrechten des Urhebers aus §§ 97, 12 UrhG für die Unterlizenznehmer nicht (mehr) virulent wird; die rechtliche Situation stellt sich dann wie die in einem 2-Personenverhältnis dar.

Sollte hingegen eine erst durch den Unterlizenznehmer erfolgende Erstveröffentlichung beabsichtigt sein, so entspricht dies in der rechtlichen Analyse der Konstellation des § 34 UrhG. Dem Urheber stehen, wegen der Übertragung der aus der Einwilligung erlangten Rechtsposition vom Hauptlizenznehmer an den Unterlizenznehmer, keine Abwehrrechte mehr gegenüber dem Unterlizenznehmer zu. Insoweit folgt auch die gesetzliche Ausgestaltung des § 35 UrhG weitestgehend der Systematik und Zustimmungsregelung des § 34 UrhG; dabei verweist § 35 Abs. 2 UrhG auch hinsichtlich der vertraglichen Abdingbarkeit des Zustimmungserfordernisses auf § 34 Abs. 5, S. 2 UrhG.

b) Rechtsgeschäfte über das Veröffentlichungsrecht im Fall einer Vorabeinräumung von Nutzungsrechten

Da die Wirksamkeit der Nutzungsrechtseinräumung erst mit der Bestimmtheit des Vertragsgegenstandes und diese ihrerseits erst im Zuge der Bestimmung der Veröffentlichungsreife, mit Fertigstellung des Werkes, durch den Urheber vorliegt, vergl. oben, im 2. Teil, unter I., 1., c), bedeutet dies eine Veränderung des Zeitpunkts der Ausübung des Veröffentlichungsrechts[1349]. Dies betrifft allerdings nicht das „Wie" der Veröffentlichung, denn die Bestimmung erfolgt insoweit bereits durch den Nutzungsrechtsvertrag, lediglich die Entscheidung über das „Ob" erfolgt insoweit zeitlich später. Das Abwehrrecht des Urhebers aus §§ 97, 12 UrhG besteht dann bis zum Wirksamwerden des Nutzungsrechtsvertrages, also der Bestimmung des „Ob" der Veröffentlichung, fort.

Insoweit kann entweder angenommen werden, dass erst mit Bestimmung der Veröffentlichungsreife auch - konkludent - eine vertragliche „Verzichtsvereinbarung" in der bereits unter a) analysierten Form getroffen wird. Denkbar ist insoweit aber gleichfalls, dass mit der Nutzungsrechtsvereinbarung zugleich eine Verzichtsvereinbarung eingegangen wird, die dann von der (positiven) Entscheidung des Urhebers über die Veröffentlichungsreife abhängig gemacht wird; rechtstechnisch steht dahinter die konkludente Vereinbarung einer aufschiebend bedingten Einwilligung nach § 158 Abs. 1 BGB.

Gegen die Möglichkeit einer Fremdzuweisung des Bestimmungsrechts hinsichtlich des „Ob" einer Veröffentlichung im Zuge von Nutzungsrechtseinräumungen spricht hier der Gedanke des Urheberschutzes; dies käme auch in Form einer schuldrechtlichen Ausübungsüberlassung einer nach § 29 UrhG unzulässigen Übertragung gleich[1350]. Den Interessen des Vertragspartners ist hier grundsätzlich über mögliche vertragliche Schadenersatzansprüche bei

[1349] Die vorweggenommene Ausübung des Veröffentlichungsrechts ist nicht möglich, OLG München NJW 2001, 618, 619 f.

[1350] Siehe auch OLG München NJW 2001, 618, 619 f., unter Verweis auf Reupert, S. 120, zur Unzulässigkeit einer Übertragung. Abzulehnen ist hingegen deren Annahme einer grundsätzlichen Zulässigkeit der Überlassung des Veröffentlichungsrechts zur Ausübung an Dritte. Insoweit stellt auch das OLG zutreffend fest, dass dies auf eine Vorwegnahme der Veröffentlichungsentscheidung hinausliefe. Nicht haltbar ist jedoch die befürwortete Unterscheidung zwischen einer unzulässigen, vorweggenommenen Fremdausübung und einer zulässigen Fremdausübung nach Vollendung des Werks. Letztere ist immer einer Selbstausübung durch den Urheber. Hat dieser eine Entscheidung über die Vollendung getroffen, so bedeutet dies immer zugleich auch eine Ausübung des Veröffentlichungsrechts. Für eine Fremdausübung bleibt dann kein Platz; damit stellt sich auch die Frage ihrer Zulässigkeit nicht mehr.

Nichtherstellung bzw. Nichtlieferung eines veröffentlichungsfähigen Werkes ausreichend Rechnung getragen[1351]. Insoweit ist auf die entsprechende französische Rechtslage nach der dort herrschenden Lehre und Rechtsprechung zur Frage der Zulässigkeit von Rechtsgeschäften über das *droit de divulgation* hinzuweisen[1352].

c) Treuhänderische Wahrnehmung des Veröffentlichungsrechts

Anders als bei den bisher aufgezeigten Konstellationen können Dispositionen über das Veröffentlichungsrecht nicht nur aus materiellen Gesichtspunkten, da einer wirtschaftlichen Verwertung des Werkes dienend, sondern auch wegen des Schutzes ideeller Interessen, z.B. zur Sicherstellung einer vertraulichen Behandlung des Werkes, erfolgen. Dabei kann die Wahrnehmung von Abwehrrechten durch andere Personen bei einer gleichzeitig erfolgten Nutzungsrechtseinräumung vorliegen[1353]. Diese Konstellation lag auch der „Cosima Wagner"-Entscheidung des BGH[1354] zugrunde, bei der eine Überantwortung einer Werkverwertung an Verwandte des Urhebers in Rede stand. Liegt die Fremdwahrnehmung im Interesse des Urhebers, wird generell von einer treuhänderischen Wahrnehmung gesprochen[1355]. Ist eine Überantwortung und damit Fremdausübung des Bestimmungsrechts hinsichtlich des „Ob", „Wann" und „Wie" der Veröffentlichung durch den Treuhänder nicht intendiert[1356], so kann es lediglich darum gehen, dass die Abwehrrechte aus §§ 97, 12 UrhG durch einen anderen wahrgenommen werden sollen.

Bei einem rechtsgeschäftlich begründeten Treuhandverhältnis überträgt der Treuhandgeber dem Treuhänder (Vermögens-)rechte (sog. echte Treuhand) oder räumt ihm insoweit nur eine dahinter zurückstehende Rechtsmacht ein (sog. unechte Treuhand). Die im Außenverhältnis

---

[1351] Vergl. insoweit jedoch die Situation bei Arbeitnehmer-Arbeitgeber-Verhältnissen, unten unter 3., c), wo die Wertung des § 43 UrhG zu berücksichtigen ist.

[1352] Dabei kann im Einzelfall die Weigerung zur Herausgabe bzw. Lieferung des Werks, insbesondere bei einer Konstellation, wie in der vergleichbaren Entscheidung „Whistler", s. oben im 5. Teil, unter I., 3., a), durchaus rechtsmissbräuchlich und damit unzulässig nach § 242 BGB sein.

[1353] Vergl. Ulmer, § 89, II, 1., S. 380 f., auch den Zusammenhang mit dem Werkintegritätsrecht betreffend und VerlagsR-Schricker § 28, Rn. 3, S. 275; siehe aber: v. Welser, S. 51 ff., der ausschließlich von einer Überlassung zur Ausübung ausgeht; ähnlich auch Metzger, S. 48 ff. und 227 f., der isoliert nur von der Geltendmachung von Abwehrrechten gegenüber einer Verletzung des UPR spricht. Auf diese Differenzierung weist auch Kellerhals, S. 118, bei der Treuhand hin, die sie terminologisch als „Wahrnehmung von UPRen durch Dritte" erfasst. In der Praxis dürfte der Fall einer isolierten, treuhänderischen Überlassung von Abwehrrechten aus §§ 97, 12 ff. UrhG seltener vorliegen, vergl. auch BGH-Entscheidung „Cosima-Wagner", s. nächste Fn.

[1354] GRUR 1955, 201. Diese Entscheidung ist die wohl einzige, in der sich der BGH ausdrücklich mit der Frage der rechtsgeschäftlichen Disposition über das Veröffentlichungsrecht beschäftigt hat. Der nutzungsrechtliche Zusammenhang wird dabei zumeist übersehen, und die Entscheidung als Fall einer „reinen", nutzungsrechtlich isolierten, treuhänderischen Wahrnehmung von Abwehrrechten angegeben, s. Schicker-Dietz § 12, Rn. 22; Rehbinder, Rn. 237, S. 197.

[1355] Vergl. Metzger, S. 47 ff.; Hubmann, S. 223; Rehbinder, Rn. 319, S. 280; anders spricht Kellerhals, S. 113 ff., schlicht von der „Wahrnehmung von UPRen durch Dritte", worunter sie dann aber auch die Fälle erfasst, in denen die ideellen Abwehrrechte des Urhebers durch Dritte ausgeübt werden.

[1356] Anders insoweit aber wohl Schricker-Dietz § 12, Rn. 22, der in „Ausnahmefällen" von einer Übertragung des Veröffentlichungsrechts im Sinne einer Gestattung der Ausübung, also ohne vorangegangene Veröffentlichungsentscheidung des Urhebers, ausgeht. Einen zutreffenden praktischen Anwendungsfall führt er selbst hierzu jedoch nicht an. Unklar auch bei Lößl, S. 12 ff., der sowohl von einer Überlassung der Persönlichkeitsrechte zur Selbstnutzung als auch zur Geltendmachung gegenüber Dritten ausgeht.

bestehende Rechtsmacht kann dabei im Innenverhältnis entsprechend der schuldrechtlichen Treuhandvereinbarung beschränkt werden[1357].

Im Zusammenhang mit urheberpersönlichkeitsrechtlichen Befugnissen ist zu bedenken, dass die Treuhand grundsätzlich auf „reine", jedenfalls frei und umfänglich übertragbare Vermögensrechte zugeschnitten ist[1358]. Zwar ging der BGH in der Entscheidung „Cosima Wagner" vor dem Hintergrund des engen Zusammenhangs zwischen den Nutzungsrechten und dem Veröffentlichungsrecht von dessen Übertragung, als Folge eines verfügenden Vertrages, aus[1359]. Diese Rechtsauffassung erklärt sich durch die zur Zeit der Entscheidung geltende Gesetzeslage nach dem LUG und KUG, wonach Verwertungsrechte übertragbar waren[1360]. Jedoch steht die Annahme einer freien Übertragbarkeit mit der nun geltenden Gesetzeslage, dem § 29 UrhG, in Widerspruch. Im urheberrechtlichen Bereich muss wegen § 29 UrhG eine translative Rechtsübertragung des Veröffentlichungsrechts gem. § 12 UrhG insgesamt und damit eine hierauf gestützte, echte Treuhand ausscheiden.

Denkbar wäre diese dann jedenfalls nur in modifizierter Form über die Figur der gebundenen Übertragung denkbar[1361] oder mit Blick auf die Abtretung der aus der Verletzung des Veröffentlichungsrechts entstandenen Ansprüche gem. §§ 97 i.V.m. 12 UrhG, 398 BGB[1362]. Diese Formen einer Treuhand sind indes aus Wertungsgesichtspunkten abzulehnen.

Nicht nur die geäußerten dogmatischen Bedenken sprechen gegen eine gebundene Übertragung. Sie trägt auch etwaigen Meinungsunterschieden zwischen Treuhänder und Treugeber bezüglich der Geltendmachung der Abwehrrechte nicht angemessen Rechnung. Denn wegen des weitreichenden Rechtsverlusts auf Seiten des Urhebers wird die Frage des Meinungsvorrangs bei Interessenkollisionen durchaus auch zugunsten des Erwerbers gelöst[1363].

Entsprechendes würde wegen des umfassenden Rechtsverlusts auch für die Abtretung gelten. Nimmt der Treuhänder die Rechte und insoweit auch Interessen des Urhebers nicht ausschließlich, sondern lediglich neben seinen eigenen nutzungsrechtlichen Interessen zugleich wahr, so ist ein Konflikt vorprogrammiert[1364]. Dem Schutzanliegen des UrhG entspricht es

---

1357 Palandt-Bassenge § 903 BGB, Rn. 33.

1358 Zur Unmöglichkeit einer Abgrenzung von Persönlichkeitsrechten und Vermögensrechten, siehe oben im 1. Teil, unter II., 2., a).

1359 GRUR 1955, 201, 204: „Die im Schrifttum umstrittene Frage, ob nach geltendem Recht das Urheberrecht der Substanz oder nur der Ausübung nach übertragbar ist, bedarf hier keiner Erörterung, da außer Zweifel steht, dass der Werkschöpfer jedenfalls die urheberrechtlichen Verwertungsrechte an seinem Werk übertragen kann. ... Trotz des starken persönlichkeitsrechtlichen Einschlags des Veröffentlichungsrechts ist ... seine Übertragung unter Lebenden nicht ausgeschlossen. (Es) ... ist vielmehr in den urheberrechtlichen Nutzungsrechten an dem Werk, die übertragbar sind, in der Regel mit enthalten. Die Verfügung über ein Benutzungsrecht schließt ... zwangsläufig eine Verfügung über das Veröffentlichungsrecht ein ..."

1360 Vergl. oben im 1. Teil, unter I., 1. Obwohl dieses Rechtsverständnis immer stärker in Konflikt mit der sich seit den 20er Jahren des 20. Jahrhunderts im deutschen Recht verstärkt durchsetzenden monistischen Theorie trat, hielt der BGH - wohl wegen des eindeutigen Wortlauts der Gesetze - an der Übertragung der Substanz nach fest; vergl. auch GRUR 1960, 199 - Keine Ferien für den lieben Gott; GRUR 1965, 323 - Cavalleria rusticana.

1361 Siehe Forkel, S. 192 ff., insbes. S. 194, der jedoch nicht explizit von einer Treuhand spricht, jedoch zu einem entsprechenden Ergebnis gelangt.

1362 Die Annahme einer Treuhand erfordert dabei nicht, dass ein rechtsgeschäftliches Handeln des Treuhänders für den Treugeber vorliegt, Palandt-Heinrichs Überbl v § 104 BGB, Rn. 25.

1363 Entsprechendes würde wegen des vollständigen Rechtsverlusts auch für die gebundene Übertragung gelten und wird insoweit auch angenommen, vergl. Forkel, S. 192 ff., insbes. S. 194.

1364 Im Zusammenhang mit dem Veröffentlichungsrecht ist diese Problematik wegen der Erschöpfung des Rechts nach der ersten Veröffentlichung nicht derart praxisrelevant wie beispielsweise bei § 13, siehe unten, unter III., 6.

dabei nicht, dass der Treuhänder konträr zu den Bedenken und Wünschen des Urhebers handeln kann.

Dies kann auch nicht mit dem Verweis der Gegenansicht gerechtfertigt werden, dass sich die Notwendigkeit des Meinungsvorrangs des Treuhänders zur Absicherung seines finanziellen Risikos ergeben müsse, da die Übernahme einer Treuhand eine durchaus unsichere, aber Kosten verursachende Angelegenheit sei[1365]. Denn dabei wird vernachlässigt, dass der Treuhänder durch einen Entschädigungsanspruch aus dem Treuhandverhältnis ausreichend abgesichert ist[1366].

Die „echte" Treuhand - in Form einer gebundenen Übertragung oder Abtretung von Abwehransprüchen - kann weder mit der Interessenlage der Beteiligten, noch mit dem Schutzanliegen des UrhG, ausgedrückt in dem Grundsatz, dass das Urheberrecht die Tendenz hat beim Urheber zu verbleiben, in Übereinstimmung gebracht werden[1367].

In Betracht kommt hier aber die „unechte" Treuhand in Form der sog. Ermächtigungstreuhand[1368]. Danach bleibt der Treuhandgeber Vollrechtsinhaber, und dem Treuhänder wird gem. § 185 BGB eine Ermächtigung zur Wahrnehmung der Rechte des Treuhandgebers erteilt. Der Treugeber bleibt dann neben dem Treuhänder zur Geltendmachung und Ausübung seiner Rechte berechtigt, solange dies nicht bereits durch den Treuhänder erfolgt ist[1369]. Die Ermächtigung erlischt entweder mit dem Ende der Rechtsinhaberschaft des Treugebers - also dem Erlöschen des Veröffentlichungsrechts mit tatsächlicher Erstveröffentlichung - oder entsprechend § 168 BGB mit dem Ende des Treuhandvertrages.

Einen typischen Treuhandvertrag gibt es zwar nicht[1370]. In den betreffenden Fällen wird insoweit regelmäßig ein Dauerschuldverhältnis vorliegen, das sich bei Unentgeltlichkeit nach Auftragsrecht, § 662 BGB, und bei Entgeltlichkeit nach dem Recht für Geschäftsbesorgungsverträge, § 675 BGB, richtet. Damit ergibt sich, mangels abweichender vertraglicher Abreden, eine Beendigungsmöglichkeit des Treuhandvertrages entweder nach § 671 BGB oder nach §§ 621, 626 f. BGB[1371].

1365 Vergl. Forkel, S. 195.

1366 Ersatz der „Unkosten" kann der Treuhänder, je nach Art des Treuhandvertrages, bei Unentgeltlichkeit über § 670 BGB bzw. bei Entgeltlichkeit über §§ 675, 670 BGB verlangen.

1367 Forkel, S. 192 ff., insbes. S. 195, geht insoweit zwar, wie bereits oben im 4. Teil, unter II., 1., ausgeführt, von einem fließenden Übergang zwischen unterschiedlichen Graden einer Rechtseinräumung aus, weicht damit aber letztlich die von ihm befürwortete Rechtsfigur auf. Es ist auch nicht nachvollziehbar, wieso er nicht von einer Ermächtigung spricht, statt eine der Ermächtigung angenäherte, gebundene Übertragung anzunehmen. Haberstumpf, Rn. 386, der wie Forkel mit der Notwendigkeit eines Schutzes vor der Willkür und der Unberechenbarkeit des Urhebers argumentiert, will der Meinung des Urhebers lediglich beim Vorliegen einer entsprechenden vertraglichen Vereinbarung Vorrang zukommen lassen.

1368 Auf das Problem der Vollrechtsübertragung weist auch Schack, Rn. 564, hin. Er lehnt deshalb insgesamt - wenn auch unzutreffender Weise - ein Treuhandverhältnis ab.

1369 Palandt-Bassenge § 903 BGB, Rn. 34.

1370 Palandt-Bassenge § 903 BGB, Rn. 36.

1371 Auf die Frage eines automatischen Rückfalls des Veröffentlichungsrechts kommt es hier nicht mehr an, da lediglich eine Ermächtigung anzunehmen ist. Anders hingegen Metzger, S. 228; er wendet insoweit unbesehen die Kündigungsvorschriften der §§ 671, 621, 626 f. BGB an und geht von einem automatischen Rückfall aus. Dies würde, bei der von ihm zugrunde gelegten Annahme einer echten Treuhand im Wege einer gebundenen Übertragung, jedoch voraussetzen, dass die Übertragung unter der Bedingung der Beendigung des Treuhandverhältnisses vereinbart wird, vergl. grds. hierzu Palandt-Bassenge § 903 BGB, Rn. 39. Andernfalls wäre nämlich lediglich an einen Anspruch auf Rückübertragung zu denken, der bei fremdnütziger Treuhand jederzeit, bei eigennütziger Treuhand lediglich nach Erledigung des Treuhandzwecks verlangt werden kann, Palandt-Bassenge § 903 BGB, Rn. 36, 41.

Deshalb kann insbesondere dem Meinungsvorrang des Urhebers jederzeit gebührend Rechnung getragen werden[1372].

In den hier im Zusammenhang mit dem UPR betrachteten Fällen liegt eine Ermächtigung in Form einer Einziehungsermächtigung analog § 185 BGB vor[1373]. Es handelt sich dabei nicht um eine bloß „nachträglich vereinbarte" Treuhand, in dem Sinne, dass erst nach Entstehung des Abwehrrechts einem anderen dessen treuhänderische Wahrnehmung anvertraut wird. Der Urheber und der Treuhänder werden regelmäßig bereits im Vorfeld eine insoweit „vorherige" Treuhand vereinbaren; sie betrifft dann erst zukünftige Ansprüche. Voraussetzung ist dabei grundsätzlich, dass die künftigen Ansprüche, auf die sich die Ermächtigung bezieht, hinreichend bestimmbar sind[1374]. Hier muss insoweit genügen, dass nur die Ansprüche erfasst werden sollen, die im Hinblick auf den bestimmten Sachverhalt, der unerlaubten Erstveröffentlichung des konkret betroffenen Werks, entstehen können. Die Ungewissheit über die Person des künftigen Schuldners schadet dann nicht[1375].

Abschließend ist festzuhalten, dass - bis zur tatsächlichen Veröffentlichung - im Fall einer treuhänderischen Fremdwahrnehmung von Abwehrrechten aus §§ 97, 12 UrhG eine Ermächtigung analog § 185 BGB vorliegt. Daneben kann noch eine „Verzichtskomponente" in Form einer tatbestandsausschließenden Einwilligung, die den Treuhänder selbst als zugleich Nutzungsberechtigten vor Abwehrrechten des Urhebers schützen soll hinzutreten[1376]; es ist dann insoweit das unter a) Ausgeführte ergänzend zu berücksichtigen.

Die Konstellation einer Weiterübertragung der Nutzungsrechte nach § 34 UrhG wird dabei wohl nicht praxisrelevant sein. Jedenfalls würde insoweit, wie auch im Fall der Erteilung von Unterlizenzen durch den Treuhänder nach § 35 UrhG, das bereit oben, unter 2., dd), zur Situation Ausgeführte gelten. Eine Abweichung ergäbe sich lediglich daraus, dass eine Zustimmung für die Erteilung von Unterlizenzen im Zusammenhang mit einer treuhänderischen Wahrnehmung der Nutzungsrechte schon gesetzlich nicht gefordert und nicht als notwendig erachtet wird, vergl. § 35 Abs. 1, S. 2 UrhG - dabei wird besonders an Verwertungsgesellschaften[1377] und Bühnenvertriebe gedacht[1378]. Wegen des bereits beschriebenen Gleichlaufs von Verwertungsrechten und Veröffentlichungsrecht bedarf es dann auch keiner Zustimmung zur Weiterübertragung der Rechtsposition aus der vertraglich erteilten Einwilligung zu Eingriffen in das Veröffentlichungsrecht nach §§ 398, 413 BGB[1379].

1372 Vergl. Hubmann, § 42 I, 2, a; s. auch Ulmer, § 89, II., 1., S. 380, der gleichfalls von einer Ermächtigung und deren jederzeitiger Widerrufbarkeit ausgeht; vergl. auch Kellerhals, S. 114 ff., die die rechtliche Konstruktion jedoch nicht klärt. A. A. hingegen Lößl, S. 15, der eine Beschränkung der Möglichkeit der Geltendmachung des UPR durch den Urheber gemäß der allgemeinen Zweckübertragungsregel annimmt. Soweit er dies damit begründet, dass andernfalls eine ungestörte Werkverwertung durch den Nutzungsrechtsinhaber unmöglich wäre, trennt er nicht zwischen dem Aspekt einer treuhänderischen Wahrnehmung der Abwehrrechte gegenüber Dritten und dem des „Verzichts" des Urhebers auf die Abwehrrechte gegenüber dem Treuhänder und Nutzungsrechtsinhaber - obwohl er selbst zuvor, S. 13, auf diesen Unterschied hingewiesen hat.

1373 Die Form der Ermächtigung zur „Ausübung in sonstiger Weise", als sog. Ausübungsermächtigung, vergl. oben im 4. Teil, unter II., a), steht hier nicht in Frage, da im Fall des Veröffentlichungsrechts keine positive Befugnis mehr auszuüben ist.

1374 Vergl. oben im 4. Teil, unter II., 3., a).

1375 Vergl. Staudinger-Busche § 398 BGB, Rn. 64.

1376 Vergleichbar unterscheidet insoweit auch Lößl, S. 13.

1377 Hierzu unten, unter 3., a) ausführlicher.

1378 Schricker-Schricker § 35, Rn. 10.

1379 Insoweit wäre auch die Annahme einer vertraglichen Abbedingung des Zustimmungserfordernisses hinsichtlich des Veröffentlichungsrechts möglich.

3. Besonderheiten bei bestimmten Treuhändern und bestimmten Urhebergruppen

a) Verwertungsgesellschaften

aa) Vorüberlegungen

Anders als bei einer treuhänderischen Wahrnehmung durch eine einzelne Privatperson steht bei einer treuhänderischen Wahrnehmung durch Verwertungsgesellschaften (im weiteren VG) eine Eigennutzung des Werkes durch einen Treuhänder, die VG, nicht zur Debatte[1380]. Insoweit bedarf es dann auch keines Verzichts auf Abwehrrechte - damit Erteilung einer tatbestandsausschließenden Einwilligung - gegenüber der VG[1381]. Deshalb hat eine Legitimation der Erstveröffentlichung lediglich gegenüber dem Unterlizenzerwerber zu erfolgen.

Da der Unterlizenzerwerber an der Nutzungsrechtseinräumung zwischen Urheber und der VG nicht beteiligt ist, ist es nahe liegend, zur rechtstechnischen Erklärung des zugleich notwendigen Verzichts gegenüber potentiellen Unterlizenzerwerbern von einem pactum de non petendo zugunsten Dritter (den potentiellen Unterlizenzerwerbern) zwischen VG und Urheber auszugehen. Hinsichtlich des Bestimmtheitserfordernisses betreffend die „Dritten" kann auf oben 2., a), dd) verwiesen werden.

Lehnt man auch hier das pactum de non petendo zugunsten Dritter aus Wertungsgesichtspunkten ab[1382], so ist an die Figur der Einwilligungsermächtigung zu denken. Hierdurch wird der VG die Rechtsmacht zugewiesen, Einwilligungen bezüglich zukünftiger Eingriffe in das Veröffentlichungsrecht im Hinblick auf eine etwaige Erstveröffentlichung durch Unterlizenznehmer zu erteilen[1383]. Diese Einwilligungsermächtigung wird bereits mit der Nutzungsrechtseinräumung zusammen an die VG erteilt. Insbesondere ist eine - der Nutzungsrechtseinräumung eventuell zeitlich nachfolgende - Zustimmung zur Unterlizenzierung gesetzlich hier nicht vorgesehen, § 35 Abs. 1, S. 2 UrhG. Insoweit wird in § 35 Abs. 1, S. 2 UrhG der verall-

---

1380 Die mit den Verwertungsgesellschaften geschlossenen Wahrnehmungsverträge begründen keine eigentlichen Treuhandverhältnisse. Sie sind vielmehr Verträge eigener Art. Sie weisen Elemente des Gesellschafts-, Dienst- und Geschäftsbesorgungsvertrags sowie eben auch der Treuhand auf und werden dabei schlicht als Nutzungsverträge beschrieben. Dies steht nicht dem Verständnis einer treuhänderischen Wahrnehmung von urheberpersönlichkeitsrechtlichen Befugnissen im Rahmen dieser Nutzungsverträge entgegen. Soweit jedoch Abweichungen der Nutzungsverträge von einem normalen Treuhandverhältnis festgestellt werden - so ist die VG bspw. von den Weisungen des einzelnen Treugebers weitgehend unabhängig, da sich ihre Stellung nach Gesetz und Statuten richtet -, betrifft dies nur den Aspekt der Nutzungsrechtseinräumung. Vergl. hierzu Schricker-Schricker Vor §§ 28 ff., Rn. 39 f.

1381 Dennoch bleibt es bei dem Vorliegen der Rechtsausübung des Veröffentlichungsrechts hinsichtlich des „Ob", „Wie" und „Wann", da eine entsprechende Nutzungserteilung vorliegt. Insoweit entspricht jede Form der Nutzung des Werks der Entscheidung des Urhebers, die er hinsichtlich seines Veröffentlichungsrechts getroffen hat. Der Gleichlauf ist auch hier gegeben; lediglich die verzichtende Wirkung gegenüber der VG liegt nicht vor. A. A. Hauptmann, S. 57, der von einem generellen, stillschweigenden Verzicht des Urhebers auf die Geltendmachung von geringfügigen Verletzungen des UPR bei Abschluss des Wahrnehmungsvertrages ausgeht. Ungeklärt bleibt jedoch dessen rechtstechnische Konstruktion sowie die grundsätzliche Notwendigkeit des Verzichts gegenüber der VG.

1382 Denn die Rechtswidrigkeit des Eingriffs besteht fort, vergl. oben im 4. Teil, unter III., 2., a), aa).

1383 Denkbar wäre auch eine Einwilligung ad incertas personas, vergl. hierzu generell Peifer, S. 317. Insoweit spricht nichts dagegen, dass eine Handlung einer anderen Person zugelassen wird, ohne dass diese bestimmt und bekannt ist. Denn wenn mit der Überlassung der Nutzungsrechte auch über das Entscheidungsrecht hinsichtlich des „Ob", „Wann" und „Wie" einer Veröffentlichung bestimmt wird, so wird die tatsächliche Veröffentlichung damit unabhängig von der Person des schlussendlich Veröffentlichenden; eine abweichende Handlung dieser Person von der bereits getroffenen Entscheidung des Urhebers ist nicht möglich. Insoweit kommt es nicht darauf an, wer die unbekannte veröffentlichende Person ist.

gemeinerungsfähige Gedanke ausgedrückt, dass im Zusammenhang mit (treuhänderischen) Wahrnehmungsverträgen eine grundsätzliche Privilegierung des Vertragspartners vorliegt[1384]. Hiermit wird zugleich die grundsätzliche Wertung getroffen, dass das Schutzbedürfnis des Urhebers gegenüber einem treuhänderisch handelnden Vertragspartner geringer ist als bei sonstigen Verträgen[1385].

bb) Vertragspraxis

Ausdrücklich erwähnt wird das Veröffentlichungsrecht im Wahrnehmungsvertrag der VG Wort. Gem. § 2 des Wahrnehmungsvertrages betrifft die Rechtseinräumung alle „Sprachwerke des Berechtigten, soweit sie bei Unterzeichnung dieses Vertrages geschaffen (worden sind) ... (oder) künftig ... geschaffen (werden) ...". Die in § 1 geregelte Rechtseinräumung „erfolgt jeweils vom Zeitpunkt des Entstehens der betreffenden Rechte ... an. *Es darf jedoch hierdurch in keiner Weise in das ausschließliche Recht des Urhebers aus § 12 UrhG, ..., eingegriffen werden* (Hervorhebung durch Verfasserin)", so § 2, S. 1.

Da hier auch künftige Werke mit einbezogen sind, scheint das Veröffentlichungsrecht zwar besonders berücksichtigt. Indes gibt die Bezugnahme auf das Veröffentlichungsrecht in § 2, wonach der Urheber die alleinige Entscheidungsfreiheit hat, lediglich das gesetzliche Leitbild wieder. Außerdem ist dieses ohnehin nur deklaratorische Bekenntnis praktisch überflüssig, denn ein Eingriff in das Veröffentlichungsrecht durch die VG steht keinesfalls zur Debatte. Dabei werden auch die unter § 1 genannten Verwertungsrechte erst mit Entscheidung des Urhebers über die Veröffentlichungsreife relevant, so dass damit auch wieder eine Ausübung des Veröffentlichungsrechts durch den Urheber selbst vorliegt.

Auch eine treuhänderische Wahrnehmung von Abwehrrechten gegenüber Fremdeingriffen in das Veröffentlichungsrecht durch die VG Wort ist nicht vorgesehen. Gem. § 3 Wahrnehmungsvertrag ist die VG Wort zwar zur Wahrnehmung der eingeräumten Rechte in eigenem Namen berechtigt. In § 1 werden jedoch ausschließlich Nutzungsrechte eingeräumt, woraus nicht automatisch zugleich eine Berechtigung zur Wahrnehmung von Abwehrrechten aufgrund des Veröffentlichungsrechts zu folgern ist[1386]. Ein Vorgehen durch die VG gegenüber einem unberechtigt veröffentlichenden Dritten wäre auf die eingeräumten Nutzungsrechte zu stützen; Abwehrrechte aufgrund eines Eingriffs in das Veröffentlichungsrecht hingegen stehen ausschließlich dem Urheber zu[1387].

1384 Schricker-Schricker § 35, Rn. 3.

1385 Schricker-Schricker Vor §§ 28 ff., Rn. 38.

1386 Dieses kann zwar in den Fällen einer ersten öffentlichen Wiedergabe durch Bild- und Tonträger, § 21 UrhG, betroffen sein. Bei § 21 UrhG handelt es sich um ein sog. Zweitverwertungsrecht. Eine Veröffentlichung im Sinn des § 6 UrhG muss dabei nicht bereits vorausgegangen sein; die Vorträge und Aufführungen selbst müssen nicht öffentlich gewesen sein, Schricker-v. Ungern/Sternberg § 21, Rn. 6. Um den Fall einer treuhänderischen Wahrnehmung von Abwehrrechten muss es sich damit jedoch nicht immer zugleich handeln; vergl. am Bsp. des Werkintegritätsrechts: BGH GRUR 1999, 230, 231 - Treppenhausgestaltung, wonach der Inhaber eines ausschließlichen Nutzungsrechts nicht bereits aufgrund dieser Rechtsstellung befugt ist, die auf dem UPR beruhenden Ansprüche geltend zu machen. Eine derartige Befugnis muss vielmehr durch eigenen Rechtsakt - ausdrücklich oder stillschweigend - erteilt werden.

1387 Hinsichtlich der anderen mit den Rechten der Urheber befassten Verwertungsgesellschaften ergibt sich nichts anderes bezüglich des Veröffentlichungsrechts; vergl. bsph.: § 1 der Wahrnehmungsverträge VG Bild-Kunst für die Berufsgruppen I, II (Bildende Kunst - Bildautoren) und die Berufsgruppe III (Film - Fernsehen - Audiovision) und § 1 des Berechtigungsvertrages der GEMA, wonach die gegenwärtigen und die zukünftig noch entstehenden Rechte eingeräumt werden.

b) Miturheber[1388]

Anders als das US-amerikanischem Recht trifft das deutsche UrhG auch in § 8 keine besondere Regelung zur rechtsgeschäftlichen Disponibilität des Veröffentlichungsrechts bei Miturheberschaft; es bleibt bei den grundsätzlichen, aufgrund der Auslegung des § 29 UrhG gewonnenen Ergebnissen[1389].

Wegen der Gesamthandsgemeinschaft der Miturheber bezüglich des Veröffentlichungsrechts, § 8 Abs. 2 S. 1 UrhG, bedarf es zu einer Werkveröffentlichung der Einwilligung aller Miturheber. Mit der Wahl des Terminus *Einwilligung* wurde bestimmt, dass eine nachträgliche Zustimmung nicht möglich ist[1390]. Eine nachträgliche Zustimmung stellt regelmäßig vielmehr einen Verzicht, im Sinne eines Erlassvertrags, auf etwaige Ansprüche dar[1391]. Da die Einwilligung jedoch nicht wider Treu und Glauben verweigert werden darf, § 8 Abs. 2 S. 2 UrhG, ist das Entscheidungsrecht über die Veröffentlichungsreife bei Miturhebern bereits tatbestandlich von Gesetzes wegen eingeschränkt. Eine Blockade der Werkverwertung und damit der Ausübung der an Dritte eingeräumten Nutzungsrechte ist damit ausgeschlossen.
Im Übrigen muss die über die Fälle von „Treu und Glauben“ nach § 8 Abs. 2 S. 2 UrhG hinausreichende, einmal erteilte Einwilligung für Miturheber bindend sein; eine jederzeitige, freie Widerrufbarkeit ist insoweit ausgeschlossen. Die Einwilligung zieht bei Miturhebern die gleiche Rechtsfolge wie bei Einzelurhebern, nämlich einen „Verzicht“ auf die Abwehrrechte aus §§ 97, 12 UrhG, nach sich. Ansonsten würde der Gedanke der Sicherung der Werkverwertung hinfällig. Der mit Nutzungsrechtseinräumung erfolgende „Verzicht“ wird hier wohl regelmäßig durch eine Vertretung[1392] der Miturheber durch einen aus ihrer Mitte erfolgen[1393].

Des Weiteren ist bei Miturhebern besonders zu bedenken, dass hier ein Verzicht auf die Anteile an den Verwertungsrechten zugunsten der übrigen Miturheber zulässig ist. Dabei muss auch das Veröffentlichungsrecht - vor der Erstveröffentlichung - mit betroffen sein[1394]; andernfalls wäre das gesetzgeberische Anliegen, durch einen möglichen Verzicht auf den Anteil an den Verwertungsrechten eine Erleichterung der Werkverwertung zu erreichen[1395], nicht zu verwirklichen. Denn der verzichtende Miturheber könnte sonst über die Geltendmachung „seines“ - gesamthänderisch gebundenen - Veröffentlichungsrechts eine Verwertung blockieren, wenn kein Fall der nach Treu und Glauben unzulässigen Verweigerung einer Einwilligung vorliegt.

[1388] Diese Gruppe von Urhebern ist vor dem Hintergrund der tatsächlichen Zunahme miturheberschaftlicher Werke von besonderem Interesse.

[1389] Vergl. oben im 3. Teil, unter II., 1.

[1390] Schricker-Loewenheim § 8, Rn. 14.

[1391] Rehbinder, Rn. 171, S. 135.

[1392] Vergl. zur grundsätzlichen Zulässigkeit: Schricker-Loewenheim § 8, Rn. 13 und Rehbinder, Rn. 171, S. 135; sowie generell Dasch, S. 90 f. Mit Blick auf die tatbestandsausschließende Einwilligung sind die Regeln über die Stellvertretung gem. §§ 164 ff. BGB entweder in direkter oder analoger Form anzuwenden, vergl. Palandt-Heinrichs Überbl v § 104 BGB, Rn. 6 f.; insoweit entscheidet die Annahme einer rechtsgeschäftlichen oder rechtsgeschäftsähnlichen Handlung, vergl. oben im 4. Teil, unter III. 2., b), bb).

[1393] Unumgänglich ist dies beispielsweise nach § 10 des Wahrnehmungsvertrages der VG Bild-Kunst für die Berufsgruppen I und II sowie für die Berufsgruppe III.

[1394] So auch Seetzen, S. 70; Möhring/Nicolini-Ahlberg § 8, Rn. 49, geht generell davon aus, dass die Geltendmachung persönlichkeitsrechtlicher Ansprüche in solchen Fällen bei einer nur geringen Beeinträchtigung gegen Treu und Glauben verstoßen kann.

[1395] Vergl. Amtl. Begründung, abgedruckt in: UFITA 45 (1964), 240, 256.

Dabei bedarf es nicht der - nach § 29 UrhG ohnehin problematischen, vergl. 3. Teil, I., 4. - Annahme eines dinglichen Verzichts auf das Veröffentlichungsrecht. Insoweit spricht auch § 8 Abs. 4 UrhG ausdrücklich nur von den Verwertungsrechten. Nur diesbezüglich sieht die Regelung eine eng begrenzte Ausnahme von § 29 UrhG zugunsten der anderen Miturheber vor; einer analogen Anwendung auf das Veröffentlichungsrecht ist diese Regelung nicht zugänglich[1396]. Auch muss es nach dem Gesetzesanliegen bei der Berechtigung des Urhebers verbleiben, unerlaubte Veröffentlichungen durch Dritte über §§ 97, 12 UrhG abzuwehren, so dass konstruktiv wieder ein lediglich schuldrechtlicher „Verzicht", in Form einer tatbestandsausschließenden Einwilligung gegenüber den Miturhebern, anzunehmen ist. So wird der Gleichlauf mit dem Verzicht auf den Verwertungsrechtsanteil wieder hergestellt. Bei einer Nutzungsrechtseinräumung an Dritte ist diese Rechtsposition dann wie bei Einzelurhebern gem. §§ 398, 413 BGB übertragbar.

Denkbar ist auch die Ermächtigung eines Dritten zur treuhänderischen Wahrnehmung der Abwehrrechte aus dem Veröffentlichungsrecht nach § 185 BGB analog[1397]. Hierdurch treten keine unzulässigen Nachteile für die übrigen Miturheber ein. Denn insoweit sieht das Gesetz selbst die Möglichkeit einer Wahrnehmung des gesamthänderisch gebundenen Veröffentlichungsrechts durch nur einen Miturheber im Wege der Prozessstandschaft vor, § 8 Abs. 2 S. 3 UrhG; dies unabhängig von der Rücksprache und der Einwilligung durch die übrigen Miturheber. Es macht auch keinen Unterschied für die anderen Miturheber, ob ein einzelner Urheber selbst oder an seiner Stelle ein von ihm bestimmter Miturheber als Treuhänder Rechtsverletzungen verfolgt. Etwaige Urteile erwachsen ohnehin nur für und gegen den klagenden Miturheber, nicht für und gegen die übrigen Miturheber oder die Gemeinschaft in Rechtskraft[1398].

Eine darüber hinausgehende treuhänderische Wahrnehmung der Bestimmungsrechte aus dem Veröffentlichungsrecht bezüglich der Entscheidung über das „Wie" und „Wann" einer Veröffentlichung[1399] kommt nicht in Betracht; auch wenn eine diesbezügliche Rechtsausübung und Konkretisierung mangels Nutzungsrechtseinräumung unter Miturhebern an sich noch nicht erfolgt sein muss[1400]. Zwar bestünden in einem derartigen Fall, unter der Annahme einer Ermächtigung analog § 185 BGB hinsichtlich der Bestimmungsrechte[1401], weiterhin eine Handlungs- und Entscheidungsmöglichkeit des ermächtigenden Miturhebers neben dem Treuhänder. Da jedoch die Gefahr droht, dass sich dieser unter Umständen völlig enthält und zurückzieht, so dass damit de facto dem Treuhänder alles allein überantwortet wäre, müssten sich die übrigen Miturheber dann gezwungenermaßen mit diesem auseinander setzen. Dies könnte etwaige Entscheidungsprozesse zu Lasten der übrigen Miturheber unnötig und unge-

[1396] Vergl. hierzu oben im 3. Teil, unter II., 1.

[1397] A. A. Praxiskommentar-Thum § 8, Rn. 42 - unter Verweis auf LG München I ZUM 1999, 332, 336 -, der lediglich eine Wahrnehmung durch Dritte für einen Miturheber in Form einer Bevollmächtigung als zulässig erachtet und insoweit auf die Unübertragbarkeit nach § 29 UrhG verweist.

[1398] Schricker-Loewenheim § 8, Rn. 18; Praxiskommentar-Thum § 8, Rn. 38; Sontag, S. 54 ff.; a. A. Fromm/Nordemann-Nordemann § 8, Rn. 20.

[1399] Insoweit liegt die positive Entscheidung über das „Ob", die grundsätzliche Veröffentlichungsreife, bereits denknotwendig vor, denn andernfalls würde der Urheber sein Werk und diesbezügliche, weitere Entscheidungen nicht in fremde Hände legen, sich die Frage einer Treuhand damit gar nicht stellen. Insoweit kann dem Treuhänder lediglich frei gestellt sein, nicht bzw. vorerst nicht zu veröffentlichen. Denn die tatsächliche Veröffentlichung kann der Urheber über das Veröffentlichungsrecht gem. § 12 UrhG ohnehin nicht erzwingen. Der Treuhänder übt dann also das Veröffentlichungsrecht nicht negativ aus, im Widerspruch zur vorhergehenden positiven Ausübung durch den Urheber stehend, sondern macht lediglich von seiner allgemeinen Handlungsfreiheit Gebrauch.

[1400] Den Miturhebern steht bereits aufgrund ihrer Urheberschaft am Werk das Recht zur Werkverwertung zu.

[1401] Siehe hierzu oben im 4. Teil, unter II., 3., a).

rechtfertigter Weise verkomplizieren, insbesondere wenn dies gerade in der Person des Treuhänders begründet wäre. Hierdurch würde die Werkverwertung entgegen dem mit § 8 UrhG verfolgten gesetzgeberischen Anliegen, etwaigen, gerade aus der Miturheberschaft resultierenden Konfliktherden vorzubeugen, konterkariert.

c) Arbeitnehmerurheber

aa) Vorüberlegungen zur besonderen Konfliktsituationen

Im Mittelpunkt des situationsbedingten Konflikts zwischen den Interessen des Urhebers und denen des Arbeitgebers im Hinblick auf das Veröffentlichungsrecht stehen die sog. Pflichtwerke, d.h. Werke, die der Urheber in Erfüllung seiner Verpflichtung aus dem Arbeits- oder Dienstverhältnis geschaffen hat[1402]. Soweit es ein bereits fertig gestelltes, vom Urheber als veröffentlichungsreif in das Arbeitsverhältnis eingebrachtes Werk anbelangt, gilt das bereits oben, unter 2. a) Ausgeführte[1403]; nur bei diesen Werken ist eine umfassende Ausübung des Bestimmungsrechts hinsichtlich des „Ob", „Wie" und „Wann" der Veröffentlichung durch den Urheber selbst anzunehmen, die mit der Nutzungsrechtseinräumung nach Fertigstellung des Werkes einhergeht.

Besonderheiten ergeben sich in den Fällen, in denen ein werkbezogenes Handeln des Arbeitgebers unabhängig von der Entscheidung des Urhebers über die Veröffentlichung in Frage steht[1404]. Derartige Konflikte ergeben sich im Arbeitnehmer-Arbeitgeber-Verhältnis dadurch, dass hinsichtlich der Pflichtwerke angenommen wird, dass bereits mit Abschluss des Arbeitsvertrages eine Einräumung von Nutzungsrechten an den künftigen Werken, im Sinne einer Vorausverfügung über Nutzungsrechte, vorliegt[1405]. Anders jedoch als bei selbständigen Urhebern, wo die Wirksamkeit der Einräumung des Nutzungsrechts erst mit der Fertigstellung, der Entscheidung des Urhebers über die Veröffentlichungsreife eintritt[1406], geht es für den Arbeitgeber darum, die Verwertung und damit auch die Werkveröffentlichung ohne Mitwirkung des Urhebers und insoweit unabhängig von dessen Bestimmung über die Veröffentlichungsreife vornehmen zu können.

1402 Vergl. hierzu Praxiskommentar-Wandtke § 43, Rn. 17 ff. Das Gegenstück hierzu bilden die sog. „freien Werke", die nur bei Gelegenheit oder gänzlich außerhalb der Beschäftigung geschaffen wurden. Unabhängig von der Frage einer Anbietungspflicht bei diesen Werken (str.; vergl. Praxiskommentar-Wandtke § 43, Rn. 30 ff.), gilt hier hinsichtlich der Frage eines „Verzichts" bzw. einer „Übertragung" das Gleiche wie bei selbständigen, freischaffenden Urhebern.

1403 Ähnlich wie generell zur Frage der Übertragbarkeit des Veröffentlichungsrechts wird auch im Zusammenhang mit dem Arbeitnehmer-Arbeitgeber-Verhältnis nicht berücksichtigt, dass eine Überlassung der urheberpersönlichkeitsrechtlichen Befugnis zur Ausübung bei der Einräumung von Nutzungsrechten nicht mehr in Rede steht, weil diese bereits durch den Urheber selbst erfolgt ist; vergl. aber die Ausführungen zur Ausübungsüberlassung: Schricker-Rojahn § 43, Rn. 73 unter Verweis auf Stolz, S. 88; Bussmann, FS Bappert, S. 13, 21; siehe auch Zöllner, FS Hubmann, S. 523, 531.

1404 Hat der Urheber jedoch eine Entscheidungsfreiheit und damit ein „Zurückbehaltungsrecht" bei Pflichtwerken, liegt, wenn er die Werke abliefert, eine Entscheidung über die Veröffentlichungsreife vor.

1405 Dabei erfasst die arbeitsvertragliche Regelung nicht nur die schuldrechtliche Verpflichtung, sondern auch die Vorausverfügung über die Nutzungsrechte selbst, vergl. Schricker-Rojahn § 43, Rn. 46. Soweit statt der Annahme einer Vorausverfügung über die Nutzungsrechte auf den späteren Zeitpunkt der Abgabe des Werks des Arbeitnehmerurhebers an den Arbeitgeber für den Abschluss der nutzungsrechtlichen Vereinbarung verwiesen wird (str.; vergl. Schricker-Rojahn § 43, Rn. 41), ergibt sich keine Abweichung von den bisherigen Untersuchungsergebnissen. Denn die Ausübung des Veröffentlichungsrechts geht denknotwendig der Werkabgabe und der anschließenden Nutzungsrechtseinräumung voraus.

1406 Vergl. oben im 2. Teil, unter I., 1., c).

Dies betrifft den Zeitraum vor Abgabe des Werkes in den betrieblichen Arbeitsgang durch den Urheber[1407]. Denn mit der selbst vorgenommenen Abgabe in den Geschäftsbetrieb wird der Urheber sein Veröffentlichungsrecht regelmäßig ausüben[1408].

Die notwendige Bestimmtheit zur Wirksamkeit der Vorausverfügungen über Nutzungsrechte ist hier durch den Bezug zum Arbeitsvertrag und den Pflichtwerken gewährleistet und tritt somit nicht erst mit Fertigstellung bzw. Bestimmung der Veröffentlichungsreife des Werks ein[1409].

bb) Lösung des Konflikts

Die herrschende Auffassung geht zutreffend davon aus, dass dem Arbeitgeber, in Anbetracht dessen, dass er das wirtschaftliche Risiko einer Werkverwertung trägt und Pflichtwerke dem Weisungsrecht des Arbeitgebers unterstehen[1410], die Entscheidung über das „Ob", „Wie" und „Wann" einer Veröffentlichung eines Pflichtwerks zukommt[1411]. Als angemessener Ausgleich des Schutzbedürfnisses hinsichtlich der ideellen Interessen des Arbeitnehmerurhebers

---

1407 Zutreffend insoweit Fromm/Nordemann-Hertin § 12, Rn. 7. Die Notwendigkeit der Unterscheidung zwischen der Ausübung und einer rechtsgeschäftlichen Disposition über das Veröffentlichungsrecht verkennt wohl Kellerhals, S. 197 ff., bei der Darstellung der Literaturmeinungen.

1408 Anders nur für den Fall, dass er sich eine bestimmte Veröffentlichungsform oder einen bestimmten Veröffentlichungszeitpunkt vorbehält. Dann aber entspricht diese Konstellation wieder dem Konfliktfall im Zusammenhang mit einer Vorab-Einräumung von Nutzungsrechten und einer noch nicht erfolgten innerbetrieblichen Weitergabe des Werkes.

1409 Vergl. Rehbinder, Rn. 331, S. 302; vergl. auch § 40 UrhG, der eine Bestimmung der zukünftigen Werke der Gattung nach ausreichen lässt. Dabei wird der Aspekt der Bestimmtheit als Wirksamkeitsvoraussetzung für die Vorab-Einräumung von Nutzungsrechten überwiegend gar nicht erörtert, vergl. aber hierzu oben im 2. Teil, I., 1., c) und stattdessen schlicht auf die Notwendigkeit der Ausübung des Veröffentlichungsrechts durch den Arbeitgeber verwiesen, vergl. Rojahn, S. 107; Kellerhals, S. 166 ff.

1410 Zwar ist das Werk wegen der Umsetzung von Anweisungen und Erwartungen des Arbeitgebers vielmehr auf „dessen Person" zugeschnitten. An der Zuweisung von urheberpersönlichkeitsrechtlichen Befugnissen an den Arbeitnehmer als Schöpfer des Werks ändert dies jedoch nichts, da dieser letztlich das Werk geschaffen hat und dieses insofern Ausdruck der, wenn auch verkürzten und mitunter eher marginalen, subjektiven Prägung ist; vergl. insoweit die Überlegung zur Entpersönlichung des Werks, oben im 1. Teil, unter 1., b).

1411 Nunmehr auch Schricker-Rojahn § 43, Rn. 74 f., die an anderer Stelle noch unterschiedlich hinsichtlich des „Wie" und „Wann" einer Veröffentlichung befand, S. 106 ff.; Dreier-Dreier § 43, Rn. 35; Schack, Rn. 988; Rehbinder RdA 1968, 309, 313 und Rn. 336, S. 307; Praxiskommentar-Wandtke § 43, Rn. 84 ff.; ähnlich auch Schricker-Dietz § 12, Rn. 22; Fromm/Nordemann-Vinck § 43, Rn. 3; a. A. Osenberg, S. 79, Möhring/Nicolini-Kroitzsch § 12, Rn. 22, 23, der von einer generellen Zustimmung des Urhebers, insbesondere durch den Abschluss von Verwertungsverträgen, ausgeht - dabei aber gedanklich vernachlässigt, dass die Nutzungsrechtsvereinbarungen in Arbeitsverhältnissen bereits mit Abschluss des Arbeitsvertrages, also vor Werkherstellung und damit vor einer möglichen Ausübung des Veröffentlichungsrechts, eingegangen werden; siehe auch Stolz, S. 88 sowie Kellerhals, S. 170, die dabei unzutreffend mit einer Entkernung des Veröffentlichungsrechts infolge der Überlassung an den Arbeitgeber bezüglich *aller zukünftigen Werke* argumentiert. Die Frage der Veröffentlichung ist jedoch für jedes Werk getrennt zu beurteilen, so dass die Unzulässigkeit einer Überlassung zur Ausübung nicht durch den Verweis auf eine quantitative Zunahme solcher Fälle begründet werden kann. Denkbar wäre auch die Annahme einer Ausübung der Bestimmung des „Wie" einer Veröffentlichung infolge vorbehaltloser Vorabeinräumung eines Nutzungsrechts. Dies könnte dahingehend verstanden werden, dass dem Urheber jede Art einer Veröffentlichung recht ist. Hinsichtlich des „Ob" hingegen steht die Entscheidung jedenfalls noch aus; diese soll durch den Arbeitgeber erfolgen. Kellerhals, Diss., S. 170 f., unterscheidet insoweit zwischen dem „Ob" und dem „Wie" der Veröffentlichung, ordnet den betrieblichen Belangen und damit der Entscheidungsbefugnis hinsichtlich des „Wie" jedoch zugunsten des Arbeitgebers Vorrang ein - ohne allerdings den dogmatischen Hintergrund dieser Annahme zu klären.

wird im Gegenzug angenommen, dass eine Unterdrückung der Namensnennung des Urhebers bei einer Werkverwertung gegen seinen Willen verlangt werden kann[1412].

Trotz dieser weitgehenden Übereinstimmung in der Sache bleibt die dogmatische, konstruktive Grundlage unklar[1413]. Der Arbeitgeber bedarf hier zur Sicherung seiner Position zwar nicht der Einräumung der Abwehrbefugnis aus §§ 97, 12 UrhG, denn gegen unberechtigte Dritte kann er bereits aufgrund seiner ausschließlichen, umfassenden Nutzungsrechte vorgehen. Vorliegend steht aber dennoch die Konstellation einer „Übertragung" in Frage, da eine Ausübung der positiven Befugnisse, d.h. der Bestimmungsrechte, aus dem Veröffentlichungsrecht durch den Arbeitgeber erfolgen soll[1414].

Bei der dogmatischen Einordnung kann hier, nicht nur wegen der grundsätzlichen Bedenken (siehe oben im 4. Teil, unter II., 1.), sondern auch aufgrund anderer Überlegungen nicht auf die Figur der gebundenen Übertragung zurückgegriffen werden. Denn der Urheber muss auch als Arbeitnehmer weiterhin berechtigt sein, unerlaubte Veröffentlichungen durch Dritte zu unterbinden, was infolge der gebundenen Übertragung fraglich wäre. Es ist ihm nicht zumutbar und benachteiligt ihn deshalb unangemessen, auf das ausschließliche Abwehrrecht des Arbeitgebers verwiesen zu sein, der mit der Wahrnehmung seiner eigenen Interessen nicht notwendigerweise - eher nur als zufällige Nebenfolge - auch die Interessen des Urhebers wahrnehmen wird[1415].

Es kann jedoch auf die Rechtsfigur einer „Ausübungsermächtigung", analog § 185 BGB, rekurriert werden[1416]. Diese wird dabei regelmäßig unter der Bedingung des fruchtlosen Ablaufs einer zumutbaren Zuwartefrist für den Arbeitgeber stehen, denn insoweit muss dem Urheber die Möglichkeit eingeräumt sein, das betreffende Werk in seinem Sinne fertig zu stellen[1417].

1412 Ohne Annahme dieser Interessen"korrektur" wohl nur Fromm/Nordemann-Vinck § 43, Rn. 3 und im Anschluss an diesen, Riekert, in: Götting, Multimedia, S. 123, 145, der die Einschränkung aus § 43 UrhG selbst ableitet, anstatt den Grund dafür in den einzelnen arbeitsvertraglichen Regelungen zu suchen, wie dies gerade auch § 43 UrhG selbst zum Ausdruck bringt.

1413 Auch in diesem speziellen Zusammenhang finden sich wieder so unbestimmte Formulierungen und Figuren wie: „Gestattung" bei Kraßer, FS Schricker, S. 78, 94 bzw. „Verzicht auf die Ausübung" bei Schricker-Dietz § 12, Rn. 22 und „Ausübungsüberlassung" bei Schricker-Rojahn § 43, Rn 73, sowie bei Kellerhals, S. 170, die die rein schuldrechtliche Wirkung dieser Überlassung betont; unklar bei Schack, vergl. die Formulierung bei Rn. 988 und Rn. 989.

1414 Einer Verzichtssituation entspricht dies nicht; hinter dieser die vielmehr das Anliegen einer Legitimierung eines bestimmten „Wie" und „Wann" einer Veröffentlichung. Die Veröffentlichungsreife ist hier indes insgesamt noch nicht durch den Urheber bestimmt, sondern das Veröffentlichungsrecht soll stattdessen durch den Arbeitgeber „frei" ausgeübt werden können.

1415 Zwar könnte man erwägen, eine gebundene Übertragung nur bezüglich der positiven Befugnis des Veröffentlichungsrechts anzunehmen und die Befugnis zur Abwehr beim Urheber zu belassen. Dies entspricht letztlich jedoch einer Ermächtigung, so dass es konsequenter ist, auch von dieser zu sprechen, statt sie unter dem „Deckmantel" der gebundenen Übertragung zu erfassen.

1416 Zu dieser Rechtsfigur im Zusammenhang mit positiven Bestimmungsrechten, vergl. oben im 4. Teil, unter II., 3., a), bb).

1417 Dies ist dem Vorwurf von Kellerhals, S. 170, entgegenzuhalten, demzufolge die Zulassung einer Ausübungsüberlassung in der Konsequenz dazu führe, dass der Arbeitgeber das von ihm als veröffentlichungsreif erachtete Werk zu jedem beliebigen Zeitpunkt nutzen könnte. Kellerhals geht insoweit sogar von einer Befristung des Veröffentlichungsrechts aus; dieses bestehe nur innerhalb eines bestimmten Zeitraums. Zur generellen Zulässigkeit der Vereinbarung einer Bedingung bei der Ermächtigung, siehe Doris, S. 181.

Aus Interessengesichtspunkten muss es dabei für den Arbeitnehmerurheber ausgeschlossen sein, die Ermächtigung widerrufen und sich somit bei Meinungsverschiedenheiten gegenüber dem Arbeitgeber durchsetzen zu können. Soweit nicht bereits eine vertraglich gebundene Einwilligung angenommen wird, richtet sich die Frage der Widerrufbarkeit einer einseitigen Ermächtigung grundsätzlich nach § 183 BGB[1418]. Insofern wird dann mit Abschluss des Arbeitsvertrages und der Vorabeinräumung von Nutzungsrechten zugleich immer auch eine - konkludente - Vereinbarung vorliegen, wonach, abweichend von der Regel des § 183 S. 1, 1. Halbs. BGB, die Ermächtigung gerade nicht frei und jederzeit widerrufen werden kann, § 183 S. 1, 2. Halbs. BGB. Die Annahme einer Unwiderruflichkeit der Ermächtigung steht auch im Zusammenhang damit, dass nach dem Ausscheiden des Urhebers aus dem Arbeitsverhältnis die Nutzungsrechte für Pflichtwerke regelmäßig beim Arbeitgeber verbleiben[1419].

Letztlich gehen auch beide Beteiligten von dem Vorrang der Nutzungsinteressen des Arbeitgebers aus, denn nur so wird das Arbeitsverhältnis sinnvoll durchführbar. Dem Urheber ist weniger, mitunter gar nicht, an der Verwertung seiner zukünftigen, erst zu schaffenden Werke gelegen, sondern ihm geht es vielmehr um seine grundsätzliche Beschäftigung und entsprechende Entlohnung[1420]. Deshalb ist es praxisnah anzunehmen, dass er hierfür regelmäßig zumindest stillschweigend in Kauf nimmt, dass sein Veröffentlichungsrecht geschmälert wird. Möchte er dies nicht, so steht es ihm frei, eine Vorabeinräumung von Nutzungsrechten nicht vorzunehmen[1421] bzw. eine entsprechende Regelung hinsichtlich des Veröffentlichungsrechts - ausdrücklich - zu treffen; tut er dies nicht, so muss das bereits Ausgeführte gelten.

Diese Lösung steht auch mit gesetzlichen Wertungen und dem insoweit konkretisierten urheberrechtlichen Schutzanliegen in Einklang. Denn die Auslegung des § 43 UrhG hat ergeben, dass ein Abweichen vom Anliegen des strikten Schutzes des Urhebers und damit eine Erweiterung der Möglichkeiten zulässiger vertraglicher Vereinbarungen zum Vorteil des Arbeitgebers tendenziell zugelassen ist[1422]. Die Reichweite ist dabei auf das notwendige Maß einzuschränken, was hier durch das Recht auf namentliche Nichtnennung des Urhebers erreicht wird[1423]; hierdurch wird berücksichtigt, dass es für die Reputation des Urhebers überaus bedeutsam sein kann, dass er ein nicht seinen Erwartungen entsprechendes Werk unterdrückt bzw. umgekehrt ausgedrückt, ob eine Veröffentlichung gemäß seinen Vorstellungen erfolgt[1424].

Etwaigen Grenzfällen, in denen eine unzumutbare Gefährdung ideeller Interessen des Urhebers droht, kann neben dem Ausgleich über das Namensunterdrückungsrecht auch über das Rückrufsrecht gem. § 42 UrhG entsprochen werden[1425]. Hieran ist zu denken, wenn die Per-

---

1418 Doris, S. 174 und 181 ff.

1419 Rehbinder, Rn. 333, S. 304.

1420 Vergl. insoweit zur grundsätzlichen Interessenlage Schricker-Rojahn § 43, Rn. 88, im Rahmen der Frage einer Anwendbarkeit des § 41 UrhG auf Arbeitnehmerurheber.

1421 Vergl. Schricker-Rojahn § 43, Rn. 44.

1422 Vergl. insoweit oben im 3. Teil, unter II, 2.

1423 Keinesfalls besteht eine angemessene und zutreffende Lösung darin, dass statt einer Ausübungsüberlassung angenommen wird, dass sich der Urheber mit Abschluss des Arbeitsvertrages verpflichtet, sein Veröffentlichungsrecht auszuüben, sobald das Werk aus seiner Sicht veröffentlichungsreif ist, so aber Kellerhals, S. 170. Denn dies löst nicht den beschriebenen Konfliktfall, noch bewirkt es die notwendige Unabhängigkeit des Arbeitgebers von den Veröffentlichungsentscheidungen des Urhebers. Zudem würde mit Bestimmung der Veröffentlichungsreife auch die Ausübung des Veröffentlichungsrechts erfolgen, so dass sich der beschriebene Konfliktfall erst gar nicht stellen würde.

1424 Hierauf weist insbesondere Schricker-Rojahn § 43, Rn. 74, hin.

1425 Zu weitgehend insoweit Rehbinder RdA 1968, 309, 314, der dem Arbeitnehmerurheber für den Fall, dass ein Werk unter dem Namen des Urhebers erscheinen soll, immer ein Rückrufsrecht zuspricht. Es ist vielmehr ein Namensunterdrückungsrecht anzunehmen, das, flankiert durch § 42 UrhG, zum Schutz des Urhebers erson des Urhebers den Werkkonsumenten bei einem für nicht veröffentlichungsreif befundenen Werk trotz der Unterlassung einer namentlichen Nennung aus anderen Gründen, wie spezieller Sachkunde, bekannt ist. Dann reicht eine Namensunterdrückung nicht aus, um einer möglichen Ansehensschädigung oder anderen negativen Einflüssen auf die Reputation des Urhebers vorzubeugen[1426]. Dabei ist zu berücksichtigen, dass der Bereich der Zumutbarkeit im Sinn des § 42 UrhG im Vergleich zu freischaffenden Urhebern im Arbeitsverhältnis weiter gezogen ist[1427].

cc) Blick auf die tarifvertragliche Praxis

In Tarifverträgen[1428] werden zwar Aussagen und Regelungen hinsichtlich des UPR getroffen[1429]. Das Veröffentlichungsrecht findet dabei zwar keine explizite Erwähnung, wird aber durch generelle Formulierungen mit einbezogen.

So ist in § 18 Abs. 2 „Manteltarifvertrag für Redakteure/Redakteurinnen an Tageszeitungen" vom 15.12.1997[1430] geregelt worden, dass die „Urheberpersönlichkeitsrechte des Redakteurs/der Redakteurin an seinen/ihren Beiträgen ... unberührt (bleiben)". In den Manteltarifverträgen der Rundfunkanstalten wird formuliert, dass die „Persönlichkeitsrechte des Urhebers ... bei der Nutzung der Rechte zu wahren (sind)"[1431]. Diese Regelungen sind rein deklaratorischer Art und werden deshalb zutreffend als lediglich neutral eingestuft; sie haben keinen Normcharakter[1432]. Damit bleibt es bei der Möglichkeit einzelvertraglicher Vereinbarungen im Sinne der bereits oben ausgeführten „Überlassung der Ausübung des Veröffentlichungsrechts" an den Arbeitgeber im konkreten Einzelfall.

Vorzuziehen wäre indes eine tarifvertragliche Regelung, die sich mit dem Veröffentlichungsrecht des Urhebers sowohl bei bereits fertig gestellten, in das Arbeitsverhältnis eingebrachten, als auch bei erst zukünftigen Pflichtwerken befasst. Im Zusammenhang mit der Fra-

---

gänzt wird. Wegen der Entschädigungspflicht des Urhebers bei §§ 41 f. UrhG gelangt man so zu einer Annäherung an die Ansicht, die die Bestimmung der Veröffentlichungsreife beim Urheber belässt und einen Ausgleich über eine Schadenersatzpflicht des Urhebers aufgrund einer Verletzung arbeitsvertraglicher Pflichten, das Werk rechtzeitig herzustellen, bewirkt, siehe Rojahn, S. 108.
Anzumerken ist hier, dass sich der Rückruf nur auf den persönlichkeitsrechtlichen und den nutzungsrechtlichen Teil der Vereinbarung bezieht, während der Arbeitsvertrag im Übrigen bestehen bleibt; s. Praxiskommentar-Wandtke § 41, Rn. 28.

1426 Zutreffend differenziert insoweit auch Schack, Rn. 988, der auf die Möglichkeit einer Wiedererkennung einer Urheberschaft durch Fachleute aufmerksam macht; jedoch ohne dabei einen gangbaren Weg als Lösung vorzuschlagen.

1427 Schricker-Rojahn § 43, Rn. 94 unter Verweis auf Vinck, S. 76 f. Ulmer, § 95, III, 3., S. 405. Soweit Rojahn, S. 107, von einem Einspruchsrecht des Urhebers spricht, leitet sie dessen dogmatischen Ursprung nicht her; zu denken ist insoweit an das Rückrufsrecht gem. § 42 UrhG.

1428 Es werden hier nur die wichtigsten Tarifverträge untersucht. Eine Übersicht über Tarifverträge findet sich im Praxiskommentar-Wandtke § 43, Rn. 121 und Beck Texte, Urheberrecht.

1429 Die Regelungen der Tarifverträge gelten unmittelbar und zwingend zwischen den Tarifpartnern und den beiderseits tarifgebundenen Parteien des Arbeitsverhältnisses, § 4 Abs. 1, S. 1 TVG. Abweichende Vereinbarungen dürfen lediglich zum Vorteil des Arbeitnehmers getroffen werden, sog. Günstigkeitsprinzip, § 4 Abs. 3 TVG. Erklärt der Bundesarbeitsminister den Tarifvertrag gem. § 5 TVG für allgemeinverbindlich, dann gilt er nicht nur für die Mitglieder der Tarifvertragsparteien, z. B. nur für Urheber, die zugleich Mitglied der Gewerkschaft sind, § 3 Abs. 3 TVG, sondern auch für nicht gewerkschaftlich organisierte Arbeitnehmer.

1430 Parteien dieses MTV sind der Bundesverband Deutscher Zeitungsverleger (BDZV) einerseits und der Deutsche Journalisten-Verband, die Gewerkschaft der Journalisten sowie die IG Medien, Druck und Papier, Publizistik und Kunst andererseits.

1431 So § 15 IV MTV des SR.

1432 Vergl. Schricker-Rojahn § 43, Rn. 105.

ge der Zulässigkeit von Kollektivvereinbarungen über urheberpersönlichkeitsrechtliche Befugnisse wird auf den Bereich der sog. kollektivfreien Individualsphäre[1433] verwiesen und damit letztlich wieder an die Charakterisierung des UPR als ein Persönlichkeitsrecht und der automatischen Zuweisung der Eigenschaft der Indisponibilität angeknüpft; dass dieses pauschale Argument unzutreffend und zirkelschlüssig ist, wurde bereits oben im 1. Teil, unter II., 2. dargelegt.

Auch der generelle Einwand, dass mit tarifvertraglichen Vereinbarungen keine interessengerechte Lösungen gefunden werden könnten[1434], ist unzutreffend. Zwar scheint insoweit die mit den individualvertraglichen Regelungen verbundene typische Flexibilität erfolgversprechender, da bei Tarifverträgen lediglich ein Kompromiss und aus Sicht der beteiligten Parteien bloß ein Minimum im Sinn eines kleinsten gemeinsamen Nenners vereinbart wird. Was aber das Veröffentlichungsrecht betrifft, kann diesem Einwand nicht gefolgt werden. Entsprechende tarifvertragliche Regelungen können insoweit eine notwendige Konkretisierung des § 43 UrhG in diesem Bereich bewirken[1435]. Denn das Veröffentlichungsrecht ist derart mit den Nutzungsrechten verwoben, dass, entsprechend den bestehenden Klauseln für die Nutzungsrechte[1436], eine tarifvertragliche Regelung angebracht wäre.

Zudem wird sich auch individualvertraglich letztlich keine andere Vereinbarung ergeben. Die oben, unter bb) entwickelte Lösung ist der „Mindeststandard"; eine Schlechterbehandlung des Arbeitgebers wird regelmäßig nicht vorliegen, so dass das Flexibilitätsargument inhaltsleer bleibt. Auch der Verweis auf ein mögliches Kräfteungleichgewicht zwischen den Beteiligten greift nicht. Denn diese Gefahr realisiert sich hier im Unterschied zur individualvertraglichen Regelung gerade nicht[1437]. Bei tarifvertraglichen Vereinbarungen kann eher als bei individualvertraglichen Vertragsabschlüssen davon gesprochen werden, dass sich gleichberechtige Beteiligte gegenüberstehen. Außerdem bliebe auch eine im Einzelfall für den Urheber günstigere individualvertragliche Vereinbarung abweichend vom Tarifvertrag weiterhin zulässig.

II. Recht der öffentlichen Inhaltsmitteilung bzw. -beschreibung, § 12 Abs. 2 UrhG

1. Grundsätzliches[1438]

Als Anhaltspunkt für die grundsätzliche Zulässigkeit von Dispositionen über das Recht der öffentlichen Inhaltsmitteilung bzw. -beschreibung (im Weiteren einheitlich Mitteilungsrecht genannt) ist auf den Wortlaut des § 12 Abs. 2 UrhG zu verweisen. Danach bedarf es bei einer

---

1433 Vergl. Kellerhals, S. 150.

1434 So Schricker-Dietz vor § 12, Rn. 28; Leutheusser-Schnarrenberger ZUM 1996, 631, 634; siehe auch Schricker, Urheberrecht auf dem Weg, S. 87; a. A. Heker ZUM 1993, 407; Schricker-Rojahn § 43, Rn. 9.

1435 Zur Konkretisierung des § 43 UrhG über Tarifverträge, vergl. Praxiskommentar-Wandtke § 43, Rn. 124.

1436 Vergl. bspw. § 18 MTV für Redakteure/Redakteurinnen an Tageszeitungen; § 12 MTV für Redakteurinnen und Redakteure an Zeitschriften und Ziff. 3 des MTV für Film- und Fernsehschaffende, abgedruckt in Beck-Texte im dtv, Urheberrecht.

1437 So aber Riekert, in Götting: Multimedia, S. 123, 147.

1438 Auffällig ist, dass sich Überlegungen zur Frage von Rechtsgeschäften über das Recht aus § 12 Abs. 2 UrhG nur sehr vereinzelt finden. Es wird deutlich weniger berücksichtigt als das Recht aus Abs. 1. Eine Erklärung besteht sicherlich in der geringen praktischen Bedeutsamkeit und fehlenden Eigenständigkeit im Verhältnis zum Schutzbereich von Abs. 1.

ersten Werkmitteilung einer Zustimmung des Urhebers, was ein Indiz für die Zulässigkeit einer Fremdausübung ist[1439].

Dabei sind zwei grundsätzliche Konstellationen zu unterscheiden. Zum einen die Rechtseinräumung mit dem ausschließlichen Zweck der Inhaltsmitteilung in einer anderen Kommunikations-/Werkform als in der Form des Werkoriginals. Dies betrifft Fälle, in denen nur das Mitteilungsrecht, ohne sachliche Verbindung zum Veröffentlichungsrecht nach Abs. 1, einem anderen zustehen soll, so dass ausschließlich der Schutzbereich des Abs. 2 betroffen wäre; eine Konstellation, die in der Praxis aber wohl keine große Rolle spielen wird[1440].

Ein genau umgekehrtes Verhältnis liegt bei der zweiten, praktisch bedeutsamsten Konstellation vor. Es soll dann nicht um eine isolierte Inhaltsmitteilung gehen, sondern um eine Disposition über das Mitteilungsrecht aus § 12 Abs. 2 als notwendige Begleitfolge einer Disposition über das Veröffentlichungsrecht mit einer Nutzungsrechtseinräumung[1441]. Insoweit steht dann eine Werkmitteilung in gleicher Werkform wie das Werkoriginal in Rede, so dass eine Überschneidung zwischen den Schutzbereichen nach Abs. 1 und Abs. 2 vorliegt; wer zur Veröffentlichung berechtigt ist, wird grundsätzlich auch zur Inhaltsmitteilung berechtigt sein. Wenn der Urheber dies bei Abschluss eines Nutzungsrechtsvertrages und Einräumung eines Nutzungsrechts nicht möchte, muss er sich - wie beim Veröffentlichungsrecht nach § 12 Abs. 1 UrhG - das Recht nach Abs. 2 UrhG vorbehalten.

Bei der dogmatischen Klärung von Dispositionen über das Mitteilungsrecht ist zu berücksichtigen, dass von einer Ausübung des Rechts durch den Urheber immer nur im Zusammenhang mit der tatsächlich durch ihn auch erfolgten Mitteilung gesprochen werden kann[1442]; teilt ein anderer den Werkinhalt öffentlich mit, so ist dies stets eine Fremdwahrnehmung. Dies hängt auch damit zusammen, dass nicht, entsprechend den Ausführungen zum Veröffentlichungsrecht gem. § 12 Abs. 1 UrhG, zwischen Ausübung und Erlöschen des Rechts zu differenzieren ist. Eine Ausübung des Rechts liegt immer erst mit der Vornahme der Mitteilung vor, die zugleich zum Erlöschen des Rechts führt; vergleiche insoweit den Wortlaut des § 12 Abs. 2 UrhG, wo nicht von einer „Bestimmung“ über die Werkmitteilung, wie in Abs. 1, sondern davon gesprochen wird, dass es dem Urheber „vorbehalten“ ist, das Werk öffentlich „mitzuteilen oder zu beschreiben“.

Demnach könnte in der genannten zweiten Konstellation im Fall einer Fremdausübung an eine „Übertragung“ des Mitteilungsrechts gedacht werden[1443]. Eine unterschiedliche Einordnung der rechtstechnischen Bedeutung von Dispositionen nach § 12 Abs. 1 und Abs. 2 UrhG ist vor dem Hintergrund des einheitlichen Vorgangs und des unselbständigen Schutzbereichs des Mitteilungsrechts im Verhältnis zum Veröffentlichungsrecht aber abzulehnen[1444]. Liegt eine Berechtigung zur Veröffentlichung vor, so kommt dem Mitteilungsrecht nach Abs. 2 keine eigenständige Bedeutung zu; das Mitteilungsrecht teilt insoweit das Schicksal des Veröffentlichungsrechts. Dies bedeutet dann letztlich, dass bei einer Ausübung des Veröffentlichungsrechts und einer insoweit verzichtenden Vereinbarung, im Sinne einer vertraglich er-

---

1439 Schricker-Dietz § 12, Rn. 28.

1440 Als Konstellation, wo der eigene Bedeutungsgehalt des Abs. 2 verdeutlicht wird, kann auf die verbale Beschreibung eines Musikstücks, s. Praxiskommentar-Bullinger § 12, Rn. 19, sowie einer verbalen Objektbeschreibung bei Werken der bildenden Kunst, s. Fromm/Nordemann-Hertin § 12, Rn. 11, verwiesen werden. Bei derartigen Fällen wird aber wohl zugleich eine Wiedergabe des Werkes selbst, entweder insgesamt oder in Auszügen, vorliegen, so dass damit die angegebene, zweite Konstellation vorliegen kann.

1441 So auch Osenberg, S. 78.

1442 Vergl. insoweit oben im 2. Teil, unter I., 2., a).

1443 Vergl. so auch Osenberg, S. 78, der auf Ulmer, 2. Auflage, § 57 II, S. 266 verweist.

1444 Vergl. insoweit auch Rojahn, S. 108.

teilten Einwilligung, diese Verzichtsabrede auch das Recht aus § 12 Abs. 2 UrhG betreffen muss.

In der ersten Konstellation einer isolierten, d.h. veröffentlichungsrechtsunabhängigen Fremdwahrnehmung steht hingegen ausschließlich eine „Übertragung“ in Rede. Es fehlt an der Schutzbereichsüberschneidung mit § 12 Abs. 1 UrhG, so dass kein entsprechender Eingriff vorliegt. Als dogmatischer Erklärungsansatz kann auch hier wieder auf die Rechtsfigur der Ausübungsermächtigung analog § 185 BGB[1445] rekurriert werden, die ebenfalls nicht jederzeit und frei widerrufbar nach § 183 BGB ist[1446] - insoweit gilt das zu §§ 12 Abs. 1 und 42 UrhG zu Arbeitnehmerurhebern oben, unter I., 3., c) Ausgeführte entsprechend.

Den Überlegungen zum Veröffentlichungsrecht vergleichbar steht einer gebundenen Übertragung auch hier entgegen, dass damit zugleich die Abwehrrechte aus der übertragenen Befugnis auf den Erwerber übergingen[1447]; da eine Abwehr von unberechtigten Mitteilungen in einer der originalen Werkform fremden Ausdrucksform durch Dritte nicht durch das Veröffentlichungsrecht aus Abs. 1 unterbunden werden kann[1448], und der Urheber insoweit nicht schutzlos gestellt werden soll, ist die gebundene Übertragung als Erklärungsmodell abzulehnen.

2. Treuhänderische Wahrnehmung

Anders als beim Veröffentlichungsrecht geht es bei einer treuhänderischen Wahrnehmung im Bereich des Mitteilungsrechts nicht nur um eine Fremdwahrnehmung der Abwehrrechte aus §§ 97, 12 UrhG[1449], sondern auch um die Rechtsausübung selbst; die hinter der treuhänderischen Fremdüberlassung stehende Rechtsfigur einer Ermächtigung analog § 185 BGB bezieht sich zugleich auf die positive Befugnis der Ausübung des Mitteilungsrechts. Eine derartig isolierte, d.h. vom Veröffentlichungsrecht gem. § 12 Abs. 1 unabhängige Treuhand über das Mitteilungsrecht wird es praktisch wohl kaum geben.

3. Besonderheiten bei Miturhebern und Arbeitnehmerurhebern

Das Gesetz erwähnt das Recht der Inhaltsmitteilung nicht in § 8 UrhG. Wegen des engen tatbestandlichen Zusammenhangs mit dem Veröffentlichungsrecht aus § 12 Abs. 1 UrhG muss jedoch davon ausgegangen werden, dass die Zuweisung „des Veröffentlichungsrechts“

1445 Schricker-Dietz § 12, Rn. 28, der insoweit von einer Gestattung der Ausübung spricht. Unklar bleibt hingegen, welche dogmatische Konstruktion Fromm/Nordemann-Hertin § 12, Rn. 16 annimmt; er geht generell von der Zulässigkeit der Überlassung an einen Dritten aus; anders wohl Möhring/Nicolini-Kroitzsch, der einerseits bei § 11, Rn. 14, lediglich eine Einschränkung des Mitteilungsrechts aus den Realitäten des Lebens anerkennt, ohne hierzu - auch nicht rechtstechnisch - nähere Ausführungen zu machen und andererseits widersprüchlich bei § 12, Rn. 33, von einer vertraglichen Gestattung der Ausübung durch generelle Zustimmung spricht, da der Urheber stets die Kontrolle über die richtige Inhaltswiedergabe haben müsse. Hier bleibt jedoch zum einen unklar, wie dies - im Unterschied zu einer „Übertragung“ - dann über eine generelle Zustimmung gewährleistet sein soll und zum anderen wird unabhängig davon fälschlicherweise zugrunde gelegt, dass § 12 Abs. 2 UrhG die Richtigkeit der Inhaltsmitteilung schütze.

1446 So im Ergebnis auch Osenberg, S. 78.

1447 A. A. aber Forkel, S. 208 und Haberstumpf, Rn. 386, sowie Osenberg, S. 78, 200, der sich schlicht für eine „Übertragung“ ausspricht.

1448 Denn insoweit handelt es sich um eine freie Benutzung, die das Urheberrecht nicht betrifft. Hier zeigt sich die Erweiterung des Schutzes aus Abs. 2 gegenüber Abs. 1, vergl. Praxiskommentar-Bullinger § 12, Rn. 19. Vergl. die Wertungsgesichtspunkte und konstruktiven Überlegungen bei der Ermächtigung im Zusammenhang mit Arbeitnehmerurhebern und deren Veröffentlichungsrecht.

1449 Vergl. insoweit oben, unter I., 2., c).

an die Gesamthandsgemeinschaft nach § 8 UrhG das Recht nach § 12 Abs. 2 UrhG miterfasst. So spricht auch die amtliche Überschrift zu § 12 UrhG einheitlich vom „Veröffentlichungsrecht", unterscheidet nicht zwischen den Rechten aus Abs. 1 und Abs. 2. Damit ergibt sich auch hinsichtlich der rechtsgeschäftlichen Dispositionen über das Mitteilungsrecht bei Miturhebern nichts Abweichendes zu Einzelurhebern.

Im Arbeitnehmer-Arbeitgeber-Verhältnis wird regelmäßig die unter 1. dargestellte, zweite Konstellation in Frage stehen. Insbesondere für Rundfunk- und Fernsehanstalten sowie für Verleger und Filmhersteller ist das Mitteilungsrecht zusätzlich zum Veröffentlichungsrecht von erheblicher Bedeutung. Dieses ermöglicht eine entsprechende Werbung im Vorfeld, so dass das Interesse der Öffentlichkeit auf das eigentliche Werk geweckt[1450] und damit eine wirtschaftlich angemessene Verwertung für den Arbeitgeber gefördert wird.

III. Recht auf Anerkennung der Urheberschaft, § 13 UrhG

1. Grundsätzliches

Das Namensnennungsrecht und Recht auf Anerkennung der Urheberschaft nach § 13 UrhG sind entsprechend dem Veröffentlichungsrecht gem. § 12 UrhG nach der positiven und negativen Rechtsausübung sowie dem Bestimmungsrecht hinsichtlich des „Wie" der Namensnennung bzw. -anbringung zu unterscheiden. Auch ist das Zugeständnis der jederzeitigen Revidierbarkeit der einmal getroffenen Entscheidung und Rechtsausübung - wie bei § 12 UrhG - im Gesetz selbst veranlagt. Das kann nur so verstanden werden, dass dem Urheber grundsätzlich bis zur tatsächlichen Nutzung aus Gesetzessicht noch ein Umentscheidungsrecht, mit einer für den Werknutzer bestehenden Verbindlichkeit, zusteht[1451].

Anders jedoch als beim Veröffentlichungsrecht, stellt sich die Frage eines „Verzichts" im Sinne einer Bindungswirkung des Urhebers betreffend seine Rechtsausübung, die zum Verlust der gesetzlich gewährten Revidierbarkeit nach § 13 UrhG führt, für jede Verwertung und nicht nur für die Erstverwertung, da insofern kein Erlöschen der Rechte aus § 13 UrhG eintritt[1452]. Deshalb bedarf die Annahme der Nichtrevidierbarkeit der Entscheidung des Urhebers im Zusammenhang mit der Nutzungsrechtseinräumung insgesamt, d.h. für jede einzelne Nutzung, einer Erläuterung[1453]. Der schlichte Verweis darauf, dass die Bestimmung der Art und

---

[1450] Hierauf weisen auch Rojahn, S. 108 und Schricker-Dietz § 12, Rn. 28, hin.

[1451] Ähnlich insoweit auch Möhring/Nicolini noch in der 1. Auflage, § 13, Rn. 2., c), wonach eine einmal getroffene positive oder negative Bestimmung der Urheberbezeichnung für den Urheber nicht verbindlich sei und im Anschluss an diesen auch Hock, S. 99. Wohingegen Möhring/Nicolini-Kroitzsch diesen Aspekt nunmehr in § 13, Rn. 26, nicht mehr nur auf die reine Rechtsausübung bezieht, sondern im Zusammenhang mit vertraglichen Vereinbarungen sieht und insoweit sogar von einer Nichtverbindlichkeit ausgeht, vergl. hierzu insgesamt unten, unter bei 2. b) und c).

[1452] Vergl. Heidmeier, S. 193; unzutreffend insoweit Dieselhorst, S. 193, der hinsichtlich der Erst- und jeder weiteren Verwertung unterscheidet. Nur hinsichtlich der nachfolgenden Verwertung sei die erfolgte Rechtsausübung zunächst einmal grundsätzlich unverbindlich. Auf die Bedeutsamkeit der Entscheidung und Absprache zwischen Urheber und Werknutzer, betreffend die Namensnennung als wesentlichen Bestandteil des Vertrages, weisen auch Kreile/Wallner, ZUM 1997, 625, 627, hin.

[1453] Vergl. Heidelberger-Dreyer § 13, Rn. 28, die auf die dem Grundsatz nach bestehende jederzeitige Revidierbarkeit verweist. A. A. wohl Ulmer, § 89, III, 3., S. 382 und v. Gamm § 13, Rn. 11, die selbstverständlich und ohne dogmatisch Herleitung von einer Bindung des Urhebers zumindest für die erstmalige Nutzung ausgehen. Unklar bleibt insoweit bei v. Gamm, wie weitreichend - in welchem nutzungsrechtlichen Umfang - eine derartige Bindung angenommen werden kann.

Weise der Urhebernennung Rechtsausübung und keine Einschränkung des Rechts sei[1454], greift hier also zu kurz und ist in seiner Ausschließlichkeit unzutreffend[1455].

Damit stellt sich - wie beim Veröffentlichungsrecht - die Frage, ob und wie es zu einer Bindung des Urhebers an seine einmal getroffene Entscheidung bezüglich des Bestimmungsrechts - einschließlich hinsichtlich der ersten Werknutzung - kommt und die Wirkung eintritt, dass ein Abwehrrecht nicht mehr gegenüber dem Nutzungsrechtsinhaber, sondern nur noch gegenüber Dritten besteht[1456]. Im Unterschied zum Veröffentlichungsrecht ist dabei zu bedenken, dass bei § 13 UrhG nicht per se ein enger Zusammenhang oder gar Gleichlauf zwischen Rechtsausübung der Befugnisse und der Nutzungsrechtseinräumung an einen anderen besteht; insoweit tritt keine automatische Konkretisierung der Befugnisse aus § 13 UrhG durch die Nutzungsrechtseinräumung ein.

Grundsätzlich sind neben den Fällen einer Nichtnennung des Urhebers bzw. einer anonymen Veröffentlichung auch Konstellationen zu bedenken, in denen es dem Nutzungsberechtigten gerade darum geht, dass der Urheber genannt wird, wenn der Verwertungsgewinn an die Reputation des Urhebers anknüpft. Gleiches gilt für Situationen, in denen das Werk selbst nicht umfassend in die Öffentlichkeit gelangt, sondern eine Werbung, sonstige Ankündigung oder Rezension desselben stattfindet[1457].

Hinsichtlich der Reichweite der jeweiligen rechtsgeschäftlichen Disposition ist Folgendes zu beachten: Ein „Verzicht" auf Namensnennung bzw. -anbringung am Werk durch den Urheber bedeutet nicht zugleich eine Beschränkung des Rechts auf Kundgabe und Bekennung zu seiner Urheberschaft in anderer Weise[1458].

1454 So aber Ulmer, § 89, III, 3., S. 381 f.

1455 Insoweit ist die Feststellung von Schricker-Dietz § 13, Rn. 23 f., hier nicht einschlägig, wonach „nicht jeder „Verzicht" des Urhebers auf Anbringung der Urheberbezeichnung ... im Rahmen einer rechtsgeschäftlichen Bindung (erfolgt); vielfach ist er nur i.S.d. (negativen) Ausübung des Bestimmungsrechts nach § 13 S. 2 zu qualifizieren". Auch seiner Schlussfolgerung, dass eine Hinderung an der positiven Ausübung dieses Rechts bei weiteren nachfolgenden Verwertungshandlungen nicht bestehe, kann so nicht gefolgt werden. Insbesondere erklärt er nicht, wieso der Urheber andererseits hinsichtlich der vorangegangenen Erstverwertung an einer Umentscheidung gehindert ist. Es bleibt offen, wieso dieser Erstverwertungsfall insoweit anders zu behandeln ist als die nachfolgenden Verwertungshandlungen. Vergl. auch: Praxiskommentar-Bullinger § 13, Rn. 21 ff., wonach ein der Öffentlichkeit ohne Namensnennung zugänglich gemachtes Werk „in einem *konkreten Fall*" als eine unmittelbar nach § 13 S. 2, 1. Alt UrhG zulässige Vereinbarung gesehen wird und andererseits insoweit auch von der Zulässigkeit einer stillschweigenden vertraglichen Abbedingung der Urheberbezeichnung in Bezug auf ***bestimmte Werknutzungen*** gesprochen wird.

1456 Auch wenn es so nicht ausdrücklich formuliert wird, wäre dies jedenfalls die notwendige Konsequenz aus den Ausführungen derer, die von einer Verbindlichkeit der Entscheidung des Urhebers - zumindest hinsichtlich der ersten Werknutzung - ausgehen. Auch hierbei bleibt es dogmatisch erklärungsbedürftig, dass die Folge der negativen - bzw. positiven - Ausübung des Rechts auf Namensnennung aus § 13 S. 2 UrhG darin besteht, dass im Falle einer abredegemäßen Nichtnennung des Urhebers bei der Werknutzung keine Verletzung des UPR vorliegt; vergl. Dieselhorst, S. 193.

1457 Insoweit ist ein Bezug zur Nutzungsrechtseinräumung beim Recht aus § 13 UrhG nicht von der Art wie beim Veröffentlichungsrecht. Ein öffentlicher Bezug kann insoweit bei § 13 S. 2 UrhG auch ohne Werknutzung vorliegen. Für die Frage der dogmatischen Herleitung sowie den Inhalt und die Grenzen rechtsgeschäftlicher Dispositionen gilt in diesen Fällen jedoch nichts Abweichendes. Es ist dann zwar nicht der Schutzbereich nach § 13 S. 2, sondern S. 1 UrhG betroffen, dieser Schutz über die lex generalis ist jedoch von gleicher Qualität und dementsprechend in gleicher Weise unter dem Aspekt der Rechtsausübung bzw. einer vertraglichen Vereinbarung betroffen.

1458 So auch die Begründung des RegE zum UrhG von 1965, s. UFITA 45 (1965), 240, 259, wonach es „dem Urheber (frei) steht ..., auf die Namensangabe wirksam zu verzichten; tut er dies, so bleibt ihm als unveräußerliches Persönlichkeitsrecht nach Satz 1 lediglich vorbehalten, einem Bestreiten seiner Urheberschaft oder einer fremden Urheberschaftsanmaßung entgegen zu treten"; vergl. auch Kellerhals, S. 172 f.; Fromm/Nordemann-Hertin § 13, Rn. 8. Zum Verhältnis von § 13 S. 1 zu S. 2 UrhG, siehe oben im 2. Teil,

Zudem gilt auch hier, entsprechend der rechtlichen Struktur des Veröffentlichungsrechts, dass der negativen Befugnis auf Nichtnennung des Namens keine eigenständige Bedeutung gegenüber der positiven Befugnis auf Namensnennung bzw. -anbringung zukommt. Der „Verzicht" auf die eine Befugnis bedeutet zugleich die positive Ausübung der anderen[1459]; ein unzulässiger Verzicht wird nicht durch die schlichte Umformulierung als Verpflichtung zur positiven Ausübung zulässig[1460].

Im Unterschied zum Veröffentlichungsrecht geht es in den Konstellationen bezüglich der Rechte aus § 13 UrhG regelmäßig jedoch um die Frage der negativen Rechtsausübung, also einer namentlichen Nichtnennung des Urhebers. Deshalb bilden diese praxisrelevanten Fälle auch den Schwerpunkt der folgenden Untersuchung[1461].

2. Rechtsgeschäfte im Verhältnis Urheber und Nutzungsrechtsinhaber

a) Bedeutung des § 39 UrhG

§ 39 UrhG bezieht sich ausdrücklich auf das Verhältnis zwischen dem Urheber und dem Inhaber eines Nutzungsrechts. Danach darf der Nutzungsrechtsinhaber die Urheberbezeichnung ändern, wenn eine diesbezügliche vertragliche Vereinbarung mit dem Urheber getroffen wurde, argumentum e contrario aus § 39 Abs. 1 UrhG. Eine Einwilligung zur Änderung der Urheberbezeichnung über Treu und Glauben kann daneben nicht verlangt werden; § 39 Abs. 2 nimmt insoweit keinen Bezug auf § 13 UrhG[1462]. Änderung im Sinn des § 39 UrhG bedeutet dabei nicht nur eine andere Namensnennung, sondern auch keine Namensnennung; die Beseitigung ist die stärkste Form einer Änderung[1463].

Soweit § 39 UrhG als Anhaltspunkt für die Zulässigkeit rechtsgeschäftlicher Vereinbarungen, im Sinne eines „Verzichts" auf Rechte aus § 13 UrhG, angeführt wird, trifft dies in der Sache letztlich nicht zu[1464]. Ist eine Änderung der Urheberbezeichnung zwischen Urheber und Verwerter vereinbart, setzt dies gedanklich zunächst eine bereits erfolgte, damit änderbare Entscheidung des Urhebers voraus. Wird dann zwischen den Parteien vereinbart, dass die getroffene Entscheidung und damit Rechtsausübung des Urhebers abgeändert werden darf, so

---

unter II., 1. Diese „Ergänzungsfunktion" des § 13 S. 1 UrhG unterschätzt Osenberg, S. 138 f., indem er einen bindenden „Verzicht" auf namentliche Nennung als unzulässig ablehnt.

1459 Derart unterscheidet hingegen Osenberg, S. 8, der zugleich aber die Identität beider Handlungsweisen in ihrer Außenwirkung feststellt.

1460 Die Frage einer Abgrenzung stellt sich insoweit nicht. Sie ist, falls überhaupt von Belang, höchst theoretischer Natur. Insoweit bedarf es auch keiner Bestimmung von Abgrenzungsmerkmalen. Sie führen zu keinem anderen Ergebnis in der Sache. A. A. Osenberg, S. 9, der auf die ursprüngliche Willensrichtung des Urhebers abstellt, so dass ein Verzicht nur dann vorliege, wenn der Urheber bereits eine Entscheidung - für sich - getroffen hatte und nun davon abweicht; andernfalls liege eine negative Ausübung vor. Vergl. auch v. Welser, S. 54 f., wonach die Bindungswirkung der jeweiligen Vereinbarung das entscheidende Abgrenzungsmerkmal sei. Zutreffender ist indes, dass, wenn eine vertragliche Abrede als Ausübungsverzicht oder als Verpflichtung zur negativen Rechtsausübung vorliegt, für beide der Grundsatz pacta sunt servanda gilt und kein grundsätzlicher, genereller Unterschied in der Bindungswirkung angenommen wird.

1461 Für die Fälle rechtsgeschäftlicher Dispositionen über die positive Rechtsausübung gilt - spiegelbildlich - das Entsprechende.

1462 Schricker-Dietz § 13, Rn. 17; Fromm/Nordemann-Hertin § 13, Rn. 7.

1463 Rehbinder ZUM 1991, 220, 223 - bei der Nennung des § 29 UrhG als Anhaltspunkt für Änderungsmöglichkeiten der Namensnennung, anstelle des einschlägigen § 39 UrhG, handelt es sich wohl um einen Druckfehler.

1464 Vergl. Hock, S. 123; Rehbinder, FS Pedrazzini, S. 651, 668; Schricker-Dietz § 13, Rn. 22; a. A. insgesamt aber Möhring/Nicolini-Kroitzsch § 13, Rn. 26, der jedoch insoweit den Schluss auf die Zulässigkeit vertraglicher, damit für den Urheber verbindliche Vereinbarungen über die Namensnennung gänzlich ablehnt.

handelt es sich bei der vereinbarten und bereits konkretisierten Änderung zwar um eine neue, aber vom Urheber selbst ausgeübte Bestimmung über eine Namens(nicht)nennung[1465]. Von einer vertraglichen Vereinbarung bzw. der Zuweisung eines Änderungsrechts im Sinn des § 39 Abs. 1 UrhG kann deshalb nur hinsichtlich der Zuweisung eines Fremdausübungsrechts in Bezug auf das Bestimmungsrecht aus § 13 S. 2 UrhG gesprochen werden; wenn also der Nutzungsrechtsinhaber einen originär dem Urheber zustehenden Entscheidungsspielraum ausfüllen darf. Nur in diesem Sinne ist eine Änderung der ursprünglichen Bestimmung der Namensnennung durch den Urheber denkbar.

Demnach kommt § 39 UrhG der eigentliche, insbesondere eigenständige Regelungsgehalt hinsichtlich solcher Vereinbarungen zu, bei denen eine Zuweisung des Bestimmungsrechts über das „Ob" und das „Wie" einer Namensnennung an den Nutzungsrechtsinhaber in Rede steht, mithin Konstellationen einer „Übertragung" vorliegen. Hinsichtlich der zugrunde liegenden rechtstechnischen Figur liefert § 39 UrhG keine Anhaltspunkte. Ungeklärt bleibt auch die Herleitung der Zulässigkeit von Vereinbarungen über die erstmalige Entscheidung über die Frage einer Namensnennung, denn nach den hier getätigten Ausführungen betrifft § 39 UrhG diesen Fall gerade nicht[1466].

Im Ergebnis kann festgehalten werden, dass der Aussage- und Regelungsgehalt des § 39 UrhG zur Frage der rechtsgeschäftlichen Dispositionen über Befugnisse aus § 13 UrhG, entgegen dem ersten Eindruck, nicht so weitreichend ist, wie die argumentative Anführung seitens des Schrifttums vermuten lässt. Zutreffend bleibt insoweit aber die Feststellung, dass der Gesetzgeber mit § 39 UrhG die grundsätzliche Notwendigkeit und Zulässigkeit rechtsgeschäftlicher Disponibilität des UPR anerkannt hat[1467].

b) Rechtsgeschäfte hinsichtlich des „Ob" einer Namensnennung bzw. -anbringung

Sowohl Urheber als auch Nutzungsrechtsinhaber können ein Interesse an der namentlichen Nichtnennung, d.h. an der anonymen Veröffentlichung eines Werks haben. Auch rein praktische Erwägungen können insoweit eine Rolle spielen; so kann eine Namensanbringung bei bestimmten Werkarten technische Probleme mit sich bringen und deshalb mit unverhältnismäßig hohen Kosten für den Verwerter verbunden sein. Deutlich zu unterscheiden sind dabei die Konstellationen einer ausdrücklichen (aa) und einer konkludenten (bb) vertraglichen Vereinbarung. Infolge fehlender Vorbestimmung durch Nutzungsrechtseinräumungen erfährt der Fall konkludenter Vereinbarungen - im Unterschied zum Veröffentlichungsrecht gem. § 12 Abs. 1 UrhG - besondere Berücksichtigung[1468].

aa) Ausdrückliche Vereinbarungen

Hinsichtlich der ausdrücklichen Vereinbarung einer namentlichen Nichtnennung gilt infolge der parallelen Konstruktion der Schutzbereiche das Gleiche wie beim Veröffentlichungs-

---

[1465] Ähnlich wohl Fromm/Nordemann-Hertin § 13, Rn. 7.

[1466] So aber Rehbinder ZUM 1991, 220, 223; Schricker-Dietz § 13, Rn. 22 und im Anschluss an diesen v. Welser, S. 52.

[1467] So wurde bereits im Zusammenhang mit der Auslegung des § 29 UrhG argumentiert, vergl. oben im 3. Teil, unter I.

[1468] Da es sich dabei um Fälle der erstmaligen Rechtsausübung durch den Urheber handelt, ist der Regelungsbereich des § 39 UrhG nicht betroffen.

recht nach § 12 Abs. 1 UrhG[1469]; es kann auf die Untersuchungen oben, unter I., 2., a) verwiesen werden, wonach neben der negativen Rechtsausübung ein rechtsgeschäftlicher Tatbestand, im Sinne einer vertraglich erteilten Einwilligung, vorliegt, so dass ein Verlust der Abwehrrechte aus §§ 97, 13 UrhG gegenüber dem Nutzungsrechtsinhaber eintritt[1470]. Wegen der insoweit gleichfalls vorliegenden Rechtsausübung durch den Urheber handelt es sich also ebenfalls nicht um eine „Übertragungs"-Konstellation.

Im Unterschied zum Veröffentlichungsrecht kommt der Einwilligung hier rechtfertigende Wirkung zu. Es fehlt eine den §§ 6 oder 12 Abs. 2 UrhG vergleichbare Regelung, die die Einwilligung in die Beschränkung wertungsmäßig einer Selbstausübung annäherbar erscheinen ließe und damit eine tatbestandausschließende Wirkung indizieren würde. Auch auf § 39 UrhG kann in diesen Fällen nicht rekurriert werden, weil es am diesbezüglichen Aussagegehalt der Regelung fehlt, vergl. oben, a).

Wie beim Veröffentlichungsrecht kann die Bindung des Urhebers an seine Rechtsausübung nicht über die Unzulässigkeit eines venire contra factum proprium erklärt werden[1471], so dass es dann an einem rechtsgeschäftlichen Tatbestand fehlen würde[1472]. Nicht nur, dass die Rechtsordnung widersprüchliches Verhalten grundsätzlich zulässt[1473]; die Bewertung als ein unzulässiges venire contra factum proprium widerspricht der gesetzlichen Wertung, die in der Art der Befugniszuweisung in § 13 UrhG, als jederzeit reversible Rechtsausübung, zum Ausdruck kommt[1474]. Ein Verhalten, das gesetzlich legitimiert ist, kann nicht an sich als treuwidrig und unzulässig eingestuft werden.

Die vertraglich erteilte rechtfertigende Einwilligung kann dann, je nach Nutzungsrechtsvertrag, sowohl eine erste als auch jede nachfolgende, vom Nutzungsrechtsvertrag erfasste Werknutzung betreffen[1475]. Infolgedessen kann der Urheber weder hinsichtlich der ersten noch jeder nachfolgenden vereinbarten Nutzung fordern, dass eine Urheberbezeichnung angebracht wird, wenn zuvor (ausdrücklich) vertraglich vereinbart worden ist, dass von der Na-

---

[1469] Vergl. insoweit die Schutzbereichsdarstellung, oben im 2. Teil, unter I., 1., a) bzw. II., 2. und das zu diesem III. Unterpunkt, unter 1. grundsätzlich Ausgeführte.

[1470] Insofern ist der Hinweis von Lucas-Schloetter, GRUR Int. 2002, 809, 811, wonach der Begriff des Ausübungsverzichts unnötig sei, da die Ausübung der einen Seite zugleich ein Ausübungsverzicht bezüglich der anderen Seite der Befugnis sei, zwar formal zutreffend. Diese Sicht vernachlässigt aber die gewünschte Bindung des Urhebers an seine Rechtsausübung; sie kann nicht durch die Verwendung des Begriffs „Rechtsausübung" beschrieben werden, da mehr als eine bloße (Nicht-)Ausübung einer Befugnis zu bezeichnen ist.

[1471] Anders wohl Stolz, S. 64, der im Zusammenhang mit Miturhebern formuliert, dass mit dem „Verzicht ... die Möglichkeit genommen (ist), gegen den Schein der Alleinurheberschaft gerichtlich vorzugehen, da er sich damit in *Widerspruch* (Hervorhebung durch Verfasserin) zu seinem Verzicht ... (setze)."

[1472] Bei dem Einwand des venire contra factum proprium handelt es sich nicht um einen rechtsgeschäftlichen Tatbestand, Jauernig-Vollkommer § 242, 4., a). Insoweit bliebe dann zwar rein tatbestandlich die Möglichkeit, Abwehrrechte geltend zu machen. Hiergegen könnte, im Fall einer Klage, jedoch die Einrede des venire contra factum proprium erhoben werden, so dass die Durchsetzung des Anspruchs dauerhaft ausgeschlossen wäre.

[1473] Palandt-Heinrichs § 242 BGB, Rn. 55.

[1474] Vergl. Schricker-Dietz, § 13, Rn. 23; Kellerhals, S. 173. Insoweit ist auch hier wieder die Unterscheidung zwischen Rechtsausübung und Rechtsverzicht zu bedenken.

[1475] v. Gamm § 13, Rn. 11, verweist insoweit darauf, dass eine diesbezügliche Abänderung nach § 39 UrhG einer entsprechenden Vereinbarung bedürfte. A. A. Handbuch-Dietz § 15, Rn. 18, der eine Beschränkung auf eine konkrete, vereinbarte Einzelnutzung annimmt.

mensnennung insoweit abgesehen werden soll[1476] - siehe hierzu im weiteren auch die Ausführungen unter 2., b., cc).

bb) Konkludente Vereinbarungen

Hinsichtlich konkludenter Verzichtsvereinbarungen ist zu bedenken, dass die Nichtanbringung des Namens an dem zur Nutzung bereitgestellten Werkstück durch den Urheber für sich allein keinen vertraglichen Verzicht bedeutet[1477]. Dies kann lediglich als ein Indiz bewertet werden, was im Rahmen der Auslegung unter Zugrundelegung des gesamten Vertragsinhalts und der Begleitumstände, §§ 133, 157 BGB, mitzuberücksichtigen ist. Hier werden insbesondere auch etwaige „Verkehrssitten" bzw. eine spezielle „Branchenübung" relevant - die unzutreffenderweise von einigen Autoren jedoch bereits zur tatbestandlichen Beschränkung des gesetzlich gewährten Schutzbereichs von § 13 UrhG herangezogen werden[1478].

Die Verkehrssitte ist ein die Auslegung bestimmendes tatsächliches Moment mit Regelcharakter[1479]. Sie entsteht durch eine bestimmte Übung innerhalb einer bestimmten Gruppe. Im urheberrechtlichen Bereich wird insoweit beispielhaft auf den Bereich der serienmäßig hergestellten Gebrauchsgegenstände und den des Kunstgewerbes als „Prototypen" einer vom Namensnennungsrecht des § 13 S. 2 UrhG abweichenden Übung verwiesen[1480].

Der Hinweis auf die Ausprägung bestimmter Branchenübungen und deren Berücksichtigung bei der Vertragsauslegung ist im Bereich des UPR nicht unproblematisch. Denn im urheberrechtlichen Bereich generell stehen sich häufig Parteien mit ungleicher Macht- und Kräfteverteilung gegenüber, so dass die vermeintlichen Verkehrssitten eher als Unsitten zu bezeichnen sein dürften; zwischen Sitten und Unsitten verläuft oftmals nur eine schmale Trennlinie[1481].

1476 A A. jedenfalls Möhring/Nicolini-Kroitzsch § 13, Rn. 26, der annimmt, dass das nachträgliche Verlangen des Urhebers dann zum Wegfall der Geschäftsgrundlage führen kann. Wie es sich aber in Anbetracht der Interessenlage mit etwaigen Schadenersatz- und Rückrufsansprüchen des Urhebers (str., vergl. einerseits Praxiskommentar-v. Wolff § 97, Rn. 42 und andererseits Schricker-Wild § 97, Rn. 48) oder etwaigen Ersatzansprüchen des Verlegers verhält, wird hierzu nicht ausgeführt.

1477 Unklar hingegen bei Möhring/Nicolini-Kroitzsch § 13, Rn. 18 ff. Zur gesonderten Berücksichtigung der Unterlassung der Namensnennung bei der Berechnung des Schadens: LG Düsseldorf GRUR 1993, 664 sowie AG Heilbronn AfP 1989, 596.

1478 Vergl. hierzu die Ausführungen oben im 2. Teil, unter II., 3. So aber auch die Rechtsprechung: BGH GRUR 1995, 671 - Namensnennungsrecht des Architekten; OLG Hamm Schulze OLGZ 47, 13 - Werbepostkarte; OLG Köln GRUR 1953, 499, 500 - Kronprinzessin Cäcilie.

1479 MüKo-Mayer-Maly/Busche § 157 BGB, Rn. 15.

1480 So Schricker-Dietz § 13, Rn. 24, der auf die Natur des Werkes als Anhaltspunkt für eine bestimmte branchenübliche Kennzeichnung abstellt. So wird im Bereich des Produktdesigns eine Einschränkung über Branchenübungen angenommen - vergl. Praxiskommentar-Wandtke § 43, Rn. 98 - und Ausnahmen hierzu bei Schöpfungen von berühmten und bekannten Künstlerpersönlichkeiten zugelassen. Dies ist zirkelschlüssig. Denn nur durch eine Namensnennung kann eine derartige Reputation durch Urheber erst erreicht werden. Wie aber soll dies dann für den gerade erst tätig werdenden Künstler überhaupt jemals möglich sein. Wenn er überwiegend oder ausschließlich in einem dieser Bereiche kreativ tätig ist, wäre die Akquisitionsaufgabe der Namensnennung ausgehöhlt und die Erarbeitung eines „guten Rufs" unzumutbar erschwert bzw. nahezu unmöglich gemacht.

1481 Auch Schack, Rn. 338, verlangt Achtsamkeit, damit Unsitten nicht als angebliche Verkehrssitten perpetuiert werden. Denn die mitunter einzige Möglichkeit für den Urheber ist die Verweigerung einer Nutzungsrechteinräumung; ein Verhalten aber, das für die Ausprägung von relevanten Gepflogenheiten wiederum ohne Einfluss ist. Insoweit können sich behauptete und bestehende Verkehrsübungen oftmals lediglich als reine Wiederkehr einseitiger Machtausübung durch die Verwerter erweisen. Die Urheber, die derartige branchenspezifische Werke herstellen und ein Verwertungsinteresse haben, müssen sich diesen dann aber unterwer-

Soweit zur Begründung der einzelnen Verkehrssitten technische Gründe, die einer Namensnennung entgegenstehen können, angeführt werden[1482], erscheint dies eher vorgeschoben denn zutreffend. Diese Hürde wird ja zumeist auch schon im Hinblick auf die im Verwerterinteresse liegende Anbringung des Herstellerhinweises bzw. Firmenemblems gemeistert[1483]. Etwas anderes wird nur in ganz engen, letztlich praxisirrelevanten Ausnahmen zutreffen. Zudem ist bei einer auf technischen Gepflogenheiten und Usancen beruhenden Verkehrssitte zu beachten, dass sich die Übung nach dem jeweiligen Erfahrungsstand richtet und insoweit nicht nur nach der Situation bei Vertragsschluss zu beurteilen ist. Bei einer derartigen Verkehrssitte ist der Wandel zu beachten[1484]; dementsprechend könnte sich der Anspruch auf Namensnennung nach Vertragsabschluss wieder einstellen.

Bedenklich ist bei der Heranziehung einer - vermeintlichen - Branchenübung zudem, dass dies im urheberpersönlichkeitsrechtlichen Bereich als einem nicht schlechthin umfänglich dispositiven Rechtsbereich stattfindet[1485]. Denn es gilt ja neben dem direkten Verbot umfassender translativer Übertragungen nach § 29 UrhG der Grundsatz des - größtmöglichen - Urheberschutzes, der den Rahmen zulässiger rechtsgeschäftlicher Vereinbarungen einschränkt. Besonders problematisch ist hier zudem, dass die Bedeutung der Verkehrssitte für die Auslegung nach allgemeinen Grundsätzen unabhängig von der Kenntnis der Vertragsparteien ist[1486]. Dies würde im urheberpersönlichkeitsrechtlichen Bereich letztlich bewirken, dass der gesetzliche Schutz über § 13 UrhG ins Gegenteil verkehrt werden könnte. Denn beim Vorliegen einer Verkehrsübung im Sinne einer Unterlassung der namentlichen Nennung des Urhebers müsste im Fall von Nutzungsrechtsverträgen, die hinsichtlich des UPR insgesamt schweigen, immer eine negative Rechtsausübung und ein „Verzicht" hinsichtlich des Namensnennungsrechts angenommen werden; wäre jedoch eine Namensnennung gewünscht, müsste dies dann umgekehrt sogar ausdrücklich vereinbart werden[1487] - ein Ergebnis, das der US-amerikanischen Rechtslage betreffend den Schutz eines Namensnennungsrechts nach Common Law entspräche. Der Anspruch auf Namensnennung ergibt sich nach deutschem

---

fen. A. A. wohl nur Heidelberger-Dreyer § 13, Rn. 31, die auf die Möglichkeit abweichender Vereinbarungen verweist, so dass Verkehrssitten auch als „Unsitten" immer berücksichtigungsfähig seien.

1482 Andere Ansicht wohl die h. M., vergl. statt vieler Osenberg, S. 153.

1483 So zutreffend auch Praxiskommentar-Bullinger § 13, Rn. 24 und Fromm/Nordemann-Hertin § 13, Rn. 9. In jedem Fall bedarf es einer Überprüfung im Einzelfall, ähnlich auch Praxiskommentar-Wandtke § 43, Rn. 94. Gerade auch im Bereich der Gebrauchsgegenstände findet sich nicht selten eine Angabe der Marke an den Gegenständen. Wieso dann aber die Namensnennung des Urhebers nicht praktikabel sein soll, ist nicht einzusehen. Hierauf verweist anhand von Beispielen für eine Namensnennung auch des Produktdesigners, Fromm/Nordemann-Hertin § 13, Rn. 9. Als weiteres zutreffendes Gegenbeispiel kann hier die Softwarebranche angeführt werden, wo eine Urheberbezeichnung zumeist unproblematisch angegeben werden könnte, Praxiskommentar-Wandtke § 43, Rn. 94. Die Annahme eines stillschweigenden Verzichts auf Urheberbezeichnung mit der Einräumung von Nutzungsrechten erscheint bei einer derartigen, ausschließlichen Begründung besonders zweifelhaft; so indes wohl Kolle GRUR 1985, 1016, 1023. Zudem erleichtern auch technische Neuerungen, wie die Digitalisierung, die Namensanbringung, vergl. Dreier, S. 21, was das Argument der technischen Unmöglichkeit völlig in den Hintergrund rücken kann.

1484 MüKo-Mayer-Maly/Busche § 157 BGB, Rn. 20. Dies verkennt Radmann ZUM 2001, 788, 791.

1485 Ähnlich Hock, S. 63. Eine Verkehrssitte sollte dann keine Berücksichtigung finden, wenn sie gegen eindeutige Schutzaussagen und Anliegen des Gesetzes verstößt. Hier setzt sich die Wertung fort, dass eine missbräuchliche Verkehrssitte, eine die gegen Treu und Glauben verstößt, unbeachtlich ist, vergl. Palandt-Heinrichs § 242 BGB, Rn 3.

1486 Begründet wird dies über den Charakter der Verkehrssitte als eine Norm, s. MüKo-Mayer-Maly/Busche § 157 BGB, Rn. 15 f.; a. A., wenn auch mit gleichem Ergebnis: Palandt-Heinrichs § 133 BGB, Rn. 21.

1487 So aber Dieselhorst, S. 150.

Recht aber gerade nicht als bloße Konsequenz der grundsätzlichen Vertragsautonomie, sondern aufgrund der gesetzlichen Regelung und Gewährleistung in § 13 UrhG selbst[1488].

Vor diesem Hintergrund ist der Rechtsprechung des BGH[1489] zur Frage der Berücksichtigung von Verkehrssitten hinsichtlich des Rechts aus § 13 S. 2 UrhG zuzustimmen. Danach wird eine Heranziehung einer Verkehrssitte zur Auslegung von Vereinbarungen nur unter der Bedingung bejaht, dass diese Sitte für beide Vertragsparteien erkennbar war. Zudem bezieht der BGH für die Auslegung eine Interessenabwägung mit ein, bei der insbesondere die Werkart, die Zweckbestimmung des Werkes und das aus der schöpferischen Eigenart des Werkes folgende Ausmaß und die Intensität der urheberpersönlichkeitsrechtlichen Interessen zu berücksichtigen sind. Insoweit wird im konkreten Einzelfall durchaus anerkannt, dass eine Namensnennung bei bestimmten Werkarten und deren Gebrauchszweck abbedungen sein muss, weil andernfalls der Grund für die Schaffung des Werks zunichte gemacht würde, wie bspw. bei Werbeerzeugnissen[1490]. Keinesfalls kann hingegen in diesem Zusammenhang das Verbraucherinteresse, mit - werbenden - Namensangaben nicht informationell überfrachtet zu werden[1491], Berücksichtigung finden.

Insgesamt gilt also, dass keine geringen Anforderungen an stillschweigende Verzichtserklärungen zu stellen sind. Dies betrifft insbesondere Fälle, in denen sie über Verkehrssitten und Branchenübungen begründet werden[1492]. Die konkludente vertragliche Beschränkung des Namensnennungsrechts muss der Ausnahmefall bleiben[1493]; insoweit ist der häufige Verweis

1488 Beachtenswert ist auch, dass vor Geltung des UrhG, die Regelungen in § 12 KUG und § 9 LUG eine Beschränkung des Namensnennungsrechts nicht nur - wie § 39 UrhG - im Vertragsweg, sondern auch nach Treu und Glauben vorsahen; damit wie § 39 Abs. 2 UrhG - nur - für das Werkintegritätsrecht und den Werktitel. Insofern kann aus der Nichtübernahme dieser Einschränkung im UrhG von 1965 das Anliegen eines stärkeren Schutzes des Namensnennungsrechts abgeleitet werden, so auch Fromm/Nordemann-Hertin § 13, Rn. 7, und weitreichenden Annahmen hinsichtlich der vertraglichen Beschränkung der Rechte aus § 13 UrhG aufgrund der Verkehrssitte bzw. Branchenübung gleichfalls entgegengehalten werden.

1489 GRUR 1995, 671, 673 - Namensnennungsrecht des Architekten. Im Anschluss auch Haberstumpf, Rn. 214 und Kellerhals, S. 177 f. Zu berücksichtigen ist bei dieser Entscheidung aber wohl, dass es hier um den Konflikt zwischen Urheber und Eigentümer, nicht bloß Verwerter geht.

1490 Hier muss eine Nennung unterbleiben; vergl. auch Osenberg, S. 153.

1491 A. A. Rehbinder ZUM 1991, 220, 223, der darauf verweist, dass dem Verbraucher die weitreichenden Namensnennungen nicht zumutbar seien. Diese Auffassung müssen die Urhebern als eine Ohrfeige empfinden. Deshalb ist auf die mögliche und legitime Reaktionsweise des Verbrauchers zu verweisen, seine Augen und Ohren vor derartigen Informationen zu verschließen. Gerade mit dem zitierten Beispiel „Film" wird ein Bereich angesprochen, in dem die meisten Werkkonsumenten ohnehin gedanklich „abschalten" bzw. sich anderweitig einer „Informationsaufdrängung" entziehen. Hinsichtlich der sonstigen Produktwerbung gelten schließlich die „Gesetze der freien Markwirtschaft" mit all ihren Begleiterscheinungen, so dass eine Überflutung mit kommerzieller Werbung stattfindet. Berechtigt ist die Beachtung des Verbraucherinteresses nur dann, wenn danach gefragt wird, ob die Namensnennung bei Werken, wie Filmen, noch einen praktischen Nutzen hat, vergl. Schack, Rn. 338; bei der Frage nach urheberrechtlichem Schutz hingegen ist dies unangebracht.

1492 Vergl. BGH GRUR 1995, 671, 673 - Namensnennungsrecht des Architekten; KG ZUM 1997, 213, 215; Palandt-Heinrichs § 397 BGB, Rn. 5; hierauf weist auch Hock, S. 62 f., hin.

1493 So auch Praxiskommentar-Bullinger § 13, Rn. 24, der das umgekehrte Regel-Ausnahme-Verhältnis als herrschende Meinung bezeichnet - bsph. für diese h. M.: Kolle GRUR 1985, 1016, 1023, der ganz selbstverständlich aus Branchenübungen das Vorliegen eines entsprechenden, stillschweigenden Verzichts ableitet. Für die hier vertretene Auffassung spricht indes wohl auch BGH GRUR 1972, 713, 714 - Im Rhythmus der Jahrhunderte, wonach der Anspruch auf Namensnennung seitens des Mitverfassers eines Drehbuchs durch eine gegenteilige Übung der Filmbranche nicht ausgeschlossen wird; es wurde festgestellt, dass es insoweit einer - vorliegend eben nicht gegebenen - vertraglichen Abrede bedurft hätte; siehe auch KG Schulze KGZ

auf vermeintlich bestehende Gepflogenheiten und Verkehrsübungen mit Vorsicht zu genießen und kritisch zu bewerten[1494].

cc) Wegfall der Bindung an vertragliche Vereinbarungen

Weithin ungeklärt ist die Frage einer möglichen einseitigen Lösung von einer Namensabrede, d.h. von einem „Verzicht" auf namentliche Nennung, durch den Urheber.

Im Schrifttum nimmt die wohl herrschende Meinung eine analoge Anwendung des § 41 Abs. 4 S. 2 UrhG an[1495], wie dies neuerdings auch erstmals ausdrücklich vom LG München in 1. Instanz[1496] und bestätigend durch das OLG München in 2. Instanz[1497] entschieden wurde.

Den Entscheidungen lag dabei folgender Sachverhalt zugrunde. Die Urheberinnen der einerseits graphischen und der andererseits literarischen Pumuckl-Figur gingen 1982 ein Vertragsverhältnis ein, wobei der literarischen Urheberin ausschließliche Vollmacht dazu erteilt wurde, Verträge über die Verwertung der Pumuckl-Illustrationen der anderen Urheberin auszuhandeln und abzuschließen. Zwischen den Urheberinnen wurde die ergänzende Vereinbarung getroffen, dass die Illustratorin „in Verlagserzeugnissen ... als Urheberin genannt (wird), wenn auch andere Graphiker genannt sind. Sonst besteht grundsätzlich kein Benennungsanspruch ..."[1498] Im Jahre 2001 verlangte die Urheberin des graphischen Pumuckls von der Bevollmächtigten, dass bei jedem weiteren zukünftigen Verwertungsvertrag eine Namensnennung zu erfolgen habe und wollte die entsprechende vertragliche Absprache hinsichtlich der weitreichenden namentlichen Nichtnennung beseitigen.

Sowohl das LG München als auch das OLG München sahen in der vertraglichen Absprache zwischen den beiden Urheberinnen einen wirksamen Verzicht inter partes auf Namensnennung seitens der Pumuckl-Graphikerin. Dieser sei durch die Graphikerin im Jahr 2001 einseitig, analog zur Regelung des § 41 Abs. 4, S. 2 UrhG, wirksam „widerrufen" (mit der Terminologie des OLG) bzw. „zurückgerufen" (nach dem LG) worden[1499].

Grundsätzlich bemerkenswert ist an diesen Entscheidungen zunächst, wie hier die Frage der Lösungsmöglichkeit von einer inter partes wirkenden Verzichtsvereinbarung diskutiert wird. Denn die Bevollmächtigte selbst war nicht Nutzerin der graphischen Pumuckl-Figur, ihr wurden keine Nutzungsrechte, auch nicht zur Weiterübertragung oder Unterlizenzierung, eingeräumt. Nutzungsverträge wurden insoweit nur mit Dritten geschlossen. Dann wird aber auch nur in diesem Verhältnis die Frage eines wirksamen Verzichts relevant und es wäre an

---

18 - Wenn der weiße Flieder wieder blüht. Zu weitgehend hingegen Kreile/Wallner, ZUM 1997, 625, 628, die jeglichen Verzicht auf das „Ob" einer Namensnennung über die Verkehrssitte ausschließen.

1494 Kritisch auch Radmann ZUM 2001, 788, 791 f., der jedoch zu weit geht, indem er Branchenübungen und Verkehrsgewohnheiten gar nicht mehr berücksichtigt wissen will. Eine weitreichende Darstellung von Branchenübungen und einschlägiger Rechtsprechung findet sich bei v. Gamm § 13, Rn. 14. Zutreffend weist Forkel, S. 213, auch darauf hin, dass die eingefahrenen Gewohnheiten – i.S.v. Branchenübungen - aus einer Zeit stammen, in der das Urheberrecht „kaum mehr als ein Vermögensrecht war", also der Schutz der ideellen Interessen noch nicht entsprechend ausgestaltet und im Bewusstsein verankert war; siehe auch die Zusammenstellung der Branchenübung vor Geltung des UrhG, bei v. Gamm in NJW 1959, 318.

1495 Osenberg, S. 141 f.; Handbuch-Dietz § 16, Rn. 81, vergl. aber noch in: Schricker-Dietz § 14, Rn. 29, unter Beschränkung nur auf solche Fälle, die umfangreiche Werke, die andauernde geistige Wirkung entfalten sollen, betreffen. Dreier-Schulze, § 13, Rn. 25, spricht schlicht von einem unzulässigen Verzicht auf alle Zeiten, ohne § 41 UrhG heranzuziehen; vergleichbar auch Heidelberger-Dreyer § 13, Rn. 42.

1496 ZUM 2003, 64, 65 f.

1497 ZUM 2003, 964, 968 f.

1498 ZUM 2003, 64, 65.

1499 Die Frage, ob es sich um ein Gestaltungsrecht oder um eine andere Form der Bindungsbeschränkung handelt, kann hier zunächst noch dahinstehen; dies wird erst unten, unter 4. relevant werden.

eine rechtsgeschäftliche Vertretung der Graphikerin durch die Urheberin des literarischen Pumuckls auch hinsichtlich des persönlichkeitsrechtlichen Teils einer Verwertungsvereinbarung zu denken gewesen. Rechtstechnisch hätte es damit nahe gelegen, nicht von einer Namensabrede und etwaigem Widerruf gegenüber der literarischen Pumuckl-Urheberin auszugehen, sondern in diesem Verhältnis lediglich die Frage nach einem Wegfall der Vollmacht zum Abschluss von Namensabreden gegenüber Verwertern zu stellen und dies dann als schlichten Widerruf der Vollmacht zu diskutieren[1500].

Jedenfalls kann der Heranziehung des § 41 Abs. 4, S. 2 UrhG bei einfachen Namensabreden nicht zugestimmt werden. Dies würde den Regelungsgedanken in unzulässigerweise überdehnen. § 41 schützt die Interessen des Urhebers am Bekanntwerden des Werkes und steht insoweit insbesondere mit dem Veröffentlichungsrecht in Verbindung[1501]. Deshalb ist § 41 UrhG - direkt - grundsätzlich nur anwendbar, wenn ein ausschließliches Nutzungsrecht eingeräumt wurde; denn sonst ist der Urheber selbst noch zur anderweitigen Nutzung und damit zur Bewirkung der Bekanntheit des Werkes in der Lage[1502]; § 41 schützt also nur vor einem absoluten Rechts- und Einflussverlust.

Mit Blick auf die urheberpersönlichkeitsrechtlichen Befugnisse aus § 13 UrhG ist dann entsprechend zu berücksichtigen, dass, trotz eines „Verzichts" auf namentliche Nennung bei der Werkverwertung betreffend § 13 S. 2 UrhG, weiterhin das Recht auf Anerkennung der Urheberschaft nach § 13 S. 1 UrhG besteht und der Urheber sich deshalb uneingeschränkt auf seine Urheberschaft am Werk berufen kann. Insoweit befindet sich der Urheber bei schlichten Namensabreden nicht in einer dem Grundgedanken des § 41 UrhG vergleichbaren schützwürdigen Position[1503]. Auch fehlt es hier an einem absoluten Rechtsverlust, so dass der Regelungsgedanke des § 41 nicht betroffen ist.

In dem vom LG und OLG München entschiedenen „Pumuckl"-Fall gilt dies umso mehr, da hier lediglich eine Bevollmächtigung und keine Nutzungsrechteinräumung im Zusammenhang mit der Namensabrede stand; die Urheberin wäre also nicht gehindert gewesen, selbständig Nutzungsrechtsverträge unter Beachtung einer namentlichen Nennung ihrer Person abzuschließen.

Eine analoge Anwendung des § 41 Abs. 4, S. 2 UrhG auf schlichte Namensabreden hinsichtlich § 13 S. 2 UrhG scheint auch der BGH nicht zu befürworten. In der Entscheidung „Namensnennungsrecht des Architekten"[1504], wo ein „Verzicht" in unmittelbarem Zusammenhang mit einer Nutzungsrechtseinräumung, ohne Zwischenschaltung eines Stellvertreters, als konkludente Namensabrede infolge der Berücksichtigung von Branchenübungen und Verkehrsgewohnheiten in Rede stand, wurde keine Rückrufsmöglichkeit mit Blick auf § 41 Abs. 4, S. 2 UrhG diskutiert; dies obwohl eine etwaige 5 Jahresfrist überschritten gewesen wäre

---

[1500] Insoweit wären vertiefte Ausführungen wünschenswert gewesen; diese waren indes mit Blick auf den Klageantrag - Feststellungsantrag, in Anbetracht des grundsätzlichen Bestreitens des Anspruchs auf Namensnennung durch die Beklagte - nicht notwendig. Interessant ist insoweit, dass das LG München ZUM 2003, 64, 68, ganz beiläufig und selbstverständlich davon ausgeht, dass der „Verzicht" bis zum Widerruf auch gegenüber Dritten, den Nutzungsrechtsinhabern, wirksam gewesen wäre; wie dies dann rechtstechnisch zu erklären ist, erläutert das Gericht dabei nicht.

[1501] Schricker-Schricker § 41, Rn. 4.

[1502] Schricker-Schricker § 41, Rn. 11; Praxiskommentar-Wandtke § 41, Rn. 3.

[1503] Auffällig ist deshalb auch, dass einige derer, die sich im Schrifttum mit der Frage der Anwendung des § 41 Abs. 4, S. 2 UrhG im Bereich des § 13 UrhG beschäftigen, diesen Punkt erst bei Ghostwritervereinbarungen und nicht bereits bei schlichten Namensabreden diskutieren, vergl. Praxiskommentar-Bullinger § 13, Rn. 22 f.; Fromm/Nordemann-Hertin § 13, Rn. 16. Zu Ghostwritervereinbarungen, siehe unten, unter 5.

[1504] GRUR 1995, 671.

und dem streitigen Verlangen nach namentlicher Nennung des Urhebers auf zumutbare Weise hätte nachgekommen werden können.

Letztlich würde eine grundsätzliche Beschränkung der vertraglichen Bindungswirkung auf 5 Jahre auch den praktischen Bedürfnissen und Interessen nicht gerecht werden. Eine derart starre Regelung vernachlässigt die Vielschichtigkeiten unterschiedlicher Nutzungsverträge[1505]; deshalb sind etwaige Korrekturen im Einzelfall über die Heranziehung allgemeiner Grundsätze wie §§ 242, 138 BGB zu erzielen.

Insgesamt bleibt es also ausschließlich bei der - entsprechend beim Veröffentlichungsrecht diskutierten - Möglichkeit einer Lösung vom Vertrag über die §§ 41 f. UrhG. Wegen des inhaltlichen Zusammenhangs mit der Nutzungsrechtseinräumung muss ein diesbezüglicher Rückruf nach §§ 41 f. UrhG auch Konsequenzen für die Vereinbarung über das Namensnennungsrecht nach sich ziehen; letztere macht ohne Nutzungsbefugnis keinen Sinn mehr. Mit der Auflösung des schuldrechtlichen Nutzungsrechtsvertrages - als eine Folge des Heimfalls des Nutzungsrechts an den Urheber[1506] - entfällt also auch die Namensabrede als dessen Bestandteil.

Unabhängig davon ist auch eine isolierte Lösung nur der vertraglichen Bindung bezüglich des Namensnennungsrechts nach § 42 UrhG analog möglich[1507]. Mangels Gleichlaufs mit den Nutzungsrechten kann es - anderes als beim Veröffentlichungsrecht - insoweit zu einem Auseinanderfallen der betroffenen vertraglichen Regelungsgegenstände, Nutzungsrecht und urheberpersönlichkeitsrechtliche Befugnis nach § 13 S. 2 UrhG, kommen; deshalb erfasst § 42 UrhG diesen Fall auch nicht in direkter Anwendung.

Da das Anliegen des Gesetzgebers insgesamt darin besteht, den praktischen Bedürfnissen entsprechende Vereinbarungen über das UPR zuzulassen, vergl. oben im 3. Teil, unter 3. und 7., fehlt es regelungstechnisch an einer dem § 42 UrhG entsprechenden Regelung für Rechtsgeschäfte über das UPR[1508]. Das Rekurrieren auf § 42 UrhG folgt dabei dem urheberpersönlichkeitsrechtlichen Charakter der Vorschrift, die gerade um der Wahrung ideeller Interessen wegen gewährt wird; die bestehende Regelungslücke ist also über eine analoge Anwendung des § 42 UrhG auf die „Namensabreden" zwischen Urheber und Nutzungsberechtigten zu schließen.

Dem steht auch nicht entgegen, dass dies letztlich auf eine Art „Teilkündigung" eines einheitlichen Vertragsverhältnisses hinausliefe. Zwar gilt bei einer Teilkündigung grundsätzlich, dass diese nur zulässig ist, wenn eine gesetzliche Gestattung oder eine entsprechende vertragliche Abrede vorliegt[1509]. Doch ausnahmsweise ist sie bei Vorliegen eines wichtigen Grundes möglich; dies muss jedenfalls dann gelten, wenn ein umfängliches Festhalten am Vertrag nach Treu und Glauben nicht zumutbar wäre - im urheberpersönlichkeitsrechtlichen Zusammenhang erinnert dies wieder an die Zumutbarkeitsprüfung im Rahmen des § 42 UrhG.

1505 Dies gibt auch Hock, S. 120, zu bedenken.

1506 Schricker-Schricker § 41, Rn.24; Praxiskommentar-Wandtke § 41, Rn. 28.

1507 Dabei ist zu berücksichtigen, dass sich der Aufwendungsersatz der Höhe nach nur an denjenigen Aufwendungen orientiert, die im Hinblick auf die „alte", von der neuen abweichenden Rechtsausübung hinsichtlich der Namensnennung bzw. -anbringung gemacht wurden. Die Nutzung des Werks selbst bleibt dabei weiterhin unverändert möglich, vergl. generell zur Bemessung des Aufwendungsersatzes bei § 42 UrhG, VerlagsR-Schricker § 35 VerlG, Rn. 27, S. 626.

1508 So auch Metzger, S. 213 f., ganz pauschal für alle Befugnisse des UPR.

1509 Vergl. Palandt-Heinrichs Einf v § 346, Rn. 12.

Eine derartige Konstellation haben auch das LG und OLG München in der bereits erwähnten „Pumuckl"-Entscheidung angenommen[1510]. Hier war eine Aufhebung der Namensabrede zuzulassen, weil es keinen anderen Weg gab, die drohende Verletzung der Rechte aus § 13 UrhG zu verhindern, ohne dass das im Übrigen gebilligte und im Interesse beider Beteiligten stehende Vertragsverhältnis vollständig aufzulösen gewesen wäre.

Auch generell gilt, dass ein Nutzungsrechtsverhältnis nach Wegfall der „Verzichtsabrede" und dem anschließenden „Wiederaufleben" einer Namensnennungspflicht sinnvoll fortbestehen[1511] und insbesondere weiterhin im berechtigten Interesse des Verwerters liegen kann. Dies entspricht zudem der zu vergleichbaren Sachverhaltskonstellationen geäußerten Meinung im Schrifttum[1512].

Zugleich ist die umgekehrte Konstellation zu bedenken, dass dem Nutzungsrechtsinhaber an dem Vertrag insgesamt nicht mehr gelegen ist; er sich an diesem ohne begleitende Namensabrede nicht mehr festhalten lassen möchte oder ihm dies sogar nicht mehr zugemutet werden kann. Hier kann auf eine entsprechende Anwendung des Gedankens aus § 139 BGB zurückgegriffen werden[1513]. Im Verhältnis zur erstgenannten Konstellation, wo der Rückruf des nutzungsrechtlichen Teils im Vordergrund steht, ist dies jedoch regelmäßig nicht anzunehmen[1514].

Die Lösung über § 139 BGB ist auch dem im Schrifttum vorgeschlagenen Rückgriff auf den Regelungsgedanken des § 6 ABGB (nunmehr geregelt in § 306 BGB) vorzuziehen[1515]. Andernfalls würde sich die Schwelle der „unzumutbaren Härte" iSd § 6 AGBG (nunmehr § 306 BGB), die erst überschritten sein muss, damit eine Gesamtauflösung des Vertrages möglich wird, als einseitige und ungerechtfertigte „Strafregelung" zu Lasten des Verwerters auswirken. Dies greift zu sehr in die auch im Urheberrecht grundsätzlich fortbestehende Privatautonomie ein. Außerdem steht hinter § 6 AGBG (nunmehr § 306 BGB) der Regelungsgedanke, dass Schutz vor unangemessenen Benachteiligungen geboten werden soll, die aus der Verwendung von AGBs infolge einseitig ausgeübter Gestaltungsfreiheit durch den Verwender von AGBs resultieren. Ein derartiges generelles Schutzbedürfnis besteht auf Seiten des Urhebers nicht. Hier ist die Situation vielmehr umgekehrt, denn der Urheber selbst war es, der die Namensabrede zurückgerufen hat, der Verwerter war insoweit unbeteiligt. Der Regelungsgedanke des § 6 AGBG (nunmehr § 306 BGB) passt deshalb nicht.

1510 Vergl. ZUM 2003, 64, 67 und 964, 968.

1511 Entsprechendes hat auch das OLG München, ZUM 2003, 964, 968, ausdrücklich für die Bereiche Benennung und Vollmacht zur Verwertung angenommen.

1512 Vergl. hierzu Osenberg, S. 143 ff.; Kellerhals, S. 118 f.; Hock, S. 120.

1513 § 139 BGB bringt insoweit den allgemeinen Rechtsgedanken zum Ausdruck, dass den Parteien anstelle des gewollten Rechtsgeschäfts kein Geschäft mit anderem Inhalt auferlegt werden darf, vergl. Palandt-Heinrichs § 139 BGB, Rn. 1 f. § 139 BGB kann nicht nur für Fälle der Unwirksamkeit, sondern auch bei Vertragsaufhebung und Teilrücktritt herangezogen werden. Zu ähnlichen Ergebnissen gelangt auch Kellerhals, S. 118; vergl. auch Hock, S. 119 f.

1514 Zutreffend gibt Hock, S. 120, hier den Fall einer bestehenden Nutzungspflicht des Verwerters an. Dann kann mit Wegfall des Namensunterdrückungsrechts ein Festhalten an der Nutzungsrechtsvereinbarung ungerechtfertigt und unhaltbar sein, so dass § 139 BGB zur Anwendung gelangen muss. Mit Blick auf den Gedanken einer „Teilkündigung", bei der ein Vertrags-„Rest" aufrechterhalten werden soll, ist diese Lösung über § 139 BGB gegenüber der Gewährung eines Kündigungsrechts auf Seiten des Verwerters vorzuziehen; denn dies lief auf eine Gesamtauflösung des Vertrages hinaus, die im Belieben des Verwerters stünde; mit der Zulässigkeit einer Teilkündigung wäre dann nichts gewonnen.

1515 A. A. indes Kellerhals, S. 119.

dd) Besonderheiten in 3- und Mehrpersonenverhältnissen

Auch bei einer Weiterübertragung des Nutzungsrechts gem. § 34 UrhG gilt für die Befugnisse aus § 13 S. 2 UrhG das zum Veröffentlichungsrecht über die rechtliche Ausgestaltung und die fortbestehende Bindung des Urhebers an seine gewählte negative bzw. positive Rechtsausübung Ausgeführte entsprechend - dies folgt wieder aus der insoweit regelungstechnischen Identität von § 12 und § 13 S. 2 UrhG. Bei einer Weiterübertragung der Nutzungsrechte ist deshalb zugleich eine Weiterübertragung der sich aus der rechtfertigenden Einwilligung ergebenden Rechtsposition gem. §§ 398, 413 BGB anzunehmen; mangels ausdrücklicher abweichender Vereinbarungen betrifft die Zustimmung nach § 34 Abs. 1 UrhG regelmäßig auch die Namensabrede[1516]. Zur Erinnerung sei bemerkt, dass auf die Auslegung von etwaigen konkludenten Verzichtserklärungen bezüglich des Namensnennungsrechts, anders als beim Veröffentlichungsrecht, besonderes Augenmerk zu legen ist.

Weil die Befugnis aus § 13 S. 2 UrhG bei einer Erstverwertung des Werks - anders als beim Veröffentlichungsrecht gem. § 12 UrhG - nicht erlischt, ist die Konstellation im Zusammenhang mit einer Unterlizenzierung gem. § 35 UrhG anders als beim Veröffentlichungsrecht zu beurteilen. Hier tritt vielmehr eine Vervielfachung der Eingriffssituation und damit deren Legitimierung im Hinblick auf §§ 97, 13 UrhG gegenüber den zahlenmäßig zunehmenden Nutzungsberechtigten ein. Die Situation ist nicht die, dass entweder der eine oder der andere Nutzer eine Erstveröffentlichung vornimmt, sondern dass bei allen gestatteten Werknutzungen, wenngleich durch unterschiedliche Personen, eine Namensnennung des Urhebers unterbleiben soll.

Rechtstechnisch steht dann, neben der vertraglich erteilten rechtfertigenden Einwilligung in die Unterlassung der namentlichen Nennung des Urhebers, eine ebenfalls an den Hauptlizenznehmer erteilte Einwilligungsermächtigung im Raum[1517]. Denn diese versetzt den Hauptlizenznehmer in die Lage, den Unterlizenznehmern, die situationsbedingt nur mit ihm in Geschäftskontakt stehen werden, eine Einwilligung zur Rechtfertigung von Eingriffen in § 13 S. 2 UrhG zu erteilen. Auf diese Rechtsfigur ist indes nur bei Fällen einer vertraglichen Abbedingungen des Zustimmungserfordernisses zu rekurrieren. Denn sollte bei jeder Unterlizenzierung immer auch eine Zustimmung durch den Urheber erteilt werden, ist anzunehmen, dass dabei zugleich eine Regelung über die namentliche Nichtnennung durch den Urheber selbst getroffen wird.

Der Umstand, dass der Urheber bei einer Einwilligungsermächtigung auf die Person des Einwilligungsempfängers keinen Einfluss nehmen kann, ist Folge der durch ihn selbst bewirkten Abbedingung des Zustimmungserfordernisses und benachteiligt ihn deshalb nicht ungerechtfertigt. Dies stellt sich vielmehr als Fortführung seiner, bereits in der Unterlizenzierung zum Ausdruck kommenden, Selbstbestimmung dar.

Insoweit muss es auch hinsichtlich des Bestimmtheitserfordernisses ausreichen, dass eine Begrenzung und Konkretisierung der Eingriffssituationen über die Nutzungsrechtseinräumung erfolgt[1518]. Dies muss im urheberpersönlichkeitsrechtlichen Bereich umso mehr gelten,

---

1516 Vergl. Schricker-Schricker § 34, Rn. 5, der insoweit eine analoge Anwendung des § 34 UrhG annimmt. Im Anschluss an diesen auch Lößl, S. 89; dessen Annahme einer analogen Anwendung der gesamten Regelung des § 34 UrhG ist jedoch nicht zu folgen. Die „Übertragung“ der Einwilligung richtet sich nach den allgemeinen Vorschriften, den §§ 413, 398 BGB, denn § 34 UrhG regelt den speziellen Fall einer Weiterübertragung dinglicher Rechtspositionen, der Nutzungsrechte, und folgt damit einem anderen Regelungsgedanken, was eine umfassende Analogie verbietet. Die analoge Anwendung ist auf das Zustimmungserfordernis zu beschränken, denn dieses dient gerade dem Schutz urheberpersönlichkeitsrechtlicher Interessen.

1517 Vergl. zu dieser Rechtsfigur, oben im 4. Teil, unter III., b), dd), bbb).

1518 Zum Erfordernis der Bestimmtheit, siehe oben im 4. Teil, unter III., b), cc).

als dass die Einwilligung infolge des Werkbezugs des UPR deutlich objekt- und nicht rein personenbezogen ist. Der Eingriff selbst hängt in seiner Qualität in derartigen Konstellationen nicht von der eingreifenden Person ab; er bleibt, als schlichte Unterlassung einer namentlichen Nennung des Urhebers, immer gleich[1519].

Damit ist die Reichweite seiner Entscheidung für den Urheber immer überschaubar und vorhersehbar und seine Lage entspricht insoweit der in einem 2-Personenverhältnis. Der Urheber selbst hat sich des weitergehenden Schutzes über das Zustimmungserfordernis nach §§ 34, 35 UrhG begeben, indem er es vertraglich abbedungen hat.

c) Rechtsgeschäfte hinsichtlich des „Wie" der Namensnennung bzw. -anbringung

aa) Grundsätzliche Konstellationen

Auch hier sind wieder zwei Konstellationen zu unterscheiden. Zum einen die Bestimmung des „Wie" der Namensnennung als reine Rechtsausübung durch den Urheber selbst (a) und zum anderen die Überlassung der Bestimmungsbefugnis hinsichtlich der Art und Weise der Namensnennung und -anbringung an einen anderen (b).

(a) Liegt eine ausdrückliche Vereinbarung zur Frage des „Wie" der Namensnennung vor, handelt es sich wieder um eine Rechtsausübung durch den Urheber, begleitet von einer sich anschließenden Bindungswirkung infolge eines „Verzichts", wobei hier auf die rechtstechnische Analyse der bereits untersuchten Konstellation einer Regelung des „Ob" einer Namensnennung, vergl. oben, b), aa), verwiesen werden kann.

Ist hingegen eine namentliche Nennung vorgesehen, ohne dass eine ausdrückliche Absprache hinsichtlich des „Wie" getroffen wurde, so kann auch hier im Rahmen einer Auslegung der Vereinbarungen im Zusammenhang mit der Werknutzung ergänzend auf die Verkehrssitte und Branchenübung zurückzugreifen sein - vergl. entsprechend oben, b), cc). Gegenüber der auf Verkehrssitten gestützten Auslegung bestehen hier weniger Bedenken, da der grundsätzliche Anspruch auf Namensnennung nach § 13 S. 2 UrhG garantiert und über das Erfordernis der notwendigen Kennzeichnungsfunktion der gewählten „Bezeichnung" auch tatsächlich gewahrt bleibt; denn nur bei einer Eignung der durch Verkehrssitten bestimmten Art und Weise einer Namensnennung bzw. -anbringung zur Personenidentifizierung wird dem Anspruch aus § 13 UrhG entsprochen.

Besteht eine bestimmte Verkehrs- oder Branchenübung, so kann der Urheber eine Namensnennung bzw. -anbringung im Hinblick auf eine bestimmte Werknutzung nur gemäß der insoweit üblichen Art und Weise verlangen, es sei denn, es wurde eine abweichende Regelung getroffen[1520]; es ist mithin davon auszugehen, dass die Parteien einschlägige Verkehrs- und Branchenübungen konkludent dem Vertrag zugrunde legen.

(b) Im Unterschied zur ersten Konstellation setzt die Zuweisung des Bestimmungsrechts hinsichtlich des „Wie" der Namensanbringung an eine andere Person voraus, dass keine De-

[1519] Vergl. insoweit auch die Überlegung zur Einwilligung ad incertas personas, oben Fn. 1383.

[1520] Beispiele zur branchenüblichen Art und Weise von Namensanbringungen bzw. -nennungen finden sich im Praxiskommentar-Bullinger § 13, Rn. 25 und bei v. Gamm § 13, Rn. 14. Eine gesetzliche Ausprägung dieses Gedankens ist § 14 S. 2 VerlG; die Formulierung „Ausstattung der Abzüge wird ... von Verleger bestimmt", ist dabei aber irreführend. Denn es geht nicht darum, dass die Entscheidungsbefugnis beim Verleger liegt, sondern bei Nichtabsprache mit dem Urheber das in der Branche Übliche gelten muss. Abweichende Vereinbarungen von der herrschenden Branchenüblichkeit sind weiterhin zulässig; so ist auch § 14 S. 2 VerlG dispositiv.

terminierung infolge von Branchenübungen gegeben und eine Rechtsausübung durch den Urheber selbst somit nicht bereits erfolgt ist. Es handelt es sich dann um den Fall einer „Übertragung“, denn nicht Eingriffe in das Recht aus § 13 UrhG sollen legitimiert, sondern bereits die Eingriffsqualität soll genommen werden. Die Fremdwahrnehmung stellt sich dabei wertungsmäßig als verbindliche Selbstwahrnehmung dar.

Rechtstechnisch entspricht dies der Fremdausübung des Bestimmungsrechts über das „Ob“ und „Wie“ einer Werkveröffentlichung im Arbeitnehmer-Arbeitgeber-Verhältnis, vergl. hierzu oben, unter II., c), bb). Dementsprechend ist auch hier eine legitimierte Fremdwahrnehmung in Form einer Ausübungsermächtigung gem. § 185 BGB analog anzunehmen[1521], ohne dass dem nutzungsrechtlichen Vertragspartner zugleich eine Abwehrbefugnis gegenüber Rechtsverletzungen durch Dritte zugewiesen wird.

Das Zugeständnis einer Fremdausübung der Entscheidung über das „Wie“, also der Art und Weise, der Namensnennung bzw. -anbringung ist auch mit dem Gesetzesanliegen vereinbar. Denn wenn der Urheber das Recht hat anonym zu bleiben bzw. ein Pseudonym zu wählen, dann muss es ihm gewissermaßen als „Minus“ hierzu auch zustehen, eine Bezeichnung verlangen zu können und die konkrete Ausgestaltung der Anbringung wiederum einem anderen zu überlassen[1522]. Dies kann gerade dann im Interesse des Urhebers liegen, wenn der Werkverwerter den Markt und damit beispielsweise die Werbewirksamkeit bestimmter Namensanbringungen besser überschauen und bewerten kann.

Gestützt wird dies auch durch § 39 UrhG. Denn genau in diesem Bereich einer Fremdausübung des Bestimmungsrechts nach § 13 S. 2 UrhG kommt § 39 UrhG ein eigener Regelungsgehalt zu; die in § 39 UrhG verbürgte grundsätzliche Zulässigkeit von vertraglichen Vereinbarungen bezieht sich auf solche vertragliche Vereinbarungen über die Art und Weise der Urheberbezeichnung und -anbringung[1523].

Das Fremdwahrnehmungsrecht des Dritten unterliegt jedoch einer sachlichen Beschränkung. Die Fremdbestimmung kann sich nicht darauf beziehen, einen beliebigen Namen, ein beliebiges Künstlerzeichen oder Pseudonym an Stelle des Urhebers zu wählen. Dem Erwerber kann höchstens das Recht zur Auswahl zwischen mehreren bestehenden, vom Urheber bereits vorgegebenen Alternativen, wie zwischen bürgerlichem Namen oder Pseudonymen, zukommen[1524]. Andernfalls käme das Zugeständnis eines solchen „freien“ Bestimmungsrechts des Verwerters einem gem. § 29 UrhG unzulässigen, umfänglichen dinglichen Verzicht gleich. Denn erst mit der Bestimmung von Künstlerzeichen oder Pseudonymen durch den Urheber selbst entsteht die gewollte und insoweit auch durch § 13 UrhG geschützte Kennzeichnungsfunktion und -zuweisung.

bb) Wegfall der Bindung an vertragliche Vereinbarungen

Die Möglichkeit eines freien jederzeitigen Widerrufs dieser im Zusammenhang mit der Nutzungsrechtsvereinbarung erteilten Ermächtigung analog § 185 BGB ist - wie bei § 12 Abs. 1 UrhG - grundsätzlich ausgeschlossen sein. Der Urheber ist insoweit auf seine Rechte aus §§ 41, 42 UrhG analog verwiesen; es gilt das oben, zu b), cc) Ausgeführte entsprechend.

[1521] Wie beim Veröffentlichungsrecht gilt auch hier, dass es nicht um die Einziehung einer fremden Forderung oder den Abschluss eines Verfügungsvertrages, sondern um die Ausübung eines fremden Rechts in sonstiger Weise geht, vergl. oben, unter I., 3., c), bb).

[1522] Eine ähnliche Überlegung stellt auch Seetzen, S. 59, an.

[1523] Vergl. hierzu oben, unter 2., a).

[1524] So auch Forkel, S. 212.

Zusätzlich steht die grundsätzliche Möglichkeit einer außerordentlichen Kündigung im Raum[1525]; nach § 41 Abs. 7 UrhG bleiben Rechte und Ansprüche nach anderen gesetzlichen Vorschriften unberührt. Hinsichtlich der der Nutzungsrechtseinräumung zugrunde liegenden schuldrechtlichen Nutzungsverträge, die regelmäßig Dauerschuldverhältnisse darstellen[1526], ist eine außerordentliche Kündigung bei Vorliegen eines „wichtigen Grundes" gem. § 314 BGB denkbar[1527]. Diese Kündigung ist dann nicht ohne Folgen für den namensnennungsrechtlichen Teil der vertraglichen Vereinbarung, denn es handelt sich um ein einheitliches Vertragsverhältnis, das insgesamt aufgelöst wird[1528].

Daneben ist auch an eine außerordentliche Kündigung nur der Ermächtigung zur Ausübung des Bestimmungsrechts über das „Wie" der Namensnennung zu denken, vergl. insoweit die Ausführungen zur „Teilkündigung" oben, unter b), cc). Denn diese Ermächtigung „teilt" den Charakter des Nutzungsverhältnisses als ein Dauerschuldverhältnis. Der Nutzungsrechtsinhaber bestimmt für jede neue Nutzung des Werks, gemäß dem Nutzungsvertrag, die Art und Weise der Namensnennung; dieses Fremdbestimmungsrecht setzt sich nicht nur in der gewählten tatsächlichen Bestimmung der Art und Weise der Namensnennung fort, sondern besteht als Rechtsmacht hinsichtlich zukünftiger Nutzungen weiterhin[1529]. Unter den Bedingungen des § 314 BGB ist deshalb eine außerordentliche Kündigung der „Namensabrede" zwischen Urheber und Nutzer möglich, die zum Wegfall der Ermächtigung ex-nunc führt[1530].

cc) Besonderheiten in 3- und Mehrpersonenverhältnissen

Bei einer Erweiterung des Kreises der beteiligten Personen aufgrund von rechtsgeschäftlichen Dispositionen im Sinn der §§ 34, 35 UrhG ist denkbar, dass der Ersterwerber der Nutzungsrechte, der zugleich analog § 185 BGB zur Ausübung des Bestimmungsrechts über das Wie der Namensnennung bzw. -anbringung ermächtigt ist, auch die Weiterleitung dieses Bestimmungsrechts im Wege einer Unterermächtigung an den Nutzungsrechtserwerber bewirkt. Bei einer Unterermächtigung handelt es sich nicht um eine Übertragung der Ermächtigung,

---

1525 Die Möglichkeit einer darüber hinausgehenden Lösungsmöglichkeit ist in diesem Bereich der Fremdbestimmung des „Wie" der Namensnennung, bei der es nicht um eine treuhänderische Wahrnehmung geht, besonders relevant. Entsprechendes gilt auch für die unter b) betroffenen Konstellationen der namentlichen Nichtnennung, also der vertraglichen Regelung des „Ob". Die Frage einer Loslösung stellt sich jedoch erst im Zusammenhang mit der Fremdausübung; der Meinungskonflikt wird nur hier virulent, da bei einer Ermächtigung beide, Urheber und Ermächtigter, rechtlich verbindlich für den Urheber handeln können. Im Unterschied hierzu stellt sich die Frage der Loslösung beim Veröffentlichungsrecht grundsätzlich nicht in dieser Form, denn die rechtsgeschäftliche Vereinbarung besteht dort nicht unbegrenzt fort, sondern erledigt sich mit dem Umstand der tatsächlichen Veröffentlichung und damit der Rechtserschöpfung ohnehin.

1526 Vergl. OLG München ZUM 2003, 964, 967.

1527 Siehe Schricker-Schricker §§ 31, 32, Rn. 20 ff.; Praxiskommentar-Wandtke/Grunert Vor §§ 31 ff., Rn. 5 ff.

1528 Siehe hierzu auch Kellerhals, S. 118 ff., die wohl auch von der Möglichkeit einer Kündigung aus wichtigem Grund hinsichtlich des persönlichkeitsrechtlichen Teils der Vereinbarung ausgeht; sie verweist auf eine Akzessorietät zwischen dem nutzungsrechtlichen und dem persönlichkeitsrechtlichen Teil der Vereinbarung, so dass es ausreiche, wenn der „wichtige Grund" hinsichtlich des nutzungsrechtlichen Teils vorliege. Da die Namensabrede nicht isoliert, sondern immer als Teil des gesamten Nutzungsrechtsvertrages vereinbart wird, bedarf es des gesonderten Hinweises auf eine Akzessorietät hier jedoch nicht.

1529 Deshalb kann hier nicht von einer bloß „einmaligen Leistung" gesprochen werden, sondern dieses Vertragsverhältnis entspricht vielmehr einem Dauerschuldverhältnis, in dessen Laufzeit Leistungs- und Schutzpflichten fortwährend entstehen, vergl. grds. Palandt-Heinrichs § 314 BGB, Rn. 2.

1530 Korrespondierend muss dann in Fällen der Nutzungsverpflichtung für den Verwerter diesem eine Lösungsmöglichkeit vom Nutzungsvertrag zugestanden werden; vergl. insoweit die Ausführungen zur „Teilkündigung" oben, unter b), cc).

sondern um eine rechtsgeschäftliche Neubegründung der Rechtsmacht in der Person des Dritten durch den Ermächtigten[1531].

Dieses Recht zur Unterermächtigung ist regelmäßig bei Vorliegen einer Ermächtigung zur Ausübung des Bestimmungsrechts anzunehmen, wenn zugleich eine Zustimmung des Urhebers zur Weiterübertragung gem. § 34 UrhG bzw. Einräumung weiterer Nutzungsrechte gem. § 35 UrhG vorliegt[1532] und dabei keine sachliche oder persönliche Einschränkung vorgenommen wird, sondern schlicht an den Umfang und die Bedingungen der Nutzungsrechtserteilung gegenüber dem Erstlizenznehmer angeknüpft wird. Denn bei einem derartigen Vertragsgebaren des Urhebers wäre es widersprüchlich anzunehmen, dass sich der Urheber weiterer Einflussnahme- und Beteiligungsmöglichkeiten hinsichtlich des nutzungsrechtlichen Teils insgesamt begibt und eine insoweit von ihm unabhängige Verfügbarkeit vorliegt, während zugleich eine fortbestehende Bindung durch die Begrenzung der namensnennungsrechtlichen Bestimmungsabrede aufrechterhalten bliebe; denn das dem persönlichkeitsrechtlichen Schutz dienende Zustimmungsrecht nach §§ 34 f. UrhG wurde vom Urheber aufgegeben.

Deshalb muss - mangels ausdrücklicher abweichender Abreden - gelten, dass der Urheber mit Abbedingung des Zustimmungserfordernisses jegliche Einflussnahmemöglichkeit auf die Art und Weise der Namensnennung bzw. -anbringung verliert. Dann entspricht die uneingeschränkte Überantwortung des Bestimmungsrechts an den Erstlizenznehmer genau seinen Vorstellungen, die er durch den willentlichen Verlust des Zustimmungsvorbehalts praktisch umgesetzt hat. Die Möglichkeit einer Unterermächtigung auf Seiten des Verwerters ist dann die konsequente Fortsetzung des Einflussverlusts des Urhebers. Für die Zulässigkeit einer Unterermächtigung spricht auch, dass die Ermächtigung grundsätzlich nicht personen-, sondern gegenstandsbezogen ist[1533], was beim UPR, als Objekt einer Ermächtigung, besonders ausgeprägt ist, da die Gegenstandbezogenheit bereits im Recht selbst aufgrund des Bezugs zu einem immateriellen Werk veranlagt ist.

Insgesamt gilt auch hier, dass das, was im Einzelfall, insbesondere bei Fehlen einer ausdrücklichen Vereinbarung von den Parteien gewollt ist, durch Auslegung gem. §§ 133, 157 BGB zu ermitteln ist; insoweit ist denkbar, dass das Bestimmungsrecht aus § 13 S. 2 UrhG nur dem Hauptlizenznehmer zugewiesen wird und nur dessen Entscheidung im Weiteren verbindlich sein soll.

3. Das Urheber-Eigentümer-Verhältnis[1534]

§ 39 UrhG spricht hinsichtlich der Frage rechtsgeschäftlicher Vereinbarungen über die Namensbezeichnung lediglich vom Verhältnis zwischen Urheber und Nutzungsrechtsinhaber; die Nichtberücksichtigung des Eigentümers korrespondiert insoweit mit der rein tatsächlichen Lage. Der Eigentümer ist nicht schlechthin, aufgrund seiner rein sachenrechtlichen Stellung, zugleich auch immer Nutzungsrechtsinhaber, vergl. § 44 UrhG, so dass, rein faktisch betrachtet, urheberrechtliche Konflikte zwischen Eigentümer und Urheber kaum denkbar sind. Abgesehen davon wird aber ganz überwiegend eine analoge Anwendung des § 39 UrhG im Urheber-Eigentümer Verhältnis bejaht[1535].

[1531] Siehe Doris, S. 179 f.

[1532] So auch Lößl, S. 14.

[1533] Siehe Doris, S. 180.

[1534] Zu diesem in der Praxis gebräuchlichen Terminus: OLG Hamm GRUR 1967, 260, 262. Im Zusammenhang mit dem Veröffentlichungsrecht ergibt sich im Verhältnis Urheber - Eigentümer nicht schlechterdings etwas anderes als im Verhältnis Urheber-Nutzungsrechtsinhaber, vergl. § 44 UrhG.

[1535] Bsph.: Schricker-Dietz § 39, Rn. 25.

So wird bei den meisten schutzfähigen Werkarten bereits vor Übereignung des Werkoriginals eine Anbringung bzw. Nichtanbringung des Namens durch den Urheber selbst bestimmt worden sein und dieser ist dann rein faktisch, durch den Werkverkauf und den damit einhergehenden Besitzverlust, an seine Entscheidung gebunden. Der Eigentümer seinerseits ist bei diesem Entscheidungsprozess grundsätzlich unbeteiligt.

Soweit bei bestimmten Werkarten, wie bei urheberrechtsschutzfähigen Bauwerken, der Werkeigentümer nicht notwendigerweise ein bereits signiertes Werk erwirbt, liegt keine andere rechtliche Beurteilung nahe. Der zumeist fehlende Hinweis auf den Urheber ist eine Folge von einschlägigen Verkehrssitten, die bei fehlenden ausdrücklichen Absprachen zwischen Eigentümer und Urheber, vergl. oben, unter 2., b), bb) und c), aa), hinsichtlich der Auslegung von vertraglichen Vereinbarungen zu berücksichtigen sind.

4. Pseudonymabreden

Der Wunsch des Urhebers nach einer pseudonymen Veröffentlichung[1536] kann vielfältige Ursachen haben. Zum einen kann relevant sein, dass das in Frage stehende Werk in Widerspruch zu anderen bereits veröffentlichten Werken und den dabei geäußerten Ansichten steht, oder dass es von dem bereits zuvor verwendeten Darstellungsstil abweicht. Auch rein ästhetische Gründe, wie der Wohlklang eines gewählten Pseudonyms und günstigere Vermarktungsaspekte können dahinter stehen. Die Motive sind gleichwertig, dem Urheber steht es frei, aus welchen Gründen auch immer, grundsätzlich jedes Pseudonym zu wählen[1537]. Dabei ist er an die getroffene Wahl zunächst nicht gebunden, sie ist jederzeit revidierbar[1538].

Der Konfliktfall entsteht auch hier erst unter den hinzutretenden Bedingungen einer Fremdnutzung des Werks und der Forderung des Nutzungsrechtsinhabers, an dem einmal gewählten Pseudonym festzuhalten. Ein derartiges Interesse auf Seiten des Nutzungsrechtsinhabers ist im Hinblick auf den ihm zustehenden Nutzungsumfang und seine wirtschaftlichen Belange grundsätzlich anerkennenswert. Es gilt dann das Gleiche wie bei der „Nichtnennungsvereinbarung“. Der Bereich der reinen Ausübung des Bestimmungsrechts nach § 13 S. 2 UrhG ist überschritten, vergl. oben, 2., b) und c), aa)[1539]; es tritt eine schuldrechtliche Verzichtsabrede[1540], eine als Bestandteil der Nutzungsvereinbarung erteilte Einwilligung[1541], hinzu.

Das weitergehende Recht aus § 13 S. 1 UrhG, sich zur Urheberschaft zu bekennen, wird dabei grundsätzlich nicht ausgeschlossen[1542]. Insofern kann sich der Urheber jederzeit auf seine Urheberschaft berufen und sich hierzu äußern[1543].

1536 Die Fälle der anonymen Veröffentlichung sind hier durch die Untersuchung der Konstellationen der Nichtnennung bzw. Nichtanbringung des Namens des Urhebers erfasst.

1537 So auch Seetzen, S. 55.

1538 Vergl. Ulmer, § 40, IV, 1., S. 215.

1539 Zur Erinnerung sei hier nochmals betont, dass es nicht isoliert um die Frage geht, ob der Urheber auf sein Bestimmungsrecht nach § 13 S. 2 verzichtet, sondern darum, dass er sein Recht ausübt, an diese Ausübung gebunden ist und seine nach § 13 UrhG an sich gewährte Umentscheidungsmöglichkeit verliert, a. A. wohl Metzger, S. 208. Diesbezüglich kann von einem Verzicht gesprochen werden.

1540 Bedenken auch dieser schuldrechtlichen Verzichtsvereinbarung gegenüber äußert Osenberg, S. 153; unzutreffend ist insoweit dessen Begründung, dass der Urheber Schaden erleide, wenn das Werk einem anderen zugeordnet werde. Bei der Frage des isolierten Verzichts auf eine Namensnennung steht dies aber zumeist gerade nicht in Frage.

1541 Metzger, S. 69, nimmt ein pactum de non petendo an.

1542 So auch Fromm/Nordemann-Hertin § 13, Rn. 8; vergl. hierzu oben 1. und im 2. Teil, unter II., 1.

1543 Dies nach Osenberg, S. 131, Fn. 176, ausdrücklich nicht nur im privaten Bereich. Im Unterschied zur Ghostwriterabrede - hierzu im Folgenden - steht dies letztlich auch nicht in Frage. Der Urheber will seine

Dogmatische Schwierigkeiten bereitet deshalb die Konstellation, in der der Nutzungsrechtsinhaber dem Urheber eine Schweigepflicht hinsichtlich seiner Urheberschaft auferlegen möchte, so dass diesem insgesamt ein Bekenntnis zur Urheberschaft verwehrt werden soll. Die verstärkte praktische Notwendigkeit solcher Vereinbarungen gebietet die Anerkennung ihrer grundsätzlichen Zulässigkeit. Auch in dem Fall, dass ein Verwerter ein wirtschaftliches Risiko nur unter den Bedingungen der pseudonymen Veröffentlichung mit Schweigeverpflichtung des Urhebers eingehen will und dem Urheber an dieser Werkverwertung aus materiellen Gründen gelegen ist, wäre diesem nicht mit dem schlichten Verweis auf eine Unzulässigkeit derartiger Vereinbarungen geholfen. Denn das rechtliche und wirtschaftliche Risiko wäre für den Verwerter unabwägbar, so dass eine Ablehnung der Verwertung als notwendige Konsequenz wahrscheinlich würde. Deshalb ist, auch im finanziellen Interesse des Urhebers selbst, ein Ausgleich und damit eine Vereinbarkeit der Verwertungs- und Schutzgesichtspunkte im Hinblick auf § 29 UrhG zu suchen.

Hinsichtlich Schweigeverpflichtungen bestehen unter dem Gesichtspunkt des Urheberschutzes Bedenken grundsätzlicher und letztlich unüberwindbarer Art, wenn eine Ausgestaltung als dauerhafte umfassende Verpflichtung vorläge. Denn dies wäre mit einem unzulässigen dinglichen Verzicht auf das Anerkennungsrecht aus § 13 S. 1 UrhG gleichzusetzen[1544]. Eine derartige schuldrechtliche Verpflichtung würde das geistige Band zwischen Werk und Urheber dauerhaft durchbrechen[1545]. Auch könnte sich der Urheber gegenüber einer Fremdanmaßung der Urheberschaft durch Dritte nicht mehr (folgenlos) zur Wehr setzen, denn mit der Geltendmachung seiner Urheberschaft würde er notwendigerweise zugleich gegen die vertragliche Schweigepflicht verstoßen. Zwar bleibt er wegen der bloß schuldrechtlichen Vereinbarung Inhaber der Rechtsposition aus § 13 S. 1 UrhG, er wird jedoch nicht ständig drohenden Schadenersatzforderungen ausgesetzt sein wollen[1546].

Deshalb ist ein angemessener Interessenausgleich über eine zeitliche Begrenzung der schuldrechtlichen Schweigeverpflichtung[1547] zu suchen[1548]. Denn nur dann kann auch der faktischen Wirkung nach von einer lediglich schuldrechtlichen Verzichtsvereinbarung bezüglich des Anerkennungsrechts aus § 13 S. 1 UrhG gesprochen werden. Zu denken ist hier an einen Rückgriff auf § 41 Abs. 4, S. 2 UrhG - im Unterschied also zur schlichten Namensabrede nach § 13 S. 2 UrhG, vergl. oben, unter 2., b), cc)[1549]. Insoweit wird im ganz überwiegenden

---

Urheberschaft nach außen nicht aufgeben, er will sich ein öffentliches Bekenntnis hierzu gleichsam vorbehalten und sich im Einzelfall, je nach Situation, für die eine oder andere Richtung entscheiden können.

1544 Zur Frage der Unzulässigkeit des dinglichen Verzichts, siehe oben im 3. Teil, unter I., 4. und im 4. Teil, unter III., 1.

1545 So auch Dieselhorst, S. 156, ohne jedoch explizit von einem Verzicht auf das Anerkennungsrecht aus § 13 S. 1 UrhG zu sprechen.

1546 Vergl. auch Osenberg, S. 100 f.; auf die Schadenersatzpflicht des Urhebers weist auch Schack, Rn. 989, hin.

1547 Schack, Rn. 989 - der diese Ausführungen zwar im Zusammenhang mit dem Arbeitnehmerurheber macht, diese aber als zutreffend auch bei freischaffenden Urhebern bewertet - deutet diese Vereinbarung zu einer Schweigepflicht als schuldrechtlichen Verzicht auf das Anerkennungsrecht gem. § 13 S. 1 UrhG, der über den Einwand eines pactum de non petendo einer Klage des Urhebers auf Anerkennung der Urheberschaft entgegensetzt werden könne.

1548 Bei dem schuldrechtlichen Verzicht auf das Bestimmungsrecht nach § 13 S. 2 UrhG hingegen kann lediglich eine sachliche Grenzziehung zu suchen sein; in diesem Sinne wohl auch Praxiskommentar-Bullinger § 13, Rn. 21 ff.; a. A. insoweit wohl v. Metzger, S. 82 f.; unklar bei: Schricker-Dietz § 13, Rn. 29 und Schack, Rn. 339, die sich anscheinend auf schuldrechtliche Verpflichtungen beziehen, die sowohl das Bestimmungsrecht des § 13 S. 2 UrhG als auch das allgemeinere Recht auf Anerkennung der Urheberschaft nach S. 1 beträfen.

1549 So auch Osenberg, S. 142, 144, der dem Verwerter zudem gegebenenfalls eine angemessene Aufbrauchsfrist einräumt sowie Schack, Rn. 339. Beide setzen aber hinsichtlich des Elements der Namensabrede, bzw. des „Verzichts", unmittelbar bei den Rechten aus § 13 UrhG an und verweisen insoweit auf die Unzulässigkeit einer vertraglichen Vereinbarung, statt - wie hier - bei der schuldrechtlichen Schweigepflicht anzusetzen.

Schrifttum gefordert, dass der Urheber an der Ausübung seiner urheberpersönlichkeitsrechtlichen Befugnis - der Offenbarung seiner Urheberschaft - im Voraus nicht für mehr als fünf Jahre gehindert werden kann[1550].

Unklar ist dabei aber, ob eine darüber hinausgehende vertragliche Vereinbarung insgesamt als unzulässig und damit unwirksam zu beurteilen ist[1551] oder ob „nur" die Bindungswirkung nach Ablauf von fünf Jahren durch die Ausübung eines entsprechenden Gestaltungsrechts wegfällt[1552].

Von Bedeutung ist diese rechtliche Einordnung z. B. im Hinblick darauf, dass das Gestaltungsrecht wirksam, d.h. insbesondere unzweideutig, gegenüber dem Vertragspartner ausgeübt werden muss, um eine Auflösung der Vereinbarung zu erreichen, was bezüglich des Zeitpunkts des Wegfalls der Verpflichtung mit ex-nunc-Wirkung relevant sein kann[1553]. Wird hingegen auf die 5-Jahresfrist im Sinne einer notwendigen Befristung der Vereinbarung abgestellt, so endet das Vertragsverhältnis automatisch; mithin entfällt die Bindungswirkung, ohne dass es einer bestimmten rechtserheblichen Handlung seitens des Urhebers bedarf. Gegenüber etwaigen, nach Fristablauf erfolgenden, öffentlichen Bekenntnissen des Urhebers zu seiner Urheberschaft könnten dann keine Ansprüche mehr als Folge vertraglicher Pflichtverletzung geltend gemacht werden.

Da § 41 Abs. 4, S. 2 UrhG im Zusammenhang mit der Statuierung der „Unverzichtbarkeit" nach Abs. 4, S. 1 UrhG Ausdruck des persönlichkeitsrechtlichen Regelungsmodells ist[1554], drängt sich eine Anwendung bei „rein" urheberpersönlichkeitsrechtlichem Sachverhalt geradezu auf. Eine derartige Analogie erscheint auch im Hinblick auf die Einheitlichkeit des Urheberrechts geboten, die eine Gleichbehandlung der die materiellen und ideelle Interessen schützenden Bestandteile nahe legt. Der Regelung kann dabei jedoch nur die Bedeutung einer zeitlichen Wirksamkeitsbeschränkung zukommen; denn es handelt sich auch in direkter Anwendung bei § 41 Abs. 4, S. 2 UrhG nicht um die Zuweisung eines Gestaltungsrechts, sondern um eine Wirksamkeitsregelung[1555]. Eine entsprechende Anwendung im urheberpersönlichkeitsrechtlichen Zusammenhang muss diesen Charakter dann beibehalten; eine Umdeutung in ein Gestaltungsrecht ist unzulässig, überschreitet den Regelungsgedanken des § 41 Abs. 4, S. 2 UrhG[1556].

[1550] Bsph.: Schricker-Dietz § 13, Rn. 29, der eine derartige Beschränkung aber nur beim Bestimmungsrecht aus S. 2 annimmt. Bei S. 1 problematisiert er diese Beschränkung nicht ausdrücklich, verweist aber auf die Ausführungen zu S. 2; vergl. im Übrigen die Fn. 1513 f. (insbes. die zu vorgreiflichem Hinweis auf Ghostwriter). A. A. wohl nur Hock, S. 118 und v. Welser, S. 79 f.

[1551] Vergl. Schricker-Schricker § 41, Rn. 21; Haberstumpf, Rn. 233 f.; Praxiskommentar-Wandtke § 41, Rn. 26; undeutlich bei Schack, Rn. 339 sowie Handbuch-Dietz § 16, Rn. 81, der von einer Beschränkung der Bindungswirkung auf fünf Jahre ausgeht und in: Schricker § 13, Rn. 29 formuliert, dass der Urheber an einer Ausübung des UPR nicht länger gehindert werden darf, dabei aber zugleich von einem „Widerruf" spricht.

[1552] LG München ZUM 2003, 64, 66 f.; OLG München ZUM 2003, 964, 967 f., das von einem Rückrufsrecht nach fünf Jahren ausgeht; Praxiskommentar-Bullinger § 13, Rn. 23, spricht von einem Kündigungsrecht; vergl. auch Osenberg, S. 142.

[1553] Siehe insoweit OLG München ZUM 2003, 964, 968, wo genau dieser Aspekt streitig und entscheidungserheblich war.

[1554] Schricker-Schricker § 41, Rn. 21.

[1555] Vergl. Praxiskommentar-Wandtke § 41, Rn. 26; Möhring/Nicolini-Spautz § 41, Rn. 18 und Schricker-Schricker § 41, Rn. 21.

[1556] Hier setzt indes die - nach der hier vertretenen Auffassung insoweit aber unzutreffende - Kritik von v. Welser, S. 79 f. und Hock, S. 118, an. Hock greift auf die Möglichkeit der ordentlichen Kündigung als Folge einer ergänzenden Vertragsauslegung zurück und verneint deshalb eine Regelungslücke. Die Rechtsfolgen und Wertungen zwischen der analogen Anwendung der Fristenregelung nach § 41 Abs. 4 S. 2 UrhG und der außerordentlichen Kündigung sind jedoch derart verschieden, dass ein Regelungszusammenhang abzulehnen

Wegen der entsprechenden Anwendung ausschließlich des Abs. 4, S. 2 ist dann weder eine Entschädigung zuzusprechen - denn hierfür wird an die Erklärung des Rückrufs und nicht isoliert an Abs. 4 angeknüpft[1557] - noch bedarf es etwaiger Pflichtverletzungen oder eines „wichtigen Grundes", durch die die Rechtsfolge der Unwirksamkeit erst ausgelöst werden könnte[1558]. Ausschließlich die Heranziehung der zeitlichen Bestimmung des Abs. 4 S. 2 UrhG steht in Frage.

Eine dauerhafte Bindung des Urhebers an eine Schweigepflicht ist demnach nicht wirksam vereinbar; im Einzelfall kann deshalb eine Umdeutung nach § 140 BGB in eine auf fünf Jahre begrenzte Abrede vorzunehmen sein.

Hinsichtlich der Möglichkeit des Urhebers, sich im Übrigen durch Gestaltungsrechte von einer Pseudonymabrede - mit oder ohne Schweigeverpflichtung - zu lösen, ist wieder auf die vergleichbare, unter 2., b), cc) und c), bb) untersuchte Konstellation zu verweisen; es gilt das zu §§ 41 f. UrhG und der Kündigung aus wichtigem Grund Ausgeführte entsprechend. Dabei ist zu bedenken, dass sich ein isoliertes Fortbestehen des nutzungsrechtlichen Teils der Abrede aus Verwertersicht nach § 139 BGB in direkter Anwendung beurteilt, da es sich bei § 41 Abs. 4, S. 2 UrhG um ein Wirksamkeitserfordernis handelt - anders also als bei einer schlichten Namensabrede betreffend § 13 S. 2 UrhG, wo eine analoge Anwendung des § 139 BGB in Rede steht.

5. Ghostwritervereinbarungen

Bei einer Ghostwritervereinbarung[1559] wird, wie bei der Pseudonymabrede, mit der gewählten Namensbezeichnung nicht auf den Urheber verwiesen; es geht zudem darüber hinaus darum, dass das Werk durch die gewählte Bezeichnung zugleich einer anderen Person zugeordnet wird. Insoweit wird das Künstlerzeichen, das Pseudonym oder der bürgerliche Name dieser anderen Person benutzt[1560]. Die hierdurch bezweckte legitimierte Fremdanmaßung der Urheberschaft erscheint auf den ersten Blick als eine „Übertragung" der Urheberschaft. Rein denkgesetzlich und begriffslogisch ist dies jedoch nicht möglich[1561]. Dabei geht es weniger um die viel beschworene Unübertragbarkeit nach § 29 UrhG[1562], sondern darum, dass die Urheberschaft ein tatsächlicher Umstand, etwas Faktisches ist. Das Recht auf Anerkennung der

---

ist und ein Gegenargument zur Analogie nach § 41 Abs. 4 S. 2 UrhG nicht aus der Möglichkeit eines ordentlichen Kündigungsrechts abgeleitet werden kann.

1557 Hier scheint wohl ein Missverständnis bei v. Welser, S. 80, zu bestehen, indem er statuiert, dass nicht der Zeitpunkt, sondern die Voraussetzungen und Rechtsfolgen eines Widerrufs entscheidend seien. Siehe auch Osenberg, S. 202, der eine analoge Anwendung auch des § 41 Abs. 6 UrhG befürwortet.

1558 A. A. wohl LG München, ZUM 2003, 64, 66 f., das die Unzumutbarkeit eines weiteren Festhaltens am „Verzicht" prüft; unentschieden hingegen die nächste Instanz: OLG München, ZUM 2003, 964, 967 f., wonach ausdrücklich dahingestellt bleiben kann, ob bereits der Zeitablauf ausreicht oder eine Meinungsänderung des Urhebers vorliegen muss, da im vorliegenden Fall jedenfalls ein wichtiger Grund zu bejahen war.

1559 Dies gilt natürlich für alle Werkarten; gebräuchlich sind insoweit auch Ghostpainter- oder Ghostcomposerabreden. Ausführliche Untersuchung hierzu von Stolz.

1560 Vergl. Stolz, S. 3.

1561 So auch Osenberg, S. 88, 129; Seetzen, S. 54; Metzger, S. 186, 192; widersprüchlich Kellerhals, S. 172 f., die zwar jede Form einer rechtsgeschäftlichen Disposition über dieses „Rudiment" als Ausdruck der Zuweisung der Urheberschaft an den Werkschöpfer ablehnt, andererseits Ghostwriterabreden beim Untersuchungspunkt „Überlassung zur Ausübung", damit also einer „Übertragungs-"Konstellation, einordnet. Rechtstechnisch völlig unklar bleibt die Behandlung dieser Fallgruppe bei Möhring/Nicolini-Kroitzsch § 13, Rn. 22.

1562 Bsph. für viele aber: Praxiskommentar-Bullinger § 13, Rn. 22.

Urheberschaft aus § 13 S. 1 UrhG stellt insoweit schlicht die öffentliche Verlautbarung dieser zunächst rein tatsächlichen Verbindung zwischen der Person und ihrem Werk sicher.

Nicht nur, dass dieser tatsächliche Umstand nicht übertragbar ist, das Verständnis als „übertragende" Vereinbarung ist auch nicht notwendig. Denn der Eindruck der Zuweisung des Werks an eine andere Person entsteht hier letztlich als Folge der Ausübung des Bestimmungsrechts über die Urheberbezeichnung, § 13 S. 2 UrhG, durch den Urheber selbst[1563]. Das Werk wird nicht irgendjemandem zugeordnet, sondern der Person des Vertragspartners bzw. einer durch diesen bestimmten Person und der Urheber weiß, um welche - dritte „namensgebende" Person es sich handelt und übt dementsprechend sein Bestimmungsrecht aus. An diese Rechtsausübung ist der Urheber, wie im Fall der Pseudonymabrede, infolge einer vertraglich vereinbarten, somit nicht frei widerruflichen Einwilligung auch gebunden[1564]. Er verliert seine Abwehrrechte aus §§ 97, 13 UrhG im Hinblick darauf, dass sein Werk mit dem Namen der anderen Person, als Werkschöpfer, versehen wird[1565].

Da Teil einer Ghostwriterabrede, wie bei der Pseudonymabrede, regelmäßig zugleich eine umfassende Verschwiegenheitsverpflichtung ist, ist zudem eine Abwehr von Eingriffen Dritter de facto generell ausgeschlossen[1566], vergl. 4. Da sich der Namensgeber seinerseits, mangels Erwerbs einer dinglichen Berechtigung aus § 13 UrhG, ebenfalls nicht gegen eine auch seine Interessen schädigende Fremdanmaßung der Urheberschaft durch Dritte zur Wehr setzen könnte, wird regelmäßig eine diesbezügliche Ermächtigung gem. § 185 BGB durch den Urheber zur Geltendmachung von Abwehransprüchen vorliegen. Andernfalls stünde ihm lediglich das Recht zu, sich gegen ein Plagiat - aufgrund seiner Nutzungsrechte - zu verteidigen[1567] und der Umstand der Urheberschaft wäre letztlich gegenüber Dritten gar nicht mehr geschützt.

Hinsichtlich der Möglichkeit einer Lösung der vertraglichen Bindung und der Notwendigkeit einer zeitlichen Beschränkung der Verschwiegenheitsverpflichtung auf den maximalen Zeitraum von 5 Jahren[1568], gilt das zur Pseudonymabrede unter 4. bereits Ausgeführte; Pseu-

---

1563 Anders wohl Stolz, S. 61 f., der lediglich den Fall der Selbstsignatur des Werks als Ausübung des Bestimmungsrechts versteht. Hierunter fällt indes auch eine Namensanbringung durch einen anderen entsprechend den Vorgaben des Urhebers, denn § 13 UrhG schützt nicht die Handlung des Selbstsignierens, sondern des Selbstbestimmens über das „Ob" und „Wie" der Namensnennung bzw. -anbringung.

1564 Trotz des definitorischen Unterschieds zwischen der Gruppe der Pseudonymabreden und der der Ghostwriterabreden kann eine rechtliche Gleichbehandlung notwendig sein. Vergl. auch Rehbinder, FS Pedrazzini, S. 651.

1565 Vergl. auch Dieselhorst, S. 156, wohl auch Heidmeier, S. 64 f.

1566 Nicht weiterführend ist hier der Verweis von Metzger, S. 239, darauf, dass ein faktischer Ausschluss des Rechts auf Anerkennung der Urheberschaft über die Anwendung der Zweckübertragungslehre verhindert werde, da ein entsprechend verklausulierter Buy-out nicht möglich sei, so dass nicht alle Nutzungssituationen, die sich auch erst zukünftig ergeben können, erfasst werden könnten. Denn es geht hier nicht um eine Verknüpfung von schuldrechtlichen Verpflichtungen bezüglich § 13 UrhG mit einzelnen Nutzungssituationen, sondern um eine umfassende vertragliche Schweigeverpflichtung des Urhebers.

1567 Er ist bei Einräumung eines ausschließlichen Nutzungsrechts insoweit aktivlegitimiert, Schricker-Wild § 97, Rn. 28.

1568 A. A. hingegen Metzger GRUR Int. 2003, 9, 22, der generell eine Beschränkung auf ein vernünftiges Maß nach dem Gesichtspunkt der Zweckübertragungslehre, z.B. auf bestimmte Veranstaltungen oder zeitliche Kontexte, wie die „heiße Werbephase" für das Werk, befürwortet. Diese Einschränkung ist unzureichend; auch diese kann letztlich derart ausufern, dass § 13 S. 1 UrhG weithin ausgehöhlt wird, insbesondere liegt der Sinn der Ghostwriterabrede im Verschweigen der wahren Urheberschaft insgesamt, also bei allen relevanten, damit öffentlichen Zusammenhängen.

donymabrede und Ghostwritervereinbarung unterliegen insoweit der gleichen rechtlichen Beurteilung und Behandlung[1569].

Unter den genannten Bedingungen sind Ghostwritervereinbarungen grundsätzlich zulässig[1570]. Weitere Wirksamkeitsanforderungen sind nicht zu stellen. Insbesondere der Forderung nach einer Fremdorientiertheit des durch den Ghostwriter geschaffenen Werks, der Notwendigkeit einer inhaltlichen und stilistischen Anpassung an die Person des Namensgebers, kann nicht gefolgt werden[1571]. Meist wird zwar ohnehin eine inhaltliche Abstimmung mit dem Namensgeber vorliegen[1572]. Entscheidend aber - auch als ein Anknüpfungspunkt für die urheberrechtliche Schutzfähigkeit - bleibt die Umsetzung und Ausarbeitung des Vereinbarten durch den Ghostwriter. Dessen persönlicher Stil und individuellen Eigenarten finden sich im Werk wieder. Oft wird genau dies auch gewollt sein; so wenn der Namensgeber selbst nicht über die erforderlichen Eigenschaften und Fähigkeiten zur Werkschöpfung verfügt. Dann wird gerade auf das individuelle Können und ästhetische Empfinden des Ghostwriters rekurriert; die eigenpersönliche Prägung durch den Ghostwriter ist dann Zweck der Abrede.

Auch eine im Schrifttum vorgeschlagene Differenzierung nach einzelnen Fallgruppen, hinsichtlich derer die Wertigkeit der Kennzeichnungsfunktion des gewählten „Namens" gegenüber dem Werk geprüft und eine Abwägung der Parteiinteressen vorgenommen wird, ist nicht gerechtfertigt[1573]. Denn dies läuft auf eine qualitative Abstufung des Schutzes nach § 13 UrhG hinaus, was im Widerspruch zum Gesetz steht, das Derartiges nicht vorsieht. Gerade im Interesse der Praktikabilität - dem allseits angeführten Hauptargument für die Zulässigkeit von Ghostwriterabreden[1574] - sowie dem Anliegen nach Rechtssicherheit entsprechend, muss eine allgemein gültige rechtliche Lösung gefunden werden. Etwaige Korrekturen sind dann - wie grundsätzlich bei vertraglichen Vereinbarungen - über die hierfür vorgesehenen, wertenden Rechtsnormen im konkreten Einzelfall vorzunehmen[1575].

Keinesfalls kann eine Beschränkung wirksamer Ghostwritervereinbarungen auf den Bereich politischer Reden befürwortet werden[1576]. Soweit der Ausnahmecharakter hier damit begründet wird, dass die Namensnennung nicht als Hinweis auf die Urheberschaft, sondern

---

1569 Insoweit kann es dann auch nicht zu einem „Totalverlust" des UPR kommen, wie Osenberg, S. 101, mit Blick auf einen angenommenen Verlust des Rechts aus § 13 UrhG insgesamt annimmt.

1570 A. A. Heidelberger-Dreyer § 13, Rn. 41, wonach ein anderer sich wahrheitswidrig nie als Urheber ausgeben dürfe. Osenberg, S. 126 f. und im Anschluss an diesen Schricker-Dietz § 13, Rn. 28. Hock, S. 147, erkennt Ghostwriterabreden bei Fällen an, in denen die Frage der wahren Urheberschaft ohnehin auf keinerlei Interesse stoße. Das Problem bestünde dann aber darin, festzulegen, wonach und zu welchem Zeitpunkt dies beurteilt werden soll. Insbesondere kann sich das Vorliegen von Interesse oder Desinteresse an der Urheberschaft auch wandeln.

1571 So aber Stolz, S. 62 ff., insbes. S. 81; Fromm/Nordemann-Hertin § 13, Rn. 16, hält *jedenfalls* in diesen Konstellationen eine Ghostwriterabrede für zulässig.

1572 So auch Praxiskommentar-Bullinger § 13, Rn. 22, der Ghostwritervereinbarungen insoweit aber wohl dennoch grundsätzlich zulässt, eine Pflicht zur Nichtausübung des Namensnennungsrechts allerdings nur dann als wirksam anerkennt, wenn der unabdingbare Kernbereich des § 13 UrhG nicht betroffen sei - ohne diesen jedoch zu beschreiben.

1573 So Hock, S. 111 ff.

1574 Bsph. Praxiskommentar-Bullinger § 13, Rn. 22.

1575 Auf dieser Überlegung baut auch Hock, S. 109 ff., seine Untersuchung auf, bleibt dabei jedoch in der Fortführung der Fallgruppenbeispiele und entsprechender Rückführung auf § 138 BGB nicht konsequent. So im Ergebnis auch Stolz, S. 68, allerdings im Anschluss an die Forderung einer notwendigen Fremdbestimmtheit des Werks bei einer Ghostwritervereinbarung.

1576 So aber Osenberg, S. 126 f. und im Anschluss an diesen Schricker-Dietz § 13, Rn. 28. Siehe auch Fromm/Nordemann-Hertin § 13, Rn. 16, der - genau andersherum - annimmt, dass keine großzügigeren Maßstäbe für diese Personengruppe gelten.

auf die Übernahme der Verantwortung für den Inhalt und die Ansichten durch Politiker verstanden werde, bedeutet dies in der Sache letztlich contra legem eine Umdeutung der durch § 13 UrhG gewahrten Kennzeichnungsfunktion. Denn der urheberpersönlichkeitsrechtliche Schutz knüpft an den Umstand der Werkschöpfung, nicht an die personelle Zuweisung von inhaltlichen Meinungs- und Werturteilen an. Zudem handelt es sich gerade bei politischen Reden um Konstellationen, in denen wohl allen bekannt sein dürfte, dass die Werke (Reden) nicht von denjenigen Personen (Politiker) stammen, die sich deren Inhalt öffentlich zu Eigen machen. Es ist nicht nachvollziehbar, dass nur in diesem Bereich eine Ghostwriterabrede zulässig sein soll; hier liegt zumeist schon keine verdeckte Fremdanmaßung der Urheberschaft vor, jedenfalls ist dies nicht vergleichbar problematisch.

6. Treuhänderische Wahrnehmung

Eine treuhänderische Wahrnehmung kommt im Bereich des § 13 UrhG hinsichtlich der Geltendmachung der Abwehrrechte aus §§ 97, 13 UrhG in Betracht. Da die Ausgestaltung des gesetzlichen Schutzes der Struktur beim Veröffentlichungsrecht gem. § 12 UrhG entspricht, steht auch hier die Rechtsfigur der Treuhandermächtigung in Rede. Insoweit kann auf das zum Veröffentlichungsrecht, vergl. oben, unter I., 2., c) Ausgeführte verwiesen werden.

7. Besonderheiten bei bestimmten Treuhändern und bestimmten Urhebergruppen

a) Verwertungsgesellschaften

Die VG Bild-Kunst trifft in ihren Wahrnehmungsvereinbarungen ausdrücklich Regelungen bezüglich einer treuhänderischen Rechtswahrnehmung.

§ 1 p) Wahrnehmungsvertrag VG Bild-Kunst für die Berufsgruppen I und II sieht insoweit eine spezielle Regelung in Form einer umfassenden Rechtseinräumung für Ansprüche aus der Verletzung von Urheberpersönlichkeitsrechten vor, die im Zusammenhang mit einer Digitalisierung oder digitalen Bearbeitung, Umgestaltung bzw. Nutzung von Lichtbildern und -bildwerken stehen[1577]. Einleitend spricht § 1 dabei generell von einer „Rechtsübertragung", die sich auf die nachfolgenden, in a) bis s) aufgeführten Konstellationen bezieht.

Denkbar wäre zunächst, an den Rechtsbegriff der „Übertragung" anknüpfend, einen Verstoß gegen § 29 UrhG anzunehmen. Hierfür spräche auch die Zusammenschau mit der Regelung des § 1 II, die vorsieht, dass der Berechtigte „für die Wahrnehmung *in einem bestimmten Einzelfall* ... (verlangen kann, dass ihm) ... die unter a, b, c, k, l, o und p aufgeführten Rechte *zurückübertragen* werden (Hervorhebung durch Verfasserin)." Insoweit wird die Wortwahl „Übertragung" bestätigt und rechtstechnisch verdeutlicht, dass von einem Rechtsverlust auf Seiten des Urhebers ausgegangen wird. Auf die Rechtsfigur der Ermächtigung und der gebundenen Übertragung trifft dies - jedenfalls so - nicht zu. Lediglich bei der translativen Übertragung wäre eine Rückübertragung notwendig. Diese Rechtsfigur ist jedoch nach § 29 UrhG unzulässig, eine dahingehend auszulegende Vereinbarung wäre unwirksam.

Es ist jedoch zu bedenken, dass sich derartige Wahrnehmungsvereinbarungen nicht an beiderseits rechtskundige (Fach-)leute richten, so dass hier auf den allgemeinen Sprachgebrauch zu verweisen ist[1578]. Dann aber kann mit „Übertragung" auch lediglich gemeint sein, dass die VG Rechte des Urhebers wahrnehmen können soll. Dies ist im Wege einer Ermächtigung oder gebundenen Übertragung erreichbar. Für die Annahme einer weitreichenden gebundenen

[1577] In der Mehrzahl wird es sich hierbei wohl um Eingriffe in das Werkintegritätsrecht handeln.
[1578] Palandt-Heinrichs § 133 BGB, Rn. 14.

Übertragung bestehen dabei allerdings keine Anhaltspunkte; es ist auch hier nicht ersichtlich, wieso die VG mehr Rechtsmacht erwerben sollte, als sie zur Ausübung nach dem Vertragszweck benötigt. Insoweit kann den diesbezüglichen Überlegungen, die der Oberste Gerichtshof von Österreich in seiner (vom deutschen Schrifttum oft angeführten) „Weihnachtslieder"-Entscheidung[1579] anstellt, nicht zugestimmt werden. Der Gerichtshof argumentiert damit, dass die Verwertungsgesellschaft Werknutzungsbewilligungen nur unter der vom Urheber bestimmten Bezeichnung ausüben könne[1580]. Weil diese Bezeichnung im unmittelbaren Zusammenhang mit den übertragbaren Verwertungsrechten stehe, sei die VG auch berechtigt, gegen entsprechende Verstöße das UPR betreffend, im eigenen Namen und nicht nur im Wege der Prozessstandschaft vorzugehen.

Zuzugeben ist zwar, dass die Rechte aus § 13 S. 2 UrhG immer nur im Zusammenhang mit einer Werknutzung Bedeutung erhalten. In der durch den Gerichtshof formulierten Allgemeinheit bedeutet dies jedoch, dass jedem Verwerter, dem Nutzungsrechte zur Weiterübertragung bzw. Unterlizenzierung eingeräumt werden, zugleich die Abwehrrechte gegenüber einer Verletzung des Namensnennungsrechts mitzuüberlassen wären. Dies ist jedoch unzutreffend. Die Frage der Wahrnehmung von Abwehrrechten ist schon rein praktisch getrennt und unabhängig von der Nutzungsrechtserteilung zu untersuchen.

Hinzukommt, dass Verwertungsrechte nach deutschem Recht nicht frei übertragbar sind, sondern Verwertern „lediglich" Nutzungsrechte eingeräumt werden können. Auch wird dieses Nutzungsrecht dabei nicht in dem genannten Sinne *unter der vom Urheber bestimmten Bezeichnung eingeräumt,* sondern die Durchsetzung des Namensnennungsrechts erfolgt eigenständig über §§ 97, 13 UrhG. Mit der vertraglichen Nutzungsrechtsvereinbarung und -rechtseinräumung hat dies so grundsätzlich nichts zu tun; eine fehlende Namensnennung lässt auch nicht das Recht zur Werknutzung entfallen. Die österreichische Lösung ist nicht auf das deutsche Recht übertragbar, so dass die Entscheidung auch kein Argument für die Heranziehung der Rechtsfigur der gebundenen Übertragung liefert.

Deshalb ist der betreffende Wahrnehmungsvertrag dahingehend auszulegen, dass durch § 1 p) eine Ermächtigung gem. § 185 BGB analog zur Wahrnehmung der Abwehrrechte aus §§ 97, 13 UrhG erteilt wird[1581]. Dem Bestimmtheitserfordernis, mit Blick auf die erst zukünftigen Abwehransprüche[1582], wird durch Bezugnahme auf den sachlichen Zusammenhang der Digitalisierung der betroffenen Lichtbilder bzw. -bildwerke entsprochen[1583].

Als Bestätigung dieses rechtstechnischen Verständnisses kann ergänzend auf die Regelung in § 1 Abschnitt IV des Wahrnehmungsvertrages VG Bild-Kunst für die Berufsgruppe I und II verwiesen werden. Hier wird die VG generell, ohne Bezug zu einer speziellen Eingriffssitua-

---

1579 GRUR Int. 1997, 262.

1580 GRUR Int. 1997, 262, 264.

1581 Über eine Auslegung dahingehend, dass der Begriff „Übertragung" eindeutig ist und deshalb ein Verstoß gegen § 29 UrhG vorliegt, würde man zum gleichen Ergebnis gelangen. Denn dann wäre gem. § 306 BGB nur die unwirksame Regelung im Vertrag hinfällig. Die entstehende Lücke wäre durch Heranziehung der gesetzlichen Vorschriften für derartige Konstellationen zu schließen. Da das Gesetz diese Fälle nicht regelt, müsste eine ergänzende Vertragsauslegung vorgenommen werden, da das Fehlen einer derartigen Regelung von den Parteien gerade nicht beabsichtigt war und deshalb nicht interessengerecht wäre. Dabei würde an die Stelle der unwirksamen Vereinbarung eine Regelung treten, die die Parteien bei sachgerechter Abwägung beiderseitiger Interessen gewählt hätten, vergl. hierzu Palandt-Heinrichs § 306 BGB, Rn. 2 ff., insbes. Rn. 7. Dem entspräche eine Ermächtigung zur Geltendmachung von Ansprüchen aus Verletzung des UPR.

1582 Vergl. oben, unter I, 3., a), bb).

1583 Kritisch hingegen Hoeren, in: Lehmann, Internet, S. 79, 88, der dieser Wahrnehmungsvereinbarung Pauschalcharakter zuweist, aber letztlich unter dem Verweis darauf billigt, dass der Urheber weiterhin bestimmt, ob und wann gegen eine Verletzung vorgegangen wird. Ein Handeln der VG gegen den Willen des Urhebers sei undenkbar - was bei der hier vertretenen Annahme einer Ermächtigung rechtlich auch zutrifft.

tion, ausdrücklich zur Wahrnehmung von Ansprüchen aus §§ 97 i.V.m. 13 UrhG *ermächtigt*[1584]. Wäre § 1 p) im Sinne einer gebundenen Übertragung zu verstehen, wäre nicht nachvollziehbar, weshalb in § 1 IV eine Regelung getroffen wird, die hinsichtlich weiterer Ansprüche dahinter zurückbleibt und lediglich eine Ermächtigung zuspricht.

Ergänzt wird die materiell-rechtliche Ermächtigung in § 4 der Wahrnehmungsverträge der VG Bild-Kunst durch eine Ermächtigung zur gerichtlichen Geltendmachung aller *„übertragenen Rechte"*. Dabei ist § 4 so zu verstehen, dass nicht nur die rechtstechnisch *„übertragenen* (Nutzungs-)*Rechte*", sondern auch die vom Ermächtigten wahrgenommenen Ansprüche aus §§ 97, 13 UrhG erfasst werden[1585].

Hinsichtlich der Wahrnehmung der Nutzungsrechte und der Möglichkeit der Unterlizenzierung gegenüber Dritten durch VGen ergeben sich Besonderheiten im Hinblick auf den Aspekt der rechtlichen Bindung des Urhebers an die Ausübung seiner Rechte aus § 13 S. 2 UrhG.

Die Revidierbarkeit der Rechtsausübung schafft gegenüber einer VG unter Interessengesichtspunkten keine Probleme. Dem Urheber ist zuzugestehen, seine Meinung und damit seine zunächst getroffene Namensbestimmung jederzeit zu ändern, so dass er insofern auch weiterhin umfassend über § 97 UrhG geschützt ist. Eine Interessenverletzung auf Seiten der VG geht damit nicht einher, denn diese zieht ja mit dem Urheber insofern an einem Strang, als dass sie die Rechte und Interessen des Urhebers bei jeder Unterlizenzierung nur - treuhänderisch - wahrnimmt. Für die VG selbst ist es irrelevant, ob eine Namensnennung erfolgt, da sie selbst das Werk nicht nutzt und damit von der Ausübung des Bestimmungsrechts durch den Urheber nicht unmittelbar nutzungsrechtlich betroffen ist.

Der Konfliktfall tritt indes mit einer Unterlizenzierung an Dritte ein. Zum Schutz des Unterlizenznehmers bedarf es dann einer rechtlichen Bindung des Urhebers an seine Rechtsausübung; das Interesse des Dritten an einer für ihn kalkulier- und planbaren Rechtssituation ist gerechtfertigt und deshalb, wie in der Situation ohne Zwischenschaltung einer VG, zu berücksichtigen. Insoweit kann also auf die entsprechenden Ausführungen zur Konstellation des § 35 UrhG, oben, unter 2., b), dd) verwiesen werden; auch hier ist die Erteilung einer Einwilligungsermächtigung gegenüber der VG anzunehmen.

Betreffend deren Widerrufbarkeit ist an § 183 S. 1, 1. Halbsatz BGB anzuknüpfen. Mit „Vornahme des Rechtsgeschäfts" im Sinn des § 183 S. 1, 1. Halbsatz BGB, d.h. mit der Erteilung einer rechtfertigenden Einwilligung an den Unterlizenznehmer, tritt eine Bindung des Urhebers an seine getroffene Bestimmung über eine Namensnennung bzw. -anbringung ein.

[1584] Vergl. § 1 a. E. Wahrnehmungsvertrag der VG Bild-Kunst für die Berufsgruppe I und II sowie für die Berufsgruppe III, wonach der „Berechtigte ... die VG Bild-Kunst ermächtigen (*kann*), ... Ansprüche, insbesondere solche aus § 13 (Nennungsrecht) ... einschließlich des immateriellen Schadenersatzes im eigenen Namen geltend zu machen." Hinsichtlich des immateriellen Schadenersatzes ist zu bedenken, dass sich aus den „Allgemeinen Konditionen der Rechtevergabe", abgedruckt in: Bild-Kunst, Reproduktionsrecht 1998, ergibt, dass der Rechteerwerber verpflichtet ist, bei jeder Reproduktion den Urheber zu nennen, bei einer schuldhaften Verletzung dieser Pflicht pauschal ein Zuschlag von 100 % zur Tarifgebühr erhoben wird. Erfasst wird mit dieser pauschalen Abgeltung nur der materielle Schaden, denn hinsichtlich des Ersatzes von immateriellen Schäden gilt der Billigkeitsgedanke, vergl. Praxiskommentar-v. Wolff § 97, Rn. 70. Der 100%-Zuschlag hinsichtlich des materiellen Schadens liegt dabei auch auf der Linie der Rechtsprechung.

[1585] Eine Rechtseinräumung bezüglich der Ausübung des Bestimmungsrechts aus § 13 UrhG, soweit es das „Ob" und „Wie" der Namensnennung anbelangt, kann aus der Regelung in § 1 nicht abgeleitet werden. Es wird insoweit wohl vielmehr davon ausgegangen, dass eine derartige Rechtsausübung bereits durch den Urheber erfolgt ist. So auch die Formulierung in § 1, o) des Wahrnehmungsvertrages für die Berufsgruppen I und II, wonach „(sicherzustellen) ist, dass die Bilder bei jeder Nutzung mit der Urheberbezeichnung und ggf. einer Urheberkennung versehen ... werden".

Er kann keine Abwehrrechte mehr aus §§ 97, 13 UrhG gegenüber dem Unterlizenznehmer geltend machen.

Zu bedenken ist dabei, dass der Urheber im Übrigen zum Widerruf der erteilten Einwilligungsermächtigung ex-nunc berechtigt bleiben muss, so dass er für weitere folgende Unterlizenzierungen eine neue Rechtsausübung und damit Bestimmung über die Namensnennung und -anbringung vornehmen kann. Dabei wird regelmäßig wohl kein „umfassender und endgültiger" Widerruf der Einwilligungsermächtigung anzunehmen sein. Vielmehr wird im Sinne eines nur abändernden Widerrufs eine Neubestimmung der zulässigen Einwilligungssituation entsprechend der Neuausübung des Rechts aus § 13 S. 2 UrhG erfolgen[1586]; konstruktiv zu erklären ist dies als Widerruf der ursprünglichen Einwilligungsermächtigung bei gleichzeitiger Neuerteilung entsprechend den geänderten Vorstellungen des Urhebers.

Abschließend ist festzuhalten, dass die VG im Rahmen des Treuhandverhältnisses nicht nur zur Unterlizenzierung gem. § 35 UrhG berechtigt ist, sondern dass darüber hinaus eine Ermächtigung ausgesprochen wird. Diese berechtigt zur Erteilung von rechtfertigenden Einwilligungen an Unterlizenznehmer - bewirkt damit eine Bindung des Urhebers an die Ausübung seines Rechts aus § 13 S. 2 UrhG - sowie zur materiell-rechtlichen und prozessrechtlichen Verfolgung von Verletzungen der Rechte aus § 13 UrhG.

b) Miturheber

Da jedem Miturheber seine Rechte aus § 13 UrhG individuell, ohne gesamthänderischer Gebundenheit[1587], zustehen, gilt hinsichtlich der Frage zur anonymen und pseudonymen Veröffentlichung der einzelnen Miturheber und der treuhänderischen Wahrnehmung der Abwehrrechte aus §§ 97, 13 UrhG nichts anderes als das bereits oben hierzu zu Einzelurhebern Ausgeführte[1588].

Denkbar und von praktischer Relevanz ist zudem die Konstellation, dass Miturheber sich einen gemeinsamen Namen als Künstlergruppe geben und ihre Werke unter dieser einheitlichen Bezeichnung der Öffentlichkeit vorstellen. Insoweit liegt dann eine gleichartige Rechtsausübung aller beteiligten Urheber über ihr Bestimmungsrecht aus § 13 S. 2 UrhG vor. Sie binden sich an diese Rechtsausübung hinsichtlich der Anbringung am Werkoriginal und für jede Verwertungshandlung bezüglich des gemeinsamen Werks.

Dabei sind die Vereinbarungen zwischen Verwertern und Miturhebern einerseits und denen unter den Miturhebern andererseits zu unterscheiden.

Im ersteren Fall ergibt sich die Nichtrevidierbarkeit der gleichartigen Rechtsausübung über die im Rahmen eines mehrseitigen Vertrages[1589] vereinbarten rechtfertigenden Einwilligungen.

[1586] Tatsächlich könnte hier die Situation vorliegen, dass der Urheber an die VG herantritt und eine Änderung der durch ihn zuvor erfolgten Namensbestimmung mitteilt und zu beachten verlangt.

[1587] Strittig ist, ob die Rechte aus § 13 UrhG entsprechend der Regelung des § 8 Abs. 2 S. 1 UrhG den Miturhebern zur gesamten Hand zustehen; zutreffend ist insoweit, dass die Regelung in § 8 UrhG abschließend ist; vergl. oben, 3. Teil, II, 1 (a).

[1588] Für eine Gleichbehandlung zwischen Einzel- und Miturhebern auch Rojahn, S. 110; a. A. Waldenberger, S. 82 f., was allerdings nur notwendige Folge seiner Annahme ist, dass alle urheberpersönlichkeitsrechtlichen Befugnisse, wenn diese nicht ausdrücklich nach § 8 Abs. 2 UrhG bereits in der Entstehung gesamthänderisch gebunden sind, so doch hinsichtlich der Ausübung einer gesamthänderischen Bindung unterliegen.

[1589] Dabei ist die Anzahl der beteiligten Parteien natürlich je nach Anzahl der Miturheber variierend. Derartige, mehrseitige Verträge sind unproblematisch zulässig, vergl. Palandt-Heinrichs Einf v § 145 BGB, Rn. 1 und Brox, Rn. 100, S. 48.

Hinsichtlich des Innenverhältnisses ist zu bedenken, dass die Rechtsausübung rein praktisch wohl zumeist im Zusammenhang mit der Einholung der notwendigen Einwilligung aller Miturheber, § 8 Abs. 2 S. 1 UrhG, zur Veröffentlichung bzw. Verwertung vor Abschluss des Nutzungsrechtsvertrages erfolgen wird; insoweit ist an die Möglichkeit einer Stellvertretung der Miturheber durch einen aus ihrer Mitte gegenüber den Verwertern zu denken[1590].

c) Arbeitnehmerurheber

aa) Grundsätzliches

Durch die Regelung des § 43 UrhG wird die Beachtung der Rechte aus § 13 UrhG zwar auch für den Arbeitgeber nicht ausgeschlossen[1591]. Es wirkt sich jedoch zugleich aus, dass § 43 UrhG eine stärkere Abweichung vom gesetzgeberischen Anliegen des Urheberschutzes zugunsten des Arbeitgebers ermöglicht.

Dies bedeutet dann zunächst, dass jedenfalls für die grundsätzliche Frage nach der Zulässigkeit von Rechtsgeschäften über die Befugnisse aus § 13 UrhG das für freischaffende Urheber Ausgeführte ebenfalls gilt. Insbesondere Ghostwriterabreden sind vor der Wertung des § 43 UrhG in den genannten Grenzen unproblematisch zulässig[1592]. Außerdem wird eine Eigennutzung des Werkes durch Arbeitnehmerurheber ohnehin praktisch nie in Betracht kommen, da die Nutzungsrechte regelmäßig unter Ausschluss auch des Urhebers ausschließlich dem Arbeitgeber zustehen. Eine Schweigepflicht des Urhebers bezüglich der tatsächlichen Urheberschaft kann dabei nur für das außerbetriebliche Verhältnis auferlegt werden. Denn innerbetrieblich wird das materielle Verwertungsinteresse des Arbeitgebers durch Offenlegung der Urheberschaft nicht gefährdet, so dass ein Geheimhaltungsinteresse nicht anzuerkennen ist[1593].

Wie beim Veröffentlichungsrecht im Arbeitnehmer-Arbeitgeber-Verhältnis wird eine Namensabrede, damit ein „Verzicht“ hinsichtlich der Rechte aus § 13 UrhG, regelmäßig zusammen mit der Vorabeinräumung von Nutzungsrechten bei Abschluss des Arbeitsvertrages wirksam abgeschlossen werden[1594]. Etwas anderes ergibt sich nicht daraus, dass erst zukünftige Werke in Rede stehen. Denn eine notwendige Bestimmtheit der Namensabrede ist selbst bei konkludenten Abreden durch den Arbeitsvertrag gewahrt. Insoweit werden die zu schaffenden Pflichtwerke, auf die sich die Namensabreden beziehen, bereits mit dessen Abschluss hinreichend bestimmt, so dass die sich darauf beziehende, rechtfertigende Einwilligung wirksam erteilbar ist[1595]. Hier wirkt sich letztlich die durch § 43 UrhG intendierte Privilegierung

1590 Derartige Regelungen sehen bspw. Wahrnehmungsverträge vor. Vergl. insoweit § 6 des Wahrnehmungsvertrags der VG Bild-Kunst für die Berufsgruppen I und II und § 10 des Wahrnehmungsvertrags der VG Bild-Kunst für die Berufsgruppe III.

1591 Möhring/Nicolini-Kroitzsch § 13, Rn. 28.

1592 Ungeklärt bei Möhring/Nicolini-Spautz § 13, Rn. 10, der grundsätzlich annimmt, dass angestellte Ghostwriter bereit sind, ihr Recht auf Anerkennung der Urheberschaft nicht auszuüben - Ausführungen zur rechtstechnischen Konstruktion werden nicht gemacht.

1593 Vergl. Schricker-Rojahn § 43, Rn. 78, die von der Unverzichtbarkeit auf innerdienstliche, innerbetriebliche Anerkennung der Urheberschaft ausgehen. Dabei ist fraglich, inwieweit hier überhaupt eine „Öffentlichkeit“, die Kenntnis von den tatsächlichen Umständen der Urheberschaft hat, vorliegt; nur insoweit aber sind die Befugnisse aus § 13 UrhG betroffen.

1594 Etwas anderes gilt natürlich in den Fällen, in denen auch die Nutzungsrechtseinräumung erst zu einem späteren Zeitpunkt, wie bspw. der Übergabe des hergestellten Werks erfolgt, vergl. insoweit Schricker-Rojahn § 43, Rn. 41 ff.

1595 Im Sinne der Ansicht von Hock, S. 146 f. und Zöllner, FS Hubmann, S. 523, 532 f., wäre hier dann wohl von „typischen“ Werken zu sprechen.

des Arbeitgebers gegenüber anderen Vertragspartnern des Urhebers aus. Die im Verhältnis zum selbständigen Urheber weniger strenge Bestimmtheitsanforderung wird durch § 43 UrhG, d.h. einer Ausweitung des zulässigen Spielraums vertraglicher Vereinbarungen und damit der Wertung des § 29 UrhG zugunsten des Arbeitgebers, bewirkt. Auch hier ist zu bedenken, dass der Arbeitnehmer in jedem Fall seinen Lohn erhält, unabhängig davon, ob er überhaupt etwas für den Arbeitgeber Verwertbares geschaffen hat oder nicht[1596]. Insoweit wäre es dann bloße Förmelei, eine hinreichende Bestimmtheit erst mit Ablieferung des konkreten Pflichtwerks anzunehmen, während zugleich auf das regelmäßige Vorliegen von konkludenten Namensabreden - unter Berücksichtigung von Branchenübungen bzw. Verkehrsgewohnheiten - abzustellen wäre[1597]. Der Unterschied wäre letztlich rein zeitlicher Natur und ohne rechtliche Relevanz.

Dem steht nicht entgegen, dass dies letztlich eine Annäherung an die US-amerikanische Rechtslage bedeutet, wenngleich im Unterschied zum deutschen Recht dort eine entsprechende ausdrückliche gesetzliche Regelung getroffen wurde[1598]. Der regelungstechnische, grundsätzliche Unterschied zwischen rechtsgeschäftlichen Vereinbarungen einerseits und Schutzbereichsbestimmungen andererseits darf nicht ignoriert werden. Nach deutschem Recht kann in Arbeitsverhältnissen gerade keine tatbestandliche Beschränkung der Rechte aus § 13 UrhG angenommen werden[1599]. So stellt auch § 43 UrhG für Abweichungen hinsichtlich der Gewährung des UPR auf das individuelle Arbeitsverhältnis, auf die konkreten vertraglichen Absprachen und nicht generell auf den Umstand des Vorliegens eines Arbeitsverhältnisses ab.

In der Folge sind deshalb aber auch nur die Einwilligungen in Eingriffe in die vorbestimmten Pflichtwerke - bei konkludenten Namensabreden unter Berücksichtigung von Verkehrsübungen - hinreichend bestimmt. Stehen hingegen Werkschöpfungen in Rede, die nicht als durch den Arbeitsvertrag vorbestimmt zu qualifizieren sind, so ist bereits ihre Einordnung als Pflichtwerke fraglich und die entsprechende nutzungsrechtliche Behandlung hinfällig. Die Situation stellt sich eher als eine solche wie bei freischaffenden Urhebern dar. Deshalb ist hier auf den Zeitpunkt der Übergabe des Werks an den Arbeitgeber als - frühest - möglicher Zeitpunkt für wirksame Namensabreden abzustellen[1600]. Erst dann kann dem Bestimmtheitserfordernis[1601] bei der Erteilung rechtfertigender Einwilligungen zu Eingriffen in die Rechte aus § 13 UrhG entsprochen werden.

1596 Im Hinblick auf eine positive Verzichtsabrede des Urhebers, d.h. einer Verpflichtung zur Namensnennung, ist Folgendes zu bedenken: Da dem Recht auf Namensunterdrückung eine Ausgleichsfunktion gegenüber dem rechtsgeschäftlich begründeten Recht des Arbeitgebers, über eine Veröffentlichung des Werkes zu bestimmen, zukommt (vergl. oben, unter I., 3., c), bb)), darf das Namensunterdrückungsrecht dem Urheber nicht dauerhaft genommen sein. Ist er mit der Werkveröffentlichung nicht einverstanden, muss ihm ein Kündigungsrecht aus wichtigem Grund im Hinblick auf die Namensabrede gewährt werden. Dann „lebt" das Namensunterdrückungsrecht in seiner Ausgleichsfunktion wieder auf.

1597 So die ganz h. M. (bsph.: Kellerhals, S. 177; Fromm/Nordemann-Hertin § 13, Rn. 7), die gleichfalls nicht zwischen den verschiedenen Situationen und Zeitpunkten des Vertragsschlusses unterscheidet.

1598 Siehe oben im 5. Teil, unter II., 2., a); a. A.: Hock, S. 140, spricht von einer Beschränkung des „Wie" von Gesetzes wegen; Schricker-Rojahn § 43, Rn. 81, die davon ausgeht, dass das Recht des Arbeitnehmers auf Namensnennung von vornherein auf die branchenüblichen Gepflogenheiten beschränkt sei. Ähnlich formuliert auch Zöllner, FS Hubmann, S. 523, 537, dem zufolge dem Urheber „eine Anerkennung der Urheberschaft im urheberrechtlichen Sinne nicht zu(steht)."

1599 So aber Dreier-Dreier § 43, Rn. 36, im Wege einer Interessenabwägung.

1600 So auch Hock, S. 146 f., im Anschluss an Zöllner, FS Hubmann, S. 523, 537, für sog. „untypische Werke", bei denen es sich um solche handelt, bei denen regelmäßig nicht erwartet wird, dass sie der Arbeitnehmerurheber in Erfüllung seiner vertraglichen Pflichten schafft.

1601 Siehe oben im 4. Teil, unter III., 2., b), cc).

Liegen dabei keine ausdrücklichen Vereinbarungen vor, so gilt für die Bejahung konkludenter Abreden das zum selbständigen Urheber Ausgeführte entsprechend. Insbesondere sind auch hier etwaige Betriebsübungen, die Vorrang gegenüber generellen Branchenübungen haben[1602], zu beachten, so dass das „Ob“ und „Wie“ der Namensnennung des Urhebers insoweit konkretisiert und beiderseits verpflichtend vereinbart sein kann. Dabei bedarf es einer genauen, individuellen Auslegung des Vertrages; das Postulat der Einzelfallprüfung ist insoweit auch bei Arbeitnehmer-Arbeitgeber-Konstellationen ernst zu nehmen[1603].

bb) Tarifvertragliche Praxis

Im tarifvertraglichen Bereich scheint sich eine bestimmte Übung zur Regelung des Namensnennungsrechts in den unterschiedlichen Branchen herausgebildet zu haben[1604]. Dabei wird insbesondere der Bereich der Weiterveräußerung des Werks ausdrücklich berücksichtigt und die Namensnennung des Urhebers diesbezüglich sichergestellt[1605].

Gegenüber einer Beschränkung der Rechte aus § 13 UrhG im Rahmen von Tarifverträgen bestehen - anders als beim Veröffentlichungsrecht[1606] - unüberwindbare, dogmatische Bedenken[1607]. Ohne Argumentationswert ist dabei der pauschale Verweis auf den individualvertraglich zulässigen Verzicht[1608]; keinesfalls kann hieraus ohne weitere Begründung die Zulässigkeit tarifvertraglichen Verzichts hergeleitet werden. Ausschlaggebend ist, dass die Vielschichtigkeit des persönlichen Entscheidungsprozesses, der Ausdruck der unterschiedlichen, indivi-

1602 Vergl. Schricker-Rojahn § 13, Rn. 81.

1603 Hier gilt wie beim selbständigen Urheber, dass die pauschale Verweisung auf die Branchenübung zur Rechtfertigung einer Namensnennung bzw. -unterdrückung kritisch zu sehen sind. Zu weitgehend deshalb Rojahn, S. 112, die eine Bindungswirkung an Branchenübungen im Arbeitsverhältnis, im ausdrücklichen Gegensatz zu freischaffenden Urhebern, auch bei Unkenntnis des Urhebers bejaht; siehe auch Rehbinder ZUM 1991, 220, 226 f. und RdA 1968, 309, 313, wo er formuliert: „Erst wenn keine bestimmte Handhabung festgelegt, erforderlich oder üblich ist, kann der Arbeitnehmer nach § 13 S. 2 UrhG ... frei bestimmen“; wie auch Fromm/Nordemann-Hertin §§ 43, 44, Rn. 3, wonach das Recht auf Namensnennung nur dort bestehe, wo es betrieblichen Zwecken nicht zuwiderlaufe. Zöllner, FS Hubmann, S. 523, will - contra legem - alle Werke der kleinen Münze nicht nach Urheberrecht sondern ausschließlich nach Arbeitsrecht beurteilen.

1604 Ausführliches zu den Tarifverträgen und den Tarifvertragsparteien bei Schricker-Rojahn § 43, Rn. 103 ff. Im Zeitschriften- und Zeitungsbereich ist ein Namensnennungsrecht tarifvertraglich nur vorgesehen, soweit es „presseüblich“ ist. Andererseits wurde aber, s. Rn. 105, in § 18 Abs. 2 des MTV für Redakteure/Redakteurinnen an Tageszeitungen zwischen dem BDZV einerseits und dem Deutschen Journalisten-Verband, der Gewerkschaft der Journalisten, sowie der IG Medien, Druck und Papier, Publizistik und Kunst andererseits eine Regelung getroffen, wonach die UPRe des *Redakteurs* an seinen Beiträgen unberührt bleiben. Die Fernseh- und Rundfunkanstalten haben mit ihren jeweiligen Tarifpartnern die Vereinbarung getroffen, dass eine Nennung des Urhebers *erfolgen soll*, soweit es rundfunküblich ist. Hier wurde also eine etwas abgeschwächte Formulierung gewählt. Im Filmbereich gilt bislang, dass eine Namensnennung nur für bestimmte Urhebergruppen und auch nur im Vor- oder Nachspann erfolgen soll, vergl. insoweit Ziff. 3.10 des TV für Film- und Fernsehschaffende. Andere, nicht genannte Urhebergruppen sind insoweit auf den individualvertraglichen Weg verwiesen. Tarifverträge der Rundfunkanstalten sehen eine Namensnennung im Medienbereich nur vor, wenn es rundfunküblich ist.

1605 Vergl. insoweit Ziff. 374 des eMTV für Festangestellte bei Rundfunkanstalten; § 15 des MTVes für Film- bzw. Rundfunk- und Fernsehschaffende des Saarländischen Rundfunks; Ziff. 374 des TV des Deutschlandfunks und der Deutschen Welle; sowie § 15 der TVe über die Urheberrechte von arbeitnehmerähnlichen Personen des SWF, des WDR, des RIAS und des NDR.

1606 Im Vergleich zur abweichenden Beurteilung der Zulässigkeit von tarifvertraglichen Vereinbarungen im Bereich des Veröffentlichungsrechts ist darauf hinzuweisen, dass dies die Folge der engen Verbindung und Konkretisierung des Veröffentlichungsrechts über die Nutzungsrechtseinräumung ist. Bei § 13 UrhG hingegen wird das „Ob“ und „Wie“ der Namensnennung bzw. -anbringung nicht unmittelbar durch nutzungsrechtliche Vereinbarungen mitbestimmt.

1607 Hiergegen auch Schricker, Urheberrecht auf dem Weg, S. 87.

1608 So aber Heidmeier, S. 196 unter Verweis auf Olenhusen, S. 73.

duellen Situation der Urheber ist, durch kollektivvertragliche Regelungen unzulässig verkürzt würde. Außerdem würden Branchenübungen auf diesem Wege zum Inhalt der Rechtsbeziehung zwischen Arbeitgeber und Arbeitnehmerurheber, ohne dass, entgegen der grundsätzlichen Forderung im Zusammenhang mit der Berücksichtigung der Verkehrssitte nach §§ 133, 157 BGB, beiderseitige konkrete Kenntnis von der Üblichkeit der Namensnennung gegeben sein müsste. Bedenken bestehen des Weiteren im Hinblick auf die eintretende automatische Umkehr des grundsätzlichen Schutzes, so dass sich der Arbeitnehmerurheber auf ein Namensnennungsrecht nur berufen könnte, wenn er es abweichend vom einschlägigen Tarifvertrag ausdrücklich vereinbart hat; dies ist nicht mit dem Schutzanliegen des UrhG vereinbar. Hinzukommt, dass auch der Wortlaut des § 43 UrhG an das konkrete Arbeitsverhältnis und nicht an generelle, tarifvertragliche Regelungen für eine Legitimierung von rechtsgeschäftlichen Dispositionen anknüpft.

IV. Werkintegritätsrecht, § 14 UrhG

1. Grundsätzliches

Das Werkintegritätsrecht ist gem. § 14 UrhG als reines Abwehrrecht konzipiert. Es sind keine dem Veröffentlichungsrecht gem. § 12 UrhG oder dem Recht auf Anerkennung der Urheberschaft gem. § 13 UrhG entsprechenden positiven Bestimmungsbefugnisse verbürgt. Insoweit geht es bei rechtsgeschäftlichen Dispositionen lediglich um die Frage einer Einschränkung des Abwehrrechts gem. §§ 97, 14 UrhG bzw. um dessen - treuhänderische - Fremdwahrnehmung[1609]. Eine Überlassung einer Veränderungsbefugnis - im Hinblick auf eine zunächst vom Urheber getroffene Rechtsausübung - steht nicht in Rede, denn diese wird auf Seiten des Urhebers nicht als urheberpersönlichkeitsrechtliche Befugnis garantiert, sondern ist „lediglich" Ausfluss der allgemeinen Handlungsfreiheit. Deshalb ist auch der „Verzicht" des Urhebers auf die Vornahme eigener Änderungen keine urheberpersönlichkeitsrechtliche Frage, sondern eine Einschränkung der allgemeinen Handlungsfreiheit durch Auferlegung einer entsprechenden vertraglichen Verpflichtung und unterfällt damit allgemeinen Grundsätzen, wie insbesondere dem der Vertragsfreiheit. Wird also im Weiteren von einer (Ver-) änderungsbefugnis des Nutzungsberechtigten bzw. Eigentümers gesprochen, so handelt es sich rechtstechnisch um das Resultat einer „verzichtenden" Vereinbarung betreffend die Abwehrrechte aus §§ 97, 14 UrhG.

2. Rechtsgeschäfte im Verhältnis Urheber und Nutzungsrechtsinhaber

Wie beim Recht auf Anerkennung der Urheberschaft gem. § 13 UrhG besteht auch beim Werkintegritätsrecht gem. § 14 UrhG kein derart enger Zusammenhang mit der Nutzungsrechtseinräumung, dass mit dieser zwangsläufig eine rechtsgeschäftliche Vereinbarung über Werkveränderungen einhergeht; beim Werkintegritätsrecht fehlt es am Vorliegen einer Rechtsausübung. Dennoch steht beim Werkintegritätsrecht gleichfalls der Nutzungsrechtszusammenhang, unter dem Gesichtspunkt der praktischen Notwendigkeit von rechtsgeschäftli-

---

[1609] Vergl. auch v. Welser, S. 57; Haberstumpf, Rn. 218 ff. und Rn. 386 einerseits und Rn. 419 andererseits; Schricker, FS Hubmann, S. 409, 410; a. A. wohl VerlagsR-Schricker § 13/§ 39 UrhG, Rn. 10, S. 371; v. Gamm, GRUR 1969, 594, 595, im Zusammenhang mit Werken geringster, an der untersten Grenze der Schutzfähigkeit liegender Gestaltungshöhe sowie Lößl, S. 279, der von einer Ermächtigung zur Veränderung des Werkes ausgeht, und Peifer, Werbeunterbrechung, S. 210, der die „Änderung" als ein eigenständiges Nutzungsrecht einordnet, das auch übertragen werden kann - hiergegen spricht schon der Abwehrcharakter des § 14.

chen Dispositionen, im Mittelpunkt des Interesses[1610]. Hinsichtlich deren Zulässigkeit wird insbesondere auf die Regelung des § 39 UrhG verwiesen.

a) Bedeutung des § 39 UrhG

§ 39 UrhG regelt die Frage der Zulässigkeit von Vereinbarungen hinsichtlich des Werkintegritätsrechts ausdrücklich nur für den Teilbereich[1611] des Nutzungsrechtsverhältnisses zwischen Werkverwerter und Urheber. Aus § 39 UrhG ergibt sich im Wege des argumentum e contrario, dass der Nutzungsrechtsinhaber das Werk ändern darf, wenn dies mit dem Urheber vereinbart ist, vergl. entsprechend zur Regelung der Urheberbezeichnung oben, unter III., 2., a). Bei Änderungen, die nach Treu und Glauben zulässig sind, bedarf es keiner vertraglichen Vereinbarung; der Urheber kann seine Einwilligung von Gesetzes wegen nicht versagen, vergl. § 39 Abs. 2 UrhG. Der Bereich vertraglicher Vereinbarungen nach § 39 Abs. 1 UrhG betrifft damit im Unterschied zum Recht auf Anerkennung der Urheberschaft bzw. Namensnennung gem. § 13 UrhG Eingriffe weitreichenderer Qualität, d.h. ein über § 39 Abs. 2 hinausgehendes Maß.

b) Rechtstechnische Einordnung des „Verzichts“

Rechtstechnisch ist zur Erklärung des „Verzichts“ auch hier wieder die Rechtsfigur der Einwilligung heranzuziehen[1612]. Nicht eindeutig ist dabei die Einordnung ihrer Wirkung, ob sie den Eingriff rechtfertigt[1613] oder bereits tatbestandlich ausschließt[1614].

Das überwiegende Schrifttum[1615] und mitunter auch die Rechtsprechung[1616] stellen darauf ab, dass aufgrund der Legitimation der Werkveränderung seitens des Urhebers deren Eignung

1610 Die praktische Notwendigkeit von Änderungsvereinbarungen wird allgemein bestätigt, so auch durch BGH GRUR 1971, 35, 38 - Maske in Blau.

1611 Vergl. zum Verhältnis der §§ 14 und 39 UrhG, oben im 2. Teil, III., 2.

1612 Kellerhals, S. 182, geht von einem generellen schuldrechtlichen Verzicht auf die Ausübung des Werkintegritätsrechts aus. Das Erklärungsmodell eines pactum de non petendo ist im Bereich des Werkintegritätsrechts umso dringlicher aus Wertungsgründen abzulehnen. Denn der Urheber legitimiert einen Nutzungsrechtsinhaber zur Vornahme von Werkveränderungen, so dass es insoweit unangemessen und unzutreffend ist, überhaupt vom Entstehen eines - lediglich nicht durchsetzbaren - Abwehranspruchs auszugehen; vergl. aber v. Gamm § 14, Rn. 7, der zwar von einer Einwilligung spricht, diese jedoch als schuldrechtliche Verpflichtung versteht, in dem vertraglich festgelegten Umfang keine Ansprüche geltend zu machen, damit also letztlich als pactum de non petendo definiert. A. A. Rojahn, S. 120, die sich gegen jeden „Verzicht“ auf Rechte aus § 14 UrhG ausspricht.

1613 So bsph. Schricker, FS Hubmann, S. 409, 410; Wallner, S. 213.

1614 Bsph. Möhring/Nicolini-Kroitzsch § 14, Rn. 28; wohl auch Riedel § 14, Anm. B, 1 Nr. 1.

1615 So Schricker-Dietz § 14, Rn. 27, der hierdurch die Indizwirkung des objektiven Vorliegens einer Beeinträchtigung hinsichtlich der Eignung zur Interessengefährdung ausgeschlossen sieht; vergl. auch Schack, Rn. 347, der ausdrücklich von einem tatbestandsausschließenden Einverständnis spricht; im Ergebnis auch Federle, S. 87, Heidelberger-Dreyer § 14, Rn. 52 und Fromm/Nordemann-Hertin § 14, Rn. 29, der annimmt, dass sich aus dem Sinnzusammenhang einer Parteivereinbarung ergeben könne, dass damit im konkreten Fall keine Interessengefährdung vorliege; er vertritt das 2-stufige Prüfungsverfahren und prüft insoweit keine „Eignung“ zur Gefährdung, sondern direkt die Interessenabwägung.

1616 Vergl. insoweit OLG Celle, Schulze OLGZ 295, 8 - Architektenvertrag, wo das OLG einem Architekten die Berufung auf § 14 UrhG gegenüber der Veränderung eines von ihm konzipierten Bauwerks mit der Begründung verweigert, dass für ihn infolge der vertraglich erteilten Befugnis zu baulichen Änderungen durch die Eigentümer eine Duldungspflicht entstehe und insoweit eine rechtlich beachtliche Beeinträchtigung der geistigen und persönlichen Interessen nicht vorliege. Im Ergebnis wohl auch OLG München - Die unendliche Geschichte, wo das Gericht zwar von einer „verzichtenden“ Einwilligung ausgeht, s. hierzu ausführlicher

zur Interessengefährdung im Sinn des § 14 entfallen könne - was für eine tatbestandsausschließende Wirkung der Einwilligung spräche.

Dabei wird jedoch nicht berücksichtigt, dass für das Vorliegen des Gefährdungstatbestands nach § 14 UrhG nicht an subjektive Einschätzungen und Empfindlichkeiten des betreffenden Urhebers angeknüpft wird, sondern generell auf den objektiven Maßstab des vernünftigen Dritten abzustellen ist[1617]. Dann aber kann auch eine vertragliche Vereinbarung das Vorliegen einer Interessengefährdung nicht beeinflussen. Außerdem würde die Ansicht, die darauf abstellt, dass eine Gefährdungseignung „lediglich" entfallen *kann*[1618], nur dazu führen, dass die gemeinhin durch die Werkveränderung indizierte Vermutung einer Interessengefährdung widerlegt wäre. Der Urheber wäre nicht an der Geltendmachung von Abwehrrechten gehindert, da er weiterhin den Beweis für das Vorliegen einer Interessengefährdung erbringen könnte[1619]. Die schlichte Wirkung einer Beseitigung der Vermutungswirkung entspricht indes nicht der Interessenlage und damit nicht dem berechtigten Anliegen des Werknutzers an Rechtssicherheit, die durch beiderseits bindende vertragliche Abreden erreicht werden soll.

Deshalb ist von der rechtfertigenden Wirkung der Einwilligung auszugehen. Dies kann auch in Übereinstimmung mit der Regelung des § 39 Abs. 2 UrhG gebracht werden. Danach sind bestimmte Änderungen zulässig, so dass also denklogisch zunächst das Vorliegen einer nach § 14 UrhG relevanten Beeinträchtigung, damit eines Eingriffs, vorausgesetzt wird; nur insoweit macht es Sinn, über eine zulässige Änderung bzw. Beeinträchtigung des Werks durch Dritte nachzudenken.

Handelt es sich indes um eine genau beschriebene, konkrete Einzelbewilligung einer Werkveränderung, ergibt sich aus Wertungsgesichtspunkten etwas anderes. Denn dann kommt die Fremdänderung des Werks einer Selbstausführung durch den Urheber gleich, so dass vom Zweck der Vorschrift her bereits der Schutzbereich des § 14 UrhG nicht betroffen sein kann. Es liegt keine tatbestandliche Werkänderung vor; §§ 14, 39 UrhG können als werkänderungsrelevante Vorschriften lediglich Schutz vor Werkänderungen durch Dritte bieten. Dies kann indes nicht solche Eingriffe betreffen, die wertungsmäßig der Selbstvornahme entsprechen; bei denen sich der Urheber eines anderen also nur als ausführende, rein „handwerkliche" Hilfsperson bedient[1620].

Will man diese Konstellationen dennoch vom Schutzbereich des § 14 UrhG erfasst wissen, entspräche dies systematisch einer tatbestandsausschließenden Wirkung[1621]. Dem Urheber selbst verbleibt dabei das Recht zu weiteren anderen Werkveränderungen.

---

unten, insbes. in Fn. 1645, aber dennoch im Anschluss eine Interessenabwägung in Bezug auf eine nicht ausdrücklich vereinbarte Entstellungsvereinbarung vornehmen.

1617 Vergl. so auch Heidmeier, S. 97 und Praxiskommentar-Bullinger § 14, Rn. 12, allerdings ohne eine dogmatische Einordnung vorzunehmen; dies nimmt auch Fromm/Nordemann-Hertin § 14, Rn. 10, an.

1618 Vergleichbares gilt für diejenigen Vertreter des 2-stufigen Prüfungsverfahrens, die annehmen, dass eine Interessenabwägung zugunsten des Vertragspartners zu entscheiden sein *kann*; vergl. oben Fn. 1615.

1619 Unzutreffend insoweit die Schlussfolgerung von Schilcher, S. 167 f.

1620 Vergl. so auch VerlagsR-Schricker § 12 VerlG, Rn. 15. Nach § 12 Abs. 2 UrhG ist eine Änderung des Werks im Rahmen eines Verlagsvertrages nur unter bestimmten Umständen auch noch nach Ablieferung des Werks und während der Drucklegung möglich. In diesem Zusammenhang wird dann eine zulässige Änderung statt durch den Urheber auch durch einen Dritten anerkannt, wenn dieser einen Beitrag als untergeordnete Hilfstätigkeit leistet, und der Urheber selbst als derjenige gilt, der die Änderungen vorgenommen hat. Vergl. auch Metzger GRUR Int. 2003, 9, 22, wobei unklar ist, ob er dies auch unter dem Gesichtspunkt einer rechtsgeschäftlichen Disposition erfasst wissen will.

1621 So im Ergebnis wohl auch Wedemeyer, FS Piper, S. 787, 791. Vergl. auch Schricker-Dietz § 39, Rn. 9, der gleichfalls nicht jede tatsächliche Änderung des Werks als vom Bereich des § 39 UrhG erfasst sieht, sondern

Für die Anerkennung der Zulässigkeit einer derartig konkretisierten und im Wege des Vertrages bindend legitimierten Fremdveränderung spricht auch, dass dies wertungsmäßig dem generell für zulässig befundenen nachträglichen Verzicht auf urheberpersönlichkeitsrechtliche Ansprüche entspricht. Der Urheber erkennt hier in gleichem Maße, was er konzediert. Das Risiko, dass die legitimierte Änderung des Werks im Ergebnis seinen Vorstellungen nicht entspricht, muss er selbst tragen; ergänzend ist an eine etwaige tatsächliche Rückgängigmachung durch ihn zu denken.

Will sich der Nutzungsrechtsinhaber seinerseits gegenüber einem Meinungsumschwung des Urhebers absichern und vor etwaigen Werkänderungsvorhaben schützen, so ist dies über die Vereinbarung einer entsprechenden vertraglichen Verpflichtung zur Nichtänderung des Werks möglich.

Dabei ist jedoch nicht das Werkintegritätsrecht nicht rechtsgeschäftlich betroffen. Hier wird vielmehr das Veröffentlichungsrecht gem. § 12 UrhG bedeutsam, denn bei einer Verpflichtung zur Nichtabänderung des Werks geht es letztlich um eine Kollision mit der ausschließlichen Befugnis des Urhebers, über die konkrete Fassung des zu veröffentlichenden Werks, über die Veröffentlichungsreife, entscheiden zu können. Dieser Gedanke kommt auch in der Regelung des § 12 VerlG zum Ausdruck und muss im Übrigen entsprechend herangezogen werden. Danach wird dem Urheber ein Änderungsrecht nach Eingehung eines Verlagsvertrages und Ablieferung des Werks nur noch unter bestimmten, eingeschränkten Bedingungen, als Folge der Berücksichtigung des Veröffentlichungsrechts gem. § 12 UrhG, zugesprochen. Dabei handelt es sich bei § 12 VerlG nach überwiegender Auffassung um eine dispositive Regelung; kann mithin vollständig ausgeschlossen werden[1622].

Grenzfälle werden über die Möglichkeit des Urhebers, sein Rückrufsrecht gem. § 42 UrhG auszuüben, angemessen abgefangen. Wegen des Heimfalls des Nutzungsrechts infolge der Ausübung des Rückrufsrechts wird das nutzungsrechtliche Vertragsverhältnis insgesamt aufgelöst. Damit fällt auch die Nichtänderungsverpflichtung weg[1623].

c) Umfang und Reichweite der Einwilligung

aa) Grundsätzliches

Mit dem nach § 39 UrhG relevanten Bereich rechtsgeschäftlicher Disponibilität des Werkintegritätsrechts ist also der Bereich einer rechtfertigenden Einwilligung angesprochen, der über eine bloße Selbstvornahme und dieser wertungsmäßig gleichkommenden Änderungen

---

die eine Phase oder Stufe eines Entstehungsprozesses bildenden Veränderungen nicht einbeziehen will. A. A. wohl Schilcher, S. 165.

1622 Aus der Sondervorschrift des § 12 VerlG ergibt sich letztlich, dass im Zusammenspiel mit § 12 UrhG diesbezügliche Abwehrrechte - nur noch - gegenüber Dritten und lediglich eingeschränkt gegenüber dem betreffenden Vertragspartner des Urhebers bestehen, da insoweit ein „Verzicht" vorliegt, vergl. VerlagsR-Schricker § 12 VerlG, Rn. 2 ff. § 42 UrhG tritt ergänzend neben § 12 VerlG.

1623 Besteht ein Rückrufsrecht nach § 42 UrhG, kann sich ein Änderungsrecht des Urhebers und damit eine Durchbrechung seiner vertraglichen Nichtänderungsverpflichtung aus dem Rechtsgedanken des § 12 VerlG und nach dessen Maßgabe ergeben; vergl. insoweit zum Verlagsrecht: VerlagsR-Schricker § 12 VerlG, Rn. 4. Dies stellt eine gegenüber § 42 UrhG mildere Lösung dar, denn nach § 12 VerlG bleibt das Vertragsverhältnis bestehen, so dass auch einem entsprechenden, etwaigen Interesse des Vertragspartners Rechnung getragen werden kann. Ergänzend ist dann aber, im Gegenzug zur Zuweisung und Ausübung eines Änderungsrechts durch den Urheber, nach Treu und Glauben, § 242 BGB, dem Vertragspartner ein Kündigungsrecht zuzusprechen, wenn er am Nutzungsvertrag hinsichtlich des dann abgeänderten Werks nicht mehr festhalten möchte.

durch Hilfspersonen des Urhebers hinausgeht. Andererseits sind aber auch pauschale, umfassende Einwilligungen, die den Einwilligungsempfänger in die Lage versetzen, Werkänderungen gleich welcher Quantität und Qualität vorzunehmen, nach § 29 UrhG unzulässig, da sie einem umfassenden dinglichen und deshalb unzulässigen Verzicht auf das Werkintegritätsrecht gleichkämen[1624]. Deshalb betreffen die nach § 39 UrhG wirksam zu vereinbarenden Einwilligungen in Eingriffe in das Werkintegritätsrecht Konstellationen im Bereich zwischen unzulässigen Pauschaleinwilligungen und zulässigen „Selbstvornahmen" von Werkveränderungen durch Hilfspersonen des Urhebers.

Anstelle einer näheren Bestimmung des Bereichs zulässiger Einwilligungen kann nicht darauf verwiesen werden, dass weitreichende Einwilligungen möglich seien, da in jedem Fall eine Berufung auf den indisponiblen Kernbereich des UPR bestehen bleibe[1625]. Denn es ist unklar, was insoweit unter dem Begriff des Kernbereichs verstanden wird; diese Beschränkung ist zu wenig konkret, um im Rechtsverkehr zu brauchbaren und insbesondere für den Verwerter kalkulierbaren Ergebnissen zu gelangen[1626]. Auch würden die Grundsätze des Vertrauensschutzes ignoriert, wenn der Urheber eine weitreichende Änderung konzedieren und anschließend doch mit einer Schadenersatzforderung durchdringen könnte, indem der unabdingbare Kernbereich „aus dem Hut gezaubert" würde; der Vertragspartner wäre der Willkür des Urhebers ausgesetzt[1627]. Vorzugswürdiger und notwendig ist vielmehr eine Bestimmung des Bereichs zulässiger Einwilligungen in Abhängigkeit vom Grad der Konkretisierung der Änderungsvereinbarungen[1628].

Eine Konkretisierung kann hier nur bedingt aus dem tatsächlichen Zusammenhang mit der Nutzungsrechtsvereinbarung abgeleitet werden. Denn bei Änderungen, die sich bereits unmittelbar aus der Eigenart des Nutzungsrechtsverhältnisses und dem Vertragzweck ergeben, liegt

---

1624 Wedemeyer, FS Piper, S. 787, 792 sieht darin eine Gleichstellung mit der unzulässigen, freien und vollumfänglichen Übertragung des Urheberrechts. A. A. aber wohl Jestaedt, S. 72, der zwar davon spricht, dass Änderungsvereinbarungen „hinreichend bestimmt" sein müssen, ohne zu klären, worauf genau sich dieser qualitative Aspekt bezieht. Als Ausschluss von generellen Vereinbarungen versteht er dies indes nicht, da er sich zuvor an anderer Stelle ausdrücklich für eine „Generalklausel" ausgesprochen hat, „die dem Nutzungsberechtigten eine gewisse Bewegungsfreiheit einräumen soll", sowie Huber, S. 32 f., die von der Wirksamkeit von pauschalen Änderungsvereinbarungen ausgeht und darauf verweist, dass dem Urheber dabei der Kern des in § 14 UrhG gewährleisteten Rechts gewahrt bleibe. Dreier-Schulze, Vor § 12, Rn. 12, verlangt eine Beschränkung der vorherigen Einwilligung nur, soweit dies eine Entstellung des Werks betrifft.

1625 So aber Schricker-Dietz § 39, Rn. 10; ähnlich Fromm/Nordemann-Hertin § 39, Rn. 3; vergl. auch Schack, Rn. 351, der insoweit von einer Beschränkung der Wirksamkeit von Vereinbarungen, die nicht in den Kernbereich eingreifen, ausgeht; s. auch Gesetzesbegründung des RegE, UFITA 45 (1965), 240, 275: „Abweichende Vereinbarungen sind zulässig; dem Urheber verbleibt jedoch stets das unveräußerliche Recht aus § 14, Entstellungen des Werkes zu verbieten, die geeignet sind, seine berechtigten geistigen oder persönlichen Interessen am Werk zu gefährden." Wie hier dagegen vertreten: VerlagsR-Schricker § 13 VerlG/§ 39 UrhG, Rn. 10. Ausführlich zum Kernbereich unten, unter VII., 1.

1626 Vergl. VerlagsR-Schricker § 13 VerlG/§ 39 UrhG, Rn. 10.

1627 Vergl. Schricker, Urheberrecht auf dem Weg, S. 93.

1628 A. A. Haas, Rn. 63 f., der weiterhin am Merkmal des unverzichtbaren Kerns des UPR festhält, sowie Seetzen, S. 63, der - allerdings in genau entgegengesetzter Richtung - von einer umfassenden Verzichtbarkeit des Werkintegritätsrechts ausgeht, soweit keine Rufschädigung des Urhebers in Frage steht; denn insoweit handele es sich nicht um eine Befugnis des UPR, sondern um eine Ausformung des unverzichtbaren allgemeinen Persönlichkeitsrechts - zu diesem unzutreffenden dogmatischen Ansatz bereits oben im 1. Teil, unter II., 1., c), aa). Unklar bei Möhring/Nicolini-Kroitzsch § 14 Rn. 8, der wohl keine Beschränkung der Einwilligungsmöglicheit annehmen möchte.

ein Fall des § 39 Abs. 2 UrhG vor[1629], so dass es einer vertraglichen Vereinbarung zur Absicherung der Rechtsposition des Vertragspartners des Urhebers nicht bedarf[1630].

Für eine hinreichende Konkretisierung von Vereinbarungen nach § 39 Abs. 1 UrhG hingegen ist zu verlangen, aber auch ausreichend, dass die geplante Änderung dem Umfang und der Art nach bestimmt und für den Urheber vorhersehbar ist[1631]. Im Rahmen dieser Grenzen verbleibende „generelle" Vereinbarungen müssen aus Praktikabilitätsgründen zulässig sein[1632]; gerade erst durch diese wird der Vorschrift des § 39 Abs. 1 UrhG ein Bedeutungsgehalt verliehen. Eine Übersteigerung des Konkretisierungserfordernisses würde hingegen wieder der „Selbstvornahme" durch den Urheber entsprechen und stünde außerhalb des mit § 39 Abs. 1 UrhG bestimmten Bereichs zulässiger Einwilligungen. Mit der Forderung nach einer hinreichenden Konkretisierung bzw. der Bestimmtheit des Eingriffs - d.h. der Änderungen, in die eingewilligt wird - ist auch nicht lediglich die Beschreibung der technischen, rein praktischen Ausführung, sondern insbesondere die unter gestalterischen, schöpferischen Gesichtspunkten eintretende Änderung gemeint.

Gegen eine solche Form der Beschreibung zulässiger Einwilligungen wird grundsätzlich eingewendet, dass damit letztlich Formulierungskunst über den urheberpersönlichkeitsrechtlichen Schutz siege[1633]. Aus Sicht der Verwerter komme es nur noch darauf an, dass sie, so weit wie möglich, konkrete Listen beabsichtigter oder nur denkbarer Verletzungsformen in ihre Vertragsbedingungen aufnähmen.

Letztlich aber hängen vertragliche Regelungen immer von den „Formulierungskünsten" der betroffenen Parteien ab; dies ist keine Besonderheit des Urheberrechts. Insofern gilt nichts anderes als in jedem anderen Rechtsgebiet, soweit rechtsgeschäftliche Vereinbarungen nicht nach § 29 UrhG per se ausgeschlossen sind. Auch das Urheberrecht geht grundsätzlich zunächst einmal vom mündigen, selbstbestimmten Urheber aus. Die Besonderheit besteht hier lediglich darin, dass Schutz für einen speziellen Gegenstand, das Verhältnis zwischen Urheber und Werk, geboten wird. Auf das Bestehen eines etwaigen Kräfteungleichgewichts zwischen den Vertragsparteien kann dabei mit allgemeinen Grundsätzen und Schutzmechanismen des Vertragsrechts, wie insbesondere über §§ 138 und 242 BGB, reagiert werden[1634].

Wenngleich der Überlegung der Gegenansicht im Schrifttum zuzugeben ist, dass Änderungsabreden bei weitreichenden Vertragsformulierungen als unzulässige freie Übertragungen zu bewerten sein können, so dürfen zwei wichtige Aspekte nicht vernachlässigt werden. Zum einen besteht der entscheidende Unterschied darin, dass der Urheber, trotz solcher weitreichender Einwilligungen, gegenüber Rechtsverletzungen durch unbeteiligte Dritte weiterhin

---

1629 Fromm/Nordemann-Hertin § 39, Rn. 4; siehe auch Peifer, Werbeunterbrechung, S. 210.

1630 Unklar bleibt dies jedoch bei Dreier-Schulze § 39, Rn. 10 ff., der auf die Zweckübertragungslehre zugreifen will, ohne dies jedoch innerhalb des § 39 Abs. 2 UrhG zu verankern. Beispiele aus der Rechtsprechung zum Anwendungsbereich des § 39 Abs. 2 UrhG und den in die Abwägung einfließenden Gesichtspunkten und Wertungen: BGH GRUR 1971, 35 - Maske in Blau; GRUR 1974, 675 - Schulerweiterung; GRUR 1976, 199 - Götterdämmerung; GRUR 1986, 244 - Verwaltungsgebäude; GRUR 1982, 107 - Kirchen-Innenraumgestaltung.

1631 So die dem Grundsatz nach auf Schricker zurückgehende Konkretisierungstheorie, s. VerlagsR-Schricker § 13 VerlG/§ 39 UrhG, Rn. 10; im Anschluss an diesen Schilcher, S. 165 f.; Schricker-Dietz § 39, Rn. 10; wohl auch Heidmeier, S. 98.; Wallner, S. 212 f.; v. Welser, S. 73; Dreier, S. 22, will dieses Konkretisierungserfordernis allgemein und für alle UPRe bei rechtsgeschäftlichen Vereinbarungen anwenden.

1632 Vergleichbar insoweit im Ergebnis auch Haas, Rn. 62, 63 und Praxiskommentar-Wandtke/Grunert § 39, Rn. 10, die die Zuweisung eines gewissen „Spielraums" zugunsten des Nutzungsberechtigten für notwendig befinden.

1633 Hoeren, GRUR 1997, 866, 873, der dies insbesondere auf den Entstellungsschutz bezieht.

1634 Dieser Gedanke findet sich, wenn auch mit viel weit reichenderer Konsequenz, bei Haas, Rn. 64.

abwehrbefugt und damit geschützt ist. Zum anderen wäre die Aufsummierung zwar konkreter, aber quantitativ und qualitativ letztlich nicht überschaubarer und damit zu weitreichender Klauseln nicht als „konkret umschrieben und vorhersehbar" zu bezeichnen; sie können vielmehr einer Übertragung gleichkommen und wäre deshalb als unzulässig zu bewerten[1635]. Deshalb trifft der Vorwurf der Außerachtlassung der Wertung des § 29 UrhG bei der Zulassung der hier beschriebenen, mitunter auch weitreichenden Änderungsklauseln nicht zu. Der Gefahr der Umgehung der Wertung des § 29 UrhG wird Rechnung getragen[1636]. Der Aspekt der Formulierungskünste der Parteien spricht nicht generell gegen wirksame Einwilligungen. Ist das Werk in seiner „neuen" Wirkung für den Urheber vorhersehbar, dann sind die im Rahmen dieser Vorhersehbarkeit liegenden Einwilligungen in durchaus genereller Art zulässig, so dass sie im Rahmen vertraglicher Vereinbarungen auslegungsfähig und - bedürftig sein können. In diesem Sinne kann dann insgesamt auch von zulässigen *Einzel*eingriffen gesprochen werden, ohne damit eine quantitative Grenze zu ziehen[1637].

Sehr weitgehend erscheint insoweit die Entscheidung „Treppenhausgestaltung" des BGH[1638], wonach eine Vereinbarung zwischen einem Architekten und Bauherrn, der zufolge „die Auftraggeber ... befugt (sind), bei späteren Um-, Erweiterungsbauten usw., diese (Zeichnungen, Berechnungen und das entsprechend ausgeführte Werk) zu nutzen und Änderungen ohne Zustimmung und Mitwirkung des Auftragnehmers vorzunehmen oder durch Dritte vornehmen zu lassen", dahingehend auszulegen sei, dass nur spätere Um- und Erweiterungsbauten, nicht aber die Einbringung eines anderen Kunstwerks ohne baufunktionalen Zweck legitimiert ist. Mit der Problematik der Zulässigkeit von Pauschaleinwilligungen befasst sich der BGH indes gar nicht, was bei der sehr generellen Formulierung der Vereinbarung durchaus nahe gelegen hätte. Da hier aber zunächst die sachliche Reichweite streitig war, d.h. ob Änderungen ausschließlich im Zusammenhang mit späteren Bauvorhaben oder auch andere Änderungen von der Vereinbarung erfasst wurden, kam es mit dem erwähnten Auslegungsergebnis, wonach die streitgegenständliche, weil nicht umbaubedingte Änderung, unzulässig war, auf die Frage der Bestimmtheits- und Konkretisierungsanforderung nicht mehr an. Insoweit kann der Entscheidung dann in diesem Punkt auch keine Aussagekraft zukommen und Pauschaleinwilligungen können mit dem Verweis hierauf nicht für zulässig befunden werden; der BGH hat sich diesbezüglich gerade nicht geäußert.

Auch aus den BGH-Entscheidungen „Oberammergauer Passionsspiele I"[1639] und „II"[1640] ergibt sich nichts anderes. Diese können zwar bei unbefangener Betrachtung einen Eindruck der Zulässigkeit von Pauschaleinwilligungen entstehen lassen[1641]. In beiden Fällen war jedoch zunächst die Frage des Vorliegens einer Entstellung zu klären, wobei der BGH dann, nach insoweit negativem Befund, im Anschluss eine Interessenabwägung nach § 14 UrhG vorge-

---

[1635] Schricker, FS Hubmann, S. 409, 419. Anders, wenngleich aber vor dem Hintergrund der Unzulässigkeit der freien Übertragung nicht weitreichend genug und in der Konsequenz nicht zutreffend, verweist Schricker, Urheberrecht auf dem Weg, S. 94, darauf, dass eine erschöpfende Erfassung aller Änderungsmöglichkeiten - entsprechend den Nutzungsrechten - ohnehin nicht denkbar sei.

[1636] Vergl. aber Hoeren, GRUR 1997, 866, 873.

[1637] Dies als Klarstellung zur der formulierungsmäßig bei Osenberg, S. 174 und Schricker, FS Hubmann, S. 409, 417, anklingenden, ausschließlichen Zulässigkeit einer Einwilligung nur für eine konkrete Veränderung; vergl. hingegen aber die Formulierung von Schricker, in: Urheberrecht auf dem Weg, S. 93 f.

[1638] GRUR 1999, 230, 232.

[1639] GRUR 1986, 458.

[1640] GRUR 1989, 106.

[1641] Irrelevant ist dabei jedoch, dass im Mittelpunkt der Entscheidungen ein Bearbeitungsrecht nach § 23 UrhG stand. Dies unterbricht nicht den systematischen, regelungstechnischen Bezug zu § 39 UrhG; der Begriff der „Werkänderung" in § 39 umfasst den Begriff der Bearbeitung bzw. anderen Umgestaltung nach § 23 UrhG, Praxiskommentar-Bullinger § 23, Rn. 12.

nommen hat. Dies obgleich mitunter von einer „Änderungsbefugnis" und einem „stillschweigenden Einverständnis" zu Änderungen gesprochen und insoweit betont wurde[1642], dass das Recht gegen Entstellung nach § 14 UrhG unverzichtbar sei. Eine Lösung unter dem Gesichtspunkt zulässiger rechtsgeschäftlicher Vereinbarungen wurde nicht beschritten - zu diesen beiden Entscheidungen im Weiteren noch unten, unter bb).

Demnach bleibt es dabei, dass generelle, pauschale Einwilligungen nicht zulässig sind. Dabei bedeutet die notwendige Konkretisierung hinsichtlich der Vorhersehbarkeit für den Urheber aber auch nicht die detailgetreue Beschreibung und Ausführung der Veränderung[1643] - was wieder einer Selbstvornahme durch den Urheber entspräche. Es reicht ein Konkretisierungsgrad, der eine Vorhersehbarkeit des Ergebnisses der geplanten und durchgeführten Werkveränderung bewirkt[1644]. Bestätigt wird dies auch durch das OLG München in der Entscheidung „Die unendliche Geschichte"[1645], wonach eine hinreichende Konkretisierung dann vorliegt, wenn die Entstellung *in groben Zügen* erkennbar ist. Je nach Eingriffsqualität ergibt sich damit zugleich mal ein strengerer, mal ein weniger strenger Konkretisierungsmaßstab[1646]. Im Rahmen einer notwendig werdenden Auslegung einer Änderungsvereinbarung ist deshalb auch die Werkart und die Gestaltungshöhe von Bedeutung[1647].

bb) Entstellungsschutz und konkludente Vereinbarungen

Nach Ansicht des BGH in „Treppenhausgestaltung"[1648] - und der Formulierung nach auch in „Oberammergauer Passionsspiele I"[1649] - kann eine vertragliche Legitimierung im Voraus nicht in Bezug auf Entstellungen des Werks erfolgen. Dies betrifft aber zunächst wohl nur

1642 Alles in: „Oberammergauer Passionsspiele I", GRUR 1985, 458, 459.

1643 Vergl. auch Heidmeier, S. 98, die eine detaillierte Aufklärung über die geplanten Änderungen verlangt; in ihren Anforderungen dann aber nicht darüber hinaus geht. Zutreffend führt sie, S. 161, das Beispiel der Kolorierung von Filmwerken an, wo sie es im Hinblick auf die Konkretisierung als ausreichend bewertet, wenn die genauen Teile und Stellen des Films für die Einfärbung genannt werden; es sei zu weitgehend, wenn die genaue Farbgebung jedes Einzelbildes konkretisiert werden müsste. Dies käme nach der hier vertretenen Ansicht dann auch einer Selbstvornahme gleich.

1644 Der notwendige Unterschied zwischen der hinreichenden Vorhersehbarkeit und einer nur allgemeinen, zweckungebundenen Konkretisierung deutet sich auch bei Schack, Rn. 347, an. Undeutlich hingegen bei Schricker, FS Hubmann, S. 409, 417, der lediglich von einer Überblickbarkeit hinsichtlich der geplanten Veränderungen spricht, ohne an das konkrete Ergebnis anzuknüpfen, vergl. auch in: Urheberrecht auf dem Weg, S. 94. Klarstellend sei hier angemerkt, dass Vorhersehbarkeit dabei nicht bedeutet, dass ganz pauschale Veränderungen zulässig sind, wenn alle als vorhersehbar zu bewerten wäre. Gerade deshalb ist die kumulative Forderung nach einem hinreichend konkreten Eingriff notwendig.

1645 GRUR 1986, 463, im Anschluss auch Rehbinder ZUM 1996, 613, 616. Das OLG München versteht insoweit rechtstechnisch unter der begrifflich verwendeten „Einwilligung" eine schuldrechtliche Verpflichtung, in dem vertraglich festgelegten Umfang keine Ansprüche aus dem Recht gegen Entstellungen geltend zu machen - was einem pactum de non petendo entspricht. Gegebenenfalls könne dies einem Erlassvertrag, als verfügender Vertrag über einen künftigen Anspruch, angenähert sein, so dass dann von vornherein keine Ansprüche aus § 14 UrhG ausgelöst würden - zu den dogmatischen Bedenken gegenüber einem „vorherigen" Erlassvertrag, vergl. oben im 4. Teil, unter III., 1.

1646 So im Ergebnis auch Dreier-Schulze § 39, Rn. 13.

1647 Hinsichtlich der Frage nach der grundsätzlichen Zulässigkeit von Änderungsvereinbarungen und den insoweit anwendbaren Rechtsgrundsätzen sind diese Kriterien jedoch ohne Bedeutung; vergl. insoweit die Ausführungen oben im 3. Teil, unter II., 3., b). Siehe hingegen Schricker, Urheberrecht auf dem Weg, S. 94 und Loewenheim GRUR 1996, 830, 833, der sich gegen die automatisierte Annahme einer inzidenten Zustimmung zu Werkänderungen im Zusammenhang mit der Digitalisierung ausspricht.

1648 GRUR 1999, 230, 232.

1649 GRUR 1986, 458, 459.

konkludente Verzichtserklärungen; denn insoweit hat der BGH in der Entscheidung „Treppenhausgestaltung" zunächst die ausdrückliche Vereinbarung geprüft, diese mangels sachlicher Reichweite dann aber nicht als Legitimation des streitgegenständlichen Eingriffs in § 14 UrhG ausreichen lassen. Das Vorliegen einer wirksamen stillschweigend erteilten Änderungsbefugnis hat er im Weiteren dann an der Qualität des Eingriffs, einer Entstellung, scheitern lassen. Wenn diese qualitative Begrenzung nach Auffassung des BGH auch für ausdrückliche Erklärungen gelten sollte, wäre die vorab erfolgte Auslegung der ausdrücklichen Vereinbarung nicht notwendig und deshalb gar nicht erst vorzunehmen gewesen. Insoweit scheint der BGH zwischen ausdrücklich und stillschweigend vereinbarten Änderungsbefugnissen zu unterscheiden.

Das Schrifttum hingegen schließt Einwilligungen in Entstellungen mitunter ausdrücklich aus[1650] bzw. zieht vergleichbar eine Grenze zwischen zulässigen indirekten und grundsätzlich unzulässigen direkten Substanzeingriffen - allerdings ohne Differenzierung nach der Erklärungsform des Verzichts[1651].

Diese Beschränkung des vertraglich disponiblen Bereichs des Werkintegritätsrechts ist indes unzutreffend[1652]. Zum einen ist eine unterschiedliche rechtliche Handhabung und Bewertung von ausdrücklichen und konkludenten Willenserklärungen dogmatisch falsch; ausdrückliche und stillschweigende Erklärungen stehen einander grundsätzlich gleich. Außerdem entspricht die Möglichkeit einer Legitimation derartiger Eingriffe generell auch einem praktischen Bedürfnis auf Seiten des Urhebers. Die vielgenannten Beispiele, wie die Erlaubnis eines Komponisten zur Aufführung einer Symphonie durch eine Jazzkapelle[1653], die vom Autor befürwortete, stark verkürzte Ausgabe seines Werkes als „Digest" oder die Aufführung eines Theaterstücks, das als Tragödie konzipiert war und als Komödie umgesetzt wird, wie auch genrebedingte, weitreichende Veränderungen bei einem Wechsel von Opern- zu Eisrevue- oder Musicalaufführungen[1654] stellen insoweit gängige, von Verwerter- und Urheberseite gebilligte Konstellationen dar. Für den Urheber bedeutet dies nicht selten eine Chance auf einen besonderen finanziellen Ausgleich; wobei als Gegenwert eine gesicherte, rechtliche Position des Verwerters notwendig sein wird, damit sich dieser überhaupt auf derartige Projekte einlässt.

Auch § 39 UrhG knüpft generell an „Änderungen", die vereinbart werden können, an, ohne hierbei qualitative Einschränkungen vorzunehmen. Dass der Entstellungsschutz nicht unumstößlich und absolut ist, zeigt auch die Regelung des § 93 UrhG, wonach bei Filmwerken lediglich gegenüber *gröblichen* Entstellungen bzw. Beeinträchtigungen Schutz gewährt wird[1655]. Insoweit sind also nicht nur Interessen des Urhebers berücksichtigt, sondern auf Ge-

---

[1650] Heidelberger-Dreyer § 14, Rn. 52.

[1651] So aber Fromm/Nordemann-Hertin § 39, Rn. 2, der einen, von der hier vertretenen Auffassung abweichenden, sachlichen Anwendungsbereich des § 39 UrhG annimmt, vergl. insoweit oben im 2. Teil, unter III., 2.

[1652] So auch die mittlerweile wohl überwiegende Meinung: vergl. Schricker-Dietz vor §§ 12, Rn. 28; Fromm/Nordemann-Hertin § 14, Rn. 8; Schricker, Urheberrecht auf dem Weg, S. 94, spricht von „Eingriffen, die auch tief gehen können und bei denen § 14 UrhG keine Grenze bildet"; ders. in: FS Hubmann, S. 409, 412; Wedemeyer, FS Piper S. 787, 791 f.; Sack JZ 1999, 579, 580. A. A. hingegen Forkel, S. 193 f., 210; Ulmer, § 89, III, 2., S. 381, Möhring/Nicolini-Spautz § 39, Rn. 1, 5 und wohl auch Hoeren, S. 83, Rn. 196.

[1653] So Möhring/Nicolini-Kroitzsch § 14, Rn. 14.

[1654] So Schricker, FS Hubmann, S. 407, 412. Anhand dieser Beispiele zeigt sich auch die Notwendigkeit der Zulässigkeit von „pauschalierten" Einwilligungen, die im Rahmen der hier beschriebenen Mindestkronkretisierung verbleiben. Denn die Erlaubnis zur Umsetzung eines Werks, dass als Oper konzipiert ist, in ein Musical, wird notwendigerweise immer auch in einigen Punkten genereller formuliert sein.

[1655] Praxiskommentar-Bullinger § 14, Rn. 12, geht grundsätzlich, bei allen Werkbereichen, von einem Verbietungsrecht trotz erteilter Einwilligung aus, soweit es sich um extreme Werkentstellungen handelt.

setzesebene werden auch wirtschaftliche Bedürfnisse der Nutzungsrechtsinhaber bedacht. Die Befürwortung der Zulässigkeit auch weitreichender rechtsgeschäftlicher Dispositionen ist dabei aber, gegenüber diesen gesetzlichen Beschränkungen des Schutzes, das weniger einschneidende Mittel.

Auch wenn ausdrückliche und konkludente Vereinbarungen grundsätzlich rechtlich gleich zu behandeln, d.h. beide innerhalb der aufgezeigten Grenzen nach § 39 Abs. 1 UrhG zulässig sind[1656], so ist auf die besondere Praxisrelevanz von konkludenten Änderungsvereinbarungen hinzuweisen.

Das Vorliegen stillschweigender Vereinbarungen kann sich einmal aus der Notwendigkeit zur Verwertung des Werkes in der durch die Art der vertraglich eingeräumten Nutzungsrechte mitbestimmten Form ergeben. Hier ist insbesondere der Zusammenhang mit dem Bearbeitungsrecht gem. § 23 UrhG zu bedenken[1657]. Dabei ist aber zu beachten, dass bei der Herleitung eines Änderungsrechts aus dem Nutzungsrechtszusammenhang zumeist der Bereich des § 39 Abs. 2 UrhG nicht überschritten sein wird, so dass sich die Frage nach weitergehenden, konkludenten Änderungsvereinbarungen regelmäßig nicht stellen wird[1658]. Insoweit sind auch hier, bei der Ermittlung der nach Treu und Glauben gem. § 39 Abs. 2 UrhG zulässigen Werkänderungen, die Verkehrssitte bzw. etwaige Branchenübungen zu berücksichtigen[1659].

Eine über § 39 Abs. 2 UrhG hinausgehende, konkludente Vereinbarung aufgrund der Einbeziehung von Branchenüblichkeiten - wie im Bereich des Rechts auf Anerkennung der Urheberschaft gem. § 13 UrhG - wird deshalb in der Praxis zwar kaum anzunehmen sein[1660]. Jedenfalls ist insoweit aber kein Gesichtspunkt erkennbar, der eine andere Behandlung und rechtliche Qualifizierung von stillschweigenden Vereinbarungen über das Werkintegritätsrecht gegenüber vertraglichen Vereinbarungen betreffend die übrigen urheberpersönlichkeitsrechtlichen Befugnisse notwendig macht[1661]. Insoweit gilt auch hier, dass im Fall von Gebräuchlichkeiten und Verkehrssitten im Hinblick auf bestimmte Veränderungen, mangels abweichender ausdrücklicher Vereinbarungen eine entsprechend stillschweigend vereinbarte

---

1656 Vergl. so auch Kellerhals, S. 191; Schilcher, S. 168 ff.

1657 Vergl. Schricker-Dietz § 14, Rn. 11 und BGH GRUR 1989, 106, 108 - Oberammergauer Passionsspiele II. Zu weitreichend allerdings Federle, S. 84, der in der Einräumung eines Bearbeitungsrechts eine ausdrückliche Gestattung von Eingriffen sieht. Auch wenn man annimmt, dass die Bearbeitung stets eine Werkänderung voraussetzt, so besagt dies noch nicht, dass der rechtsgeschäftliche Bereich nach § 39 Abs. 1 UrhG damit ausdrücklich immer zugleich beschritten ist; insoweit kann sich die Änderung auch nur im Rahmen des § 39 Abs. 2 UrhG bewegen. Was von den Parteien gewollt ist, ist über eine Auslegung zu ermitteln; keinesfalls kann eine eindeutige Festlegung des Vertragsinhalts allein mit der ausdrücklichen Zuweisung eines Bearbeitungsrechts bestimmt werden.

1658 Etwas anderes legt hingegen die Formulierung von Federle, S. 84, nahe.

1659 Vergl. Praxiskommentar-Wandtke/Grunert § 39, Rn. 20; Möhring/Nicolini-Spautz § 39, Rn. 10 und v. Gamm § 39, Rn. 8; Jestaedt, S. 73, der - wie bei § 13 UrhG - explizit die Kenntnis des Urhebers vom Bestehen der Verkehrssitte verlangt.

1660 Vergl. insoweit aber BGH GRUR 1971, 35, 39 - Maske in Blau, wo eine Berücksichtigung von Branchenübungen anerkannt wird, dabei aber in diesem konkreten Fall auf eine ausdrücklich abweichende vertragliche Vereinbarung zwischen den Parteien verwiesen wird. V. Gamm, § 39, Rn. 8, weist ebenfalls auf die gleichsam „doppelte" Berücksichtigung von Branchenübungen hin.

1661 Vergl. aber Möhring/Nicolini-Spautz, 1. Auflage, § 39, Anmerkg. 8, der eine ausdrückliche Änderungsvereinbarung verlangt, während er in der 2. Auflage, Rn. 7, bloß davon spricht, dass diese ausdrücklich sein „sollte"; s. wohl auch Loewenheim, GRUR 1996, 830, 833, im Zusammenhang mit der Digitalisierung von Werken.

Änderungsbefugnis des Vertragspartners anzunehmen sein kann[1662]; dies gilt nach dem oben Gesagten auch für Werkentstellungen[1663].

Im Hinblick auf die Feststellbarkeit von Umständen, die auf eine Befugnis zur Vornahme von Werkentstellungen hindeuten, werden allerdings verstärkte Schwierigkeiten rein tatsächlicher Art auftreten - dabei potenziert durch das Gebot der engen Auslegung von Änderungsvereinbarungen[1664]. Problematisch wird bei stillschweigenden Änderungs- und Entstellungsvereinbarungen zudem die Einhaltung des Konkretisierungs- und Vorhersehbarkeitserfordernisses sein[1665]; ein weiterer Punkt der dazu führt, dass ganz überwiegend § 39 Abs. 2 UrhG und nicht § 39 Abs. 1 UrhG als Prüfungsmaßstab und Legitimationsmöglichkeit betroffen sein wird[1666].

d) Widerruf der Einwilligung/ Besonderheiten in 2- und Mehrpersonenverhältnissen

Die Einwilligung in Eingriffe in das Werkintegritätsrecht wird regelmäßig als Teil einer vertraglichen Vereinbarung erteilt werden und ist damit grundsätzlich nicht frei widerrufbar[1667]. Von solchen zumindest zweiseitigen Rechtsgeschäften geht auch § 39 Abs. 2 UrhG aus, vergl. den Wortlaut „vereinbart". Insoweit kann auf die Ausführungen zur Bindungswirkung und zum möglichen Widerruf einer vertraglich erteilten Einwilligung im Zusammenhang mit dem Veröffentlichungsrecht und dem Recht auf Anerkennung der Urheberschaft, damit insbesondere auf die Möglichkeit eines Rückrufs nur des persönlichkeitsrechtlichen Teils der Vereinbarung, vergl. oben, unter III., 2., cc), verwiesen werden[1668].

Im Hinblick auf die Erweiterung des betroffenen Personenkreises über die Regelungen der §§ 34, 35 UrhG, ergeben sich keine grundlegenden Abweichungen im Vergleich zu den entsprechenden Verzichtskonstellationen im Bereich des § 13 UrhG.

Eine Weiterleitung der Legitimation eines Eingriffs in das Werkintegritätsrecht, im Sinne einer Änderungsbefugnis, erfolgt mit Übertragung des Nutzungsrechts gem. § 34 UrhG nach §§ 398, 413 BGB. Kommt es über § 35 UrhG zu Unterlizenzierungen, steht regelmäßig auch eine entsprechende Vermehrung der Eingriffssituation - wie bei § 13 UrhG - in Rede. Rechtstechnisch ist dabei an die Figur der Einwilligungsermächtigung zu denken. Die Ermächtigung gem. § 185 BGB analog hält sich dabei im Rahmen der an den Hauptlizenznehmer erteilten Einwilligung in konkrete, bestimmte und vorhersehbare Eingriffe. Eine weitreichende Er-

[1662] So auch Schilcher, S. 169; Fromm/Nordemann-Vinck § 39, Rn. 2, 4; v. Gamm § 39, Rn. 5; Schricker-Dietz § 39, Rn. 10 f.; Haas, Rn. 62; vergl. auch Möhring/Nicolini-Spautz § 39, Rn. 10.

[1663] A. A. aber wohl Sack JZ 1999, 579, 580, der lediglich bei gewichtigen Anhaltspunkten von einem Einverständnis zu Entstellungen ausgehen will.

[1664] VerlagsR-Schricker § 13 VerlG/§ 39 UrhG, Rn. 10. So wird auch darauf verwiesen, dass bei der Annahme stillschweigender Vereinbarungen insgesamt, entsprechend dem Ausnahmecharakter des § 39 Abs. 1 UrhG, Zurückhaltung geboten sei, Fromm/Nordemann-Vinck § 39, Rn. 2.

[1665] Genau wegen dieses Umstandes und vor dem Hintergrund des selbstverständlichen Verweises (siehe VerlagsR-Schricker § 13 VerlG/§ 39 UrhG, Rn. 10 und Haberstumpf, Rn. 223) darauf, dass stillschweigende Vereinbarungen nicht selten vorliegen werden, dürfen die Konkretisierungsanforderungen und damit die Zulässigkeitsvoraussetzungen nicht überspitzt werden, indem nur Einzelfallvereinbarungen zugelassen werden. Nicht nur, dass dann eine Grenzziehung zu der wertungsmäßig gleichzusetzenden Selbstvornahme durch den Urheber, der sich lediglich einer Hilfsperson zur praktischen Ausführung bedient, besondere Probleme bereitet. Auch dem praktischen Bedürfnis im Rechtsverkehr nach Anerkennung stillschweigender Änderungsvereinbarungen kann dann nur schwerlich entsprochen werden.

[1666] Vergl. insoweit Schricker-Dietz § 14, Rn. 11.

[1667] A. A. wohl nur Reupert, S. 148, die im Fall einer Zustimmung zur Kolorierung eines Films einen nicht bindenden Verzicht auf die Ausübung des UPR annimmt.

[1668] Vergl. Schricker, FS Hubmann, S. 409, 417, der von einer Bindungswirkung der vertraglich erteilten Einwilligung in Eingriffe in das Werkintegritätsrecht ausgeht.

mächtigung im Sinne einer Pauschalermächtigung zur Erteilung von Einwilligungen in Eingriffe, die im Belieben des Ermächtigten stehen, ist unzulässig; insoweit gilt nichts anderes als bei Pauschaleinwilligungen in 2-Personenverhältnissen, die als verfügungsgleicher „Verzicht“ gegen § 29 UrhG verstoßen.

e) Zwischenergebnis

Abschließend kann also festgehalten werden: Hat der Urheber in hinreichend konkretisierter Art überschaubaren und im Ergebnis vorhersehbaren Veränderungen und sogar Entstellungen seines Werks zugestimmt, so muss er sich hieran festhalten lassen. Dies gilt auch für den Fall, dass er das konkrete Endergebnis so letztlich doch nicht wünscht oder gutheißt. Entscheidend ist, dass dies durch die vorherige Beschreibung und Konkretisierung grundsätzlich, nach dem Maßstab eines objektiven Dritten, vorhersehbar war. Enttäuschte Erwartungen oder Hoffnungen, die in der subjektiven Sphäre des Urhebers liegen, können nicht durch Zuweisung eines Abwehrrechts gem. §§ 97, 14 UrhG und damit Durchbrechung der vertraglichen Verpflichtung des Urhebers zur Erteilung der Einwilligung berücksichtigt werden. Dieses Risiko geht zu Lasten des einwilligenden Urhebers. Will sich der Urheber insoweit gegenüber etwaigen „subjektiv überraschenden“ Wirkungen von Werkveränderung absichern, so muss er sich ein Letztabnahmerecht hinsichtlich seines von geplanten Änderungen betroffenen Werks vorbehalten[1669].

Grenzfälle können auch hier wieder über das Rückrufsrecht gem. § 42 UrhG aufgefangen werden.

3. Rechtsgeschäfte im Verhältnis Urheber und Werkeigentümer

§ 39 UrhG erwähnt zwar lediglich den Nutzungsberechtigten, der Regelung liegt jedoch ein grundsätzliches, vom Gesetz selbstverständlich vorausgesetztes Änderungsverbot gegenüber jedem Dritten, also auch Werkeigentümern, zugrunde. Infolgedessen wird § 39 UrhG im Verhältnis zum Werkeigentümer von der ganz herrschenden Meinung in der Literatur analog angewandt[1670]. Dies betrifft zwar primär den Bereich des § 39 Abs. 2 UrhG, bedeutet aber auch die Heranziehbarkeit des Abs. 1[1671], so dass vertragliche Änderungsvereinbarungen gleichfalls zulässig sind. Es besteht keine Rechtfertigung dafür, den Nutzungsrechtsinhaber besser zu stellen als den Eigentümer, was insbesondere der entgegenstehenden Auffassung des BGH[1672] vorzuhalten ist; wobei dieser letztlich zum gleichen Ergebnis kommt, indem er im Rahmen der Interessenabwägung nach § 14 UrhG die Grundsätze zur Abwägung nach § 39 Abs. 2 UrhG heranzieht[1673].

Da der Eigentümer nach § 903 BGB mit seinem Eigentum grundsätzlich nach seinem Belieben verfahren kann und wegen der zumeist fehlenden Öffentlichkeitsbezogenheit einer Werkänderung - ausgenommen natürlich Bauwerke - ist die Interessenabwägung nach § 39 Abs. 2 UrhG zugunsten des Werkeigentümers verschoben[1674]. Daraus folgt automatisch, dass

---

1669 A. A. im Sinne eines Fortbestands eines Abwehrrechts, Praxiskommentar-Bullinger Vor §§ 12 ff., Rn. 7.

1670 Wedemeyer, FS Piper, S. 787, 792; Haberstumpf, Rn. 231; Fromm/Nordemann-Vinck § 39, Rn. 7; Schricker-Dietz § 39, Rn. 25; Schricker, FS Hubmann, S. 409, 411; Möhring/Nicolini-Spautz § 39, Rn. 16; OLG Frankfurt/M. GRUR 1986, 244 - Verwaltungsgebäude.

1671 Schricker-Dietz § 39, Rn. 25.

1672 Vergl. GRUR 1999, 230, 231 - Treppenhausgestaltung und GRUR 1974, 675, 676 - Schulerweiterung.

1673 Vergl. GRUR 1974, 675, 676 - Schulerweiterung.

1674 Vergl. Schricker-Dietz § 39, Rn. 26; eine Abschwächung der Eigentümerinteressen kann bei Werkexemplaren mit Originalcharakter zu bedenken sein.

der Bereich der nach Treu und Glauben zulässigen Änderungen für den Werkeigentümer regelmäßig weiter gezogen ist als für den „lediglich“ Nutzungsberechtigten. Folglich ist hier, genau umgekehrt zum Verhältnis Urheber und Nutzungsrechtsinhaber, der Anwendungsbereich des § 39 Abs. 1 UrhG enger gefasst.

Ist der Bereich des § 39 Abs. 1 UrhG mit einer über Abs. 2 hinausgehenden vertraglichen Vereinbarung betroffen, so gelten die für die Wirksamkeit einer rechtfertigenden Einwilligung im Nutzungsrechtsverhältnis aufgestellten Grundsätze entsprechend; dies betrifft insbesondere die Konkretisierungs- und Vorhersehbarkeitsanforderungen. Stillschweigende Änderungsvereinbarungen werden regelmäßig nicht vorliegen. Es wird regelmäßig an entsprechenden tatsächlichen Anknüpfungspunkten und Umständen für die Annahme einer konkludenten Vereinbarung fehlen. Denn das Rekurrieren auf den Nutzungszusammenhang ist ausgeschlossen und auch der Eigentumserwerb spricht grundsätzlich nicht für die Erforderlichkeit von Werkänderungen.

4. Treuhänderische Wahrnehmung

Bei einer jedenfalls auch im Interesse des Urhebers liegenden - treuhänderischen - Fremdwahrnehmung der Abwehrrechte aus §§ 97, 14 UrhG liegt eine reine „Übertragungs“-Konstellation vor. Diese Fremdwahrnehmungsvereinbarung ist als Bestandteil eines Nutzungsrechtsvertrages denkbar[1675]. Im Übrigen und für nähere Einzelheiten kann auf die entsprechenden Ausführungen zur treuhänderischen Fremdwahrnehmung des Veröffentlichungsrechts gem. § 12 UrhG, oben unter I., 2., c), und des Rechts auf Anerkennung der Urheberschaft gem. § 13 UrhG, oben unter III., 6., verwiesen werden.

Auch der BGH geht ausdrücklich von der Zulässigkeit einer derartigen Fremdwahrnehmung der Abwehrrechte nach § 14 UrhG aus. Der dogmatischen Herleitung einer diesbezüglichen Aktivlegitimation eines Bühnenverlages in der Entscheidung „Maske in Blau“[1676] kann indes nicht gefolgt werden; diese ergibt sich nicht - wie der BGH annahm - als bloße Folge der Verletzung der eingeräumten Nutzungsrechte[1677]. Rechtstechnisch wäre hier vielmehr eine - stillschweigende - Vereinbarung einer Ermächtigungstreuhand anzunehmen gewesen, der eine Einziehungsermächtigung analog § 185 BGB zugrunde liegt[1678].

1675 Insoweit kann beispielhaft auf den Verlagsvertrag verwiesen werden, vergl. VerlagsR-Schricker § 8 VerlG, Rn. 3 und Ulmer, § 89, II, 1., S. 380.

1676 GRUR 1971, 35, 37.

1677 So auch Ulmer, Anmerkung zum BGH-Urteil „Maske in Blau“, GRUR 1971, 40, 41, der zutreffend darauf hinweist, dass dies nicht mit der Frage des immateriellen oder materiellen Schadenersatzanspruchs zu tun habe; während indes der BGH die Frage der Aktivlegitimation bezüglich des Anspruchs auf immateriellen Schadenersatz nach §§ 97, 14 UrhG mit dem Hinweis darauf offen gelassen hatte, dass hier kein immaterieller Schadenersatz gefordert worden wäre. Dabei war die Frage des geforderten materiellen Schadenersatzes jedoch gleichfalls über §§ 97, 14 UrhG zu begründen, so dass eine Stellungnahme und Entscheidung zur Aktivlegitimation im Bereich des UPR notwendig gewesen wäre. Die Berufung auf eine Nutzungsrechtsverletzung ist insoweit unzutreffend und nicht weiterführend.

1678 Vergl. VerlagsR-Schricker § 8 VerlG, Rn. 3 und Ulmer, § 89, II, 1., S. 380, die aber wohl von einer direkten Anwendung des § 185 BGB ausgehen.

5. Besonderheiten bei bestimmten Treuhändern und bestimmten Urhebergruppen

a) Verwertungsgesellschaften[1679]

Soweit § 1 i) Wahrnehmungsvertrag der GEMA[1680] eine Übertragung auch der Einwilligungsbefugnisse nach § 23 UrhG vorsieht, ist damit keine Wahrnehmung von Befugnissen aus § 14 UrhG - im Sinne einer Einwilligungsermächtigung - verbunden. Diesbezüglich sieht der Wahrnehmungsvertrag keine Regelung vor, so dass der Umfang der möglichen Änderungsfreiheit durch einen nutzungsberechtigten[1681] Bearbeiter durch § 39 Abs. 2 UrhG begrenzt wird.

Die Wahrnehmungsverträge der VG Bild-Kunst für die Berufsgruppen I und II sowie III treffen insoweit eine andere Regelung, als dass eine „Übertragung (der Nutzungsrechte) ... (zwar) auch für den Fall der Verwertung von Werken in ... Bearbeitungen und Umgestaltungen (vorgesehen ist)“. Der VG Bild-Kunst wird jedoch eine Verfügung über diese Rechte „nur mit Einwilligung des Berechtigten“, siehe § 1, 3. Abschnitt der Wahrnehmungsverträge für die Berufsgruppen I und II sowie für die Berufsgruppen III, gestattet, so dass anzunehmen ist, dass die Rechtseinräumung an die VG unter einem Einwilligungsvorbehalt, im Sinne einer aufschiebenden Bedingung gem. § 158 Abs. 1 BGB, steht[1682].

Eine bemerkenswerte Fortsetzung dieser Regelung ist insoweit auch in Nr. 6 der allgemeinen Geschäftsbedingungen der VG Bild-Kunst vorgesehen, wonach „Reproduktionen, die Urheberpersönlichkeitsrechte berühren, ... stets einer ausdrücklichen Genehmigung (bedürfen)[1683] ... Verweigern die Rechteinhaber die Einwilligung, ist die Erteilung der Genehmigung durch die VG Bild-Kunst ausgeschlossen“[1684].

Hier sind zwei Lesarten denkbar. Zum einen kann dies eine bloße Bestätigung der Gesetzeslage nach § 39 UrhG und damit keine Verschärfung der Voraussetzungen für die nach Treu und Glauben zulässigen Veränderungen bedeuten. Möglich ist indes auch eine Interpretation dieser Regelung dahingehend, dass sichergestellt werden soll, dass jegliche Änderung, die nicht im Interesse des Urhebers ist, unterbleibt. Insoweit wären dann auch die an sich nach § 39 Abs. 2 UrhG nicht untersagbaren Änderungen ausgeschlossen, was letztlich einer vertraglichen Beschränkung der Rechte nach § 39 Abs. 2 UrhG entspricht. Dieses Verständnis ist gerade nach Schutzgesichtspunkten, insbesondere gegenüber den urheberpersönlichkeitsrechtlichen Interessen, zu befürworten. Denn der Urheber selbst verliert mit der Einräumung der Nutzungsrechte an die Verwertungsgesellschaft eine Einflussnahmemöglichkeit bezüglich solcher Änderungen, die im Sinn des § 39 Abs. 2 UrhG nutzungsbedingt sind, wenn eine änderungsrelevante Unterlizenzierung an Dritte durch die Verwertungsgesellschaft erfolgt. Das grundsätzliche Zustimmungserfordernis zur Unterlizenzierung seitens des Urhebers besteht hier nicht, § 35 Abs. 1 UrhG.

[1679] Ausführlich hierzu v. Welser, S. 118 ff.

[1680] Vergl. auch § 1 III, 2. des Berechtigungsvertrags der VG Musikedition.

[1681] Die Einwilligung in § 23 S. 1 UrhG bedeutet eine Nutzungsrechtseinräumung gem. § 31 UrhG, Praxiskommentar-Bullinger § 23, Rn. 7.

[1682] Vergl. OLG Hamburg ZUM 1992, 303, 304, das davon ausging, dass bei Verweigerung der Einwilligung des Urhebers der VG die Rechtsmacht zur Einräumung von entsprechenden Nutzungsrechten fehlt. V. Welser, S. 135, geht von einer dinglichen Wirkung des § 2, 3. Abschnitt, S. 2 aus.

[1683] Die Regelung sieht im Weiteren eine beispielhafte Auflistung einschlägiger Reproduktionssituationen vor, abgedruckt in VG Bild-Kunst, Produktionsrechte 1998.

[1684] Dies berücksichtigt das Bestehen eines grundsätzlichen Abschlusszwangs der VG gegenüber Nutzungswilligen. Die unterschiedliche Begriffswahl in der Formulierung, von einerseits *Einwilligung* des Urhebers und andererseits *Genehmigung* der VG, scheint ohne inhaltliche Relevanz zu sein.

Im Übrigen ist auch im Bereich des Werkintegritätsrechts wieder auf die generelle Regelung in § 1 p) Wahrnehmungsvertrag VG Bild-Kunst für die Berufsgruppen I und II zu verweisen. Diese sieht eine umfassende Rechtseinräumung für Ansprüche aus der Verletzung von Urheberpersönlichkeitsrechten vor, die im Zusammenhang mit einer Digitalisierung oder digitalen Bearbeitung, Umgestaltung und Nutzung von Lichtbildern und -bildwerken steht, vergl. oben, unter III., 7., a) zu § 13 UrhG. Dieser Ermächtigungstreuhand nach § 185 BGB analog kommt beim Werkintegritätsrecht wohl auch am meisten praktische Bedeutung zu.

b) Miturheber

Nach § 8 Abs. 2, S. 1, 2. Halbs. UrhG sind Werkänderungen nur mit Einwilligung aller Miturheber möglich. Im Wege eines argumentativen Erst-Recht-Schlusses wird dieses Einwilligungserfordernis auf Werkentstellungen erstreckt und insoweit gleichfalls eine gesamthänderische Gebundenheit angenommen[1685].

Wegen der grundsätzlichen strukturellen Übereinstimmung zwischen dem als reines Abwehrrecht konzipierten Werkintegritätsrecht und dem Abwehrrecht gegenüber unerlaubten Werkveröffentlichungen und der beiderseits vorliegenden gesamthänderischen Bindung gilt hinsichtlich der rechtsgeschäftlichen Disponibilität des Werkintegritätsrechts bei miturheberschaftlichen Werken das zum Veröffentlichungsrecht gem. § 12 UrhG oben, unter I., 3., b) Ausgeführte entsprechend[1686]. Insoweit besteht auch hier die Möglichkeit einer Einwilligungserteilung, mit den gleichen rechtlichen Wirkungen wie bei Einzelurhebern. Es gibt keine Gründe für eine Schlechter- oder Besserstellung von Miturhebern. Die für das miturheberschaftliche Werk spezifische Besonderheit, dass die Veränderung auch nur eines miturheberschaftlichen Beitrags wegen der Rückbeziehung auf das einheitliche Gesamtwerk die Beiträge der übrigen nicht einwilligenden Urheber mitbetreffen kann, wird bereits durch das Einstimmigkeitserfordernis bezüglich der Einwilligung berücksichtigt.

Anders als beim Veröffentlichungsrecht ist das Werkintegritätsrecht jedoch nicht bei einem Verzicht eines Miturhebers auf seinen Verwertungsrechtsanteil gem. § 8 Abs. 4 UrhG zugleich mitbetroffen. Diese Notwendigkeit ergibt sich beim Veröffentlichungsrecht aus der Abhängigkeit und dem Gleichlauf mit der Nutzungsrechtseinräumung, die so beim Werkintegritätsrecht nicht besteht; hinzukommt, dass dem nutzungsrechtlichen Zusammenhang beim Werkintegritätsrecht bereits auf Gesetzesebene, durch § 39 Abs. 2 UrhG, Rechnung getragen wird.

c) Arbeitnehmerurheber

aa) Grundsätzliches

Mehr noch als das Recht auf Anerkennung der Urheberschaft gem. § 13 UrhG ist das Werkintegritätsrecht gem. § 14 UrhG in Arbeitnehmer-Arbeitgeber-Verhältnissen betroffen. Denn die wirtschaftliche Verwertbarkeit hängt hier entscheidend von der Zulässigkeit einer Anpassung des Werkes an die Marktlage sowie an die Verwertungsbedingungen und -möglichkeiten des Arbeitgebers ab.

[1685] Siehe bereits oben im 3. Teil, unter II., 1. Vergleichbar auch Waldenberger, S. 57, unter Verweis auf Schricker-Dietz § 14, Rn. 2 und v. Gamm § 8, Rn. 15; Möhring/Nicolini-Ahlberg § 8, Rn. 30. A. A. Praxiskommentar-Thum § 8, Rn. 26.

[1686] So auch Waldenberger, S. 82, der insoweit bei allen urheberpersönlichkeitsrechtlichen Befugnissen eine Ausübungsüberlassung, im Innen- wie im Außenverhältnis als zulässig annimmt.

Für die Frage eines Änderungsrechts des Arbeitgebers kann als Ausgangspunkt grundsätzlich auch auf § 39 UrhG rekurriert werden[1687], wobei bei Pflichtwerken von Arbeitnehmerurhebern bereits der Bereich der zulässigen Änderungen nach § 39 Abs. 2 UrhG zugunsten des Arbeitgebers verschoben ist[1688]. Es wird dabei nicht abstrakt auf den Zusammenhang mit der Nutzungsrechtseinräumung als solcher, sondern auf den Zweck des Arbeitsverhältnisses abgestellt, der den Umfang und die Art und Weise der Nutzungsrechtseinräumung mitbestimmt[1689].

Wegen der Erweiterung des Anwendungsbereichs des § 39 Abs. 2 UrhG werden konkludente Vereinbarungen nahezu gar nicht mehr anzunehmen sein - siehe hierzu die Ansätze bereits oben, unter 2., c), bb). Es verbleibt jedenfalls de facto kein eigenständiger Bereich notwendiger vertraglicher Vereinbarungen, da bei der Ermittlung des Inhalts konkludenter Vereinbarungen und damit bei deren Auslegung gem. § 157 BGB auch etwaige Branchen- und Verkehrsgewohnheiten zu berücksichtigen sind, die jedoch zugleich den Anwendungsbereich des § 39 Abs. 2 UrhG bestimmen[1690]. Insoweit ist es dann auch zutreffend, dass es auf die Kenntnis der Verkehrsgewohnheiten durch den Arbeitnehmerurheber - wie im rechtsgeschäftlichen Bereich bei § 13 UrhG zu fordern, vergl. oben, unter III., 2., b), bb) - nicht mehr ankommt[1691]. Deshalb kann auch der Ansicht gefolgt werden, dass ein Abweichen von Branchenübungen eine entsprechende ausdrückliche Vereinbarung erforderlich macht. Dies ist dann nicht die Konsequenz daraus, dass bei bestehenden Branchenübungen immer eine entsprechende, stillschweigend vereinbarte Änderungsbefugnis anzunehmen ist[1692], sondern folgt aus dem weiten Anwendungsbereich des § 39 Abs. 2 UrhG bei Arbeitnehmerurhebern.

Der (ausdrückliche) „Verzicht“ ist, wie bei freischaffenden Urhebern, rechtstechnisch als vertraglich erteilte rechtfertigende Einwilligung einzuordnen. Es besteht gleichfalls keine Einschränkung rechtsgeschäftlicher Vereinbarungen hinsichtlich entstellender Werkveränderun-

---

1687 Schricker-Rojahn, § 43, Rn. 83; Fromm/Nordemann-Vinck § 43, Rn. 6.

1688 Schack, Rn. 990; Schricker-Dietz § 39, Rn. 23; Rehbinder RdA 1968, 309, 313; vergl. auch Fromm/Nordemann-Hertin § 14, Rn. 11, hinsichtlich der Interessenabwägung nach § 14 UrhG. Bsph. kann auf ein Änderungsrecht nach § 39 Abs. 2 UrhG im Bereich der Presse verwiesen werden, soweit es um die Verhinderung von strafrechtlichen oder zivilrechtlichen Konsequenzen bei ungeänderter Veröffentlichung geht. Auch Änderungen aus Gründen einer inhaltlichen Einhaltung einer Meinungstendenz, d.h. einer bestimmten geistigen bzw. politischen Haltung, wie bei Zeitungsverlagen üblich, können zulässig sein, selbst wenn damit die Wesenszüge des Werks geändert würden, vergl. hierzu Rojahn, S. 125. Zur Grenze eines derartigen Änderungsrechts, siehe LAG Berlin UFITA 24 (1957), 134, 141 f. - Tod des Handlungsreisenden, wo das Gericht eine völlige Veränderung des Eindrucks eines Bühnenbilds als nicht mehr vom Änderungsrecht gem. § 12 Abs. 2 KUG, der dem heutigen § 39 Abs. 2 UrhG entspricht, gedeckt sah.

1689 Schricker-Rojahn § 43, Rn. 86. Vergl. insoweit bsph. die Rechtsprechung zum Änderungsrecht nach Treu und Glauben im Pressebereich: BGHZ 13, 334, 339; 15, 249; LG Köln MDR 1949, 566.

1690 Vergl. Rehbinder RdA 1968, 309, 314; unklar bei Fromm/Nordemann-Vinck § 39, Rn. 2, die den Aspekt der Verkehrssitte ohnehin nur in den Zusammenhang mit § 39 Abs. 2 UrhG stellen. Eine ausführliche Untersuchung von verkehrsgewohnheitsmäßigen und branchenübungsbedingten Werkänderungen findet sich bei Rojahn, S. 120 ff. und Schricker-Rojahn § 43, Rn. 87.

1691 Vergl. Schricker-Rojahn § 43, Rn. 87. Wobei der Eindruck entsteht, dass insoweit eine Einbeziehung der Branchenübung bei § 39 Abs. 2 nicht deutlich von der Berücksichtigung über § 157 BGB bei Vereinbarungen nach § 39 Abs. 1 UrhG getrennt wird. Einer beiderseitigen Kenntnis von der Branchenübung bedürfte es, entsprechend zu § 13 UrhG, erst bei Vorliegen von konkludenten Vereinbarungen, die über § 39 Abs. 2 UrhG hinausgehen, so auch Fromm/Nordemann-Vinck § 39, Rn. 2 und die Entscheidung des OLG Köln GRUR 1953, 499, 500 - Kronprinzessin Cäcilie. Hierbei handelt es sich aber wohl um eine eher rein theoretische Überlegung.

1692 So aber Schricker-Rojahn § 43, Rn. 87.

gen[1693]. Dies folgt insbesondere aus der Regelung des § 43 UrhG und der hiermit legitimierten Abweichung von allgemeinen Grundsätzen, wie § 29 UrhG; eine Schlechterstellung von Arbeitgebern im Vergleich zu Vertragspartnern von freischaffenden Urhebern infolge eines beschränkteren Bereichs zulässiger rechtsgeschäftlicher Vereinbarungen ist nicht gewollt.

Problematisch ist hier jedoch die Einhaltung des grundsätzlich geltenden Konkretisierungs- und Vorhersehbarkeitserfordernisses hinsichtlich der geplanten Eingriffe in die Werkintegrität[1694].

Weil in der Praxis die änderungsbetroffenen Pflichtwerke regelmäßig erst innerhalb des Arbeitsverhältnisses geschaffen werden, wird zur Zeit der Nutzungsrechtseinräumung ganz überwiegend keine Konkretisierung möglich sein; weder Werk noch dessen potentielle Änderungen stehen fest. Gleichwohl darf von dem Konkretisierungserfordernis nicht abgerückt und dieses damit in Richtung einer Zulässigkeit von stärkerer Pauschalität bei den Änderungsvereinbarungen aufgeweicht werden[1695]; wenngleich eine Vorhersehbarkeit und Bestimmtheit der Änderungen nach Art und Ausmaß über die jeweils bestehenden Verkehrsgewohnheiten möglich ist, so bewirkt dieses als Mindestanforderung mit Blick auf den Urheberschutz, d.h. § 29 UrhG, eine strenge Überprüfung im Einzelfall.

Etwas anderes kann sich auch nicht aufgrund der Wertung des § 43 UrhG ergeben. Ein umfassender, vorheriger und verfügungsgleicher Verzicht auf das Werkintegritätsrecht kann auch hierüber nicht legitimiert werden[1696]. Dies würde den Arbeitgeber ungerechtfertigter Weise übervorteilen. Er hat bereits die Möglichkeit, in den Entstehungsprozess des betreffenden Werkes einzugreifen, indem er sein Weisungsrecht ausübt. Wünscht er nach Fertigstellung des Werkes weitergehende Änderungen, so ist er auf die dann bestehende Möglichkeit entsprechender ausdrücklicher vertraglicher Vereinbarungen zu verweisen[1697]. Dies behindert die Werkverwertung vielleicht, ist jedoch weder unangemessen noch ungerechtfertigt. Als letzte Möglichkeit des Arbeitgebers ist bei einer Unvereinbarkeit des Werkes mit seinen Auffassungen und Wünschen daran zu denken, dass dieser von einer Nutzung und damit Veröffentlichung des Werkes absehen kann[1698].

Ein anderes Ergebnis würde bedeuten, dass im Vorhinein ein umfassendes, uneingeschränktes Änderungsrecht[1699] zuzuweisen wäre und der Schutz der Werkintegrität in Arbeitsverhältnissen damit letztlich gänzlich ausgeschlossen würde. Dann bestünde eine dem US-amerikanischen Recht vergleichbare Rechtslage, obwohl nach deutschem Recht gerade keine entsprechende gesetzliche Normierung vorliegt; der Regelungsbereich des § 43 UrhG ist insoweit jedenfalls überschritten. § 43 UrhG sieht gerade keinen grundsätzlichen Aus-

---

1693 Bsph. Haberstumpf, Rn. 444; Lucas, Softwareentwicklung, 8.2.5.2., S. 180 f., im Zusammenhang mit dem Entstellungsschutz bei Software; wohl auch Schack, Rn. 990; a. A. wohl Schricker-Rojahn § 43, Rn. 84 und Dreier-Dreier § 43, Rn. 37, die insoweit aber auch nicht auf ein Konkretisierungserfordernis mit Blick auf vertragliche Vereinbarungen rekurrieren.

1694 Gänzlich aufgegeben wird dieses Erfordernis bei Arbeitnehmerurhebern wohl von: Schricker-Rojahn § 43, Rn. 84 und Dreier-Dreier § 43, Rn. 37 sowie Schricker-Dietz § 14, Rn. 34.

1695 In diese Richtung aber Praxiskommentar-Wandtke § 43, Rn. 100, der davon spricht, keine zu hohen Anforderungen zu stellen, da der Arbeitgeber ein gewisses Maß an Flexibilität benötige; siehe auch die Meinungen oben unter Fn. 1693, die - im Sinne eines möglichen Ausgleichs - die Zulässigkeitsgrenze für Änderungsvereinbarungen bei Werkentstellungen ziehen. Wie hier indes wohl auch Kellerhals, S. 192 f.

1696 Vergl. insoweit zur Auslegung des § 43 UrhG, oben im 3. Teil, unter II., 2.

1697 Ähnlich wohl auch Kellerhals, S. 193. Konkludente Änderungsvereinbarungen würden auch zu diesem Zeitpunkt wieder am weiten Regelungsbereich des § 39 Abs. 2 UrhG sowie am Konkretisierungs- und Vorhersehbarkeitserfordernis scheitern.

1698 Hierauf weist auch Rojahn, S. 126 f., zutreffend hin.

1699 So aber wohl Schricker-Rojahn § 43, Rn. 49.

schluss des Werkintegritätsrechts vor, sondern berücksichtigt eine vom gesetzlichen Grundsatz des § 14 UrhG abweichende Rechtslage im Einzelfall, aufgrund von konkreten vertraglichen Absprachen. Die systematische Einbruchstelle für diese Einzelfallwertung ist § 39 UrhG, insbesondere § 39 Abs. 2 UrhG. Eine darüber hinausgehende, insoweit doppelte Berücksichtigung, die zur grundsätzlichen Außerachtlassung des Konkretisierungs- und Vorhersehbarkeitserfordernisses und damit zu einem grundsätzlichen Ausschluss der Schutzgewährung führt, kann nicht begründet und keinesfalls § 43 UrhG entnommen werden.

Außerdem ist bei weitreichenden und entstellenden Werkänderungen an ein Recht des Urhebers auf Namensunterdrückung zu denken[1700]. Dies ist mit dem Regelungsgedanken des § 44 VerlG vergleichbar, geht im Rahmen des § 39 Abs. 1 UrhG jedoch darüber hinaus[1701]. Als Alternative hierzu, insbesondere wenn die namentliche Nennung des Urhebers aus ökonomischen Gesichtspunkten unabdingbar für den Arbeitgeber ist, kann auch eine Rückgabe des Werkes zur Nachbesserung bzw. Neuschaffung in Betracht zu ziehen sein[1702].

Im Hinblick auf die Konstellationen einer Erweiterung des Kreises der Nutzungsberechtigten über §§ 34, 35 UrhG ergibt sich bei Arbeitnehmerurhebern nichts Abweichendes von der rechtlichen Beurteilung der Situation bei freischaffenden Urhebern.

bb) Tarifvertragliche Praxis

Nach überwiegender Ansicht im Schrifttum können Änderungsvereinbarungen auch Gegenstand von Tarifverträgen sein[1703]. Eigenständigkeit käme ausdrücklichen tarifvertraglichen Regelungen jedoch erst bei solchen Änderungen zu, die über den zulässigen Bereich nach § 39 Abs. 2 UrhG hinausreichen. Keinesfalls zulässig sind Regelungen in Tarifverträgen, die einen umfassenden dinglichen Verzicht bzw. eine entsprechende Übertragung bedeuten würden[1704]; insoweit gilt nichts anderes als bei individualvertraglichen Vereinbarungen.

Insgesamt müssen tarifvertragliche Regelungen, die über § 39 Abs. 2 UrhG hinausgehen, aber letztlich immer an der Unmöglichkeit der Einhaltung des Konkretisierungs- und Vorhersehbarkeitserfordernisses im Hinblick auf die Erteilung von Einwilligungen betreffend künftige Werke scheitern; insoweit kann auf die obigen Überlegungen unter aa) verwiesen werden.

1700 Schricker-Rojahn § 43, Rn. 87; Kraßer, FS Schricker, S. 79, 95; vergl. auch Rehbinder, Rn. 337, S. 309; Rojahn, S. 123; vergl. auch LG Saarbrücken UFITA 79 (1977), 358 zu freiberuflichen Journalisten. Auch bei selbständigen Urhebern kann ein solches Namensunterdrückungsrecht von Bedeutung sein, so in der Entscheidung „Oberammergauer Passionsspiele II" des BGH, GRUR 1989, 106, 108 und der Entscheidung „Die unendliche Geschichte" des OLG München GRUR 1986, 460, wo eine derartige vertragliche Vereinbarung vorlag. A. A. wohl Kellerhals, S. 190, die jedoch primär nicht gegen ein Unterdrückungsrecht des Urhebers, sondern gegen ein Recht des Arbeitgebers, das Werk anonym zu veröffentlichen, argumentiert. Ähnlich spricht mitunter auch Rojahn, S. 126, von einem Nutzungsrecht ohne Namensangabe, was den Eindruck einer beim Arbeitgeber liegenden Wahlfreiheit entstehen lässt.

1701 Insoweit geht der Verweis auf das Namensunterdrückungsrecht im Zusammenhang mit § 39 Abs. 2 UrhG fehl, so aber Kellerhals, S. 190. Denn hier ist auch ohne Namensunterdrückung infolge der Abwägung nach Treu und Glauben ein Eingriff in das Werkintegritätsrecht möglich.

1702 Vergl. Fromm/Nordemann-Vinck § 43, Rn. 5, der dies jedoch als einzige Möglichkeit in Fällen der vom Arbeitgeber gewünschten Änderung eines Werks, die in einer Entstellung resultiert, ansieht.

1703 So Schilcher, S. 166; Praxiskommentar-Wandtke § 43, Rn. 108; eingeschränkt Kellerhals, S. 150; wohl auch Rojahn, S. 120 ff. A. A. wohl Schricker, Urheberrecht auf dem Weg, S. 94 und Samson, UFITA 64 (1972), 181, 188.

1704 Vergl. aber Rojahn, S. 121, die die Sinnhaftigkeit von Regelungen in Tarifverträgen nur im Fall eines vollständigen Zuspruchs des Änderungsrechts an den Arbeitgeber bzw. beim Aufstellen von Kriterien bezüglich eines Änderungsrechts annimmt.

Auch der Blick auf die bestehende tarifvertragliche Praxis bestätigt dieses Ergebnis. So enthält etwa Abschn. II, Ziffer 13.2.8. i.V.m. Ziffer 16 des „Tarifvertrag(es) für auf Produktionsdauer Beschäftigte des WDR“ vom 1. 12. 1976 eine Regelung, wonach dem WDR „das Recht zu Änderungen, Bearbeitungen Umgestaltungen, Übersetzungen und Untertitelungen ... (eingeräumt wird und hierbei) ... in allen Fällen das Urheberpersönlichkeitsrecht des Beschäftigten zu wahren ist. ... Mit zulässigen Änderungen dürfen keine Entstellungen oder andere Beeinträchtigungen verbunden sein.“[1705] Im Weiteren wird in Ziffer 16 aufgelistet, wann eine Einwilligung des Beschäftigten zu Änderungen notwendig und wann sie nach Treu und Glauben entbehrlich ist. Insgesamt bleibt die Regelung damit wohl im Bereich der ohnehin bereits nach § 39 Abs. 2 UrhG zulässigen Änderungen. In einzelnen Fällen werden sogar umgekehrt, über das gesetzlich notwendige Maß hinaus, die Rechte der betroffenen Urheber gestärkt; so in Ziffer 16.4, wonach der Beschäftigte, soweit dieser Hauptregisseur ist, auch vor den nach Treu und Glauben zulässigen Änderungen gehört werden soll, wenn diese wesentlich sind.

Eine schlichtere Regelung trifft § 18 (2) des „Manteltarifvertrag(es) für Redakteure und Redakteurinnen an Tageszeitungen“ vom 15. Dezember 1997, wonach „die Urheberpersönlichkeitsrechte des Redakteurs/der Redakteurin an seinen/ihren Beiträgen ... unberührt (bleiben), insbesondere das Recht, Entstellungen, andere Beeinträchtigungen oder Nutzungen zu verbieten, die geeignet sind, seine/ihre berechtigten geistigen oder persönlichen Interessen am Beitrag zu gefährden.“[1706] Auch der „Tarifvertrag für Film- und Fernsehschaffende“ vom 24. 5. 1996[1707] bestätigt lediglich die gesetzliche Regelung in § 93 UrhG.

Da die derzeit bestehenden Tarifverträge keine über das Maß der §§ 14, 39 Abs. 2 und 93 UrhG hinausgehenden Regelungen vorsehen, kommt ihnen insoweit nur eine die Gesetzeslage bestätigende Funktion und damit keine Normwirkung zu[1708]. Etwas anderes gilt lediglich hinsichtlich der Besserstellung von Urhebern durch das ausdrückliche Einwilligungserfordernis in Abschnitt II, Ziffer 16.2.1. des Tarifvertrages für auf Produktionsdauer Beschäftigte des WDR; wegen der Urheberfreundlichkeit bestehen insoweit keine rechtlichen Bedenken.

Insgesamt gilt für Regelungen über zulässige Werkänderungen in Tarifverträgen, dass solche aus Gründen der Rechtssicherheit zwar wünschenswert wären, indes mit Regelungswirkung bzw. Normgeltung in Anbetracht des Wirksamkeitserfordernisses der hinreichenden Konkretisierung und Vorhersehbarkeit der Werkänderung nicht möglich sind. Zulässig ist lediglich eine das Gesetz bestätigende Regelung, die beispielhaft nach § 39 Abs. 2 UrhG zulässige Änderungen aufzählt[1709].

[1705] Ein auszugsweiser Abdruck des Tarifvertrags findet sich in Beck-Text Urheberrecht Nr. 5583, 10 d; die getroffene Regelung zu Werkänderungen entspricht der im 3. Abschnitt, Ziffer 3.3.8. i.V.m. 6. Abschnitt, Ziffer 6.1. ff. des „Tarifvertrag(es) über die Urheberrechte arbeitnehmerähnlicher Personen des WDR“.

[1706] Ein auszugsweiser Abdruck dieses MTV findet sich in Beck-Text Urheberrecht Nr. 5583, 10 c. Die gleiche Regelung trifft auch § 12, (2) „MTV für Redakteure und Redakteurinnen an Zeitschriften“, auszugsweise in Beck-Text Urheberrecht, Nr. 5583, 10 b.

[1707] Auszugsweise abgedruckt in Beck-Text Urheberrecht Nr. 5583, 10 a. Vergl. hier 3. Abschnitt, 3.2. und 3.5., wonach Änderungen nur bis zur Grenze der *gröblichen Verletzung* des künstlerischen Ansehens des Filmschaffenden zugelassen sind.

[1708] So explizit zur Regelung in § 18 (2) „MTV für Redakteure/Redakteurinnen an Tageszeitungen“ und zum „TV für Film- und Filmschaffende“: Schricker-Rojahn, § 43, Rn. 105 und 125. Zur Wirkung der tarifvertraglichen Vereinbarungen, siehe oben, unter I., 3., c), cc); vergl. auch Kellerhals, S. 151.

[1709] Vergl. hierzu die bei Rojahn, S. 128 f., angeführten Hinweise auf bestehende tarifvertragliche Regelungen.

V. Zugangsrecht, § 25 UrhG

1. Grundsätzliches

Obwohl das Zugangsrecht als positive Befugnis, als Anspruch gewährt wird, stellt sich die Frage einer „Übertragung" nicht. Die Frage der Zulässigkeit ist insoweit weniger mit § 29 UrhG[1710] als mit der praktischen Relevanz und dem fehlenden praktischen Bedürfnis nach einer Übertragung verknüpft[1711]. Es ist zwar denkbar und zulässig, die tatsächliche Ausübung einer anderen Person als Hilfsperson zu überlassen. Eine „Übertragungssituation" im Sinne einer Fremdwahrnehmung der Befugnis anstelle des Urhebers ist dies nicht. Denn das Zugangsrecht ist nicht - vergleichbar den Befugnissen aus §§ 12, 13 UrhG - als ein Bestimmungsrecht konzipiert. Es weist keinen Entscheidungsspielraum zu, der einem anderen überlassen werden könnte. Bei der Ausübung des Zugangsrechts durch eine andere Person geht es indes um die Ausübung der dem Inhalt und Umfang nach durch den Urheber bereits fest umrissenen Befugnis. Der Urheber instruiert die andere Person entsprechend seinen Wünschen und Vorstellungen; er handelt, vermittelt durch diese Hilfsperson, letztlich selbst[1712]. Dieser Instruierung liegt auch keine Bevollmächtigung[1713] zugrunde, da es um rein tatsächliches Handeln geht, wie bspw. das Anfertigen von Vervielfältigungsstücken in Form einer Photographie.

Der rechtsgeschäftliche Bereich ist beim Zugangsrecht indes beschritten, wenn es um die Aufgabe des Zugangsrechts, also um eine „Verzichts"-Konstellation, geht. Anders als bei den urheberpersönlichkeitsrechtlichen Befugnissen aus §§ 12 ff. UrhG steht der oft betonte Gedanke des höchstpersönlichen Charakters bei den Überlegungen zur rechtsgeschäftlichen Disponibilität des Zugangsrechts keinesfalls[1714] im Vordergrund. Insoweit wird hier ohnehin auf den ausgeprägten vermögensrechtlichen Charakter hingewiesen[1715] und ganz überwiegend angenommen, dass das Zugangsrecht vertraglich eingeschränkt werden kann[1716]. Auch in der Begründung des RegE zum UrhG[1717] wird - ausschließlich - darauf verwiesen, dass mit § 25 UrhG der Situation Rechnung getragen werden soll, dass der Urheber an einer Verwertung seines Werkes aus tatsächlichen Gründen, d.h. mangels Besitzes eines Vervielfältigungsstückes, gehindert ist[1718]; insoweit stehen hier deutlich verwertungsrechtliche Belange im Vor-

---

[1710] Insoweit wird auch hier wieder pauschal die Unübertragbarkeit aufgrund des höchstpersönlichen Charakters des Zugangsrechts angenommen, vergl. die ganz herrschende Meinung: Schricker-Vogel § 25, Rn. 21; Forkel, S. 213; Möhring/Nicolini-Spatz § 25, Rn. 2; v. Gamm § 25, Rn. 4; Praxiskommentar-Bullinger § 25, Rn. 3.

[1711] So wohl auch Seetzen, S. 132; anders wohl Peter UFITA 36 (1962), 257, 286 f. sowie Heidelberger-Dreyer § 25, Rn. 24, die von einer Lizenzierbarkeit des Zugangsrechts ausgeht, solange der Kernbereich nicht betroffen sei.

[1712] Die treuhänderische Wahrnehmung kommt deshalb gleichfalls nicht in Betracht.

[1713] Dieser Begriff wird von v. Gamm § 25, Rn. 4 verwendet; Schricker-Vogel § 25, Rn. 21, spricht von Beauftragung.

[1714] Auf die Fragwürdigkeit dieser absoluten Zuordnung wurde bereits oben im 1. Teil, unter II., 2. hingewiesen.

[1715] Vergl. oben im 2. Teil, unter IV., 1.

[1716] Schricker-Vogel § 25, Rn. 21; Seetzen, S. 53, 132; Peter UFITA 36 (1962), 257, 286 f.; wohl auch Metzger, S. 226 - unklar hierbei aber seine Ausführungen auf S. 229. A. A. hingegen wohl: Forkel, S. 213, und Möhring/Nicolini-Spautz § 25, Rn. 1, die die ideelle Seite des Zugangsrechts betonen. Vermittelnd insoweit: Praxiskommentar-Bullinger § 25, Rn. 1

[1717] UFITA 45 (1965), 240, 267.

[1718] Auf diesen Aspekt, der Gewährleistung der Werkverwertung durch § 25 UrhG, verweist auch KG GRUR 1983, 507, 508 - Totenmaske.

dergrund. Ein umfassender dinglicher Verzicht ist jedoch auch hier als unzulässig abzulehnen[1719].

Die Zulässigkeit des rein schuldrechtlichen „Verzichts" ergibt sich indes bereits aus der gesetzlichen Wertung, d.h. der Art und Weise, wie das Zugangsrecht gewährt wird[1720]. Denn wenn eine Interessenabwägung gem. § 25 UrhG einen Ausschluss des Zugangsrechts ergeben kann, zeigt dies, dass die Besitzerinteressen für den Gesetzgeber beachtlich sind, dabei aber nur bestimmte Interessenlagen automatisch die Folge der Versagung des Zugangsrechts auslösen. Andere Beweggründe des Eigentümers/Besitzers können zwar gleichfalls beachtlich sein, aber objektiv, tatbestandlich als nicht berücksichtigungsfähig gelten; hier ist dann die Möglichkeit vertraglicher Vereinbarungen eröffnet.

Praktische Bedeutung kann einem „Verzicht" insbesondere dann zukommen, wenn auf der einen Seite der Urheber an einer weiteren Verwertung des Werkes kein Interesse hat und auf der anderen Seite auch der Besitzer die Verwertung insgesamt verhindern will[1721]. Dabei ist nicht erforderlich, dass der Verzicht dem Umfang nach ausdrücklich bestimmt ist[1722].

Im Zusammenhang mit konkludenten Verzichtsvereinbarungen gelangt das OLG Hamburg[1723] in der Entscheidung „Zugangsrecht des Architekten" zur Ansicht, dass der Verzicht mit hinreichender Deutlichkeit erklärt worden sein muss. Dabei entsteht der Eindruck, dass sich das Gericht letztlich gegen einen konkludenten Verzicht ausspricht, indem es fordert, dass der Verzicht „ausdrücklich erkennbar" hätte gemacht werden müssen[1724]. Konkretere Ausführungen zur Frage des Umfangs und der Reichweite eines zulässigen Verzichts macht das Gericht indes nicht.

Zum Schutz des Urhebers ist jedoch bei umfänglichen ausschließlichen Nutzungsrechtseinräumungen eine zeitliche Beschränkung des schuldrechtlichen Verzichts zu verlangen. Denn eine zeitlich unbegrenzte Nichtausübungsvereinbarung stünde einem unzulässigen verfügenden Verzicht gleich. Eine derartige Beschränkung vernachlässigt auch die Verwerterinteressen nicht; lägen im Einzelfall entsprechend gewichtige Verwerterinteressen vor, würde dies ohnehin dazu führen, dass ein Ausschluss des Zugangsrechts, als Ergebnis der erforderlichen Interessenabwägung nach § 25 UrhG, anzunehmen wäre[1725]. Zudem ist zu berücksichtigen,

---

1719 So auch OLG Hamburg UFITA 81 (1978), 257 - Zugangsrecht eines Architekten und Möhring/Nicolini-Spautz § 25, Rn. 2; a. A. Seetzen, S. 53; Peter UFITA 36 (1962) 257, 287 und Metzger, S. 229, der generell vertragliche Absprachen mit Verfügungswirkung zulassen will und dabei einen Schutz des Urhebers über die Anwendung der allgemeinen Zweckübertragungslehre zu erreichen sucht. Eine Begrenzung der Reichweite des verfügenden Verzichts ist jedoch nicht denkbar; die Konsequenz ist immer das Erlöschen des Rechts. Auch die Heranziehung der Zweckübertragungslehre vermag hieran dogmatisch nichts zu ändern.

1720 A. A. insoweit ausdrücklich Osenberg, S. 195 f.

1721 Zu denken wäre hier zum Beispiel an Fälle von Geheimhaltungsinteressen des Werkbesitzers bei Aktdarstellungen oder Portraits, wenn bereits eine Ausstellung des Bildes stattgefunden hat. Insoweit wird angenommen, dass das Geheimhaltungsinteresse hier nicht zu einer für den Besitzer günstigen Interessenabwägung führen kann, da bereits eine Veröffentlichung erfolgt ist; vergl. Praxiskommentar-Bullinger § 25, Rn. 15 und Fromm/Nordemann-Nordemann § 25, Rn. 5; dem Interesse an einer Geheimhaltung könnte demnach nur durch eine vertragliche Beschränkung des Zugangsrechts genügt werden.

1722 Vergl. hierzu Schricker-Vogel § 25, Rn. 22.

1723 UFITA 81 (1978), 257, 260. Streitgegenständlich war die ganz allgemein gehaltene Vertragsformulierung, dass „sämtliche mit dem Bauvorhaben zusammenhängende Ansprüche (...) gleich welcher Art erledigt sind"; das Gericht sah hierin im Ergebnis keine Verzichtsvereinbarung das Zugangsrecht aus § 25 UrhG betreffend.

1724 UFITA 81 (1978), 257, 261.

1725 Bei Konstellationen, in denen ein Zugangsrecht zwar gesetzlich ausgeschlossen ist, kann sich der Sinn einer vertraglichen „Verzichts"-Vereinbarung aber aufgrund der Beweislastverteilung ergeben. Der Besitzer des Werkstücks trägt die Beweislast für das Vorliegen berechtigter Interessen für einen Ausschluss des Zugangsrechts gem. § 25 UrhG. Insoweit erleichtert das Vorliegen einer diesbezüglichen Vereinbarung die Beweissituation für den Besitzer.

dass eine vertragliche Vereinbarung hinsichtlich des Zugangsrechts, anders als beim Veröffentlichungsrecht, nicht bereits durch tatsächliche Umstände hinfällig wird und sich erledigt. Die zeitliche Beschränkung ergibt sich aus einer analogen Anwendung des § 41 Abs. 4 S. 2 UrhG.

Rechtstechnisch handelt es sich bei derartigen vertraglichen Abreden um ein auf 5 Jahre befristetes pactum de non petendo. Auf die Rechtsfigur der - rechtfertigenden - Einwilligung kann hier nicht zurückgegriffen werden, da es nicht um ein Abwehrrecht gegenüber rechtswidrigen Eingriffen in Rechtsgüter des Urhebers, sondern um die schlichte Nichtgeltendmachung des Zugangsrechts, eines positiven Anspruchs, geht[1726].

Gleichsam als ein Minus zum „Verzicht" auf die generelle Ausübung des Zugangsrechts ist auch eine Vereinbarung denkbar, mit der der Umfang des Zugangsrechts für den Urheber vertraglich eingeschränkt wird. So können bestimmte Termine für die Zugänglichmachung vereinbart werden[1727]. Oder aber eine dem Besitzer an sich nach § 25 UrhG zumutbare Vervielfältigung, wie der Abguss bei einer Skulptur, wird ausgeschlossen und statt dessen werden nur Photographien zugelassen. Dogmatisch ändert sich dabei nichts an der Einordnung als pactum de non petendo; es wird lediglich inhaltlich stärker ausdifferenziert[1728].

Die Problematik der Erweiterung des betroffenen Personenkreises über §§ 34, 35 UrhG stellt sich für das Zugangsrecht nicht, da kein unmittelbarer Zusammenhang mit der Nutzungsrechtseinräumung besteht. Infolgedessen kann das Zugangsrecht gegen jeden Besitzer, unabhängig von seiner Stellung als Nutzungsrechtsinhaber, geltend gemacht werden.

Bei Miturhebern ergeben sich keine Besonderheiten, da jedem Miturheber das Zugangsrecht individuell, ohne gesamthänderische Bindung zusteht. Hinsichtlich des „Verzichts" ist wieder an die Möglichkeit einer Stellvertretung aller Miturheber durch einen aus ihrer Mitte zu denken.

2. Arbeitnehmerurheber/ Tarifvertragliche Praxis

Dem Arbeitnehmerurheber steht das Zugangsrecht grundsätzlich wie einem freischaffenden Urheber zu. Bei der Interessenabwägung gem. § 25 UrhG rücken aber verstärkt materielle Interessen auf Seiten des Arbeitgebers in den Vordergrund[1729]. Mit dem Eingehen des Arbeitsverhältnisses wird regelmäßig kein konkludenter schuldrechtlicher Verzicht auf das Zugangsrecht zugleich vorliegen; dies wird vielmehr nur im Einzelfall anzunehmen sein.

Auch die tarifvertraglichen Vereinbarungen schließen das Zugangsrecht nicht pauschal aus. Mitunter ist jedoch eine Ausschlussfrist vorgesehen, die zwischen sechs[1730] oder auch nur zwei Wochen[1731] beträgt. Der Fristenlauf wird an den zeitlichen Zusammenhang mit der Her-

---

1726 So auch Dieselhorst, S. 141, der jedoch - für das Zugangsrecht überflüssigerweise - ein pactum de non petendo, das zugleich eine rechtfertigende Einwilligung darstelle, annimmt.

1727 Bsp. geht zurück auf Ulmer, § 89, III, 4., S. 382.

1728 In der Praxis werden derartige Vereinbarungen wohl eher selten anzutreffen sein. Dass hierfür aber ein Bedürfnis bestehen kann, wird insbesondere durch den vom OLG Hamburg entschiedenen Fall „Zugangsrecht für Architekten", UFITA 81 (1978), 257, deutlich.

1729 Rojahn, S. 143.

1730 Aus Rojahn, S. 145: Ziff. 376.2 eMTV.

1731 Aus Rojahn, S. 145: § 15 V MTV des SR, Anhang VIII.

stellung des Werks gekoppelt, so dass der Urheber sein Zugangsrecht mangels Geltendmachung innerhalb der Frist dauerhaft verliert.

Derartige Regelungen sind jedoch zulässig. Denn einer kollektivvertraglichen Regelung steht der Umstand, dass durch § 25 UrhG auch urheberpersönlichkeitsrechtliche Interessen berücksichtigt werden, grundsätzlich nicht im Wege, da hier zugleich die stark verwertungsrechtliche Ausprägung des Zugangsrechts zum Tragen kommt[1732]. Entscheidend ist außerdem, dass die genannten tarifvertraglichen Regelungen keinen Verzicht darstellen.

Nicht nur dass der Urheber durch seine Lohnansprüche aus dem Arbeitsverhältnis wirtschaftlich abgesichert ist[1733]. In Arbeitsverhältnissen fehlt es wegen der Tatsache, dass die Nutzungsrechte dem Arbeitgeber nach Ausscheiden des Arbeitnehmerurhebers aus dem Arbeitsverhältnis weiterhin zustehen[1734], an einem nach § 25 UrhG beachtenswerten Interesse an der Werkverwertung auf Seiten des Urhebers. Dann besteht schon kein Anspruch auf Zugang zum Werk, so dass die befristeten Zugangsregelungen eine Verbesserung für den Arbeitnehmerurheber darstellen und also solche zulässig sind.

Zudem sähe auch § 43 UrhG eine Privilegierung zugunsten des Arbeitgebers vor, die insbesondere wegen der großen Anzahl der an einem Werk beteiligten Arbeitnehmerurheber notwendig ist[1735]. Insoweit ist auch zu beachten, dass für den Fall, dass dem Arbeitgeber aus organisatorischen oder anderen Gründen eine Ausübung des Zugangsrechts durch den Urheber nicht zumutbar wäre, dies dann infolge der Interessenabwägung nach § 25 UrhG ohnehin zu einem Ausschluss des Zugangsrechts führen müsste[1736].

VI. Rückrufsrechte, §§ 41, 42 UrhG

1. Grundsätzliches

Den Rückrufsrechten nach §§ 41, 42 UrhG kommt an vielen Stellen Bedeutung zu. Sie begrenzen nicht nur die Nutzungsrechtsvereinbarungen und darüber zugleich die Reichweite von rechtsgeschäftlichen Vereinbarungen über urheberpersönlichkeitsrechtliche Befugnisse, vergl. die Untersuchungen zu §§ 12 und 13 UrhG. Zudem ist § 42 UrhG analog auch - isoliert - auf rechtsgeschäftliche Vereinbarungen über das UPR anwendbar, vergl. oben, unter III., 2., b), cc). Außerdem wird in § 41 Abs. 4 S. 2 UrhG ein allgemeiner Rechtsgedanke zum Ausdruck gebracht, der bei schuldrechtlichen Verzichtsvereinbarungen im Rahmen der §§ 13, 25 UrhG zu berücksichtigen ist, vergl. hierzu oben, unter III., 4. und V., 1.[1737].

Anders als nach § 41 UrhG ist das Rückrufsrecht gem. § 42 Abs. 2 UrhG aufgrund ausdrücklicher gesetzlicher Regelung weder im Voraus verzichtbar noch kann die Ausübung ausgeschlossen werden; also ist auch ein nur befristeter Ausschluss der Ausübung dieses Rechts unzulässig. Nach § 41 Abs. 4, S. 2 UrhG hingegen ist jedenfalls ein auf 5 Jahre befris-

---

[1732] Insoweit werden Tarifverträge überwiegend als unproblematisch erachtet: Praxiskommentar-Bullinger § 43, Rn. 111; Rojahn, S. 145.

[1733] Kraßer, FS Schricker S. 78, 88, unter Berufung auf die amtl. Begründung zu § 43 UrhG.

[1734] So jedenfalls für den Fall des Nichtvorhandenseins ausdrücklich abweichender Regelungen. Vergl. Rehbinder, Rn. 333, S. 304.

[1735] Vergl. Rojahn, S. 145.

[1736] Die von Rojahn, S. 145, geäußerten Bedenken gegenüber den tarifvertraglichen Vereinbarungen treffen nicht zu. Ihr Versuch, das Problem über eine Interessenabwägung zu lösen ist unnötig; dabei ist ihr paralleler Ansatz, diese zeitliche Befristung in Tarifverträgen zugleich unter dem Gesichtspunkt einer - rechtsgeschäftlichen - Beschränkung des § 25 UrhG zuzulassen, sogar unzutreffend.

[1737] Die Vorschriften werden allgemein auch als Beleg dafür gesehen, dass das UrhG von der dogmatischen Möglichkeit eines Verzichts auf urheberpersönlichkeitsrechtliche Befugnisse ausgeht, vergl. im 3. Teil, I., 4.

teter Vorausverzicht auf die Rechtsausübung möglich. Diese unterschiedliche Behandlung spricht dafür, dass § 42 UrhG vom Gesetz als ein gegenüber § 41 UrhG gewichtigerer Schutz des Urhebers erachtet wird. Auch der Umstand, dass das Rückrufsrecht gem. § 42 UrhG entgegen dem gesetzlichen Leitbild, in §§ 28 ff. UrhG, nicht grundsätzlich auf den Rechtsnachfolger übergeht, vergl. Abs. 1 S. 1, verdeutlicht, dass dieses Recht als ein ausschließlich beim Urheber selbst verbleibendes Recht konzipiert ist. Es ist mit der Person, den Ansichten des Urhebers besonders verbunden und der Disponibilität kraft ausdrücklicher, gegenüber § 29 UrhG insoweit konkreterer und speziellerer Regelung weitgehend entzogen. Im Verhältnis zum Rückrufsrecht nach § 41 UrhG wird deshalb auf die noch stärker urheberpersönlichkeitsrechtlich ausgeprägte Seite des § 42 UrhG[1738] verwiesen.

Wegen dieser ausdrücklichen Unverzichtbarkeit kommt dem Rückrufsrecht gem. § 42 UrhG bei der grundsätzlichen Frage nach der Zulässigkeit des Rechtsausübungsverzichts bei Rechtsgeschäften über die urheberpersönlichkeitsrechtlichen Befugnisse der §§ 12 ff., 25 UrhG eine Auffangfunktion im Sinne eines unumgänglichen Schutzmechanismus zu.

Einen Systembruch stellt dabei die Regelung des § 90 S. 1 UrhG dar, wonach die Rückrufsrechte nach §§ 41, 42 UrhG bei Filmwerken verweigert werden. Hier setzt sich das wirtschaftliche Interesse des Filmherstellers gegenüber ideellen Interessen des Urhebers durch. Eine analoge, isolierte Anwendung des § 42 UrhG auf Vereinbarungen, die die Befugnisse aus §§ 13 und 25 UrhG betreffen, ist damit jedoch nicht ausgeschlossen. Denn der gesetzliche Ausschluss der Rückrufsrechte durch § 90 UrhG dient lediglich der Sicherstellung der nutzungsrechtlichen Auswertung des Films[1739]. Diese Verwertung wird indes nicht durch eine Aufhebung der Vereinbarungen über das Zugangsrecht bzw. die Befugnis zur Nichtnennung des Urhebers, über eine analoge Anwendung des § 42 UrhG, gehindert.

Abschließend sei zur Klarstellung darauf hingewiesen, dass sich die Entschädigungspflicht bei der Ausübung eines Rückrufs hinsichtlich der rechtsgeschäftlichen Vereinbarungen über das UPR dann auch nur auf einen Ausgleich der Vermögenseinbuße beziehen kann, die im Hinblick auf die neue Situation, die nunmehr zu beachtende, insoweit geänderte Ausübung der urheberpersönlichkeitsrechtlichen Befugnisse, für den Verwerter entsteht.

2. Besondere Konstellationen

Bei Miturhebern ergeben sich keine Besonderheiten gegenüber den grundsätzlichen Ausführungen.

Was Arbeitnehmerurheber betrifft, so ist zu bedenken, dass die §§ 41 f. UrhG auch unter den Regelungsbereich des § 43 UrhG fallen; auf diese Vorschriften des 5. Unterabschnitts des UrhG wird in § 43 UrhG ausdrücklich Bezug genommen. Etwas anderes ergibt sich auch nicht aus der Unverzichtbarkeit der Rückrufsrechte, denn laut Gesetzesbegründung sind „diese Bestimmungen in erste Linie (nur) zum Schutze des freischaffenden Urhebers gedacht, der kein festes Gehalt hat ...“[1740]. Letztlich kommt es in Arbeitsverhältnissen jedoch wieder „auf die besonderen Umstände des Einzelfalls an“, ob ein Rückrufsrecht ausgeschlossen ist[1741]. Ein genereller, grundsätzlicher Verlust der Rechte aus §§ 41 f. UrhG bei Arbeitnehmerurhebern

1738 Praxiskommentar-Wandtke § 42, Rn. 1.
1739 Schricker-Katzenberger § 90, Rn. 6.
1740 Begründung des RegE, UFITA 45 (1965), 240, 277 f.
1741 Siehe Begründung des RegE, UFITA 45 (1965), 240, 277 f.

wäre mit § 29 UrhG und § 43 UrhG nicht vereinbar[1742]; insoweit ist es systematisch konsequent, an der weitgehenden Unverzichtbarkeit des § 42 UrhG auch im Arbeitsverhältnis festzuhalten.

Der unterschiedlichen Interessenlage in verschiedenen Einzelfällen wird über die wertenden Kriterien der §§ 41, 42 UrhG Rechnung getragen, was sogar zu einem Ausschluss der Rückrufsrechte führen kann[1743]. Aufgrund der besonderen Situation, die durch die finanzielle Absicherung des Arbeitnehmerurhebers und des Fehlens eines wirtschaftlichen Verwertungsrisikos gekennzeichnet ist, bedeutet eine Einschränkung der Rechte bei § 41 UrhG sogar, dass eine Rückforderung der Nutzungsrechte nur aus urheberpersönlichkeitsrechtlichen Belangen heraus möglich sein wird[1744]. Diese so verstandene Einschränkung der Rückrufsrechte nach §§ 41 f. UrhG[1745] ist aber gerade kein Rechts- oder Rechtsausübungsverzicht, sondern die Konsequenz aus der geänderten Interessenlage in der speziellen arbeitsvertraglichen Situation; mithin handelt es sich um eine tatbestandliche Einschränkung[1746].

Tarifvertragliche Regelungen im Bereich der §§ 41 f. UrhG finden sich in § 12 Abs. 5 „MTV für Redakteure an Zeitschriften"[1747], wonach Redakteure frühestens 12 Monate nach Ablieferung eines Beitrags das Nutzungsrecht zurückrufen können, und eine Verwertung durch den Urheber nur dann zugelassen wird, wenn diese berechtigten Interessen des Verlages nicht abträglich ist.

Mit dem Verwertungsverbot wird dabei eher wettbewerbsrechtlichen Anliegen Rechnung getragen, da nicht das Rückrufsrecht, sondern eine Verwertung durch den Urheber selbst ausgeschlossen wird. Gegenüber der zeitlichen Beschränkung des Rückrufsrechts aus § 41 UrhG, im Wege einer Verlängerung der Abwartefrist nach § 41 Abs. 2, S. 2 UrhG, bestehen keine Bedenken. Die Fristverlängerung liegt innerhalb der als zulässig bestimmten Frist nach § 41 Abs. 4, S. 2 UrhG.

Das Gleiche gilt für § 18 Abs. 5 „MTV für Redakteure an Tageszeitungen"[1748], wonach eine Verlängerung der in § 41 Abs. 2, S. 2, 1. Alt. UrhG vorgesehenen Abwartefrist von 3 auf 6 Monate getroffen wird. Insbesondere mit Blick auf die deutlich vermögensrechtlich ausgeprägte Seite des Rückrufsrechts nach § 41 UrhG bestehen keine dogmatischen Bedenken gegenüber einer derartigen kollektivvertraglichen Regelung.

VII. Generelle Grenzen rechtsgeschäftlicher Dispositionen über urheberpersönlichkeitsrechtliche Befugnisse

Als Abschluss der Untersuchung sind die aufgezeigten Ergebnisse einem Vergleich mit allgemeinen privatrechtlichen und urheberrechtlichen Grundsätzen zu unterziehen, welche

---

1742 So im Ergebnis die wohl h. M.; anstelle Vieler: Schricker-Rojahn § 43, Rn. 88 ff. und dieselbe ausführlich auf S. 134 ff. und Fromm/Nordemann-Vinck § 43, Rn. 5; a. A. Möhring/Nicolini-Spautz, noch in der 1. Auflage, § 43, Anmerkg. 4, vorsichtiger, wie die h. M., nun in der 2. Auflage, Rn. 13, formuliert.

1743 Es ist danach zu fragen, ob die Verwertung nach gewandelter Überzeugung für den Urheber noch „zumutbar" ist, § 42 UrhG, bzw. das Vorliegen einer „erheblichen Verletzung berechtigter Interessen" des Urhebers bei Nichtnutzung des Werks ist zu prüfen, § 41 UrhG. Dabei ist zu bedenken, dass der Bereich dessen, was nach § 42 UrhG zumutbar ist, im Rahmen von Arbeitsverhältnissen erweitert wird, vergl. Schricker-Rojahn § 43, Rn. 93.

1744 Vergl. Schricker-Rojahn § 43, Rn. 88.

1745 Hiervon spricht neben Schricker-Rojahn, § 43, Rn. 88 ff., auch Praxiskommentar-Wandtke § 43, Rn. 116.

1746 Darüber hinausgehende rechtsgeschäftliche Vereinbarungen sind grundsätzlich unzulässig.

1747 Abgedruckt in Urheberrecht, Beck-Texte im dtv, Nr. 10 b.

1748 Abgedruckt in Urheberrecht, Beck-Texte im dtv, Nr. 10 c.

neben § 29 UrhG den grundsätzlichen Rahmen für zulässige Rechtsgeschäfte über das UPR abstecken.

1. Grenzziehung durch die sog. „Kerntheorie“

a) Grundsätzliches

Als eherner Grundsatz wird auch gegenwärtig von Rechtsprechung und Schrifttum einhellig betont, dass rechtsgeschäftliche Vereinbarungen über das UPR nur bis zum unverzichtbaren und unübertragbaren Kernbereich zulässig sind[1749]. Bereits im Zuge der Anerkennung des UPR durch das Reichsgericht wurde im „Wilhelm-Busch“-Urteil[1750] von einem „unveräußerlichen Persönlichkeitsrecht“ und einem „persönlichkeitsrechtlichen Kern“ gesprochen, was in der Fortsetzung dieser Rechtsprechung durch den BGH in der Entscheidung „Cosima Wagner“ [1751] in der Formulierung „unverzichtbarer Kernbestandteil“ des UPR mündete und nach Einführung des UrhG bis heute als „unabtretbarer, persönlichkeitsrechtlicher Kern“ des Urheberrechts fortgeführt wird[1752].

Hinter der Beschreibung eines beim Urheber stets verbleibenden Bereichs urheberpersönlichkeitsrechtlicher Befugnisse steht zum einen die Überzeugung, dass das UPR seinem Rechtscharakter nach als höchstpersönliches Recht untrennbar mit der Person verbunden ist, als auch zum anderen der Gedanke des notwendigen Urheberschutzes als Begrenzung der privatrechtlichen Vertragsautonomie[1753].

Unter historischen Gesichtspunkten ist diese Kerntheorie notwendiges Ergebnis des Versuchs der dogmatischen Vereinbarkeit zwischen der nach LUG und KUG bestehenden Übertragbarkeit des Urheberrechts insgesamt und insbesondere auch des Werkänderungsrechts, s. § 12 KUG bzw. §§ 8 und 9 LUG, und der fortschreitenden Anerkennung des UPR bei gleichzeitiger Betonung von dessen höchstpersönlicher Rechtsnatur[1754].

Dass dieses historische Verständnis, insbesondere auch eine dahingehende Deutung des § 29 UrhG gegenwärtig nicht mehr gilt, hat bereits die Untersuchung oben im 3. Teil ergeben. Die Rechtsfortentwicklung spricht vielmehr für das Verständnis des § 29 UrhG als schlichter Ausdruck und Betonung des rechtspolitischen Anliegens des Urheberschutzes bei Anerkennung des notwendigen Maßes an Disponibilität, insbesondere mit Blick auf den geltenden Monismus im Urheberrecht. Dies drückt auch die Begründung des RegE zur Novellierung des UrhG durch das „Gesetz zur Stärkung der vertraglichen Stellung von Urhebern und ausübenden Künstlern“ aus: „Im individuellen Urhebervertragsrecht herrscht ... weitgehend Vertragsfreiheit. Nur wenige gesetzliche Regeln stehen bisher dem wirtschaftlich schwächeren Teil

1749 Die Terminologie schwankt dabei zwischen „Kern“, „Stammrecht“ und „Kerngehalt“; inhaltlich wird dabei jedoch immer der Gedanke einer Beschränkung der Privatautonomie im urheberrechtlichen Bereich erfasst; vergl. hierzu Dieselhorst, S. 142; Metzger, S. 51 ff.; Schricker-Dietz vor §§ 12 ff., Rn. 27 f.; Schricker, FS Hubmann, S. 409, 413; Schilcher, S. 162; Forkel, S. 194; Haberstumpf, Rn. 386 f.; Kreile/Wallner ZUM 1997, 625, 628. Vergl auch den BGH in: GRUR 1971, 269, 271 - Das zweite Mal; GRUR 1986, 458, 459 - Oberammergauer Passionsspiele sowie GRUR 1999, 230, 232 - Treppenhausgestaltung.

1750 RGZ 123, 312, 320.

1751 BGHZ 15, 249, 258; siehe auch BGH GRUR 1963, 40, 42 „Straßen - gestern und morgen“.

1752 Vergl. BGH GRUR 1995, 671, 672 f; zur historischen Entwicklung: Eggersberger, S. 103 ff.

1753 Vergl. insoweit einerseits Fromm/Nordemann-Hertin Vor § 12, Rn. 1, die die Entwicklung des UPR gerade als Persönlichkeitsrecht betonen, sowie andererseits: Schricker-Dietz § 29, Rn. 4.

1754 Siehe Eggersberger, S. 79 ff.; vergl. hierzu auch oben im 3. Teil, unter I., 3.

schützend zur Seite. So ist das Urheberrecht im Ganzen nicht übertragbar (§ 29 S. 2 UrhG)"[1755]; wobei ausschließlich die umfassende freie Übertragung unzulässig ist.

Aus diesen Ausführungen, insbesondere der Untersuchung oben im 1. Teil, unter II., ergibt sich, dass die Kerntheorie keinesfalls mit dem Verweis auf die höchstpersönliche Natur des UPRs aufrechterhalten werden kann. Gerade mit Blick auf die unter I. bis VI. herausgearbeiteten, zulässigen Rechtsgeschäfte stellt sich deshalb die Frage nach einem Fortbestand, d.h. nach einer begründbaren dogmatischen Berechtigung und inhaltlichen Bestimmung, der Formel vom indisponiblen „Kernbereich"[1756].

b) Bestimmung des Kernbereichs

aa) Darstellung des Meinungsspektrums

Zur Bestimmung des Kernbereichs werden in Rechtslehre und Rechtsprechung verschiedene Ansätze vertreten, die zwischen einer absoluten und einer relativen Betrachtung schwanken.

Die Rechtsprechung[1757] und Rechtslehre gehen dabei überwiegend den Weg einer qualitativen Bestimmung durch eine positive Beschreibung als Bereich der „schwerwiegenden Beeinträchtigung der Persönlichkeitssphäre"[1758]. Dahinter steht letztlich eine Interessenabwägung aller Aspekte des Einzelfalls, insbesondere auch des Werkcharakters und des Zwecks des Geschäfts[1759].

Teilweise überschneidet sich diese Herangehensweise mit dem zweiten absoluten Ansatz, der umfassenden Zuweisung einzelner urheberpersönlichkeitsrechtlicher Befugnisse zum Kernbereich. Hier wird neben § 14 UrhG[1760] auch das Recht auf Anerkennung der Urheberschaft[1761] sowie das Rückrufsrecht aus § 42[1762] bzw. § 41 UrhG[1763] genannt.

[1755] Bundesrat-Drucksache 404/01, S. 29. Unzutreffend ist deshalb die Formulierung und die daraus resultierende Gewichtung, dass es keines Rückgriffs mehr auf das UPR bedürfe, um einen vollständigen Rechtsverlust des Urhebers zu verhindern, da die Kodifizierung des § 29 UrhG bestehe, so Metzger, S. 192. Es scheint ungünstig, das UPR als solch funktional geschaffenes Rechtsinstitut zu verstehen; vielmehr stellt sich die Untrennbarkeit als unmittelbare Folge der Anerkennung des UPR und seiner betont höchstpersönlichen Natur aus historischer Sicht dar. Gerade dies hat denn auch zur Entstehung der Nutzungsrechte in ihrer speziellen Form, als gebunden übertragbarer Teil der Verwertungsrechte des Urhebers geführt. Insoweit drückt sich im UrhG auch weiterhin der Gedanke des UPR und des deutschen Monismus aus.

[1756] Metzger, S. 193, lehnt die Kerntheorie vor dem Hintergrund des Gebots der Rechtssicherheit vollständig ab. Grundsätzlich kritisch auch v. Welser, S. 71.

[1757] Auch wenn die Rechtsprechung insoweit nicht ganz einheitlich ist, vergl. die folgenden Fn. mit weiteren Entscheidungen.

[1758] BGHZ 15, 249, 261 - Cosima Wagner; v. Gamm NJW 1959, 318, 319; Osenberg, S. 41; Heidelberger-Dreyer Vor §§ 12 ff., Rn. 6; teilweise auch Forkel, S. 193; Federle, S. 70; vergl. auch Dietz ZUM 1993, 309, 315, der von „wirklich gravierenden persönlichen und geistigen Interessen des Urhebers", die betroffen sein müssen, spricht. Seetzen, S. 52 ff., geht auch von dieser qualitativen Bestimmung aus, unterscheidet dabei aber weiter zwischen geistigen und persönlichen Interessen; dabei sei ausschließlich bei den Zweitgenannten, denen er § 13 S. 1, § 42, § 12 und § 14 UrhG zuordnet, von einem unverzichtbaren Kern zu sprechen.

[1759] Vergl. Schricker-Dietz Vor §§ 12 ff., Rn. 28.

[1760] Insbesondere auch die Rechtsprechung des BGH: GRUR 1971, 269 271 - Das zweite Mal und GRUR 1986, 458, 459 - Oberammergauer Passionsspiele, hinsichtlich des Schutzes vor (gröblichen) Entstellungen sowie Ulmer, § 89, III, S. 381; v. Gamm § 11, Rn. 7; Stolz, S. 91; Reupert, S. 267 und Osenberg, S. 178; widersprüchlich indes Dreier-Schulze Vor § 12, Rn. 12.

[1761] KG UFITA 80 (1977), 368, 374 - Manfred Köhnlechner; Rehbinder, Rn. 319, S. 280; Stolz, S. 60; Heidelberger-Kotthoff § 39, Rn. 7; v. Gamm § 13, Rn. 3 und Reupert, S. 266.

[1762] Von Gamm § 11, Rn. 7; Forkel, S. 193.

[1763] Forkel, S. 194, im Hinblick auf Rechtsgeschäfte über das Veröffentlichungsrecht.

Im Vormarsch begriffen scheint eine neuere Ansicht, die den Kernbereich über eine Anwendung des Rechtsgedankens aus § 31 Abs. 5 UrhG, damit durch Heranziehung der allgemeinen Zweckübertragungslehre bestimmt[1764]. Insoweit wird davon ausgegangen, dass zum einen eine Begrenzung infolge der konkreten Spezifizierung des Nutzungskontextes, für den eine Beschränkung bzw. Überlassung urheberpersönlichkeitsrechtlicher Befugnisse geplant ist, vorliege. Die Einschränkung bzw. Überlassung gelte lediglich in diesem Kontext und im Übrigen trete das Selbstbestimmungsrecht des Urhebers wieder voll in Funktion[1765]. Hinzukomme, dass bei Nutzungsrechtseinräumungen für neue unbekannte Nutzungsarten, infolge der Regelung des § 31 Abs. 4 UrhG, insoweit immer zugleich das UPR von Vereinbarungen ausgenommen werde. Wegen der Unmöglichkeit der Erfassung aller zukünftigen Nutzungsrechtszusammenhänge könne auch das UPR insoweit nie voll ausgeschöpft werden. Hierdurch sei der stets beim Urheber verbleibende, indisponible Kernbereich des UPR beschrieben.

Als letzter Ansatz zur Bestimmung des Kernbereichs des UPR wird auf § 138 BGB rekurriert. Der unverzichtbare bzw. unübertragbare Kern sei bei allen rechtsgeschäftlichen Vereinbarungen betroffen, die nach § 138 BGB sittenwidrig sind[1766].

bb) Stellungnahme und eigene Auffassung

Die erstgenannte, rein qualitative Bestimmung des Kernbereichs durch Anknüpfung an eine bestimmte Schwere der Beeinträchtigung des UPR ist zu eng.

Ein vergleichbar qualitativer Gesichtspunkt kommt zwar in der Wertung des § 29 S. 1 UrhG zum Ausdruck, wonach eine umfassende freie Übertragung und dieser gleichstehende Vereinbarungen unzulässig sind. Dies setzt sich fort im unmittelbaren Verbot des umfassenden dinglichen Verzichts und der zeitlichen Begrenzung der schuldrechtlichen Schweigepflicht über die eigene Urheberschaft in Fällen von Ghostwriter- und Pseudonymvereinbarungen[1767]. Eine derartige Kernbereichsbestimmmung steht aber nicht im Einklang mit den Überlegungen zum Werkintegritätsrecht, § 14 UrhG, wonach auch eine Werkentstellung durch Dritte (unter Berücksichtigung des Konkretisierungs- und Vorhersehbarkeitserfordernisses) legitimiert werden kann.

Zudem ist der Rechtssicherheit mehr gedient, wenn man diese Grenzen, wie in dieser Untersuchung geschehen, ausdrücklich nennt und nicht unter auslegungsbedürftigen, inhaltlich vagen Termini verbirgt. Zudem unterlägen wertende Begriffe, wie „schwerwiegende Beeinträchtigung der Persönlichkeitssphäre", auch einer fortwährenden Änderung der sie bestimmenden Umstände. Denn es ist denkbar, dass sich ein Vorgehen des Verwerters zum Zeitpunkt des Vertragsschlusses zwischen Urheber und Verwerter noch als eine leichte oder auch keine Beeinträchtigung des UPR darstellt, während nach erneuter Beurteilung zu einem späteren Zeitpunkt durchaus eine Qualifizierung als schwere Beeinträchtigung geboten sein kann. Planungs- und Rechtssicherheit wären damit nicht gegeben.

Keinesfalls kann eine Bestimmung des Kernbereichs des UPR über die Fälle einer Sittenwidrigkeit nach § 138 BGB befürwortet werden, da diese Methode funktional nicht weiter-

---

1764 Schricker, FS Hubmann, S. 409, 419; Schilcher, S. 166; im Ergebnis letztlich wohl auch Metzger, S. 200 ff., wenngleich dieser den Begriff Kernbereich in diesem Zusammenhang nicht gebraucht, weil er ihn generell ablehnt.

1765 Vergl. Schricker, Urheberrecht auf dem Weg, S. 91, 93 f. und 97 f.

1766 Rehbinder, Rn. 319, S. 280; im Ergebnis wohl auch Dieselhorst, 145 f.; unklar v. Welser, S. 70, der den Untersuchungspunkt „Kernbereich" innerhalb des Oberpunktes § 138 BGB behandelt; vergl. auch Bullinger, S. 87; Schricker, FS Hubmann, S. 409, 417 f.

1767 Vergl. hierzu oben, unter III., 4. und 5.

führt. Insoweit wäre keine selbständige inhaltliche Aussagekraft begründet, sondern eine bloße Umbenennung in eine urheberrechtliche Eigenbegrifflichkeit gegeben. Eine solche (bloß) terminologische Eigenständigkeit würde zudem zu Rechtsunsicherheiten führen, weil der unzutreffende Anschein erweckt werden könnte, dass inhaltlich eben nicht nur auf eine allgemeine privatrechtliche Generalklausel zur Beschränkung der Vertragsfreiheit rekurriert wird. Es muss dabei bleiben, ein sittenwidriges Rechtsgeschäft auch als ein solches zu benennen, statt es aus urheberrechtlicher Sicht umzuetikettieren.

Um eine grundsätzlich zutreffende Erwägung handelt sich bei der Heranziehung des Gedankens aus § 31 Abs. 4 UrhG. Denn die zu Lasten des Urhebers gehende Einschränkung bzw. Überlassung des UPR ist durch die praktische Notwendigkeit der Werkverwertung gerechtfertigt; deshalb muss sowohl für den nutzungsrechtlichen als auch den persönlichkeitsrechtlichen Teil von Vereinbarungen die gleiche Begrenzung gelten. Dabei bleibt das Veröffentlichungsrecht gem. § 12 UrhG jedoch außen vor, da dieses ohnehin, auch im Hinblick auf noch nicht bekannte Nutzungsarten, mit der ersten Werknutzung erlischt.

Bereits hier deutet sich an, dass die Beschreibung des Kernbereichs durch § 31 Abs. 4 UrhG nicht ausreicht und damit nicht abschließend sein kann. Zudem bleibt bei dieser isolierten Herleitung über § 31 Abs. 4 UrhG unberücksichtigt, dass es auch Fälle einer Fremdwahrnehmung von urheberpersönlichkeitsrechtlichen Befugnissen gibt, ohne dass eine Eigennutzung in Frage steht, wie bei der treuhänderischen Wahrnehmung von Abwehrrechten aus §§ 97, 12 ff. UrhG.

Treffender wird der Kernbereich deshalb - in Ergänzung zu § 31 Abs. 4 UrhG - durch eine Zusammenfassung aller, für die einzelnen urheberpersönlichkeitsrechtlichen Befugnisse unter I. bis VI. herauskristallisierten Grenzen beschrieben.

Diese Grenzen ergeben sich zum einen als Folge des aus § 29 UrhG fließenden Verbots der freien Übertragung und dieser gleichkommenden Rechtsgeschäfte sowie aus den in §§ 41 f. UrhG zum Ausdruck kommenden Gedanken einer inhaltlichen und zeitlichen Beschränkung von rechtsgeschäftlichen Vereinbarungen. Dies beinhaltet insbesondere die analoge Anwendung des § 41 Abs. 4, S. 2 UrhG auf das Zugangsrecht gem. § 25 UrhG sowie auf die schuldrechtliche Schweigepflicht über die eigene Urheberschaft bei Pseudonym- und Ghostwritervereinbarungen[1768].

Zum anderen sind absolute Grenzen zu beachten. Dabei ist zum einen auf die rein denklogische Unübertragbarkeit des Rechts auf Anerkennung der Urheberschaft nach § 13 S. 1 UrhG zu verweisen. Hier handelt es sich um einen tatsächlichen Umstand, der aus sich selbst heraus indisponibel ist. Zum anderen ist das Veröffentlichungsrecht gem. § 12 UrhG bei selbständigen, freischaffenden Urhebern zu nennen, soweit das Bestimmungsrecht über die Veröffentlichungsreife, das „Ob" einer Veröffentlichung, betroffen ist. Bei Arbeitnehmerurhebern sind derartige Vereinbarungen möglich, so dass dem Namensunterdrückungsrecht dort als Auffangrecht eine Kernbereichsfunktion zukommt.

Für das Verhältnis der einzelnen Grenzen rechtsgeschäftlicher Dispositionen zueinander gilt, dass diese einmal isoliert voneinander und ein anderes Mal sich gegenseitig ergänzend nebeneinander stehen. Am Beispiel des Rechts auf Namensnennung gem. § 13 S. 2 UrhG zeigt sich die isoliert stehende Bedeutung einer analogen Anwendung des § 42 UrhG als Begrenzung einer „Verzichtsvereinbarung"[1769]; während § 42 UrhG analog bei Ghostwritervereinbarungen als Rückrufsrecht neben der zeitlichen Begrenzung der schuldrechtlichen

[1768] Vergl. insoweit oben, unter III., 4. und 5.

[1769] Vergl. hierzu die Ausführungen oben, unter III., 2., b), cc) und c), bb) - unberücksichtigt ist bei dieser spezifisch urheberrechtlichen Sicht der § 314 BGB.

Schweigeverpflichtung des Urhebers über seine Urheberschaft, § 41 Abs. 4, S. 2 UrhG, eine ergänzende Funktion zukommt.

Gerade wegen des grundsätzlichen Stellenwerts der §§ 41 f. UrhG für urheberpersönlichkeitsrechtliche Vereinbarungen kommt deren eigener, stark begrenzter Disponibilität (siehe hierzu oben, unter VI., 1.) besondere Bedeutung zu. Eine den Urheber dieser Rechte gänzlich „beraubende" rechtsgeschäftliche Vereinbarung kann nicht wirksam geschlossen werden[1770]. Insoweit bilden diese, neben dem Recht auf Anerkennung der Urheberschaft gem. § 13 S. 1 UrhG und dem Bestimmungsrecht hinsichtlich des „Ob" einer Veröffentlichung gem. § 12 Abs. 1 UrhG bei selbständigen, freischaffenden Urhebern, den absoluten Bestandteil des unverzichtbaren bzw. unübertragbaren Kernbereichs des UPR.

Zu bedenken ist dabei auch der Fortbestand von Abwehrrechten aus §§ 12 ff., 97 UrhG jedenfalls gegenüber unberechtigt handelnden Dritten. Dieser Schutz bleibt auch bei einer Einräumung der Befugnis zur Geltendmachung der Abwehrrechte an andere, im Sinne einer treuhänderischen Fremdwahrnehmung, bestehen. Denn die für zulässig befundenen Rechtsgeschäfte führen keinesfalls zu einem umfassenden dinglichen Rechtsverlust der urheberpersönlichkeitsrechtlichen Befugnisse auf Seiten des Urhebers.

Demnach kann von einem unverzichtbaren bzw. unübertragbaren Kernbereich des UPR nur in Bezug auf Einzelaspekte gesprochen werden, die je nach betroffener urheberpersönlichkeitsrechtlicher Befugnis unterschiedliche Bedeutung erlangen. Deshalb ist insgesamt von einem relativen Kernbereichsbegriff zu sprechen, dem eine rein wertende, abstrakte Betrachtung, wie die Beschreibung über die „Schwere der Beeinträchtigung", nicht gerecht wird[1771].

2. Begrenzung durch die allgemeine Zweckübertragungslehre

a) Grundsätzliches

Im Zusammenhang mit der Bestimmung der inhaltlichen Reichweite und Geltung von Nutzungsrechtsverträgen ist die Zweckübertragungsregel des § 31 Abs. 5 UrhG von besonderer Bedeutung. Sie geht auf die bereits vor Inkrafttreten des UrhG von 1965 ausgebildete, allgemeine Zweckübertragungslehre zurück und ist Folge und Ausdruck des Anliegens, dass eine möglichst weitgehende Beteiligung des Urhebers an den Früchten einer wirtschaftlichen Verwertung seines Werkes gesichert sein soll[1772]. Im Grundsatz handelt es sich um eine Auslegungsregel, die dogmatisch in der teleologischen Auslegung wurzelt und gebietet, im Zweifel davon auszugehen, dass der Urheber seine Rechte nur in dem Umfang überträgt, wie es die Erreichung des Vertragszwecks erfordert. Dies wird wieder mit der - vielfach zitierten - Wendung umschrieben, dass das Urheberrecht gleichsam die Tendenz hat, so weit wie möglich

[1770] Vergl. zur Verzichtbarkeit oben, unter VI., 1. Handbuch-Dietz § 16, Rn. 20, sieht in § 42 Abs. 2 UrhG einen Beleg für die Unverzichtbarkeit bzw. Unübertragbarkeit des UPR in seinem Kernbestand.

[1771] Auch der Umstand, dass es bei § 42 UrhG im Rahmen der Prüfung des Tatbestandsmerkmals der „Zumutbarkeit" auf eine wertende Betrachtung im Einzelfall hinausläuft, ändert daran nichts. Denn dies ergibt sich aus dem UrhG selbst und bedeutet keine Bestimmung des Kernbereichs nach abstrakten Wertungen, sondern ist Folge der Zuweisung des § 42 UrhG selbst zum Kernbereich.

[1772] Schricker-Schricker §§ 31/32, Rn. 31.

beim Urheber zu verbleiben[1773]. Der Zweckübertragungsgrundsatz des § 31 Abs. 5 UrhG ist insoweit eine Fortsetzung der Unübertragbarkeit nach § 29 UrhG[1774].

Mit der Konsequenz einer Spezifizierungslast des Rechtserwerbers geht die Zweckübertragungsregel des § 31 Abs. 5 UrhG über eine schlichte Auslegungsregel jedoch hinaus. Für den Rechtserwerber bedeutet dies, dass er die gewünschten Nutzungsarten einzeln bezeichnen muss; unterlässt er dies, so wird der Umfang des Rechtserwerbs auf das nach dem Vertragszweck notwendige Maß beschränkt[1775]. Eine pauschale Rechtseinräumung ist nicht möglich.

Der Vertragszweck wird dabei durch den von beiden Parteien verfolgten Zweck bestimmt, der sowohl ausdrücklich - bspw. in Form einer Präambel - oder konkludent festgehalten sein kann[1776]. Obwohl die Ermittlung des Vertragszwecks keine eigentliche Vertragsauslegung, sondern die Feststellung eines auslegungsmaßgeblichen Elements ist, wird diesbezüglich auf das nach Treu und Glauben und der Verkehrssitte Übliche rekurriert, entsprechend den §§ 133, 157 BGB.

Die Zweckübertragungsregel des § 31 Abs. 5 UrhG ist auf Nutzungsrechte zugeschnitten und passt wegen des dahinter stehenden Gedankens der Verbesserung der wirtschaftlichen Beteiligung an der Werkverwertung und damit der Chance auf ein angemessenes Entgelt nicht auf den urheberpersönlichkeitsrechtlichen Zusammenhang[1777]. Nach wohl mittlerweile ganz herrschender Ansicht in der Rechtslehre und nach der Rechtsprechung des BGH ist - soweit rechtsgeschäftliche Vereinbarungen für zulässig erachtet werden - die allgemeine Zweckübertragungsregel heranzuziehen[1778]. Dabei gibt es, trotz bestehender Einigkeit über die Anwendbarkeit, kaum eingehende Untersuchungen oder Aussagen zur konkreten Bedeutung im urheberpersönlichkeitsrechtlichen Bereich[1779]. Zu beachten ist jedenfalls, dass die allgemeine Zweckübertragungsregel keine dem § 31 Abs. 5 UrhG in seiner Strenge vergleichbare Spezifizierungslast auferlegt[1780].

b) Anwendung im urheberpersönlichkeitsrechtlichen Zusammenhang

Hinsichtlich des Anwendungsbereichs der allgemeinen Zweckübertragungslehre bezüglich urheberpersönlichkeitsrechtlicher Befugnisse ist zu unterscheiden zwischen der abstrakteren Frage der grundsätzlichen rechtstechnischen Qualifikation der jeweiligen rechtsgeschäftlichen Vereinbarung (a) und der nach der konkreten inhaltlichen Bestimmung und Reichweite dieser Disposition (b).

1773 Vergl. bereits oben im 3. Teil, unter I., 7. zu dieser insbesondere auf Ulmer, § 84 IV, S. 365, zurückgehenden Formulierung.

1774 Schricker-Schricker § 29, Rn. 4. Insoweit ist auch die theoretische Schussfolgerung von Metzger, S. 200 ff., fragwürdig, der zwar eine Paternalisierung des Urheberrechts ablehnt, dann aber auf § 31 Abs. 5 UrhG bzw. die allgemeine Zweckübertragungslehre rekurriert, um die rechtsgeschäftlich zulässigen Vereinbarungen über das UPR inhaltlich zu bestimmen. Die Zweckübertragungslehre ist aber gerade als Ausdruck einer paternalistischen Grundhaltung entstanden.

1775 Praxiskommentar-Wandtke/Grunert § 31, Rn. 71; BGH GRUR 1998, 682; BGH GRUR 2000, 145.

1776 Schricker-Schricker §§ 31/32, Rn. 39.

1777 VerlagsR-Schricker § 8 VerlG, Rn. 5c, S. 286; Schricker-Schricker §§ 31/32, Rn. 37.

1778 Federle, S. 85 f.; Metzger, S. 199 ff.; Praxiskommentar-Wandtke/Grunert § 31, Rn. 91; Schricker-Schricker §§ 31, 32, Rn. 37; Schilcher, S. 171 ff.; v. Gamm § 31, Rn. 4; Fromm/Nordemann-Hertin § 31, Rn. 41; BGHZ 15, 249, 258 - Cosima Wagner; BGH GRUR 1977, 551, 554 - Textdichteranmeldung; kritisch v. Welser, S. 74.

1779 Ausführliche Untersuchungen hierzu bieten Schilcher, S. 173 ff. und insbesondere Metzger, S. 195 ff.

1780 VerlagsR-Schricker § 8 VerlG, Rn. 5 c, S. 284.

Einleitend ist zu bedenken, dass die Heranziehung der allgemeinen Zweckübertragungslehre die Disponibilität auch des UPR bzw. seiner Befugnisse voraussetzt. Diesbezüglich kann auf die Auslegung des § 29 UrhG im 3. Teil und auf I. bis VI. dieses 6. Teils der Untersuchung verwiesen werden. Mitunter kann im Einzelfall deshalb zunächst vorab zu klären sein, ob überhaupt eine wirksame Vereinbarung vorliegt. Denn nur dann stellt sich die Frage der Anwendung der Zweckübertragungslehre, die den Umfang einer *wirksamen* Vereinbarung bestimmt[1781]. Dogmatisch hiervon zu unterscheiden und nicht zu befürworten ist deshalb eine Heranziehung der Zweckübertragungslehre mit dem Ziel, hierüber zu einer Wirksamkeit einer an sich unzulässigen und deshalb nichtigen Vereinbarung über das UPR zu gelangen[1782]. Eine gleichsam geltungserhaltende Reduktion von zu weitgehenden und deshalb nach § 29 UrhG unwirksamen Vereinbarungen hat mit der aus der Zweckübertragungslehre folgenden Spezifizierungslast nichts zu tun. Dies würde zudem in der Sache letztlich eher Verwerter- statt Urheberschutz bedeuten.

Insoweit sind die unter I. bis VI. ausgeführten Grenzen, wie bspw. eine zeitliche Befristung einer Ghostwritervereinbarung über § 41 Abs. 4, S. 2 UrhG analog, zu beachten; wenn eine Auslegung ergibt, dass eine unzulässige Vereinbarung vorliegt, ist im Einzelfall zu prüfen, ob eine Umdeutung gem. § 140 BGB in Betracht kommt[1783].

(a) Für die Frage nach der im konkreten Einzelfall vorliegenden „Verzichts"- oder "Übertragungs"-Vereinbarung kann mangels ausdrücklicher vertraglicher Abreden auf die allgemeine Zweckübertragungslehre zurückgegriffen werden. Je nach Zweck des Vertrags kann dann z. B. mal eine treuhänderische Überantwortung, als „Übertragung" der Abwehrbefugnisse aus einer urheberpersönlichkeitsrechtlichen Befugnis (im Wege einer Ermächtigung analog § 185 BGB) oder auch ein schlichter „Verzicht" auf Abwehrrechte (im Wege einer tatbestandsausschließenden bzw. rechtfertigenden Einwilligung) gewollt sein. Dabei sind die im Rahmen der Untersuchung der einzelnen urheberpersönlichkeitsrechtlichen Befugnisse herausgestellten Besonderheiten - bei miturheberschaftlichen Werken, vertraglichen Treuhandverhältnissen und Arbeitnehmerkonstellationen[1784] - zu beachten.

(b) Auch die Frage der Widerrufbarkeit einer vertraglichen Abrede oder der Zulässigkeit einer Weiterübertragung der Rechtsposition im Zusammenhang mit §§ 34 f. UrhG kann fraglich sein. Insoweit kann eine „Übertragungs"- bzw. „Verzichts"-Vereinbarung (d.h. Ermächtigungs- bzw. Einwilligungsabrede) hinsichtlich ihrer Reichweite und konkreten Ausgestaltung näher zu bestimmen sein.

1781 Vergl. grundsätzlich hierzu Ahrens, S. 456; Fromm/Nordemann-Hertin §§ 31/32, Rn. 19, der betont, dass sich der *Umfang* der Rechtseinräumung nach dem Vertragszweck richten kann. Siehe auch Hilty, FS Rehbinder, S. 259, 270, der den Anwendungsbereich des § 31 Abs. 5 UrhG nur innerhalb des Bereichs nicht translativer Rechtseinräumungen verortet.

1782 A. A. wohl Metzger, S. 212, der über die Zweckübertragungslehre Vereinbarungen immer auf ein solches Maß reduziert wissen will, dass eine Unwirksamkeit gem. § 29 S. 2 UrhG nicht mehr in Betracht kommt.

1783 So entsprechend für Nutzungsrechtsvereinbarungen gängig, vergl. Schricker-Schricker § 29, Rn. 9; Praxiskommentar-Block § 29, Rn. 7 f.

1784 Bei Arbeitnehmerurhebern ist die Zweckübertragungslehre im Lichte des § 43 UrhG zu sehen. Der Grundsatz, dass das Urheberrecht die Tendenz hat, soweit als möglich beim Urheber zu verbleiben, erfährt hier Einschränkungen, siehe Schricker-Rojahn § 43, Rn. 51. Der Umfang der Nutzungsrechtseinräumung orientiert sich dabei an den betrieblichen Zwecken. Dies muss dann auch für den Urheberschutz hinsichtlich der persönlichkeitsrechtlichen Befugnisse gelten, da eine legitime Werkverwertung über diese nicht verhindert werden soll.

So wäre insbesondere im Fall einer ausdrücklichen, pauschalen Formulierung wie: „Das Veröffentlichungsrecht wird auf den Vertragspartner X übertragen“, auf den Vertragszweck abzustellen ist; der Vertragspartner des Urhebers kommt seiner Spezifizierungslast hier nicht nach.

Bei konkludenten Vereinbarungen werden indes regelmäßig keine pauschalen, weitreichenden Rechtseinräumungen bzw. -beschränkungen gewollt sein. Einer Bemühung des Gedankens der allgemeinen Zweckübertragungslehre bedarf es insoweit nicht[1785]; die Problematik der auslegungsbedürftigen, pauschalen Rechtseinräumung ist durch eine weitreichende und allgemein gehaltene Wortwahl nur bei ausdrücklichen Vereinbarungen indiziert. Deshalb läuft der Hinweis auf den Vorrang des Zweckübertragungsgrundsatzes gegenüber allgemeinen Auslegungsregeln, insbesondere gegenüber denen nach §§ 133, 157 BGB, sowie gegenüber der Schutznorm des § 29 UrhG bei konkludenten Vereinbarungen leer[1786].

Keinesfalls kann über die Zweckübertragungslehre eine innerhalb der unter I. bis VI. bestimmten Grenzen liegende und insoweit ausdrückliche Vereinbarung, entgegen ihrem Wortlaut, einschränkend gewertet werden[1787]. Der etwaige zulässige Spielraum wird bereits durch § 29 UrhG vorgegeben; der allgemeinen Zweckübertragungslehre kommt daneben keine eigenständige Bedeutung zu. Insofern kann auch nicht von einem streng oder gar überzogen paternalistischen Kurs des UrhG hinsichtlich rechtsgeschäftlicher Vereinbarungen über das UPR gesprochen werden[1788].

Dieser Befund einer nur „marginalen“ Bedeutung und eines beschränkten Anwendungsbereichs der allgemeinen Zweckübertragungslehre wird durch eine Analyse des Zusammenhangs mit den einzelnen urheberpersönlichkeitsrechtlichen Befugnissen bestätigt:

Hinsichtlich des Veröffentlichungsrechts gem. § 12 UrhG hat der BGH eine Anwendung des Zweckübertragungsgedankens bestätigt, indem er in der Entscheidung „Textdichteranmeldung“[1789] formulierte, dass das „Bestimmungsrecht ... aus § 12 Abs. 1 UrhG ... allenfalls in dem Umfang eingeräumt worden ist, in welchem dieser (der Verleger) es zur vertragsge-

---

1785 Deshalb greift auch die - an sich zutreffende - Kritik an der Zweckübertragungstheorie bei konkludenten Vereinbarungen nicht. Insoweit wird kritisiert, dass die Zweckübertragungstheorie auch angewendet werde, wenn keine Zweifel und Unklarheiten bei der Vertragsformulierung bestünden und damit letztlich erst über den Zweckübertragungsgedanken eine Auslegungsbedürftigkeit festgestellt werde, um diese dann wiederum über die Zweckübertragungslehre zu lösen, vergl. Hilty, FS Rehbinder, S. 259, 266.
A. A. im Ergebnis hingegen: Peter UFITA 36 (1962), 257, 285 f. und Forkel, S. 195 f., der allerdings grundsätzlich immer die Rechtsfigur der gebundenen Übertragung heranzieht und dabei die jeweilige konkrete Reichweite modifiziert wissen will; gerade in diesem Punkt zieht er die Zweckübertragungslehre heran, um festzulegen, ob die gebundene Übertragung im Einzelfall einer bloßen Einwilligung oder Ermächtigung angenähert ist.

1786 Siehe zum Vorrang: Fromm/Nordemann-Hertin §§ 31/32, Rn. 31. Jedenfalls wird es - wenn man auf der Anwendung der Zweckübertragungslehre auch hier beharren würde - in der Praxis schwierig sein, der Beweislast auf Seiten des Vertragspartners nachzukommen, betreffend den Umstand, dass die behauptete, konkludente Vereinbarung über den nach der Zweckübertragungslehre ermittelbaren Umfang hinausgeht. Der Nachweis der Erfüllung der Spezifizierungslast ist bei konkludenten Vereinbarungen rein faktisch stark erschwert, vergl. hierzu Schricker-Schricker §§ 31/32, Rn. 34.

1787 Dies wird auch hinsichtlich der Anwendung des § 31 Abs. 5 UrhG auf den nutzungsrechtlichen Teil einer Vereinbarung angemerkt, so Schricker-Schricker §§ 31/32, Rn. 35.

1788 So aber der häufige Vorwurf gegenüber der Unübertragbarkeitsregelung des § 29 UrhG, vergl. Hilty, FS Rehbinder, S. 259 und insbesondere auch Metzger, der den Schutz des Urhebers im Rahmen seiner Diskussion zur Zweckübertragungslehre letztlich doch - in insoweit wohl abgeschwächter Form - anerkennt und gewahrt wissen will, S. 197.

1789 BGH GRUR 1977, 551, 554; s. auch BGHZ 15, 249, 255 - Cosima Wagner, im Fall von treuhänderischen Vereinbarungen.

mäßen Werkverwertung benötigt." Genau betrachtet tritt die Zweckübertragungslehre bei Vereinbarungen über das Veröffentlichungsrecht rein praktisch in den Hintergrund, da regelmäßig keine ausdrücklichen Vereinbarungen, damit auch keine in pauschaler Form, vorliegen werden. Die konkludenten Vereinbarungen wiederum richten sich infolge des inhaltlichen Gleichlaufs mit den Nutzungsrechtseinräumungen und der hierdurch bedingten Konkretisierung des Veröffentlichungsrechts nach dem Inhalt der Nutzungsrechtsvereinbarungen. Somit kann hier auf §§ 133, 157 BGB rekurriert werden und Zweifel hinsichtlich des Umfangs der „Verzichtsvereinbarung" bezüglich §§ 12, 97 UrhG werden nicht vorliegen. Damit fehlt es dann auch an einem Anknüpfungspunkt, für eine aus Urheberschutzgesichtspunkten einschränkende Auslegung der Vereinbarung über die allgemeine Zweckübertragungslehre[1790].

Eine eigenständige Bedeutung kommt der allgemeinen Zweckübertragungslehre aber auch nicht bei den urheberpersönlichkeitsrechtlichen Befugnissen zu, die nicht, wie das Veröffentlichungsrecht, automatisch durch Nutzungsrechtsreinräumungen bestimmt werden; wie §§ 13 f. und 25 UrhG.

Wenngleich sich die Frage einer namentlichen Nennung des Urhebers nicht per se schon aus der Nutzungsrechtseinräumung ergibt, so kommt der insoweit bestehenden Verkehrssitte und etwaigen Branchenübungen über §§ 133, 157 BGB verstärkte Bedeutung zu, so dass letztlich auch in diesem Bereich kaum von Unklarheiten und Zweifeln, die die Anwendung der Zweckübertragungslehre gebieten würden, gesprochen werden kann. Ein ausschließliches Abstellen auf den Zweckübertragungsgedanken wäre hinsichtlich der Namensabrede zudem letztlich auch nicht weiterführend. Denn der Zweck des Nutzungsvertrages, eine Verwertung des Werks in der von den Parteien bestimmten Art und Weise, hat nichts mit der Frage der Namensnennung zu tun[1791].

Beim Zugangsrecht gem. § 25 UrhG wäre zwar zunächst an eine Heranziehung der allgemeinen Zweckübertragungslehre zur Bestimmung der Art und Weise des berechtigten Zugangs zum Werk zu denken. Dies wird dann aber letztlich auf den von Gesetzes wegen berechtigten Zugang hinauslaufen, der durch eine Interessenabwägung nach § 25 UrhG bestimmt wird. Der Bereich vertraglicher Vereinbarungen liegt aber außerhalb dieses gesetzlich gewährten Zugangs, so dass der allgemeinen Zweckübertragungslehre für die Auslegung rechtsgeschäftlicher Vereinbarungen letztlich keine Bedeutung zukommt[1792].

[1790] Vergl. insoweit aber VerlagsR-Schricker § 28 VerlG, Rn. 23, S. 516 f., der von einer Anwendung der allgemeinen Zweckübertragungslehre ausgeht. Hierfür bedürfte es eines Zweifels hinsichtlich der vertraglichen Vereinbarung über das Veröffentlichungsrecht, was letztlich wohl bedeuten würde, dass man dem Urheber in Anbetracht einer Zustimmung zur Einräumung der Nutzungsrechte an Dritte gem. §§ 34, 35 UrhG ein zugleich widersprüchliches Verhalten hinsichtlich des persönlichkeitsrechtlichen Teils unterstellen müsste.

[1791] Zur Vermeidung von Unklarheiten und zur Vorbeugung von Meinungsdifferenzen wäre jedoch eine ausdrückliche schriftliche und konkrete Vereinbarung zu empfehlen. Die Zweckübertragungslehre soll damit nicht zu einer Formvorschrift stilisiert werden. In Anbetracht der generell weitreichenden Geltung der allgemeinen Zweckübertragungslehre im Urheberrecht würden sich dann aber beide Parteien - Urheber und Vertragspartner - „auf der sicheren Seite" befinden. Dabei muss in jedem Fall - insbesondere auch ohne Vorliegen einer dahingehenden Branchenübung - eine Vereinbarung im Sinne einer namentlichen Nichtnennung bei „*allen* Auflagen" ausreichen - wie auch im Fall von Nutzungsrechtseinräumungen angenommen, siehe VerlagsR-Schricker § 8 VerlG, Rn. 5 f., S. 297. Hierdurch ist gewährleistet, dass sich eine Nichtnennung eben nicht nur auf eine Auflage beschränkt. So im Ergebnis Seetzen, S. 58, bei mangelnder Spezifizierung hinsichtlich der Namensnennung im Zusammenhang mit der gleichzeitigen Einräumung aller Verwertungsmöglichkeiten; vergl. auch Metzger, S. 208, zur Zulässigkeit von derartigen „Buy-out"-Verträgen.

[1792] Etwas anderes ergibt sich auch nicht aus der Entscheidung des OLG Hamburg - Zugangsrecht eines Architekten, UFITA 81 (1978), 257; a. A. jedoch Metzger, S. 209. Das OLG Hamburg verlangte darin für das Vorliegen eines Verzichts auf das Zugangsrecht eine ausdrückliche Vereinbarung betreffend die „aus dem *Urheberrecht* fließenden Befugnisse"; eine Formulierung, dass „sämtliche mit dem Bauvorhaben zusam-

Beim Werkintegritätsrecht gem. § 14 UrhG ist zu bedenken, dass Änderungsvereinbarungen, die lediglich auf den Vertragszweck begrenzt werden, im Regelfall hinfällig sind, da derartige Werkänderungen bereits über § 39 Abs. 2 UrhG legitimiert sind[1793]. Erst wenn über § 39 Abs. 2 UrhG hinausgehende Änderungen gewünscht werden, wäre an eine Relevanz dieser Lehre überhaupt zu denken; es fehlt jedoch an einem einschlägigen praktischen Anwendungsbereich. Da das unter IV. in diesem 6. Teil der Untersuchung bestimmte Konkretisierungs- und Vorhersehbarkeitserfordernis hinsichtlich der Änderungsvereinbarungen ihrerseits aus § 29 UrhG hergeleitet wurden, liegt im Fall fehlender hinreichender Konkretisierung von Veränderungsabreden, die über § 39 Abs. 2 UrhG hinausgehen, eine Unwirksamkeit nach § 29 UrhG vor[1794]. Es bleibt lediglich bei den nach § 39 Abs. 2 UrhG zulässigen Änderungen; diese fallen dann mit dem Bereich zulässiger Änderungen nach der allgemeinen Zweckübertragungslehre zusammen[1795]. Insoweit wird der Zweckübertragungsgedanke zutreffend als ein Kriterium für die Interessenabwägung nach § 39 Abs. 2 UrhG bestimmt[1796]. Auch hier stehen die Auslegung nach §§ 133, 157 BGB und die unter I. bis VI. in diesem 6. Teil der Untersuchung ausgeführten Grundsätze, die aus der Wertung des § 29 UrhG folgen, im Vordergrund; der allgemeinen Zweckübertragungslehre kommt allenfalls eine ergänzende Funktion zu[1797].

c) Schlussfolgerung

Der Anwendungsbereich der allgemeinen Zweckübertragungslehre ist im urheberpersönlichkeitsrechtlichen Bereich äußerst gering[1798]. Dies kann auch mit der historischen Bedeutung in Einklang gebracht werden[1799]; die Zweckübertragungslehre diente insoweit gleichsam einer Korrektur der nach LUG/KUG zulässigen Übertragung des Urheberrechts. Über den im UrhG von 1965 erstmals festgeschriebenen Grundsatz der Unübertragbarkeit nach § 29 UrhG wurde der Gedanke der allgemeinen Zweckübertragungslehre fortgesetzt und muss sich damit zugleich legitimen Verwertungsanliegen im notwendigen Maße beugen[1800]. Keinesfalls sollte der entsprechende Fehler eine „Übermaßanwendung“ wie bei § 31 Abs. 5 UrhG begangen werden; diesbezüglich wird sogar eine Anwendung bei Rechtsgeschäften nach §§ 34, 35 UrhG befürwortet, an denen der Urheber selbst nicht mehr direkt, als Hauptperson beteiligt

---

menhängenden Ansprüche ... gleich welcher Art erledigt sind“, reiche insoweit nicht aus. Selbst gegen die Pauschalität eines Verzichts spricht sich das Gericht im Hinblick auf § 25 UrhG nicht aus; entscheidend ist aber, dass es hier nicht auf den allgemeinen Zweckübertragungsgedanken rekurriert.

1793 Vergl. auch Kellerhals, S. 193.

1794 A. A. Metzger, S. 204 f., der gerade hierin - unzutreffend - dann auch den Unterschied zur französischen Rechtslage sieht. Nach französischem Recht wird über eine Interessenabwägung, sowie die Lehre vom abus de droit (siehe hierzu oben im 5. Teil, unter I., 1., c) und 2., c), bb)), eine den nach § 39 Abs. 2 UrhG erzielten Ergebnissen vergleichbare Rechtslage erreicht.

1795 A. A. wohl Metzger, S. 206. Schilcher, S. 175 ff., will die allgemeine Zweckübertragungslehre im Bereich der konkretisierten, aber generell gehaltenen und deshalb auslegungsbedürftigen Änderungsvereinbarungen anwenden. Dies ist unzutreffend, denn wenn bei der Auslegung Zweifel verbleiben, die über den Zweckgedanken aufzulösen wären, könnte wohl nicht mehr von einer hinreichenden Konkretisierung und Vorhersehbarkeit betreffend die Änderungsvereinbarung gesprochen werden.

1796 Schricker-Schricker § 39, Rn. 15.

1797 Von einer „reduzierten“ Bedeutung der allgemeinen Zweckübertragungslehre im urheberpersönlichkeitsrechtlichen Bereich geht auch Federle, S. 86, für das Werkintegritätsrecht gem. § 14 UrhG aus.

1798 Ein anderes, konträres Ergebnis vertritt insoweit Metzger, S. 225 ff. Kritisch gegenüber der Anwendung der Zweckübertragungstheorie im Arbeitsverhältnis generell - gerade auch den nutzungsrechtlichen Teil betreffend - äußert sich Zöllner, FS Hubmann, S. 523, 531 ff. Abgelehnt wird die Zweckübertragungslehre auch für den Bereich bürgerlich-rechtlicher Persönlichkeitsrechte durch Ahrens, S. 456 f.

1799 Vergl. Hilty, FS Rehbinder, S. 259, 270.

1800 Siehe insoweit die Auslegung des § 29 UrhG, oben im 3. Teil, unter I.

ist[1801]. Der Gedanke, dass die Zweckübertragungslehre lediglich zur Schließung von Auslegungslücken dienen soll, ist im Bereich des UPR besonders ernst zu nehmen[1802].

Bei pauschalen ausdrücklichen Formulierungen wie: „Ich verzichte auf die *Geltendmachung* meiner Urheberpersönlichkeitsrechte", die also nicht sprachlich an die unzulässige „Übertragung" und den unzulässigen „Rechtsverzicht" anknüpfen und eine Umdeutung nach § 140 BGB denkbar machen, kommt die Zweckübertragungslehre zum Tragen. Hier ergibt sich dann über den jeweiligen Vertragszweck eine Beschränkung oder eine Überlassung von urheberpersönlichkeitsrechtlichen Befugnissen; dies dann in dem zur konkreten Vertragsabwicklung notwendigen Maß[1803], da der Spezifizierungslast hier nicht entsprochen wird. Dem pauschalen Verzicht oder der pauschalen Übertragung wird damit also nicht zur Zulässigkeit verholfen[1804], sondern die Vereinbarung wird, sowohl rechtstechnisch als auch der konkreten inhaltlichen Reichweite nach, lediglich in insoweit „reduzierter Form" aufrechterhalten. Vergleichbares hat das OLG München in der Entscheidung „Bundeswehrplakat" angenommen[1805], wonach die formulierungsmäßige Einräumung „aller Rechte" an einen anderen nicht notwendigerweise auch den Verlust des Signierungsrechts gem. § 13 S. 2 UrhG bedeute. Aufgrund des Vertragszwecks bestand hier für den Urheber keine Notwendigkeit, dieses Recht aufzugeben.

3. Besonderheiten bei Formularverträgen

Die speziellen gesetzlichen Regelungen für allgemeine Geschäftsbedingungen sind auch im Bereich des Urheberrechts, wie generell bei Vertragsrecht, grundsätzlich anwendbar[1806]. Deshalb wird nun die Bedeutung und Wirkung eines Schutzes über das Recht der AGB auch bezüglich des Teils von Formularverträgen, die urheberpersönlichkeitsrechtliche Befugnisse betreffen, untersucht.

Zu berücksichtigen ist hier zum einen das Verbot überraschender Klauseln, § 305 c Abs. 1 BGB. Danach werden überraschende Bestimmungen in allgemeinen Geschäftsbedingungen, die nach den Umständen so ungewöhnlich sind, dass der Vertragspartner mit ihnen nicht zu rechnen braucht, nicht Vertragsbestandteil. Eine Einordnung als objektiv ungewöhnlich kann sich insbesondere daraus ergeben, dass ein Widerspruch zu den konkreten Vertragsverhand-

---

1801 Siehe hierzu kritisch: Hilty, FS Rehbinder, S. 259 ff.

1802 Fromm/Nordemann-Hertin § 31, Rn. 20. Auf die Zweckübertragungslehre kann jedenfalls zurückzugreifen sein, wenn Zweifel über den Umstand der Ausübung des Veröffentlichungsrechts bestehen, vergl. Praxiskommentar-Bullinger § 12, Rn. 10.

1803 So auch Dieselhorst, S. 147 f. Zu bedenken sind dabei insbesondere etwaige Branchenübungen, die über § 157 BGB zur Bestimmung des Vertragszwecks heranzuziehen sind und insoweit den Maßstab dafür bilden, ob Zweifelsfälle bestehen, die den Rückgriff auf den Zweckübertragungsgedanken notwendig werden lassen; vergl. insoweit v. Gamm § 13, Rn. 11.

1804 In diesem Punkt unzutreffend Dieselhorst, S. 147.

1805 GRUR 1969, 146.

1806 Donle, S. 216; Praxiskommentar-Wandtke/Grunert Vor §§ 31 ff., Rn. 88; BGH GRUR 1984, 45 - Honorarbedingungen: Sendevertrag. Kritisch gegenüber dem Verzicht in Formularverträgen äußert sich hingegen Handbuch-Dietz § 15, Rn. 20, allerdings ohne nähere inhaltliche Substantiierung; gänzlich abgelehnt wird die Zulässigkeit von formularmäßigen Vereinbarungen von Radmann ZUM 2001, 788, der damit jedoch zu weit geht, denn gerade auch mit Blick auf die Berücksichtigung von Branchen- und Verkehrsgewohnheiten spricht nichts dagegen, insoweit auch Formularverträge zuzulassen; deren Verwendung hat überdies sogar den Vorteil, dass dem Urheber hier, im Gegensatz zu individuellen, konkludenten Vereinbarungen, die Hinweis- und Schutzfunktion der Schriftform zugute käme.

lungen oder dem Gesetz vorliegt[1807]. Dabei wird zwar grundsätzlich angenommen, dass eine verbreitete Branchenübung diesbezüglichen Klauseln den Charakter der Ungewöhnlichkeit nehmen kann[1808]. Für den urheberpersönlichkeitsrechtlichen Teil der Vereinbarung kann dies indes nicht gelten, da sonst das Erfordernis der beiderseitigen Kenntnis der Branchenübung (vergl. oben, unter III., 2., b), bb)) bei Formularverträgen nicht gewahrt würde. Dies würde eine Schlechterstellung des Urhebers durch Formularverträge gegenüber Individualvereinbarungen bedeuten und im Ergebnis dazu führen, dass etwas (hier die notwendige beiderseitige Kenntnis und vertragliche Einbeziehung der Verkehrssitte), das in Individualabreden zu beachten wäre, durch „Umformulierung" als Formularvertrag unbeachtlich würde.

Insgesamt gilt auch für Vereinbarungen über das UPR, dass selbst solche von grundsätzlich zulässiger Art ohne Wirkung sein können, wenn sie sich im Nutzungsvertrag als überraschende Klausel darstellen. Dann bleibt es bei der grundsätzlichen Zuweisung der umfänglichen Befugnisse aus §§ 12 ff. UrhG und den sich aus dem Gesetz selbst ergebenden Beschränkungen im Einzelfall, wie insbesondere über § 39 Abs. 2 UrhG.

Von besonderer Relevanz im Bereich des Urhebervertragsrechts ist die Möglichkeit einer Inhaltskontrolle der Formularvereinbarungen nach den §§ 307 ff. BGB. Die speziellen Klauselverbote der §§ 308, 309 BGB sind jedoch auf Verbraucherverträge zugeschnitten und werden somit im Urhebervertragsrecht nur vereinzelt[1809] und hinsichtlich vertraglicher Regelungen über urheberpersönlichkeitsrechtliche Befugnisse wohl gar nicht heranzuziehen sein.

Insoweit reduziert sich die Inhaltskontrolle auf die Anwendung der Generalklausel gem. § 307 Abs. 1 BGB, wonach AGB unwirksam sind, wenn sie den Vertragspartner des Verwenders entgegen den Geboten von Treu und Glauben unangemessen benachteiligen. Gem. § 307 Abs. 3, S. 1 BGB sind dabei solche Bestimmungen von einer Inhaltskontrolle ausgenommen, durch die eine Beschreibung der Hauptleistung erfolgt oder die die Vergütung betreffen[1810]. Vertragsklauseln hinsichtlich urheberpersönlichkeitsrechtlicher Befugnisse hingegen bilden bei Verwertungsverträgen nicht den Kerngegenstand. Sie haben vielmehr dienenden Charakter bezüglich der beabsichtigten Nutzungsrechtseinräumung, indem sie die Absicherung der entsprechenden Werknutzung bezwecken. Mangels Beschreibung des Leistungsinhalts können urheberpersönlichkeitsrechtliche Klauseln also einer Inhaltskontrolle nach § 307 Abs. 1 und 2 BGB unterzogen werden[1811].

Infolge der Neuregelung in § 310 Abs. 4, S. 2 BGB unterfallen nunmehr auch Klauseln in Arbeitsverträgen dem Bereich der Inhaltskontrolle nach §§ 307 ff. BGB - vergl. zur alten Gesetzeslage § 23 Abs. 1 AGBG.

Im urheberpersönlichkeitsrechtlichen Zusammenhang interessiert insbesondere das die Generalklausel des § 307 Abs. 1 BGB konkretisierende Regelbeispiel des § 307 Abs. 2, Nr. 1 BGB. Demzufolge liegt eine unangemessene Benachteiligung im Sinn des Abs. 1 im Zweifel dann vor, wenn die betreffende Bestimmung mit wesentlichen Grundgedanken der gesetzlichen Regelung, von der abgewichen wird, nicht zu vereinbaren ist. Als gesetzliche Regelungen in diesem Sinne sind dabei alle Gesetze im materiellen Sinn und die von der Rechtsprechung durch Analogie und Rechtsfortbildung entwickelten Grundsätze erfasst[1812].

[1807] Praxiskommentar-Wandtke/Grunert, Vor §§ 31 ff., Rn. 93.

[1808] So Praxiskommentar-Wandtke/Grunert, Vor §§ 31 ff., Rn. 93.

[1809] Vergl. Praxiskommentar-Wandtke/Grunert, Vor §§ 31 ff., Rn. 97; Schricker-Schricker, Vor §§ 28 ff., Rn. 15.

[1810] Palandt-Heinrichs § 307 BGB, Rn. 57 ff.

[1811] So auch Metzger, S. 217; Haas, Rn. 57.

[1812] Palandt-Heinrichs § 307 BGB, Rn. 26.

Zu denken ist hier insbesondere an die allgemeine Zweckübertragungslehre als ein das gesamte Urheberrecht beherrschender Rechtssatz. So hat sich bei der Inhaltskontrolle des nutzungsrechtlichen Teils von Formularverträgen entgegen der Ansicht des BGH[1813] im urheberrechtlichen Schrifttum als ganz herrschend[1814] durchgesetzt, dass § 31 Abs. 5 UrhG als Bewertungsgrundlage für § 307 Abs. 2, Nr. 1 BGB in Betracht zu ziehen ist[1815]. Für den urheberpersönlichkeitsrechtlichen Teil steht insoweit die Anwendung der allgemeinen Zweckübertragungslehre in Rede[1816].

Dabei ist jedoch darauf zu achten, die Frage der Inhaltskontrolle nach § 307 Abs. 1 und 2 BGB von der vorab notwendigen Ermittlung des Vertragsinhalts zu trennen.

Liegt eine pauschale Rechtseinräumungs- bzw. Beschränkungsklausel und diesbezüglicher Auslegungsbedarf vor, so ist zunächst über die allgemeine Zweckübertragungslehre, wegen Nichtbeachtung der Spezifizierungspflicht, der konkrete Umfang der vertraglichen Vereinbarung zu ermitteln. Insoweit ist auf das bereits oben, unter 2. Ausgeführte zu verweisen. Unzutreffend ist dabei die Ansicht, dass AGBs, die die betroffene urheberpersönlichkeitsrechtliche Befugnis nicht einzeln bezeichnen, unwirksam sind[1817]. Auch bei Formularverträgen ist zunächst der konkrete Inhalt der Verträge zu bestimmen[1818] und über die allgemeine Zweckübertragungslehre kann man zu einer wirksamen, wenngleich dem Wortlaut nach pauschalen Vereinbarung gelangen.

Erst bei weitreichenden, aber konkreten - im Sinn von aufsummierenden - Rechtseinräumungs- bzw. Beschränkungsklauseln bezüglich des UPR wäre eine Bedeutsamkeit der allgemeinen Zweckübertragungslehre im Rahmen der Inhaltskontrolle denkbar; also auf der, der Auslegung nachfolgenden Ebene der Überprüfung von (Formular-)Verträgen. Eine Abweichung von der allgemeinen Zweckübertragungslehre, als eine Regelung im Sinn des § 307 Abs. 2, Nr. 1 BGB, kann bei konkreten, wenn auch insgesamt weitreichenden Klauseln jedoch nicht angenommen werden[1819]. Denn die Zweckübertragungslehre erlangt lediglich bei pauschalen Vereinbarungen Bedeutung (siehe oben, unter 2., c)), allein der Umstand, dass es sich um Formularvereinbarungen handelt, ändert hieran nichts.

Eine gegenteilige Auffassung würde dazu führen, die allgemeine Zweckübertragungslehre zu einem Mittel der Überpaternalisierung des Urhebers zu erheben, was gerade auch mit § 29 UrhG unvereinbar wäre, wonach rechtsgeschäftliche Vereinbarungen entsprechend dem je-

---

1813 BGH GRUR 1984, 45 ff. - Honorarbedingungen: Sendevertrag; GRUR 1984, 509 ff. - Honorarbedingungen Urheber/Fernsehen; GRUR 1984, 119 ff. - Synchronisationssprecher; siehe hierzu: Fischer/Reich, Rn. 10 ff.

1814 Bsph. Schricker-Schricker Vor §§ 28 ff., Rn. 14 f.; Praxiskommentar-Wandtke/Grunert Vor §§ 31 ff., Rn. 98.

1815 Ausführliche Diskussion des Sach- und Streitstandes bei: Donle, S. 218 ff.

1816 Haas, Rn. 57, hingegen rekurriert auf §§ 13 bzw. 14 i.V.m. 39 Abs. 1 UrhG. § 39 Abs. 1 UrhG zeige, dass das UPR insoweit dispositiv sei und infolge dieses Rechtscharakters auch eine Inhaltskontrolle von AGBs in diesem Bereich stattfinden könne. Haas berücksichtigt jedoch nicht, dass die entscheidende Wertung des UrhG in § 29 UrhG und in der Fortsetzung des Gedankens, dass das Urheberrecht die Tendenz hat, so weit wie möglich beim Urheber zu verbleiben, konsequenterweise auch in der allgemeinen Zweckübertragungslehre seinen Ausdruck gefunden hat. Dies stellt den entscheidenden Maßstab für eine inhaltliche Bewertung von Rechtsgeschäften über das UPR dar.

1817 A. A. aber Metzger, S. 219, der bei Formularverträgen von einer Spezifizierungslast im Unterschied zur bloßen Spezifizierungspflicht bei Individualvereinbarungen spricht.

1818 Vergl. Fromm/Nordemann-Hertin §§ 31/32, Rn. 29; Praxiskommentar-Wandtke/Grunert Vor §§ 31 ff., Rn. 99 unter Verweis auf BGHZ 131, 8 ff. - Pauschale Rechtseinräumung; Kuck GRUR 2000, 285, 288 f.; BGH MMR 2002, 231, 233.

1819 So auch Metzger, S. 219 f., der davon ausgeht, dass weitreichende Klauseln, wenn sie nur detailliert sind - jede Rechtseinräumung bzw. -beschränkung genau bezeichnen - nie mit dem wesentlichen Grundgedanken der allgemeinen Zweckübertragungslehre kollidieren. Denn diese führe lediglich zu einer Spezifizierungspflicht und wende sich damit ausschließlich gegen pauschale Rechtseinräumungen.

weils unter I. bis VI. bestimmten Umfang nach zulässig sind. Denn bei der Annahme einer Unvereinbarkeit derartiger Klauseln mit dem Gedanken der allgemeinen Zweckübertragungstheorie - als Regel im Sinne des § 307 Abs. 2, Nr. 1 BGB - würden an die Stelle weitreichender, aber konkreter Klauseln konsequenterweise immer solche Rechtseinräumungen bzw. -beschränkungen von urheberpersönlichkeitsrechtlichen Befugnissen treten, die innerhalb des für den Vertragszweck notwendigen Umfangs verbleiben. Dass dies nicht besonders weit geht und damit der rechtsgeschäftliche Bereich zumeist gar nicht erst beschritten würde, wurde bereits oben unter 2. ausgeführt. Eine insoweit strengere Handhabung von Formularverträgen gegenüber Individualvereinbarungen ist nicht angezeigt und würde über das eigentliche Anliegen der allgemeinen Zweckübertragungslehre, die Regelung von Zweifelsfällen und das Aufstellen einer Spezifizierungspflicht, hinausgehen[1820].

Keine Frage des AGB-Rechts ist es indes, ob ein Verstoß gegen zwingendes Recht vorliegt[1821]. Insoweit hätte es eines Rekurrierens auf AGB-Recht, wie in einer Entscheidung des LG München I[1822] geschehen, nicht bedurft. Hier wurde angenommen, dass eine Klausel, der zufolge der Regisseur eines Films im Konfliktfall vor Beendigung und Erstveröffentlichung des Films auf die Geltendmachung von Unterlassungsansprüchen verzichtet, einen Verstoß gegen § 9 AGBG (nunmehr § 307 Abs. 1 und 2 BGB) darstellt. Insoweit verweist das Gericht bei selbständigen Urhebern von noch nicht fertig gestellten Werken hinsichtlich des Rechts zur Entscheidung über das „Ob" einer Veröffentlichung zutreffend auf den Charakter als unveräußerlicher Teil des UPR - vergl. insoweit das oben, unter 1., b) bb) und unter I., 2., b) Ausgeführte. Genau hieraus, und nicht erst infolge einer Inhaltskontrolle nach AGB-Recht, ergibt sich dann aber die Unwirksamkeit dieser Vereinbarung; wie bei entsprechenden individualvertraglichen Vereinbarungen auch.

Was hingegen die Fälle treuhänderischer Wahrnehmung urheberpersönlichkeitsrechtlicher Befugnisse durch Formularverträge anbelangt, so scheidet eine Inhaltskontrolle nach § 307 Abs. 1 und 2 UrhG aus, wenn die betreffenden Treuhandklauseln gerade die Hauptpflicht des Vertrages bestimmen.

Bei einer treuhänderischen Überlassung von Abwehrrechten aus §§ 97, 12 ff. UrhG an Verwertungsgesellschaften wird indes - anders als mit Blick auf die Nutzungsrechte - nicht von einer Hauptleistungspflicht gesprochen werden können. Hier sind pauschale und weitreichende Ermächtigungen aber zulässig, da hierdurch keine „entgegen Treu und Glauben unan-

---

1820 Exkurs: Zudem liefe die Annahme des Gegenteils, eines Verstoßes gegen den der Zweckübertragungslehre zugrunde liegenden Gedanken des weitestgehenden Verbleibs des Urheberrechts beim Urheber, damit zwar auch auf einen Verstoß gegen § 307 Abs. 2, Nr. 1 BGB hinaus. Dies würde indes nicht automatisch die Unwirksamkeit dieser weitreichenden, konkreten Klauseln bedeuten; vergl. Donle, S. 255, der nicht jede, den Vertragszweck überschreitende Rechtseinräumung in AGB als unwirksam bewerten will. Es bedürfte dann im Weiteren vielmehr einer Interessenabwägung, um zu ermitteln, ob die Abweichung vom Zweck der gesetzlichen Regelung von solch „wesentlicher" Qualität ist, dass von einer Unvereinbarkeit mit der gesetzlichen Regelung zu sprechen wäre, siehe Palandt-Heinrichs § 307 BGB, Rn. 28. Konsequent und zutreffend verweist Haas, Rn. 58, insoweit darauf, dass gerade in dieser Interessenabwägung der Vorteil gegenüber einem starren, gesetzlichen Verbot von pauschalen oder weitreichenden Rechtseinräumungen in AGBs liege - wie es allerdings mitunter vom urheberrechtlichen Schrifttum im Zusammenhang mit der Einwilligung in Eingriffe in das Werkintegritätsrecht gefordert wird, vergl. Hoeren GRUR 1997, 866, 872 und in: Lehmann, Internet, S. 79, 87, wo er sich gegen den formularmäßigen Verzicht auf das Namensnennungsrecht aus § 13 UrhG ausspricht. Die Interessenabwägung wird jedoch im Einzelfall auf eine Zulässigkeit von Vereinbarungen hinauslaufen, die den unter I. bis VI. in diesem 6. Teil der Arbeit untersuchten Konstellationen entsprechen.

1821 Palandt-Heinrichs § 307 BGB, Rn. 26.

1822 ZUM 2000, 414, 416.

gemessene Benachteiligung" im Sinn des § 307 Abs. 1 UrhG vorliegt[1823]. Denn die Verwertungsgesellschaft wird im Wege der Ermächtigung analog § 185 BGB vielmehr als „starker Partner" des Urhebers gegenüber der marktbeherrschenden Verwerterindustrie tätig, was generell nicht im Widerspruch zum Gedanken des Urheberschutzes steht, sondern hierzu gerade beiträgt.

4. Die Sittenwidrigkeit gem. § 138 BGB

a) Grundsätzliches

Eine Begrenzung rechtsgeschäftlicher Vereinbarungen kann auch durch § 138 BGB in Betracht kommen - neben dem bereits oben, unter I. bis VI. dieses 6. Teils der Untersuchung und unter VII, 1. diskutierten Bereich. Dabei ist § 138 BGB jedoch die gleichsam letzte Instanz einer rechtlichen Überprüfung und erst nach Beachtung der allgemeinen privatrechtlichen Auslegungsgrundsätze zu beachten[1824].

Durch § 138 BGB soll die Anerkennung und Geltung von Rechtsgeschäften verhindert werden, die zwar dem Grundsatz der Privatautonomie unterfallen, dabei jedoch Ausdruck eines Missbrauchs und wegen des Abweichens von ethischen Grundlagen für die Rechtsgemeinschaft unerträglich sind[1825]. Formelhaft beschrieben wird die Sittenwidrigkeit gem. § 138 BGB als der „Verstoß gegen das Anstandsgefühl aller billig und gerecht Denkenden"[1826]. Die fehlende Präzision dieser Formel lässt bereits die rege Diskussion über den Maßstab zur Bewertung eines Rechtsgeschäfts als sittenwidrig erahnen[1827].

Aus Gründen der Vereinfachung - so auch hier - wird nach einer Vereinbarkeit mit der herrschenden Rechts- und Sozialmoral und den der Rechtsordnung immanenten rechtsethischen Werten und Prinzipien[1828] gefragt. Es ist sowohl auf außerrechtliche Normen und grundgesetzliche Wertentscheidungen als auch auf einfachgesetzliche Implikationen zu achten. Diese bilden kein starres, sondern vielmehr ein bewegliches System[1829], das dem gesellschaftlichen Wandel und den unterschiedlichen, in einer pluralistischen Gesellschaft zum Ausdruck kommenden Werten Rechnung trägt. Die Sittenwidrigkeit kann als sog. Inhaltssittenwidrigkeit ausschließlich aus dem Inhalt des Rechtsgeschäfts oder auch als sog. Umstandssittenwidrigkeit aus einer Gesamtbeurteilung von Inhalt, Motiv und Zweck des Rechtsgeschäfts resultieren[1830].

b) Bedeutung im urheberrechtlichen Bereich

In der urheberrechtlichen Literatur wird mit der Bestimmung der Sittenwidrigkeit nach § 138 BGB nicht nur der Kernbereich definiert - wie bereits oben, bei aa) diskutiert. Auch als umgekehrter Herleitungsvorgang wird die Sittenwidrigkeit eines Rechtsgeschäfts gerade damit begründet, dass über den unantastbaren Kernbereich disponiert wird. Vielfach werden

---

1823 A. A. wohl Metzger, S. 221.

1824 Palandt-Heinrichs § 138 BGB, Rn. 13 ff.

1825 MüKo-Mayer-Maly/Armbrüster § 138 BGB, Rn. 1; Palandt-Heinrichs § 138 BGB, Rn. 1.

1826 So schon die frühe Rechtsprechung: BGHZ 10, 228, 232; 69, 295, 297.

1827 Vergl. MüKo-Mayer-Maly/Armbrüster § 138 BGB, Rn. 11 f. und 27 ff.; Palandt-Heinrichs § 138 BGB, Rn. 2 f.

1828 s. Palandt-Heinrichs § 138 BGB, Rn. 3.

1829 MüKo-Mayer-Maly/Armbrüster § 138 BGB, Rn. 27 ff., insbes. 29.

1830 Palandt-Heinrichs § 138 BGB, Rn. 7, 8.

vom urheberrechtlichen Schrifttum dabei Wertungen herangezogen und übernommen[1831], die allgemein im Bereich bürgerlich-rechtlicher Persönlichkeitsrechte betreffend die Zulässigkeit einer Einwilligung anzutreffen sind. Beispielhaft kann auf folgende Formulierung verwiesen werden:

> „Die Einwilligung ist dann unbeachtlich (§ 138 BGB), wenn sie das Selbstbestimmungsrecht, das dem einzelnen nach unserer Kulturauffassung zusteht, übersteigt. Dies ist der Fall, wenn sie einen Verzicht auf den unantastbaren Kernbereich bedeutet, ohne den der einzelne seine Aufgabe als sittliche Person nicht mehr erfüllen kann. Eine totale Selbstaufgabe, ein Verkauf in die Sklaverei, ein Vertrag, durch den sich der einzelne übermäßig in seiner Freiheit bindet, ist sittenwidrig und daher nichtig."[1832]

Im urheberpersönlichkeitsrechtlichen Bereich kann diese Wertung, die auf die Begründung einer Inhaltssittenwidrigkeit hinausläuft, nicht uneingeschränkt übernommen werden. Denn zum einen stehen derartig weitreichende Folgen einer Verpflichtung des Urhebers nicht in Rede[1833]. Und zum anderen bedarf es des Rückgriffs auf die Rechtsfolge des § 138 BGB bei einer Disposition über den Kernbereich nicht. Denn die Unwirksamkeit derartiger „Kernbereichs"-Vereinbarungen ergibt sich aus dem UrhG selbst, aus § 29 UrhG und den speziellen Regelungen nach §§ 41 Abs. 4 und 42 Abs. 2 UrhG. § 138 BGB kommt daneben keine weitergehende, eigenständige Bedeutung zu[1834].

Hinzukommt auch, dass es keine gesicherte Auffassung dazu gibt, ob und wann Eingriffe in das UPR, damit zugleich die diese legitimierenden Vereinbarungen, den sittlichen Vorstellungen und Kulturauffassungen nicht entsprechen[1835]. Zwar wurde im älteren Schrifttum darauf verwiesen, dass bei rechtsgeschäftlichen Dispositionen über das UPR Ehre und Ansehen des Urhebers gleichsam abgekauft würden, was dem Anstandsgefühl aller gerecht und billig Denkenden widerspräche[1836]. Insoweit wäre zu überlegen, dies innerhalb der zu § 138 BGB gebildeten Fallgruppe der „Abwehr missbilligter Kommerzialisierung" zu diskutieren[1837].

Hier wirkt sich jedoch der Wandel der gesellschaftlichen Vorstellungen aus, denn heutzutage regt sich wohl kaum jemanden noch auf, wenn andere „ihren guten Namen" für weniger

---

1831 So Schricker, FS Hubmann, S. 409, 418; Schilcher, S. 162; ähnlich auch: Dieselhorst, S. 143 f. Eine eingehende Untersuchung dieses Gedankens findet sich auch bei Metzger, S. 165 ff., der im Ergebnis die These von der Sittenwidrigkeit der Rechtsgeschäfte, die den Kern des UPR betreffen, ablehnt.

1832 Hubmann, S. 184.

1833 Dies merkt auch Schricker, FS Hubmann, S. 409, 418, für den Bereich des Werkentstellungsschutzes an.

1834 A. A. wohl LG München I ZUM 2000, 414, 415; das LG München I entschied, dass eine Klausel, wodurch der Filmregisseur für den Konfliktfall während des Produktionsprozesses auf die Geltendmachung von Unterlassungsansprüchen im Wege des einstweiligen Rechtsschutzes verzichtet, sittenwidrig sei. Begründet wird dies allerdings wieder mit der Unzulässigkeit, sich des Entscheidungsrechts über das „Ob" und „Wie" der Erstveröffentlichung zu begeben; also mit dem Gedanken der Kerntheorie.

1835 Schricker, FS Hubmann, S. 409, 417 f.; Schilcher, S. 162 f.; Metzger, S. 172 ff.; vergl. in generellerer Art auch Seetzen, S. 64.

1836 So Baum, GRUR Int. 1965, 418, 420 f., der sogar soweit geht, anzunehmen, dass der Urheber im Fall eines Prozessvergleichs, durch den eine Schädigung des Rufs und der Ehre durch Zahlung einer Abfindungssumme legitimiert werde, zur Zahlung von Schadenersatz aus § 826 BGB verpflichtet sei und zwar in der Höhe dessen, was er von dem Dritten erhalten habe.

1837 Vergl. die Fallgruppenbildung bei MüKo-Mayer-Maly/Armbrüster § 138 BGB, Rn. 33 ff. Wie generell bei dieser Fallgruppe, stellt sich auch im Bereich des Urheberrechts die Frage, wie Rechtsgeschäfte zu erfassen wären, die eingegangen werden, ohne dass eine finanzielle Entlohnung gezahlt wird; denn bei den Fällen einer sittlich missbilligten Kommerzialisierung liegt der Sittenverstoß gerade in der Vereinbarung eines Entgelts.

gute oder ehrenwerte Produkte, gegen ein entsprechendes Entgelt, zu Werbezwecken zur Verfügung stellen[1838]. Vergleichbares kommt auch im UrhG selbst zum Ausdruck, indem in § 42 UrhG zwar ein Rückrufsrecht im Falle der Unzumutbarkeit der Nutzung des Werks gewährt wird, dabei aber als „bloße" Möglichkeit und nicht als Pflicht des Urhebers vorgesehen ist.

Auch verfassungsrechtlich spricht nichts gegen eine „Verzichtbarkeit" und „Übertragbarkeit" in dem im 6. Teil untersuchten Sinne, denn dies ist gerade Ausdruck des Rechts auf freie Willensentschließung[1839].

c) Schlussfolgerungen

Die Sittenwidrigkeitsentscheidung kann deshalb immer nur das Ergebnis einer Bewertung des Gesamtcharakters des Rechtsgeschäfts sein, damit als sog. Umstandssittenwidrigkeit begründet werden. Dabei lassen sich jedoch keine speziell urheberrechtlichen Gesichtspunkte und Wertungen finden, die ein derartiges Ergebnis regelmäßig verlangen würden. Zutreffend ist hier insoweit nur der eingangs für bürgerlich-rechtliche Persönlichkeitsrechte generell formulierte Gedanke des Verbots übermäßiger vertraglicher Bindungen. Denn dann kann das Rechtsgeschäft Folge und Ausdruck einer gestörten oder fehlenden Vertragsparität sein; der Umstand der Ausnutzung einer wirtschaftlichen Zwangslage des einen Vertragsteils durch die wirtschaftliche Übermacht des Anderen spricht für das Vorliegen von Sittenwidrigkeit. Indiz hierfür kann insbesondere eine Äquivalenzstörung sein[1840].

Zu dem so ermittelbaren objektiven Sittenverstoß muss, um eine sog. Umstandssittenwidrigkeit nach § 138 BGB gegenüber dem Geschäftspartner zu begründen, nach der ganz herrschenden Ansicht noch ein subjektives Element hinzutreten[1841]. Insoweit ist beim sittenwidrig Handelnden das Vorliegen einer verwerflichen Gesinnung, das Bewusstsein der Sittenwidrigkeit, aber nicht erforderlich, es reicht die Kenntnis bzw. fahrlässige Unkenntnis der Tatumstände, aus denen sich die Sittenwidrigkeit ergibt[1842].

Weil im urheberrechtlichen Bereich eine fortschreitende Zunahme der sog. Verwerterindustrie auf der einen und der abhängig beschäftigten Urheber auf der anderen Seite festzustellen ist, können auch sog. Knebelungsverträge von wachsender Bedeutung werden. Hier wird die wirtschaftliche Freiheit des Anderen so beschränkt, dass dieser seine freie Selbstbestimmung verliert; eine Schädigungsabsicht ist dann nicht erforderlich, entscheidend ist der objektive Umfang der auferlegten Pflichten[1843].

Abschließend ist festzuhalten, dass sich § 138 BGB in dieser nur allgemeinen Bedeutung auch für den urheberrechtlichen Bereich erschöpft; ein speziell urheberrechtlicher Gehalt wohnt § 138 BGB insoweit nicht inne[1844]. Das Vorliegen einer sittenwidrigen Vereinbarung

---

1838 Vergl. auch Riekert, in Götting: Multimedia, S. 123; wie auch bereits Runge UFITA 54 (1969), 1, 9 ff. und OLG Hamm UFITA 50 (1967), 1024, 1031 - Irene von Velden.

1839 Vergl. auch Dieselhorst, S. 143; Metzger, S. 174 f.

1840 MüKo-Mayer-Maly/Armbrüster § 138 BGB, Rn. 86 ff., insbes. Rn. 87.

1841 Vergl. MüKo-Mayer-Maly/Armbrüster § 138 BGB, Rn. 129.

1842 Vergl. insoweit grds. Palandt-Heinrichs § 138 BGB, Rn. 8. Bullinger, S. 87, verlangt dabei eine „Übervorteilung des Künstlers". Dieselhorst, S. 146, spricht von einer, dem Urheber sittlich nicht - mehr - zumutbaren Bindung an die rechtsgeschäftliche Vereinbarung über das UPR.

1843 Palandt-Heinrichs § 138 BGB, Rn. 39. Hieran könnte zu denken sein, wenn Abreden, wie die Unterlassung einer namentlichen Nennung des Urhebers, für weitreichende oder umfassende Nutzungsrechtszusammenhänge getroffen werden.

1844 So auch Dieselhorst, S. 143; Metzger, S. 165 ff. Hier bestätigt sich einmal mehr, dass eine inhaltliche Bestimmung des Kernbereichs durch § 138 BGB ohne dogmatischen Wert ist - wie bereits oben, unter VII., 1., b) ausgeführt.

über das UPR ist nach allgemeinen Grundsätzen im Einzelfall zu prüfen. Dabei wird eine Nichtigkeit wohl in den seltensten Fällen anzunehmen sein[1845]; dies nicht zuletzt auch wegen der Vorrangigkeit der Auslegung nach allgemeinen Grundsätzen sowie des Urheberschutzes über den unantastbaren Kernbereich und der begrenzenden Wirkung der allgemeinen Zweckübertragungslehre.

[1845] So im Ergebnis wohl auch Stolz, S. 68 ff., hinsichtlich der Ghostwritervereinbarung; Dieselhorst, S. 146; Bullinger, S. 87, zum Werkintegritätsrecht gem. § 14 UrhG.

Siebter Teil

Zusammenfassung und Schlussbetrachtung

I. Ergebnis hinsichtlich der Rechtslage nach deutschem Recht

Die Untersuchung im 4. Teil der Arbeit hat ergeben, dass „nachträgliche" Rechtsgeschäfte, d.h. solche zur nachträglichen Legitimierung bereits eingetretener Verletzungen urheberpersönlichkeitsrechtlicher Befugnisse, mit Blick auf § 29 UrhG grundsätzlich unproblematisch zulässig sind. Rechtstechnisch kann dabei als Erklärungsmodell auf das pactum de non petendo, die Abtretung gem. § 398 BGB sowie die Einziehungsermächtigung analog § 185 BGB oder auf den Erlassvertrag gem. § 397 BGB rekurriert werden.

Im Mittelpunkt der Diskussion und damit auch dieser Untersuchung (siehe 6. Teil) steht die Frage der Zulässigkeit von „vorherigen Rechtsgeschäften" über urheberpersönlichkeitsrechtliche Befugnisse. Die Ergebnisse hierzu sind im Folgenden zusammengefasst.

1. Veröffentlichungsrecht und Recht der ersten öffentlichen Inhaltsmitteilung bzw. Inhaltsbeschreibung

a) Zusammenfassung

Bei Rechtsgeschäften betreffend das Veröffentlichungsrecht gem. § 12 Abs. 1 UrhG geht es in der Grundkonstellation, bei selbständigen Urhebern, um eine Beschränkung des Abwehrrechts. Mit Abschluss eines Nutzungsrechtsvertrages übt der Urheber seine - positiven - Bestimmungsrechte aus § 12 Abs. 1 UrhG aus und muss sich daran infolge einer Einschränkung der Abwehrrechte gegenüber dem Nutzungsrechtsinhaber festhalten lassen. Rechtstechnisch steht dahinter die bei Eingehung des nutzungsvertraglichen Verhältnisses mitvereinbarte - deshalb grundsätzlich nicht frei widerrufbare - tatbestandsausschließende Einwilligung. Diese ist mit Blick auf die Konstellationen der §§ 34, 35 UrhG nach §§ 398, 413 BGB übertragbar; die notwendige Zustimmung des Urhebers hinsichtlich der Nutzungsrechtsvereinbarungen nach §§ 34, 35 UrhG gilt insoweit auch als Zustimmung zur Übertragung der Einwilligung betreffend die Abwehrrechte aus dem Veröffentlichungsrecht. Ideelle Interessen des Urhebers werden dabei jedenfalls über die Rückrufsrechte, insbes. § 42 UrhG, der den nutzungsrechtlichen und persönlichkeitsrechtlichen Teil der Abrede immer zugleich betrifft, gewahrt.

Im Fall eines ausdrücklichen Vorbehalts des Veröffentlichungsrechts bei der Nutzungsrechtseinräumung liegt lediglich eine Abweichung von der zeitlichen Abfolge, damit kein Zusammentreffen der Ausübung des Veröffentlichungsrechts durch den Urheber mit der Nutzungsrechtseinräumung vor; am Zusammenfallen der insoweit dann nachfolgenden Rechtsausübung und der Einwilligungserteilung ändert sich nichts.

Eine treuhänderische Fremdwahrnehmung des Veröffentlichungsrechts erfolgt durch eine Überlassung der Abwehrrechte an Dritte im Wege einer Ermächtigung analog § 185 BGB, als sog. Ermächtigungstreuhand. In Konfliktfällen hat die Meinung des Urhebers gegenüber der des Ermächtigten Vorrang, was rechtlich mit der Möglichkeit der Beendigung des Treuhandvertrages durch den Urheber entsprechend § 168 BGB garantiert ist; je nachdem, ob der Treuhandvertrag ein unentgeltlicher oder entgeltlicher ist, erfolgt die Beendigung durch Widerruf gem. § 671 BGB oder durch Kündigung gem. §§ 621, 626 f. BGB.

Ist der Treuhänder - wie wohl in der Mehrzahl der Fälle - zugleich Nutzungsrechtsinhaber, so liegt neben der Ermächtigung analog § 185 BGB noch eine „Verzichtskomponente" - als tatbestandsausschließende Einwilligung - vor, die den Verlust des Abwehrrechts des Urhebers gegenüber dem Treuhänder bewirkt. Eine Weiterübertragung von Nutzungsrechten durch den nutzungsberechtigten Treuhänder an andere kommt in der Praxis wohl kaum vor. Etwas anderes gilt hinsichtlich einer Unterlizenzierung nach § 35 UrhG, wo dann im Hinblick auf § 35 Abs. 1, S. 2 UrhG rechtstechnisch eine Abweichung von der Grundsituation bei anderen nicht treuhänderischen Nutzungsrechtsinhabern vorliegt, d.h. es bedarf hier keiner Zustimmung zur Unterlizenzierung. Die Übertragung der Einwilligung an den Lizenzerwerber erfolgt dann im Übrigen wieder nach §§ 398, 413 BGB.

Bei Miturhebern ergeben sich gegenüber Einzelurhebern für den Fall einer reinen Nutzungsrechtseinräumung an Dritte keine Abweichungen. Indes ist eine treuhänderische Wahrnehmung der Abwehrrechte aus §§ 97, 12 UrhG durch Dritte unzulässig. In den Konstellationen, wo ein Miturheber auf seinen Verwertungsrechtsanteil gem. § 8 Abs. 4 UrhG verzichtet, tritt immer zugleich ein Verlust der Abwehrrechte aus §§ 97, 12 UrhG - ausschließlich - gegenüber den anderen Miturhebern ein; insoweit liegt rechtstechnisch wieder eine vertraglich erteilte Einwilligung vor.

Bei Arbeitnehmerurhebern gilt hinsichtlich bereits fertig gestellter, in das Arbeitsverhältnis eingebrachter Werke das Gleiche wie bei freischaffenden, selbständigen Urhebern. Bei den erst zukünftigen Pflichtwerken ist hingegen anzunehmen, dass der Urheber zusammen mit der entsprechenden Vorabeinräumung von Nutzungsrechten bei Abschluss des Arbeitsvertrages eine Ermächtigung gem. § 185 BGB analog zur Ausübung der positiven Befugnis des Veröffentlichungsrechts hinsichtlich des „Ob", „Wann" und „Wie" einer Veröffentlichung erteilt hat. Die Ermächtigung steht dabei unter der Bedingung einer ausreichenden Fertigstellungsfrist für den Urheber; sie ist grundsätzlich nicht frei durch den Urheber widerrufbar. Ein Interessenausgleich erfolgt hier über das Recht des Urhebers auf Namensunterdrückung sowie über das Rückrufsrecht gem. § 42 UrhG. Entsprechende tarifvertragliche Vereinbarungen wären zwar rechtlich zulässig, bestehen in der Praxis jedoch nicht.

Wegen der Überschneidung des Schutzbereichs mit § 12 Abs. 1 UrhG gilt für das Recht der öffentlichen Inhaltsmitteilung und -beschreibung des Werks gem. § 12 Abs. 2 UrhG das zum Veröffentlichungsrecht Ausgeführte entsprechend. Da das Recht aus § 12 Abs. 2 UrhG ebenfalls gesamthänderisch gebunden ist, gilt dies auch für die Fälle der Miturheberschaft.

Bei Arbeitnehmerurhebern wird grundsätzlich eine Nutzungsrechtseinräumung vorliegen, so dass das Veröffentlichungsrecht und damit zugleich das Recht aus § 12 Abs. 2 UrhG betroffen sind; mithin gilt das zum Veröffentlichungsrecht Untersuchte entsprechend.

Kommt § 12 Abs. 2 UrhG eine eigenständige Bedeutung zu - wie bei einer isolierten Einräumung nur dieses Rechts -, so liegt eine „Übertragungs"-Situation vor, bei der die Legitimierung der Fremdausübung mittels einer Ausübungsermächtigung analog § 185 BGB erfolgt; dabei ist ein konkludenter Ausschluss der Möglichkeit eines jederzeitigen Widerrufs durch den Urheber im Sinn von § 183 S. 1 BGB anzunehmen.

Soweit eine treuhänderische Wahrnehmung nur des Mitteilungsrechts, unabhängig vom Veröffentlichungsrecht, praktisch überhaupt vorkommen wird, erfolgt auch diese im Wege einer Ermächtigung gem. § 185 BGB analog; die Ermächtigung kann sich dabei sowohl auf die Geltendmachung der Abwehrrechte als auch auf die Fremdausübung der positiven Befugnis beziehen.

b) Vergleich mit der geplanten Novellierung des § 39 UrhG durch das „Gesetz zur Stärkung der vertraglichen Stellung von Urhebern und ausübenden Künstlern"

Der Entwurf der Neuregelung des § 39 UrhG durch das „Gesetz zur Stärkung der vertraglichen Stellung der Urhebern und ausübenden Künstlern" von 2002 wurde als „Meilenstein"[1846] in der Entwicklung des Urhebervertragsrechts bezeichnet[1847]. Der geplante § 39 Abs. 1 zu Rechtsgeschäften über das Veröffentlichungsrecht gem. § 12 Abs. 1 UrhG lautete:

> „Der Urheber kann das Veröffentlichungsrecht in der Weise ausüben, dass er den Inhaber eines Nutzungsrechts durch Vereinbarung dazu ermächtigt, den Zeitpunkt und die Umstände der Veröffentlichung seines Werkes zu bestimmen. Bis zum Eintritt der Veröffentlichung bleibt der Urheber zur Geltendmachung des Veröffentlichungsrechts gegenüber Dritten befugt."[1848]

Vor dem Hintergrund der hier gewonnenen Untersuchungsergebnisse ist mit Blick auf diesen Normvorschlag Folgendes festzuhalten: Der notwendige Zusammenhang mit der Nutzungsrechtseinräumung besteht zwar bei reinen Verwertungsanliegen, nicht hingegen bei einer treuhänderischen Wahrnehmung von Abwehrrechten nach §§ 97, 12 UrhG einer ohnehin gänzlich unberücksichtigten Konstellation. Bei Nutzungsrechtszusammenhängen ist nicht bedacht, dass immer auch eine Ausübung des Veröffentlichungsrechts vorliegt; die Frage einer Ermächtigung hinsichtlich des „Ob", „Wie" und „Wann" einer Veröffentlichung stellt sich damit grundsätzlich nicht mehr.

Die Figur der Ermächtigung kann rechtstechnisch nur im Zusammenhang mit der treuhänderischen Wahrnehmung und Arbeitnehmer-Konstellationen herangezogen werden. Unzutreffend ist insoweit aber auch die formulierungsmäßige Verknüpfung zwischen der Rechtsausübung und der Ermächtigung zur Bestimmung des Zeitpunkts und der Umstände der Veröffentlichung; diese beiden Bereiche sind in Arbeitsverhältnissen auch bei einer Vorabeinräumung von Nutzungsrechten infolge diesbezüglicher Rechtsausübung des Veröffentlichungsrechts durch den Urheber selbst vorbestimmt.

Die Erweiterung des Kreises der beteiligten Personen über Rechtsgeschäfte nach §§ 34, 35 UrhG wird überhaupt nicht berücksichtigt. Auch die Frage des Widerrufs der Ermächtigung bleibt unbeantwortet. Gleichfalls nicht bedacht ist das Recht der öffentlichen Inhaltsmitteilung und -beschreibung gem. § 12 Abs. 2 UrhG.

Die mit dem Novellierungsanliegen ins Feld geführte Klarstellungs- und Erlaubnisfunktion des geplanten § 39 UrhG hätte im Ergebnis eher zu einer Einschränkung der für eine interessengerechte Werkverwertung notwendigerweise zuzulassenden Vereinbarungen und damit des nach § 29 UrhG zulässigen Bereichs von Rechtsgeschäften geführt. Denn aufgrund eines argumentativen Umkehrschlusses aus § 39 UrhG, der die Zulässigkeit rechtsgeschäftlicher

---

[1846] Vergl. Metzger, S. 244.

[1847] § 39 UrhG war Bestandteil eines im Mai 2000 vorgelegten sog. Professorenentwurfs, als dessen geistige Väter die Professoren und Herren Dietz, Loewenheim, Nordemann, Schricker und Vogel zu nennen sind. Er ist auf Anregung des Bundesministeriums der Justiz entstanden und in unveränderter Form von der Bundesregierung vorgeschlagen worden. Er bildet den derzeit aktuellen gesetzgeberischen Abschluss einer Diskussion zur Reform des Urhebervertragsrechts und wurde - bis auf den geplanten § 39 - in kaum veränderter Form Gesetz. Das kurz vor Verabschiedung des Gesetzes erfolgte Scheitern der Neuregelung des § 39 UrhG wird auf den starken Protest aus der Medienwirtschaft zurückgeführt; vergl. Haas, Rn. 51 und siehe oben im 3. Teil, unter I., 3.

[1848] Siehe Bundesrat-Drucksache 404/01, S. 8.

Dispositionen über das Veröffentlichungsrecht abschließend formuliert, wäre die Unzulässigkeit aller nicht genannten Konstellation anzunehmen gewesen[1849].

2. Namensnennungsrecht und Recht auf Anerkennung der Urheberschaft

a) Zusammenfassung

Hinsichtlich des Rechts auf Namensnennung bzw. -anbringung liegt im Zusammenhang mit der Nutzungsrechtseinräumung - wie beim Veröffentlichungsrecht auch - eine Rechtsausübung und eine „Verzichts"-Konstellation, betreffend die Beschränkung der Abwehrrechte gem. §§ 97, 13 S. 2 UrhG gegenüber dem Nutzungsrechtsinhaber, vor. Mangels Erlöschen der Befugnisse, vergleichbar mit dem Fall der Erstveröffentlichung, betrifft der „Verzicht" jedoch nicht nur die Erstnutzung des Werks, sondern jede vertraglich vereinbarte Nutzung des Werks, es sei denn, es wird etwas Abweichendes vereinbart.

Die Nichtrevidierbarkeit der Rechtsausübung und damit die Bindung an die einmal getroffene Entscheidung über eine anonyme oder pseudonyme Veröffentlichung, sowie die Art und Weise einer Namensnennung bzw. -anbringung, ist auch hier rechtstechnisch die Folge einer vertraglich erteilten Einwilligung, der - anders als beim Veröffentlichungsrecht - rechtfertigende Wirkung zukommt.

Für die Begründung eines konkludenten „Verzichts" über bestehende Verkehrssitten und Branchengewohnheiten betreffend das Recht, über das „Ob" einer Namensnennung bzw. -anbringung entscheiden zu können, bedarf es einer genauen Einzelfallprüfung. Deren stillschweigende Einbeziehung kann im Wege einer Auslegung gem. §§ 133, 157 BGB nur bei Vorliegen entsprechender Sachkenntnis auf Seiten beider Vertragspartner angenommen werden. Keinesfalls wirkt das Bestehen einer bestimmten Branchenübung als tatbestandliche, von der Kenntnis und dem Willen des Urhebers unabhängige Beschränkung der Rechte aus § 13 UrhG. An die tatsächliche und rechtliche Anerkennung einer behaupteten Branchenübung sind strenge Anforderungen zu stellen, um die Legitimierung etwaiger Unsitten auf diesem Weg auszuschließen.

Gegenüber dem Vorliegen einer Branchenübung betreffend das „Wie" einer Namensnennung bzw. -anbringung bestehen weniger Bedenken, denn wegen der notwendigen Kennzeichnungsfunktion der gewählten Bezeichnung ist das „Ob" der Namensnennung, als absoluter Mindeststandard, immer gewahrt.

Die rechtsgeschäftliche Vereinbarung und damit die Bindung an die gewählte Ausübung des Rechts auf Namensnennung bzw. -anbringung kann - anders als beim Veröffentlichungsrecht - isoliert nach § 42 UrhG analog entfallen; ein Meinungsumschwung des Urhebers kann insoweit berücksichtigt werden. Liegt der umgekehrte Fall des bezweckten Wegfalls der Nutzungsrechtseinräumung vor, dann wird das zugrunde liegende schuldrechtliche Nutzungsverhältnis ebenfalls aufgelöst, was zugleich die Namensabrede als dessen Vertragsbestandteil miterfasst.

Wie beim Veröffentlichungsrecht auch bedeutet eine Erweiterung des Kreises der Betroffenen über § 34 UrhG zugleich eine Übertragung der rechtfertigenden Einwilligung gem. §§ 398, 413 BGB. Hinsichtlich der Konstellation des § 35 UrhG ist regelmäßig das Vorliegen einer Einwilligungsermächtigung zugunsten des Hauptlizenznehmers anzunehmen; demnach

[1849] Vergl. Haas, Rn. 47 f., S. 12 f., der in der Sache jedoch keine Verschlechterung der Rechtslage durch den geplanten § 39 hinsichtlich des Veröffentlichungsrechts gesehen hätte, Rn. 53, S. 13 f.

können Eingriffe der Unterlizenznehmer in die Rechte aus §§ 97, 13 S. 2 UrhG in der dem Hauptlizenznehmer gegenüber gestatteten Qualität und Quantität legitimiert werden.

Eine „Übertragung“ liegt im Fall einer intendierten Fremdausübung des Bestimmungsrechts über das „Wie“ einer Namensnennung bzw. -anbringung vor. Im Unterschied zum Veröffentlichungsrecht kann aus der Nutzungsrechtseinräumung nicht zugleich automatisch auf die Ausübung des Bestimmungsrechts aus § 13 S. 2 UrhG geschlossen werden, so dass eine Fremdausübung anstelle des Urhebers hier denkbar ist; konstruktiv liegt dann eine Ausübungsermächtigung gem. § 185 BGB analog vor. Das Abwehrrecht gem. §§ 97, 13 UrhG gegenüber Eingriffen Dritter steht weiterhin ausschließlich dem Urheber zu; es ist nicht automatisch von der Ermächtigung miterfasst.

Die Fremdzuweisung des Bestimmungsrechts kann über § 42 UrhG analog isoliert, bei grundsätzlichem Fortbestehen des nutzungsrechtlichen Teils einer Vereinbarung, aufgehoben werden. Zudem besteht die Möglichkeit einer außerordentlichen Kündigung des Nutzungsvertrages gem. § 314 BGB insgesamt, der dann die Ermächtigung miterfasst. Denkbar ist insoweit auch eine nur isolierte Kündigung der „Namensabrede“ nach § 314 BGB. Hinsichtlich des Fortbestands des nutzungsrechtlichen Teils der Vereinbarung ist dann auf den Regelungsgedanken des § 139 BGB zu rekurrieren.

In Fällen der Erweiterung des Kreises der Beteiligten über § 35 UrhG ist an eine Unterermächtigung des Unterlizenznehmers durch den Hauptlizenznehmer zu denken. Hierzu wird der Hauptlizenznehmer in der Regel mit der Zustimmungserteilung bzw. -abbedingung betreffend die Weiterübertragung des Nutzungsrechts durch den Urheber befähigt werden.

Bei Pseudonym- und Ghostwriterabreden liegt, wie bei „einfachen“ Namensabreden auch, jedenfalls ein „Verzicht“ in Form einer rechtfertigenden, vertraglich erteilten Einwilligung hinsichtlich des Namensnennungs- und - anbringungsrechts. Zu dieser „Verzichts“-Komponente kann eine schuldrechtliche Verpflichtung zu umfänglichem Schweigen über die Urheberschaft hinzutreten. Dies bedeutet dann eine Beschränkung auch des generellen, umfassenden Rechts auf Anerkennung der Urheberschaft gem. § 13 S. 1 UrhG.

Der Urheber bleibt insoweit noch dinglich berechtigt, mit Geltendmachung seiner Urheberschaft begeht er jedoch grundsätzlich eine Verletzung seiner vertraglichen Pflicht aus der Pseudonym- bzw. Ghostwriterabrede.

Ein angemessener Interessenausgleich zwischen Urheber und Vertragspartner wird dabei insbesondere über eine zeitliche Begrenzung, entsprechend § 41 Abs. 4 S. 2 UrhG, als Beschränkung der Bindungswirkung, der Wirksamkeit der Abrede erreicht; d.h. der Urheber kann im Vorhinein zu einem Schweigen über seine Urheberschaft nur für einen Zeitraum von höchstens zu 5 Jahren wirksam verpflichtet werden.

Außerdem wird mit der Ghostwriter- bzw. Pseudonymabrede regelmäßig auch eine Ermächtigung gem. § 185 BGB analog zur Abwehr unberechtigter Eingriffe gem. §§ 97, 13 UrhG erteilt sein.

Bereits hier deutet sich an, dass im Fall einer treuhänderischen Wahrnehmung von Abwehrrechten gem. §§ 97, 13 UrhG zunächst das zum Veröffentlichungsrecht Ausgeführte entsprechend gilt. Auch hier ist in 2-Personenverhältnissen konstruktiv auf eine Ermächtigung gem. § 185 BGB analog zurückzugreifen. Dabei bezieht sich die Treuhand nicht auf die Bestimmungsrechte aus § 13 S. 2 UrhG; diese wurden bereits durch den Urheber selbst bindend ausgeübt.

Im Fall der treuhänderischen Unterlizenzierung nach § 35 UrhG, liegt - im Unterschied zur Situation beim Veröffentlichungsrecht - die Erteilung einer Einwilligungsermächtigung an den Hauptlizenznehmer vor, wobei aus Interessengesichtspunkten anzunehmen ist, dass ein Verlust der Widerrufbarkeit dieser Ermächtigung, vergl. § 183 S. 1 BGB, mit deren Ausübung im Wege der Erteilung von Unterlizenzen eintritt. Damit ist der Urheber auch gegenüber dem Unterlizenznehmer an seine Rechtsausübung und den „Verzicht" auf das Bestimmungsrecht aus § 13 S. 2 UrhG gebunden.

Weder im Urheber-Eigentümer-Verhältnis noch in Fällen der Miturheberschaft ergeben sich Abweichungen von diesen Grundsätzen. Der Umstand, dass bei einem Verzicht auf den Verwertungsrechtsanteil durch einzelne Miturheber gem. § 8 Abs. 4 UrhG zugleich ein „Verzicht" auf das Veröffentlichungsrecht gem. § 12 UrhG vorliegt, ist Folge des engen Zusammenhangs zwischen Veröffentlichungsrecht und Nutzungsrechtseinräumung sowie der gesamthänderischen Bindung des Veröffentlichungsrechts. Bei den Rechten aus § 13 UrhG liegen diese beiden Aspekte hingegen nicht vor.

Auch bei Arbeitnehmer-Arbeitgeber-Konstellationen bleibt es bei den genannten Grundsätzen. Besonders relevant sind hier Pseudonym- und Ghostwriterabreden, was umso dringlicher für deren rechtliche Anerkennung spricht.

Hier ergibt sich auch aus dem Umstand, dass erst zukünftige Werke betroffen sind, nichts anderes, da Pflichtwerke betroffen sind. Hinsichtlich dieser ist bereits bei Abschluss des Arbeitsvertrages eine, entsprechend der Wertung des § 43 UrhG, hinreichende Bestimmtheit für die wirksame Erteilung von Einwilligungen zu Eingriffen in die Rechte aus § 13 UrhG gegeben.

Bei der inhaltlichen Bestimmung von konkludenten Namensabreden ist an die, gegenüber der Branchenübung spezielleren, innerhalb kleinerer Verkehrskreise geltenden Betriebsübungen zu denken.

Tarifvertragliche Vereinbarungen im Bereich des § 13 UrhG sind unzulässig.

b) Vergleich mit der geplanten Novellierung des § 39 UrhG durch das „Gesetz zur Stärkung der vertraglichen Stellung von Urhebern und ausübenden Künstlern"

Der geplante § 39 Abs. 2 sah folgende Regelung bezüglich der Rechtsgeschäfte über Rechte aus § 13 UrhG vor:

> „Der Urheber kann durch Vereinbarung mit dem Inhaber eines Nutzungsrechts für eine genau bestimmte beschränkte Nutzung des Werkes auf die Anbringung der Urheberbezeichnung und die Nennung des Urhebernamens verzichten. Der Widerruf des Verzichts kann nur mit Wirkung für die Zukunft und nur für solche Nutzungen erfolgen, die noch nicht begonnen worden sind; er kann nicht ausgeschlossen werden."[1850]

Nicht nachvollziehbar ist an dieser Regelung, wieso ein wirksamer Verzicht auf bestimmte, beschränkte Nutzungen begrenzt wird, wenn dem Urheber ohnehin ein jederzeitiges Widerrufsrecht betreffend zukünftig erfolgende, noch nicht begonnene Nutzungen zusteht. Dieser kumulierte Schutz ist überflüssig. Zudem bleibt unklar, ob die „bestimmte beschränkte Nutzung" eine anzahlmäßige Beschränkung im Sinne einer Einzelnutzung meint, wann also

[1850] Siehe Bundesrat-Drucksache 404/01, S. 8 f.

der Grad unbeschränkter Nutzung im Sinne der Vorschrift erreicht ist. Gerade auch mit Blick auf die von der Rechtsprechung und dem ganz überwiegenden Schrifttum anerkannte Berücksichtigung von Branchenübungen und Verkehrssitten, die nicht an eine begrenzte, einzelne Nutzung des Werks anknüpfen, geht diese Regelung an der derzeit üblichen Praxis vorbei; keinesfalls wäre dies, dem gesetzgeberischen Anliegen entsprechend, eine bloße Bestätigung des allgemein Anerkannten und damit der geltenden Rechtslage gewesen[1851]. Insoweit lässt auch der unverändert geltende § 39 UrhG vertragliche Vereinbarungen über eine Änderung der Urheberbezeichnung zwischen Urheber und Nutzungsrechtsinhaber ohne Einschränkung *auf bestimmte beschränkte Nutzungen* des Werkes zu.

Hinzukommt, dass die geplante Regelung den Verwerter ungerechtfertigter Weise einseitig belastet hätten, indem der Widerruf ohne Folgen für den Urheber erklärt werden kann; tatsächlich werden jedoch zumeist bereits im Vorfeld der Nutzungen kostenintensive Vorbereitungen durch den Verwerter getätigt[1852]. Diesbezüglich fehlt eine Entschädigungsregelung[1853]. Zu klären wäre insoweit auch gewesen, wann der Nutzungsbeginn vorliegt.

Auch die in der Praxis so bedeutsamen Ghostwriterabreden wären nach der geplanten Regelung in der hier beschriebenen Form nicht zulässig. Unwirksam wären ferner weitreichende treuhänderische Wahrnehmungsvereinbarungen, selbst wenn diese im Interesse des Urhebers stehen würden. Die Möglichkeit einer Ermächtigung gem. § 185 BGB wäre generell ausgeschlossen.

Unklar bleibt zudem das Verhältnis dieser vorgeschlagenen Regelungen in Abs. 2 zu der in Abs. 3, wonach galt:

> „Der Urheber kann durch Vereinbarung dem Inhaber eines Nutzungsrechts gestatten, im Zusammenhang mit der Werknutzung stehende Änderungen ... der Urheberbezeichnung vorzunehmen. Die Vereinbarung ist nur wirksam, wenn die beabsichtigten Änderungen nach Art und Ausmaß genau bezeich-

---

1851 Vergl. aber insoweit die Begründung zum Regierungsentwurf, Bundesrat-Drucksache 404/01, S. 53.

1852 Dies macht auch Metzger, S. 241, geltend. Soweit er auf die Arbeit der Lektoren, Redakteure und Grafiker hinweist, ist zu berücksichtigen, dass die betreffenden Unkosten bereits mit der Erstnutzung des Werkes angefallen sind und nicht erneut bei jeder weiteren Nutzung entstehen. Es ist also von Bedeutung, inwiefern derartige Unkosten bereits durch die bis zum Zeitpunkt des Widerrufs getätigten Nutzungen abgedeckt werden konnten.

1853 Die Aufnahme eines Verweises auf § 41 Abs. 6, als in entsprechender Anwendung geltend, sah der Änderungsvorschlag der Filmindustrie vor, vergl. hierzu S. 175 im Protokoll der 99. Sitzung des Rechtsausschusses und der 61. Sitzung des Ausschusses für Kultur und Medien am 15.10.2001.
Exkurs: Die Herleitung eines Anspruchs auf Schadenersatz aus allgemeinen Grundsätzen, über eine Anknüpfung an den Umstand der Ausübung des Widerrufs, was als Verschulden des Urhebers bewertet wird, vergl. Metzger, S. 241, erscheint fragwürdig. Denn es kann nicht schuldhaft sein, ein gesetzlich zugewiesenes Recht geltend zu machen, auch wenn dies zum Nachteil des Vertragspartners wirkt. Sieht das Gesetz diesbezüglich keine Entschädigung vor, so hat bereits eine Interessenabwägung und damit eine Wertentscheidung stattgefunden, die nicht umgangen werden darf. Dies darf nicht mit der Konstellation gleichgesetzt werden, dass entgegen einer vertraglichen Vereinbarung kein veröffentlichungsreifes Werk abgeliefert wurde, d.h. der Urheber sich hinsichtlich seines bis dahin geschaffenen Werks auf sein Veröffentlichungsrecht beruft, um eine Verwertung des Werkes zu verhindern; so aber Metzger, S. 241, indem er auf die französische Rechtslage und die Entscheidung „Whistler" verweist, siehe hierzu, oben im 5. Teil, unter I., 3., a). Für den Schadenersatzanspruch ist aber nicht an den Umstand der Ausübung des UPR anzuknüpfen, sondern daran, dass der vertraglichen Pflicht zur Ablieferung eines verwertbaren Werkes nicht entsprochen wird; diesbezüglich liegt eine schuldhafte Nichterfüllung vor.

net sind und sich auf eine bestimmte beschränkte Nutzung des Werkes beziehen."[1854]

Denkbar wäre ein Verständnis dahingehend, dass eine Unterlassung der Urhebernennung ausschließlich in Abs. 2 geregelt ist und Abs. 3 dann nicht die Änderung der Urheberbezeichnung im Hinblick auf das „Ob", sondern bezüglich des „Wie" erfasst. Noch fragwürdiger wird der Regelungsgehalt des geplanten § 39 Abs. 3 als gedachte Veränderung des - weiterhin geltenden - § 39 UrhG. Denn wenn Voraussetzung einer wirksamen Vereinbarung die genaue Bezeichnung der beabsichtigten Änderung nach Art und Ausmaß ist, dann wird eine Fremdausübung des Bestimmungsrechts aus § 13 S. 2 UrhG vollständig ausgeschlossen. Dies kommt einer Zulassung nur der Selbstausübung durch den Urheber gleich; von der Zuweisung eines Änderungsrechts kann insoweit nicht gesprochen werden.

Ungeklärt bleibt auch die Rechtsnatur, die rechtstechnische Konstruktion des „Verzichts" auf das Recht auf Namensnennung bzw. -anbringung; aus der Bestimmung einer nur beschränkten Verzichtbarkeit kann insoweit gefolgert werden, dass wohl nur der schuldrechtliche Verzicht bedacht wurde[1855]. Gänzlich unberücksichtigt sind die Konstellationen über §§ 34, 35 UrhG.

3. Werkintegritätsrecht

a) Zusammenfassung

Bei Rechtsgeschäften betreffend das Werkintegritätsrecht nach § 14 UrhG im Zusammenhang mit der Nutzungsrechtseinräumung an einen Werkverwerter handelt es sich ausschließlich um „Verzichts"-Vereinbarungen, die zur Legitimation von Eingriffen infolge des Verlusts der Abwehrrechte aus §§ 97, 14 UrhG gegenüber dem Vertragspartner führen; dieser hat dann gleichsam eine Änderungsbefugnis inne. Hinter solchen Änderungsvereinbarungen steht rechtstechnisch - wie bei § 13 UrhG - eine vertraglich erteilte rechtfertigende Einwilligung zum Eingriff in das Werkintegritätsrecht, die für den Urheber grundsätzlich bindend ist; auch hier ist ein - einseitiger, jederzeitiger - Widerruf ausgeschlossen.

Eine „Übertragungs"-Konstellation liegt lediglich bei einer treuhänderischen Fremdwahrnehmung der Abwehrrechte im Wege einer Ermächtigung analog § 185 BGB vor - so bei Verwertungsgesellschaften.

Ausgangspunkt der Diskussion über die Zulässigkeit von rechtsgeschäftlichen Vereinbarungen ist hier die gesetzlich anerkannte Möglichkeit von vertraglichen Änderungsvereinbarungen gem. § 39 Abs. 1 UrhG; dabei gilt § 39 UrhG sowohl gegenüber Nutzungsberechtigten als auch analog gegenüber Werkeigentümern.

Steht im Einzelfall ein derart konkretisierter, genau bestimmter, einzelner Eingriff in Rede, dass eine Werkänderung durch einen anderen als Selbstvornahme durch den Urheber mittels einer bloßen Hilfsperson erscheint, so ist der Regelungsbereich des § 39 Abs. 1 UrhG noch nicht betroffen; es liegt bereits tatbestandlich keine Änderung im Sinn der §§ 14, 39 UrhG

1854 Bundesrat-Drucksache 404/01, S. 9.

1855 Insoweit wurde berechtigterweise häufig die Forderung nach einer diesbezüglichen Klarstellung laut. Vergl. bsph. Wandtke, S. 298, 313, in der Zusammenstellung der Stellungnahmen zur 99. Sitzung des Rechtsausschusses und 61. Sitzung des Ausschusses für Kultur und Medien am 15. 10. 2001, der auf Schack ZUM 2001, 453, 455 und 457, verweist.

vor. Wertungsmäßig entspricht dies einem grundsätzlich zulässigen „nachträglichen“ Verzicht auf Abwehransprüche aus §§ 97, 14 UrhG in Form des Erlassvertrages.

Auch im Fall einer Nichtänderungsvereinbarung mit dem Urheber ist § 14 UrhG nicht betroffen. Der Urheber kann seine allgemeine Handlungsfreiheit beschränken und sich vertraglich verpflichten, Werkveränderungen nicht vorzunehmen. Grenzfälle werden über § 42 UrhG berücksichtigt, so dass mit Wegfall des Nutzungsrechtsvertrages auch die Nichtänderungsverpflichtung entfällt.

Eine - über eine Selbstvornahme hinausgehende - zulässige Änderungsvereinbarung nach § 39 Abs. 1 UrhG liegt vor, wenn sich die Einwilligung auf einen hinreichend konkretisierten, zukünftigen Eingriff bezieht und dabei das Ergebnis der Werkänderung für einen objektiven, durchschnittlichen Betrachter in der Position des betroffenen Urhebers vorhersehbar und überblickbar ist. Unbeschränkte, pauschale Änderungsvereinbarungen kommen hingegen einem umfassenden dinglichen und deshalb nach § 29 UrhG unzulässigen Verzicht gleich.

Sind die Erfordernisse der hinreichenden Konkretisierung und Vorhersehbarkeit gewahrt, ändert auch die nachträgliche Unerwünschtheit des Ergebnisses der Werkveränderung oder die Enttäuschung etwaiger subjektiv nicht erfüllter Erwartungen nichts daran, dass ein im Vorhinein wirksam erteilter „Verzicht“ vorliegt und damit ein entsprechender Verlust der Abwehrrechte aus §§ 97, 14 UrhG gegenüber dem Vertragspartner eingetreten ist.

Für eine hinreichende Konkretisierung und Vorhersehbarkeit reicht der schlichte Verweis auf den Nutzungszusammenhang jedoch nicht aus; dieser konkretisiert den Eingriff - anders als beim Veröffentlichungsrecht - nicht ausreichend. Je nach Intensität und Art des Eingriffs und des betroffenen Werks ergibt sich mal ein strengerer, mal ein lockerer Konkretisierungsmaßstab. Dabei kann sogar eine Werkentstellung im Vorhinein legitimiert werden.

Bei konkludenten Änderungsvereinbarungen gilt zwar nichts Abweichendes. Dem Konkretisierungs- und Vorhersehbarkeitserfordernis wird dabei aber meist nicht entsprochen werden. Letztlich wird dann nur auf den unmittelbaren Zusammenhang mit einer bestimmten Ausgestaltung der konkreten Nutzungsrechtseinräumung rekurriert werden können, so dass ganz überwiegend im Ergebnis nur der Bereich des § 39 Abs. 2 UrhG betroffen ist. Auch die Berücksichtigung von etwaigen Branchenübungen wird - anders als bei § 13 UrhG - zu einer Zulässigkeit von entsprechenden Werkänderungen nach Treu und Glauben führen und vertraglichen Vereinbarungen im Sinn des § 39 Abs. 1 UrhG die praktische Relevanz nehmen.

Neben der Möglichkeit eines Rückrufs der Nutzungsrechte nach § 42 UrhG, der sich - vergleichbar zu § 13 UrhG - auch auf die Änderungsabrede bezieht, besteht die Möglichkeit einer (isolierten) Auflösung nur der Änderungsvereinbarung analog § 42 UrhG; damit entfällt die Bindung an die erteilte rechtfertigende Einwilligung und, je nach Lage des Einzelfalls, nach dem Regelungsgedanken des § 139 BGB sogar das gesamte Nutzungsverhältnis - wie bei Namensabreden nach § 13 UrhG.

Bei den Konstellationen nach §§ 34 f. UrhG liegt - entsprechend zur „Verzichts“-Situation bei § 12 Abs. 1 und § 13 UrhG - sozusagen eine „Übertragung der Änderungsbefugnis“ vor; rechtstechnisch bedeutet dies bei § 34 UrhG eine Übertragung der rechtfertigenden Einwilligung gem. §§ 398, 413 BGB und im Fall des § 35 UrhG - wie bei § 13 UrhG - die Erteilung einer Einwilligungsermächtigung an den Hauptlizenznehmer, was eine entsprechende quantitative Vermehrung der durch Einwilligungen gerechtfertigten Eingriffssituationen bedingt.

Bei der Miturheberschaft gelten keine Besonderheiten.

Bei Arbeitnehmerurhebern ist zu bedenken, dass der Bereich zulässiger Änderungen gem. § 39 Abs. 2 UrhG zugunsten des Arbeitgebers erweitert ist. Konkludente Änderungsvereinbarungen, die über das nach Abs. 2 zulässige Maß hinausgehen, werden wegen der Berücksichtigung etwaiger Verkehrssitten und Branchenübungen deshalb wohl gar nicht mehr anzunehmen sein.

Jedenfalls gilt insoweit, wie gerade auch für ausdrückliche Abreden, die den Bereich des § 39 Abs. 1 UrhG beschreiten sollen, dass diese zum Zeitpunkt des Abschlusses des Arbeitsvertrages wegen des Konkretisierungs- und Vorhersehbarkeitserfordernisses nicht wirksam vereinbar sind, denn die betroffenen Pflichtwerke werden erst im Verlauf des Arbeitsverhältnisses und damit zeitlich nach Abschluss des Arbeitsvertrages geschaffen. Damit fehlt bereits ein konkreter Bezugspunkt für Werkveränderungen solcher Art, die den Bereich des § 39 Abs. 1 UrhG betreffen; eine Vorbestimmung durch den Charakter als Pflichtwerke liegt insoweit nicht vor. Änderungen, die sich bereits aus der abstrakten Art des - zukünftigen - Werkes selbst ergeben würden, stünden ohnehin wieder (nur) im Zusammenhang mit dem Bereich des § 39 Abs. 2 UrhG.

Der Arbeitgeber ist also nicht nur auf den Weg der ausdrücklichen Vereinbarung von Änderungsabreden im Sinn von § 39 Abs. 1 UrhG verwiesen, es ist insoweit auch auf einen Zeitpunkt nach Herstellung, d.h. mit Ablieferung des betreffenden Werks, als frühestmöglicher Zeitpunkt rechtlich zulässiger Vereinbarungen abzustellen.

Bei weitreichenden wirksam legitimierten Werkänderungen kann ein Anspruch des Urhebers auf Namensunterdrückung zu gewähren sein.

Im tarifvertraglichen Bereich gibt es keine Regelung von Normcharakter; sie würde auch am Konkretisierungs- und Vorhersehbarkeitserfordernis scheitern. Insoweit wäre nur an Klauseln zu denken, die potentielle Werkänderungen im Sinn von § 39 Abs. 2 UrhG beispielhaft aufzählen.

b) Vergleich mit der geplanten Novellierung des § 39 UrhG durch das „Gesetz zur Stärkung der vertraglichen Stellung von Urhebern und ausübenden Künstlern“

Der geplante § 39 sah folgende Regelung betreffend Rechtsgeschäfte über das Werkintegritätsrecht gem. § 14 UrhG in seinem 3. Absatz vor:

> „Der Urheber kann durch Vereinbarung dem Inhaber eines Nutzungsrechts gestatten, im Zusammenhang mit der Werknutzung stehende Änderungen des Werkes, seines Titels oder der Urheberbezeichnung vorzunehmen. Die Vereinbarung ist nur wirksam, wenn die beabsichtigten Änderungen nach Art und Ausmaß genau bezeichnet sind und sich auf eine bestimmte beschränkte Nutzung des Werkes beziehen. Für den Widerruf der Gestattung gilt Absatz 2 Satz 2 entsprechend“ - d.h. dieser hätte nur mit Wirkung für die Zukunft und nur für solche Nutzungen erfolgen können, die noch nicht begonnen wurden; er hätte nicht ausgeschlossen werden können.

Ergänzt wird diese Regelung durch einen 4. Absatz, der eine dem weiterhin geltenden § 39 Abs. 2 UrhG entsprechende Fassung hatte:

> „Änderungen des Werkes und seines Titels, zu denen der Urheber seine Einwilligung nach Treu und Glauben nicht versagen kann, sind stets zulässig.“

Diese geplante Neuregelung lässt die treuhänderische Wahrnehmung der Abwehrrechte aus §§ 97, 14 UrhG gänzlich unberücksichtigt. Zudem werden Änderungsabreden mit dem Werkeigentümer gänzlich ausgeschlossen. Denn formulierungsmäßig kommt § 39 ein abschließender Regelungscharakter zu, so dass nur die ausdrücklich erwähnten Änderungsvereinbarungen mit Nutzungsrechtsinhabern zulässig wären[1856].

Infolge der regelungstechnischen Anknüpfung an „Änderung" in Abs. 3 und 4 bleibt unklar, ob dies eine qualitative Einschränkung hinsichtlich des Vertragsgegenstandes bedeutet, ob Entstellungen als nicht legitimierbar gälten.

In die richtige Richtung weist die gewählte Beschränkung der Wirksamkeit von Änderungsvereinbarungen auf solche, die die beabsichtigten Änderungen nach Art und Ausmaß „genau" bezeichnen; eine inhaltliche Bestimmung der hinreichenden „Genauigkeit" erfolgt dabei nicht, so dass das oben im 6. Teil, unter IV., 2., c) Ausgeführte, betreffend die Abgrenzung zwischen der Erlaubnis zu konkreten Einzeleingriffen und pauschalen Veränderungsvereinbarung, zu beachten sein könnte[1857].

Problematisch erscheint die Beschränkung der Gestattung einer Änderung auf „eine bestimmte beschränkte Nutzung des Werkes". Wäre „eine" anzahlmäßig, im Sinne von singulär gemeint, wäre eine Werkverwertung übermäßig und unnötig erschwert[1858]. Dem Ziel, eine gewisse Disponibilität des UPR, damit auch des Werkintegritätsrechts, gesetzlich festzuschreiben und auf diesem Wege Rechtssicherheit zu gewährleisten, wäre ein schlechter Dienst getan. Eine Beschränkung folgt hier vielmehr als Konsequenz aus der Beschränkung der Nutzungsrechtsvereinbarungen gem. § 31 Abs. 4 UrhG.

In der gewählten Widerrufsregelung spiegelt sich das Modell des § 183 S. 2 BGB wieder, ohne allerdings das legitime Verwerteranliegen an einer Absicherung der Rechtsposition zu berücksichtigen.

Gerade auch in diesem Punkt wird der Entwurf des § 39 UrhG zutreffend als Verfehlung des selbst postulierten Ziels gesehen; er bleibt nicht nur hinter der Bestätigung der bis dato bereits als zulässig geltenden Rechtsgeschäfte über das UPR zurück[1859], sondern stellt eine wirkliche Verschlechterung der rechtlichen Position der Verwerterseite dar. Dies erklärt auch den starken Protest aus der Medienwirtschaft gegen die geplante Regelung in § 39[1860].

4. Zugangsrecht (a) und Rückrufsrechte (b)

(a) Beim Zugangsrecht ist keine „Übertragungs"-Situation denkbar; hier kommt lediglich ein „Verzicht" in Betracht, der trotz des stark vermögensrechtlichen Einschlags beim Zugangsrecht lediglich in schuldrechtlicher Form zulässig ist. Rechtstechnisch handelt es sich dann um ein pactum de non petendo, das maximal für einen Zeitraum von 5 Jahren, analog § 41 Abs. 4 S. 2 UrhG, vereinbart werden kann. Vertragliche Vereinbarungen erlangen für Werkbesitzer jedoch erst eine Bedeutung, wenn das Zugangsrecht nicht bereits aufgrund einer Interessenabwägung nach § 25 UrhG infolge überwiegender Besitzerinteressen gänzlich ausgeschlossen ist.

Als Minus zum „Verzicht" auf die Ausübung des Zugangsrechts ist eine Vereinbarung zulässig, die den inhaltlichen Umfang des Zugangsrechts einschränkt, was ebenfalls durch ein pactum de non petendo erreicht wird.

1856 So auch Haas, Rn. 48.
1857 Vergl. auch Haas, Rn. 62, der ebenfalls Änderungsvereinbarungen in allgemeiner Form für zulässig hält.
1858 Vergl. Haas, Rn. 55, zur gleichen Formulierung betreffend § 13 UrhG.
1859 Metzger, S. 243.
1860 Vergl. insoweit oben Fn. 1847.

Bei Miturhebern sowie Arbeitnehmerurhebern ergibt sich nichts Abweichendes. Die Problematik der Erweiterung des betroffenen Personenkreises über §§ 34, 35 UrhG stellt sich beim Zugangsrecht nicht.

Der geplante § 39 des „Gesetz(es) zur Stärkung der vertraglichen Stellung von Urhebern und ausübenden Künstlern" bedachte das Zugangsrecht als mögliches Objekt von rechtsgeschäftlichen Vereinbarungen nicht.

(b) Über § 42 UrhG sind nicht nur nutzungsrechtliche Vereinbarungen insgesamt, sondern in analoger Anwendung auch - isoliert - nur die Abreden betreffend urheberpersönlichkeitsrechtliche Befugnisse rückrufbar. Auf § 42 UrhG kann nicht im Voraus - weder dinglich noch schuldrechtlich - verzichtet werden, s. Abs. 2.

Von besonderer Bedeutung ist auch § 41 Abs. 4 S. 2 UrhG, der als allgemeiner Rechtsgedanke zu einer Befristung von schuldrechtlichen Vereinbarungen führt, die andernfalls einem dauerhaften Verlust urheberpersönlichkeitsrechtlicher Befugnisse gleichkämen; dies betrifft die Verpflichtung zum Verschweigen der Urheberschaft bei Ghostwritervereinbarungen, damit das Recht auf Anerkennung der Urheberschaft gem. § 13 S. 1 UrhG, und den „Verzicht" auf das Zugangsrecht gem. § 25 UrhG.

5. Generelle Grenzen rechtsgeschäftlicher Dispositionen/ Kernbereichsbestimmung

Der unverzichtbare und unübertragbare Kernbereich beschreibt die dem Urheber trotz Einwilligungserteilung bzw. Ermächtigung je nach Verwertungssituation und betroffener urheberpersönlichkeitsrechtlichen Befugnis verbleibende ideelle Berechtigung. Eine weitreichende Bedeutung als grundsätzliche Begrenzung schuldrechtlicher „verzichtender" bzw. „übertragender" Vereinbarungen haben hier das Rückrufsrecht aus § 42 UrhG in direkter bzw. analoger Anwendung sowie die Fristenregelung des § 41 Abs. 4, S. 2 UrhG. Daneben können unter dem Begriff Kernbereich als weitere absolute, keinesfalls disponible Grenze das Recht zur Entscheidung über das „Ob" der Veröffentlichung gem. § 12 S. 1 UrhG bei freischaffenden, selbständigen Urhebern sowie das Recht auf Namensunterdrückung bei Arbeitnehmerurhebern und das Recht auf Anerkennung der Urheberschaft gem. § 13 S. 1 UrhG erfasst werden. Hinzu tritt § 31 Abs. 4 UrhG als Gewähr für ein absolutes Mindestmaß an persönlichkeitsrechtlichen Befugnissen aus §§ 13, 14 UrhG, im Zusammenhang mit unbekannten Nutzungsarten.

Der Anwendung der allgemeinen Zweckübertragungslehre kommt im urheberpersönlichkeitsrechtlichen Bereich keine über den Aussagegehalt des § 29 UrhG entscheidend hinausgehende Bedeutung zu. Bei pauschalen Vereinbarungen über urheberpersönlichkeitsrechtliche Befugnisse kann eine Anpassung des rechtsgeschäftlichen Umfangs an den Vertragszweck über den Zweckübertragungsgedanken geboten sein, weil der Spezifizierungslast nicht entsprochen wurde. Hinsichtlich des Werkintegritätsrechts wird der so ermittelte Inhalt der Vereinbarung dann aber ganz überwiegend nicht über das hinausgehen, was nach § 39 Abs. 2 UrhG ohnehin an Werkänderungen zulässig ist.

Aus den Vorschriften über allgemeine Geschäftsbedingungen, §§ 305 ff. BGB, ergeben im Zusammenhang mit Vereinbarungen über das UPR keine Besonderheiten. Eine spezielle, grundsätzlich strengere Handhabung von Formularverträgen gegenüber Individualvereinbarungen bewirken sie nicht.

Entsprechendes gilt für die Bewertung eines Rechtsgeschäfts hinsichtlich des UPRs als sittenwidrig und damit nichtig nach § 138 BGB. Einschlägig kann hier allenfalls der Bereich der sog. Umstandssittenwidrigkeit sein, die sich aus einer gestörten bzw. fehlenden Vertragsparität zwischen den Parteien ergeben kann, soweit diese von Verwerterseite ausgenutzt wird, um zu einem sittlich missbilligten Vertragsergebnis zu gelangen.

II. Vergleichender Rückblick auf das US-amerikanische und das französische Recht

Das US-amerikanische Recht sieht unterschiedliche Regelungen hinsichtlich der Verzichtbarkeit von *moral rights* bzw. entsprechender Rechtspositionen nach dem Common Law vor. Die Unterschiede ergeben sich dabei - anders als nach deutschem Recht - jedoch nicht als Fortsetzung der Verschiedenartigkeit der persönlichkeitsrechtlichen Befugnisse, den sog. *moral rights*. Sie resultieren aus den unterschiedlichen Regelungen des VARA, der State Laws und den Common Law-Anspruchsgrundlagen und werden dabei insbesondere an den Status des Werks - einzel- oder miturheberschaftliche bzw. Arbeitnehmer- oder Freischaffendenschöpfung bzw. „Kunst am Bau“ - geknüpft.

Mit der Forderung des VARA und der Mehrheit der State Laws nach einem ausdrücklichen schriftlichen Verzicht (*waiver*) geht das US-amerikanische Recht über die Anforderungen an den Verzicht nach deutschem Recht hinaus. Wegen der in den USA bestehenden Üblichkeit mündlicher Verträge kann letztlich sogar von einem De-facto-Ausschluss des Verzichts auf *moral rights* gesprochen werden. Ähnlich strikt ist auch die Regelung für sog. „Kunst am Bau“, wo zwar kein schriftlicher Verzicht vorgesehen ist, jedoch aus der schriftlichen Zustimmung zum Einbau des Kunstwerks in ein Gebäude ein etwaiger Verzicht des Urhebers auf sein Werkintegritätsrecht abgeleitet wird. Im Hinblick auf das Schriftformerfordernis scheint das US-amerikanische Recht also strenger als das deutsche Recht zu sein, bei dem keine Schriftlichkeitsanforderung besteht, sondern die gerade auch in der Rechtspraxis besonders bedeutsamen konkludenten Vereinbarungen zulässig sind.

Anders als nach deutschem Recht ist der Verzicht im US-amerikanischen Recht nach den einschlägigen urheberrechtlichen Gesetzen nicht übertragbar; einzige Ausnahme ist insoweit der Werkbereich der sog. „Kunst am Bau“.

Eine Entsprechung zum deutschen Recht stellt wiederum das Verzichtserfordernis des VARA dar, die Werknutzung, auf die sich der Verzicht (*waiver*) beziehen soll, zu nennen. Denn der „Verzicht“ bzw. die „Übertragung“ nach deutschem Recht stehen insoweit vergleichbar ganz überwiegend im Zusammenhang mit einer bestimmten Nutzungsrechtseinräumung. Unklar ist jedoch, ob das US-amerikanische Recht mit dem Verbot eines *blanket waiver*, im Sinne eines vollumfänglichen, jede Nutzung des Werks umfassenden Verzichts, weniger weit geht als das deutsche Recht; danach erfolgt eine quantitative Nutzungsbeschränkung grundsätzlich „nur“ aus dem Gedanken des § 31 Abs. 4 UrhG - damit auf bereits bekannte Nutzungsarten - und mittelbar, rein faktisch im Hinblick auf das Konkretisierungs- und Vorhersehbarkeitserfordernis betreffend das Werkintegritätsrecht.

Soweit hinsichtlich der State Laws, die keine Verzichtsregelung vorsehen, angenommen wird, dass damit der Verzicht auf *moral rights* gänzlich ausgeschlossen ist, entsteht insgesamt der Eindruck einer größeren Strenge des US-amerikanischen Rechts gegenüber dem deutschen Urheberrecht.

Dieser Eindruck wird jedoch bei Berücksichtigung zweier wichtiger Gesichtspunkte und grundlegender Unterschiede zum deutschen Recht hinfällig.

So ist insbesondere zu bedenken, dass die Schutzbereiche des VARA und der State Laws, anders als nach deutschem Recht, sehr eng gezogen und damit praktisch sehr begrenzt sind. Zum einen umfassen sie nur einen kleinen, abschließend in den speziellen Gesetzen festgelegten Werkkatalog und zum anderen ist der wichtige Bereich der kommerziellen Werknutzung und insbesondere der Werkreproduktionen vom Anwendungsbereich des VARA und der Mehrzahl der State Laws ausgenommen.

Deshalb kann es hinsichtlich der nicht erfassten Werke bzw. Verwertungsformen zwar bei einem Schutz über Anspruchsgrundlagen aus dem Common Law verbleiben - soweit dessen Anwendbarkeit, insbesondere vor dem Hintergrund der „Preemption"-Vorschrift des VARA, noch gegeben ist. Dabei kann dann aber der Werknutzer selbst, durch einseitiges Handeln unabhängig vom Urheber, trotz Vorliegens einer Werkänderung oder einer Nichtnennung des Urhebers, eine Rechtsverletzung in den allermeisten Fällen verhindern. Zudem sind die im Übrigen als urheberschützend noch verbleibenden entsprechenden Rechtspositionen nach Common Law uneingeschränkt verzichtbar, ohne dass ein Schriftformerfordernis besteht.

Dies bedeutet, dass Werknutzerinteressen bereits auf der Ebene der Schutzbereichsgewährung bzw. -einschränkung sehr stark berücksichtigt sind. Die rechtsgeschäftliche Disponibilität tritt dann als gleichsam unbedeutende Ergänzung noch hinzu. Ihr kommt anders als nach deutschem Recht keine grundsätzliche Bedeutung mehr zu; sie hat keinen entsprechenden Stellenwert. Dies relativiert dann auch deutlich die vermeintliche Strenge des Verzichts durch das Schriftformerfordernis nach US-amerikanischem Recht - im VARA - gegenüber deutschem Recht.

Neben dieser generellen Schutzbereichsbegrenzung ist eine weitere deutliche Privilegierung des Schutzes wirtschaftlicher und damit überwiegender Verwerterinteressen gegenüber den ideellen Urheberinteressen festzustellen, die nicht erst im Bereich der rechtsgeschäftlichen Disponibilität seinen Niederschlag findet. So ist bei VARA und den State Laws eine besondere rechtliche Behandlung der sog. *works made for hire* vorgesehen. Anders als nach deutschem Recht, der Regelung des § 43 UrhG und der hierdurch bewirkten Lockerung der Zulässigkeitsanforderungen an rechtsgeschäftliche Vereinbarungen, werden nach US-amerikanischem Recht an diesen Werken keine *moral rights* gewährt. (Im Ergebnis ist dann die im 1. Teil unter II., 3. auch für das US-amerikanische Recht festgestellte Tendenz einer Entpersönlichung des Werkes bei Arbeitnehmerurhebern ohne urheberrechtliche Bedeutung.)

Damit trifft das US-amerikanische Recht insgesamt die gegenüber dem deutschen und französischen Recht am weitesten zu Lasten des Arbeitnehmerurhebers gehende Regelung. Bemerkenswert ist aber, dass diejenigen im US-amerikanischen Schrifttum, die den bestehenden Rechtszustand kritisieren, Änderungsvorschläge diskutieren, die sich der Rechtslage nach deutschem Recht annähern[1861]. Dabei darf allerdings nicht verkannt werden, dass nach deutschem Recht über die Wertung des § 43 UrhG auf rechtsgeschäftlichem Weg der US-amerikanischen Rechtslage vergleichbare Ergebnisse erzielt werden. Der Unterschied und damit zugleich die beschriebene Annäherung seitens des US-amerikanischen Schrifttums sind insoweit ihrerseits wieder zu relativieren.

Bei Miturhebern werden *moral rights* zwar ebenfalls gewährt, dabei ist im VARA jedoch eine Verzichtsregelung vorgesehen, die bemerkenswert weit geht: Der Verzicht eines Miturhebers wirkt gegenüber allen anderen Miturhebern. Unter dem Gesichtspunkt einer Entpersönlichungstendenz kann also eine darauf rückführbare, gleichsam erhöhte Disponibilität der *moral rights* festgestellt werden. Dieser Entpersönlichungsgedanke steht indes wohl nicht hinter der Art und Weise der Gewährung von *moral rights* nach US-amerikanischem Recht. Denn insoweit müsste es verwundern, dass die im Werkkatalog des VARA aufgeführten

[1861] Siehe oben im 5. Teil, unter II., 2., a), cc).

schutzfähigen Werke gerade solche sind, bei denen am ehesten bzw. gerade von einer Umsetzung der Persönlichkeit des Künstlers im Werk gesprochen und damit die engste ideelle Verbindung des Urhebers zu seinem Werk angenommen werden kann.

Soweit die US-amerikanische Rechtslage mit dem Gesichtspunkt der Entpersönlichungstendenz des Werkes und dem Dogma der Unveräußerbarkeit von Persönlichkeitsrechten konfrontiert werden soll, ist als Ergebnis der Untersuchungen Folgendes festzuhalten: Eine Entpersönlichungstendenz kann im US-amerikanischen Recht durchaus Berücksichtigung finden; dies aber eher durch eine Schutzbereichsbegrenzung (wie im Fall des VARA) als durch eine erhöhte Disponibilität der urheberpersönlichkeitsrechtlichen Befugnisse - wie im deutschen Recht diskutiert -, da die *moral rights* bereits gesetzlich als verzichtbare Rechte ausgestaltet sind. Die persönlichkeitsrechtliche Natur steht einer Verzichtbarkeit im Sinne von grundsätzlich relativ wirkenden rechtsgeschäftlichen Beschränkungen nach US-amerikanischer Rechtsauffassung nicht entgegen - im Grundsatz stimmt diese dogmatische Bewertung mit dem Ergebnis der hier diskutierten Analyse zum deutschen Recht überein.

Aus der Sicht eines urheberschutzorientierten kontinental-europäischen Rechtssystems ist das US-amerikanische Recht jedoch wenig stringent und konsequent. Denn die Betonung der höchstpersönlichen Natur der *moral rights* gerät, vor dem Hintergrund des gegenwärtig weiterhin behaupteten Grundsatzes der Unübertragbarkeit von Persönlichkeitsrechten, aus kontinental-europäischer Sicht zu einem reinen Lippenbekenntnis. Nach US-amerikanischem Rechtsverständnis hingegen setzt sich die grundsätzliche Behandlung von Persönlichkeitsrechten als zumindest verzichtbare, insoweit disponible Rechte für die *moral rights* stringent fort; bleibt dabei allerdings hinter einem, mit Blick auf das auch frei übertragbare *right of publicity*, Verständnis weitreichender Disponibilität zurück[1862]. Letztlich macht dies insgesamt deutlich, dass die europäische Sichtweise eines personalisierten Urheberrechts nicht als Grundlage einer Analyse des US-amerikanischen Rechtssystems taugt. Das US-amerikanische Urheberrecht folgt dem Postulat einer umfassenden, absoluten Verwertbarkeit der Werkschöpfung. Die Verzichtbarkeit der *moral rights* und entsprechender Rechtspositionen nach Common Law ist dann insoweit die folgerichtige Konsequenz.

Einen deutlichen Gegensatz zum US-amerikanischen Recht bildet die Behandlung rechtsgeschäftlicher Dispositionen über das *droit moral* nach französischem Recht. Dieses hat den Grundsatz der Unveräußerbarkeit, wie das deutsche Recht für das Urheberrecht insgesamt, explizit im Gesetz für das *droit moral* verankert.

Deutlich strenger als nach deutschem und US-amerikanischem Recht wird damit eine Disponibilität des *droit moral* auch im Sinne eines nur relativ wirkenden, vorherigen Verzichts grundsätzlich ausgeschlossen. Denn soweit terminologisch an den Verzicht, *renonciation*, angeknüpft wird, betrifft dies streng genommen Konstellationen, in denen wohl zutreffender von einer positiven bzw. negativen Rechtsausübung zu sprechen ist, denn insoweit wird die jederzeitige Widerrufbarkeit der *renonciation* betont.

Etwas anderes ist im Bereich des Werkintegritätsschutzes feststellbar, wo ein vorheriger Verzicht (im Sinne einer *renonciation en avance* bzw. *autorisation préalable*) bei genau spezifizierter Bestimmung der Änderung und einer Beschränkung des Umfangs von der Rechtsprechung und einem Teil der Lehre zugelassen wird; dieser ist dann nicht einseitig und jederzeit durch den Urheber widerrufbar. Dies erinnert an die Beschränkung des zulässigen Änderungsumfangs nach US-amerikanischem Recht, insbesondere nach VARA, wo der gesetzlichen Formulierung nach zwar lediglich eine ausdrückliche Benennung der jeweiligen Werk-

---

1862 Vergl. hierzu, oben im 1. Teil, unter II., 3.

nutzung gefordert wird, dies dabei aber so ausgelegt wird, dass damit kein *blanket waiver* zugelassen wird.

Letztlich ist die französische Rechtsprechung mit der Forderung nach einer exakten Bestimmtheit der Änderung und einer Beschränkung des Änderungsumfangs aber strenger als das US-amerikanische Recht und scheint dem Grundsatz nach der oben im 6. Teil, unter IV., 2., c) beschriebenen deutschen Rechtslage zum Werkintegritätsrecht zu ähneln. Es ist jedoch nicht geklärt, wie weit bzw. eng der Kreis der hinreichenden Bestimmtheit des Verzichts im Bereich des Werkintegritätsrechts nach französischem Recht gezogen ist. Bei der Untersuchung der einschlägigen Rechtsprechung ist insoweit der Eindruck entstanden, dass ein Rechtsverzicht nur dann zugelassen wird, wenn dieser derart konkretisiert ist, dass er einer Selbstvornahme der Werkveränderung durch den Urheber entspricht. Der größte Teil des französischen Schrifttums scheint dies dann dogmatisch sogar als nachträglichen Verzicht zu verstehen; das Maß einer hinreichenden Konkretisierung wird jedenfalls so bestimmt, dass es letztlich auf einen solchen hinausläuft.

Damit liegt es nahe, nach französischem Recht - auch beim Werkintegritätsrecht - einen grundsätzlich engeren Bereich zulässiger Verzichtsvereinbarungen als nach deutschem Recht anzunehmen.

Soweit innerhalb der französischen Rechtslehre demgegenüber Tendenzen bestehen, einen unwiderruflichen Verzicht auf urheberpersönlichkeitsrechtliche Befugnisse in grundsätzlicher Form anzuerkennen, ist eine bemerkenswerte Parallele zum deutschen Recht feststellbar, die auf eine vergleichbare Bedeutung der Rückrufsrechte im Zusammenhang mit rechtsgeschäftlichen Dispositionen über das *droit moral* bzw. UPR schließen lässt. Denn insoweit wird im französischen Schrifttum vertreten, dass die Rückrufsrechte beim Urheber verbleiben und nur auf diesem Weg die Bindungswirkung der Verzichtsvereinbarung durchbrochen werden kann. Soweit eine Unverzichtbarkeit der Rückrufsrechte selbst angenommen wird, entspricht dies einer Teilbeschreibung eines unübertragbaren und unverzichtbaren Kernbereichs des *droit moral*.

Nur ganz im Ansatz angedeutet sind derartige Überlegungen im US-amerikanischen Schrifttum, soweit die Verzichtsregelung des VARA kritisiert wird[1863].

Bemerkenswert ist auch, dass nach französischem Rechtsverständnis, im Unterschied zur deutschen Rechtslage, nicht zwischen Ghostwritervereinbarungen und „einfachen" Namensabreden unterschieden wird.

In jedem Fall wird nach französischem Rechtsverständnis mit der insoweit zulässigen *renonciation*, wie nach deutschem und US-amerikanischem Recht, nur eine relative Wirkung verbunden; Drittkonstellationen und damit die Frage einer Weiterübertragung der entsprechenden Rechtsposition bleiben in der französischen Rechtsdiskussion unberücksichtigt. Vereinzelt scheint diese jedoch von der Rechtsprechung als gleichsam selbstverständlich zugrunde gelegt worden zu sein[1864].

Daneben wird, wie im deutschen Recht, ein nachträglicher Verzicht unproblematisch anerkannt und - insoweit anders als das US-amerikanische Recht - eine Fremdwahrnehmung des *droit moral* im Wege der Erteilung eines *mandat* zugelassen; dies wird nicht als unzulässige „Übertragung" (*aliénation* bzw. *cession*) angesehen.

Abweichungen und Besonderheiten betreffend die rechtsgeschäftliche Disponibilität bei bestimmten Werkarten und Konstellationen, wie nach US-amerikanischem Recht bei Mitur-

---

1863 Vergl. hierzu, oben im 5. Teil, unter II., 3., b), bb).

1864 Siehe die Entscheidung des Cour d'Appel de Paris „Barbelivien Montagné/Agapes" oben im 5. Teil, unter I., 3., c), bb).

hebern und sog. „Kunst am Bau" sowie im Hinblick auf § 43 UrhG bei Arbeitnehmerurhebern nach deutschem Recht, ergeben sich im französischen Recht nicht. Eine weitergehende Berücksichtigung von Verwerterinteressen erfolgt hier vielmehr bereits auf der Ebene der Schutzbereichsbestimmung. Zwar wird nicht vergleichbar weitgehend, wie nach US-amerikanischem Recht, bei Arbeitnehmerurhebern der Schutz von urheberpersönlichkeitsrechtlichen Interessen und Befugnissen immer gänzlich versagt, es kann jedoch zu einer Einschränkung im konkreten Einzelfall infolge einer Interessenabwägung kommen. Insoweit wird der Grundsatz der Unveräußerbarkeit des *droit moral* im französischen Recht auf der Ebene der Schutzbereichszuweisung ausgeglichen und gleichsam durchbrochen. So kann auch dem Aspekt einer Entpersönlichung des Werks letztlich Rechnung getragen werden.

Dies entspricht auch insgesamt einer grundsätzlichen Richtung des französischen Rechts, Konflikte zwischen Urheber- und Verwerterinteressen auf der Schutzbereichsebene über eine Interessenabwägung zu lösen. Besonders bedeutsam ist dies trotz uneingeschränkter gesetzlicher Gewährleistung im Bereich des Werkintegritätsrechts; mit Blick auf § 39 Abs. 2 UrhG ist bei Änderungen, die im Rahmen der hierdurch bestimmten Qualität verbleiben, eine Entsprechung zum deutschen Recht feststellbar. Diese Zurückweisung bzw. Reduzierung urheberpersönlichrechtlichen Schutzes wird im französischen Recht über die Anwendung der Lehre vom abus de droit verstärkt und ist insgesamt von solcher Qualität, dass die grundsätzliche, gesetzlich statuierte Unveräußerbarkeit des *droit moral* in der Praxis abgemildert werden kann. Dies kann als Rechtfertigung der im französischen Schrifttum oft erfolgte Betonung, dass der Grundsatz der Unveräußerbarkeit des *droit moral* nicht absolut gelte, gesehen werden - mit der grundsätzlichen Zuweisung einer rechtsgeschäftlichen Disponibilität hat dies letztlich jedoch nichts zu tun.

Die auch im Vergleich zum deutschen Recht deutlichere Zurückweisung rechtsgeschäftlicher Disponibilität des *droit moral* kann als unmittelbare Folge des im französischen Recht geltenden Dualismus gesehen werden. Die unterschiedliche Behandlung verwertungsrechtlicher und ideeller Aspekte hat hier ihren Ursprung und wird auch gegenwärtig ganz überwiegend im französischen Schrifttum und in der Rechtsprechung aufrechterhalten. Nicht zuletzt auch wegen der weiterhin nahezu uneingeschränkten Anerkennung des Unveräußerbarkeitsdogmas von Persönlichkeitsrechten ist die grundsätzliche Indisponibilität auch des *droit moral* die logische Konsequenz - was dann zugleich eine weitere Bestätigung des Unveräußerbarkeitsgrundsatzes nach französischem Rechtsverständnis bedeutet.

Das deutsche Recht bietet im Vergleich zum US-amerikanischen und französischen Recht aus ganzheitlicher Sicht, d. h. das gesamte Urheberrechtssystem betreffend, den wohl ausgewogensten, dabei in sich dogmatisch geschlossenen Mittelweg zwischen der Zulassung rechtsgeschäftlicher Disponibilität des UPR und dem zugleich bezweckten Urheberschutz. Gerade durch die - im Unterschied zum US-amerikanischen und französischen Recht - grundsätzlich uneingeschränkte Zuweisung des urheberpersönlichkeitsrechtlichen Schutzes für alle urheberrechtlich schutzfähigen Werke und Nutzungssituationen, kombiniert mit der grundsätzlichen Lösung von Konfliktfällen zwischen Urheber- und Verwerterinteressen auf rechtsgeschäftlicher Ebene wird den Urheberinteressen besser entsprochen. Hierdurch ist das in dieser Untersuchung für verschiedene praktische Konstellationen herausgearbeitete und beschriebene notwendige Maß an rechtsgeschäftlicher Disponibilität des UPR bedingt.

III. Schlussbetrachtung/ Einzug einer Kommerzialisierung des Urheberpersönlichkeitsrechts?

Abschließend kann festgehalten werden: Als Folge des geltenden Monismus im deutschen Urheberrecht nimmt das UPR an der rechtsgeschäftlichen Disponibilität der Verwertungsrechte notwendig teil; denn beide Aspekte bilden eine untrennbare Einheit, das einheitliche Urheberrecht. Besonders deutlich wird dies im Bereich des Veröffentlichungsrechts gem. § 12 UrhG.

Die zunehmende Aufweichung des Dogmas der Unübertragbarkeit von Persönlichkeitsrechten im deutschen Recht fördert zwar den Gedanken der Zuweisung rechtsgeschäftlicher Disponibilität an das UPR. Ein derart pauschaler Rückschluss wird indes der Eigenständigkeit des UPR gegenüber anderen bürgerlich-rechtlichen Persönlichkeitsrechten, mithin der Zurückweisung des Gedankens, dass das UPR nur ein Teil des aPR ist, nicht gerecht. Es muss auch insoweit die Eigenart des UPR als Schutz des ideellen Verhältnisses Urheber-Werk berücksichtigt werden. Insofern ist die rechtsgeschäftliche Disponibilität bereits im Werkbezug und dem geltenden Monismus angelegt und insbesondere mit Blick auf die gesetzliche Ausgestaltung des UPR zu beurteilen. Umso größerer Bedeutung kommt deshalb dem Grundsatz der Unübertragbarkeit des Urheberrechts nach § 29 UrhG und dessen Reichweite zu. § 29 UrhG ist dabei keine schlicht deklaratorische Wiederholung eines Dogmas, vielmehr hat der Gesetzgeber hier eine konstitutive Regelung getroffen, die das rechtspolitische Anliegen des Urheberschutzes umsetzt.

Dies bedeutet nun aber nicht, dass einer Kommerzialisierung von Persönlichkeitsrechten im urheberrechtlichen Bereich Tor und Tür geöffnet ist[1865]. Im Bereich der bürgerlich-rechtlichen Persönlichkeitsrechte ist es mittlerweile zwar gängige Praxis, dass Personen von öffentlichem Interesse „ihre Haut zu Markte tragen“, indem sie eine weitreichende Vermarktung ihrer Persönlichkeitsmerkmale nicht nur dulden, sondern bezwecken. Dabei kann sich der einzelne - finanzielle - Unabhängigkeit und im Rückschluss gerade hierdurch persönliche Freiheit erst ermöglichen.

Beim UPR hingegen geht es nicht um eine Kommerzialisierung in diesem Sinne. Denn die Rechte aus §§ 12 ff., 25, 41 f. UrhG wandeln sich trotz rechtsgeschäftlicher Disponibilität nicht zu einem selbständigen Wirtschaftsgut. Sie sind nicht vom Werk isoliert, selbständig umlauffähig und nehmen als solche auch nicht an einem Warenaustauschprozess teil. Es handelt sich nicht um vermarktbare Rechte, die neben die Vermarktung von Ware treten könne[1866]. Deshalb geht es bei der Zuweisung einer rechtsgeschäftlichen Disponibilität auch nicht darum, das grundsätzliche Konzept des UPR, als Abwehr- und Schutzrecht, zu verlassen und zu positiven, ihrerseits wehrhaften Verwertungsrechten zu gelangen, wie dies gegenwärtig als Tendenz bei den bürgerlich-rechtlichen Persönlichkeitsrechten feststellbar ist.

Das UPR soll jedoch kein Hemmschuh für eine auch im Interesse des Urhebers liegende Nutzung des Werkes sein und muss deshalb - unter Berücksichtigung des Schutzgedankens

---

[1865] Vergl. insoweit aber einerseits Baum GRUR Int. 1965, 418, 420 und Doutrelepont GRUR Int. 1997, 293, 304 mit ablehnender Haltung und andererseits die gemeinsame Stellungnahme von ARD und ZDF zum Entwurf des „Gesetze(s) zur Stärkung der vertraglichen Stellung von Urhebern und ausübenden Künstlern“, S. 14 f. als S. 214 des Anhangs „Zusammenstellung der Stellungnahmen“ des Protokolls der 99. Sitzung des Rechtsausschusses und der 61. Sitzung des Ausschusses für Kultur und Medien am 15.10.2001 sowie Riekert, in: Götting, S. 123, 148 f. und Wandtke GRUR 1995, 385, 387 mit befürwortender Stellungnahme.

[1866] So aber wohl Wandtke GRUR 1995, 385, 387.

aus § 29 UrhG - an der Kommerzialisierung des Werkes teilnehmen[1867]; in diesem Sinne liegt eine abgeleitete Kommerzialisierung vor.

Von einer verselbständigten Kommerzialisierung kann deshalb höchstens mit Blick auf die gesetzlich ausdrücklich gewährte Möglichkeit der Geltendmachung auch des ideellen Schadens mit der Folge einer Entschädigung in Geld, § 97 Abs. 2 UrhG, gesprochen werden. Unter diesem Gesichtspunkt kann der rechtsgeschäftlichen Disponibilität selbst ein Kommerzialisierungsaspekt zukommen. Denn gerade der „Verzicht" auf urheberpersönlichkeitsrechtliche Befugnisse ist, wie insbesondere auch im US-amerikanischen Schrifttum betont wird, ein tatsächlich bestehender, wirtschaftlicher Wert; um einen „Verzicht" zu erwirken, muss der Verwerter einen finanziellen Anreiz, einen Ausgleich bieten. Insofern kommt einem System mit rechtsgeschäftlicher Disponibilität ein positiver Effekt für das Einkommen von Urhebern zu[1868].

Dass eine Kommerzialisierung des UPR in diesem Sinne von umso größerer Bedeutung ist, ergibt sich daraus, dass sie in einem äußerst dynamischen, expandierenden Wirtschaftszweig, wie der Urheberrechtsindustrie stattfindet[1869].

[1867] Auch Lucas/Lucas, n. 32, S. 43, weisen auf die zunehmende „integration de l'oeuvre dans le circuit marchand", hin.

[1868] Vergl. Cotter, 76 North Carolina L. Rev. 1, 45 ff., insbes. 58 (1997) und Bensen, 24 Hofstra L. Rev. 1127, 1146 (1996).

[1869] Vergl. zur Situation in der Bundesrepublik Deutschland bereits das Gutachten des IFO-Instituts für Wirtschaftsforschung von 1989; hierzu Röttinger ZUM 1990, 510. Zur US-amerikanischen Lage siehe den Bericht des *US Copyright Office* von 1984, kommentiert in: GRUR Int. 1985, 393 und „The 2000 Report", von Siwek, der von der „International Intellectual Property Alliance" in Auftrag gegeben wurde.

Literaturverzeichnis

Ahrens, Claus: Die Verwertung persönlichkeitsrechtlicher Positionen: Ansatz einer Systembildung, Würzburg 2002

Allfeld, Philipp: Kommentar zu dem Gesetze, betreffend das Urheberrecht an Werken der bildenden Künste und der Photographie, 2. Auflage, München 1928

Altenburg, Dorothee: Die neuere Entwicklung des Urheberpersönlichkeitsrechts in Deutschland und Frankreich, München 1993

Bamberger, Heinz Georg/Roth, Herbert: Kommentar zum Bürgerlichen Gesetzbuch, Band 2 (§§ 611-1296), München 2003, zit.: Bamberger/Roth-Bearb.

Baucks, Eckhard: Der U.S. Visual Artists Rights Act of 1990 - Durchbruch zum droit moral?, ZUM 1992, 72

Baum, Alfred: Über das Droit moral, seine Ausübung und seine Dauer, GRUR Int. 1965, 418

Becker, Jürgen: Neue Übertragungstechniken und Urheberschutz, ZUM 1995, 231

ders./Dreier, Thomas: Urheberrecht und digitale Technologie, Baden-Baden 1994

Bensen, Eric E.: The Visual Artists' Rights Act of 1990: Why Moral Rights Cannot Be Protected Under the United States Constitution, 24 Hofstra L. Rev. 1127 (1996)

Bertand, André R. : Le droit d'auteur et les droits voisins, 2. Auflage, Paris 1999

Beuthien, Volker/Schmölz, Anton S.: Persönlichkeitsschutz durch Persönlichkeitsgüterrechte: Erlösherausgabe statt nur billige Entschädigung in Geld, München 1999

Black's Law Dictionary: Bryan A. Garner (Hrsg.), 7. Auflage, St. Paul/Minn. 1999, USA

Boytha, György: Fragen der Unveräußerlichkeit des Urheberrechts, FS Kreile, S. 109

Brown, Ralph S./Denicola, Robert C.: Copyright, Unfair Competition, and related Topics bearing on the Protection of Works of Authorship, 8. Auflage, New York 2002

Brox, Hans: Allgemeiner Teil des Bürgerlichen Gesetzbuchs, 26. Auflage, Köln/Berlin/Bonn/München 2002

Bruwelheide, Janis H.: The Copyright Primer for Librarian and Educators, 2. Auflage, Chicago 1995

Bullinger, Winfried: Kunstwerkfälschung und Urheberpersönlichkeitsrecht, Berlin 1997

Bussmann, Kurt: Im Arbeits- und Dienstverhältnis geschaffene urheberrechtliche Werke, FS Bappert, S. 13

Caron, Christophe: Abus de droit et droit d´auteur (1), Une illustration de la confrontation du droit special et du droit commun en droit civil français, RIDA 176 (1998), 3

Colombet, Claude : Propriété littéraire et artistique et droits voisins, 9. Auflage, Paris 1999

Cooper Dreyfuss, Rochelle/Rosenthal Kwall, Roberta: „Intellectual Property", Cases and Materials on Trademark, Copyright and Patent Law, New York 1996, zit.: Cooper Dreyfuss/Rosenthal Kwall

Cotter, Thomas F.: Pragmatism, Economics, and the Droit Moral, 76 North Carolina L. Rev. 1 (1997)

Damich, Edward J.: The Visual Artists Rights Act of 1990: Toward a Federal System of Moral Rights Protection for Visual Art, 39 Catholic University L. Rev. 945 (1990)

ders.: State „Moral Rights" Statutes: An Analysis and Critique, 13 Columbia-VLA J. of L. & the Arts 291 (1989)

ders.: The New York Authorship Rights Act: A comparative Critique, 84 Columbia L. Rev. 1733 (1984)

Dasch, Norbert: Die Einwilligung zum Eingriff in das Recht am eigenen Bild, München 1990

Debbasch, Charles : Droit de l´audiovisuel, 2. Auflage, Paris 1991

de Boor, Hans Otto: Konstruktionsfragen im Urheberrecht, UFITA 16 (1944), 345

ders.: Grundprobleme der Urheberrechtsreform, UFITA 18 (1954), 260

ders.: Vom Wesen des Urheberrechts, Marburg 1933

Delp, Ludwig: Der Verlagsvertrag, Handbuch für die Praxis des Urheberrechts, 7. Auflage, München 2001

Denoix de Saint Marc, Stéphanie: Le contrat de commande en droit d´auteur français, Paris 1999

Desbois, Henri : Le droit d´auteur en France, 3. Auflage, Paris 1978

Desjonqueres, Pascale: Les droits d´auteur, 3. Auflage, Paris 1997

Dieselhorst, Jochen: Was bringt das Urheberpersönlichkeitsrecht?, Frankfurt am Main 1995

ders.: Das Ende des „amoralen" Copyrights?, Der Visual Artists Rights Act der USA von 1990, GRUR Int. 1992, 902

Dietz, Adolf: Die USA und das „droit moral": Idiosynkrasie oder Annäherung?, GRUR Int. 1989, 627

ders.: Das Droit Moral des Urhebers im neuen französischen und deutschen Urheberrecht, München 1968

Donle, Christian: Die Bedeutung des § 31 Abs. 5 UrhG für das Urhebervertragsrecht, München 1993

Doris, Philippos: Die rechtsgeschäftliche Ermächtigung bei Vornahme von Verfügungs-, Verpflichtungs- und Erwerbsgeschäften, München 1974

Dorp, Eberhard vom: Die Zustimmung des Urhebers im Sinn des § 6 UrhG unter besonderer Berücksichtigung ihrer Rechtsnatur, Erlangen-Nürnberg 1983

Doutrelepont, Carine: Das droit moral in der Europäischen Union, GRUR Int. 1997, 293

dies. : Le droit moral de l´auteur et le droit communautaire, Bruxelles 1997

Dreier, Thomas: Perspektiven einer Entwicklung des Urheberrechts, in: Becker/Dreier, Urheberrecht und digitale Technologien, S. 123

ders.: Das Urheberpersönlichkeitsrecht in den U.S.A.: Erste gesetzliche Ansätze im Bereich der bildenden Kunst, GRUR Int. 1985, 525

ders.: Urheberrecht und digitale Werkverwertung, Gutachten für die Friedrich Ebert Stiftung, Bonn 1997

ders.: Urheberrecht im Zeitalter digitaler Technologie, Bericht über ein WIPO-Symposium an der Harvard University, GRUR Int. 1993, 742

ders./Schulze, Gernot: Urheberrechtsgesetz, Kommentar, München 2004, zit.: Dreier-Bearb.

DuBoff, Leonard D./Holt Caplan, Sally: The Deskbook of Art Law, Binder 2, 2. Auflage, New York 1993

Dumas, Roland : La propriété littéraire et artistique, Paris 1987

Dworkin, Gerald: The Moral Right of the Author: Moral Rights and the Common Law Countries, 19 Columbia-VLA J. of L. & the Arts 229 (1995)

Edelman, Bernard: La propriété littéraire et artistique, 2. Auflage, Paris 1993

ders.: Anmerkung zu Cour de Cass., D. 1993, jur., 522, in D. 1993, jur., 523

ders.: Anmerkung zu Cour de Cass., D. 1993, jur., 442, in D. 1993, jur., 443

Eggersberger, Michael: Die Übertragbarkeit des Urheberrechts in historischer und rechtsvergleichender Sicht, München 1991

Fabiani, Mario: Der Schutz der Persönlichkeit im Urheberrecht, FS Hubmann, S. 87

Federle, Markus Alexander: Der Schutz der Werkintegrität gegenüber dem vertraglich Nutzungsberechtigten im deutschen und US-amerikanischen Recht, Baden-Baden 1998

Ferid, Murad/Sonnenberger, Hans Jürgen: Das französische Zivilrecht: Band 1/1, Erster Teil: Allgemeine Lehren des französischen Zivilrechts, 2. Auflage, Heidelberg 1994, Band 2, Schuldrecht: Die einzelnen Schuldverhältnisse, Sachenrecht, 2. Auflage, Heidelberg 1986

Fischer, Hermann Josef/Reich, Steven A.: Urhebervertragsrecht, München 1993

Flume, Werner: Allgemeiner Teil des Bürgerlichen Rechts, Bd. 2, Das Rechtsgeschäft, 3. Auflage, Berlin/Heidelberg/New York 1979

Forkel, Hans: Lizenzen an Persönlichkeitsrechten durch gebundene Rechtsübertragung, GRUR 1988, 491

ders.: Gebundene Rechtsübertragung, Köln/Berlin/Bonn/München 1977, zit.: Forkel

Françon, André: Cours de propriété littéraire, artistique et industrielle, Paris 1993

ders.: La liberté contractuelle dans le domaine du droit d´auteur, D. 1976, chron., 55

Freitag, Andreas: Die Kommerzialisierung von Darbietung und Persönlichkeit des ausübenden Künstlers, Baden-Baden 1993

Fromm, Friedrich Karl/Nordemann, Wilhelm: Urheberrecht, Kommentar zum Urheberrechtsgesetz und zum Urheberrechtswahrnehmungsgesetz, 9. Auflage, Stuttgart/Berlin/Köln 1998, zit.: Fromm/Nordemann-Bearb.

Gamm, Otto-Friedrich Frhr. von: Urheberrechtsgesetz: Kommentar, München 1968

ders.: Urheberschutz für allgemeine Geschäftsbedingungen und Vertragsbedingungen, Formularverträgen, Tarifverträgen und Wettbewerbsregeln, GRUR 1969, 594

Gareis, Carl: Das juristische Wesen der Autorrechte, sowie des Firmen- und Markenschutzes, Busch´s Archiv 35 (1877), S. 185

Gaster, Jens: Urheberrecht und verwandte Schutzrechte in der Informationsgesellschaft, ZUM 1995, 740

Gautier, Pierre-Yves: Propriété littéraire et artistique, 4. Auflage, Paris 2001 und 5. Auflage, Paris 2004 *ders.*: L'oeuvre écrit par autrui, RIDA 139 (1989), 63

Gavin, Gérard: Le droit moral de l'auteur dans la jurisprudence et la législation françaises, Paris 1960

Gernhuber, Joachim: Handbuch des Schuldrechts, Band 8, Das Schuldverhältnis, Tübingen 1989

Geulen, Reiner/Klinger, Remo: Verfassungsrechtliche Aspekte des Filmurheberrechts, ZUM 2000, 891

Gierke, Otto von: Deutsches Privatrecht, Band I, Allgemeiner Teil und Personenrecht, Leipzig 1895

ders.: Urheberrechte, UFITA 125 (1994), 103

Ginsburg, Jane C.: Copyright in the 101st Congress: Commentary on the Visual Artists Rights Act and the Architectural Works Copyright Protection Act of 1990, 14 Columbia-VLA J. of L. & the Arts 477 (1990)

dies.: Creation and Commercial Value: Copyright Protection of Works of Information, 90 Columbia L. Rev. 1895 (1990)

dies.: Urheberpersönlichkeitsrechte im Rechtssystem des Common Law, GRUR Int. 1991, 593

Girth, Peter: Individualität und Zufall im Urheberrecht, Bern 1974

Götting, Horst-Peter: Persönlichkeitsrechte als Vermögensrechte, Tübingen 1995

ders.: Urheberrechtliche und vertragsrechtliche Grundlagen, FS Schricker, S. 53

ders.: (Hrsg.), Multimedia, Internet und Urheberrecht, Dresden 1998, zit: Götting, Multimedia

ders.: Vom Right of Privacy zum Right of Publicity, GRUR Int. 1995, 656

Goldstein, Paul: Copyright, Patent, Trademark and Related State Doctrines, 4. Auflage, New York 1997

Greffe, Pierre/Greffe, François: Traité des dessins et des modèles, 7. Auflage, Paris 2003

Groppler, Burkart: Wider den Urheberrechtsmonismus, UFITA 25 (1958), 385

Guimezanes, Nicole: Introduction au droit français, 2. Auflage, Baden-Baden 1999

Haas, Lothar: Das neue Urhebervertragsrecht, München 2002

Haberstumpf, Helmut: Handbuch des Urheberrechts, 2. Auflage, Neuwied/Kriftel/Berlin 2000

Halpern, Sheldon W.: Copyright Law, Protection of Original Expression, Durham 2002

Handbuch des Urheberrechts: Loewenheim, Ulrich (Hrsg.), München 2003, zit.: Handbuch-Bearb.

Hauptmann, Christian: Die Vergesellschaftung des Urheberrechts, Baden-Baden 1994

Heidelberger Kommentar: Kommentar zum Urheberrecht, Heidelberg 2004, zit.: Heidelberger-Bearb.

Helle, Jürgen: Besondere Persönlichkeitsrechte im Privatrecht, Tübingen 1991

ders.: Wirtschaftliche Aspekte zivilrechtlichen Persönlichkeitsschutzes, RabelsZ 60 (1996), 448

ders.: Die Einwilligung beim Recht am eigenen Bild, AfP 1985, S. 93

Heidmeier, Sandra: Das Urheberpersönlichkeitsrecht und der Film, Frankfurt am Main 1996

Heitland, Horst: Der Schutz der Fotografie im Urheberrecht Deutschlands, Frankreichs und der Vereinigten Staaten von Amerika, München 1995

Hilty, Reto M.: Unübertragbarkeit urheberrechtlicher Befugnisse: Schutz des Urhebers oder dogmatisches Ammenmärchen?, FS Rehbinder, S. 259

Hirsch, Ernst E.: Urheberrecht und verwandte Rechte, UFITA 26 (1958), 1

Hock, Martin: Das Namensnennungsrecht des Urhebers, Baden-Baden 1995

Hoeren, Thomas: Rechtsfragen des Internet, Köln 1998

ders.: Das Problem des Multimediaentwicklers: der Schutz vorbestehender Werke, S. 79, in: Lehmann, Michael: Internet- und Multimediarecht (Cyberlaw), Stuttgart 1997

ders.: Urheberrecht in der Informationsgesellschaft, GRUR 1997, 866

Horowitz, Michael: „Artists' Rights in the United States: Toward Federal Legislation", 25 Harvard J. on Legis. 153 (1988)

Huber, Heidrun: Zulässigkeit von Veränderungen am fertiggestellten Filmwerk im Hinblick auf das Urheberpersönlichkeitsrecht des Filmregisseurs, Frankfurt am Main 1993

Hubmann, Heinrich: Das Persönlichkeitsrecht, 2. Auflage, Köln/Graz 1967

ders./Götting, Horst-Peter: Gewerblicher Rechtsschutz, 7. Auflage, München 2002

Hübner, Ulrich/Constantinesco, Vlad: Einführung in das französische Recht, 4. Auflage, München 2001

Huet, Jérôme: Les logiciels sont protégés par le droit d'auteur, D. 1985, chron., 261

Huguet, André: L'Ordre public et les contrats d'exploitation du droit d'auteur, Paris 1962

Husband, Warren H.: Resurrecting Hollywood's Golden Age: Balancing the Rights of Film Owners, Artistic Authors and Consumers, 17 Columbia-VLA J. of L. & the Arts 327 (1993)

Jahn, Beatrix: Urheberpersönlichkeitsrecht im deutschen und britischen Recht, Münster/Hamburg 1994

Jestaedt, Matthias B.: Die Zulässigkeit der Änderung von Werken der Baukunst durch den Inhaber des Nutzungsrechts nach § 39 UrhG, Gießen 1997

Kaplan, Benjamin: Visual Artists' Rights in a Digital Age, 107 Harvard L. Rev. 1977 (1994)

Karlen, Peter H.: What's Wrong With Vara: A Critique of Federal Moral Rights, 15 Hastings Comm. and Ent. L. J. 905 (1993)

Kellerhals, Miriam: Urheberpersönlichkeitsrechte im Arbeitsverhältnis, Untersuchung unter rechtshistorischem und rechtsvergleichendem Blickwinkel, Konstanz 2000

Kläver, Magdalene: Vermögensrechtliche Aspekte des zivilrechtlichen allgemeinen Persönlichkeitsrechts, ZUM 2002, 205

Koch, Harald: Über die Entbehrlichkeit der „gewillkürten Prozeßstandschaft", JZ 1984, 809

Kohler, Josef: Das Urheberrecht an Schriftwerken und Verlagsrecht, Stuttgart 1907

ders.: Das Immaterialgüterrecht und seine Gegner, UFITA 123 (1993), 81

Kolle, Gert: Der angestellte Programmierer, GRUR 1985, 1016

Kotsiris, Lambros E.: Die Entpersönlichung des Werkes, UFITA 119 (1992), 5

Koumantos, Georges: Faut-il avoir peur du droit moral?, RIDA (1999), 87

Kraßer, Rudolf: Urheberrecht in Arbeits-, Dienst- und Auftragsverhältnissen, FS Schricker, S. 77

Kreile, Johannes/Wallner, Christoph: Schutz der Urheberpersönlichkeitsrechte im Multimediazeitalter, ZUM 1997, 626

Krüger-Nieland, Gerda: Das Urheberpersönlichkeitsrecht, eine besondere Erscheinungsform des allgemeinen Persönlichkeitsrechts?, FS Hauß, S. 215

Kuck, Katja: Kontrolle von Musterverträgen im Urheberrecht, GRUR 2000, 285

Kummer, Max: Das urheberrechtlich schützbare Werk, Bern 1968

Larenz, Karl: Lehrbuch des Schuldrechts, 1. Band, Allgemeiner Teil, 14. Auflage, München 1987, zit: Larenz, SR AT

ders.: Methodenlehre, 6. Auflage, Berlin/Heidelberg/New York 1991

ders.: Das „allgemeine Persönlichkeitsrecht" im Recht der unerlaubten Handlungen, NJW 1955, 521

ders.: Allgemeiner Teil des Bürgerlichen Rechts, 8. Auflage, München 1997, zit.: Larenz, AT

Lausen, Matthias: Das Urheberpersönlichkeitsrecht vor dem Hintergrund der Harmonisierungspläne der EG-Kommission, ZUM 1993, 359

Lee, Ilhyung: Towards an American Moral Rights in Copyright, 58 Washington and Lee L. J. 795 (2001)

Lehmann, Michael: Internet- und Multimediarecht (Cyberlaw), Stuttgart 1997, zit.: Lehmann, Internet

Leßmann, Herbert: Übertragbarkeit und Teilübertragung urheberrechtlicher Befugnisse, München 1967

Leutheusser-Schnarrenberger, Sabine: Urheberrecht am Scheideweg?, ZUM 1996, 631

Lößl, Wolfgang: Rechtsnachfolge in Verlagsverträgen, Frankfurt am Main 1997

Loewenheim, Ulrich: Urheberrechtliche Probleme bei Multimediaanwendungen GRUR 1996, 830

Lucas, André: Propriété littéraire et artistique, 3. Auflage, Paris 2004

ders./Lucas, Henri-Jacques : Traité de la propriété littéraire et artistique, 2. Auflage, Paris 2001

Lucas, Martina : Softwareentwicklung durch Arbeitnehmer, Darmstadt 1993, zit.: Lucas, Softwareentwicklung

Lucas-Schloetter, Agnès: Die Interessenabwägung bei der Ausübung des Urheberpersönlichkeitsrechts, GRUR Int. 2002, 2

dies.: Die Rechtsnatur des Droit Moral, GRUR Int. 2002, 809

dies.: Droit moral et droits de la personnalité, Marseille 2002

Magold, Hanns Arno: Personenmerchandising, Frankfurt am Main 1994

Medicus, Dieter: Bürgerliches Recht, 20. Auflage, Köln/Berlin/Bonn/München 2004

Mersmann, Ruth: Die Entwicklung des Urheberpersönlichkeitsrechts in den Vereinigten Staaten von Amerika, Münster 2002

Merryman, John Henry/Elsen, Albert E.: Law, Ethics and the Visual Arts, 4. Auflage, London/The Hague/New York 2002

Metzger, Axel: Rechtsgeschäfte über das Droit moral im deutschen und französischen Urheberrecht, München 2002

ders.: Rechtsgeschäfte über das Urheberpersönlichkeitsrecht nach dem neuen Urhebervertragsrecht, GRUR Int. 2003, 9

ders.: Anmerkung zur Entscheidung „Barbelivien et Montagné/Agapes" des Cour de Cassation vom 28. 1. 2003 in GRUR Int. 2003, 782

Michaelis, Robert: Persönlichkeitsrechtliche Befugnisse im deutschen Urheberrecht und droit moral des französischen Rechts, Leipzig 1926

Möhring, Philipp/Nicolini, Käte: Urheberrechtsgesetz, Kommentar, 2. Auflage, München 2000, zit.: Möhring/Nicolini-Bearb.

Möhring, Philipp (Begr.)/Katzenberger, Paul/Puttfarken, Hans-Jürgen/ Schricker, Gerhard/Schulze, Erich/Schulze, Marcel/Zweigert, Konrad: Quellen des Urheberrechts, Band 2, Loseblattsammlung, 55. Lieferung, Neuwied 2004, zit.: Quellen

Müller, Georg: Bemerkungen über das Urheberpersönlichkeitsrecht, UFITA 2 (1929), 345

Münchener Kommentar zum Bürgerlichen Gesetzbuch: Band 1, Kommentar, Allgemeiner Teil (§§ 1-240), 4. Auflage, München 2001; Band 2a, Schuldrecht Allgemeiner Teil (§§ 241-432), 4. Auflage, München 2003; Band 5, Schuldrecht Besonderer Teil III (§§ 705-853), 4. Auflage, München 2004 und Band 6, Sachenrecht (§§ 854-1296), 4. Auflage, München 2004, zit.: MüKo-Bearb.

Münchener Vertragshandbuch: Münchener Vertragshandbuch, Band 3, Wirtschaftsrecht II, 5. Auflage, München 2004

Müsse, Hans-Gabriel: Das Urheberpersönlichkeitsrecht unter besonderer Berücksichtigung der Veröffentlichung und der Inhaltsmitteilung, Freiburg 1999

Nakashima, Laura: Visual Artists' Moral Rights in the United States: An Analysis of the Overlooked Need for States to Take Action, 41 Santa Clara L. Rev. 203 (2000)

Netanel, Neil: Alienability Restrictions and the Enhancement of Author Autonomy in United States and Continental Copyright Law, 12 Cardozo Arts and Ent. L. J. 1 (1994)

Neumann-Duesberg, Horst: Verwechslung des Urheberpersönlichkeitsrechts mit dem allgemeinen Persönlichkeitsrecht, Anmerkung zum BGH NJW 1971, 885 - Petite Jacqueline, NJW 1971, 164

Nimmer, David/Nimmer, Melville B.: Nimmer on Copyright, Loseblattsammlung, 64. Lieferung, New York 2004, zit.: Nimmer

Nipperdey, Hans Carl: Das allgemeine Persönlichkeitsrecht, UFITA 30 (1960), 1

Nordemann, Axel/Heise, Friedrich Nicolaus: Urheberrechtlicher Schutz für Designleistungen in Deutschland und auf europäischer Ebene, ZUM 2001, 128

Olenhusen, Albrecht Götz von: Handbuch des Medienrechts, Filmarbeitsrecht, Freiburg 1991

Osenberg, Ralph: Die Unverzichtbarkeit des Urheberpersönlichkeitsrechts, Freiburg 1985

Palandt, Otto: (Begr.), Bürgerliches Gesetzbuch, Kommentar, 64. Auflage, München 2005, zit.: Palandt-Bearb.

Parisot, Bernard: L´inaliénabilité du droit moral de l´auteur d´une oeuvre littéraire ou artistique, D. 1972, chron., 71

Patry, William F.: Copyright Law and Practice, Volume II, Washington D.C. 1994

Pawlowski, Hans-Martin: Allgemeiner Teil des BGB, Grundlehren des bürgerlichen Rechts, 7. Auflage, Heidelberg 2003

Peifer, Karl-Nikolaus: Individualität im Zivilrecht: der Schutz persönlicher, gegenständlicher und wettbewerblicher Individualität im Persönlichkeitsrecht, Immaterialgüterrecht und Recht der Unternehmen, Tübingen 2001

ders.: Moral Rights in den USA, ZUM 1993, 325

ders.: Werbeunterbrechungen in Spielfilmen, Baden-Baden 1994, zit.: Peifer, Werbeunterbrechung

Peter, Wilhelm: I. Abhandlungen, Das allgemeine Persönlichkeitsrecht und das „droit moral" des Urhebers und des Leistungsschutzberechtigten in den Beziehungen zum Film, UFITA 36 (1962), 257

Pettenati, Leslie A.: Moral Rights of Artists in an International Marketplace, 12 Pace Intl. L. Rev. 425 (2000)

Peukert, Alexander: Persönlichkeitsbezogene Immaterialgüterrechte?, ZUM 2000, 710

Pfennig, Gerhard: Die digitale Verwertung von Werken der bildenden Kunst und von Fotografien, in: Becker/Dreier, Urheberrecht und digitale Technologien, S. 95

Pitta, Laura A.: Economic and Moral Rights under U.S. Copyright Law, 12 Ent. and Sports Lawyer 3 (1995)

Plaisant, Robert : Propriété littéraire et artistique, Paris 1985

Pleister, Christian: US-amerikanische Buchverlagsverträge: Autor-Agent-Verleger; ein Vergleich zu Verlagsrecht und Rechtspraxis Deutschlands, München 2000

Pollaud-Dulian, Frédéric: Le droit moral en France, à travers la jurisprudence récente, RIDA 145 (1990), 126

ders.: Die neuere Entwicklung des Urheberrechts in Frankreich, GRUR Int. 1995, 361

Praxiskommentar zum Urheberrecht: Kommentar zum Urheberrecht, München 2002, zit.: Praxiskommentar-Bearb.

Prinz, Tillman Ernst Georg: Das Änderungsrecht des Bauwerkeigentümers an urheberrechtlich geschützten Bauwerken im deutschen, schweizerischen, französischen und belgischen Recht, Bielefeld 1994

Rabel, Ernst: Die Übertragbarkeit des Urheberrechts nach dem österreichischen Gesetz vom 26. Dezember 1895, UFITA 108 (1988), 185

Radmann, Friedrich: Abschied von der Branchenübung: Für ein uneingeschränktes Namensnennungsrecht der Urheber, ZUM 2001, 788

Raynard, Jacques : Droit D'Auteur Et Conflits De Lois, Essai sur la nature juridique du droit d'auteur, Paris 1990

Reber, Nikolaus: Die Pläne der Bundesregierung zu einer gesetzlichen Regelung des Urhebervertragsrechts, ZUM 2001, 282

ders.: Die Beteiligung von Urhebern und ausübenden Künstlern an der Verwertung von Filmwerken in Deutschland und den USA, München 1998

Rehbinder, Manfred: Recht am Arbeitsergebnis und Urheberrecht, UFITA 66 (1973), 125

ders.: Das Namensnennungsrecht des Urhebers, ZUM 1991, 220

ders.: Urheberrecht, 13. Auflage, München 2004

ders.: Verbraucherschützende Anmerkungen zum Urheberrecht des Ghostwriters, FS Pedrazzini, S. 651

ders.: Das Arbeitsverhältnis im Spannungsfeld des Urheberrechts, RdA 1968, 309

ders.: Die Mitbestimmung des Urhebers bei der Vermarktung seiner Werke, ZUM 1996, 613 *ders.*: Die Familie im Urheberrecht, ZUM 1986, 365

Reupert, Christine: Der Film im Urheberrecht, Baden-Baden 1995

Riekert, Stephan: Multimedia und das Urheberpersönlichkeitsrecht, in: Götting (Hrsg.), Multimedia, Internet und Urheberrecht, Dresden 1998

Riklin, Franz: Der Schutz der Persönlichkeit gegenüber Eingriffen durch Radio und Fernsehen nach schweizerischem Privatrecht, Freiburg 1968

Riezler, Erwin: Deutsches Urheber- und Erfinderrecht, München/Berlin 1990

Röttinger, Moritz: Die volkswirtschaftliche Bedeutung des Urheberrechts, ZUM 1990, 510

Rojahn, Sabine: Der Arbeitnehmerurheber in Presse, Funk und Fernsehen, München 1978

Rosenthal Kwall, Roberta: „Author-Stories:" Narrative´s Implications for Moral Rights and Copyright´s Joint Authorship Doctrine, 75 Southern California L. Rev. 1 (2001)

Runge, Kurt: Das Urheber- und allgemeine Persönlichkeitsrecht, UFITA 54 (1969), 1

Samson, Benvenuto: Das neue Urheberrecht, Baden-Baden 1966

Schack, Haimo: Urheber- und Urhebervertragsrecht, 3. Auflage, Tübingen 2005

ders.: Buchbesprechung von Götting, AcP 1995, 594

ders.: Neuregelung des Urhebervertragsrechts, ZUM 2001, 453

ders.: Das Persönlichkeitsrecht der Urheber und ausübenden Künstler nach dem Tode, GRUR 1985, 352

Schaefer, Josef: Das Gesamtkunstwerk, NJW-CoR 1995, 389

Schilcher, Theresia: Der Schutz des Urhebers gegen Werkänderungen, München 1989

Schiefler, Kurt: Verhältnis des Urheberrechts und des Leistungsschutzes des ausübenden Künstlers zum allgemeinen Persönlichkeitsrecht, GRUR 1960, 156

Schmieder, Hans: Werkintegrität und Freiheit der Interpretation, NJW 1990, 1945

Schricker, Gerhard: Zum neuen deutschen Urhebervertragsrecht, GRUR Int. 2002, 797

ders.: Urheberrecht, Kommentar, 2. Auflage, München 1999, zit.: Schricker-Bearb.

ders.: (Hrsg.), Urheberrecht auf dem Weg zur Informationsgesellschaft, Baden-Baden 1997, zit.: Schricker, Urheberrecht auf dem Weg

ders.: Die Einwilligung des Urhebers in entstellende Änderungen des Werks, FS Hubmann, S. 409

ders.: Der Urheberrechtsschutz von Werbeschöpfungen, Werbeideen, Werbekonzeptionen und Werbekampagnen, GRUR 1996, 815

ders.: Verlagsrecht, Kommentar, 3. Auflage, München 2001, zit.: VerlagsR-Bearb.

Seemann, Bruno: Prominenz als Rechtsgut, UFITA 131 (1996), 5

Seetzen, Uwe: Der Verzicht im Immaterialgüterrecht, Göttingen 1969

Sirinelli, Pierre: Anmerkung zu Cour d'Appel de Paris, RIDA 142 (1989), 301

Siwek, Stephen E.: Copyright Industries in the U.S. Economy: The 2000 Report, Washington D.C. 2000

Smoschewer, Fritz: Das Persönlichkeitsrecht im allgemeinen und im Urheberrecht, UFITA 3 (1930), 349

Soergel, Hans Theodor: (Begr.) Bürgerliches Gesetzbuch, Kommentar, Band 2, Allgemeiner Teil 2, (§§ 104-240), 13. Auflage, Stuttgart/Berlin/Köln/Mainz 1999, zit.: Soergel-Bearb.

Sohm, Rudolph: Vermögensrecht, Gegenstand, Verfügung, ArchBürgR 28 (1906), 173

Sontag, Peter: Das Miturheberrecht, Köln/Berlin/Bonn/München 1972

Staudinger, Julius von: (Begr.), Kommentar zum Bürgerlichen Gesetzbuch mit Einführungsgesetz und Nebengesetz, Buch 1, Allgemeiner Teil, (§§ 164-240), Neubearbeitung 2004, Berlin; Buch 2, Recht der Schuldverhältnisse (§§ 328-359), Neubearbeitung 2004, Berlin; Buch 2, Recht der Schuldverhältnisse (§§ 397-432), Neubearbeitung, Berlin 2005; Buch 2, Recht der Schuldverhältnisse (§§ 812-822), Neubearbeitung 1999, Berlin und Buch 2, Recht der Schuldverhältnisse (§§ 823-825), 13. Bearbeitung, Berlin 1999, zit.: Staudinger-Bearb.

Steffen, Lutz: Die Miturhebergemeinschaft, Frankfurt am Main 1989

Stolz, Hansjörg: Der Ghostwriter im deutschen Recht, München 1971

Straub, Wolfgang: Individualität als Schlüsselkriterium des Urheberrechts, GRUR Int. 2001, 4

Strömholm, Stig: Spielraum, Originalität oder Persönlichkeit? Das Urheberrecht vor einer Wegwahl, GRUR Int. 1996, 529

ders.: Das Veröffentlichungsrecht im Regierungsentwurf zur Urheberrechtsreform, GRUR 1963, 350 *ders.*: Das Veröffentlichungsrecht des Urhebers, Stockholm/Göteborg/Uppsala 1964

Strong, William S.: The Copyright Book, 5. Auflage, Cambridge Mass. 1999

Strowel, Alain: Droit d´Auteur et Copyright, Divergences et Convergences, Paris 1993

Thomas, Heinz/Putzo, Hans: (Hrsg.), Zivilprozessordnung, 24. Auflage, München 2002, zit.: Thomas/Putzo-Bearb.

Troller, Alois: I. Abhandlungen, Bedenken zum Urheberpersönlichkeitsrecht, UFITA 28 (1959), 257

Tuhr, Andreas von: Allgemeiner Teil des Deutschen Bürgerlichen Rechts, Berlin 1918

Uhlenbruck, Wilhelm: Vorab-Einwilligung und Stellvertretung bei der Einwilligung in einen Heileingriff, MedR 1992, 134

Ullmann, Eike: Persönlichkeitsrechte in Lizenzen?, AfP 1999, S. 209

Ulmer, Eugen: Urheber- und Verlagsrecht, 3. Auflage, Berlin/Heidelberg/New York 1980

ders.: Anmerkung zu BGH JZ 1955, 211 - Cosima Wagner, JZ 1955, 214

ders.: Das Veröffentlichungsrecht des Urhebers, GRUR 1983, 434

United States Copyright Office: Waiver of Moral Rights in Visual Artworks, Final Report of the Register of Copyright, United States Copyright Office 1996, zit.: Waiver of moral rights

Vergé, Emmanuel/Ripert, Georges: (Hrsg.), Encyclopédie juridique, Paris, zit.: Encyclopédie

VerSteeg, Russ: Federal Moral Rights for Visual Artists: Contract Theory and Analysis, 67 Washington L. Rev. 827 (1992)

Vinck, Kai: Die Rechtsstellung des Urhebers im Arbeits- und Dienstverhältnis, Berlin 1972

Vischer, Frank: Das „Droit moral de l´auteur" aus rechtsvergleichender und kollisionsrechtlicher Sicht, FS Müller-Freienfels, Heidelberg 1996

Voegtli, Naomi Abe: Rethinking Derivative Rights, 63 Brooklyn L. Rev. 1213 (1997)

Wachter, Thomas: Multimedia und Recht, GRUR Int. 1995, 860

Waldenberger, Arthur: Die Miturheberschaft im Rechtsvergleich: zugleich ein Beitrag zur Lehre von der Miturheberschaft nach deutschem Recht, München 1991

Wallner, Christoph: Der Schutz von Urheberwerken gegen Entstellungen unter besonderer Berücksichtigung der Verfilmung, Frankfurt am Main 1995

Wandtke, Artur: Copyright und virtueller Markt in der Informationsgesellschaft oder das Verschwinden des Urhebers im Nebel der Postmoderne?, GRUR 2002, 1

ders.: Copyright oder Droit d'auteur im technologischen Zeitalter, FS Rehbinder, S. 389

ders.: Die Kommerzialisierung der Kunst und die Entwicklung des Urheberrechts im Lichte der Immaterialgüterrechtslehre von Josef Kohler, GRUR 1995, 385

Wedemeyer, Ulrich: Änderungen von Werken der Baukunst - zu Ansprüchen des Urhebers, FS Piper, S. 787

Welser, Marcus von: Die Wahrnehmung urheberpersönlichkeitsrechtliche Befugnisse durch Dritte, Berlin 2000

Windisch, Ernst: Persönlichkeitsbezogenen Komponenten in Immaterialgüterrechten, GRUR 1993, 352

Wronka, Georg: Das Verhältnis zwischen dem allgemeinen Persönlichkeitsrecht und den sogenannten besonderen Persönlichkeitsrechten, UFITA 69 (1973), 71

Yonover, Geri J.: The Precarious Balance: Moral Rights, Parody, and Fair Use, 14 Cardozo Arts and Ent. L. J. 79 (1996)

Zippelius, Reinhold: Juristische Methodenlehre, 9. Auflage, München 2005

Zöller, Richard: (Begr.), Zivilprozessordnung, 25. Auflage, Köln 2005, zit.: Zöller-Bearb.

Zöllner, Wolfgang: Die Reichweite des Urheberrechts im Arbeitsverhältnis untypischer Urheber, FS Hubmann, S. 523

Zuber, Joseph: The Visual Artists Rights Act of 1990 - What It Does, and What It Preempts, 23 Pacific L. J. 445 (1992)

Zweigert, Konrad: Einführung in die Rechtsvergleichung, Band II, 3. Auflage, Tübingen 1996

Kolibri 360 GmbH
Ferdinand-Jühlke-Straße 7
99095 Erfurt, Deutschland
produktsicherheit@kolibri360.de

Druck:
CPI Druckdienstleistungen GmbH
im Auftrag der
Kolibri 360 GmbH
Ferdinand-Jühlke-Str. 7
99095 Erfurt